D1500011

L'ÉTAT DU MONDE

MONDE

ÉDITION 1993

*Annuaire économique
et géopolitique mondial*

Éditions La Découverte
Éditions du Boréal
4447, rue Saint-Denis
Montréal (Québec) H2J 2L2

Comité de rédaction : Hélène Arnaud, Bertrand Badie, Rachel Bouyssou, Serge Cordellier, Jean-Luc Domenach, François Gèze, Yves Lacoste, Catherine Lapautre, Annie Lennkh, Gustave Massiah, Alfredo G.A. Valladão, Francisco Vergara.

Coordination et réalisation : Serge Cordellier, Catherine Lapautre.

Rédaction : Daniel C. Bach, Carmen Bader, Bertrand Badie, Martine Barrère, Martine Barthélémy, Karel Bartošek, Nicolas Bessarabski, Sophie Bessis, Christian de Boissieu, André Bourgey, Henri Bourguinat, Daniel Bourmaud, Jean-Claude Boyer, Paul Brennan, Claire Brisset, Pierre Brocheux, Noëlle Burgi, David Camroux, Françoise Cayrac-Blanchard, Véronique Chaumet, Jean-Marie Chauvier, Bertrand Chung, Isabelle Claude, Denis Clerc, François Constantin, Serge Cordellier, Isabelle Cordonnier, Georges Couffignal, Olivier Dabène, Dominique Darbon, Benoit Daviron, Graciela Ducatenzeiler, Daniel van Eeuwen, Philippe Faucher, Michel Faure, Michel Foucher, Carlos Gabetta, Alain Gandolfi, José Garçon, Jean-Philippe von Gastrow, Pierre Gentelle, François Godement, Jean-Pierre Gomane, Pierre Haski, Georg Hoffmann-Ostenhof, Christophe Jaffrelot, Jean-Pierre Jossua, Carole Journault, Alain Joxe, Amnon Kapeliouk, Joseph Krulic, Guy Labertit, Alain Labrousse, Zaki Laïdi, Christian Lechervy, Jean-Luc Lederrey, Jean-François Legrain, Édith Lhomel, Philippe G. L'Hoiry, Matthias Lüfkens, Claude Manzagol, Roland Marchal, Jean-Louis Margolin, Denis-Constant Martin, Giampiero Martinotti, Gustave Massiah, Georges Mathews, Christine Messiant, Éric Meyer, Georges Mink, Ana Navarro Pedro, René Otayek, Olivier Pastré, Pierre-Yves Péchoux, Elizabeth Picard, Yolande Pizetty-van Eeuwen, Michel Pochoy, Catherine Poujol, Serge Priwarnikow, Gérard Prunier, Patrick Quantin, Jean Racine, Michel Rainelli, Philippe Ramirez, Yann Richard, Xavier Richet, Martine Rigoir, Alain Roussillon, Olivier Roy, Jean-François Sabouret, Ghassan Salamé, Erik Sandahl, Jacques Sapir, Monique Selim, Marc Semo, Ludwig Siegele, Stephen Smith, Francis Soler, François Soudan, Véronique Soulé, Jean-Charles Szurek, Christian Thibon, Marie-France Toinet, Charles Urjewicz, Javier Valenzuela, Alfredo G.A. Valladão, Anne Vaugier-Chatterjee, Francisco Vergara, Nicolas Werth, Jean-Claude Willame, Stéphane Yérasimos.

La réalisation de *L'état du monde* bénéficie du concours de nombreux auteurs du Centre d'études et de recherches internationales (CERI-FNSP), ainsi que de nombreux collaborateurs de la revue de géographie et de géopolitique *Hérodote* (Éditions La Découverte).

Statistiques : Francisco Vergara.

Cartographie : Claude Dubut, Martine Frouin, Anne Le Fur (AFDEC, 25, rue Jules-Guesde - 75014 Paris. Tél. (1) 43 27 94 39).

Traduction : Annie Lennkh (allemand), Béatrice Propetto Marzi (italien), Anne Valier (espagnol).

Dessins : Plantu (dessins parus dans *Le Monde*).

Fabrication : Monique Mory.

Pour toute information sur la projection Dymaxion figurant en couverture de ce livre, contacter le Buckminster Fuller Institute, 1743 S. La Cienega Bvd., Los Angeles, Californie, 90035 États-Unis [Tél. (213) 837-77-10].

Avant-propos

L'année écoulée restera pour l'Histoire celle où l'Union soviétique a cessé d'exister. Cet événement d'une portée géopolitique considérable est survenu alors que s'opéraient de nombreuses autres mutations et ruptures internationales. Le continent européen a vu se rouvrir un cycle tragique de guerres territoriales dans l'ancienne Yougoslavie, et le fameux « nouvel ordre mondial » annoncé lors de la crise du Golfe a tardé à se dessiner, si ce n'est sous la forme d'un activisme tous azimuts de la politique extérieure américaine.

Certaines négociations internationales ont contribué à identifier les enjeux du monde de demain : traité de Maastricht sur l'Union européenne, conférence de Rio sur l'environnement et le développement, accord nord-américain de libre-échange (NAFTA). Par ailleurs, plusieurs efforts pour la paix ont abouti à des accords (Angola, El Salvador, Cambodge) ou ont connu des progrès sensibles (Mozambique), et la conférence sur le Proche-Orient a commencé ses travaux.

Dans un tel contexte, L'état du monde, fort de la qualité de son réseau d'auteurs, est plus que jamais un outil irremplaçable. Tous ses articles sont entièrement nouveaux.

Un bilan de l'année écoulée est présenté pour chacun des 188 États souverains de la planète et pour 37 territoires sous tutelle ; les évolutions politiques, économiques, sociales et diplomatiques sont analysées en détail par les meilleurs spécialistes. Cette année, les quinze républiques qui formaient l'URSS, ainsi que les républiques qui étaient fédérées dans l'ancienne Yougoslavie, font l'objet d'articles spécifiques, de cartes, de comparaisons statistiques. Comme pour chaque édition, le chapitre « Conflits et tensions » est particulièrement développé : question palestinienne, « Yougoslavie », Corne de l'Afrique, Touaregs, Afghanistan, Cambodge, sans oublier l'ex-URSS (Arménie/ Azerbaïdjan, Ossétie du Sud, Moldavie, Crimée...).

Enfin, le dossier de l'année est consacré à « La nouvelle donne de l'économie mondiale ». Synthétique, et pédagogique, il permet de prendre la mesure des mutations en cours.

Serge Cordellier

Table des matières

——————— Questions stratégiques ———————

——————————— 34 États ———————————

─────────── **37 ensembles géopolitiques*** ───────────

* On trouvera en fin d'ouvrage la liste alphabétique de tous les États et territoires traités dans cette section, ce qui permet de se reporter aux pages de l'ouvrage correspondantes.

—————————— Conflits et tensions ——————————

—————————— Tendances ——————————

—— Dossier : La nouvelle donne de l'économie mondiale ——

───────── Statistiques de production ─────────

Présentation

L'état du monde 1993 comporte six grandes parties :

1. Questions stratégiques

Des articles de fond traitent de questions majeures pour la situation internationale, comme l'évolution de l'ordre mondial, la montée du populisme, l'avenir de l'Europe, la nouvelle donne au Proche-Orient, la crise des doctrines stratégiques ou le bilan du « sommet » de Rio.

2. États et ensembles géopolitiques

Cent quatre-vingt-huit États souverains et trente-sept territoires non indépendants (colonies, pays associés à un État, pays sous tutelle, etc.) sont passés en revue.

• *Trente-quatre États* ont été choisis et classés par ordre d'importance « géopolitique » en mettant en relation superficie, population et produit intérieur brut par habitant. Pour chaque État, on trouvera une analyse des principaux développements politiques, diplomatiques, économiques et sociaux de l'année écoulée. Chaque texte est accompagné de tableaux statistiques et d'une bibliographie sélective. Cette année, la Tchéco-Slovaquie est présentée dans cette section ; la Malaisie, qui s'y trouvait dans la précédente édition, est traitée cette année dans la section « Trente-sept ensembles géopolitiques ». Cette rotation se poursuivra dans les prochaines éditions, de façon à pouvoir aborder en détail l'actualité d'un plus grand nombre d'États.

• *Trente-sept ensembles géopolitiques.* Cette section dresse un bilan de l'année dans chacun des États et territoires qui composent les ensembles géopolitiques, définis en fonction de caractéristiques communes [voir page 12]. La présentation de chaque ensemble est accompagnée de tableaux statistiques, d'une carte géographique et d'une bibliographie.

3. Conflits et tensions

Une dizaine d'articles complétés par une chronologie traitent des principales guerres et sources de tension dans le monde.

4. Tendances

Cette rubrique étudie un certain nombre de situations ou d'évolutions caractéristiques de notre temps, comme, par exemple, la malnutrition dans le monde ou le radicalisme islamique en Afrique noire.

5. Dossier

Chaque année, *L'état du monde* présente un dossier sur un thème d'importance. Dans les éditions précédentes ont ainsi été traités les droits de l'homme, l'enjeu de l'environnement, la « révolution gorbatchévienne » et le « fait national ». Le dossier de cette année, intitulé « La nouvelle donne de l'économie mondiale », brosse un tableau synthétique et pédagogique des principales mutations en cours. On y trouvera à la fois des définitions, des analyses, des interprétations et des pistes bibliographiques.

6. Statistiques mondiales

Cette section comporte les statistiques les plus récentes sur les principales productions minières, métallurgiques, énergétiques et agricoles, ainsi que des analyses des tendances de conjoncture pour les métaux, les énergies combustibles et les céréales.

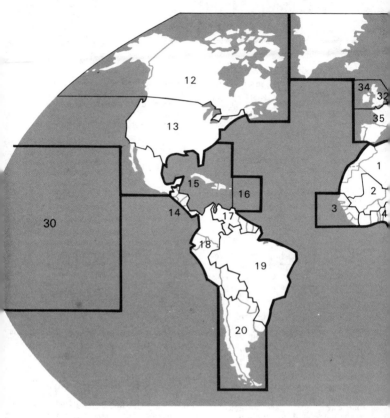

Les ensembles

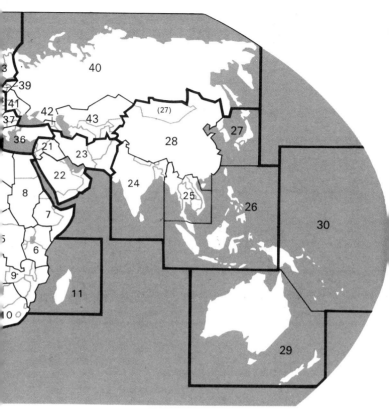

géopolitiques*

Les ensembles géopolitiques

Dans cet annuaire, on a choisi de regrouper en trente-sept «ensembles géopolitiques» les deux cent vingt-cinq États souverains et territoires non indépendants qui se partagent la surface du globe, à l'exception de cinq très grands États (Russie, États-Unis, Chine, Brésil, Canada) qui forment chacun ce qu'on peut aussi appeler un ensemble géopolitique. Qu'entend-on par «ensemble géopolitique» et quels ont été les critères de regroupement retenus ?

Contrairement à ce qui se passait encore au lendemain de la Seconde Guerre mondiale, plus aucun État ne vit aujourd'hui replié sur lui-même. Les relations entre États, en s'intensifiant, sont devenues plus complexes. Aussi est-il utile de les envisager à différents niveaux d'analyse spatiale.

— D'une part, *au niveau planétaire*. Il s'agit des relations de chaque État (ou de chaque groupe d'États) avec les grandes puissances : les États d'Europe occidentale, le Japon, les États-Unis et la Russie. Ces grandes puissances, qui entretiennent des rapports complexes sur les plans politique, économique et diplomatique, possèdent, pour certaines, des «zones d'influence» privilégiées. Il en est ainsi par exemple de l'Amérique latine pour les États-Unis, de la région Asie-Pacifique pour le Japon.

— D'autre part, dans le cadre de chaque *ensemble géopolitique*. Définir un ensemble géopolitique est une façon de voir les choses, de regrouper un certain nombre d'États en fonction de caractéristiques communes. On peut évidemment opérer différents types de regroupement (par exemple : les «pays les moins avancés», les États musulmans, etc.). On a choisi ici des regroupements ayant environ trois à quatre mille kilomètres pour leur plus grande dimension (certains sont plus petits et quelques-uns plus grands).

Considérer qu'un certain nombre d'États font partie d'un même ensemble géopolitique ne veut pas dire que leurs relations soient bonnes, ni qu'ils soient politiquement ou économiquement solidaires les uns des autres (certains d'entre eux peuvent même être en conflit plus ou moins ouvert). Cela signifie seulement qu'ils ont entre eux des relations (bonnes ou mauvaises) relativement importantes, du fait même de leur proximité, des caractéristiques communes jugées significatives et des problèmes assez comparables : même type de difficultés naturelles à affronter, ressemblances culturelles, etc. Chaque État a évidemment, au sein d'un même ensemble, ses caractéristiques propres. Mais c'est en les comparant avec celles des États voisins qu'on saisit le mieux ces particularités et que l'on comprend les rapports mutuels.

Ce découpage en trente-sept ensembles géopolitiques constitue une façon de voir le monde. Elle n'est ni exclusive ni éternelle. Chacun des ensembles géopolitiques définis dans cet ouvrage peut être aussi englobé dans un ensemble plus vaste : on peut, par exemple, regrouper dans un plus grand ensemble qu'on dénommera «Méditerranée américaine» les États d'Amérique centrale et les Antilles et ceux de la partie septentrionale de l'Amérique du Sud. Mais on peut aussi subdiviser certains ensembles géopolitiques, si l'on considère que les États qui les composent forment des groupes de plus en plus différents ou antagonistes : au sein de l'ensemble dénommé «Indochine», le contraste est par exemple de plus en plus marqué entre les États communistes (Vietnam, Laos...) et les autres.

On ne peut aujourd'hui comprendre un monde de plus en plus complexe si l'on croit qu'il n'y a qu'une seule façon de le représenter ou si l'on ne se fie qu'à une représentation globalisante. Les grandes « visions » qui soulignent l'opposition entre le *Centre* et la *Périphérie*, le *Nord* et le *Sud*, l'*Est* et l'*Ouest*, sont certes utiles. Mais elles apparaissent de plus en plus insuffisantes, parce que beaucoup trop schématiques. Il faut combiner les diverses représentations du monde.

Pour définir chacun des trente-sept ensembles géopolitiques, nous avons pris en compte les intersections de divers ensembles de relief comme les grandes zones climatiques, les principales configurations ethniques ou religieuses et les grandes formes d'organisation économique, car tous ces éléments peuvent avoir une grande importance politique et militaire.

En sus du découpage en trente-sept ensembles géopolitiques, nous avons opéré un deuxième type de regroupement par continent ou semi-continent : Afrique, Proche et Moyen-Orient, Asie, Océanie, Amérique du Nord, Amérique centrale et du Sud, Europe, Ex-empire soviétique. On trouvera, en tête des sections correspondantes, des présentations géopolitiques de ces grands ensembles qui permettent d'en saisir à la fois l'unité et la diversité. Par ailleurs, cinq articles de « géopolitique interne » rendent compte des contrastes que connaissent les plus grands des États : Russie, États-Unis, Chine, Inde et Brésil.

[*Voir à la fin de l'ouvrage l'index des articles géopolitiques.*]

Yves Lacoste   *13*

Les cartes

Chacun des États souverains et des territoires non indépendants étudié dans l'ouvrage fait l'objet d'une représentation. Les cartes correspondant aux pays dont l'importance spatiale est la plus grande sont placées dans la rubrique « 34 États », les autres dans la rubrique « 37 ensembles géopolitiques ». L'éclatement de l'URSS a conduit à présenter, outre une carte d'ensemble de la Russie et de l'ex-Union soviétique, quatre autres cartes inédites, qui correspondent aux quatre ensembles géopolitiques nouvellement délimités dans cet ouvrage : « pays Baltes », « Europe orientale », « Transcaucasie » et « Asie centrale ». Cette édition comporte en outre une carte de l'ancienne Yougoslavie représentant la répartition des différentes nationalités sur le territoire, les frontières internes de l'ex-fédération et les zones de protection de l'ONU.

Afin de faciliter leur utilisation, une attention particulière a été portée au tracé des frontières, à la localisation des principales villes, ainsi qu'aux délimitations territoriales, administratives et politiques internes à chaque pays (régions, provinces, États, etc.).

En se référant aux p. 10-11, on prendra connaissance du découpage du monde en ensembles géopolitiques, auxquels correspondent les cartes de cet ouvrage (*index en p. 630*).

Claude Dubut, Martine Frouin, Anne Le Fur

Légende pour la taille des villes :
- · moins de 500 000 habitants
- • 500 000 à 2 000 000 habitants
- ● 2 000 000 à 5 000 000 habitants
- ⬤ plus de 5 000 000 habitants

Les indicateurs statistiques

Les définitions et commentaires ci-après sont destinés à faciliter la compréhension des données statistiques présentées dans les sections « 34 États » et « 37 ensembles géopolitiques ».

On trouvera à la fin de l'ouvrage, p. 634, la liste des abréviations et symboles utilisés dans les tableaux.

Démographie et culture

• L'*indicateur de développement humain* (IDH), exprimé sur une échelle allant de 0 à 1, est un indicateur composite. Il reflète le niveau de santé, d'éducation et de revenu atteint dans le pays concerné (pour plus de détails : voir p. 569). [*Source principale* : 39].

• Le chiffre fourni dans la rubrique *population* donne le nombre d'habitants en milieu d'année. Les réfugiés qui ne sont pas installés de manière permanente dans le pays d'accueil sont considérés comme faisant partie de la population du pays d'origine. [*Source principale* : 1, 33 et 38].

• Le *taux de mortalité infantile* est le nombre de décès d'enfants âgés de moins d'un an rapporté au nombre d'enfants nés vivants pendant l'année indiquée. [*Source principale* : 33 et 38].

• L'*indice synthétique de fécondité* (ISF) indique le nombre d'enfants qu'une femme mettrait au monde, du début à la fin de sa vie, en supposant que prévalent, pendant cette vie, les taux de fécondité observés pendant la période indiquée. [*Source principale* : 33 et 38].

• L'*espérance de vie* est le nombre d'années qu'un nouveau-né peut espérer vivre (en moyenne) dans l'hypothèse où les taux de mortalité, par tranche d'âge, restent, pendant toute sa vie, les mêmes que ceux de l'année de sa naissance. [*Source principale* : 33].

• La *population urbaine*, exprimée en pourcentage de la population totale, en dépit des efforts d'harmonisation de l'ONU, est une donnée très approximative, tant la définition urbain-rural diffère d'un pays à l'autre. Les chiffres sont donnés à titre purement indicatif. [*Source principale* : 6, 32 et 33].

• Le *taux d'analphabétisme* est la part des illettrés dans la catégorie d'âge « 15 ans et plus ». [*Source principale* : 7, 8 et 39].

• *Niveau de scolarisation*. L'enseignement primaire et secondaire étant de durée inégale d'un pays à l'autre, la tranche d'âge « normalement » inscrite dans le secondaire est précisée pour chaque pays. Les chiffres donnés sont néanmoins des taux « bruts » : le total des élèves inscrits dans le secondaire (quel que soit leur âge) divisé par le nombre d'enfants de la tranche d'âge en question. Pour les pays en voie de développement nous avons préféré, au taux d'inscription dans le secondaire, le taux d'inscription pour la tranche d'âge « 12-17 ans ». Pour l'ensemble des pays, le taux d'inscription au « 3e degré » (niveau universitaire) correspond au nombre d'étudiants divisé par la population ayant vingt à vingt-quatre ans. Dans les très petits pays, ce taux n'est pas toujours significatif dans la mesure où une part importante des universitaires étudie à l'étranger. Dans les pays développés, le taux en question peut refléter le caractère plus ou moins élitiste du système universitaire. [*Source principale* : 7 et 31].

• *Livres publiés*. Selon les recommandations de l'UNESCO sur « la standardisation des statistiques internationales concernant la publication de livres (1964) », est considérée comme livre une publication non périodique, de 49 pages au moins et disponible au public. [*Pour le détail, voir sources* : 7, 11 et 36].

Économie

Les pays à économie de marché et les pays à économie dirigée ont des systèmes de comptabilité nationale très différents. Du fait qu'elles ont été pendant quarante ans économiquement étatisées, la Hongrie, la Roumanie, la Tchécoslovaquie et la Pologne tiennent encore une comptabilité dans les deux systèmes. Il en est de même pour la Chine. Leur PIB ou PNB est donc fourni.

• Le *produit intérieur brut* (PIB) mesure la richesse créée dans le pays pendant l'année, en additionnant la valeur ajoutée dans les différentes branches. La valeur ajoutée de la production paysanne pour l'autoconsommation, ainsi que celle des « services non marchands » (éducation publique, défense nationale,

Attention, statistiques

■ *Comme pour les éditions précédentes, un important travail de compilation de données recueillies auprès des services statistiques des différents pays et d'organismes internationaux a été réalisé afin de présenter aux lecteurs, dès septembre 1992, le plus grand nombre possible de résultats concernant l'année 1991.*

Les informations portent sur la démographie, la culture, la santé, les forces armées, le commerce extérieur et les grands indicateurs économiques. Pour la section « 34 États », les données de 1970, 1980 et 1991 sont fournies afin de permettre la comparaison dans le temps et de dégager certaines tendances. Dans la section « 37 ensembles géopolitiques », les résultats de 1991 sont consignés pour les États souverains de la planète et pour 16 territoires non indépendants. Pour la première fois cette année, l'ensemble de ces informations statistiques est fourni pour les 15 républiques de l'ex-URSS et les 6 républiques de l'ancienne Yougoslavie.

Les décalages que l'on peut observer, pour certains pays, entre les chiffres présentés dans les articles et ceux qui figurent dans les tableaux peuvent avoir plusieurs origines : les tableaux, qui font l'objet d'une élabora-

tion séparée, privilégient les chiffres officiels plutôt que ceux émanant de sources indépendantes (observatoires, presse, syndicats...) ; et les données « harmonisées » par les organisations internationales ont priorité sur celles publiées par les autorités nationales.

Il convient de rappeler que les statistiques, si elles sont le seul moyen de dépasser les impressions intuitives, ne reflètent la réalité économique et sociale que de manière très approximative, et cela pour trois raisons au moins. D'abord parce qu'il est rare que l'on puisse mesurer directement un concept économique ou social : l'indice du chômage, par exemple, mesure certainement un phénomène lié à ce fléau, mais pas le chômage lui-même. Ensuite, l'erreur de mesure est plus importante dans les sciences sociales que dans les sciences exactes. L'imprécision due à des facteurs techniques peut être encore aggravée par la simple malhonnêteté de ceux qui peuvent tirer profit de chiffres « enjolivés ». Il faut savoir aussi que la définition des concepts et les méthodes pour mesurer la réalité qu'ils recouvrent sont différentes d'un pays à l'autre, malgré les efforts d'harmonisation accomplis depuis les années soixante.

etc.) sont incluses. En revanche, le travail au noir, les activités illégales (comme le trafic de drogue), le travail domestique des femmes mariées ne sont pas comptabilisés (un homme qui se marie avec sa domestique diminue ainsi le PIB).

• Le *produit national brut* (PNB) est égal au PIB, additionné des revenus rapatriés par les travailleurs et les capitaux nationaux à l'étranger, diminué des revenus exportés par les travailleurs et les capitaux étrangers présents dans le pays.

Dans les pays à économie dirigée, la production est mesurée par le PSG et le PMN.

• Le *produit social global* (PSG) est la somme de la *valeur globale* de la production des différentes branches (et pas seulement de la *valeur ajoutée*, à la différence du PIB). Le PSG comptabilise ainsi deux fois certaines valeurs, comme le blé, qui est non seulement compté comme production agricole, mais aussi, une seconde fois, comme biscuits ou pâtes alimentaires (production industrielle). Il diffère aussi du PIB dans la mesure où il compte seulement la production «matérielle». L'éducation, la défense, la médecine gratuite, etc., sont donc exclues.

• Le *produit matériel net* (PMN) est obtenu à partir du PSG, auquel est soustraite la valeur des consommations intermédiaires. C'est donc la somme de la valeur ajoutée des branches de la production «matérielle».

Certains pays à économie de marché utilisent le PIB comme indicateur de croissance, d'autres utilisent le PNB. Pour les périodes de dix ans et pour des pays suffisamment grands, la différence est en général négligeable. Mais pour les pays petits ou très liés à l'extérieur, la différence pour une année donnée peut être considérable. Les pays à économie planifiée diffèrent aussi quant à l'indicateur de croissance qu'ils privilégient, certains choisissant le PMN, d'autres le PSG, d'autres encore utilisant le produit matériel brut. [*Principales sources* : 2, 10, 12, 13, 14, 15 et 16].

Dans la décomposition par branches du PIB, la branche agriculture comprend la pêche et la sylviculture. La production d'eau, d'électricité et de gaz, ainsi que la construction et la production minière, ont été incluses dans la branche «industrie». Dans la décomposition par branches du PMN, la branche «services» ne comprend pas les services «non productifs» (santé, éducation, commerce, etc.). En revanche, tous les employés des services publics et du commerce sont comptés dans la partie «services» de la rubrique «population active» des pays à économie planifiée.

• *Le PIB exprimé en dollars*. Pour exprimer le PIB et le PNB en dollars, la «méthode de la Banque mondiale» a été préférée à celle des Nations unies. Le taux de conversion utilisé est une moyenne pondérée des taux de change des trois dernières années, les coefficients de pondération tenant compte de la différence d'inflation entre les États-Unis et le pays considéré. Cette méthode permet d'«amortir» l'effet des fluctuations des taux de change.

• Par *population active*, on entend la population en âge de travailler, à l'exclusion des étudiants, des femmes mariées occupées aux tâches ménagères et de ceux des chômeurs qui ne recherchent pas activement un emploi. Les chômeurs ayant travaillé auparavant sont classés en tant qu'actifs de la branche à laquelle ils participaient. Les chômeurs n'ayant jamais travaillé ne sont pas comptés, l'ensemble totalise donc 100 %. [*Sources principales* : 17, 18, 13, 28, 29 et 40].

• Le *taux de chômage* est le rapport entre le nombre de chômeurs — dont la définition est très variable d'un pays à l'autre — et la population active qui, bien que la définition de base soit la même, est calculée de manière un peu différente dans chaque pays. Pour la plupart des pays développés, les chiffres indiqués sont ceux qui résultent de l'harmonisation effectuée par la CEE et l'OCDE. Cette harmonisation ne supprime cependant pas l'effet du «traitement social» du chômage, souvent plus intensif à l'approche des échéances

électorales. Pour les pays en développement, il a semblé préférable de ne pas mentionner les chiffres du chômage tellement leur interprétation est délicate. [*Sources* : 2, 17, 18 et 27].
• *Taux d'inflation*. L'indicateur choisi est le rapport entre l'indice officiel des prix à la consommation de décembre 1991, et celui de décembre 1990. [*Sources principales* : 10, 2, 14 et 19].

• *Dette extérieure*. Pour les pays du tiers monde et les pays de l'Europe de l'Est, c'est la dette brute, publique et privée, qui est indiquée. Pour certains pays, la dette est essentiellement libellée en dollars (Mexique par exemple), pour d'autres, elle est libellée en francs (suisses et français), en marks, etc. L'évolution des chiffres reflète donc autant les fluctuations des taux de change que le

PRINCIPALES SOURCES UTILISÉES

1. Bulletin mensuel de statistique, mai 1992 (ONU).
2. Principaux indicateurs économiques, mai 1992 (OCDE).
3. United Nations World Population Chart 1990 (ONU).
4. Population and Vital Statistics, n° 1, 1992 (ONU).
5. World Tables 1992 (Banque mondiale).
6. World Demographic Estimates and Projections, 1950-2025, mai 1988 (ONU).
7. Annuaire statistique de l'UNESCO 1990.
8. UNCTAD Statistical Pocket Book, ONU, 1989.
9. Statistiques financières internationales, Annuaire 1991 (FMI).
10. Statistiques financières internationales, juin 1992 (FMI).
11. An International Survey of Book Production During the Last Decades, Statistical Reports and Studies, n° 26 (UNESCO).
12. Atlas de la Banque mondiale, 1991.
13. Annuaire statistique des pays membres du Conseil d'assistance économique mutuelle 1990 (CAEM).
14. Séries «Country Profile» et «Country Report» (The Economist Intelligence Unit).
15. Étude sur la situation économique de l'Europe en 1991-92, Commission économique pour l'Europe (ONU).
16. Balance preliminar de la economia latinoamericana 1991, décembre 1991 (CEPAL).
17. Statistiques de la population active 1967-88 (OCDE).
18. Statistiques trimestrielles de la population active, n° 1, 1992 (OCDE).
19. Bulletins périodiques des postes d'expansion économique (PEE) auprès des ambassades de France dans le monde.
20. World Debt Tables 1991-92 (Banque mondiale).
21. Annuaire statistique du commerce international, 1990 (ONU).
22. Manuel de statistiques du commerce international, supplément 1989 (CNUCED).
23. Bulletin mensuel de statistique, juillet 1990, Tableau spécial D (ONU).
24. Direction of Trade Statistics, Yearbook 1991 (FMI).
25. Direction of Trade Statistics, mars 1992 (FMI).
26. Statistiques mensuelles du commerce extérieur, mai 1992 (OCDE).
27. Économie européenne, supplément A, n° 4, 1992 (CEE).
28. Annuaire de statistiques du travail 1991 (BIT).
29. Population active, évaluations 1950-80, projections 1985-2025, vol. 1-5 (BIT).
30. Informations récentes sur les comptes nationaux des pays en développement, 1990 (OCDE).
31. Trends and Projections of Enrolment by Level of Education and by Age, UNESCO, novembre 1989.
32. Prospects of World Urbanisation 1988 ; ONU, 1989.
33. World Population Prospects 1990, Population Studies n° 120, ONU, 1991.
34. Le travail dans le monde, vol. IV, Bureau international du travail, 1989.
35. OCDE en chiffres, 1992.
36. Statistical Digest 1990, UNESCO.
37. Energy Yearbook 1989, ONU.
38. État de la population mondiale 1992, FNUAP, 1992.
39. Rapport sur le développement humain 1992, PNUD, 1992.
40. Trends in Developping Economies 1991, Banque mondiale.

véritable recours à l'emprunt net. [*Sources principales* : 14, 15, 16 et 20].
• Par *production d'énergie*, on entend la production d'«énergie primaire», non transformée, à partir de ressources nationales. Est donc exclue l'«énergie secondaire» (par exemple l'électricité obtenue à partir de charbon, ce dernier ayant déjà été compté comme énergie primaire). Cependant, l'électricité d'origine nucléaire est comptée dans la production d'énergie primaire, même si l'uranium utilisé est importé. L'uranium produit par un pays et exporté n'est pas compté, en revanche, comme énergie primaire. Le rapport entre énergie produite et énergie consommée indique le degré d'indépendance énergétique du pays. [*Source principale* : 37].

Commerce extérieur

• Le *commerce extérieur*, estimé en pourcentage du PIB, est calculé en additionnant la valeur des exportations et des importations de marchandises et en divisant ce total par 2 × PIB. Ce rapport donne une indication du degré d'ouverture (ou de dépendance) de l'économie vis-à-vis des autres pays. [*Sources principales* : 2, 9, 10 et 26].
• *Commerce extérieur par produits.* Les tableaux distinguent les produits agricoles, miniers et industriels. Tous les produits alimentaires sont inclus sous la dénomination «agricoles», quel que soit leur degré d'élaboration/transformation. La dénomination «produits agricoles» correspond aux rubriques 0 + 1 + 2 − 27 − 28 + 4 de la nomenclature internationale CTCI (classification type du commerce international); elle inclut donc les produits de la pêche et de l'industrie agro-alimentaire. La dénomination «métaux et produits miniers» comprend les rubriques 27 + 28 + 68. [*Sources* : 21, 22 et 13].
La dénomination «produits manufacturés» est égale aux rubriques 5 + 6 + 7 + 8 − 68.
• *Commerce extérieur par origine et destination.* L'évaluation de la part des différents partenaires commerciaux des pays de l'Afrique au sud du Sahara, des petits pays des Caraïbes, et de quelques pays asiatiques (Birmanie et Thaïlande surtout), pose des problèmes complexes. Certains de ces pays n'ont pas communiqué leurs chiffres depuis très longtemps; pour d'autres, les chiffres fournis sont douteux. Leur commerce est donc estimé d'après les statistiques de leurs partenaires. [*Sources* : 13, 23, 24 et 26].

Francisco Vergara

Les chronologies

Dix chronologies recensent plus de cinq cents événements parmi les plus significatifs de l'année écoulée. La période de référence s'étend du 1er juin 1991 au 31 mai 1992.
Huit de ces chronologies sont présentées dans la section «Trente-sept ensembles géopolitiques», aux chapitres Afrique, Proche et Moyen-Orient, Asie, Océanie, Amérique du Nord, Amérique centrale et du Sud, Europe, Ex-empire soviétique. Les événements mentionnés ont été sélectionnés pour leur importance régionale ou internationale.
Les deux autres chronologies ont un caractère thématique : «Organisations internationales» [dans la section «Questions stratégiques»] et «Conflits et tensions» [dans la section qui porte le même nom].

Questions stratégiques

Ordre mondial : la « stratégie du homard »

A l'issue de la guerre du Golfe, au printemps 1991, la Maison Blanche avait annoncé à la planète que les États-Unis étaient prêts à assumer le rôle de leader d'un « nouvel ordre mondial ». Cette ambition — fondée sur le fait que l'Amérique est désormais la seule puissance pouvant décider d'intervenir en n'importe quel point du globe — a été confortée par le coup d'État manqué à Moscou, en août 1991, et le subséquent éclatement de l'Union soviétique.

Les fondements de ce « nouvel ordre » sont officiellement définis dans la « Directive pour la planification de défense » (*Defense Planning Guidance*) pour les années fiscales 1994-1999, rendue publique par le Pentagone à la fin mai 1992. L'objectif est de préserver et étendre le système d'alliances créé par les États-Unis depuis la Seconde Guerre mondiale — un système qui a permis de construire « une coopération soutenue entre les plus grandes puissances démocratiques ». L'Amérique devrait y exercer son leadership naturel grâce à une vaste réforme de ses forces armées et à une stratégie permettant de « déterminer le futur environnement de sécurité » de la planète, afin de parer à des menaces régionales et, le cas échéant, les combattre et les vaincre.

Circonscrire les rivalités et les menaces

Cette directive reprend — mais dans un langage diplomatique — les thèmes d'une première version qui, en février 1992, avait provoqué un scandale dans les chancelleries occidentales. Il s'agissait alors d'empêcher tout « rival potentiel même d'aspirer à un rôle plus important » — et le document de citer le Japon, l'Allemagne ou l'Inde comme des « hégémons régionaux potentiels ». Dans cette optique, Washington devait, par exemple, « prévenir l'émergence d'arrangements de sécurité euro-

péens excluant les États-Unis ». De même, il devait s'efforcer de circonscrire une éventuelle menace russe dans l'avenir, en maintenant ses missiles nucléaires pointés sur Moscou et en accordant des garanties de sécurité aux pays d'Europe centrale et orientale.

Parallèlement à cet aspect politico-militaire, la Maison Blanche est également décidée à occuper le terrain de l'organisation économique du monde. L'administration Bush a ainsi poursuivi deux objectifs majeurs en ce domaine : la conclusion des négociations du GATT (Accord général sur les tarifs douaniers et le commerce) *[577]* et la mise en place d'un Accord de libre-échange nord-américain (NAFTA) réunissant les États-Unis, le Mexique et le Canada *[391]*. Les premières visent à abaisser de manière radicale les barrières douanières au commerce international : l'Amérique, le plus grand PNB et parc industriel, la plus puissante industrie de services et le premier marché solvable homogène de la planète, espère bien en être le principal bénéficiaire. Le second est une tentative de créer un puissant bloc économique capable de dissuader toute velléité européenne ou asiatique de constituer des « forteresses » économiques régionales. La force de frappe de la NAFTA est d'autant plus crédible qu'elle a explicitement vocation à s'élargir au reste de l'Amérique latine, en particulier aux groupements qui, tel le Mercosur (Marché commun austral — Argentine, Brésil, Paraguay, Uruguay), ont commencé à renouer avec de fortes croissances.

Si l'on se réfère à la projection « Dymaxion » du planisphère qui orne la couverture de *L'état du monde*, on peut percevoir les projets américains comme une « stratégie du homard ». Les centres vitaux du crustacé sont constitués par les trois pays de la NAFTA. La queue, riche en chair, est représentée par l'Amérique

Les négociations sur le désarmement

■ *Les conséquences de l'éclatement de l'Union soviétique et les dangers de prolifération d'armes de destruction massive ont dominé les processus de désarmement au cours de l'année 1991-1992. Avec l'apparition de nouveaux États à l'Est, dont quatre puissances nucléaires — Russie, Ukraine, Kazakhstan et Biélorussie —, comment mettre en œuvre les principaux traités de contrôle des armements à peine signés ?*

Les accords soviéto-américains de réduction des armes stratégiques (START) du 29 juillet 1991 prévoyaient la mise à la casse de quelque 30 % de l'arsenal atomique des deux grands. Le tout sous un strict contrôle in situ.

Après de longues négociations sous la pression de la Maison Blanche, les quatre héritiers de la force de frappe soviétique ont signé, en mai 1992, à Lisbonne, un accord avec les États-Unis, l'Ukraine, le Kazakhstan, la Biélorussie et la Russie adhérant au traité START. En outre, les trois premiers se sont engagés à renoncer aux armes atomiques et à adhérer au traité de non-prolifération nucléaire (TNP).

Lors du sommet russo-américain de Washington, le 16 juin 1992, Georges Bush et Boris Eltsine ont décidé d'aller bien au-delà de leurs accords START : jusqu'en 2003, les têtes nucléaires devront être réduites à 3 000-3 500 pour chaque partie et la catégorie des missiles à têtes multiples basés au sol sera totalement éliminée. En outre, la Russie a accepté l'idée de participer au projet américain de « système global de protection » (GPS) *anti-missiles, ce qui implique la révision du traité ABM (missiles anti-balistiques) de 1972.*

Un processus de négociation analogue a été nécessaire pour reconfirmer le traité de réduction des armements conventionnels en Europe (CFE). Le 6 juin 1992, à Oslo, les treize pays de l'ex-pacte de Varsovie (dissous en 1991) se sont à nouveau engagés à respecter le traité. Cela a également permis, en juillet 1992, de boucler les négociations sur un accord CFE-1A qui stipule de fortes réduction des effectifs militaires. Le traité dit « Ciel ouvert », signé le 24 mars 1992, à Helsinki, et qui ouvre l'accès aux espaces aériens de « Vancouver à Vladivostok » pour des vols de contrôle militaire, a complété ce « paquet » de désarmement européen.

Concernant la prolifération des armements, une rédaction définitive du traité sur l'interdiction des armes chimiques, négocié depuis 1968, a finalement été mise au point en juillet 1992, et déjà 50 États avaient annoncé leur intention d'y souscrire.

Par ailleurs, les 27 pays industrialisés membres du Groupe des fournisseurs nucléaires se sont également mis d'accord, le 3 mai 1992, pour limiter la vente de machinerie ou matériel pouvant aussi être utilisé pour la fabrication d'une bombe atomique. De son côté, la Chine a finalement accepté, le 10 mars 1992, de signer le traité de non-prolifération nucléaire (TNP), de même pour la France, qui l'a ratifié le 3 août.

Alfredo G. A. Valladão

latine. Cet arthropode géopolitique exerce son influence grâce à deux formidables pinces : les alliances militaires qui lui permettent d'encadrer d'un côté l'Europe occidentale, de l'autre, le Japon et l'Asie-Pacifique. Entre les deux : les zones de turbulence de l'ex-empire soviétique et du monde musulman sur lesquelles l'animal projette ses antennes et où il est possible, selon les enjeux, d'intervenir directement ou pas.

Il ne suffit évidemment pas de tracer les plans d'un leadership mondial, encore faut-il avoir l'autorité pour le imposer. Or, l'année 1991-1992 a mis à rude épreuve les capacités de l'élite dirigeante américaine à organiser le monde selon ses vœux. D'abord, la disparition de l'URSS a rallumé une multitude de tensions et de foyers de conflits régionaux, en Europe de l'Est, dans le Caucase ou en Asie centrale. Ensuite, confrontés à la montée des périls et à la crainte de se retrouver comme simples supplétifs de la puissance américaine, les alliés japonais et surtout ouest-européens ont cherché à se donner une plus grande autonomie de décision. Enfin, les tenants du « nouvel ordre mondial » ont dû affronter tous ceux qui, aux États-Unis même, craignent d'être les laissés-pour-compte de cette grande stratégie planétaire. Or, la montée des sentiments « isolationnistes » et protectionnistes a coïncidé avec la campagne présidentielle, la « stratégie du homard » devenant l'otage du jeu électoral américain.

Les problèmes posés par la disparition de l'URSS

Le décès de l'URSS et la non-réalisation de fait de son avorton, la Communauté d'États indépendants (CEI), ont tout d'abord mis en cause l'un des principaux axes de la politique de sécurité américaine et occidentale : les grands accords de réduction des armes nucléaires stratégiques (START) et sur les forces conventionnelles en Europe (FCE), signés en 1990 et 1991. L'Union soviétique — le seul État pouvant

menacer directement les États-Unis — a laissé la place à quatre puissances nucléaires : Russie, Ukraine, Biélorussie et Kazakhstan. A force de promesses et de pressions, la diplomatie américaine a fini par obtenir l'adhésion des nouveaux États aux accords START et même l'engagement de Kiev, de Minsk et de Alma-Ata de renoncer au nucléaire militaire. Néanmoins, le 16 juin 1992, lors d'un sommet russo-américain à Washington, G. Bush et B. Eltsine sont allés encore plus loin en annonçant un spectaculaire accord de réduction des armes stratégiques, beaucoup plus ambitieux que START [21]. Il restait encore à mettre en œuvre la destruction effective des armements agréés dans ce traité et le déploiement du lourd système de vérification in situ. Une gageure, compte tenu de la désorganisation de l'espace ex-soviétique.

Le même problème s'est posé en matière de désarmement conventionnel. Le traité FCE stipule des coupes claires dans les arsenaux de pays européens de l'Atlantique à l'Oural. Mais comment répartir les réductions attribuées à l'URSS entre les États successeurs ? D'autant que les revendications territoriales et les tensions nationalistes n'encouragent pas le désarmement — il suffit de penser à la Crimée, à la Transdniestrie, en Moldavie, ou au Haut-Karabakh. Le traité FCE, après consultations entre les nombreux États, a cependant été à nouveau approuvé par tous les pays concernés, le 5 juin 1992. Les traités START et FCE permettent en réalité un contrôle occidental serré sur le potentiel militaire des pays de l'ex-pacte de Varsovie, qui sont pour la plupart confrontés à de graves tensions externes et internes. Mais dans la situation de chaos économique et social que vit l'ancien bloc communiste, ces traités ne sont pas toujours suffisants face au danger de prolifération non seulement des armes de destruction massive — et du savoir-faire en ce domaine — mais aussi de la haute technologie militaire « classique ».

Assoiffées de devises, la Russie,

l'Ukraine ou la Slovaquie bradent les produits de leurs industries militaires. La vente, au printemps 1992, de technologie de missiles soviétiques à l'Inde, a créé une certaine tension entre Moscou et Washington qui s'y était formellement opposé. La disponibilité russe et ukrainienne à fournir des armes ultra-modernes à la Chine — des avions de combat Su-27, jusqu'à un porte-avions — pourrait facilement devenir une pomme de discorde majeure avec les États-Unis. Le «nouvel ordre» devra vite tenir compte aussi de l'aspiration des dirigeants de Moscou à voir renaître la puissance russe.

L'OTAN et la sécurité en Europe

En Europe, le projet américain se fonde sur un renforcement de l'OTAN (Organisation du traité de l'Atlantique nord) et un élargissement de ses compétences. L'organisation atlantique est en effet la seule qui établit formellement le leadership des États-Unis vis-à-vis des alliés européens. Lancée au pas de charge dès juin 1991, la réforme de l'alliance occidentale s'est heurtée à la volonté de certains États ouest-européens — la France en tête — d'assurer à l'Europe des Douze une plus grande indépendance en matière de politique étrangère et de sécurité.

Les partisans d'une autonomie européenne dans ces domaines ont en effet manifesté deux types d'inquiétudes. D'une part, ils craignent que les sentiments isolationnistes aux États-Unis ne débouchent sur un retrait massif des troupes américaines d'Europe, laissant le Vieux Continent sans garanties solides de sécurité. De l'autre, ils ont pris conscience des dangers que font courir au processus de construction européenne la disparition de l'adversaire soviétique, le chaos qui s'est installé en Europe centrale et orientale, et la dynamique enclenchée par l'unification allemande. L'accord sur l'Union européenne passé en décembre 1991 à Maastricht — lui aussi négocié au pas de charge, presque dans la précipitation — a correspondu avant

tout à une tentative de serrer les rangs face aux périls qui montent, une fuite en avant vers l'intégration politique pour exorciser les démons de la désagrégation.

Les divergences euro-américaines se sont cristallisées, elles, autour du rôle dévolu à l'Union de l'Europe occidentale (UEO) — seul organisme collectif où les Européens peuvent débattre de leur sécurité sans la présence des États-Unis. La France, en particulier, voudrait y voir le cadre d'une organisation européenne de défense indépendante sous l'autorité directe de l'Union européenne. Les États-Unis, suivis par les Britanniques, les Néerlandais et les Italiens, voudraient en faire le «pilier européen» de l'OTAN — donc soumis aux mécanismes de l'alliance qui garantissent le leadership américain. Le débat n'a pas été clos, mais la balance a semblé pencher plutôt du côté des «atlantistes» : la mise en place des nouvelles structures militaires de l'OTAN laisse en effet peu d'espace à un système analogue se développant en parallèle. Il est vrai également que l'impuissance — et les divergences — des Européens face à la guerre en Yougoslavie n'a pas rehaussé la crédibilité d'une UEO indépendante. La décision franco-allemande, le 22 mai 1992, de créer un corps d'armée réunissant les forces des deux pays (Eurocorps) et ayant vocation à devenir l'embryon d'une armée européenne, a toutefois relancé la polémique. Elle a également mis en lumière l'ambiguïté des positions allemandes en la matière : alors que Paris affirma cette vocation sans ambages, Bonn protesta auprès de Washington qu'il ne s'agissait là que d'un moyen pour ramener les Français dans le bercail de l'OTAN.

La diplomatie américaine, quant à elle, a réussi à consolider la place de l'organisation atlantique dans l'Europe de la post-«guerre froide». En novembre 1991, sous l'impulsion de George Bush, l'alliance a créé le Conseil de coopération nord-atlantique (COCONA), une nouvelle structure permettant un dialogue et

BIBLIOGRAPHIE

P. Boniface (sous la dir. de), *L'Année stratégique 1992. Les équilibres militaires (The Military Balance*, IISS), Dunod/Institut de recherche international Servier, Paris. 1992.

M.-F. Durand, J. Lévy, D. Retaillé, *Le Monde : espaces et systèmes*, Presses de la FNSP/Dalloz, Paris, 1992.

A. Fontaine, *L'un sans l'autre*, Fayard, Paris, 1991.

R. Fossaert, *Le Monde du xxie siècle. Une théorie des systèmes mondiaux*, Fayard, Paris, 1991.

GRIP, *Mémento Défense Désarmement 1992* (annuel), Bruxelles, 1992.

IFRI, *Ramsès 92. Système économique et stratégies*, Dunod, Paris, 1991.

Z. Laïdi, *L'Ordre mondial relâché. Sens et puissance après la guerre froide*, Presses de la FNSP & Berg Publishers, Paris, 1992.

P. Lellouche, *Le Nouveau Monde : de l'ordre de Yalta au désordre des nations*, Grasset, Paris, 1992.

P. Moreau Defarges, *Problèmes stratégiques contemporains*, Hachette, Paris, 1992.

SIPRI Yearbook 1991, World Armaments and Disarmaments (annuel), Oxford University Press, Oxford, 1991.

des actions communes dans le domaine de la sécurité avec les États ex-communistes sans pour autant leur accorder la qualité de membres de l'OTAN. Cela s'est accompagné de la décision, le 4 juin 1992, de mettre les forces et infrastructures de l'alliance au service de la Conférence sur la sécurité et la coopération en Europe (CSCE) pour des missions de maintien de la paix, de l'Atlantique à l'Oural. Pour la première fois depuis sa création, l'OTAN s'est ainsi donné la possibilité d'intervenir hors de la zone d'application du traité et autrement que de manière strictement défensive.

Parallèlement, Washington a tenté de renforcer son véritable droit de regard sur les marchés de la haute technologie militaire en invitant les pays de l'ex-pacte de Varsovie — Russie comprise — à adhérer au Cocom (Comité de contrôle des exportations multilatérales), organisme qui, tout au long de la «guerre froide» et sous la houlette des États-Unis, a géré les transferts de technologies «sensibles». Cette offre s'est accompagnée de la promotion d'un vaste projet qui ferait des États-Unis le maître d'œuvre d'une coopération en matière de hautes technologies regroupant les Européens de l'Ouest et de l'Est (Russie incluse) : un bouclier anti-missiles, version réduite de l'IDS (Initiative de défense stratégique) chère à Ronald Reagan, le GPALS (Protection globale contre des attaques limitées). Un projet qui a déjà reçu l'aval de B. Eltsine, le 17 juin 1992, à Washington.

Vigilance en Asie-Pacifique

En Asie-Pacifique, dans l'autre pince du «homard» géopolitique, Washington a également enregistré quelques succès dans son combat contre les tentatives d'autonomie régionale. Les programmes de réarmement chinois et indien, la menace d'une future arme atomique nord-coréenne, ainsi que la volonté — encore timide — du gouvernement japonais de jouer un rôle militaire plus adapté à sa puissance économique inquiètent tous les États de la zone. A telle enseigne, que la fin de la «guerre froide» s'est traduite par une course aux armements régionale — en Asie du Sud-Est en particulier.

Pour la plupart des « petits » pays, les États-Unis apparaissent donc comme la seule puissance pouvant garantir les équilibres entre les prétendants à l'hégémonie dans la région.

Washington a su en profiter pour renforcer ses liens militaires bilatéraux, le meilleur exemple étant l'accord passé avec Singapour pour l'utilisation de facilités navales et aériennes, compensant en partie la fermeture, en 1992, des bases américaines aux Philippines. En mars 1992, le Pentagone a lancé la doctrine *Vigilance dans la coopération* : un réseau — organisé par les États-Unis — de relations et accords militaires avec les États de la région Asie-Pacifique. Mais ces derniers, à la mi-1992, hésitaient à franchir un tel pas.

Par ailleurs, la Maison Blanche a tout fait pour désamorcer une éventuelle course aux armements nucléaires entre la Corée du Nord, la Corée du Sud et le Japon.

Forts de leur position de « Monsieur-bons-offices » musclé en Asie-Pacifique, les États-Unis ont pu s'attaquer à un défi plus important : la compétition économique. Le voyage de George Bush au Japon en janvier 1992, pourtant si décrié par la presse américaine, a marqué un tournant dans les relations nippo-américaines. Tokyo s'est vu en effet confronté concrètement aux limites politiques de sa stratégie économique. Après le passage du président américain, les Japonais n'ont fait que multiplier les concessions en matière commerciale pour sauvegarder de bonnes relations avec Washington et éviter des sanctions commerciales qu'ils n'auraient pas les moyens de combattre efficacement.

En Asie du Sud-Est, les États-Unis ont également réussi à écarter l'idée lancée par la Malaisie de transformer l'ANSEA (Association des nations du Sud-Est asiatique) en un marché commun analogue à la CEE. Contre cette « forteresse Asie », la Maison Blanche, appuyée par l'Australie et la Nouvelle-Zélande, a mis en avant l'APEC (Coopération économique Asie-Pacifique) qui associe tous les pays de la région et les États-Unis. Malgré les réticences de certains États de l'ANSEA (laquelle a décidé de créer une zone de libre-échange limitée), Washington a obtenu, le 24 juin 1992, que l'APEC soit transformée en une institution permanente dotée d'un secrétariat.

Si les architectes américains du « nouvel ordre » sont restés impuissants face à plusieurs crises majeures (Yougoslavie, Caucase) ou au piétinement des négociations de paix au Proche-Orient ouvertes par la conférence de Madrid en janvier 1992, le maintien de leur leadership vis-à-vis de leurs principaux alliés — Europe et Japon — et de la Russie a été un succès. Celui-ci pourrait d'ailleurs être conforté par l'Accord nord-américain de libre-échange (NAFTA) signé le 12 août 1992 avec le Canada et le Mexique, qui a ouvert la perspective, d'ici l'an 2000, d'un marché de 350 millions de consommateurs.

La campagne électorale et les déchirements internes aux États-Unis pourraient cependant mettre en cause cette ambition planétaire de l'élite américaine au pouvoir. George Bush et son adversaire démocrate, Bill Clinton, ne sont pas très éloignés en matière de politique extérieure. Mais l'Amérique qui souffre du « primat de la politique étrangère », celle qui dit « l'Amérique d'abord », celle qui semblait se retrouver derrière le milliardaire texan Ross Perot, populiste, isolationniste et protectionniste, celle-là n'a pas dit son dernier mot. L'avenir du « nouvel ordre mondial » et de la « stratégie du homard » dépendra également de tous ceux qui, aux États-Unis, ont aussi perdu la « guerre froide ».

Alfredo G.A. Valladão

Vernis démocratique
et dérives néo-populistes

26

Les bouleversements internationaux intervenus à partir de 1989 ont profondément troublé le fonctionnement interne des sociétés politiques. A un monde de « guerre froide » ou de coexistence pacifique, succède un ordre international beaucoup plus fluide, dans lequel les régimes politiques ne peuvent plus s'alimenter des effets de la concurrence idéologique ni être protégés par les patronages de grandes puissances rivales. Par ailleurs, l'échec du modèle d'État importé dans les sociétés extra-occidentales renforce, çà et là, la contestation de ses crispations autoritaires ainsi que de ses pratiques de corruption. Il n'en a pas fallu plus, à certains dirigeants occidentaux ou à certains intellectuels, comme l'Américain Francis Fukuyama, pour proclamer que l'universalisation du modèle démocratique est en marche et que plus rien ne saurait l'arrêter. La thèse est pour le moins incertaine : le début de la décennie quatre-vingt-dix a surtout marqué l'ambiguïté de cette tendance à la démocratisation et l'émergence très significative d'un néo-populisme qui, souvent, lui sert de substitut.

La démocratie comme alibi

Cette ambiguïté est double : la référence démocratique est davantage l'alibi d'une contestation plus large qu'une mobilisation politique construite ; les formules de pouvoir mises en place un peu partout révèlent souvent des réalisations fragiles, mal adaptées, parfois sans lendemains. Les cas de manipulation symbolique sont, au total, plus nombreux que les acquis concrets : la vogue pro-démocratique relève plus de l'idéologie que du constat sérieux. L'essor des particularismes et des revendications micro-communautaires apparaît aussi très vite derrière le discours de démocratisation : présentée comme un mouvement d'émancipation des tutelles dictatoriales respectives de Mengistu Haïlé Mariam et de Syad Barre, les guerres civiles éthiopienne et somalienne ont débouché sur une concurrence active entre organisations qui se disaient démocratiques mais qui mobilisaient surtout sur des bases ethniques ou claniques. L'extinction de la République populaire du Congo (marxiste-léniniste) n'a pas seulement marqué le retour à l'ordre qui précédait la mise en place de ce régime autoritaire : il a aussi consacré une réactivation du tribalisme, du régionalisme et du « villagisme ». L'Afrique n'a pas le monopole de cette confusion des genres : la volonté affichée, en Russie et dans certains pays est-européens, de précipiter la mise en place d'un ordre constitutionnel imité des démocraties occidentales a difficilement masqué l'incapacité de traiter institutionnellement les processus de décomposition des anciens ensembles nationaux.

L'alibi démocratique peut avoir d'autres fonctions. En réclamant des élections libres et en s'imposant, notamment en Algérie, comme les partisans d'un jeu politique concurrentiel, les mouvements revivalistes font valoir, en monde musulman (l'islamisme) comme en Inde (l'hindouisme militant), l'importance sociologique de leurs soutiens. Derrière la condamnation facile d'un ordre politique plus ou moins autoritaire, ils cristallisent en fait tout un ensemble de frustrations qui se révèlent plus populaires que l'affirmation démocratique : dégradation des sociétés urbaines, de l'emploi, des conditions matérielles de vie, migration rurale mal maîtrisée, aliénation culturelle renforcée. Derrière le débat sur la suspension, en janvier 1992, du processus électoral engagé et la mise en place d'un exécutif provisoire dont la présidence a été confiée à Mohamed Boudiaf, la société algérienne aura eu du mal à dissimuler la réalité de ses vrais problèmes : crise économique, crise sociale, crise d'identité, au milieu desquelles la revendication démocratique aura fait figure de caution et d'instrument. Les émeutes qui ont éclaté en mai 1992 en Thaïlande contre le gouvernement du général Suchinda ont également mis en scène tous les oubliés d'un développement économique qui profite presque exclusivement à un secteur industriel « enclavé » et à une petite élite corrompue.

Certes, l'aspiration démocratique est loin d'être illusoire : les émeutes urbaines qui explosent régulièrement un peu partout, en son nom, marquent aussi une exaspération profonde à l'encontre de l'autoritarisme, du paternalisme, de la corruption et de l'intransigeance. L'exemple des mobilisations estudiantines intervenues en 1990-1992 en Côte d'Ivoire aura été de ce point de vue probant, et en particulier l'identification des jeunes à la personne du leader de l'opposition, Laurent Gbagbo. Pourtant, ce type d'exaspération a d'autant plus de mal à se transformer en soutien actif à la cause démocratique qu'elle s'alimente de plus en plus consciemment d'un constat désabusé sur les impasses du développement, les effets de la dépendance, l'inexistence d'une élite capable de faire sienne la construction démocratique et l'absence de modèles politiques alternatifs clairement définis.

Prégnance de l'autoritarisme et contraintes de la « realpolitik »

Aussi les réalisations ont-elles été, un peu partout, bien souvent sans lendemains. Accueillies comme un événement majeur, les « conférences nationales » réunissant pouvoir et oppositions en Afrique francophone n'ont jamais réellement abouti, sauf, peut-être, au Bénin (des alternances par voie électorale ont cependant également eu lieu dans le calme au Cap-Vert et à São Tomé et Principe). Les régimes autoritaires du Zaïre et

du Togo, quant à eux, un moment ébranlés, ont été consolidés, souvent grâce à des appuis extérieurs. Les pouvoirs contestés du Cameroun, de Côte d'Ivoire, du Gabon et de Madagascar ont pu traverser — au moins temporairement — la « tourmente ». Autre cas de figure : le Pérou ; arrivé démocratiquement au pouvoir en juin 1990, le président Alberto Fujimori a pris, en 1992, des mesures d'exception, suspendant plusieurs dispositions constitutionnelles. S'agissant de telles ruptures constitutionnelles, les pressions internationales se sont révélées plutôt ambiguës : malgré une réaction vigoureuse des Nations unies et de l'OEA (Organisation des États américains), le président élu d'Haïti, Jean-Bertrand Aristide, n'est pas revenu au pouvoir après le coup d'État militaire du 30 septembre 1991, tandis que l'ouverture diplomatique et économique des puissances occidentales et de l'Inde en direction de la Chine a semblé refermer la parenthèse du boycott qui avait suivi la répression des manifestations de Tian An Men, en juin 1989. L'apparente pression du monde occidental pour universaliser le modèle démocratique a ainsi trouvé plusieurs fois ses limites dans les impératifs de la « *realpolitik* » et dans ceux du clientélisme d'État.

Les recettes du populisme

Plus gravement peut-être, la démocratisation est apparue entravée par le défaut d'adaptation du modèle importé de gouvernement représentatif à des sociétés dont l'histoire, la culture et la structure sociale réclament l'invention de formules inédites. La recherche fiévreuse, notamment en Afrique et en Asie, de formes de démocratie prenant en compte la société locale et les communautés ne progresse pas : les élites sont alors encouragées à se détourner du rôle d'entrepreneur de la démocratie et à lui préférer les recettes du populisme. Celles-ci ont connu, ces dernières années, un retour en force qui rappelle certains

28

BIBLIOGRAPHIE

F. Fukuyama, *La Fin de l'histoire et le dernier homme*, Flammarion, Paris, 1992.

« Les chemins de la démocratie », *Politique africaine*, n° 43, Paris, oct. 1991.

J.-F. Médard, *États d'Afrique noire. Formations, mécanismes et crises*, Karthala, Paris, 1991.

A. Touraine, *La Parole et le Sang. Politique et société en Amérique latine*, Odile Jacob, Paris, 1988.

traits idéologiques et pratiques qui faisaient fortune du temps de Juan Domingo Perón en Argentine (1946-1955) et de Getulio Vargas au Brésil (1934-1945 et 1950-1954), et que l'on désigna comme péronisme et gétulisme. Le populisme demeure une technique de gouvernement permettant au leader de récupérer l'exaltation d'un principe populaire afin de contrôler d'autant mieux le processus de mobilisation politique. Il procède par inversion des rôles : au lieu d'éduquer, de responsabiliser et d'accomplir une fonction programmatique, le dirigeant populiste procède par redondance, reprenant à son compte, pour la dévoyer plus ou moins, une inclination marquante de la population. La pratique s'établit, en Amérique latine, dans le monde arabe, en Europe orientale, et jusque dans l'espace occidental : son recours se fait pourtant sur des bases fragiles et il en dérive un modèle hybride, néo-populiste, qui s'impose comme un substitut dangereux aux espoirs déçus de démocratie.

Ce réaménagement de la pratique populiste s'explique par l'originalité du contexte qui favorise sa réémergence. Sur le plan international, le leader populiste ne s'alimente plus du tiers-mondisme d'antan, autrefois conforté par l'idéal du non-alignement et par la volonté de prendre ses distances par rapport à l'Ouest comme par rapport à l'Est. Le nationalisme triomphant de l'immédiate après-guerre a laissé place aux incertitudes identitaires, tandis que la confirmation de l'hégémonie américaine et les pressions du FMI (Fonds monétaire international) réduisaient la marge de manœuvre des gouvernements du Sud. Sur le plan politique, la valorisation de l'État-nation et du « Parti » ne fait plus recette, tandis que les formules de légitimation du prince sont partout en crise : écartelées entre le revivalisme, en monde musulman ou en Inde, le renouveau des sectes, en Amérique latine ou en Afrique, et la régression des capacités distributives des États, elles laissent la place à la magie du verbe, du symbole ou de la démagogie. Plus profondément, les sociétés traversent une crise du politique, accusant une séparation de plus en plus dramatique entre, d'une part, les dynamiques sociales, les nouveaux mouvements sociaux, les nouvelles formes de communalisation et, d'autre part, des institutions figées et un personnel politique soucieux de pérennisation. Les démocraties occidentales elles-mêmes n'y échappent pas, consacrant l'étonnante popularité d'un indépendant, Ross Perot, face aux candidats des deux grands partis américains lors de la campagne pour les élections présidentielles, ou faisant l'affaire d'un néo-populisme incarné en France, dans les sensibilités les plus diverses, par le Front national de Jean-Marie Le Pen (extrême droite), le discours d'un communisme à la dérive (ou encore par Bernard Tapie, homme d'affaires proche des socialistes).

Dans ces conditions, le glissement vers le néo-populisme est multiforme et parfois surprenant. Sur le mode radical, il « conflictualise » systématiquement et sans souci programmatique tous les thèmes qui prêtent à frustration. Cela peut avoir pour but soit d'étayer une entreprise de contestation, comme le FIS (Front islamique du salut) algérien, le BJP indien (Bharatiya Janta Party, nationaliste hindou), le *Rifah* turc ou les bras séculiers du messianisme des sectes latino-américaines, soit d'activer les soutiens en faveur d'un régime devenu fragile, comme celui de Saddam Hussein en Irak, ou Mouammar Kadhafi en Libye. Dans ce dernier cas de figure, la recette gouvernementale possède des prolongements diplomatiques, voire militaires : le leader populiste cherche à engranger des soutiens plébéiens, chez lui ou ailleurs, en dénonçant l'ordre international ou en le défiant.

Le verbe et les symboles

Cependant, la variante la plus répandue du néo-populisme cherche à allier le réalisme international à une crispation autoritaire compensée essentiellement par une parole attractive. Les princes qui y recourent se veulent bons élèves sur le plan international et sur celui, évidemment lié, de l'économie et des finances : A. Fujimori au Pérou, Carlos Menem en Argentine ou Carlos Salinas de Gortari au Mexique, comme la plupart des dirigeants de l'Europe de l'Est, activent les processus de libéralisation, voire les assainissements financiers les plus drastiques, donnent des gages à la diplomatie américaine. En même temps, Lech Walesa, en Pologne, a réclamé un renforcement de l'exécutif, A. Fujimori s'est doté de pouvoirs spéciaux, C. Menem s'est lancé dans une lutte active contre la corruption lui permettant aussi de neutraliser ses rivaux.

Radicaux ou modérés, contestataires ou gouvernants, les néo-populistes font surtout usage du verbe et du symbole. Parfois accompagnement de mesures impopulaires, parfois mode de légitimation d'entreprises internationales aventureuses, ce populisme de la parole est bien commun à tous : flattant l'honneur du peuple arabe ou le droit des déshérités à la justice au sein du monde musulman, déployant les symboles nationaux, comme Boris Eltsine en Russie ou plus dramatiquement, Slobodan Milosevic en Serbie, ressuscitant les vieux populismes religieux, voire l'antisémitisme, à l'est ou au centre de l'Europe, mettant en scène l'africanité ou l'indianité dans les nouveaux mouvements religieux sectaires... Tous ces acteurs délaissent l'élaboration programmatique de solutions politiques pour privilégier les instruments confortables d'une communication dont on sait par avance qu'elle fera mouche. L'effet net du populisme est d'éradiquer de plus en plus gravement toute chance de débat politique.

Bertrand Badie

Système international
Un double relâchement

Au lendemain de la chute du mur de Berlin (9 novembre 1989), le système international paraissait gagné par l'uniformisation idéologique (la mondialisation de l'économie de marché) et la multipolarisation stratégique. Le défi politique majeur semblait alors porter sur la durée du processus de transition vers la « démocratie de marché » dans les anciens pays de l'Est, mais également dans les pays du Sud. La réunification de l'Allemagne, le caractère de plus en plus affirmé de la puissance économique nippone et la fin de la rivalité stratégique entre l'Est et l'Ouest conduisirent, trop rapidement peut-être, certains observateurs à en déduire que les relations économiques deviendraient l'axe cardinal

BIBLIOGRAPHIE

Z. LAÏDI (sous la dir. de), *L'Ordre mondial relâché. Sens et puissance après la guerre froide*, Presses de la FNSP & Berg Publishers, Paris, 1992.

des relations internationales de l'après-guerre froide.

Survint alors la crise du Golfe de 1991-1992. Celle-ci parut très vite devoir troubler cet ordonnancement paisible du monde sans que l'on en sût alors la signification. S'agissait-il d'une parenthèse dans un processus d'apaisement du monde ? le reliquat d'une crise que la fin de la guerre froide n'aurait guère eu le temps de solder ? la préfiguration d'une nouvelle donne mondiale où la fin du contrôle bipolaire déchaînerait des dynamiques régionales jusque-là contenues ? l'amorce d'un conflit Nord-Sud qui deviendrait l'axe constitutif du nouveau système international ?

Raison des États et droits de l'homme

Dans ce jeu interprétatif aux règles inédites, une seule donnée est apparue irréfragable : elle concerne les États-Unis. Le monopole quasi absolu qu'ils exercèrent tant dans l'énonciation du conflit que dans son règlement donna tout son sens à la thèse de l'unipolarité du système international. Aux yeux de ses tenants, le monde ne serait plus en fait dominé que par une superpuissance, dont l'affaissement économique serait largement compensé par un pouvoir hégémonique (visant à rendre sa domination légitime aux yeux de ceux qui la subissent) et une force militaire inégalée. Le facteur diplomatico-stratégique, trop rapidement remisé, se trouva de nouveau réévalué. La discrétion politique conjointe de l'Allemagne et du Japon pendant la guerre du Golfe a redonné vie à des grilles de lecture classiques du système international. Le rôle des États serait fondamental, car la force militaire resterait *in fine* l'instrument ultime de régulation du système international. C'est dans ce contexte que les États-Unis ont lancé l'idée de nouvel ordre mondial, fondé sur deux logiques : celle des États, et notamment les plus puissants d'entre eux (renforcement du rôle du Conseil de sécurité des Nations unies) ; celle de la société civile internationale (légitimation du droit d'ingérence).

Le nouvel ordre international aspire ainsi à reposer sur un point d'équilibre optimal entre la raison des États (les plus puissants du système international) et une aspiration mondiale au respect des droits de l'homme, quitte à entretenir confusions et silences. Confusion sur le concept même de «souveraineté onusienne», qui assimile le consensus des États occidentaux à un consensus planétaire. Silence aussi sur l'articulation que l'on prétend établir entre le système interétatique et la société civile internationale. En effet, à supposer que le consensus entre États occidentaux soit réellement en mesure de traduire les «demandes» de la société civile internationale, il reste à savoir qui pourra contrôler ou infléchir le consensus entre les plus puissants de ce monde.

Moins de deux ans après la fin de la guerre du Golfe, cette représentation optimiste et lénifiante du nouvel ordre mondial apparaissait engloutie par le mouvement d'entropie politique de l'ancienne Union soviétique, l'incapacité de la société internationale — et notamment des Nations unies — à contrôler les fureurs nationalistes en Europe — singulièrement en Yougoslavie —, l'extrême fragilité du processus de transition politiques engagés à l'Est, les incertitudes qui pesaient sur les processus de passage au marché dans ces mêmes pays. A cela, on peut ajouter le clivage sensible entre la puissance diplomatico-stratégique des États-Unis et ses distorsions économiques internes, l'inadaptation du jeu de la dissuasion aux nouvelles menaces nucléaires, la sélectivité des exigences de respect de la démocratie, le refus des États du Nord d'étendre le principe de sécurité collective au champ des rapports économiques Nord-Sud (le nouvel ordre mondial est totalement muet sur la restructuration des rapports économiques). Enfin, l'idée selon laquelle la légitimité onusienne pourrait être autre chose que l'expression d'un consensus entre les puissances du Nord sur leurs priorités politiques n'a fait aucun progrès.

Au Moyen-Orient, le maintien au pouvoir de Saddam Hussein malgré la sévérité de son échec militaire de 1991 a bien montré la confusion qui a pu être faite entre la capacité des États-Unis à *dominer* une région (empêcher la constitution d'une dynamique régionale autonome contraire à leurs intérêts) et leur capacité à la *contrôler* (donner un sens préétabli à l'action des acteurs régionaux). Cette différence est fondamentale dans un système international de plus en plus relâché. Ainsi, face aux républiques de l'ancienne Union soviétique, l'Occident s'est trouvé en position de domination politique quasi absolue. Ce rapport de forces très favorable ne lui a pas conféré pour autant le pouvoir de contrôler le rythme de délitement de l'ancien empire.

Le triomphe du transitoire et de l'ambivalent

Ainsi, en moins de deux années, le système international aura révélé son caractère extrêmement cyclothymique : il sera passé d'une perception euphorique et « cumulative » de l'ordre international (des conquêtes politiques universelles auraient été enregistrées, dont les effets se cumuleraient dans le temps : la « démocratie ») à une représentation plus

« relâchée » de l'ordre mondial. Comment, dans de telles conditions, est-il encore possible de réfléchir au nouveau monde sans succomber à deux travers : extrapoler certains faits provisoires pour en tirer des conclusions générales hâtives ou, *a contrario*, renoncer à comprendre au prétexte que « tout est chaos ». Deux constats permettent d'esquisser des pistes de réflexion.

Ce qui fait la richesse et la complexité de cette période, ce n'est pas seulement la fin du communisme, mais la conjonction de ce facteur historique majeur et de la transformation des règles du jeu planétaire. Parmi ces transformations figure au premier plan l'érosion du rôle des États, le fait qu'aujourd'hui tout devient international, que chacun est dans sa vie quotidienne un acteur du système international. C'est la raison pour laquelle on pourrait d'ailleurs non plus parler de *système international*, mais de *système social mondial*. On assiste donc aujourd'hui à un *double relâchement de l'ordre mondial* : géostratégique avec la fin de la guerre froide, et structurel avec la mondialisation de la plupart des phénomènes sociaux. Mais si les frontières entre l'externe et l'interne s'estompent ou se déplacent, très vite se fera ressentir le besoin de tracer de nouvelles frontières. De ce point de vue, la mondialisation est loin d'être un phénomène univoque et linéaire.

Un second constat mérite attention : dans un monde devenu complexe où les dynamiques internationales se juxtaposent ou s'entrechoquent, l'important est moins de savoir comment tout cela finira par se clarifier, mais de comprendre comment des concepts ou des réalités que l'on avait pour habitude d'opposer de manière irréductible peuvent se compléter et coexister dans l'avenir. Il importe moins de savoir si la sécurité de l'Europe sera « européenne » ou « américaine » que de se demander comment ces deux logiques peuvent parfaitement s'emboîter. Il importe moins aujourd'hui de se demander à longueur d'articles et de livres si le monde repose sur une structure « unipolaire » ou « multipolaire » que de comprendre comment il peut être simultanément les deux à la fois. En effet, si par certains aspects diplomatiques ou stratégiques le monde de l'après-guerre froide épouse une forme unipolaire, il en revêt par d'autres une configuration multipolaire. Les réalités sont dans les faits encore plus complexes. Dans le champ économique, si l'État n'est pas mort — son rôle reste considérable, par exemple dans la régulation du commerce international —, il devient de plus en plus difficile d'établir des relations d'équivalence entre la puissance industrielle, financière, technologique ou scientifique des différents États. De surcroît, l'interpénétration des processus rend difficile l'identification « nationale » de telle ou telle production ou de recherche. Certaines voitures japonaises fabriquées aux États-Unis ne sont-elles pas plus américaines que certaines voitures américaines qui utilisent beaucoup de composants importés ? Le développement de phénomènes et de processus à la fois *dématérialisés* et *déterritorialisés* constitue un formidable défi à l'analyse des relations internationales de l'après-guerre froide. Les instruments d'analyse doivent être reconsidérés de manière à commencer à penser un monde où triomphent le transitoire, l'instable, le désarticulé et l'ambivalent.

Zaki Laïdi

Le traité de Maastricht et l'avenir de l'Europe

Le traité sur l'Union européenne signé le 7 février à Maastricht est à l'effondrement du bloc de l'Est ce que le traité de Rome fut à la « guerre froide » : une réponse collective des nations ouest-européennes à un défi géopolitique redoutable.

Hier, en 1957, six États naguère encore ennemis décidaient de s'organiser en aire de co-prospérité, sous l'égide militaire américaine, pour offrir à leurs citoyens des perspectives économiques attractives, de nature à les soustraire à l'impérialisme soviétique. En 1992, les mêmes États, et six autres, se sont fixé des objectifs communs ambitieux : promouvoir une Union européenne, en consolidant les « acquis communautaires » et en se dotant des moyens d'agir de manière autonome dans un contexte européen et mondial incertain.

La conciliation entre le marché triomphant et les priorités social-démocrates exprimées par le projet d'« Europe sociale » est apparue délicate. Tout accord à douze ou à onze est donc par définition un double compromis entre courants politiques et intérêts d'État. D'où la complexité des textes.

Une étape dans un long processus historique

Depuis les années cinquante, la construction européenne est à la fois une représentation — marquée d'abord par l'abandon de la *Feindbild*, l'image de l'ennemi — et une suite d'innovations dans l'ordre du droit et des institutions : CECA (Communauté économique du charbon et de l'acier) en 1951, CEE (Communauté économique européenne) en 1957, relancée par l'Acte unique entré en vigueur le 1er juillet 1987, lequel a fixé l'échéance du Marché unique européen au 1er janvier 1993. Cet objectif, pour être atteint, supposait l'application de quelque 300 directives légales. A la mi-1992, si l'Espagne ou la Belgique n'avaient adopté que 70 % d'entre elles, le record de diligence revenait au Danemark (92 %), suivi par la France (84 %) et la RFA (74 %).

L'accord de Maastricht offre un calendrier pour l'Union économique et monétaire [*sur les aspects économiques et monétaires du traité, voir p. 578*]. En janvier 1999, l'Écu devrait être la monnaie unique d'une

Union regroupant une majorité d'États membres. Des phases intermédiaires sont prévues, pour faciliter la convergence des politiques économiques et assurer la stabilité des prix : réduire les taux d'inflation et les taux d'intérêt à long terme, limiter le déficit public (à moins de 3 % du PIB) et la dette publique (à moins de 60 % du PIB), stabiliser les taux de change de la monnaie. Une telle discipline imposera une gestion plus rigoureuse à plusieurs États et une profonde réforme de leur secteur public (Belgique, Europe du Sud). A la fin du siècle, une aire monétaire unique sera rendue possible, dès lors que les États auront des économies convergentes, aboutissement du traité de Rome.

Une bifurcation politique

La construction européenne vise désormais l'Union politique, fondée sur une politique étrangère et de sécurité commune, une citoyenneté européenne et un rôle accru du Parlement européen.

La première novation réside dans l'institution d'une citoyenneté de l'Union : « est citoyen de l'Union toute personne ayant la nationalité d'un État membre ». Cette qualité civique ouvre des droits nouveaux : vote et éligibilité aux élections municipales et du Parlement européen, droit de pétition devant le Parlement et recours au médiateur. La seconde est la co-décision : le rôle du Parlement européen est renforcé, avec pouvoir d'arrêter conjointement avec le Conseil des ministres règlements, décisions, directives. La clé de voûte de l'Union demeure le Conseil européen, composé des douze chefs d'État et de gouvernement et se réunissant tous les six mois (Maastricht, décembre 1991 ; Lisbonne, juin 1992 ; Édimbourg, décembre 1992).

Le passage à un projet d'union politique explicite est de nature à nourrir six grands débats :

Par rapport aux thèses fédéralistes, le traité, où l'on a remplacé la version initiale — « une union avec un but fédéral » — par « une union sans cesse plus étroite » [*art. F, 3, 3b*], affirme un principe clair : « L'Union prendra en compte l'identité nationale de ses États membres (...) et respectera les droits et libertés tels qu'ils résultent des traditions constitutionnelles des membres. »

Loin de préparer des transferts de souveraineté, l'Union doit s'entendre comme l'exercice d'une co-souveraineté des États. Certes, l'articulation des niveaux de compétence fait débat. Le traité définit [*art. 3b*] la notion de « subsidiarité ». Le principe général selon lequel les décisions doivent être prises au niveau le plus proche possible du citoyen, compte tenu toutefois de l'efficacité recherchée et de l'importance des questions posées, aboutit à délimiter, vers le haut, les pouvoirs de la Commission de Bruxelles. Elle n'agira que dans les domaines où elle peut « mieux faire » que les États : migrations, cohésion économique et sociale, recherche et développement, réseaux transeuropéens, culture.

De même est institué un Comité des régions. Réponse au souci des *Länder* allemands de sauvegarder leurs prérogatives face au *Bund* — la Fédération —, qui seront associés aux décisions communautaires relevant de leurs compétences : éducation, environnement, culture, tourisme, audiovisuel. Même souci en Espagne et en Belgique.

La critique du « déficit démocratique » au niveau de la CEE en est le corollaire. Dans les États fédéraux, les entités infra-étatiques exigent de traiter directement avec Bruxelles et rêvent de court-circuiter leurs États. Derrière ce refus du « centralisme » de la CEE perce souvent la défense d'intérêts particuliers évoluant en véritables lobbies. Il reste que le temps n'est plus où un groupe de clercs pouvait, comme dans les années cinquante, préparer dans la discrétion des décisions irréversibles. Les nouvelles étapes devront être franchies dans la transparence. C'est que, à la différence du domaine économique où les critères du marché s'appliquent de manière uniforme dès lors que l'on accepte d'y sous-

BIBLIOGRAPHIE

« Après Maastricht », *L'Événement européen*, n° 17, Seuil, Paris, mars 1992.

L. COHEN-TANUGI, *L'Europe en danger*, Fayard, Paris, 1992.

J. DELORS, *Le Nouveau Concert européen*, Odile Jacob, Paris, 1992.

M. FOUCHER, *Fronts et Frontières; un tour du monde géopolitique*, Fayard, Paris, 1991 (2ᵉ éd.).

L'OBSERVATOIRE EUROPÉEN DE GÉOPOLITIQUE, *Atlas du continent européen*, Fayard, Paris, hiver 1992 (à paraître).

D. MOÏSI, J. RUPNIK, *Le Nouveau Continent*, Calmann-Lévy, Paris, 1991.

« Spécial Maastricht », *Regards sur l'actualité* », n° 180, La Documentation française, print. 1992.

crire, l'Union touche désormais à des champs — culture, éducation, audiovisuel, niveaux des compétences, droit — où la diversité des pratiques nationales est extrême. Pas de modèle unique donc, mais coordination de modèles nationaux. Au-delà du référendum (Danemark, Irlande, France) ou de la simple voie parlementaire, la formation de l'Union sera soumise, dans l'avenir, à une ratification permanente.

La CEE compte 350 millions de citoyens, répartis sur un espace de 2 361 535 km². Des mécanismes — tels le Fonds de cohésion en faveur de l'Europe du Sud et les aides structurelles pour les régions en difficulté — devront constamment corriger ce que la logique du marché déforme en concentrant activités motrices et décisions dans un « cœur » compris entre Londres, Paris, Bruxelles, le Randstadt Holland et le Rhin moyen.

Enfin, pour asseoir l'Union, le budget de la CEE, limité à 1,2 % du total des PIB, devra augmenter au moins à 1,37 % ; cette question devant être débattue au Conseil d'Édimbourg de décembre 1992.

Le cœur politique du continent

A la mi-1992, une douzaine d'États souhaitaient rejoindre l'Union, sans compter une dizaine de candidats virtuels et les États successeurs de l'URSS. Plusieurs États de l'AELE (Association européenne de libre-échange), notamment la Suède, la Finlande et l'Autriche, candidates officielles à l'adhésion, pourront intégrer l'Union vers 1995, si leur statut de neutralité, souvent à la base de leur identité nationale, est amendé, car il est peu compatible avec une politique étrangère commune. Le rôle géopolitique de la Turquie a été souligné lors du Conseil de Lisbonne en juin 1992, et les liens politiques seront resserrés. Pologne et Hongrie bénéficient d'accords d'association leur ouvrant les marchés de la CEE ; les différends entre les pays Tchèques et la Slovaquie retarderont un rapprochement avec l'Union.

Le doublement du nombre des membres de l'Union d'ici l'an 2000 implique de modifier son fonctionnement. Mais le désir de faire partie du « club » appelle un signal politique au profit de l'ancien bloc de l'Est : soit en renforçant le Conseil de l'Europe, dont les 27 membres siègent à Strasbourg, dans une perspective politique confédérale, soit en réunissant une Conférence des chefs d'État du continent, à l'initiative de Bruxelles.

S'élargir, c'est aussi se doter d'une capacité d'influence politique et militaire, pour contenir les crises nationales et œuvrer à des règlements. Comment faire entendre raison à des peuples qui détiennent ou croient tous détenir la vérité sur le même espace ? Comment réaliser le *peace-making* en Bosnie ou en Moldavie ?

Que vaut le droit sans l'emploi de la force ? Faut-il que l'Europe se transforme en « république impériale » ? Autant de défis pour forger une identité européenne de défense crédible, face au grand rival américain qui, cherchant en Russie une sorte d'alliance de revers, ne fera rien pour favoriser la puissance de rééquilibre dont le monde a besoin.

Mais l'enjeu est d'abord interne : il concerne les opinions publiques qui, bien que favorables majoritairement au projet d'Union, sont parfois traversées de doutes, symptômes d'une crise dans l'accès à la conscience européenne. La remarque de Cavour au roi Victor-Emmanuel vaut d'être méditée : « L'Italie existe, Sire, à nous de faire exister les Italiens. » L'Europe, comme rencontre d'un espace et d'un projet, existe. Mais les « Européens » ? Telle est la question ouverte à Maastricht.

Michel Foucher

Le Moyen-Orient post-guerre froide

Avec la décomposition de la Yougoslavie et l'effritement de l'URSS, avec la réunification de l'Allemagne et du Yémen, une donnée fondamentale de la « guerre froide » a commencé à disparaître : l'intangibilité des frontières. Celles-ci étaient bien mieux établies lorsque la compétition idéologique faisait rage de par le monde. Depuis 1945, les deux blocs étaient en compétition pour l'orientation des régimes, non pour l'annexion des États : on se battait pour une influence plus que pour des bourgades ; hormis dans les guerres de décolonisation, on soutenait des partis en lutte plus que des nationalités en armes. Désormais, certains États ne semblent plus avoir que des frontières provisoires et les revendications nationalistes s'élèvent non seulement en Asie ou en Afrique mais aussi au cœur même du Vieux Continent. Nul contraste n'est aussi vif que celui qui se cristallise entre les deux parties de l'Europe : alors que l'orientale paraît replonger dans les souvenirs sanglants du siècle passé, l'occidentale s'apprête à entrer, plus ou moins unifiée, dans le prochain.

Le Moyen-Orient y perd ce qu'on avait pris pour sa spécificité. Il n'est plus le lieu emblématique des conflits à répétition, des tendances sécessionnistes, des ambitions annexionnistes ou des nostalgies impériales. Ses frontières, qui ont toujours été floues, contestables et âprement contestées, sont plus que jamais difficiles à dessiner. A l'ouest du Nil, une « levantinisation » de la politique maghrébine est en cours, véhiculée par l'attrait que les Maghrébins ont pu avoir pour l'Irak défiant l'Amérique, par la montée des courants islamistes, autant que par la fermeture de l'Europe aux nouveaux candidats à l'immigration. A l'est de l'Euphrate, l'espace de l'Asie centrale n'est plus seulement contigu au Moyen-Orient : il participe désormais de ses convulsions et devient un enjeu de son évolution. Il ne faudrait donc pas se contenter de revoir les frontières étatiques. Il faudrait aussi réviser les frontières des espaces géostratégiques. Si l'Atlantique est la frontière occidentale de l'Europe, nul consensus n'existe plus sur sa frontière orientale. Quant au Moyen-Orient, qui pourrait dorénavant en dessiner une convaincante, une durable configuration ?

Dévaluation de l'État

Bien plus que la guerre du Golfe de 1991, c'est l'effondrement de l'URSS qui est responsable de ce processus d'inclusion/exclusion accéléré des espaces stratégiques. L'Empire russe avait bénéficié d'un sursis de trois quarts de siècle avant de suivre dans l'oubli ses deux voisins ottoman et austro-hongrois. Sa chute réveille à la fois les nostalgies et les ambitions.

BIBLIOGRAPHIE

« Le nouvel ordre régional au Moyen-Orient », *Maghreb-Machrek*,
n° 136, La Documentation française, Paris, avr.-juin 1992.
Voir aussi les bibliographies de la section « Proche et Moyen-Orient ».

Nostalgies d'autres temps où l'État-nation n'était pas encore le réceptacle exclusif de l'allégeance politique ; ambitions d'États-nations rivalisant autour des décombres. Certains fêtent la fin d'un empire continental issu de trois siècles de conquêtes ; d'autres célèbrent la disparition d'une mecque messianique de l'idéologie marxiste ; tous concèdent que cette double mort altère les frontières, les concepts, les modes d'identification.

La tendance était, depuis 1918, du fait de l'autodétermination et de la décolonisation, à une multiplication constante du nombre des États. On assiste désormais à une accélération cancéreuse du phénomène. A l'inquiétante facilité de se constituer en État, l'État se dévalue ; le concept est victime de sa popularité. Sur cette dévaluation, la fin de l'Empire russe et la guerre du Golfe s'accordent dans leurs effets. Car qu'est-ce que la guerre du Golfe aura finalement produit sinon une remise en cause de l'État souverain ? Le résultat de la mésaventure de l'Irak aura été sa mise sous contrôle des nations occidentales. Il a besoin de leur autorisation pour vendre son pétrole et pour acheter sa nourriture ; de leur accord, découle la délimitation de sa frontière méridionale ; de leur détermination, ressort la méthodique destruction de son arsenal militaire ; de leur opposition musclée provient son incapacité de mettre un frein à l'autonomisme de sa minorité kurde. L'Irak n'est plus qu'un État à souveraineté limitée, de même d'ailleurs que sa victime, puisque le Koweït est allé quémander aux mêmes nations victorieuses de la « guerre froide » et de celle du Golfe des accords de protection, sinon de protectorat. Agresseur et agressé se retrouvent ainsi avec une souveraineté réduite, dépendants des nations puissantes l'un pour desserrer les sanctions qui le frappent, l'autre pour perpétuer une entité qui n'aura jamais les moyens de se défendre. Il importe moins de savoir qui les gouverne que de noter la réduction de leur autonomie.

Appels d'empire

La remise en cause de l'ordre stato-territorial est plus radicale sur d'autres terrains. Washington, hier encore adepte d'un attachement quasi théologique à l'intégrité des frontières, a envisagé la partition du Soudan comme une issue à sa guerre civile. La Somalie, depuis 1991, passe par les affres d'une partition que nulle puissance ne semble disposée à interdire [299]. L'Éthiopie, après la chute du régime de Mengitsu Haïlé Mariam, en mai 1991, a vu l'Érythrée organiser son indépendance [294]. Et alors que les Palestiniens faisaient un pas dans le sens de leur émancipation, leur objectif de toujours, un État national, perdait de sa pertinence [434]. L'affaire afghane s'est perpétuée dans une libanisation à outrance, avec de réels risques de partition [539]. Le répit apporté au Liban par les accords de Taef (octobre 1989) ne s'est pas traduit par une véritable paix.

La nature artificielle de certains États est plus que jamais patente. Cela nourrit les ambitions des forts, cela augmente la crainte des faibles. Cette fragilité des États remet en cause la grande idéologie de l'indépendance nationale, si chère aux États nés pendant la « guerre froide », ainsi qu'à son complément, le non-alignement. Le Moyen-

Orient, dans son acception la plus large, bruisse d'appels d'empire, de faibles criant au secours. Du Caucase à l'Asie centrale, du Kurdistan au Soudan, des groupes n'hésitent plus à susciter l'ingérence extérieure. Par pudeur, les Occidentaux l'appelleront humanitaire, mais les habitants de la région ne sont guère férus de ces distinguos : ils veulent que les puissances internationales viennent limiter l'emprise des pôles régionaux, voire défaire les États-nations que ces mêmes puissances avaient hier portés sur les fonts baptismaux de l'ONU. La faveur britannique pour les Kurdes d'Irak laisse songeurs les historiens qui se rappellent de la peine prise par Londres pour intégrer le Kurdistan dans l'Irak de 1921.

Et quand on n'appelle pas à l'ingérence militaire, on quémande le soutien financier. Un des thèmes de la mésaventure irakienne au Koweït revient ainsi en force : la redistribution de la rente. La puissance militaire et les moyens financiers sont aujourd'hui dans des mains différentes. Cela est vrai du système mondial, mais se vérifie encore mieux au Moyen-Orient. Ici les disparités de revenus sont profondes entre les États où l'on meurt de faim et ceux où le pétrole assure des recettes substantielles. L'embarras des riches est aussi grand face à leurs amis et alliés d'aujourd'hui que leur crainte d'hier face à Saddam Hussein déguisé en Arsène Lupin. C'est que l'argent devient rare, du fait de la déstructuration des marchés nationaux dans certains cas et des prix bien bas du pétrole dans d'autres. Rare, l'argent devient si précieux que les États-Unis ne sauraient le laisser dans les mains exclusives des pays producteurs. Washington avait besoin des pétrodollars du Golfe pour financer sa coalition guerrière; il exigera la contribution des pétromonarchies pour alimenter ses projets de paix sur le terrain israélo-arabe. L'argent de la région devient un enjeu de taille. Ce que l'on en fait est un objectif de guerres réalisées autant que des paix en cours de fabrication.

Réduire l'influence des pôles régionaux

Le Moyen-Orient reste donc un lieu d'interférence des puissants de ce monde. La fin de la guerre froide a pu changer les acteurs, en affaiblir certains, en renforcer d'autres, remplacer la compétition idéologique par la défense des intérêts, elle n'a guère donné à la région une plus grande immunité face aux interventions externes. Celles-ci visent à faciliter l'accès à la région, à ses ressources, à ses marchés. Cet accès exige une réduction déterminée de l'influence des pôles régionaux. Les États-Unis ont pour cela utilisé les armes contre l'Iran en 1988 et de manière spectaculaire contre l'Irak ensuite. Le processus de paix engagé à Madrid au début 1992 participe de cette même logique, visant cette fois-ci à limiter les ambitions régionales de la Syrie et surtout d'Israël. La paix au Levant est la poursuite de la guerre du Golfe par d'autres moyens, la guerre contre des pôles régionaux qui avaient trop bien profité des dividendes de la guerre froide.

La lutte contre la prolifération des armes de destruction massive, les pressions pour la réduction des budgets militaires, le discours sur la démocratie servent d'armes dans cette nouvelle approche. Ayant écarté les Soviétiques du Moyen-Orient, la stratégie américaine (et occidentale en général) a semblé vouloir laminer les pôles locaux, quitte à y garder des troupes ou à les y ramener en vitesse. Si l'on ferme les bases militaires des Philippines, on se rappelle, quand il s'agit du Moyen-Orient, que « stationner des troupes à l'étranger est moins cher que de les garder aux États-Unis » et l'on développe encore les moyens d'une projection rapide de la puissance armée américaine (et européenne) sur ce terrain.

A côté de cette défense plus ouverte des « intérêts » — mot que les ex-Soviétiques ont repris aux Américains — Washington et Moscou ont montré une certaine compréhension pour les mouvements islamistes. Celle-ci est fondée sur l'idée que si l'« accès » aux pays musulmans est assuré, peu importe comment ces sociétés organisent leur vie quotidienne. Les Européens riverains de la Méditerranée ne sont pas près de partager cette vision. Certains ont même voulu considérer le « danger vert » d'aujourd'hui comme un remplacement au « danger rouge » d'hier, comme si les démocraties occidentales ne pouvaient se doter d'un budget militaire sans s'être auparavant donné un ennemi. Or le monde musulman est loin de se constituer en ennemi redoutable, à supposer qu'il ait cela pour objectif. L'islamisme se renforce ici pour faiblir là-bas, et dans de nombreux pays il n'est guère une force politique. Le cas afghan aura démontré la pertinence accrue des clivages ethniques, illustrant la grande diversité de situations locales et les risques des généralisations hâtives.

Le Moyen-Orient, au vu de ses grandes réserves de pétrole, de sa place au confluent de trois continents, de sa contribution maintes fois illustrée à l'instabilité mondiale et de l'énorme dimension symbolique qu'il a acquise en tant que référence religieuse pour une partie substantielle de l'humanité, ne va pas connaître la marginalisation dont est, par exemple, menacée l'Afrique. Il dispose d'assez de ressources matérielles ou symboliques pour ne pas se voir confiner à la marge du système mondial, mais il ne maîtrise pas les moyens pouvant peser sur son évolution. Il occupera donc une partie grise du « nouvel ordre mondial », où son importance sera confirmée alors que ses acteurs auront des attitudes diversifiées (allant de l'appel à la protection externe à la violence d'État érigée en diplomatie, avec des variantes intermédiaires) dans leur ambition d'influer sur leur propre situation autant que sur le monde. Les États de la région ne conserveront pas les atouts dont ils disposaient jusqu'ici face à leurs « patrons » respectifs. La « guerre froide » est bien terminée, et les guerres « par procuration » perdent de leur intérêt pour les grandes puissances — les « ex », les actuelles et les potentielles. La projection de force se fait dorénavant à visage découvert et, si nécessaire, avec des moyens spectaculaires, comme la guerre du Koweït l'a démontré. Les relais régionaux des puissances mondiales ne se positionnent plus par rapport à un externe protecteur, complaisant, fournisseur d'armes et d'aide en milliards de dollars. Les relais ne sont en réalité plus des relais : ils doivent dorénavant trouver, en eux-mêmes et pour eux-mêmes, les raisons d'exister, de survivre, de prospérer.

Ghassan Salamé

Sommet de la Terre
Le Nord, le Sud, et l'opinion publique

Pour ou contre ? Telle était l'alternative posée avant la conférence de Rio. Succès ou échec ? De toute évidence, la réponse à la seconde question renvoie à la position adoptée pour la première.

Avant même la réunion, ceux qui lui étaient favorables la considéraient déjà comme un succès. Elle a été l'occasion d'une prise de conscience des liens indissociables existant entre l'environnement et le développe-ment, et cela à l'échelle mondiale. Elle a permis de souligner, dans les médias, la responsabilité des modes de développement des sociétés industrielles dans les atteintes à l'environnement. Elle a facilité la reconnaissance d'une forme d'expression des populations au travers des organisations non gouvernementales (ONG). Elle a abouti, enfin, à la signature de deux conventions et d'une déclaration qui par leur simple existence

La conférence de Rio

■ *La conférence des Nations unies pour l'environnement et le développement, appelée plus communément « Sommet de la Terre », s'est tenue à Rio de Janeiro, au Brésil, du 3 au 14 juin 1992. L'enjeu principal, selon Maurice Strong, secrétaire général de la manifestation, était « d'asseoir la fondation d'une association globale entre les pays en voie de développement et les pays plus industrialisés, sur la base de besoins mutuels et d'intérêts communs, pour assurer l'avenir de la planète ». La question sous-jacente était de trouver « une balance viable et équitable entre l'environnement et le développement ». Des délégations de 178 États ont participé à la rencontre, le plus souvent dirigées par les chefs d'État. Différentes manifestations se sont tenues en marge de la réunion politique, rassemblant des représentants d'organisations non gouvernementales (ONG), des scientifiques, des industriels. Les premiers, estimés à 2 000, ont élaboré 33 traités « alternatifs ».*

M. B.

imposent que les sujets concernés (le climat, la biodiversité, la forêt) fassent désormais l'objet d'attentions régulières de la part des États signataires.

Une occasion manquée pour les États ?

Pour ceux qui étaient opposés à la réunion de Rio, son seul résultat tangible — les conventions signées — illustre son échec : elles n'ont guère de contenu et sont peu, sinon pas, contraignantes. Limiter en l'an 2000 les émissions de gaz à effet de serre au niveau de celles des années quatre-vingt-dix sans préciser les modalités d'application ni les mesures de contrôle, n'a été qu'un engagement purement formel pour les pays du Nord. Pour les pays du Sud, cette convention n'a guère de signification : ils contribuent à l'effet de serre principalement par leurs agricultures. C'est donc un effet diffus, difficile à localiser et à mesurer. Le principal mérite de la convention sur la biodiversité est de reconnaître... son existence, et d'appeler les États à dresser des inventaires sur leurs territoires. Elle autorise le Nord à exploiter librement les ressources naturelles, et assure le Sud d'une contrepartie financière aux produits fabriqués à partir de celles-ci. Elle laisse donc entière la division entre les deux hémisphères. La déclaration sur la forêt se contente d'attirer l'attention sur l'état préoccupant de celle-ci dans de nombreuses parties du monde. L'*Agenda 21*, enfin, qui précise certaines actions à entreprendre au cours de la décennie pour aborder favorablement le XXIe siècle, n'a pas été assorti d'un financement permettant de le respecter.

De toute évidence, les États n'ont pas mis à profit la concertation forcée que leur a imposée la conférence de Rio pour avancer vers une approche commune de l'évolution du monde. Tout en reconnaissant officiellement la dégradation de l'environnement, le Nord n'a pas réellement reconnu la nécessité de remettre en cause son mode de développement, et le Sud a réclamé, pour son développement futur, un droit à la pollution égal à celui que s'est octroyé le Nord pour son industrialisation. A ce titre, Rio est un échec. Cependant, qui eût dit, il y a une vingtaine d'années, que des accidents technologiques comme

BIBLIOGRAPHIE

M. Barrère (sous la dir. de), *Terre patrimoine commun. La science au service de l'environnement et du développement*, La Découverte/ Association Descartes, Paris, 1992.

C. et M. Beaud, M.-L. Bouguerra (sous la dir. de), *Les Hommes et la Planète. L'enjeu de l'environnement*, La Découverte/FPH, coll. «L'état du monde», Paris, 1992 (à paraître).

«Le droit international et l'environnement» (dossier constitué par A. Kiss), *Problèmes politiques et sociaux*, n° 672, La Documentation française, Paris, janv. 1992.

S. Faucheux, J.-F. Noël, *Les Menaces globales sur l'environnement*, La Découverte, «Repères», Paris, 1992 (nouv. éd.).

International Council of Scientific Union (ICSU), *An Agenda of Science for Environment and Development into the XXIst Century*, Cambridge University Press, Cambridge, 1992.

«Autour de Rio», *Écologie politique*, n° 2, Paris, 1992.

PNUD, *Rapport mondial sur le développement humain*, Économica, Paris, 1992.

World Bank, *Development Report 1992 (Development and the Environment)*, Oxford University Press, New York, 1992.

Bhopal (1984), Bâle (1986), Tchernobyl (1986) auraient des effets sur les modes de fonctionnement et de sécurité des entreprises, et ce principalement sous la pression publique? Qui eût cru que, en France, le pays du consensus nucléaire, les populations imposeraient au gouvernement d'interrompre le processus linéaire du développement du nucléaire par la proclamation de trois moratoires (le stockage des déchets — février 1990, les explosions souterraines — avril 1992, les surgénérateurs — juin 1992)? Qui eût imaginé que les propos de la conférence de Stockholm de 1972 seraient repris vingt ans après? Cette première conférence, organisée par l'ONU, avait entendu les scientifiques dénoncer les dégradations de l'environnement entraînées par les activités humaines. Elle avait aussi reconnu les nécessités d'instituer l'«écodéveloppement» nouveau mode de développement qualifié aujourd'hui de *sustainable* («soutenable») par les Anglo-Saxons. D'une certaine façon, Rio a consacré une victoire des opinions publiques.

Pour un développement «soutenable»

L'air du temps veut que les différents pays du monde aient adopté la problématique du développement soutenable comme nouvel objectif. Quatre valeurs fondamentales sont à la base de cette notion : socialement équitable, écologiquement viable, économiquement efficace, et capable de rééquilibrer les rapports Nord-Sud. Sur un plan théorique, personne ne peut y trouver à redire. La réalité est plus floue. Il n'existe pas encore de réel accord sur la compatibilité entre l'écologie et l'économie. Malgré les nombreuses études conduites sous l'égide des institutions internationales comme la CEE, l'OCDE ou la Banque mondiale, les industriels du Nord attendent la plupart du temps d'y être contraints pour prendre des dispositions conservatrices par rapport à l'environnement et économes par rapport aux ressources naturelles. De leur côté, les hommes politiques hésitent à leur imposer des mesures trop contraignantes par crainte de mettre en danger leur compétitivité. Au Sud, l'absence de pression publique sur les industriels n'a pas favorisé leur évolution. La dégradation la plus évidente de l'environnement relève dans ces pays des pratiques culturales, leur changement suppose une forte volonté politique. La situation est complexe, car il s'agit de modifier la pratique de millions de petits paysans dans des conditions socio-écologiques infiniment variées. Cette situation ne pourra évoluer que lorsque les États seront prêts à décentraliser les modes de décision et à s'appuyer sur des organisations sociales locales. En ce qui concerne le déséquilibre Nord-Sud, les résolutions prises à Rio ne sont visiblement pas en mesure de favoriser sa réduction. Quand le Nord parle défense de l'environnement global, le Sud rétorque responsabilité passée du Nord ; quand le Nord plaide, enfin, pour la préservation des ressources naturelles, le Sud s'arc-boute sur sa souveraineté et crie à l'ingérence ; quand le Sud réclame la libre circulation des connaissances scientifiques et technologiques, le Nord revendique la propriété intellectuelle et dépose des brevets ; quand ils évoquent l'effet de serre, le Nord accuse les pratiques de culture et de déforestation, le Sud les processus industriels ; quand ils pensent aux fléaux, le Nord tremble devant l'accroissement de la population des pays en voie de développement, le Sud devant le poids de sa dette qui s'est accumulée sans bénéfice pour son développement. Bien entendu, pour compléter l'analyse, il conviendrait d'affiner les caractéristiques et les contradictions du Nord comme du Sud. Il faudrait aussi prendre en compte une autre partie du monde difficile à classer : l'Est, où la pollution est forte, les effets sur l'environnement visibles et le gaspillage des ressources important. Ce fut le grand absent de Rio.

Comment aller au-delà des bonnes intentions ?

Comment sortir du discours et des bonnes intentions, et s'orienter vers un nouveau développement ? Différents facteurs interviennent, à divers niveaux. Tout d'abord, quelles que soient les incertitudes qui demeurent quant aux effets à long terme des observations attestant la dégradation de l'environnement, les hommes politiques doivent prendre conscience qu'il n'est plus temps de tergiverser. L'accumulation des déchets, l'épuisement des ressources naturelles, la dégradation des sols cultivables, l'extension de la pauvreté et la pollution dans les zones urbaines sont suffisamment évidents pour que des mesures soient prises rapidement et sans attendre les initiatives des États voisins. On peut penser que, sur le plan local, les populations se chargeront de convaincre leurs élus et leurs décideurs de l'urgence de la situation. La responsabilité de l'environnement au niveau global est plus difficile à concevoir devant l'absence d'une autorité décisionnelle mondiale et d'une opinion publique organisée. Deux forces unificatrices existent cependant. Les mouvements associatifs, comme les ONG, qui ont engagé un important effort de regroupement géographique et de convergences de préoccupations. Les scientifiques qui, chacun dans leur secteur de compétence, mais unanimement, n'hésitent plus à rendre publiques les données qui témoignent de la dégradation de l'environnement.

La prise de conscience mondiale qui s'est affirmée à l'occasion de la conférence de Rio peut-elle s'effacer ? Sans doute. En particulier, parce que les décideurs politiques dans tous les pays du monde privilégient le court terme et le local, ce qui favorise le maintien de leurs idées et de leur pouvoir. C'est ainsi, par exemple, que la richesse d'un État industrialisé tient compte des exportations de produits sans que l'on évalue leurs possibles effets en retour (comme ce fut le cas pour les armes ou le nucléaire à destination de l'Irak). C'est ainsi également que les États du Sud continuent à conditionner leur développement sur l'apport financier du Nord. Seule l'opinion publique peut transformer le coup d'éclat de Rio en un succès sur le long terme et imposer que les intérêts des générations futures soient pris en considération. Cette opinion publique peut se nourrir de la connaissance des certitudes et des incertitudes scientifiques, des contradictions politiques, des différents enjeux industriels et économiques, des insuffisances des institutions, des propositions alternatives... Qu'éclatent les controverses et que la démocratie s'exerce ! La transition sera peut-être longue, mais seul un changement de rapport des forces dans les sociétés peut permettre l'émergence de nouveaux modes de développement dans un monde plus équilibré.

Martine Barrère

La pensée stratégique en crise

La stratégie, c'est l'art de penser l'adversaire comme sujet et de raisonner juste, tant sur les menaces économiques, politiques et militaires, que sur les moyens de les neutraliser. La pensée stratégique est donc entrée en crise en 1990, du fait de la disparition de l'ennemi soviétique comme sujet. La bipolarité nucléaire avait proposé une forme universelle de conflictualité depuis la fin des années cinquante. Les Soviétiques, en rattrapant les Américains notamment en matière de fusées en 1958, avaient fini par constituer, face aux États-Unis, un ennemi nucléaire honorablement compétitif. Dès lors, toute la pensée stratégique américaine avait dû se plier, de 1960 à 1987, au devoir logique de penser l'URSS comme *sujet équivalent*. L'ennemi soviétique symbolisait donc pour eux, depuis soixante-dix ans, les risques de succès d'un *monde inverse* du leur.

Dans l'enveloppe de la guerre froide — plus tard appelée «coexistence pacifique», puis «deuxième guerre froide» sous les mandats de Ronald Reagan (1981-1988) —, deux camps économico-militaires s'opposaient, comme en guerre, mais sans combats. C'étaient bien deux camps territoriaux — et ils avaient même une frontière linéaire commune, cérémonielle et barbelée : le «rideau de fer». On remplaçait les batailles rangées par de fabuleuses comptabilités de bombes nucléaires affichées comme des soldats de plomb et servant à chiffrer des «mégamorts»

dans un espace de dissuasion non territorial, mais global. Face à ce système, certaines nations voulurent ériger des options autonomes ; le camp des «non-engagés» et le «tiers monde» se définissaient négativement par rapport au binôme Est-Ouest ; la Yougoslavie, la France, la Chine, la Roumanie, successivement, avaient construit des identités particulières sur une opposition stratégique à la stratégie bipolaire des deux blocs. Toutes ces «sécessions» admettaient l'idée fondamentale qu'*il existait plus de deux sujets stratégiques*.

Des identités stratégiques à reconstruire

L'effondrement de l'URSS a mis à plat et même annihilé toutes les constructions antérieures. Non seulement elle a détruit — en tout cas tant que la Russie n'aura pas reconstitué une puissance — toute la logique nucléaire bipolaire, et donc frappé d'obsolescence tout l'apprentissage stratégique que la nature des menaces avait imposé aux États-Unis ; mais encore elle a démantelé toutes les formes d'autonomies relatives qui avaient été construites à partir de la bipolarité nucléaire. L'identité stratégique dominante, aujourd'hui exclusive, celle de États-Unis, est également entièrement à reconstruire. L'autonomie des États-Unis comme chef de l'alliance occidentale dépendait aussi de l'autonomie de l'Union soviétique.

La fin des identités stratégiques et des autonomies nucléaires, la fin de la cohérence en matière de sécurité, peut aboutir à la « balkanisation des esprits ». On assiste partout à la remise en service d'anciennes identités stratégiques capables de produire des représentations de la sécurité. Il n'existe plus en 1992 que deux écoles stratégiques (nucléaires) : la française et l'américaine.

La France avait construit son identité stratégique sur une souveraineté défensive et une citoyenneté territoriale (*jus soli*, droit du sol), soutenue par une stratégie nucléaire qui prétendit seulement mettre à l'abri de tout chantage son territoire et ses habitants-citoyens, en menaçant de détruire l'équivalent territorial d'une « France chez l'ennemi » (« stratégie de *dissuasion du faible au fort*, proportionnée à l'enjeu France », définie par le général Lucien Poirier). Elle a besoin d'un ennemi nucléaire civique et territorial, pour donner vie à son système autonome de dissuasion. Une « France chez l'ennemi », cela supposait une citoyenneté territoriale chez l'ennemi aussi, de sorte que le système d'équivalence soit clair pour tout le monde.

La désarticulation du système civique soviétique est donc un des aspects de la mise en cause de la stratégie de la France et de son identité. Elle pose la nécessité de penser à une stratégie tous azimuts. Trois solutions sont possibles : soit abandonner l'arme nucléaire et prôner son abandon au profit de l'OTAN (Organisation du traité de l'Atlantique nord), c'est-à-dire des États-Unis ; soit préconiser le même abandon au profit de l'Union européenne lorsqu'elle aura un exécutif démocratique ; soit conserver la force nationale de dissuasion. Ce dernier scénario suppose la définition d'un nouveau statut légitime de la dissuasion. Cette question se pose non seulement pour la France, mais pour toutes les petites puissances nucléaires et pour les « proliférateurs ».

Système policier, ou sécurité plus consensuelle ?

La stratégie américaine, fondée pour la défense d'une souveraineté insulaire gérant des réseaux d'intérêts mondiaux, impliquait au contraire une *dissuasion du fort au fort*, fondée sur la supériorité de l'arsenal et la menace d'entrée en opération sur tous points du globe, avec des « gesticulations » permanentes devant signifier que, par la structure de l'escalade et de la *riposte flexible*, la surpuissance nucléaire américaine pesait stratégiquement sur le monde entier comme *environnement*, c'est-à-dire sur tout engagement, même local et limité. Le système américain est entré en crise, mais il est demeuré intact en tant que système d'intervention militaire classique mondial. Par conséquent, il est capable de reconvertir en un outil suffisant la partie non nucléaire de son arsenal et de lui conférer une nouvelle signification stratégique : celle que la guerre du Golfe de 1991 a permis de mettre en scène, la stratégie de maintien de l'ordre mondial par punition surpuissante des fauteurs de troubles.

« La menace », pour les Américains, c'est désormais un simple état de la nature, l'« environnement » global, décrété menaçant-menacé par le *désordre*, non plus du fait d'un ennemi. Tout l'arsenal de l'observation satellite, du ciblage précis de l'ensemble du monde, et du bombardement furtif échappant aux défenses, configure une sorte de système policier invulnérable et tout-puissant.

L'école française est-elle encore une force idéologique capable de soutenir des propositions stratégiques alternatives, créatrices de sécurités plus consensuelles, moins répressives et plus adaptées à la diversité des situations et des espérances locales, notamment dans le tiers monde ? L'école européenne, marquée par la social-démocratie et la démocratie chrétienne, pousserait, au contraire de l'américaine, à la prise de responsabilités régionales des puissances dominantes dans la relance d'une expansion mondiale par l'intégration et non par l'exclusion des zones « mal développées ».

La crise de la pensée stratégique actuelle est donc multiple dans ses causes et ses conséquences. Le danger de perte totale d'identité qui frappe l'ex-URSS et la Yougoslavie, et qui débouche sur la barbarie médiévale, est en train de détruire le système des États-nations, stabilisés dans leurs frontières, qui s'était constitué en Europe. Le *voisinage* de la France (qui n'est pas un « environnement ») est touché, au moment même où le principe nucléaire de cohérence stratégique qu'elle s'était donné est obsolète. Cela explique la politique très active menée par Paris en faveur du renforcement d'une identité politico-militaire de la Communauté européenne, et sa préférence affichée pour la constitution d'une confédération plus large qui devrait nécessairement accepter et mettre en application les principes d'Helsinki : intangibilité des frontières et respect des minorités, et non pas la version inverse d'Helsinki qui menace la culture européenne : non-respect des frontières au nom de la définition ethnique des citoyennetés, aboutissant à la violation du droit des minorités, aux massacres inter-ethniques et aux transferts violents de populations.

En cherchant à constituer avec l'Allemagne une Europe stratégiquement autonome, la France vise une dévolution au profit de l'Europe de ses propres capacités et de *ses critères identitaires* politiques, militaires et civiques. La création d'une Europe occidentale de la défense créatrice de « bon voisinage » entre systèmes civiques territoriaux peut paraître une garantie de la stabilité politique et civique de l'Europe tout entière.

Mais ce point de vue ne convient pas nécessairement aux États-Unis d'Amérique pour qui la stratégie doit appartenir entièrement à l'Alliance atlantique, placée depuis toujours sous leur commandement militaire, et doit obéir aux critères globalistes qui leur sont habituels. Le conflit stratégique entre les critères américains et les critères européens de l'identité sécuritaire est désormais au centre de la crise.

Alain Joxe

Ex-Armée rouge : les questions posées

La dissolution de l'URSS, intervenue de fait après le putsch manqué de Moscou des 19-21 août 1991, puis la « constitution » de la Communauté d'États indépendants (CEI), le 8 décembre suivant, devaient s'accompagner de la création, dans le domaine militaire, d'une organisation intégrée. Cela aurait dû signifier le maintien du cadre soviétique de défense, au moins pour les forces stratégiques, les républiques étant libres de se doter de forces nationales. Mais la CEI a été clairement perçue, dans nombre de républiques, comme un instrument de la domination de la Russie. La décision de cette dernière, en mars 1992, de se doter de forces armées nationales a entériné l'échec de cette formule.

La création d'une armée russe passe d'abord par l'élaboration d'une doctrine militaire nationale. Mais qui sont les Russes et qu'est-ce que la Russie ? S'agissant des frontières, la Russie doit-elle accepter le découpage administratif hérité du régime soviétique (notamment le sort de la Crimée, « donnée » à l'Ukraine en 1954 et majoritairement peuplée de Russes — *voir au chapitre « Conflits et tensions »*). Plus de vingt millions de personnes ayant la mention « russe » sur leur passeport vivent hors des limites de la Russie. Une réflexion sur la nationalité s'impose. En Lituanie et en Estonie indépendantes, on s'est empressé de voter des lois discriminatoires contre les « Russes ». On imagine aisément ce que pourrait signifier une volonté de Moscou de protéger tous les « Russes » hors des frontières. D'autres questions se posent, concernant en particulier la guerre entre Arméniens et Azéris au Caucase, mais aussi les tensions qui se sont manifestées en Asie centrale, cette dernière région risquant de devenir le champ clos des appétits de puissances régionales comme la Turquie, le Pakistan ou l'Iran.

Ensuite vient le problème des relations avec l'Ukraine. De la manière dont Kiev saura gérer la dimension régionale de la crise économique (qui risque de frapper bien plus durement les zones russophones que le reste du pays) dépendra l'avenir. Il faut aussi évoquer les forces « ex-soviétiques » isolées loin de la métropole russe. C'est le cas de la 14e armée en Moldavie [*voir article « Moldavie »*] où des troupes, partant de l'ex-République démocratique allemande, se sont concentrées dans l'enclave de Kaliningrad. On peut supposer que le contrôle de Moscou sur ces forces est en réalité marginal et que cela comporte un risque d'autonomisation de « seigneurs de la guerre ».

Enfin se pose la question des relations avec les puissances occidentales et tout d'abord avec les États-Unis. Si la diplomatie russe n'a manqué aucune occasion de souligner la possibilité d'une alliance stratégique avec Washington, les dirigeants russes n'ont pas été sans inquiétudes quant aux évolutions possibles de la politique américaine.

Défendre les minorités russophones ?

Une armée russe devrait ainsi se préparer à des scénarios très divers. Or, la base économique et technologique sur laquelle elle devra s'appuyer sera durablement affaiblie et constituera l'une des contraintes majeures de sa stratégie. La considérable aggravation de la crise économique à partir de 1990 a été l'un des facteurs de cet affaiblissement. Or cette crise persistera pendant plusieurs années. Au-delà de cette situation conjoncturelle se sont profilées les difficultés spé-

cifiques de la restructuration de l'appareil productif qui accompagnera le passage à une économie de marché. Les contraintes pesant sur les entreprises vont radicalement changer. Cette restructuration sera d'autant plus difficile que la conversion a dans un premier temps surtout été marquée par une grande confusion. Il faudra s'adapter ou périr, car les dépenses militaires ont été fortement réduites. Dans ces conditions, et faute d'une politique industrielle adaptée, la conversion signifiera la fermeture de nombreuses usines, ce qui implique des pertes de substance technologique qui inquiètent fort les responsables en Russie.

La combinaison des incertitudes politiques et des tensions économiques évoquées ne peut que poser à nouveau le problème des relations entre l'armée et les autorités civiles. Sans même parler de l'hypothèse d'un nouveau putsch, les relations entre l'armée et l'autorité civile ne sont pas claires. La disparition du PCUS (Parti communiste d'Union soviétique) a entraîné celle d'une structure de légitimation. Désormais deux modèles s'offrent aux militaires. Tout d'abord celui de la professionnalisation, dans le cadre d'une armée réduite et apolitique. C'est à l'évidence le modèle qui a les préférences des officiers réformateurs. Mais il existe aussi le modèle de l'armée dernière garante de la défense de la Russie face à une classe politique qui aurait démontré son incompétence. Sans que cela implique nécessairement une prise de pouvoir par des généraux (ou des colonels), cela pourrait se traduire par une pression constante sur le pouvoir civil, et des comportements d'intimidation visant à faire exclure du débat politique ouvert les questions que la hiérarchie militaire considérerait de son ressort.

Il était difficile à la mi-1992 d'établir lequel de ces deux modèles avait le plus de chances de s'imposer. Les tentatives des mouvements hypernationalistes de trouver un écho dans la population comme dans l'institution militaire se sont soldées par des

BIBLIOGRAPHIE

J. SAPIR, R. ERNOULD, D. PINEYE, « La décomposition de l'Armée soviétique » (dossier n° 45), FEDN, Paris, avr. 1992.

échecs. Certes, des officiers supérieurs militent dans des groupuscules nationalistes. Le vice-président Routskoi, lui-même ancien militaire, n'a pas hésité à reprendre certaines des revendications de ces groupes. Néanmoins, l'impact de ces discours est resté des plus limités. L'inquiétant réside dans la collusion que l'on a commencé à entrevoir entre des populations « russes » brutalement réduites à la position de « minorités » et des segments de l'appareil militaire stationnant à la périphérie de la Russie, voire sur le territoire de républiques devenues indépendantes. C'était le cas, à la mi-1992, de la Moldavie, mais aussi des pays Baltes. Si un processus conduisant à un type d'évolution de l'institution militaire que, pour simplifier, on qualifiera de latino-américain, doit se produire, il naîtra autour de la question de la condition des russophones dans les autres républiques. Les pays Baltes et l'Ukraine sont ainsi des foyers de crises potentielles dont les conséquences pourraient être dramatiques pour la nature des relations entre l'armée et la société en Russie.

Jacques Sapir

Organisations internationales
Journal de l'année

— 1991 —

12 juin. **NAFTA.** Ouverture officielle des négociations entre les États-Unis, le Canada et le Mexique pour constituer une « zone de libre-échange nord-américaine » (NAFTA en anglais).

19-20 juin. **CSCE.** Premier conseil des ministres des Affaires étrangères, à Berlin ; la Conférence sur la sécurité et la coopération en Europe comptera 51 membres avec l'admission à cette date de l'Albanie ; puis celles des États baltes le 10 septembre, de dix républiques de la CEI (la Russie succédant à l'URSS) le 30 janvier 1992, et de la Géorgie, de la Croatie et de la Slovénie le 24 mars.

28 juin. **CAEM.** Le Conseil d'assistance économique mutuelle (encore appelé COMECON) créé en 1949 est dissous. Le pacte de Varsovie sera dissous 3 jours plus tard, le 1er juillet.

1er juillet. **CEE.** La Suède demande officiellement à adhérer à la Communauté européenne, suivie par la Finlande le 18 mars 1992. La Suisse décidera aussi de déposer une demande d'adhésion (26 mai 1992).

15 août. **ONU-Irak.** La *résolution 706* du Conseil de sécurité autorise l'Irak à reprendre partiellement pour six mois ses exportations de pétrole, afin de pouvoir acheter des vivres et des médicaments. Refus irakien. La *résolution 715* du 11 octobre place l'industrie militaire irakienne sous contrôle de l'ONU.

6 septembre. **ONU.** Entrée en vigueur d'un cessez-le-feu au Sahara occidental, sous l'égide de l'ONU. Le référendum prévu initialement début 1992 sera reporté.

17 septembre. **ONU.** Admission des deux Corées, des trois États baltes, de la Micronésie et des îles Marshall. L'ONU comptera 175 membres le 2 mars 1992 avec l'entrée de Saint-Marin et de l'Arménie, de l'Azerbaïdjan, du Kazakhstan, du Kirghizstan, de la Moldavie, de l'Ouzbékistan, du Tadjikistan, du Turkménistan (l'Ukraine et la Biélorussie étaient déjà membres depuis 1945). La Géorgie sera admise le 31 juillet 1993.

25 septembre. **ONU.** Embargo sur les livraisons d'armes à la Yougoslavie (*résolution 713* du Conseil de sécurité).

4 octobre. **Antarctique.** Le protocole au traité sur l'Antarctique interdit l'exploitation minière pendant cinquante ans.

8 octobre. **OEA-Haïti.** L'Organisation des États américains décrète un embargo commercial contre Haïti, après le putsch militaire du 30 septembre qui a renversé le président Jean-Bertrand Aristide.

16-21 octobre. **Commonwealth.** Les 50 États membres s'accordent, à Harare, sur une levée partielle et conditionnelle des sanctions contre l'Afrique du Sud. La CEE lève l'embargo pétrolier le 6 avril 1992.

17 octobre. **OTAN.** A Taormine (Sicile), les ministres de la Défense de l'Organisation du traité de l'Atlantique nord annoncent une réduction de 80 % des armes nucléaires tactiques en Europe, d'ici deux à trois ans.

12-14 novembre. **APEC.** A Séoul, lors de la troisième conférence ministérielle de la Coopération économique Asie-Pacifique, la Chine, Hong Kong et Taïwan sont admis au sein de l'organisation.

22 novembre. **UDEAC.** Accord sur une harmonisation fiscale et douanière au sein des six pays de l'Union douanière et économique de l'Afrique centrale devant entrer en vigueur en juillet 1992.

26 novembre. **Conseil de l'Europe.** La Pologne, puis la Bulgarie, le 7 mai 1992, entrent au Conseil de l'Europe ; la Russie déposera une demande d'admission le 7 mai 1992.

3 décembre. **ONU.** Boutros Boutros-Ghali, vice-Premier ministre égyptien, est élu au poste de secrétaire général en remplacement de Javier Perez de Cuellar, en fonction depuis 1982.

8 décembre. **CEI.** A Minsk, la Russie, l'Ukraine et la Biélorussie annoncent la fin de l'URSS et la création d'une Communauté d'États indépendants (CEI). La fondation de celle-ci sera approuvée, le 13 décembre, par onze républiques sur quinze de l'ex-URSS.

9-10 décembre. **CEE.** A Maastricht (Pays-Bas), les Douze s'accordent sur l'Union européenne. Le traité sera signé le 7 février, instaurant une monnaie unique avant 1999, la citoyenneté européenne et une amorce de politique étrangère et de sécurité commune. Le référendum danois portant sur la ratification du traité, le 2 juin 1992, verra la victoire du «non».

20 décembre. **Est-Ouest.** Session inaugurale du Conseil de coopération nord-atlantique (COCONA) qui réunit les pays de l'OTAN et les ex-membres du pacte de Varsovie.

20 décembre. **GATT.** Le projet d'acte final de l'Uruguay Round, négociation sur la libéralisation du commerce international ouverte en 1986, dans le cadre de l'Accord général sur les tarifs douaniers et le commerce, ne règle pas le différend agricole entre la CEE et les États-Unis; la négociation sera prolongée en 1992.

31 décembre. **ONU.** Un accord de paix au Salvador, sous l'égide de l'ONU, instaure un cessez-le-feu qui entrera en vigueur le 1er février 1992.

— 1992 —

27-28 janvier. **ANSEA.** A Singapour, les six pays de l'Association des nations du Sud-Est asiatique conviennent de la formation d'une zone de libre-échange, l'AFTA, à partir de 1993 et dans un délai de quinze ans.

31 janvier. **ONU.** Sommet extraordinaire du Conseil de sécurité. La Russie remplace l'URSS comme membre permanent du Conseil.

8-25 février. **CNUCED.** La huitième session de la Conférence sur le commerce et le développement des Nations unies, à Carthagène, constate l'échec des accords sur les matières premières et la marginalisation du rôle de l'organisation.

16-17 février. **ECO.** L'Organisation de la coopération économique, créée en 1985 par l'Iran, le Pakistan et la Turquie, accueille officiellement cinq républiques musulmanes de l'ex-URSS (Kazakhstan, Turkménistan, Ouzbékistan, Tadjikistan, Kirghizistan). Parallèlement, l'Iran annonce la création d'une Zone de co-

opération de la mer Caspienne n'incluant pas la Turquie.

21 février. **ONU.** La *résolution 743* du Conseil de sécurité crée la Force de protection des Nations unies (FORPRONU) qui va déployer 14 000 hommes en Croatie.

28 février. **ONU.** L'APRONUC (Autorité provisoire de l'ONU au Cambodge) est chargée, par la *résolution 745* du Conseil de sécurité, d'organiser des élections au Cambodge dans le cadre de l'accord de Paris du 23 octobre 1991.

13-14 avril. **BERD.** Première assemblée générale à Budapest de la Banque européenne pour la reconstruction et le développement. Elle a investi 4,3 milliards FF en Europe de l'Est au cours de sa première année d'activité.

15 avril. **ONU-Libye.** Entrée en vigueur de l'embargo militaire et aérien décidé par la *résolution 748* du 31 mars contre la Libye pour non-collaboration aux enquêtes internationales sur les attentats contre les avions de la PanAm en 1988 et d'UTA en 1989.

27 avril-29 mai. **FMI.** Admission des quinze républiques de l'ex-URSS et de la Suisse.

2 mai. **CEE-AELE.** A Porto, signature définitive par les Douze et les sept pays de l'Association européenne de libre-échange du traité créant une zone de libre-échange, l'Espace économique européen (EEE) au 1er janvier 1993.

21 mai. **CEE.** L'accord sur la réforme de la politique agricole commune (PAC) prévoie une baisse des subventions aux produits agricoles et une hausse des aides aux exploitants, suivant en cela le plan Mac Sharry.

22 mai. **ONU.** Admission de la Bosnie-Herzégovine, de la Croatie et de la Slovénie.

26 mai. **CEE.** La Suisse dépose une demande d'adhésion à la CEE.

27 mai. **ONU-Irak.** Le Conseil de sécurité décide le maintien de l'embargo contre l'Irak.

30 mai. **ONU.** La *résolution 757* du Conseil de sécurité décrète un embargo commercial, pétrolier et aérien contre la Serbie et le Monténégro.

Véronique Chaumet

34 États

La parade et l'émeute

La parenthèse s'est ouverte en fanfare, tambours et trompettes, confettis et allégresse. C'était le 10 juin 1991, à New York, quand la ville offrait aux soldats américains de la guerre du Golfe la plus grande parade de son histoire. Quatre millions de personnes ont ce jour-là acclamé les « héros » de la puissance américaine retrouvée. Elle s'est refermée, cette longue parenthèse de presque une année, dans la fureur des premiers jours de mai 1992, lorsque les ghettos pauvres de South Central à Los Angeles se sont embrasés à l'annonce d'un verdict déclarant non coupables quatre policiers blancs de la ville qui avaient passé à tabac un automobiliste noir, Rodney King, dont l'arrestation musclée avait été filmée par un cinéaste amateur.

Entre ces deux moments de paroxysme, la parade et l'émeute, s'est dessinée une Amérique à profil bas, qui s'est refermée sur elle-même, s'est interrogée sur les limites de sa puissance, et qui s'est petit à petit faite à l'idée de la nécessité d'assister les ennemis d'hier pour sauver la paix et de menacer de guerre commerciale les amis d'aujourd'hui pour sauver les fermiers du Middle West et les ouvriers de Detroit. Les États-Unis, à peine consacrée leur victoire dans le Golfe, s'imaginaient déjà sur le déclin. Des économistes comme Lester Thurow du Massachusetts Institute of Technology (MIT) ont écrit des « best-sellers » pour prophétiser un XXIe siècle dominé par l'Europe, avec l'Amérique et le Japon plongeant dans l'ombre du Vieux Continent. Quant à la fierté patriotique, elle a bien vite cédé la place à une sorte de « gueule de bois existentielle », et les certitudes sur le nouvel ordre mondial aux doutes sur le nouveau désordre de la nation.

Une société profondément divisée

Après le consensus face à Saddam Hussein, les clivages et les divisions internes ont repris leurs droits : le débat sur l'avortement, l'écologie — exacerbé par l'isolement américain au « sommet de la Terre » à Rio, en juin 1992 —, les tensions raciales, la criminalité, la censure de l'art, l'indigence du système éducatif et de la protection sociale, et jusqu'à la défiance qui a semblé dominer les relations entre les sexes. Cela fut illustré par au moins trois affaires très médiatisées. La nomination en juillet 1991 d'un juge noir conservateur, Clarence Thomas, à la Cour suprême, en remplacement de Thurgood Marshall, un juge noir et libéral, a donné lieu à des auditions au Sénat dominées par l'accusation de harcèlement sexuel portée contre lui par une de ses anciennes collaboratrices, le professeur Anita Hill. Deux procès pour viol, ensuite, ont fasciné le pays, celui d'un jeune héritier du clan Kennedy, qui fut acquitté, et celui du boxeur Mike Tyson, qui fut condamné.

Ces affaires et controverses ont fracturé plus que de coutume l'unité de l'Union. Comme si le ciment du pays s'effritait petit à petit, tandis que se désagrégeait l'harmonie sociale, que s'envenimait la guerre des sexes et qu'explosait la guerre des races. « *Can we all get along ?* », s'interrogeait, pathétique, Rodney King, le 1er mai 1992 tandis que les émeutes enflammaient Los Angeles. « Pouvons-nous nous entendre ? » La question est restée sans réponse.

Les dirigeants politiques, en panne d'imagination et de charisme, ont été comme tétanisés par la gravité des défis. Résultat et paradoxe : l'année — électorale — a été politiquement atone. La société s'est raidie dans ses antagonismes, mais ses leaders se sont amollis, au point d'engourdir avec eux l'électorat tout entier. La politique traditionnelle n'a pas répondu. Elle n'est sortie de sa léthargie que lorsqu'un Ross Perot, milliardaire texan, est venu perturber le « ronron » du débat républicain-démocrate qui a opposé le président George Bush et le gouverneur de l'Arkansas Bill Clinton. L'Amérique, et c'est nouveau, ne se reconnaît plus dans ses dirigeants traditionnels. Elle rêve d'hommes nouveaux, providentiels, exogènes au système.

L'année 1991 a sans doute mal commencé avec cette guerre qui s'est mal finie. L'extraordinaire démonstration de forces, la solidarité diplomatique inédite, l'ébauche d'un rôle nouveau pour les Nations unies n'ont conduit qu'à une campagne inachevée. Saddam Hussein, le leader irakien, diabolisé pendant toute la durée du conflit, est resté au pouvoir celui-ci terminé, et la parade new-yorkaise du 10 juin 1991 a plutôt exprimé un soulagement que l'euphorie d'une victoire. Elle a davantage célébré la fin d'une guerre qui a fait, du côté des Américains, peu de victimes (115 morts sur 400 000 hommes) que la gloire de ces soldats survivants d'un conflit technologique qui semble avoir été mené sans eux. Tandis que dégringolaient les confettis des fenêtres des gratte-ciel, on savait bien que l'histoire avait tourné court. Que Saddam Hussein était toujours au pouvoir ; que le Koweït, en feu, n'avait pas trouvé la démocratie, et que les réfugiés kurdes avaient été abandonnés à leur triste sort sur l'autel d'une *realpolitik* qui semblait particulièrement cruelle. Le *New York Times* a estimé, en juin 1991, à 5 millions le nombre de réfugiés déplacés par la guerre. La tragédie kurde illustre de façon pathétique ce qui apparaît comme une trahison de l'Occident.

Repli sur soi

Mais l'Occident s'est replié sur lui-même, pressé soudain par d'autres urgences, économiques et domestiques. Les États-Unis ont même limité leurs ambitions dans l'espace, et donc renoncé à quelques-uns de leurs rêves les plus exaltants ; la Maison Blanche a annoncé, le 25 juillet 1991, qu'aucune nouvelle navette spatiale ne serait construite.

On fait croire que la diplomatie reprend ses droits. En réalité, elle reprend ses habitudes, mais il lui manque la volonté d'aboutir. Le 6 mars 1991, devant les deux chambres du Congrès, George Bush a déclaré que « le moment est venu de mettre fin au conflit israélo-arabe ». De fait, James Baker, le secrétaire d'État, a multiplié les tournées au Proche-Orient. Le 18 octobre 1991, lors de sa huitième tournée dans la région depuis mars, il a annoncé à Jérusalem, conjointement avec Boris Pankine, le ministre soviétique des Affaires étrangères, que la Confé-

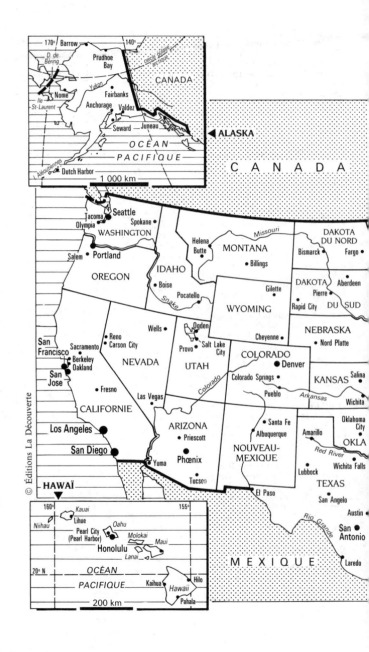

© Éditions La Découverte

États-Unis

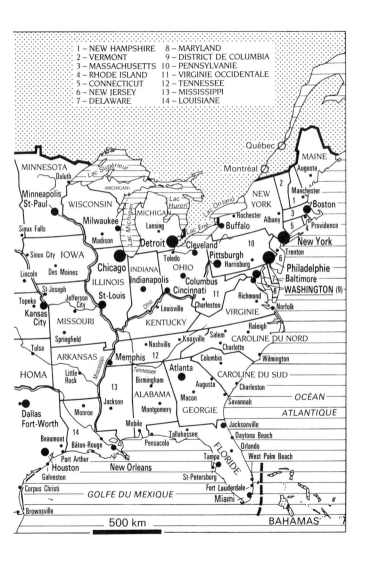

1 – NEW HAMPSHIRE 8 – MARYLAND
2 – VERMONT 9 – DISTRICT DE COLUMBIA
3 – MASSACHUSETTS 10 – PENNSYLVANIE
4 – RHODE ISLAND 11 – VIRGINIE OCCIDENTALE
5 – CONNECTICUT 12 – TENNESSEE
6 – NEW JERSEY 13 – MISSISSIPPI
7 – DELAWARE 14 – LOUISIANE

Québec

MAINE
Augusta

MINNESOTA
Duluth

Lac Supérieur

Montréal

(MICHIGAN)

NEW YORK

Manchester

2

1

Boston

Minneapolis
St-Paul

WISCONSIN

MICHIGAN

Lac Huron

Lac Ontario

Rochester

Albany

3

5

4

Providence

Milwaukee

Lansing

Lac Érié

Buffalo

New York

Sioux Falls

Madison

Lac Michigan

Detroit

Cleveland

10

Trenton

Sioux City IOWA

Chicago

Toledo

Pittsburgh

6

Philadelphie

Lincoln

Des Moines

INDIANA

OHIO

Harrisburg

7

Baltimore

St-Joseph

ILLINOIS

Indianapolis

Columbus

Cincinnati

11

Richmond

8

WASHINGTON (9)

Topeka

Jefferson
City

St-Louis

Ohio

Louisville

Charleston

VIRGINIE

Norfolk

Kansas
City

MISSOURI

KENTUCKY

Raleigh

Springfield

Knoxville

Salem

CAROLINE DU NORD

Tulsa

Nashville

Charlotte

ARKANSAS

Memphis

12

Columbia

Wilmington

HOMA

Little
Rock

Tennessee

Atlanta

CAROLINE DU SUD

13

Birmingham

Augusta

Charleston

OCÉAN

Jackson

ALABAMA

Macon

Savannah

ATLANTIQUE

Dallas
Fort-Worth

Monroe

Montgomery

GEORGIE

14

Mobile

Jacksonville

Beaumont

Bâton-Rouge

Pensacola

Tallahassee

Daytona Beach

Orlando

FLORIDE

Port Arthur

New Orleans

Tampa

West Palm Beach

Houston

Galveston

St-Petersburg

Corpus Christi

GOLFE DU MEXIQUE

Fort Lauderdale

Miami

Brownsville

500 km

BAHAMAS

Géopolitique interne des États-Unis

■ *La puissance américaine s'est forgée dans l'organisation d'un vaste espace : aux 48 États métropolitains (7 839 000 km²) s'ajoutent les îles Hawaii (16 000 km²) et l'Alaska (1 518 000 km²) pour une population de 240 millions d'habitants.*

L'armature physique est simple, avec trois grands ensembles d'est en ouest : surplombant une plaine littorale qui s'élargit vers le sud, les crêtes et sillons parallèles de la vieille chaîne appalachienne *qui courent du Maine à l'Alabama ; les* grandes plaines centrales drainées, au sud des Grands Lacs, vers le golfe du Mexique par le système du Mississippi ; les Cordillères occidentales *qui associent en bandes parallèles les Rocheuses, les hauts plateaux et les chaînes bordières (axe Sierra Nevada-Cascades et Coast Range encadrant la Grande Vallée californienne).*

La disposition du relief limite l'influence pacifique à un étroit liséré, engendre l'aridité qui prévaut à l'ouest du centième méridien, et accentue le jeu nord-sud des masses d'air, source de vigoureux contrastes thermiques saisonniers ; seul le Sud, subtropical, échappe aux hivers rudes.

Prépondérance du Nord-Est industriel

Dans la foulée de la guerre de Sécession (1861-1865), le Nord-Est établit sa suprématie et conduit l'intégration économique à son profit grâce aux politiques qu'il impose en matière de transport, de douanes, de banque, d'étalon monétaire et de distribution des terres publiques. Alors se met en place une structure cœur-hinterland. Le cœur est le quadrilatère Baltimore-Saint Louis-Milwaukee-Portland où s'érige la puissance industrielle de l'Union ; la «Manufacturing Belt» (la ceinture manufacturière) concentre vers 1900 plus des trois quarts des effectifs industriels. D'abord fixé près des industries de consommation de Nouvelle-Angleterre et des centres commerciaux et bancaires de l'Atlantique (Boston, New York), le centre de gravité migre entre Pennsylvanie et Grands Lacs où règnent les industries de biens d'équipement : en 1914, la Manufacturing Belt *compte 80 % des villes de plus de 250 000 habitants qui fixent les immigrants et attirent les Noirs du Sud.*

*Le développement industriel du Nord-Est est alors largement financé par les exportations agricoles de l'*hinterland *où la production s'organise en vastes régions de monoculture, en «ceintures» spécialisées : ceinture du tabac (Virginie, Caroline), du coton (de la Georgie au Texas), du blé (Kansas, Oklahoma, Nebraska), du maïs (de l'Indiana à l'Iowa), du lait (Wisconsin, Michigan) ; ceinture plus floue de l'élevage (du Texas au Montana), jardins et vergers (Floride, Californie). A côté des villes-marchés émergent quelques grandes «portes» commerciales : La Nouvelle-Orléans, San Francisco, Los Angeles. L'*hinterland *n'est cependant pas homogène : à un Sud stagnant, mal dégagé de ses pesanteurs historiques, s'oppose un Ouest dynamique et prometteur.*

Cette structure duale a été remarquablement durable puisque, en 1957, la Manufacturing Belt comptait encore 46 % de la population américaine, tout comme en 1900. La suprématie économique du Nord-Est s'est doublée d'une longue domination politique, celle du Parti républicain lié aux milieux d'affaires, le Parti démocrate exprimant les aspirations de la périphérie. Il a fallu la Grande Dépression (1929) pour que les démocrates cimentent la coalition du New Deal dont les contradictions régionales ont pu être longtemps masquées par une vigoureuse politique de croissance stimulée par l'intervention fédérale.

Le grand retournement spatial

Les crises économiques des années soixante-dix et quatre-vingt ont brutalement révélé le renversement de la dynamique spatiale : le poids démographique du Nord-Est tombe de 46 % à 40 % entre 1950 et 1980, son poids industriel de 68 % à 48 %. La Manufacturing Belt, désormais baptisée Frost Belt, voire Rust Belt (ceinture du givre, de la rouille...), perd de sa substance au bénéfice du Sud et de l'Ouest, la Sun Belt. La ceinture du soleil fixe les nouveaux immigrants (Cubains en Floride, Mexicains du Texas à la Californie, Asiatiques sur la côte Ouest).

Le retournement spatial s'est amorcé dès la Seconde Guerre mondiale sous l'influence de divers facteurs : recherche de nouvelles bases énergétiques (hydrocarbures du golfe du Mexique, de Californie), politique de grands travaux (aménagement des rivières Columbia, Tennessee..., système auto-routier) et décentralisations stratégiques (bases militaires et contrats de fabrication) sous l'impulsion du gouvernement fédéral, attrait du soleil (tourisme, retraités), intérêt pour la sphère pacifique, etc. Le fait essentiel est le redéploiement du système industriel : les entreprises fuient un cadre vieilli, contraignant, et trouvent dans les États interdisant le monopole syndical les bases d'une rentabilité accrue. Le symbole de cet essor est la Silicon Valley, complexe à base scientifique développé autour de l'université Stanford près de San Francisco, et plus récemment, le Triangle d'or de Caroline du Nord, ou le complexe microélectronique d'Austin (Texas).

L'idée de retournement spatial doit être nuancée : la fortune de la ceinture du soleil n'est pas sans nuages (séquelles de la crise pétrolière à Houston par exemple) ; si la Californie est le premier État de l'Union (25 millions d'habitants), la Manufacturing Belt conserve une grande part du pouvoir de commandement (72 % des sièges sociaux des deux cents plus grandes firmes). Surtout, la puissance de la Mégalopolis (45 millions d'habitants de Boston à Washington), le rôle commercial et financier de New York demeurent. L'Amérique en difficulté, c'est d'abord celle du centre : le Midwest des industries d'équipement en proie à la restructuration de la sidérurgie, de l'automobile... et les Grandes Plaines agricoles où de nombreux producteurs endettés, dans la dépendance de l'agrobusiness, sont guettés par la faillite et la concentration de la propriété.

Claude Manzagol

États-Unis

Démographie, culture, armée

INDICATEUR	UNITÉ	1970	1980	1991
Population	million	205,1	227,8	252,7
Densité	hab./km²	21,9	24,3	27,0
Croissance annuelle	%	1,1 a	1,0 b	0,7 c
Indice de fécondité (ISF)		2,3 a	1,9 b	1,9 c
Mortalité infantile	%oo	18,6	12,6	8 c
Espérance de vie	année	70,8	73,7	76 c
Population urbaine	%	73,6	73,7	75 d
Nombre de médecins	%oo hab.	1,58	2,0	2,3 i
Scolarisation 2e degré j	%	92 m	89	98 i
Scolarisation 3e degré	%	57,3 m	56,0	63,1 h
Téléviseurs	%oo	413	684	814 k
Livres publiés	titre	79 530	85 126	••
Marine	millier d'h.	988 e	717 f	780,5 g
Aviation	millier d'h.	810	555	517,4
Armée de terre	millier d'h.	1 363	774	731,7

a. 1965-75; b. 1975-85; c. 1990-95; d. 1990; e. Dont 294 000 marines; f. Dont 189 000 marines; g. Dont 195 700 marines; h. 1987; i. 1986; j. 14-17 ans; k. 1989; l. 1988; m. 1975.

Commerce extérieur a

INDICATEUR	UNITÉ	1970	1980	1991
Commerce extérieur	% PIB	8,5	8,7	8,0
Total imports	milliard $	42,7	273,3	488,1
Produits agricoles	%	20,7	10,4	7,2
Produits énergétiques	%	7,7	32,5	11,1
Produits industriels	%	65,6	53,2	80,5
Total exports	milliard $	43,2	233,7	421,9
Produits agricoles	%	20,9	23,0	14,3
Produits miniers c	%	4,3	3,9	2,4 d
Produits industriels	%	70,9	69,4	76,6
Principaux fournisseurs	% imports			
CEE		24,4	15,6	17,7
Asie b		24,2	34,3	43,1
Japon		14,7	12,8	18,8
Principaux clients	% exports			
CEE		28,6	26,7	24,5
Amérique latine		15,1	17,5	15,0
Asie b		23,5	26,5	31,0

a. Marchandises; b. Moyen-Orient, Chine et Japon compris; c. Produits énergétiques non compris; d. 1990.

Économie

Indicateur	Unité	1970	1980	1991
PNB	milliard $	1 015	2 732	5 674
Croissance annuelle	%	2,6 a	2,9 b	− 0,7
Par habitant	$	4 949	11 998	22 544
Structure du PIB				
Agriculture	%	2,8	2,6	2,4 c
Industrie	% 100 %	34,6	33,6	30,0 c
Services	%	62,7	63,8	67,6 c
Taux d'inflation	%	5,9	13,5	3,1
Population active	million	86,0	109,0	126,9
Agriculture	%	4,5	3,6	2,9
Industrie	% 100 %	34,4	30,5	25,3
Services	%	61,1	65,9	71,8
Chômage	%	4,8	7,0	7,0 f
Dépenses publiques				
Éducation	% PIB	6,5	6,7	6,8 e
Défense	% PIB	7,7	6,0	4,8
Recherche et Développement	% PIB	2,6	2,4	2,8
Aide au développement	% PIB	0,31	0,27	0,21 d
Administrations publiques				
Solde g	% PIB	− 1,0	− 1,3	− 2,5 d
Dette brute	% PIB	45,5	37,9	58,4
Production d'énergie	million TEC	2 103,7	2 045,7	2 055,7 c
Consommation d'énergie	million TEC	2 216,9	2 364,5	2 504,7 c

a. 1965-75; b. 1975-85; c. 1989; d. 1990; e. 1987; f. En décembre; g. Capacité ou besoin de financement.

rence de paix sur le Proche-Orient serait convoquée pour le 30 octobre à Madrid. Elle fut ouverte par George Bush et Mikhaïl Gorbatchev, affirmant vouloir jouer les « catalyseurs », mais ils se gardèrent bien d'« imposer un règlement » au Proche-Orient. De toute façon, G. Bush en aurait-il eu l'envie, et M. Gorbatchev le pouvoir ? Le premier a dû répondre aux critiques de ceux qui l'accusaient de préférer les affaires étrangères aux affaires intérieures et le second, depuis le coup d'État manqué du mois d'août 1991, vivait au Kremlin les derniers mois de sa carrière de despote éclairé et d'apprenti sorcier.

George Bush, qui avait signé avec Mikhaïl Gorbatchev en juillet le traité START, qui prévoit une réduc-tion de 25 % à 30 % des arsenaux nucléaires stratégiques des deux pays, a vite compris que les États-Unis devaient apprendre à se passer d'ennemi et, donc, paradoxalement, de stabilité. Il a reçu, dès le mois de juin, Boris Eltsine, fraîchement élu président de Russie au suffrage universel. La stratégie des États-Unis, si longtemps focalisée sur l'affrontement avec l'Est, a dû opérer une révision déchirante. En novembre 1991, les chefs d'État et de gouvernement des seize pays membres de l'Alliance atlantique, réunis à Rome, ont tenté de définir un « nouveau concept stratégique » et ont décidé de développer leurs relations avec les pays de l'Est.

Un souci dicté tout autant par la bonne volonté que par la peur du

BIBLIOGRAPHIE

AMNESTY INTERNATIONAL, *États-Unis. Des mineurs dans le couloir de la mort*, AEFAI, Paris, 1992.

S. BODY-GENDROT, *Les États-Unis et leurs immigrants*, La Documentation française, Paris, 1991.

M. FOUET, *L'Économie des États-Unis*, La Découverte, « Repères », Paris, 1989.

J. HEFFER, *Les États-Unis de Truman à Bush*, Armand Colin, Paris, 1990.

D. LACORNE, *L'Invention de la République : le modèle américain*, Hachette, Paris, 1991.

J.-P. LASSALE, *La Démocratie américaine : anatomie d'un marché politique*, Armand Colin, Paris, 1991.

A. LENNKH, M.-F. TOINET (sous la dir. de), *L'état des États-Unis*, La Découverte, coll. « L'état du monde », Paris, 1990.

J.-S. NYE, *Bound to Lead, the Changing Nature of American Power*, Basic Books, New York, 1990.

K. PHILLIPS, *The Politics of Rich and Poor*, Random House, New York, 1990.

J. PISANI-FERRY, *L'Épreuve américaine : les États-Unis et le libéralisme*, Syros Alternatives, Paris, 1988.

J. PORTES, *Histoire des États-Unis depuis 1945*, La Découverte, coll. « Repères », Paris, 1991.

M.-F. TOINET, *La Présidence américaine*, Montchrestien, Paris, 1991.

M.-F. TOINET (sous la dir. de), *L'État en Amérique*, Presses de la FNSP, Paris, 1989.

M.-F. TOINET, « Comment les États-Unis ont perdu les moyens de leur hégémonie », *Le Monde diplomatique*, Paris, juin 1992.

D. YERGIN, *The Prize. The Epic Quest for Oil, Money and Power*, Simon and Schuster, New York, 1991.

Voir aussi la bibliographie sélective « Amérique du Nord » dans la section « 37 ensembles géopolitiques ».

chaos atomique, puisqu'ils ont lancé, en même temps, un appel à l'URSS et aux républiques pour que la maîtrise de leurs armements nucléaire et chimique soit assurée. Quand éclatera l'URSS, le 8 décembre, lorsque à Minsk les présidents de Russie, d'Ukraine et de Biélorussie constateront que « l'Union soviétique n'existe plus », James Baker se rendra vite à Moscou, puis dans les trois autres républiques détenant des armes nucléaires (Kazakhstan, Biélorussie, Ukraine). Le 16 décembre, après avoir rencontré B. Eltsine et le maréchal Chapochnikov, ministre soviétique de la Défense, le secrétaire d'État américain s'est dit « rassuré »

sur le maintien d'un commandement unique des forces nucléaires au sein de la CEI (Communauté d'États indépendants) naissante.

C'est un monde stable, détestable mais prévisible, qui s'écroula quand M. Gorbatchev, le jour de Noël, annonça sa démission. Les Américains se surprirent à regretter les temps sans surprise où l'ancien président Ronald Reagan (1981-1988) dénonçait l'« Empire du Mal ». La fin de la guerre froide n'a pas apporté les dividendes escomptés. Il faut maintenant financer la transition à l'Est, nourrir les populations, ne serait-ce que par intérêt bien compris. En janvier 1992, le Département d'État à Washington a été le siège d'une gigantesque conférence sur l'organisation et la coordination de l'aide aux républiques de l'ex-URSS. Les États-Unis, à cette occasion, ont été accusés par les Européens de ne pas faire grand-chose. Ils ont répliqué par le lancement d'une opération, *Provide Hope* « Donner de l'espoir », pont aérien d'aide d'urgence. Puis, au sein du G7, le groupe des sept pays les plus industrialisés de la planète, les États-Unis ont accepté de prendre une juste part du fardeau occidental commun pour aider la Russie à passer du communisme au capitalisme. Un fardeau évalué par le Fonds monétaire international et la Banque mondiale à 24 milliards de dollars, dont six milliards destinés à un fonds de stabilisation du rouble en vue de sa convertibilité.

Cruelle récession

Dire que l'aide à la Russie et aux autres républiques de la CEI est une opération populaire, vue avec sympathie par la majorité des Américains, serait un peu exagéré. L'Amérique a ses problèmes, ses chômeurs de plus en plus nombreux (7 % de la population active en 1991 — chiffre assez considérable), ses sans-abri, et des ressources conjoncturellement limitées par la crise et structurellement grevées par des déficits qui se sont approchés des 400 milliards de dollars en 1991.

La reprise, annoncée régulièrement par la Maison Blanche depuis le début de la récession (fin 1989), est finalement apparue vers la fin du premier semestre 1992. La récession aura été cruelle. Le secteur immobilier a été sinistré, le secteur bancaire de même. La compagnie aérienne Pan Am a fait faillite, IBM et Apple ont dû s'allier, en octobre 1991, pour faire face à la crise globale de l'informatique. General Motors a annoncé en décembre la suppression en trois ans de 74 000 de ses 395 000 emplois, pour faire face à la concurrence japonaise dans l'automobile. Même une maison aussi honorable que la firme

de Wall Street Salomon Brothers, secouée par un scandale après la découverte, en août 1991, d'irrégularités commises en son sein lors d'adjudication de bons du Trésor, a été touchée. La crise avait commencé à être perceptible dès l'invasion du Koweït, le 2 août 1990, et s'est confirmée avec la fin de la guerre du Golfe un an plus tard. La consommation, moteur traditionnel de la croissance américaine, s'est effondrée pendant cette période au niveau de l'année 1982, précédente récession américaine. La banque fédérale de réserve, la FED, dirigée par Alan Greenspan, a tenté de relancer la machine en baissant les taux d'intérêt qui sont passés de 10 % au début 1991 à 3,5 % en mai 1992, la plus forte chute du loyer de l'argent depuis 1972. Le dollar a suivi le mouvement sur les marchés financiers. Mais ces remèdes de cheval ne sont pas parvenus à sortir l'économie américaine de sa léthargie.

Les difficultés économiques ont aggravé les tensions commerciales entre les États-Unis et l'Europe, soupçonnée de toutes les turpitudes pour préserver la prospérité de ses paysans ; elles ont de surcroît entraîné une chute spectaculaire de la popularité de George Bush, qui pourtant était au faîte de sa gloire dans les premiers mois de l'année 1991, pendant le conflit du Golfe, lorsque son action était approuvée par neuf Américains sur dix. En décembre 1991, un sondage du *New York Times* et de *CBS News* révélait que la popularité du président avait perdu seize points en un mois. Pis encore : son leadership en matière économique ne recueillait que 25 % d'opinions favorables, le taux affligeant dont avait été gratifié du temps de la stagflation de la fin des années soixante-dix le président démocrate Jimmy Carter, devenu malgré lui la référence en matière d'impopularité.

Les surprises de la campagne présidentielle

Le Parti républicain fut un moment pris de panique. 80 membres de la

Chambre des représentants appartenant au parti du président lui envoyèrent une lettre ouverte, fin novembre 1991, lui demandant de « sortir le pays de l'impasse ». Tout en louant les qualités de diplomate de G. Bush, les parlementaires républicains n'eurent guère de mots aimables pour sa direction des affaires nationales : « Sur le plan intérieur, le peuple américain ne voit que la stagnation économique et un avenir incertain. » G. Bush, en janvier 1992, entreprit un voyage au Japon, emmenant avec lui de nombreux hommes d'affaires de Detroit, siège de l'industrie automobile. Las ! On se souviendra davantage d'un malaise spectaculaire et télévisé du président, lors d'un dîner officiel à Tokyo, que de la « déclaration commune d'économie globale » signée avec le Premier ministre japonais Kiichi Miyazawa.

La droite conservatrice, nostalgique des années Reagan, a flirté avec la rébellion. Elle s'est retrouvée dans les accents populistes d'un Patrick Buchanan, ancien collaborateur du président Richard Nixon devenu journaliste ultra-conservateur. P. Buchanan s'est présenté, dans la course électorale, contre G. Bush pour obtenir la nomination du Parti républicain. Le président était dès le mois de mars 1992 assuré de l'investiture mais la menace s'est révélée sérieuse. La confusion a été aussi grande du côté démocrate, avec un groupe de candidats — Paul Tsongas, Bob Kerrey, Tom Harkin, Jerry Brown et Bill Clinton, lequel finira par émerger comme le probable opposant de G. Bush en novembre 1992, mais il a dû répondre d'accusations d'adultère en affrontant, avec le soutien de son épouse Hillary, les caméras de la célèbre émission de *CBS*, « 60 minutes ». L'ensemble de la classe politique, enfin, a été secouée par l'«ouragan» Ross Perot, un milliardaire texan qui, avant de renoncer à présenter une candidature indépendante, le 16 juillet, a promis de jouer le mécanicien de l'Amérique, prêt à mettre la tête sous le capot pour faire repartir la machine. Un discours qui a séduit tous ceux, innombrables, qu'unit le rejet du système politique traditionnel.

Et puis soudain, la campagne électorale et ses péripéties sont apparues dangereusement dérisoires, face à la désolation morale qui a suivi les émeutes de Los Angeles. Après ces mois de torpeur et d'incertitude, cette étrange parenthèse de repli diplomatique et de frilosité économique, l'Amérique s'est réveillée sur le spectacle de son échec. Échec du rêve, de l'intégration, de la confraternité, du patriotisme, du sens de la communauté ; autant de valeurs érigées en dogme et qui se sont effondrées, face à la pauvreté, la drogue, la violence et l'aliénation.

Michel Faure

De l'URSS à la Russie

L'URSS disparaît le 25 décembre 1991, avec ses derniers symboles : le président Mikhaïl Gorbatchev démissionne ce jour-là et le drapeau rouge frappé de la faucille et du marteau est enlevé des toits du Kremlin. Leur succèdent le président russe Boris Eltsine, élu le 12 juin précédent au suffrage universel, et le drapeau blanc-bleu-rouge, qui fut jusqu'en 1917 l'emblème de la Russie tsariste. Certes, une Communauté d'États indépendants (CEI) est formée, en décembre 1991, par onze ex-républiques soviétiques. Mais ce n'est pas un nouvel État, plutôt une gérance plus ou moins coordonnée de la liquidation de l'Union, au mieux un rêve de future communauté. De fait, la Russie est l'héritière de l'URSS. Une Russie qui se veut nouvelle, animée d'un projet politique radical : l'économie de marché et la démocratie à l'occidentale. Dissociée du communisme et de l'idéologie messianique de son rôle mondial («phare de l'humanité progressiste»), la Russie doit se forger une nouvelle identité. Se tournant vers l'Ouest, mais aussi vers son passé pré-révolutionnaire. Et ne pouvant ignorer, quoiqu'en disent ses dirigeants, qu'elle sort des flancs de l'URSS. D'ailleurs, le système soviétique, l'Union, leurs couches dirigeantes ont-ils réellement quitté la scène?

Au printemps 1991, l'URSS et la Russie, encore confondues, se trouvent au seuil de choix décisifs. Aucune fatalité ne leur dicte la voie à suivre, l'Histoire offre une série restreinte de possibilités. Sur quatre fronts, la *perestroïka* de Mikhaïl Gorbatchev a franchi le Rubicon : le pouvoir, le système social, l'Union, le rapport au monde extérieur. Et ni le pouvoir communiste poststalinien, ni le système collectiviste administratif, ni l'Union soviétique centralisée, ni la puissance de contrepoids à l'«impérialisme américain» ne survivront aux bouleversements de l'ère Gorbatchev.

La désagrégation du Parti

Sur le front du pouvoir, le Parti communiste d'Union soviétique (PCUS) a perdu son hégémonie idéologique, son monopole de décision, sa prétention même à un tel monopole (il y a renoncé au début de 1991) et, finalement, son idéologie marxiste-léniniste : au dernier plénum du comité central en juillet, M. Gorbatchev, encore secrétaire général, a fait accepter au PCUS sa transformation en parti de type parlementaire et d'idéologie social-démocrate. Le parti se désagrège. Après la dissidence de Boris Eltsine en juillet 1990 (création de la Plate-forme démocratique) surviennent, au début de l'été 1991, celle de proches de M. Gorbatchev. L'inspirateur de la *perestroïka*, Alexandre Iakovlev, l'ex-ministre des Affaires étrangères Édouard Chevardnadze et le leader du patronat d'État moderniste, Dimitri Volski, fondent en effet la

Mouvement démocratique pour la réforme. Le 2 août, intervient la rupture des «communistes pour la démocratie» d'Alexandre Routskoï, qui rallient le camp démocrate de Boris Eltsine.

Dans les autres républiques, le PCUS se fractionne en partis nationaux. La direction très conservatrice

---

▼

Russie

Fédération de Russie (intitulé provisoire, dans l'attente d'une nouvelle Constitution).

Capitale : Moscou.

Superficie : 17 075 400 km² (31 fois la France, soit les 3/4 de l'ex-URSS).

Monnaie : rouble.

Langues : russe (langue off. d'État), tatare, tchétchène, ingouche, ukrainien, etc.

Chef de l'État et de gouvernement : Boris Eltsine, président de la Russie, élu le 12.6.91 au suffrage universel (Egor Gaïdar a été nommé «Premier ministre en exercice» le 16 juin 1992).

Nature de l'État : ancienne république soviétique devenue indépendante en 1991.

Nature du régime : présidentiel autoritaire (pouvoirs spéciaux et gouvernement par décrets) avec contrôle parlementaire (Congrès des députés et Soviet suprême élus sous l'ancien régime soviétique).

Principaux partis politiques : Russie démocratique (regroupement de formations politiques et mouvements sociaux soutenant B. Eltsine), Parti communiste ouvrier de Russie (nouvelle formation, favorable à la restauration de l'URSS); Parti populaire de la Russie libre (ex-«communistes pour la démocratie», animé par Alexandre Routskoï); Parti démocratique de Russie (Nicolas Travkine). Le Parti communiste de l'Union soviétique (PCUS) a été interdit le 6.11.91.

Territoires contestés : îles Kouriles [Pacifique], revendiquées par le Japon.

La Russie et l'ex-URSS

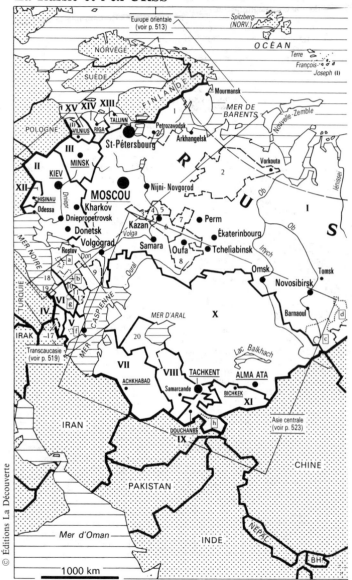

Europe orientale (voir p. 513)

Spitzberg (NORV.)

OCÉAN

Terre François-Joseph (I)

NORVÈGE

SUÈDE

FINLANDE

Mourmansk

MER DE BARENTS

Nouvelle-Zemble

XV **XIV** **XIII**

TALLINN

Petrozavodsk

Arkhangelsk

POLOGNE

VILNIUS (I)

RIGA

St-Pétersbourg

Vorkouta

Ienissei

III

MINSK

R

II

KIEV

Nijni-Novgorod

Ob

XII

CHISINAU

MOSCOU

U

Odessa

Dniepr

Kharkov

3 4 5

Perm

Dniepropetrovsk

Kazan

7

Ékaterinbourg

Ob

S

Donetsk

Volga

6

Irtych

MER NOIRE

Rostov

Volgograd

Samara

Oufa

Tcheliabinsk

Don

a

9

Oural

8

Omsk

Tomsk

18

b

Novosibirsk

19

c

0

g

Barnaoul

d

TURQUIE

VI

MER D'ARAL

X

IV

V

f

MER CASPIENNE

c

IRAK

17

Lac Balkhach

Transcaucasie (voir p. 519)

20

VII

VIII

TACHKENT

ALMA ATA

ACHKHABAD

Samarcande

BICHKEK

XI

IRAN

h

Asie centrale (voir p. 523)

DOUCHANBÉ

IX

CHINE

PAKISTAN

NÉPAL

BH.

Mer d'Oman

INDE

© Éditions La Découverte

1000 km

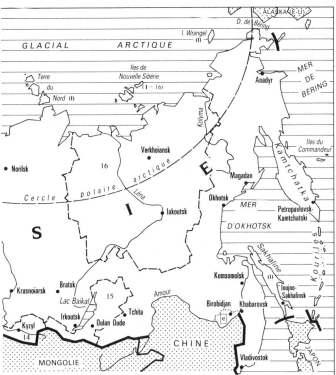

I à XV : Anciennes républiques socialistes soviétiques (RSS) devenues indépendantes en 1991.

I - Fédération de Russie

Anciennes républiques autonomes (capitales)   1 - Carélie (Petrozavodsk)   2 - Komis (Syktyvkar)

3 - Mordovie (Saransk)   4 - Tchouvachie (Tcheboksary)   5 - Maris (Iochkar-Ola)

6 - Tatarstan (Kazan)   7 - Oudmourtie (Ijevsk)   8 - Bachkortostan [ex-Bachkirie] (Oufa)

9 - Kalmoukie (Elista)   10 - Kabardino-Balkarie (Naltchik)   11 - Ossétie du Nord (Vladikavkaz)

12 - Tchetchénie (Groznyi)   13 - Daghestan (Makhatchkala)   14 - Touva (Kyzyl)

15 - Bouriatie (Oulan-Oude)   16 - Iakoutie-Sakha (Iakoutsk)

Anciennes régions autonomes devenues républiques en 1991 (capitales)   [a] - Adyghéens (Maikop)

[b] - Karatchaevo-Tcherkessie (Tcherkessk)   [c] - Altai (Gorno-Altaisk)   [d] - Khakassie (Abakan)

[e] - Birobidjan (Birobidjan)

II - Ukraine   III - Biélorussie   IV - Arménie - 17 - Nakhitchevan

V - Azerbaïdjan - [f] Haut-Karabakh   VI - Géorgie - 18 - Abkhazie

19 - Adjarie - [g] Ossétie du Sud   VII - Turkménistan

VIII - Ouzbékistan - 20 - Karakalpakie   IX - Tadjikistan - [h] Haut-Badakhchan

X - Kazakhstan   XI - Kirghizstan   XII - Moldavie

XIII - Estonie   XIV - Lettonie   XV - Lituanie

du PC de Russie (Ivan Poloskov) est donc très isolée. Même ses amis du groupe parlementaire Soyouz (Union), qui soutient depuis novembre 1990 un projet de dictature militaire, évitent désormais toute référence «communiste», pour mieux se rapprocher des autres opposants au libéralisme : les patriotes russophiles, anticommunistes, religieux. Le PCUS est donc moribond avant l'été 1991, et la bataille fait rage pour le partage des biens du parti.

Voilà pour la surface des événements. Quant à leur réalité profonde, il semble que les couches dirigeantes, les «nomenklaturistes» aient fait leur deuil du parti, se tournant, qui vers les affaires, qui vers les nouveaux appareils d'États en formation, à Moscou comme à Kiev ou à Alma-Ata.

Sur le deuxième front, celui du régime social, le «système administratif de commandement» est en plein démantèlement. Il n'y a pas de système de remplacement. La bureaucratie résiste au changement. Mikhaïl Gorbatchev lui-même, partisan du marché, cherche une «troisième voie» entre socialisme d'État et capitalisme, sans réussir à la concrétiser. Or, la victoire idéologique et politique de l'«économie de marché» est acquise. Y compris les privatisations dont (sauf pour la terre) presque tout l'éventail politique russe, des communistes aux ultralibéraux, reconnaît la nécessité. *De facto*, certaines grandes entreprises sont transformées en sociétés par actions. La lutte pour la propriété et le pouvoir (pour obtenir les sympathies de l'Occident aussi) est engagée entre la nomenklatura réformatrice et une nouvelle bourgeoisie. Celle-ci, formée de commerçants et d'intellectuels, mais de très peu d'entrepreneurs, occupe des positions influentes au sein des médias, de la distribution, des activités spéculatives et des *joints ventures* (contrats avec les firmes étrangères), mais elle reste très marginale dans le capital bancaire et l'industrie.

L'« Union » à bout de souffle

Sur le troisième front — l'Union des républiques — l'avenir apparaît encore plus incertain au seuil de la «révolution» d'août 1991. Sans doute, les séparatismes ont-ils gagné la partie dans les républiques baltes, en Moldavie, dans les républiques transcaucasiennes. Mais il ne s'agit que des «marches» de l'empire — à l'exception du Caucase — de régions de soviétisation récente (les pays Baltes, en 1940, les Moldaves d'outre-Dniestr après 1945), et ils totalisent moins de 10 % de la population de l'URSS. Le nationalisme en Ukraine est localisé (à l'ouest surtout, dans une région incorporée en 1945), ou encore peu enclin au séparatisme. L'Asie centrale et le Kazakhstan restent attachés à l'Union. Les réformateurs de Moscou et leurs conseillers occidentaux sont pour la plupart déterminés à établir l'économie et l'État de droit dans l'espace économique, l'ensemble politico-culturel formés de l'URSS. Au début de l'été 1991, c'est un plan de «transformation de l'URSS» que proposent, aux présidents G. Bush et M. Gorbatchev, le nouveau penseur du libéralisme radical Grigori Iavlinski et ses conseillers de l'université de Harvard. Les institutions financières internationales comme le FMI, la CEE sont favorables au maintien de l'Union.

Le 17 mars 1991, 76 % des Soviétiques avaient voté en faveur d'une Union renouvelée, non pas dans le sens de l'unitarisme, mais dans celui de la quasi-confédération, qui sera mise en chantier lors des accords de Novo-Ogarevo. Le projet confédéral soutenu par M. Gorbatchev et le président du Kazakhstan, Noursultan Nazarbaiev, va même se concrétiser dans les accords de l'automne 1991, créant une «communauté économique» de onze ex-républiques dont l'Ukraine, et un préaccord d'«Union» politique entre sept États.

La nouvelle Union devait prendre place dans un «ordre mondial» où l'URSS avait renoncé à toute prétention idéologique ou même «contestataire» à l'égard des États-Unis et de l'Occident. Les accords de désarmement, l'acceptation de la réunification allemande, le soutien apporté

La Russie, un État multinational

■ *A la veille de sa disparition, fin 1991, l'URSS ne comptait qu'un peu plus de 50 % de Russes. Mais dans la Fédération de Russie, les Russes comptent pour plus de 80 % (85 % de Slaves selon les chiffres du recensement de 1989) de la population totale. Hégémoniques sur la plus grande partie du territoire, ils sont également majoritaires dans nombre de républiques et de régions où les populations autochtones sont souvent d'un poids réduit : 73 % de Russes (84 % de Slaves) et 10 % de Caréliens en Carélie ; 70 % de Russes et 24 % de Bouriates en Bouriatie ; un peu plus de 50 % de Russes (57 % de Slaves) et 33 % de Yakoutes en Yacout-Sakha (ex-Yacoutie). Ailleurs, l'élément russe, malgré une présence massive dans les villes, ne parvient pas à former la majorité de la population : 43 % face aux 48 % de Tatars au Tatarstan ; 39 % de Russes, 21 % de Bachkirs et 28 % de Tatars dans la république voisine du Bachkortostan (ex-Bachkirie). Très minoritaires en Tchouvachie (26 %) ou à Touva (moins de 30 %), les Russes — largement minoritaires — sont de plus en plus tentés de quitter un Caucase où leur situation est devenue inconfortable (ainsi, 15 % des Slaves de la République tchétchène ont quitté le pays en dix - dix-huit mois, en 1991-1992).*

Malgré la « poudrière caucasienne » [voir articles au chapitre « Conflits et tensions »] et l'« indépendance » du Tatarstan, à la suite du référendum du 21 mars 1992, la Fédération russe n'est pas menacée d'explosion pour des raisons ethniques ou religieuses. Le danger est ailleurs. A l'heure des revendications de souveraineté, le comportement de plus d'une nationalité sans territoire est naturellement marqué par la tentation d'un comportement territorialiste, héritage de l'époque stalinienne, lorsque la nation ne pouvait avoir d'existence que territoriale. Dans un ensemble où les problèmes institutionnels et de propriété sont restés en suspens, la tentation est grande de faire jouer les territoires de la nation afin de limiter l'intervention du centre et d'exercer un contrôle sur les richesses naturelles du pays. Les solidarités régionales semblent beaucoup plus puissantes que les solidarités nationales, en particulier dans les républiques et régions où les Russes sont majoritaires.

Alors que rien ne semble définitivement établi en Russie sur le plan des libertés et des degrés de souveraineté, et tandis que le marché n'est toujours pas capable de réguler une économie en crise, l'existence de souverainetés, leur extension, voire même leur création, semblent à plus d'une région l'unique garantie de survie. Pour se protéger d'une perte totale d'autorité de l'État central, la Fédération russe doit inventer un nouveau type de relations et mettre en place les éléments d'une authentique citoyenneté respectant la diversité nationale et la complexité institutionnelle de ses 17 millions de km². Le traité fédéral ne pourra longtemps remplacer une nouvelle Constitution, élément indispensable de ce renouveau.

Charles Urjewicz

Union soviétique [1]

Démographie, culture, armée

INDICATEUR	UNITÉ	1970	1980	1991
Population	million	243	266	291 g
Densité	hab./km²	10,9	11,9	13,0
Croissance annuelle	°/₀	1,0 a	0,9 b	0,7 c
Indice de fécondité (ISF)		2,4 a	2,3 b	2,3 c
Mortalité infantile	°/₀₀	24,7	27,3	20 c
Espérance de vie	année	68,9	67,9	71 c
Population urbaine	°/₀	56,7	63,0	66 d
Nombre de médecins	°/₀₀ hab.	2,74	3,75	4,44 e
Scolarisation 2e degré f	°/₀	85	93	96 e
Scolarisation 3e degré	°/₀	25,3	21,3	25,1 e
Téléviseurs	°/₀₀	143	288	323 e
Livres publiés	titre	78 899	80 676	76 711 e
Marine	millier d'h.	475	433	450 h
Aviation	millier d'h.	480	475	420 h
Armée de terre	millier d'h.	2 000	1 825	1 400 h
Défense aérienne	millier d'h.	500	550	475 h
Total	millier d'h.	3 535	4 158	3 400 h

(1) L'Union soviétique a cessé d'exister en tant qu'État en décembre 1991. Ces statistiques correspondent, pour 1991 comme pour les autres années de références, à l'ensemble des territoires de l'ex-URSS. On trouvera dans la section «37 ensembles géopolitiques», un chapitre «Ex-Empire soviétique», des statistiques analytiques pour chacune des quinze républiques.
a. 1965-75; b. 1975-85; c. 1990-95; d. 1990; e. 1989; f. 12-16 ans; g. Dernier recensement utilisable : 1989; h. Effectif théorique. La proclamation des souverainetés nationales par les différentes républiques a provoqué de nombreuses désertions avant, dans certains cas, la formation d'armées nationales.

Commerce extérieur a

INDICATEUR	UNITÉ	1970	1980	1990
Total imports	milliard $	11,7	68,5	121,0
Produits agricoles	°/₀	22,0	27,7	17,2
dont céréales	°/₀	-	7,2	4,0
Produits manufacturés	°/₀	67,2	59,8	68,0 c
Total exports	milliard $	12,8	76,5	104,3
Produits énergétiques	°/₀	15,5	47,0	42,2 d
Métaux et minerais	°/₀	20,2	7,8	2,8 d
Produits agricoles	°/₀	16,6	7,5	6,6
Produits manufacturés	°/₀	29,0	24,7	27,8 d
Principaux fournisseurs	°/₀ imports			
CAEM		61,6	48,2	24,5
PCD		26,2	39,3	58,1
PVD		16,5	12,4	10,4
Principaux clients	°/₀ exports			
CAEM		60,8	49,0	22,9
PCD		21,2	36,1	56,5
PVD		18,0	14,9	13,5

a. Marchandises; b. 1989; c. 1986; d. 1988.

Union soviétique

Économie

INDICATEUR	UNITÉ		1970	1980	1991
P M N [i]	milliard roubles		293,5	462,2	1 200 [h]
Croissance annuelle	%		6,5 [a]	3,9 [b]	− 15,0 [d]
Par habitant	roubles		1 202	1 731	4 299 [g]
Structure du P M N					
Agriculture	%	} 100 %	22,0	15,1	22,8 [c]
Industrie	%		61,5	61,8	54,8 [c]
Services	%		16,5	23,1	22,4 [c]
Dette extérieure totale	milliard $		1,6	25,2	80,0
Taux d'inflation	%		—	0,7	150,0
Population active	million		117,3	136,9	146,6 [e]
Agriculture	%	} 100 %	25,4	20,2	18,8 [f]
Industrie	%		37,9	38,5	38,9 [f]
Services	%		36,7	41,3	42,3 [f]
Dépenses publiques					
Éducation	% PMN		6,8	7,3	7,9 [c]
Défense	% PMN		6,1	..	4,4
Recherche et Développement	% PMN		4,0	4,6	6,1 [f]
Production d'énergie	million TEC		1 216,4	1 935,9	2 356,8 [c]
Consommation d'énergie	million TEC		998,7	1 473,1	1 875,2 [c]

a. 1965-75; b. 1975-85; c. 1989; d. Le PIB a diminué de 17 %; e. 1990; f. 1988; g. Les estimations du PIB per capita varient entre 1 780 et 9 230 dollars; h. CEI seulement, c'est-à-dire hors pays Baltes et Géorgie; i. Produit matériel net [voir définition p. 16].

par Moscou à la guerre contre l'Irak, la demande d'adhésion au FMI, le « lâchage » de Cuba et d'autres anciens alliés de l'URSS, l'abandon des relations privilégiées avec les partis communistes et mouvements révolutionnaires du tiers monde illustraient à suffisance cette volonté soviétique de « rentrer dans le rang » ou, pour reprendre une expression courante à Moscou, de « devenir un pays normal et civilisé ».

La Russie de Boris Eltsine poursuit sur la lancée de l'URSS gorbatchévienne, elle s'inscrit dans le chemin tracé par la *perestroika*. Mais elle le détourne, en corrige la trajectoire par des choix, des ruptures, qui s'opèrent fin 1991-début 1992 dans un torrent d'actions-réactions plus ou moins réfléchies. Ce qui permet le tournant, c'est bien sûr le putsch raté d'août 1991. Le coup de force d'une poignée de dirigeants effrayés

par la « perte de l'empire » a lieu la veille de la signature du nouveau traité de l'Union, prévue pour le 20 août 1991. Parmi les instigateurs se trouvent le Premier ministre, Valentin Pavlov, le ministre de la Défense, Dimitri Iazov, le président du KGB, Vladimir Krioutchkov, le minitre de l'Intérieur, Boris Pougo. Le soutien du président du Soviet suprême, Anatoli Loukianov, est supposé. L'objectif poursuivi n'est pas de « sauver le communisme », mais de conserver ce qui peut encore l'être d'un pouvoir central.

Le putsch manqué et la fin de l'URSS

La tentative irréaliste, improvisée, rapidement maîtrisée, ouvre la voie à la prise du pouvoir par Boris Eltsine et son équipe. Le pouvoir russe s'empare très rapidement de la plu-

BIBLIOGRAPHIE

F. BARRY, M. LESAGE, et *alii*, *URSS, la dislocation du pouvoir*, Les études de la Documentation française, Paris, 1991.

C. BAYOU, « La société à capital mixte en Russie », *Le Courrier des pays de l'Est*, n° 370, La Documentation française, Paris, juin 1992.

« Cela s'appelait l'URSS, et après... », *Hérodote*, La Découverte, n° 64, Paris, 1er trim. 1992.

COMMISSION EUROPÉENNE, *La Situation économique et les réformes en Union soviétique* (rapport), l'Harmattan, Paris, 1991.

J.-M. CHAUVIER, *URSS : une société en mouvement*, Éd. de l'Aube, 1990.

M.-A. CROSNIER, « Russie 1992 : le saut dans l'inconnu », *Le Courrier des pays de l'Est*, n° 368, La Documentation française, Paris, avr. 1992.

B. GUETTA, *Éloge de la tortue. L'URSS de Gorbatchev. 1985-1991*, Le Monde-Éditions, Paris, 1991.

« La conquête du pouvoir en Russie » (dossier constitué par M.-H. Mandrillon), *Problèmes politiques et sociaux*, n° 683, La Documentation française, Paris, juin 1992.

« La lutte pour le pouvoir en URSS » (dossier constitué par R. Berton-Hogge), *Problèmes politiques et sociaux*, n° 653, *La Documentation française*, Paris, mars 1991.

« L'économie de l'URSS au bord du gouffre », *Le Courrier des pays de l'Est*, n° 359, La Documentation française, Paris, avr. 1991.

« Les Russes face aux privatisations et à la libre entreprise » (dossier constitué par R. Berton-Hogge et M.-A. Crosnier), *Problèmes politiques et sociaux*, n° 675-676, La Documentation française, Paris, mars 1991.

J. SAPIR. *Feu le système soviétique ? Permanences politiques. Mirages économiques. Enjeux stratégiques*, La Découverte, Paris, 1992.

N. WERTH, *L'Histoire de l'Union soviétique. De l'empire russe à l'union soviétique 1900-1990*, PUF, Paris, 1991.

part des leviers de commande politiques, financiers, bientôt militaires et diplomatiques. La mise à l'écart de M. Gorbatchev et la liquidation de ses projets de nouvelle Union s'inscrivent dans une logique où le pouvoir russe veut être seul à décider, à mettre en œuvre une réforme libérale qui ne tiendra plus compte ni des hésitations d'un président attaché au « choix socialiste », ni des objections des autres républiques.

Un procès contre le Parti communiste (interdit en Russie le 6 novembre 1991) commencera le 7 juillet 1992. Le procès des putschistes, en revanche, n'a pas eu lieu comme beaucoup l'espéraient.

Le séparatisme-pilote de la Russie ne peut qu'encourager les autres. Le pouvoir ukrainien, le président Léonid Kravtchouk, en particulier, seront les principaux alliés de Boris Eltsine dans cette opération liquidatrice. La création de la CEI par les trois républiques slaves (Russie, Ukraine, Biélorussie), le 8 décembre 1991, consacre la mort de l'URSS comme « sujet de droit international ». Bien que non consultées dans ce processus, les républiques du Kazakhstan et d'Asie centrale n'auront d'autre choix que de s'y joindre, lors de la rencontre d'Alma-Ata, le 21 décembre. Le pouvoir russe s'empare de l'héritage soviétique dans toute la mesure du possible, avec l'aval très rapide des puissances occidentales. Ce qui ne manquera pas d'éveiller chez les non-

Russes, et particulièrement chez les alliés ukrainiens, le soupçon de « chauvinisme impérial grand-russe ».

La destruction de l'URSS n'a pas été le fruit d'une volonté populaire — les plébiscites indépendantistes organisés dans les républiques après le putsch manqué ne feront que consacrer le nouvel état de fait — ni même d'une volonté unanime des démocrates russes : certains d'entre eux considèrent la fin de l'Union comme un geste aventuriste, voire une « tragédie ». Beaucoup ne soupçonnaient pas le pouvoir ukrainien capable de donner le coup de grâce, non seulement au président M. Gorbatchev et à l'URSS, mais à toute espèce d'Union, et même à l'alliance nouée entre la Russie et l'Ukraine depuis le XVIIe siècle.

Un « capitalisme d'initiative étatique »

Le processus de réformes mis en œuvre (le « choc chirurgical ») par le vice-Premier ministre, Egor Gaïdar, sous la houlette du président B. Eltsine, ne s'est pas fondamentalement distingué des options précédentes de Grigori Iavlinski et de certains conseillers économiques de M. Gorbatchev. A une différence notable près : ce n'était plus la réforme de l'Union, seule la Russie décidait, entraînant bon gré, mal gré, et sans coordination véritable, les autres ex-républiques de l'URSS. La réforme portait sur trois grands volets : libération des prix, assainissement financier et monétaire, privatisations.

La libération des prix de détail, le 2 janvier 1992, avait pour but de combattre les pénuries, d'éponger la masse monétaire en circulation et de ressusciter l'esprit d'initiative et d'entreprise. Son premier résultat visible aura été la réapparition de certains produits dans les étalages et le renchérissement du coût de la vie. Les hausses de janvier s'ajoutant aux précédentes, il a été estimé que les prix alimentaires ont, en l'espace d'une année, été multipliés par 16,5.

Les salaires n'auraient augmenté que de trois à quatre fois. Quelque 90 % de la population se sont retrouvés à proximité ou en dessous du minimum vital, les stocks et la débrouille permettant à la plupart de survivre. La situation aura été la plus tragique pour les malades et les vieux. En revanche, une minorité de commerçants et de « maffiosi » ont bâti des fortunes fabuleuses. L'évasion de capitaux (par le biais des opérations extérieures) a été estimée à 14 milliards de dollars.

L'austérité budgétaire a durement frappé les dépenses militaires, l'éducation, la santé publique, la sécurité sociale, tandis que des écoles et des assurances privées étaient créées. Mais la politique budgétaire et monétaire était encore loin, au printemps 1992, de répondre aux exigences du FMI, dont la mise en œuvre conditionne pourtant l'octroi d'aides financières. La hausse des prix de l'énergie et des matières premières a été envisagée, mais repoussée dans le temps : ces hausses, ajoutées à la suppression des subventions d'État, provoqueraient faillites et chômage en masse.

Quant aux privatisations, elles n'ont guère avancé dans les petites entreprises et l'agriculture. A la mi-1992, selon certaines estimations, il existait quelque 20 millions de privés, toutes catégories confondues, dont 80 000 fermiers assurant 1 % de la production agricole brute. Mais on attendait toujours les « 100 000 entrepreneurs » qui, selon un conseiller de B. Eltsine, suffiraient à lancer le capitalisme privé en Russie. Ce qui a avancé, en revanche, comme les années précédentes, c'est la « privatisation » des grandes entreprises par leurs nouveaux actionnaires : directions d'entreprises, parfois collectifs de travailleurs, ou, plus rarement, capital étranger. On peut parler d'une sorte de « capitalisme d'initiative étatique », dont les protagonistes forment ce « parti industriel » de plus en plus puissant qui, au printemps 1992, contrebalançait, au sein du gouvernement, l'équipe ultra-libérale de E. Gaïdar.

Diplomatie extérieure et intérieure

La Russie n'a pu maintenir son contrôle sur les forces armées de la CEI ni empêcher la création d'armées nationales (armée russe comprise), ni celle de monnaies séparées (Ukraine, Estonie), ni les conflits avec d'autres républiques : l'Ukraine, qui refuse que la Russie « récupère » la Crimée « offerte » par Nikita Khrouchtchev en 1954, et la Moldavie, qui ne tolère pas l'existence d'une république souveraine autoproclamée en Transdniestrie, partie orientale de la Moldavie peuplée en majorité de Slaves, peu enclins à se laisser intégrer à une « grande Roumanie ». Les réfugiés russes (environ 250 000 au début 1992) ont afflué des régions troublées, du Caucase, d'Asie centrale, et des pays Baltes, où plusieurs centaines de milliers de Slaves ont été privés de droits civiques et politiques. Pour prévenir le développement de conflits, six États de la CEI (Russie, Arménie, Kazakhstan, Ouzbékistan, Tadjikistan, Turkménistan) ont signé le 15 mai 1992 à Tachkent (Ouzbékistan) un « pacte de sécurité collective ». La Russie et le Kazakhstan, deux puissances nucléaires, ont même envisagé la coordination de leurs politiques militaire et économique (traité du 25 mai). Début de reconstruction ? Aux courants centrifuges qui déchirent l'ex-URSS s'opposent les pesanteurs de l'interdépendance économique et de la division du travail instaurée entre les républiques au temps du communisme. Le système énergétique unifié a été, *grosso modo*, maintenu au cours de l'hiver 1991-1992. Les marchandises et les hommes ont continué à circuler plus ou moins librement, voire anarchiquement, à travers l'ex-URSS, laquelle, à la mi-1991, n'avait pas encore vu l'instauration de véritables frontières internes.

La Fédération russe elle-même est une « URSS en réduction ». La plupart de ses autonomies nationales, qui ne disposent certes pas de structures quasi étatiques comparables à celles des républiques fédérées, ont réclamé plus de souveraineté. Dans le Nord-Caucase, la Tchéchéno-Ingouchétie s'est déclarée indépendante. Une guerre avec la Russie a été évitée de justesse. Le Tatarstan, au cœur de la Russie européenne, a présenté le plus grand risque de « sécession » interne. Le « manque d'État », après la dislocation de la structure unifiante du parti-État, rend nécessaire la construction d'une nouvelle fédération. Certaines régions de Russie (Nord-Caucase et Volga), peuplées de turcophones et de musulmans, ne sont pas moins sollicitées que les républiques périphériques par l'influence turque et le fondamentalisme islamique (activé par l'Iran au Tadjikistan persanophone).

Le soutien occidental à la refonte de l'ex-URSS se manifeste sous trois aspects étroitement liés : les initiatives de désarmement, les recommandations du FMI (et d'autres institutions) en matière de réformes économiques et les interventions financières.

Les accords START de réduction des armements stratégiques de l'ex-URSS et des États-Unis, conclus en juillet 1991, ont été concrétisés fin mai dans le protocole d'application signé à Lisbonne. Celui-ci fait obligation à l'Ukraine, à la Biélorussie et au Kazakhstan d'éliminer dans les sept ans toutes leurs armes nucléaires, qui devront être détruites ou transférées en Russie. Celle-ci, en renonçant à ses missiles intercontinentaux, a accepté la perte d'une « parité stratégique » avec les États-Unis, conquise sous Leonid Brejnev et que l'ex-président Gorbatchev avait tenté, vainement, de maintenir. Sur le plan économique, le FMI a recommandé à la Russie d'appliquer des assainissements budgétaires, et la rigueur monétaire, ainsi qu'une libération des prix de l'énergie. Mais le président Eltsine, tenant compte des protestations et des risques d'explosion sociale, a refusé l'application immédiate de cette mesure.

Sur les 5,5 milliards de dollars de

crédits auxquels la Russie a droit du fait de son adhésion au FMI, une première ligne de 1 milliard de dollars a été débloquée à la veille du sommet des sept pays les plus industrialisés (G7), en juillet 1992. Le reste a été subordonné à l'approbation par le FMI du « programme de stabilisation » du gouvernement russe. L'ensemble des aides et crédits occidentaux, 24 milliards de dollars (dont six pour la stabilisation du rouble), est lié à d'analogues exigences. D'autre part, un Fonds international des sciences et technologies a été mis sur pied (doté par l'Occident de 75 millions de dollars) afin d'éviter l'exode des cerveaux vers « des pays dangereux ».

Le choix russe d'une politique extérieure nettement orientée vers l'Ouest et l'intégration au marché mondial (adhésion au FMI) n'exclut pas une reprise en compte de la « vocation euro-asiatique » de la Fédération russe. Les difficultés rencontrées à l'extérieur (réticences occidentales à l'aide réelle) et à l'intérieur (tensions sociales) ont fait refleurir, au printemps 1992, les discours en faveur d'un pouvoir fort, d'une « main de fer ».

Jean-Marie Chauvier

(Voir aussi la chronologie p. 503-504, les articles consacrés à chacune des républiques de l'ex-URSS, p. 500 et suiv., ainsi que les articles p. 44, 544 et 547.)

Chine
Métamorphose économique

Pendant toute l'année 1991-1992, le gouvernement chinois a continué de gérer les conséquences désastreuses du printemps de 1989 (écrasement des manifestations d'étudiants place Tian An Men). Installés au pouvoir, les conservateurs avaient tenté en vain, en décembre 1990, de faire leur le VII⁰ plénum du Comité central du PCC (Parti communiste chinois). Il n'en résulta qu'un gel de la situation, les influences des uns et des autres s'annulant, et les factions, organisées depuis longtemps en clientèles au sein du Parti, équilibrant leur poussée pour parvenir à une égale impuissance. Le projet de VIII⁰ Plan, proposé au début de 1992, n'avait pu que mêler des projets de développement contradictoires. La répression policière et idéologique avait, de son côté, réussi à geler les évolutions souhaitées par la majorité de la population urbaine, la seule dont le poids puisse compter face aux institutions. Il ne restait donc que trois domaines dans lesquels le gouvernement pouvait agir : économique, diplomatique, militaire.

Nonobstant tous les discours, la politique économique a changé au cours de 1991. Contre les efforts des conservateurs, il a été à nouveau question des réformes et du développement de l'économie de marché. Les villes ont repris leur croissance alors que, à la mi-1992, les restructurations envisagées dès 1988 par les conservateurs n'avaient même pas été ébauchées (blocage de l'autonomie financière, accroissement des prélèvements d'État, freinage de la croissance…). Le secteur des productions non agricoles a repris sa marche en avant, dans le même désordre qu'auparavant.

L'équation démographique

Les contradictions dans le domaine démographique ont continué d'accumuler les problèmes pour l'avenir. La croissance globale de la population, si elle est demeurée dans des limites raisonnables (1,3 % par an, au début des années quatre-vingt-dix, avec 2,3 enfants par femme en moyenne au lieu de 5,8 en 1970), s'est néanmoins poursuivie plus vite que ne le souhaitaient les dirigeants. Cha-

Chine

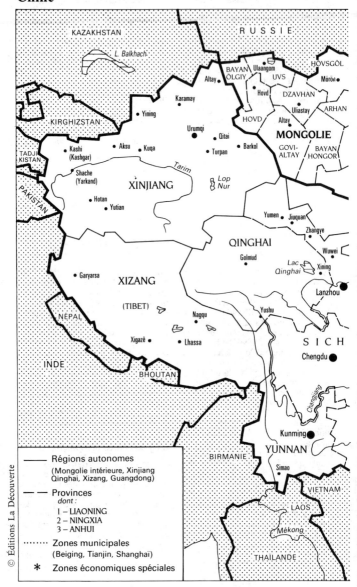

Légende:

— Régions autonomes
(Mongolie intérieure, Xinjiang Qinghai, Xizang, Guangdong)

– – Provinces
dont :
1 – LIAONING
2 – NINGXIA
3 – ANHUI

.... Zones municipales
(Beiging, Tianjin, Shanghaï)

* Zones économiques spéciales

© Éditions La Découverte

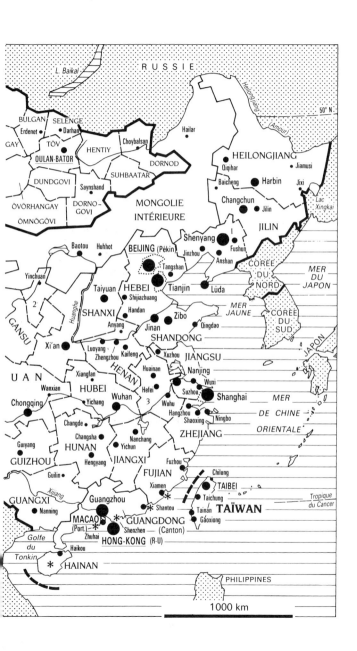

■ *Les 60 % de territoire chinois qui appartiennent aux 55 peuples qu'on désigne sous la formule « minorités nationales » (c'est-à-dire autres que les Han qui forment 92 % de la population totale) continuent d'être traités comme des terres de colonisation. Comparés aux provinces de la côte et même du centre, le Tibet, le Qinghai, le Xinjiang turcouïgour, la Mongolie, le Guangxi des Zhuang demeurent les lieux d'un moindre développement. Il en est de même pour les districts particuliers, dans une dizaine d'autres provinces, où vivent ceux que naguère les Chinois appelaient les Barbares « crus », non civilisés.*

Mais la situation ethnique n'est pas la seule clé d'explication des contrastes et des hiérarchies internes du territoire chinois, d'autres déséquilibres trouvant leur source dans l'organisation régionale et dans les formes du développement.

Le poids économique de la Chine dans le domaine des produits agricoles de base est énorme en valeur absolue (20 % du riz mondial et du coton, 15 % du maïs et du soja, 12,5 % du tabac, 40 % du thé, etc.). Il en est de même pour les matières premières principales, comme le charbon (un milliard de tonnes), etc. Mais, rapportées à la tête d'habitant, ces productions ne permettent à la Chine que de se classer dans le bas du tableau des nations du monde. Et, si l'on considère la répartition territoriale, les régions économiques et les trente provinces qui constituent le pays ont des tailles et des poids très inégaux.

Une analyse à partir de critères valables pour le XIXᵉ siècle

avait montré que neuf grands domaines socio-économiques correspondaient grosso modo aux grands bassins hydrographiques. Peu liés entre eux, organisés autour de réseaux de villes grandes et moyennes, ces domaines constituaient chacun une masse de poids suffisante pour subsister indépendamment des politiques économiques du centre. Au XXᵉ siècle, cette organisation de base a perduré et est restée sous-jacente aux aménagements centraux mis en place par le pouvoir communiste après 1949. C'est d'ailleurs par référence à l'existence de ces « macro-régions » que la « décentralisation » effectuée de 1964 à 1989 s'est opérée.

Un développement à plusieurs vitesses

La politique de recentralisation de l'économie menée depuis 1990 n'a encore que partiellement porté ses fruits, tant les unités régionales — à commencer par les provinces — ont gardé les moyens de résister aux pressions d'une planification centrale revivifiée. Notamment, le renforcement du pouvoir des provinces par rapport aux ministères centraux et aux bureaux provinciaux de ces ministères n'a pu être supprimé.

Le fondement des « grands déséquilibres » se trouve dans la division explicite du pays en trois grandes « zones » : la côte, l'intérieur, l'Ouest. A cette division sont liés une hiérarchisation des moyens économiques et un essai de rationalisation — dans l'inégalité et les différences de potentiel — d'un développement à plusieurs vitesses. Mais ce mouve-

ment se heurte aux ambitions propres de chacune des provinces. Si les dix provinces côtières rassemblent 73 % du commerce international, les vingt autres subsistent tant bien que mal. La création de « zones économiques spéciales », dès 1984, en des points choisis du territoire, au contact de Hong Kong, de Macao, à proximité des grandes villes côtières et en face de Taïwan, puis de zones entières ouvertes aux investissements étrangers a fait naître des désirs de développement quasi inextinguibles.

L'attribution du commerce avec l'étranger à des corporations sectorielles, au niveau national, a donné lieu à la multiplication de liaisons souvent informelles entre villes, régions et grandes entreprises, qui se sont tenues à l'écart des contrôles étatiques. Tout cela a créé une impatience généralisée pour le développement d'une économie orientée vers le marché extérieur.

La priorité accordée jusqu'à la fin de 1988 aux entreprises qui rapportent, en particulier des devises, a été remplacée en 1989 par un soutien préférentiel aux grandes entreprises d'État, dont une part importante fonctionne à perte.

La politique de réanimation des bourgs comme centres régionaux de développement a été brutalement stoppée au début de 1989 par l'assèchement du crédit. Cette politique était pourtant nécessaire, puisqu'elle permettait de faire apparaître enfin des petites industries aux abords immédiats de la campagne, relais pour les villes moyennes, et d'absorber une partie de l'inévitable exode rural.

A la fin de 1989, la rupture de cette continuité dans l'effort se manifestait par le fait que 80 millions de Chinois se trouvaient « à l'extérieur » des statistiques. Le recensement de juillet 1990 en a retrouvé le quart.

Le rôle des réseaux urbains

La politique d'aménagement du territoire demeure floue dans ses principes et surtout dans sa mise en œuvre. Il n'empêche que des essais de constitution de zones de développement ont été tentés, dans la grande plaine du Nord, base céréalière, le long du Yangzijiang. Le mouvement essentiel a été cependant la priorité presque absolue donnée à la création de réseaux urbains. La constitution territoriale des grandes villes, qui ont vu leur périmètre considérablement agrandi à la campagne alentour, le soin apporté à la constitution d'assises régionales stables et étendues pour des villes comme Canton (et tout son delta), Shanghai et la basse vallée du Yangzijiang, Tianjin et un axe nord-est, se sont retrouvés à des échelles plus modestes un peu partout dans le pays (axe-relais au Yunnan, rôle majeur dévolu à Wuzhou au Guangxi, axe structurant de la côte à Lianyungang jusqu'au pétrole du Xinjiang à Karamai). Ils ont correspondu à des drainages de compétences dans les zones en fort développement (des dizaines de milliers de candidats à la migration vers Hainan, le Shandong côtier, des centaines de milliers vers le delta de la rivière des Perles).

Tout ce mouvement de structuration, un peu hors des normes d'une économie centralement planifiée dont les contrôles stricts sont limités à 26 grands produits seulement, a été freiné en 1990. Mais dans les provinces ayant conservé de larges pouvoirs, une structure régionale en pavage à base d'unités provinciales se dessine.

Pierre Gentelle

Chine

Démographie, culture, armée

Indicateur	Unité	1970	1980	1991
Population	million	831	996	1 155 g
Densité	hab./km²	86,6	103,8	120,4
Croissance annuelle	%	2,4 a	1,3 b	1,4 c
Indice de fécondité (ISF)		5,4 a	2,6 b	2,3 c
Mortalité infantile	%oo	71,0	40,0	27 c
Espérance de vie	année	61,4	66,8	71 c
Population urbaine	%	17,4	19,6	33 d
Analphabétisme	%	..	34,5 h	26,7 d
Nombre de médecins	%oo hab.	0,26 f	0,45	0,81 g
Scolarisation 12-17 ans	%	..	46,7	44,4 d
Scolarisation 3e degré	%	0,1	1,3	1,7 e
Téléviseurs	%oo	0,8	4,0	26,7 e
Livres publiés	titre	4 889	21 621	74 973 e
Marine	millier d'h.	150	360	260
Aviation	millier d'h.	180	490	470
Armée de terre	millier d'h.	2 450	3 600	2 300

a. 1965-75; b. 1975-85; c. 1990-95; d. 1990; e. 1989; f. 1965; g. 1988; h. 1982; g. Dernier recensement disponible : 1982.

Commerce extérieur a

Indicateur	Unité	1970	1980	1991
Total imports	milliard $	2,3	19,9	54,8
Produits primaires b	%	40,3	31,8	16,9 e
Énergie	%	0,5	0,1	2,8 f
Produits manufacturés c	%	59,3	68,0	81,7 e
Total exports	milliard $	2,3	18,1	59,6
Produits primaires b	%	54,0	27,9	22,1 e
Énergie	%	0,9	24,0	8,2 f
Produits manufacturés c	%	45,1	48,1	68,7 e
Principaux fournisseurs	% imports			
CEE		32,4	14,1	13,1 d
Japon		25,0	25,9	13,4 d
États-Unis		—	19,2	10,7 d
PVD		22,4	16,1	47,0 d
Principaux clients	% exports			
CEE		14,2	13,0	10,3 d
Japon		9,9	22,2	14,1 d
États-Unis		—	5,4	10,6 d
PVD		59,8	45,6	56,8 d

a. Marchandises; b. Hors énergie; c. Y compris industries agricoles et alimentaires; d. 1990; e. 1988; f. 1989.

Économie

Indicateur	Unité		1970	1980	1991
PNB	milliard $		97,8	294,3	422,4
Croissance annuelle	%		5,8 a	7,8 b	7,3
Par habitant	$		120	300	366
Structure du PIB					
Agriculture	%	⎫	39,4	35,9	28,4 d
Industrie	%	⎬ 100 %	42,3	48,9	44,3 d
Services	%	⎭	18,3	15,1	27,3 d
Taux d'inflation	%		••	7,4	3,4
Dette extérieure totale	milliard $		—	4,5	55,1
Service de la dette/Export.	%		—	4,6	10,3 d
Population active	million		428,3	547,1	679,9 d
Agriculture	%	⎫	78,7 g	68,9	59,5 e
Industrie	%	⎬ 100 %	12,3 g	18,5	22,6 e
Services	%	⎭	9,0 g	12,6	17,9 e
Dépenses publiques					
Éducation	% PNB		1,8 f	2,4	2,4 c
Défense	% PNB		9,1	4,7	2,0
Production d'énergie	million TEC		303,8	615,1	971,9 c
Consommation d'énergie	million TEC		288,4	562,8	892,5 c

a. 1965-75; b. 1975-85; c. 1989; d. 1990; e. 1988; f. 1975; g. 1973.

que année, neuf millions d'enfants « noirs » survivent à des naissances clandestines et commencent une vie qui sera marquée par la marginalisation, la « non-existence » puisque leurs parents n'ont pas voulu les déclarer pour éviter des sanctions. Il ne semble pas que la Chine puisse éviter de compter 1,5 milliard d'habitants en 2025. Les dirigeants souhaitaient limiter la population à 1,2 million en l'an 2000 : elle était déjà officiellement de 1,16 au début de 1992. Les quotas familiaux et le maintien du slogan de l'« enfant unique » ont fait passer en dix ans le ratio filles/garçons à la naissance de 100/105 à 100/115. 600 000 filles « disparaissent » donc chaque année, que ce soit dans les statistiques ou dans l'étouffement à la naissance. Le succès même de la politique économique de la décollectivisation et l'enrichissement des familles paysannes dans l'Est leur permettent de payer des amendes exorbitantes (de

10 000 à 80 000 yuans pour un salaire moyen officiel de 150 yuans par mois) et de conserver ainsi les garçons nés « hors plan » (un sur deux dans les dix provinces côtières).

L'échec patent dans les campagnes de la politique de l'« enfant unique », entreprise en 1981, rend nécessaire à terme une autre politique. Il a commencé à se dire que la politique de planification centralisée et autoritaire de la population ne peut réussir puisqu'elle est couplée à la politique d'enrichissement des paysans. La solution pourrait être de s'attaquer pour de bon au grand problème de la retraite et des assurances sociales dont la réforme entraînerait une refonte complète du budget (plus de 80 % des Chinois n'ont ni retraite ni protection sociale), une refonte de l'entreprise (qui prend aujourd'hui sur son chiffre d'affaires les assurances maladie, décès, invalidité, maternité, sans compter le logement) : bref une réorientation complète du

Bibliographie

C. Aubert, « L'agriculture chinoise : de la crise à la reprise ? », *Le Courrier des pays de l'Est*, n° 369, La Documentation française, Paris, mai 1992.

J.-P. Béja, M. Bonnin, A. Peyraube, *Le Tremblement de terre de Pékin*, Gallimard, « Au vif du sujet », Paris, 1991.

M.-C. Bergère, *La République populaire de Chine de 1949 à nos jours*, Armand Colin, Paris, 1987.

« Chine : l'irrésistible urbanisation » (dossier constitué par P. Gentelle), *Problèmes politiques et sociaux*, n° 682, La Documentation française, Paris, juin 1992.

« Chine : l'ouverture sans les réformes ? » (dossier constitué par F. Gipouloux et J. Svartzman), *Problèmes politiques et sociaux*, n° 630, La Documentation française, Paris, 1990.

J.-L. Domenach, *Chine : l'archipel oublié*, Fayard, Paris, 1992.

J.-L. Domenach, P. Richier, *La Chine 1949-1985*, Imprimerie nationale, Paris, 1987.

P. Gentelle (sous la dir. de), *L'état de la Chine*, La Découverte, coll. « L'état du monde », Paris, 1989.

P. Gentelle, « La Chine », *Documentation photographique*, n° 7002, La Documentation française, Paris, 1990.

F. Lemoine, *L'Économie chinoise*, La Découverte, « Repères », Paris, (nouv. éd. janv. 1993).

S. Leys, *L'Humeur, l'honneur, l'horreur*, Laffont, Paris, 1990.

J.-L. Rocca, *L'Empire et son milieu : la criminalité en Chine populaire*, Plon, Paris, 1991.

Ruang Ming, *Deng Xiaoping, chronique d'un empire : 1970-1990*, Éd. Ph. Picquier, Paris, 1992.

J. Sence, *The Search for Modern China*, W. W. Norton, New York, 1990.

système économique vers le libéralisme, en sens contraire du souci idéologique et politique des dirigeants.

A terme, cependant, le Parti pourra officiellement éviter une telle mutation s'il veut en même temps maintenir sa politique de modernisation et entrer véritablement dans le système international. La seule démographie peut l'y contraindre indirectement : entre 1982 et 1990, 127 millions de nouveaux actifs ont dû être intégrés dans l'économie. Le nombre total d'actifs était de 680 millions en 1990. Il devrait être de 775 millions en l'an 2000. Mais, malgré la politique d'industrialisation et de développement des ateliers et manufactures des petits bourgs, le nombre d'actifs agricoles s'accroît toujours plus vite que celui des autres secteurs. Ainsi la transformation de l'économie chinoise en un système moderne est encore à venir. Seules quelques régions privilégiées ont connu des progrès sensibles dans ce domaine. La démographie reste donc l'une des inconnues majeures de l'évolution de l'économie.

L'année 1991-1992 aura été une année faste. Les taux de croissance, qui mesurent la réussite de la relance de la production, et l'absence de « surchauffe » semblable à celle de 1985 ont placé la Chine devant les « petits dragons » de l'Asie du Sud-Est, performance non négligeable eu égard à sa taille. Avec, en 1991, un PIB en croissance de 7,3 % (3,7 %

en 1990), une production industrielle en forte augmentation (14 % en 1991, contre 4,8 % seulement en 1990), une production agricole en progrès (3 %) malgré les inondations catastrophiques de l'été 1991, une inflation maintenue à 3,4 % (21,4 % en 1989, 20 % en 1990), la situation économique est apparue bonne. L'existence de stocks excessifs, le maintien d'un déséquilibre budgétaire important sont plus inquiétants, d'autant qu'ils résultent de la structure même de l'économie. Ces problèmes ne seront pas résolus tant que la réforme de la gestion des entreprises (acceptation des faillites, suppression du sous-emploi déguisé — 20 % des travailleurs de l'industrie seraient inutiles), de la formation des prix, et le démantèlement du système des allocations centrales de ressources et de matières premières ne seront pas effectifs. Néanmoins, l'équilibre des finances extérieures a été rétabli en 1991. Le tourisme a connu une très bonne année (2,8 milliards de dollars dépensés par les étrangers, mieux qu'en 1988, dernière année record, et sans doute moins qu'en 1992 qui a été déclarée année du tourisme).

Vers le capitalisme

Tournant inévitable ? La Chine semble devoir se rallier à l'économie de marché et au capitalisme. La tournée de Deng Xiaoping, l'« arbitre » du régime, à l'occasion du Nouvel An chinois (4 février 1992) à Shenzhen et dans les zones économiques spéciales, ses déclarations prononcées à Zhuhai, près de Macao (« territoire sous administration portugaise ») ont montré que le mouvement de bascule était déjà en marche. Il semblait pouvoir l'être de manière officielle au XIVᵉ congrès du Parti, prévu fin 1992, année du Singe dans l'horoscope chinois (symbole immémorial de l'intelligence, de l'habileté à retourner les situations les plus désespérées, de la bonne santé, du succès dans les entreprises commerciales et même de l'art de ridiculiser les esprits malfaisants…). Ce passage programmé au

capitalisme ne résulte pas uniquement d'une analyse économique. C'est tout le système-monde pensé par les marxistes chinois qui s'en va par lambeaux, depuis que Deng Xiaoping a réglé son compte au maoïsme en 1978, en prenant la majorité au plénum du congrès du Parti, en plein « triomphe » du système Brejnev en URSS. La chute du communisme en Europe de l'Est et l'écroulement de l'URSS (1990-1991) ont simplement rapproché la date du passage à l'acte. Qua-

---

▼

CHINE

République populaire de Chine.
Capitale : Pékin (Beijing).
Superficie : 9 596 961 km² (17,5 fois la France).
Monnaie : renminbi (*yuan*; au taux officiel, 1 yuan = 1 renminbi = 1,02 FF au 30.3.92).
Langues : mandarin (*putonghua*, langue commune officielle); huit dialectes avec de nombreuses variantes; 55 minorités nationales avec leur propre langue.
Chef de l'État : Yang Shangkun, président de la République (depuis 1988).
Premier ministre : Li Peng, « numéro deux » du CP du Bureau politique du Parti (depuis 1987).
Nature de l'État : « république socialiste unitaire et multinationale » (22 provinces, 5 régions « autonomes », 3 grandes municipalités : Pékin, Shanghaï, Tianjin).
Nature du régime : démocratie populaire à parti unique et à idéologie d'État : le marxisme-léninisme.
Parti unique : Parti communiste chinois (secrétaire général : Jiang Zemin, depuis le 24.6.89). Deng Xiaoping, qui s'est fait remplacer en nov. 89 à la tête de la Commission militaire, reste l'arbitre du régime.
Carte : p. 72-73.

tre points fondamentaux hantent les dirigeants, y compris les plus conservateurs.

Le premier vise à sauver l'État et à conserver le territoire «chinois» dans son intégralité. L'explosion des fédérations soviétique et yougoslave a déclenché une vague sournoise de colonisation au Xinjiang, terre des Ouïghours limitrophe des républiques de leurs frères turcophones kazakhs et kirghizes. L'évolution de la Mongolie, qui pourrait soutenir un jour les Mongols de Mongolie intérieure, a conduit Pékin à revendiquer une fois de plus, par précaution semble-t-il, l'ensemble de la Mongolie, jadis dans la mouvance de l'Empire. Hong Kong est resté muselé, l'essentiel des pouvoirs, y compris bancaires, étant passé indirectement dans les mains de la Chine continentale. Les progrès démocratiques à Taïwan ont rendu possible l'expression des indépendantistes, encore très minoritaires et pourchassés par le Guomindang. La résistance tibétaine, qui semble irréductible, est une cause d'irritation croissante. Par ailleurs, les provinces côtières ont commencé à constituer une ébauche de fédération économico-culturelle avec Taïwan, Hong Kong et la diaspora d'Asie du Sud-Est.

Le deuxième point vise à garantir l'ordre pour permettre à la classe bureaucratique chinoise, réformateurs et conservateurs mêlés, de rentrer dans son nouvel habit de gestionnaire. La paix sociale obtenue par des concessions multiples, la stabilité politique maintenue au risque de nouvelles violences, le contrôle démographique entretenu pour éviter les débordements imprévisibles sont les piliers de cette politique.

Le troisième est la recherche du plein-emploi, même au prix de distorsions insupportables. Les entreprises d'État conservent en effet un excédent de main-d'œuvre important pour que puisse se perpétuer la transmission héréditaire des emplois, base de la filiation, fondamentale dans la société chinoise.

Le quatrième, enfin, loin d'être seulement de nature diplomatique, est le «désenclavement» du pays et son entrée dans le système-monde. En octobre 1990, la Chine était déjà convenue d'échanger des missions commerciales permanentes ayant des fonctions consulaires limitées avec la Corée du Sud, la croissance du commerce entre les deux pays s'élevant à 3 milliards de dollars en 1989 et Séoul ayant financé, en 1990, une partie des Jeux panasiatiques de Pékin. Ce fut le début des «petits pas». Le Cambodge du prince Norodom Sihanouk n'avait pas établi de relations diplomatiques avec Taïwan, à la mi-1992, à la satisfaction de Pékin. Néanmoins, la Chine a été tentée de réactiver, en avril 1992, les cinq principes de la coexistence pacifique de 1955 (sommet de Bandoung), comme si rien ne s'était passé depuis. L'échange d'ambassadeurs avec Israël, en janvier 1992, aurait pu te faire bien plus tôt étant donné les relations commerciales que les deux États entretiennent depuis longtemps, notamment dans le commerce mondial des armements, si la crise du Golfe (1990-1991) et l'engagement du processus de paix au Proche-Orient n'étaient venus bouleverser complètement les rapports de forces régionaux.

Pékin est décidé à développer son économie et son commerce avec l'Occident. Il s'est réinséré dans toutes les organisations internationales et tente de faire bonne figure dans les relations douanières, comme dans le droit international. Seuls les droits de l'homme, pour le moment, lui paraissent impossibles à mettre en place dans la société chinoise. Au moment où le socialisme, façon communiste, est apparu marcher vers sa disparition totale, il a semblé habile, de la part des communistes chinois, de mettre enfin l'accent sur les convergences avec le capitalisme, plutôt que de demeurer les derniers à pratiquer des stratégies de rupture, dont ils seraient les seules victimes.

Pierre Gentelle

Inde
Résolue dans l'épreuve

L'Inde a été soumise en 1991 à une multitude d'épreuves d'ordres très différents. Qu'il s'agisse du rapatriement précipité de centaines de milliers de travailleurs indiens du Golfe après l'invasion d'Koweït par l'Irak le 2 août 1990, du meurtre, le 21 mai 1991, de Rajiv Gandhi (ancien Premier ministre), du tremblement de terre dans le nord de l'Uttar Pradesh qui fit plus de 1 000 morts en novembre 1991, de la crise de surendettement ou de la désagrégation de l'URSS qui était son alliée privilégiée. En 1992, les Indiens ont repris en nombre le chemin du golfe Arabo-Persique et le gouvernement, apparemment stabilisé, s'est attelé à régler les autres problèmes en essayant d'adapter sa politique extérieure sans rompre avec le passé et en s'engageant sur la voie difficile de l'ajustement structurel.

Les élections de mai-juin 1991 ont ramené le Congrès (I) — I pour Indira — au pouvoir sans s'assurer cependant d'une majorité à la chambre basse où il a remporté 225 sièges sur 510. En dépit de ce handicap, le nouveau gouvernement est parvenu à asseoir son autorité en raison, notamment, de la personnalité du Premier ministre, P.V. Narasimha Rao. Ce septuagénaire originaire de l'Andhra Pradesh a sans aucun doute été nommé à ce poste en raison de sa proximité avec Indira Gandhi (ancien Premier ministre, 1966-1977 et 1980-1984) et Rajiv Gandhi (fils de la première), dont il fut le ministre, et parce qu'il n'était identifié à aucune des factions du Congrès — qui l'ont en partie désigné en attendant leur heure. Il a toutefois su s'émanciper de cette tutelle (comme en a témoigné la désignation, puis personnelle, de certains de ses ministres, tel Manmohan Singh aux Finances).

Retour à la stabilité politique ?

Au Parlement, le Congrès (I) a acquis l'appoint de petits partis comme l'AIDMK (un des partis tamouls), avant d'étoffer sa propre représentation en novembre 1991 à l'occasion d'élections partielles (où Narasimha Rao fut élu avec une avance record), puis lors des élections du Pendjab, de telle sorte qu'avec 243 sièges il est parvenu à faire voter les textes les plus délicats, dont le budget.

Au sein du Congrès (I), la position de Narasimha Rao, qui avait succédé à Rajiv Gandhi à la tête du parti, s'est affermie après qu'il eut décidé la tenue d'élections internes. Celles-ci n'avaient pas été organisées depuis 1972, Indira Gandhi ayant préféré contrôler le parti en nommant elle-même les responsables nationaux et régionaux. Cette méthode avait contribué à « ossifier » le parti autour de « patrons » tournés vers New Delhi, la capitale. Les élections n'ont que partiellement réussi à le revitaliser ; elles ont réactivé des luttes de factions parfois telles que l'état-major du parti a dû désigner lui-même la direction de certaines branches régionales. Bien que Narasimha Rao ait composé avec les « patrons » régionaux tout au long du processus, ces élections ont conforté sa légitimité puisqu'il a été nommé président du parti par la base en mai 1992.

Cette consolidation de la position du Premier ministre a été indissociable de l'essoufflement des partis d'opposition. Le Janata Dal — où cohabitent des leaders agraires, d'anciens socialistes et d'anciens congressistes — n'a remporté en mai-juin 1991 que 55 sièges concentrés au Bihar et en Uttar Pradesh où sa promesse de réserver 27 % des postes de l'administration centrale à certaines castes dites « arriérées » est restée populaire parmi les catégories agrai-

Inde et périphérie

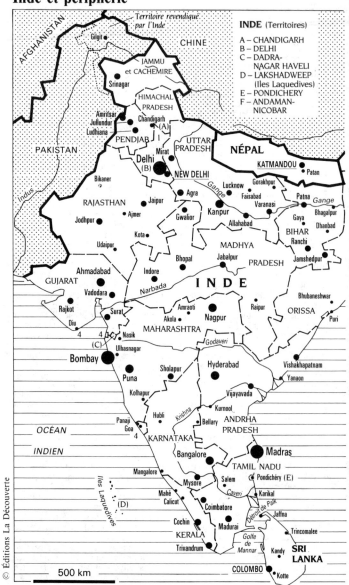

INDE (Territoires)

A – CHANDIGARH
B – DELHI
C – DADRA-
    NAGAR HAVELI
D – LAKSHADWEEP
    (Îles Laquedives)
E – PONDICHERY
F – ANDAMAN-
    NICOBAR

AFGHANISTAN

Territoire revendiqué par l'Inde

CHINE

Gilgit

JAMMU et CACHEMIRE

Srinagar

HIMACHAL PRADESH

PAKISTAN

Amritsar
Jullundur
Ludhiana
Chandigarh (A)
PENDJAB

UTTAR PRADESH

NÉPAL

KATMANDOU
Patan

Mirat
Delhi (B)
NEW DELHI

Bikaner

RAJASTHAN

Jaipur
Agra
Lucknow
Gorakhpur
Faisabad
Varanasi
Patna
Gange
Bhagalpur

Jodhpur
Ajmer
Gwalior
Kanpur
Allahabad
Gaya
Dhanbad

Udaipur
Kota

MADHYA

Bhopal
Jabalpur
PRADESH
Ranchi
BIHAR
Jamshedpur

Ahmadabad
Indore
Narbada
INDE

GUJARAT

Vadodara

Bhubaneshwar

Rajkot
Surat
Amraoti
Akola
Nagpur
Raipur
ORISSA
Puri

Diu
4
Nasik
MAHARASHTRA
Godavari

(C)
Ulhasnagar
Bombay
Sholapur
Hyderabad
Vishakhapatnam
Puna
Yanaon

Kolhapur
Krishna
Vijayavada
Kurnool

Panaji
Goa
4
Hubli
Bellary
ANDHRA PRADESH

OCÉAN
KARNATAKA

INDIEN
Bangalore
Madras

Mangalore
TAMIL NADU
Pondichéry (E)

Îles Laquedives
(D)
Mysore
Salem
Mahé
Calicut
Caveri
Karikal
Coimbatore
Détroit de Palk
Jaffna

Cochin
Madurai
Trincomalee

KERALA
Golfe de Mannar
Kandy
SRI LANKA

Trivandrum
COLOMBO
Kotte

500 km

© Éditions La Découverte

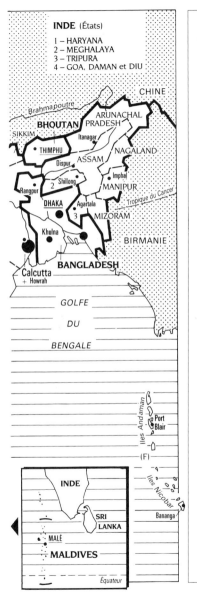

INDE (États)

1 – HARYANA
2 – MEGHALAYA
3 – TRIPURA
4 – GOA, DAMAN et DIU

CHINE

Brahmapoutre

BHOUTAN   ARUNACHAL
           PRADESH

SIKKIM

THIMPHU   Itanagar

           NAGALAND
Dispur ASSAM
Rangpur Shillong   Imphal
2   MANIPUR
DHAKA   Agartala   Tropique du Cancer

Khulna   3 MIZORAM

BIRMANIE

BANGLADESH

Calcutta
+ Howrah

GOLFE

DU

BENGALE

Port
Blair

Îles Andaman

(F)

INDE

SRI
LANKA

MALÉ   Bananga

MALDIVES   Îles Nicobar

Équateur

▼

INDE

Union indienne.
Capitale : New Delhi.
Superficie : 3 287 590 km² (6 fois la France).
Monnaie : roupie (1 roupie = 0,22 FF au 30.3.92).
Langues : outre l'anglais, langue véhiculaire, 15 langues officielles (assamais, bengali, gujarati, hindi, kannada, cachemiri, malayalam, marathi, oriya, pendjabi, sanscrit, sindhi, tamoul, telugu et ourdou). Entre 3 000 et 5 000 langues et dialectes non reconnus.
Chef de l'État : Ramaswami Venkataraman (depuis le 25.7.87).
Chef du gouvernement : Chandra Shekhar, remplacé le 21.6.91 par Narasimha Rao.
Échéances électorales : élections législatives fin 1994.
Nature de l'État : république fédérale (25 États, 6 territoires de l'Union dont l'un, Chandigarh, doit être inclus dans le Pendjab).
Nature du régime : démocratie parlementaire.
Principaux partis politiques : *Au plan national :* Bharatiya Janata Party (nationaliste hindou); Congrès-I («I» pour Indira Gandhi); Parti communiste de l'Inde; Parti communiste de l'Inde (marxiste); Janata Dal regroupant l'ancien Parti du Janata, l'ancien Lok Dal d'Ajit Singh (parti dominé par les castes agraires du Nord) et la Jan Morcha de V.P. Singh; Janata Dal (S) — «S» pour socialiste — dirigé par Chandra Shekhar et Devi Lal. *Au plan régional :* Asom Gana Parishad (Assam); Dravida Munetra Kazagham (Tamil Nadu); Telugu Desam Party (Andra Pradesh) [tous trois inclus dans le Front national dominé par le Janata Dal]; Conférence nationale du Cachemire et All India Anna Dravida Munetra Kazagham (tous deux alliés au Congrès-I).
Statistiques : voir aussi p. 352-353.

Géopolitique interne de l'Inde

■ Une, assurément une depuis l'indépendance qui, en 1947, la libéra de la tutelle britannique, l'Inde doit aussi gérer une pluralité sans égale, et c'est bien la quête de l'équilibre de l'un et du multiple qui ordonne sa géopolitique. Géopolitique du nombre : 844 millions d'habitants en 1991. Quinze langues nationales, dont l'hindi (plus de 200 millions de locuteurs en 1981), qui n'a pu s'imposer comme seule langue officielle et qui doit s'accommoder du maintien de l'anglais comme langue véhiculaire, douze autres langues comptant plus de dix millions de locuteurs. La géographie linguistique a guidé pour une large part le processus de réorganisation de la carte administrative engagé après 1953.

Au terme d'autres ajustements plus modestes, l'Union indienne, en 1992, compte 25 États, dont les plus peuplés sont des entités considérables : Uttar Pradesh, 138 millions d'habitants ; Bihar, 86 millions ; Goa, Daman et Diu ; Maharashtra ; Bengale occidental ; Andra Pradesh ; Madhya Pradesh ; Tamil Nadu... S'y ajoutent sept « territoires » de l'Union de moindre autonomie, dont Delhi, promise au statut d'État.

Le poids des régionalismes : le Centre et les États

De type fédéral, la Constitution indienne a permis au gouvernement de l'Inde indépendante de transcender les pluralités héritées du passé, sans les résorber pour autant.

Pluralités multiples : de langues certes, mais aussi de confes-sions (en 1981, en millions de personnes : hindous 550, musulmans 75, chrétiens 16, sikhs 13, autres 11) et bien sûr de niveaux de développement.

S'y ajoutent, dans le cadre d'un régime parlementaire, les conflits dans lesquels se sont affrontés le Parti du Congrès, presque continuellement au pouvoir à New Delhi depuis 1947, et les partis d'opposition qui, après les années soixante, ont gouverné un certain nombre d'États. Le passage au pouvoir central de coalitions d'opposants vite divisés et démissionnaires (1977-1979, 1989-1990, 1990-1991) n'a pas clarifié les choses.

Ce complexe faisceau de relations par lequel s'expriment sentiments d'identité, frustrations socio-économiques et luttes de partis rend compte de nombre de crises régionales ou nationales ayant marqué l'histoire récente, ou marquant encore le présent.

Depuis l'émergence des grands États linguistiques et le prudent morcellement des zones frontalières stratégiques, tant à l'est (balkanisation de l'Assam) qu'à l'ouest (nouveau partage du Pendjab en 1966, après la partition avec le Pakistan en 1947), New Delhi s'oppose à tout nouveau redécoupage, alors que s'expriment, surtout en Inde du Nord-Nord-Est, trois revendications actives, pour que soient reconnus un Gorkhaland autour de Darjeeling, un Jarkhand au sud du Bihar et un État bodo détaché de l'Assam. Mais il ne s'agit là, pour l'heure, que de tensions de second ordre et qui n'affectent pas l'intégrité territoriale du pays.

Les marges en crise : Assam, Pendjab, Cachemire

Beaucoup plus graves sont les crises témoignant de mouvements ouvertement centrifuges.

Celle ayant agité l'Assam de 1979 à 1985 s'est temporairement résorbée quand le Congrès a cédé la place à l'Assam Gana Parishad, parti régionaliste, débordé en 1990-1991 par les forces sécessionnistes du Front uni de libération de l'Assam dont une part, à la mi-1992, apparaissait toutefois tentée de déposer les armes.

La crise du Pendjab, plus durablement encore, a marqué toute la décennie quatre-vingt. Écrasés en 1984 lors de l'entrée de l'armée au Temple d'Or d'Amritsar, les partisans sikhs d'un Khalistan indépendant ont sans conteste perdu la partie politique : l'assassinat d'Indira Gandhi le 31 octobre 1984 n'ébranla pas le régime. Mais aucun des gouvernements qui se sont succédé depuis à New Delhi n'a pu sceller un accord efficace avec le vieux parti régionaliste Akali Dal, trop ambigu et divisé, et nul ne place grand espoir dans le gouvernement congressiste peu représentatif mis en place dans l'État en 1992. L'impasse politique et le terrorisme ont donc perduré, avec leur cortège de violences continues.

Troisième espace aux troubles récurrents : le Cachemire, agité à partir de 1989 par le réveil d'un islam militant qui, attentats aidant, appelle à la sécession, soit pour rejoindre le Pakistan, soit pour l'indépendance. Fait nouveau : l'inquiétude du Pakistan face aux sécessionnistes anti-indiens du Front de libération du Cachemire, basés sur son sol. En 1992, Islamabad a fait tirer sur ceux soupçonnés aujourd'hui de viser à l'indépendance de tout le Cachemire, et non plus au seul rattachement de sa partie indienne au Pakistan.

L'hypothèque fondamentaliste

Depuis 1990, la force trouble de l'identité étend ses effets au cœur même de l'Inde, particulièrement dans la vallée du Gange, poids lourd démographique et politique du pays. La montée d'un certain fondamentalisme hindou, politiquement véhiculé par le Bharatiya Janata Party (BJP), nourrit les tensions avec la communauté musulmane.

Au pouvoir dans plusieurs États du Nord depuis 1991, le BJP a tenté toutefois de calmer le jeu pour conforter son image de parti responsable. Mais les groupes plus durs qui lui sont proches ont montré qu'ils entendaient toujours, eux, construire à Ayodhya, sur l'emplacement controversé d'une mosquée du XVIe siècle, le temple à Rama symbolisant la prééminence de l'hindouisme en terre indienne.

Au-delà des tensions aiguës qui l'agitent, l'Inde doit donc plus que jamais équilibrer les relations entre le Centre et les États. Reste que les insuffisances du développement, multipliant disparités sociales et régionales, nourriront encore longtemps les soubresauts d'une complexe géopolitique interne, dont certains points chauds posent encore et toujours le difficile problème des relations entre pays de l'Asie du Sud.

Jean Racine

Inde

Démographie, culture, armée

INDICATEUR	UNITÉ	1970	1980	1991
Population	million	554,9	688,9	844,4
Densité	hab./km²	168,8	209,5	256,9
Croissance annuelle	%	2,3 a	2,1 b	2,1 c
Indice de fécondité (ISF)		5,6 a	4,8 b	4,1 c
Mortalité infantile	%₀	140,0	114	88 c
Espérance de vie	année	47,3	53,3	60 c
Population urbaine	%	19,8	23,1	27 d
Analphabétisme	%	65,9 h	59,2 g	51,8 d
Nombre de médecins	%₀ hab.	0,21	0,38	0,43 i
Scolarisation 12-17 ans	%	25,1	29,7	41,6 d
Scolarisation 3e degré	%	6,2	8,7	6,4 e
Téléviseurs	%₀	0,1	4,4	27 f
Livres publiés	titre	14 145	13 148	11 851 f
Marine	millier d'h.	40	47	55
Aviation	millier d'h.	90	113	110
Armée de terre	millier d'h.	800	944	1 100

a. 1965-75; b. 1975-85; c. 1990-95; d. 1990; e. 1985; f. 1989; g. 1981; h. 1971; i. 1988.

Commerce extérieur a

INDICATEUR	UNITÉ	1970	1980	1991
Commerce extérieur	% PIB	3,9	7,2	9,4
Total imports	milliard $	2,12	14,86	23,0
Produits agricoles	%	30,1	10,7	6,2 b
Produits énergétiques	%	7,7	44,6	16,9 c
Produits manufacturés	%	49,4	38,7	56,9 c
Total exports	milliard $	2,03	8,59	18,5
Produits agricoles	%	35,3	33,2	20,2 b
Produits manufacturés	%	51,7	58,6	65,3 c
Métaux et prod. miniers d	%	12,7	7,9	10,7 c
Principaux fournisseurs	% imports			
États-Unis		29,3	12,5	9,8 b
CEE		18,0	21,8	34,4 b
PVD		21,9	42,4	31,7 b
CAEM		14,9	10,6	8,9 b
Principaux clients	% exports			
États-Unis		13,5	11,5	18,2 b
CEE		19,1	23,0	26,5 b
PVD		25,7	29,6	25,8 b
CAEM		20,2	19,4	16,4 b

a. Marchandises; b. 1990; c. 1988; d. Y compris produits énergétiques.

Inde

Économie

INDICATEUR	UNITÉ		1970	1980	1991
PIB	milliard $		60,3	164,9	294,8 d
Croissance annuelle	%		3,9 a	4,5 b	2,0
Par habitant	$		110	240	350 d
Structure du PIB					
Agriculture	%	} 100 %	45,1	38,0	30,1 d
Industrie	%		21,9	25,9	29,3 d
Services	%		32,9	36,1	40,7 d
Dette extérieure totale	milliard $		8,1	20,6	70,1 d
Service de la dette/Export.	%		23,0	9,1	26,8 d
Taux d'inflation	%		5,1	11,4	13,1
Population active	million		223,9	265,3	322,8 d
Agriculture	%	} 100 %	71,8	69,8	66,5 d
Industrie	%		12,5	13,2	••
Services	%		15,7	17,0	••
Dépenses publiques					
Éducation	% PIB		2,8	2,8	3,2 e
Défense	% PIB		2,7	2,8	3,4
Recherche et Développement	% PIB		0,4	0,5	0,9 f
Production d'énergie	million TEC		67,8	113,5	236,1 c
Consommation d'énergie	million TEC		76,4	139,4	256,9 c

a. 1965-75; b. 1975-85; c. 1989; d. 1990; e. 1987; f. 1988.

res concernées. Son président, Vishwanath Pratap Singh (Premier ministre de l'Union indienne pendant un an, en 1990), critiqué pour ces revers électoraux — qui se sont accentués lors des élections partielles de décembre 1991 —, a décidé en janvier 1992 d'expulser Ajit Singh, l'ancien chef du Lok Dal (A), un parti agraire qui avait fusionné avec le Janata Dal en 1988.

Le Parti Bharatiya Janata (BJP), formation à l'idéologie hindoue militante qui a remporté 119 sièges en mai-juin 1991 et qui, à partir de cette date, a gouverné l'Uttar Pradesh en plus du Rajasthan, du Madhya Pradesh et de l'Himachal Pradesh, a constitué une force d'opposition plus active. Ses succès électoraux ont procédé pour une bonne part de sa campagne pour la construction d'un temple à Ayodhya (Uttar Pradesh) sur le lieu de naissance (présumé) du dieu Rama où une mosquée a été édifiée au XVIe siècle. Or, Narasimha Rao, renouant avec le sécularisme de Nehru (au pouvoir de 1947 à 1964), s'est montré déterminé à faire respecter le *statu quo*, ce qui a contribué à l'attentisme du gouvernement BJP d'Uttar Pradesh, soucieux, par ailleurs, de ne pas susciter d'émeutes entre communautés, qui entameraient son crédit de gardien de l'ordre.

Ces contraintes et la volonté du BJP d'apparaître comme un parti nationaliste et non pas religieux l'ont amené à reporter ses efforts de mobilisation sur le problème du Cachemire : à partir du 15 décembre 1991, son président a conduit une procession qui a parcouru au nom de l'intégrité nationale 15 000 kilomètres de la pointe sud (Kanyahumari) à Srinagar, où il a hissé le drapeau indien le 26 janvier 1992. Cette arrivée ne put toutefois s'effectuer en fanfare comme l'espéraient les organisateurs,

BIBLIOGRAPHIE

AMNESTY INTERNATIONAL, *Inde. Torture, viols et morts en détention*, AEFAI, Paris, 1992.

A. BERNARD, *L'Inde, le pouvoir et la puissance*, Paris, Fayard, 1985.

P. BRASS, *The Politics of India since Independence*, Cambridge University Press, Cambridge, 1990.

« L'économie indienne depuis 1950 : recherche d'un développement équilibré et contrainte extérieure », *Problèmes économiques*, n° 2215, La Documentation française, mars 1991.

P. HUMBERT, *Les Années Rajiv Gandhi*, L'Harmattan, Paris, 1990.

C. HURTIG, « L'Inde et le néant : non alignée mais avec qui ? », *Défense nationale*, Paris, avr. 1992.

« L'Inde : libéralisation et enjeux sociaux », *Revue Tiers-monde*, tome XXX, n° 119, juil.-sept. 1989.

« L'Inde, puissance régionale » (dossier constitué par C. Hurtig), *Problèmes politiques et sociaux*, n° 603, La Documentation française, Paris, mars 1989.

C. JAFFRELOT, « Les émeutes entre hindous et musulmans. Essai de hiérarchisation des facteurs culturels, économiques et politiques », *Cultures et conflits*, n° 6, Paris, 1992.

J. RACINE, « Civilisation, culture et géopolitique : à propos de l'Inde », *Hérodote*, n° 49, La Découverte, Paris, 1988.

M.J. ZINS, *Histoire politique de l'Inde indépendante*, PUF, Paris, 1992.

en raison d'une intensification des actions terroristes. Le bilan mitigé que le BJP tira de cette *Ekta Yatra* (« pèlerinage de l'unité ») contribua à la relance des projets de construction du temple à Ayodhya. Le gouvernement d'Uttar Pradesh a acquis des parcelles avoisinantes où des petits temples ont commencé à être détruits pour faire de la place à celui de Rama.

Persistance des séparatismes

Les tensions régionalistes ont persisté, en 1991-1992, notamment au Pendjab où les revendications autonomistes se sont faites de plus en plus fortes. Bien que Narasimha Rao ait tenu sa promesse de conduire des élections et ait ainsi mis un terme aux cinquante-sept mois de régime d'administration directe de cet État par New Delhi, le taux de participation d'environ 25 % — contre 68 % en 1985 — au scrutin du 19 février 1992 a relativisé le succès de l'entre-

prise en démontrant l'efficacité des opérations terroristes menées par les séparatistes, en particulier dans les campagnes. La forte abstention a aussi résulté de l'appel au boycottage lancé par les multiples factions du parti sikh, l'Akali Dal.

Le nouveau gouvernement du Parti du Congrès a donc souffert d'un déficit de légitimité, en dépit d'une victoire écrasante en termes de sièges (82 des 117 sièges à l'Assemblée de l'État et 12 des 13 sièges à la chambre basse du Parlement central, la Lok Sabha). Le nouveau chef du gouvernement de l'État, Beant Singh, a relancé les pourparlers avec New Delhi en vue d'une redéfinition du partage des eaux, du transfert définitif de Chandigarh au Pendjab et — en compensation — de celui de régions hindiphones à l'Haryana. Mais sa marge de manœuvre a semblé réduite par la surenchère des terroristes dont les attentats continuaient de faire une dizaine de morts par jour à la mi-1992.

En Assam, l'Asom Gana Parishad (Association du peuple assamais), un parti acquis à la défense des Assamais «de souche» contre les immigrants bengalis et bangladeshis, a perdu les élections de juin 1991 contre le Congrès (I). Le gouvernement formé par ce dernier se trouva cependant aussitôt aux prises avec une intensification des actions séparatistes de l'ULFA (Front uni de libération de l'Assam). Les autorités acceptèrent tout d'abord de libérer plus de 400 militants en échange des quatorze personnes enlevées au lendemain des élections, puis firent appel à l'armée pour lancer en septembre 1991 l'opération *Rhino* destinée à démanteler les camps retranchés dans la jungle. En trois mois, ces 40 000 soldats se sont employés à décapiter le mouvement dont l'aile modérée semblait envisager, à la mi-1992, des négociations avec le pouvoir.

Au Cachemire, le second semestre de 1991 a vu les groupes pro-pakistanais et islamistes affirmer leur position, par rapport au JKLF (Front de libération du Jammu et Cachemire), plus nationaliste que religieux. Toutefois, la *Ekta Yatra* du BJP a semblé avoir inspiré, en février 1992, au JKLF installé au Pakistan, une marche vers la ligne de contrôle, qu'Islamabad fut prompte à faire intercepter par sa propre armée. Le Premier ministre pakistanais, Mian Nawaz Sharif, profita à cette occasion du relatif isolement du JKLF au Pakistan. Au Cachemire, la *Ekta Yatra* a semblé avoir renforcé la solidarité des groupes séparatistes et nourri une recrudescence des actions séparatistes qui ont entretenu le cycle attentats-répression; l'armée en a retiré l'image d'une force d'occupation aux yeux d'une population civile toutefois fatiguée, comme au Pendjab, des exactions des terroristes sur les civils.

Confrontée à la désintégration de l'Union soviétique fin 1991, l'Inde s'est résolue à reconsidérer ses rapports avec les États-Unis, tout en nouant des relations nouvelles avec la Communauté d'États indépendants (CEI, issue de l'ex-URSS).

Vers un aggiornamento diplomatique?

Le rapprochement indo-américain s'est traduit par la visite du ministre de la Défense, Sharad Pawar, à Washington en avril 1992. Mais l'Inde — qui est dotée de l'arme nucléaire — a réitéré au même moment son refus de signer le traité de non-prolifération nucléaire et de prendre part à la Conférence des cinq nations visant à faire de l'Asie du Sud une zone dénucléarisée, New Delhi se déclarant simplement prêt à négocier de façon bilatérale les questions de non-prolifération nucléaire. Par ailleurs, l'Inde a vivement réagi contre les sanctions américaines décrétées, au printemps de 1992, après un an de mise en garde, en réaction aux lacunes de la protection des brevets d'invention et de propriété intellectuelle.

Simultanément, l'Inde s'est efforcée de garder des liens privilégiés avec la CEI. Elle a signé en mars 1992 un traité d'amitié avec l'Ukraine et avec la Russie peu après avoir conclu, le 22 février 1992, un traité de coopération pour le commerce, les relations économiques, la science et la technologie avec le Kazakhstan. Le lent rapprochement avec la Chine s'est poursuivi, comme en témoigné la visite du Premier ministre chinois Li Peng à New Delhi en décembre 1991. La question des frontières, pierre d'achoppement des relations entre les deux États, n'a pas été évoquée mais des accords culturels et commerciaux ont été signés.

Avec le Pakistan, la phase de tension du mois de février 1992 née de la tentative du JKLF de franchir la ligne de contrôle a connu un dénouement positif suite à la prompte réaction de désapprobation du gouvernement pakistanais. En juin 1992, l'accusation du Pakistan par l'Inde d'avoir torturé un de ses diplomates présenté comme un espion par Islamabad a témoigné une nouvelle fois de la volatilité des relations entre les deux pays. Une autre décision a été de nature à améliorer les relations de l'Inde avec un autre de ses voisins, Sri Lanka. Elle a consisté, à la suite de l'assassinat de Rajiv Gandhi par des terroristes du LTTE (Tigres de l'Eelam tamoul), à démanteler les camps de cette organisation au Tamil Nadu (État tamoul de l'Union). Le rejet des Tamouls sri-lankais s'est aussi manifesté dans cet État par le rapatriement plus ou moins volontaire de réfugiés — 1 273 en février 1992 — dans leur pays.

L'aggiornamento indien au plan international a aussi été marqué par le rétablissement de relations diplomatiques avec l'Afrique du Sud et Israël. Bien que le gouvernement indien ait levé l'interdiction faite à ses citoyens de se rendre en Afrique du Sud en octobre 1991, il a cependant hésité à se doter d'une ambassade à Prétoria et a opté en mars 1992 pour une solution médiane, l'ouverture d'un consulat à Durban. S'agissant d'Israël, bien que l'Inde l'ait toujours reconnu dans son discours officiel en tant que nation dans ses frontières d'avant 1967, l'établissement de relations diplomatiques dépendait du règlement des contentieux israélo-arabes et, en particulier, de la question palestinienne. L'Inde de N. Rao s'est donc résolument démarquée de la ligne pro-arabe inaugurée par Nehru.

Un intérêt nouveau pour les États d'Asie du Sud-Est, enfin, s'est matérialisé par l'admission au sommet de l'ANSEA (Association des nations du Sud-Est asiatique) de janvier 1992 de l'Inde comme partenaire sectoriel dans les domaines du commerce, de la science et de la technologie.

Stagflation et crise de la dette

En matière économique également, l'Inde s'est éloignée de la voie nehruvienne et s'est engagée dans un processus d'ajustement structurel. Le budget présenté par Manmohan Singh, le 29 février 1992, a en effet approfondi l'évolution entamée en juillet 1991 visant le passage d'une économie contrôlée et protégée vers une intégration au marché mondial.

Le choix de l'austérité, en 1991, à la suite d'une sérieuse crise de la balance des paiements, et sa poursuite en 1992 dans le cadre d'une politique de contrôle des prix destinée à maîtriser une inflation inhabituelle (14 % en 1991-1992) ont aggravé la récession et suscité des doutes sur le bien-fondé de la dévaluation de la roupie (20 % environ, en juillet 1991).

Alors que l'industrie indienne avait enregistré une croissance annuelle de 8,5 % au cours du VIIIᵉ Plan (1985-1990), de même qu'en 1990-1991, au cours de l'année budgétaire 1991-1992 (débutée en avril 1991), l'indice de la production industrielle a chuté de 1 %. Cette croissance négative a résulté notamment de l'encadrement du crédit et des limitations drastiques aux importations visant à faire face, à partir de septembre 1990, au déficit de la balance des paiements. Le taux de croissance du PNB en 1991-1992 n'a pas dépassé 3 % (contre 5,6 % en 1990-1991).

La stagflation qui a frappé l'économie indienne a semblé indissociable du programme d'ajustement structurel demandé par ses bailleurs de fonds. L'Inde, qui avait frôlé la cessation de paiements fin 1990-début 1991, avait été sauvée grâce au soutien du FMI et de la Banque mondiale. Celle-ci, lors de la réunion du consortium d'aide de septembre 1991, a décidé d'attribuer 7,6 milliards de dollars à New Delhi, dont la dette extérieure s'élevait à 73 milliards de dollars en mars 1992. La reconstitution de ses réserves de change à un niveau appréciable s'est expliquée par la diminution du déficit commercial (1,6 milliard de dollars en 1991-1992), davantage induite par une compression de 19,4 % des importations que par une augmentation des exportations, lesquelles, dans l'année 1991-1992, ont décru de 1,9 %.

La dernière phase de libéralisation ouverte par le budget voté en mars 1992 a porté sur la dérégulation financière, les principales mesures annoncées étant la convertibilité partielle de la roupie, la réduction des droits de douane, l'abolition des licences d'importation, un assouplissement du contrôle des changes, le droit pour les investisseurs étrangers de spéculer sur les marchés boursiers indiens et la libéralisation des importations d'or. Parallèlement, le gouvernement s'est efforcé de remédier à la stagflation par une diminution des taux d'emprunt et d'imposition (affectant les tranches inférieures et supérieures d'impôt), ainsi que par un assouplissement du contrôle de la masse monétaire permettant d'atténuer le resserrement du crédit. Le déficit budgétaire prévu pour 1992-1993 représentait 5 % du PIB.

De toutes les épreuves auxquelles le gouvernement indien a été confronté en 1991-1992, et qui conditionnent sa stabilité, la crise économique semblait devoir être la plus difficile à négocier.

Christophe Jaffrelot,
Anne Vaugier-Chatterjee

Japon
Effondrement boursier

L'année 1991 et le premier semestre de l'année 1992 auront été contrastés et riches en événements politiques et économiques tant intérieurs qu'extérieurs. Le Premier ministre Kaifu Toshiki, après deux ans de mandat, a cédé la place à un chef de faction, Miyazawa Kiichi, ancien ministre des Finances. Élu le 27 octobre 1991 par le Parti libéral-démocrate (PLD, au pouvoir), il a bénéficié de l'appui de trois «poids lourds» du parti : Kanemaru Shin, Ozawa Ichiro et Takeshita Noboru, ancien Premier ministre. Le grand perdant de cette élection aura été Mitsuzuka Hiroshi, contesté au sein de sa propre faction. Au plan économique, les résultats sont restés très positifs et le PLD en a bénéficié politiquement, mais la Bourse (le Kabuto-cho) a connu une chute vertigineuse.

Le record du «Izanagi boom», pendant lequel avaient été enregistrés cinquante-sept mois de croissance économique en 1965, après les jeux Olympiques de Tokyo, a été battu. En décembre 1991 le Japon a connu son soixante et unième mois de croissance consécutif. Cette période appelée le «Heisei boom» (du nom de l'ère actuelle, celle de Heisei — 1991 correspondant à l'an 3) symbolise la vigueur économique et indus-trielle du Japon, et contraste avec les problèmes qu'ont rencontrés les autres États membres du G7 (Groupe des sept pays les plus industrialisés), à l'exception de l'Allemagne : chômage élevé, déséquilibre des échanges commerciaux avec le Japon, taux de croissance du PNB faible ou négatif (− 0,7 % aux États-Unis). En 1991, la croissance au Japon a été de 4,5 % (3,5 % seulement pour l'année fiscale, finissant en mars). Les excédents commerciaux avec les principaux partenaires que sont les États-Unis et la Communauté européenne ont recommencé à augmenter dès les premiers mois de 1991, alors qu'ils avaient diminué en 1988-1990.

Le Kabuto-cho en émoi

La crise du Golfe (1990-1991) n'a pas vu fléchir la croissance pour le «banquier Japon». En effet, s'appuyant sur sa neutralité constitutionnelle, le pays a payé pour l'effort de guerre (13 milliards de dollars), mais n'a pas pris part aux combats. A cette somme se sont ajoutés 4 milliards de dollars versés aux pays du Golfe ayant souffert de la guerre. Les critiques ont été vives tant à l'extérieur du pays qu'à l'intérieur, et les débats furent animés : faut-il réviser l'article 9 de la Constitution et autoriser l'armée d'autodéfense à prendre part à un certain nombre d'actions en dehors des frontières, comme celle, par exemple, des « casques bleus » des Nations unies ?

Après plus de cent heures de délibération et en jouant sur l'interprétation de l'article 9 qui, selon les conservateurs, est resté intact, un projet de loi a été présenté au Sénat début juin 1992. Il distingue les « forces de maintien de la paix » de l'« organisation du maintien de la paix ». Les conservateurs avec l'aide des partis bouddhiste et social-démocrate ont finalement fait passer la loi dite PKO (opérations de maintien de la paix) au Sénat (9 juin 1992) et au Parlement (nuit du 15 au 16 juin) malgré l'opposition farouche des socialistes et des communistes. Des manifestations, tant au Japon que dans différents pays asiatiques, ont marqué le passage de cette loi qui se veut « humanitaire ». A l'automne 1992, plus de 500 soldats japonais devaient donc aller au Cambodge et le ministère des Finances a prévu un budget d'un milliard de yens pour l'envoi de plus de 500 soldats. Si les Américains ont salué le passage de cette loi, certains pays asiatiques se sont montrés inquiets de la possible renaissance d'un Japon militaire.

La chute de la Bourse a été spectaculaire, l'indice Nikkei passant de 38 915 points en décembre 1989 à 15 542 le 22 juillet 1992. Il n'avait pas atteint un niveau aussi bas depuis novembre 1986. En vingt-sept mois, les valeurs du Kabuto-cho ont perdu 54,2 %, record absolu depuis la fin de la Seconde Guerre mondiale. Des spécialistes ainsi que les responsables du ministère des Finances ont estimé que la Bourse est restée anormalement basse compte tenu notamment des bons résultats des exportations.

Pour relancer la confiance, le gouvernement a pris un certain nombre d'initiatives au début de l'année fiscale : le taux d'escompte (6 % en 1991) a été progressivement abaissé, et est passé de 4,5 % à 3,75 % le 1er avril 1992, ce qui devrait se traduire par un taux d'inflation assez bas (entre 2,5 % et 2,8 % en 1992) et par une reprise des investissements en équipements de la part des entreprises. Mais l'éventualité d'une nouvelle baisse des taux a aussi fait naître la crainte d'une relance du phénomène de la « bulle financière » : l'argent bon marché attire les spéculateurs.

Le gouvernement, pour sa part, a lancé un certain nombre de grands projets publics pour donner l'exemple.

Scandales à répétition

La chute boursière a eu plusieurs causes. Le Japon a d'abord été pris d'un double vertige que l'on pourrait appeler le « syndrome du casino » : chacun, ou presque, entre 1986 et 1989, a placé de l'argent un peu sur n'importe quelle action, et a eu l'illusion de pouvoir s'enrichir rapidement. Les prix du foncier se sont envolés dans les grandes métropoles. Or, des scandales à répétition ont révélé que certaines grandes maisons de titres avaient prêté de l'argent à des membres influents de la pègre. Un sentiment croissant de dégoût et de méfiance a gagné le « petit peuple » lorsqu'il a découvert l'étroitesse des liens existant entre les hautes sphères politiques et financières d'une part, et la mafia d'autre part.

Ainsi, Abe Fumio, ministre du Développement du Hokkaido en 1989 et « numéro deux » de la faction du Premier ministre Miyazawa Kiichi, a été incarcéré le 13 janvier 1992. Il avait notamment, contre rémunération, fait bénéficier certaines entreprises d'informations importantes concernant le tracé de projets d'autoroutes et fait obtenir des marchés à l'entreprise Kyowa, laquelle a néanmoins fait faillite. Miyazawa Kiichi, dont il était très proche et qui a peut-être bénéficié de cet argent pour son élection au fauteuil de Premier ministre, a failli perdre son poste.

Une deuxième affaire a concerné le ministre des Postes Watanabe

Hideo, de la faction de l'ancien Premier ministre Yasuhiro Nakasone (au pouvoir de 1982 à 1987). Il a été accusé par un de ses proches d'avoir pendant plus de dix ans aidé, contre argent encore, des jeunes gens de province à entrer dans les grandes universités privées de la capitale. En effet, les candidats aux universités de renom passent plusieurs concours et peuvent être admis en même temps dans trois ou quatre universités privées ainsi que dans une des meilleures universités d'État. Quand ils en choisissent une, ils libèrent en même temps une place dans deux ou trois autres. Cela permet aux « reçus potentiels » classés sur les listes d'attente d'être admis. Watanabe Hideo aurait beaucoup aidé certains candidats à opérer des « remontées spectaculaires » sur les listes d'attente.

Une troisième affaire a mis en cause le « numéro deux » des transports routiers du pays, Sagawa Kyubin (20 000 employés et 800 milliards de yens de chiffre d'affaires). 70 % de ce chiffre est réalisé à Tokyo où règne le Inagawa Kai, le plus puissant groupe de gangsters de la capitale. Des sommes colossales seraient passées des mains des responsables de Sagawa Kyubin dans celles de la pègre. En échange de quels services ? Et pour quelle utilisation ? A la mi-1992, toute la lumière n'était pas encore faite sur cette affaire, mais on savait que cette entreprise, créée en 1958, a dû bénéficier de l'aide de la mafia locale pour régler certains contentieux avec des clients ou pour « convaincre » des concurrents de se laisser racheter. Sagawa Kuybin aura ainsi entretenu des hommes politiques, des gens du show business, des sportifs, et il a sans doute été mêlé à un certain nombre d'opérations impliquant la pègre.

Il apparaît ainsi que si la tendance, sinon la règle, pendant la période de la « bulle financière », a été de trouver de l'argent au meilleur taux pour l'investir à la Bourse ou dans des achats immobiliers, l'intervention de la pègre dans ces opérations liées à la finance aura été considérable. La presse a révélé, au premier trimestre 1992, le système dit du *tobashi* (saut), pratiqué par les plus grandes maisons de titres comme Daiwa, Nomura, Nikko, Yamatane. Certains responsables de ces maisons de titres ont proposé à de gros clients (par exemple aux grands magasins Tokyu) de placer en Bourse des sommes importantes tout en compensant les pertes si le marché venait à tourner au désavantage du client. En cas de lourdes pertes, il pouvait être décidé, par un simple jeu d'écriture et un transfert de fonds d'un compte à un autre,

---

▼

JAPON

Japon.

Capitale : Tokyo.

Superficie : 372 313 km² (0,68 fois la France).

Monnaie : yen (100 yens = 4,11 FF ou 0,79 dollar au 26.6.92).

Langue : japonais.

Chef de l'État : Akihito, empereur (intronisé le 12.11.90).

Chef du gouvernement : Kaifu Toshiki, remplacé par Miyazawa Kiichi le 5.11.91.

Échéances électorales : élections à la Chambre des conseillers (1992).

Nature de l'État : empire (l'empereur n'a aucun pouvoir pour gouverner).

Nature du régime : monarchie constitutionnelle. L'empereur demeure constitutionnellement le symbole de l'État et le garant de l'unité de la nation. Le pouvoir exécutif est détenu par un gouvernement investi par la Diète (Parlement).

Principaux partis politiques : Jiminto (conservateur) ; Mushozoku (indépendants, droite) ; Komeito (bouddhiste, centriste) ; Minshato (Parti social-démocrate) ; Shakaito (Parti socialiste) ; Kyosanto (Parti communiste japonais).

Revendication territoriale : contestation de la souveraineté russe sur les îles Kouriles, au nord.

Carte : p. 373.

Statistiques : voir aussi p. 374-375.

Japon

Démographie, culture, armée

INDICATEUR	UNITÉ	1970	1980	1991
Démographie				
Population	million	104,3	116,8	123,9
Densité	hab./km²	277,7	313,7	332,8
Croissance annuelle	%	1,2 a	0,8 b	0,4 c
Indice de fécondité (ISF)		2,0 a	1,8 b	1,7 c
Mortalité infantile	‰	13,1	7,5	5 c
Espérance de vie	année	72,3	76,0	79 c
Population urbaine	%	71,2	76,2	77 d
Culture				
Nombre de médecins	‰ hab.	1,13	1,31	1,6 h
Scolarisation 2e degré f	%	86,0	93,0	96 e
Scolarisation 3e degré	%	17,0	30,5	30,7 e
Téléviseurs	‰	335	539	610 e
Livres publiés	titre	31 249	45 596	36 346 g
Armée				
Marine	millier d'h.	38	42	44
Aviation	millier d'h.	42	44	46,3
Armée de terre	millier d'h.	179	155	156,1

a. 1965-75; b. 1975-85; c. 1990-95; d. 1990; e. 1989; f. 12-17 ans; g. 1987; h. 1988.

Commerce extérieur a

INDICATEUR	UNITÉ	1970	1980	1991
Commerce extérieur	% PNB	9,4	12,8	8,1
Total imports	milliard $	18,9	141,3	236,6
Produits agricoles	%	33,1	20,7	21,3
Produits énergétiques	%	20,7	49,9	23,1
Autres produits miniers	%	16,8	7,7	4,9 b
Total exports	milliard $	19,3	130,4	314,8
Produits industriels	%	77,8	82,8	98,4
Machines et équipements	%	40,6	54,9	70,3
Produits agricoles	%	5,1	2,3	1,1
Principaux fournisseurs	% imports			
États-Unis		29,5	17,4	22,7
CEE		8,5	5,9	13,5
PVD		39,3	63,0	49,6
Principaux clients	% exports			
États-Unis		31,1	24,5	29,3
CEE		12,1	14,0	18,9
PVD		36,8	45,8	43,2

a. Marchandises; b. 1990.

Japon

Économie					
INDICATEUR	UNITÉ	1970	1980	1991
PNB	milliard $	201,8	1 152,6	3 337,9
Croissance annuelle	%	7,6 a	4,5 b	4,5
Par habitant	$	1 940	9 870	26 936
Structure du PIB					
Agriculture	% ⎫	6,1	3,7	2,5 d
Industrie	% ⎬ 100 %	46,7	41,9	41,8 d
Services	% ⎭	47,2	54,4	55,7 d
Taux d'inflation	%	7,6	7,7	2,7
Population active	million	51,5	56,5	65,1
Agriculture	% ⎫	17,4	10,4	6,7
Industrie	% ⎬ 100 %	35,7	35,3	34,4
Services	% ⎭	46,9	54,2	58,9
Chômage	%	1,1	2,0	2,1 f
Dépenses publiques					
Éducation	% PNB	3,9	5,8	4,8 e
Défense	% PNB	0,8	0,9	0,97
Recherche et Développement	% PNB	1,5	2,2	3,0 c
Aide au développement	% PIB	0,23	0,30	0,31 d
Administrations publiques					
Solde g	% PIB	1,7	− 4,4	3,1 d
Dette brute	% PIB	12,1	52,0	63,0
Production d'énergie	million TEC	36,3	42,3	47,1 c
Consommation d'énergie	million TEC	394,9	434,8	495,9 c

95

a. 1965-75; b. 1975-85; c. 1989; d. 1990; e. 1988; f. En décembre; g. Capacité ou besoin de financement.

qu'un ensemble d'actions représentait en fait un prêt. Certains membres de la pègre ont aussi bénéficié de ce système.

En 1992, après des années d'« ivresse financière », les industriels sont revenus à leur métier, tandis que ceux qui avaient spéculé dans l'achat de terrains ont vu les prix glisser (− 22,9 % à Osaka et − 9,1 % à Tokyo pour les zones résidentielles en 1991-1992). Le prix de la terre à Tokyo avait augmenté de 128 % en dix ans, tandis que le produit national brut ne progressait que de 65 %.

Recomposition politique ?

Au plan politique, Miyazawa Kiichi a préparé les élections sénatoriales partielles de juillet 1992 pour son parti, le PLD, qui ne disposait pas de la majorité absolue dans l'ancienne chambre (115 sièges sur un total de 252 au Sénat). La crainte était d'autant plus grande que la nouvelle fédération syndicale Rengo, qui regroupe les anciennes centrales Sohyo et Domei, a obtenu un grand succès lors des élections professionnelles en 1991 et au premier trimestre 1992. La populaire Mme Doi Takako a été remplacée par Tanabe Makoto à la tête du Parti socialiste japonais; celui-ci entretiendrait de très bonnes relations avec l'« homme fort » du PLD, Kanemaru Shin. Une recomposition importante du paysage politique avec un éclatement possible du PLD a été évoquée.

Par ailleurs, un certain nombre de socialistes ont implicitement reconnu

BIBLIOGRAPHIE

J.-M. Bouissou, G. Faure, Z. Laïdi, *L'Expansion de la puissance japonaise*, Complexe, Bruxelles, 1992.

M. Fouquin, E. Dourille-Feer, J. Oliveira-Martins, *Pacifique : le recentrage asiatique*, CEPII/Économica, Paris, 1991.

F. Hérail (sous la dir. de), *Histoire du Japon*, Horvath, Le Coteau, 1990.

Y. Higuchi, C. Sautter (sous la dir. de), *L'État et l'individu au Japon. Études japonaises*, 1, EHESS, Paris, 1990.

Japan Economic Almanac 1992, The Nikkei Weekly, Tokyo, 1992.

« Japon, un système politique immobile ? » (dossier constitué par B. Chung), *Problèmes politiques et sociaux*, n° 633, La Documentation française, Paris, mai 1990.

D. Kaplan, A. Dubro, *Yakuza, la mafia japonaise*, Philippe Picquier, Paris, 1990.

J. Lesourne *et alii, Europe and Japan Facing High Technologies : from Conflict to Cooperation*, Économica, Paris, 1989.

« Les Japonais et leur cadre de vie. Aspects d'une quête » (dossier constitué par A. Berque), *Problèmes politiques et sociaux*, n° 652, La Documentation française, Paris, mars 1991.

D. Nora, *L'Étreinte du samouraï. Le défi japonais*, Calmann-Lévy, Paris, 1991.

J.-F. Sabouret (sous la dir. de), *Invitation à la culture japonaise*, La Découverte, Paris, 1991.

J.-F. Sabouret, *L'état du Japon*, La Découverte, coll. « L'état du monde », Paris, 1988.

K. Van Wolferen, *L'Énigme de la puissance japonaise. Le peuple et la politique dans une nation sans État*, Hachette, Paris, 1990.

E. Wilkinson, *Le Japon face à l'Occident*, Complexe, Bruxelles, 1992.

la légitimité de l'existence de l'armée, sinon sa constitutionnalité. Sa reconnaissance par la majorité des députés permettrait de modifier l'article 9 de la Constitution et autoriserait sans ambiguïté l'envoi de soldats nippons en dehors des frontières du pays.

Tension avec Washington

Au plan diplomatique, le Japon, en mars et avril 1992, a réaffirmé sa position vis-à-vis de la Russie : tant que celle-ci n'aura pas signé une promesse de restituer les deux îles Kouriles du Sud et décidé de négocier un retrait à terme des deux autres, le Japon n'accordera pas d'aide économique à Moscou (les quatre îles Kouriles, situées à l'est de l'île septentrionale de Hokkaido, ainsi que Sak-

haline, plus au nord, ont été considérées par l'URSS comme étant soviétiques après la reddition du Japon, en 1945). Une visite du président russe, Boris Eltsine, était prévue à l'automne 1992.

Les relations avec Washington ont connu une escalade de la tension. La visite du président américain, George Bush, en janvier 1992, accompagné des patrons des trois grands constructeurs automobiles américains, s'est déroulée sur fond d'hostilité antijaponaise aux États-Unis, de souvenirs douloureux ravivés à l'occasion du cinquantième anniversaire du bombardement de Pearl-Harbor (7 décembre 1941), et dans un contexte d'amical mépris du côté japonais. Les déséquilibres commerciaux entre les deux pays sont importants : l'excédent commercial en faveur du Japon a été de 38,5 milliards de dollars en 1991. Malgré des campagnes pour inciter à «acheter américain», les ventes d'automobiles japonaises ont continué à progresser pour occuper près du tiers du marché américain (les véhicules américains n'occupent que 0,4 % du marché japonais). Les difficultés rencontrées avec Washington pourraient conduire Tokyo à s'orienter davantage vers la CEE : en 1991, l'excédent commercial japonais dans les échanges avec la CEE s'est accru de 34,5 %, contre 2,4 % seulement avec les États-Unis. L'excédent global avec les autres pays a été, durant l'année fiscale 1991, de 88,3 milliards de dollars et s'est approché du record historique de 1986 (89,7 milliards de dollars).

Par ailleurs, on a assisté à une arrivée massive de travailleurs clandestins porteurs de visas de touristes. Ceux qui obtiendront des visas de travail pourront suppléer au manque de main-d'œuvre qui persiste. Le taux de chômage était de 2,1 % en 1991.

Sur le plan régional, le désengagement des États-Unis encourage le Japon à assumer sa part de responsabilité dans le maintien de la stabilité. Les 27-28 janvier 1992, les États

membres de l'ANSEA (Association des nations du Sud-Est asiatique) ont décidé de créer une zone de libre-échange. Le Japon n'est pas membre de l'ANSEA, mais il est pris pour modèle dans toute la région et son aide publique au développement est en augmentation. Dans cette partie intéressante mais dangereuse, il ne peut qu'adopter une attitude très mesurée. Ceux qui sont ses grands partenaires aujourd'hui ne se trouvent pas en Asie et il serait risqué de lâcher la proie économico-technologique qui est dans le camp occidental pour le semi-ombre d'un avenir pan-asiatique radieux dont ils savent par ailleurs les souvenirs qu'ils réveillent dès qu'ils veulent prendre une initiative qui, à terme, permettrait l'indépendance réelle vis-à-vis des Américains… et le parler vrai qui l'accompagne.

Enfin, la création du Marché unique européen, en 1993, est apparu comme une sérieuse source de préoccupations : la CEE est potentiellement son partenaire et son client le plus important et il est capital pour Tokyo de ménager ses accès à ce marché et de se faire des alliés.

Jean-François Sabouret

Allemagne
La facture de l'unification

En Allemagne, l'année 1991-1992 a commencé avec une surprise de taille. A la suite de débats passionnés, le Bundestag, le Parlement, a finalement décidé le 20 juin 1991, à une très courte majorité de dix-huit voix, le choix de Berlin comme futur siège du gouvernement et des institutions. Coût prévisionnel de ce déménagement : au minimum 170 milliards FF. Ce vote fut un véritable choc pour de nombreux Allemands de l'Ouest — et pas seulement à cause de la facture de l'opération. Pour la première fois en effet, il leur est clairement apparu que

l'espoir, né après l'unification allemande du 3 octobre 1990, de reprendre le cours normal de leur vie appartenait désormais au passé : le paradis semblait bel et bien perdu.

Les mois suivants ont démontré à plusieurs occasions combien les choses avaient changé. Les exemples en ont été multiples : en politique étrangère, avec la reconnaissance de la Croatie ; en matière économique, avec la montée de l'inflation ; et en politique intérieure, avec le problème du nombre croissant d'immigrés venant d'Europe de l'Est.

De nouvelles ambitions diplomatiques

Frédéric II de Prusse (1712-1786) avait souhaité des funérailles « sans tambour, ni trompette ». Or, le 18 août 1991, quand il fut de nouveau inhumé à Potsdam, il eut droit à un enterrement en grande pompe, en présence du chancelier Helmut Kohl (CDU). Sa dépouille mortelle avait en effet été transférée en République fédérale d'Allemagne (RFA) à la fin de la Seconde Guerre mondiale, juste avant l'arrivée des communistes à Berlin. Pour certains, cet enterrement aura été une simple cérémonie du souvenir, mais pour d'autres, l'Allemagne aura ainsi démontré sa volonté de renouer avec la grande politique de la Prusse d'antan. En tout état de cause, l'événement est apparu comme un signe avant-coureur du débat à venir sur l'évolution de la politique étrangère du pays. Les deux guerres du Golfe et de la Croatie, et le rôle qu'a joué l'Allemagne à cette occasion, en ont clairement montré l'enjeu.

Dans le conflit du Moyen-Orient, l'État a mené sa politique extérieure classique, celle que ses critiques commentateurs commentateurs ont la « diplomatie du chéquier ». Elle est restée militairement en retrait, mais, selon le chancelier Kohl, a payé environ 40 milliards FF. La diplomatie allemande a réagi tout autrement après le 1er août 1991, date du début de la guerre en Croatie. Très tôt, elle a favorisé une reconnaissance rapide de cette ancienne république fédérée de la Yougoslavie, ce qui a suscité un agacement marqué dans d'autres pays de la Communauté européenne (CEE). Mais le 16 décembre, les Douze finirent par rejoindre la position allemande et décidèrent que la reconnaissance serait effective le 15 janvier 1992.

Ces réactions face aux deux conflits doivent être reliées à la politique intérieure. La guerre du Golfe était extrêmement impopulaire, le pays étant plutôt pacifiste. En revanche, la lutte croate contre le « serbo-communisme » était bien vue par l'opinion publique, en particulier par les médias. Il est vrai que la Yougoslavie était l'une des destinations touristiques favorites des Allemands. L'attitude allemande dans le cas de la Croatie a cependant marqué un profond changement dans la vision de certains hommes politiques, surtout chez les conservateurs : « Mener une politique extérieure restreinte comme c'était le cas jusqu'à présent, ne correspond pas, en fait, à nos capacités économiques, technologiques et financières », soulignait ainsi en 1991 Volker Rühe (CDU, Union démocrate-chrétienne) qui allait être nommé ministre de la Défense le 31 mars 1992.

L'opposition social-démocrate n'avait quant à elle, à la mi-1992, toujours pas défini sa propre approche de la politique étrangère depuis l'effondrement du communisme. Sa réflexion n'en apparaissait qu'à ses débuts. Certains responsables sociaux-démocrates ont ainsi estimé qu'il était temps de mener une politique étrangère « qui essaie de vivre dans la vérité ».

L'année 1992 aura donné un exemple de ce que pourrait être une politique extérieure « moralisée ». A cause des violations des droits de l'homme en Turquie dans la répression contre les séparatistes kurdes, le Parlement allemand a gelé la livraison d'armes à Ankara. Et parce que ses collaborateurs avaient passé outre ces consignes, le ministre de la Défense, Gerhard Stoltenberg (CDU), a dû démissionner le 31 mars 1992. Pourtant, si la politique étrangère de Bonn évolue de façon significative, elle le fera sans sa figure de proue. En effet, le 27 avril 1992, et contre toute attente, Hans Dietrich Genscher (FDP, Parti libéral) a démissionné après avoir été ministre des Affaires étrangères pendant dix-huit années consécutives.

Succéder à un homme aussi prestigieux sur la scène internationale que H. D. Genscher ne représentait pas l'unique handicap du nouveau ministre des Affaires étrangères, Klaus Kinkel (FDP). Nommé pour le remplacer après d'âpres discussions au sein de son parti, il devait se préparer à assumer de lourds dossiers tels que la revendication allemande visant à obtenir le statut de membre permanent du Conseil de sécurité de l'ONU, l'engagement éventuel de la Bundeswehr en dehors de la zone de l'OTAN (Organisation du traité de l'Atlantique nord) ou la constitution du corps d'armée franco-allemand.

Hausse de l'inflation et des taux d'intérêt

En 1991, on n'a pas seulement enterré Frédéric II mais également l'une des règles fondamentales de la politique monétaire, qui reposait sur le fait que le mark est une monnaie plus forte que le franc français. Or, pour la première fois depuis presque vingt ans, les prix ont augmenté en RFA beaucoup plus vite qu'en France : 4,8 % contre 3,2 % entre le 1er avril 1991 et le 31 mars 1992. Le renversement de cet écart entre les deux pays aura été un signe significatif. A la mi-1992, la politique économique allemande n'avait en effet pas encore trouvé de réponse cohérente face aux conséquences de l'unification. Malgré l'augmentation des impôts le 1er juillet 1991, les retrouvailles inter-allemandes sont restées principalement financées par l'endettement. De plus, les revendications salariales des syndicats n'ont pu qu'aviver le problème.

L'opposition social-démocrate a réclamé, à juste titre, un « changement de cap » dans la politique budgétaire. En 1991, les administrations publiques ont dû emprunter quelque 340 milliards FF, soit 3,7 % du produit national brut (PNB), notamment pour financer les transferts (programmes d'investissement, mesures de créations d'emploi, par exemple) dans les cinq nouveaux *Länder* (environ 600 milliards FF en 1991). La dette publique totale devait, selon certaines estimations, s'élever à 4 500 milliards FF à la fin 1992, soit presque la moitié du PNB. De son côté, le gouvernement a dénoncé les revendications salariales, qu'il a jugées trop élevées. La quasi-totalité des syndicats demandait des augmentations d'environ 10 % et la fonction publique a entamé, le 27 avril 1992, une grève de onze jours, la plus longue dans l'histoire de la RFA. Aus-

---

ALLEMAGNE

République fédérale d'Allemagne (RFA).

Capitale : Bonn (le Bundestag a voté le transfert à Berlin le 20.6.91).

Superficie : 357 050 km² (0,65 fois la France).

Monnaie : mark (1 mark = 0,48 écu ou 0,64 dollar des États-Unis ou 3,36 FF au 26.6.92).

Langue : allemand.

Chef de l'État : Richard von Weizsäcker, président réélu le 23.5.89 pour un mandat de 5 ans.

Chef du gouvernement : Helmut Kohl, chancelier fédéral (depuis oct. 1982, réélu le 2.12.90 pour 5 ans).

Nature de l'État : république fédérale. Les deux États issus de la Seconde Guerre mondiale ont été réunifiés politiquement le 3.10.90. La république compte 16 *Länder* (10 de l'ancienne RFA, 5 de l'ex-RDA, auxquels s'ajoute le *Land* de Berlin). La Constitution de l'État (*Grundgesetz*) est provisoire et devrait faire place à une Constitution renouvelée et définitive.

Nature du régime : démocratie parlementaire.

Principaux partis politiques : *Gouvernement :* Union démocrate chrétienne (CDU) ; Union sociale chrétienne (CSU) ; Parti libéral (FDP). *Opposition :* Parti social-démocrate (SPD) ; Die Grünen (les Verts) ; Parti du socialisme démocratique (PDS, ex-Parti communiste en RDA) ; Alliance 90 (regroupement de mouvements contestataires en ex-RDA) ; Die Republikaner (extrême droite).

Carte : p. 451.

Statistiques : voir aussi p. 452-453.

RFA

Démographie, culture, armée (1)

INDICATEUR	UNITÉ	1970	1980	1991
Démographie				
Population	million	60,7	61,6	79,2
Densité	hab./km²	244	247	222
Croissance annuelle	°/₀	0,5 a	− 0,1 b	− 0,1 c
Indice de fécondité (ISF)		2,0 a	1,4 b	1,5 c
Mortalité infantile	°/₀₀	23,4	12,7	8 c
Espérance de vie	année	70,5	73,2	76 c
Population urbaine	°/₀	81,3	84,6	86 d
Nombre de médecins	°/₀₀ hab.	1,72	2,26	3,0 ef
Scolarisation 2e degré g	°/₀	71 f	94	107 ef
Scolarisation 3e degré	°/₀	24,5 f	26,2	33,6 ef
Téléviseurs	°/₀₀	362	438	506 ef
Livres publiés	titre	45 369	64 761	71 998 e
Armée				
Marine	millier d'h.	36,0	36,5	37,6
Aviation	millier d'h.	104	106	103,7
Armée de terre	millier d'h.	326	335	335

(1) Les données des colonnes 1970 et 1980 se réfèrent à la RFA d'avant la réunification. Sauf indication contraire, les données de la colonne 1991 concernent l'Allemagne réunifiée.
a. 1965-75; b. 1975-85; c. 1990-95; d. 1990; e. 1989; f. Ancienne RFA seulement; g. 10-18 ans.

Commerce extérieur (1)

INDICATEUR	UNITÉ	1970	1980	1991
Commerce extérieur	°/₀ PIB	17,4	23,4	24,5
Total imports a	milliard $	29,9	188,0	383,1
Produits agricoles	°/₀	25,1	16,3	12,3
Produits énergétiques	°/₀	8,8	22,5	8,3
Autres produits miniers	°/₀	6,7	4,6	2,0
Total exports a	milliard $	34,2	192,9	391,9
Produits agricoles	°/₀	5,0	6,8	6,5
Produits industriels	°/₀	89,2	87,0	91,6
Mach. et mat. de transp.	°/₀	46,5	44,9	49,0
Principaux fournisseurs	°/₀ imports			
C E E		51,6	48,6	52,1
C A E M a		3,7	4,6	5,1
P V D		16,1	22,1	15,2
Principaux clients	°/₀ exports			
C E E		49,9	51,2	54,1
C A E M a		3,9	5,0	5,7
P V D		11,7	18,3	13,3
États-Unis		9,1	6,1	6,3

(1) Marchandises. Les données des colonnes 1970 et 1980 se réfèrent à la RFA d'avant la réunification. La colonne 1991 concerne l'Allemagne réunifiée. L'unification économique et monétaire a eu lieu le 2.7.1990.
a. Non compris le commerce avec la RDA.

Économie [1]

Indicateur	Unité	1970	1980	1991
PNB	milliard $	173,5	821,3	1 519,9 [f]
Croissance annuelle	%	3,1 [a]	2,3 [b]	3,2 [f]
Par habitant	$	2 860	13 340	24 038 [f]
Structure du PIB				
Agriculture	% ⎱	3,2	2,1	1,7 [e]
Industrie	% ⎬ 100 %	49,4	42,7	40,1 [e]
Services	% ⎰	47,4	55,2	58,2 [e]
Taux d'inflation	%	3,4	5,4	4,2
Population active	million	26,8	27,2	30,6 [f]
Agriculture	% ⎱	8,6	5,6	3,3 [f]
Industrie	% ⎬ 100 %	49,3	44,1	39,3 [f]
Services	% ⎰	42,1	50,3	57,7 [f]
Chômage	%	0,6	2,9	4,3 [f]
Dépenses publiques				
Éducation	% PIB	3,5	4,7	4,2 [cf]
Défense	% PIB	3,3	3,3	2,0
Recherche et Dévelop.	% PIB	1,9	2,4	2,9 [d]
Aide au développement	% PIB	0,33	0,45	0,42 [d]
Administrations publiques				
Solde [g]	% PIB	0,4	− 2,8	− 3,2
Dette brute	% PIB	18,4	32,5	42,0
Production d'énergie	million TEC	174,2	163,4	243,1 [c]
Consommation d'énergie	million TEC	313,9	359,4	453,9 [c]

(1) Les données des colonnes 1970 et 1980 se réfèrent à la RFA d'avant la réunification. Sauf indication contraire, les données de la colonne 1991 concernent l'Allemagne réunifiée. L'unification économique et monétaire a eu lieu le 2.7.1990. Le taux de croissance de l'Allemagne unifiée a été de 1,2 %.
a. 1965-75; b. 1975-85; c. 1989; d. 1990; e. 1989; f. Concerne seulement la RFA dans ses frontières d'avant la réunification; g. Capacité ou besoin de financement.

101

sitôt des voix se sont élevées, ici et là, pour annoncer la fin du fameux « modèle allemand ».

Les résultats des négociations salariales ont cependant clairement montré qu'une telle affirmation était prématurée : les syndicats de la fonction publique ont finalement obtenu une augmentation de 5,4 % et ceux des autres secteurs, d'environ 6 %. Il n'en reste pas moins qu'en raison des dérapages budgétaires et salariaux, c'est la seule politique monétaire qui a dû supporter l'inflation. La Bundesbank (banque centrale) a donc à plusieurs reprises augmenté ses taux directeurs — avec des conséquences désagréables pour ses partenaires européens : ces derniers n'ont pu que suivre cette évolution, ce qui a freiné leur croissance — pour éviter une dévaluation de leur monnaie.

Les taux d'intérêt élevés (entre le 30 janvier 1990 et le 16 juillet 1991, le taux d'escompte est passé de 6 % à 8,75 %) ont, en définitive, eu des conséquences négatives en Allemagne même. D'une part, dans les cinq nouveaux *Länder* où ils ont empêché la reprise, nécessaire à la création d'emplois : en mai 1992, 1,5 million de chômeurs y étaient recensés, soit 14,1 % de la population active (si on y ajoute les contrats ou emplois provisoires dits d'insertion, ce taux se situait entre 30 % et 40 %). D'autre

BIBLIOGRAPHIE

« L'Allemagne après l'unité », *Politique étrangère*, n° 3, IFRI, Paris, 1991.

« L'Allemagne un an après la réunification » (dossier constitué par F. Guérard), *Problèmes politiques et sociaux*, n° 665, La Documentation française, 19 oct. 1991.

« Des Allemands parlent de l'Allemagne », *Documents*, Paris, n° 1/92.

J. ARDACH, *Les Allemands*, Belfond, Paris, 1988.

L. BAIER, *Les Allemands maîtres du temps*, La Découverte, Paris, 1991.

« Les deux Allemagnes (1984-1989) », *Notes et études documentaires*, n° 4903-4904, La Documentation française, Paris, 1990.

M. DESMOTES-MAINARD, *L'Économie de la RFA*, La Découverte, « Repères », Paris, 1989.

T. FRICKE, « L'avenir des nouveaux *Länder* allemands, ni nouveaux dragons ni désert industriel », *Lettre de l'OFCE*, n° 97, Presses de la FNSP, Paris, févr. 1992.

R. FRITSCH-BOURNAZEL, *L'Allemagne unie dans la nouvelle Europe*, Complexe, Bruxelles, 1991.

M. KORINMAN, *Quand l'Allemagne pensait le monde. Grandeur et décadence d'une géopolitique*, Fayard, Paris, 1990.

A.-M. LE GLOANNEC, *La Nation orpheline, les Allemagnes en Europe*, Calmann-Lévy, Paris, 1989.

D. VERNET, *La Renaissance allemande*, Flammarion, Paris, 1992.

part, dans les anciens *Länder*, le ralentissement de la croissance n'a cessé de s'accentuer : en 1990, l'année de l'unification, le taux de croissance était encore de 4,5 %, et en 1991 de 3,2 %. En 1992, selon des estimations, il ne devrait être que de 1 %.

Dans ce climat économique, les décisions du sommet européen de Maastricht les 10 et 11 décembre 1991 — particulièrement le chapitre sur l'Union économique et monétaire (UEM) — n'ont pas suscité l'enthousiasme général. Un débat controversé sur « l'abandon du mark », symbole national par excellence, appelé à être à terme remplacé par l'écu, l'unité de compte communautaire, avait commencé juste avant cette rencontre historique. Mais à la mi-juin 1992, la ratification du traité de Maastricht ne semblait pas en danger, même si les *Länder* réclamaient encore un droit de regard sur les affaires de la Communauté. Toutefois, le chancelier Kohl a souhaité que la banque centrale européenne siège à Francfort ou Bonn et que la nouvelle monnaie unique s'appelle euro-mark et non écu.

Agressions racistes

En matière de politique intérieure, le symbole de l'année 1991-1992 aura eu pour nom Hoyerswerda, une banlieue près de Dresde. Dans cette petite ville de la Saxe (ex-RDA), le 21 septembre 1991, de jeunes *skinheads* lancèrent des cocktails Molotov sur un foyer d'étrangers... sous les applaudissement des badauds présents. Hoyerswerda a marqué, à l'est comme à l'ouest, le début de nombreuses agressions racistes contre des étrangers, notamment des demandeurs d'asile. Après la chute du Mur, le 9 novembre 1989, le nombre de demandeurs d'asile (le terme allemand, *Asylbewerber*, désigne en fait les immigrés) s'est accru rapidement. En 1991, ce nombre était de 256 112 contre

193 063 en 1990. La majorité de ces immigrés viennent d'Europe de l'Est, comme la Roumanie, la Russie ou de l'ex-Yougoslavie.

Face à ce problème, la classe politique est restée impuissante. Les partis conservateurs (CDU/CSU) ont prôné un changement de l'article 16 de la Loi fondamentale (« Un réfugié politique bénéficie du droit d'asile. »). Les sociaux-démocrates ont préconisé, quant à eux, des quotas d'immigration et l'accélération des procédures de demandes d'asile politique. La discussion sur cet article n'a fait que commencer car l'Allemagne devra de toute façon revoir sa Constitution consécutivement à l'unification. Le 16 janvier 1992, une commission commune des deux instances législatives allemandes — le Bundestag et le Bundesrat — a été mise en place avec pour mission d'avancer des propositions pour le 31 mars 1993.

Le droit d'asile et la présence des immigrés ont certainement contribué à la montée des partis d'extrême droite. Aux élections régionales dans le *Land* de Brême, le 29 septembre 1991, la Deutsche Volksunion (DVU) a obtenu 6,1 % des voix. Les scrutins du 5 avril 1992, dans le Schleswig-Holstein et le Bade-Wurtemberg, ont donné respectivement 6,3 % à la DVU et 10,9 % aux *Republikaner* (Républicains), autre mouvement extrémiste. Les grands partis traditionnels ont, en revanche, subi un net recul lors de ces scrutins. Le résultat enregistré en Bade-Wurtemberg a été significatif : la CDU, qui gouvernait ce *Land* depuis une vingtaine d'années, est tombée de 49,0 % (1988) à 39,6 %. Le SPD (Parti social-démocrate) n'en a pas profité : il est passé de 32,0 % à 29,4 %. Les libéraux du FDP se sont quant à eux maintenus à 5,9 %. Seuls les Verts ont progressé, de 7,9 % à 9,5 %.

Ces résultats électoraux, les démissions de ministres et les difficultés économiques rencontrées ont fortement affaibli la position du chancelier Kohl. Après la démission de son ministre des Affaires étrangères, H.D. Genscher, un réel débat sur une éventuelle « grande coalition » gouvernementale entre la CDU/CSU et le SPD s'est ouvert à Bonn. L'objectif étant de faire face ensemble aux multiples problèmes.

La question de la STASI, l'ex-police politique de l'ancienne République démocratique allemande (RDA), a également occupé la scène publique. Dans deux *Länder* de l'Allemagne de l'Est, les chefs du gouvernement CDU ont été obligés de démissionner pour avoir été accusés d'avoir collaboré avec cette institution. Mais le cas le plus révélateur a sans conteste été celui de Manfred Stolpe (SPD), le ministre président de Brandebourg. Chargé des questions juridiques au sein de l'Église protestante de l'ex-RDA, il a lui-même déclaré avoir eu des contacts réguliers avec la STASI pour défendre les intérêts de l'Église. Certains le soupçonnent d'avoir été purement et simplement un agent. Avec cette affaire s'est profilée la menace d'une condamnation générale et collective de tous ceux qui ont pratiqué une « *Realpolitik* » dans l'ex-RDA.

Ludwig Siegele

Brésil
La tentation du populisme économique

Le président Fernando Collor a inauguré, en mars 1992, la troisième année de son mandat par un profond remaniement ministériel. Longtemps isolé, il s'est construit une base parlementaire en se rapprochant des partis de droite. Plusieurs des ministres du nouveau cabinet ont occupé des postes à responsabilité pendant la dictature militaire qui a régné sur le pays entre 1964 et 1985.

La situation économique est demeurée catastrophique : la croissance en 1991 a été quasi nulle (1,2 %) et l'inflation dans les premiers mois de 1992 s'était « stabilisée » au-dessus de 23 %. Les ventes au détail sont tombées au niveau de 1985. Le salaire minimum, qui constitue la base de la rémunération de près de 70 % des travailleurs dans les régions les plus pauvres, a oscillé entre 40 et 80 dollars au rythme des réajustements décrétés, soit son plus bas niveau depuis sa création, en 1940. Seule l'agriculture s'est bien portée ; la récolte de 1992 aura été la meilleure de l'histoire du pays.

Les problèmes d'infrastructures sont criants. Les insuffisances des systèmes de traitement des eaux ont facilité la progression du choléra qui s'est rapidement propagé dans le nord et le nord-est du pays. Fin avril 1992, 227 municipalités étaient touchées et près de 22 000 cas étaient déclarés. Les enfants des rues et les sans-abri ont pris possession des places, des parcs et des viaducs, étalant leur misère et provoquant la peur. A São Paulo, la violence policière a fait 1 074 victimes en 1991. Tandis qu'à Rio de Janeiro les autorités ont restauré la vitrine défraîchie de la « ville merveilleuse » pour recevoir, en juin 1992, la conférence mondiale sur

BIBLIOGRAPHIE

Amnesty International, *Brésil : des tortionnaires impunis*, AEFAI, Paris, juin 1990.

J.-P. Bertrand, G. Hillcoat, B. Jensen, « Compétitivité agricole et agro-alimentaire du Brésil et de l'Argentine », *Problèmes d'Amérique latine*, n° 4, La Documentation française, Paris, 1er trim. 1992.

J. Castro Rea, G. Ducatenzeiler, P. Faucher, « La tentación populista : Argentina, Brasil, Mexico y Peru », *Foro International*, vol. XXXI, n° 2, El Colegio de Mexico, 1990.

P. Hamelin, D. Ruellan, *Pionniers d'Amazonie*, Syros-Alternatives/Fondation pour le progrès de l'homme, coll. « Regards mosaïques », Paris, 1992.

« Le Brésil au pluriel » (dossier), *Vingtième siècle*, n° 25, Paris, janv.-mars 1990.

C. Mendes, *Mon combat pour la forêt*, Seuil, Paris, 1990.

D. et A. Ruellan, *Le Brésil*, Karthala, Paris, 1989.

P. Salama, J. Valier, *L'Économie gangrenée*, La Découverte, Paris, 1990.

H. Thery, *Le Brésil*, Masson, Paris, 2e éd., 1989.

A. Valladão, « Le Brésil : l'adieu à la geopolitica », *Hérodote*, n° 57, La Découverte, Paris, 1990.

l'environnement et le développement organisée par les Nations unies. Le discours écologique brésilien a toujours placé la Nature au service de la croissance et du développement et les débats sur l'environnement se sont situés dans le contexte plus large des relations Nord-Sud. Avec une classe politique presque unanime sur ce point, c'est le réflexe nationaliste qui a primé, les Brésiliens ne voulant pas que les États-Unis leur dictent les conditions d'exploitation de la biodiversité amazonienne.

Dans les bras de la droite

L'isolement politique du président — élu sous une bannière de convenance, le Parti de la reconstruction nationale (PRN) — n'a pas tardé à provoquer la paralysie du gouvernement et de l'administration. En octobre 1990, les premières dénonciations de trafic d'influence, contrats illicites et surfacturation sont apparues dans les médias. Les scandales ont pris de l'ampleur en 1991, allant jusqu'à mettre en cause la femme du président, Rosane, qui dirigeait alors un organisme public d'assistance sociale. Même l'armée a été incriminée dans une affaire d'achat illicite d'uniformes. Fin 1991, le ministre de la Santé, Alceni Guerra, est tombé, puis, quelques semaines plus tard, le ministre du Travail, l'ancien chef syndical, Antonio Rogerio Magri, est pris en flagrant délit de corruption. Le secrétaire à l'Environnement, José Lutzenberger, a été démis à son tour en mars 1992 après avoir accusé les fonctionnaires de l'Ibama, organisme dont il avait la responsabilité, de favoriser le déboisement de l'Amazonie. Plus tard, c'était au tour d'un grand journal de Rio d'affirmer que le ministre de la Justice, Jarbas Passarinho, avait demandé à l'armée d'enquêter sur le chef de la police fédérale, Romeu Tuma, soupçonné d'avoir participé à une affaire de contrebande d'armes et de café. Enfin, un intime du président, Pedro Paulo Leoni Ramos, et secrétaire des Affaires stratégiques, a été soupçonné d'avoir monté

au sein de La Petrobas, la société pétrolière qui exerce le monopole d'État sur le secteur, un important réseau destiné à canaliser des contrats vers des amis du régime.

Le 27 mars 1992, F. Collor demanda la démission collective de ses ministres. Marcilio Marques Moreira fut aussitôt reconduit dans ses fonctions de ministre de l'Économie, de même que les ministres militaires, ceux de l'Éducation et de la Santé. Jorge Bornhausen, du Parti du front libéral (PFL, de droite) et secrétaire du gouvernement, fut chargé de mener les négociations

▼

BRÉSIL

États-Unis du Brésil.

Capitale : Brasilia.

Superficie : 8 511 965 km² (15,6 fois la France).

Monnaie : cruzeiro (au taux officiel, 1 cruzeiro = 0,002 FF au 30.3.92).

Langue : portugais.

Chef de l'État : Fernando Collor de Mello (depuis le 15.3.90, pour un mandat de 5 ans).

Nature de l'État : république fédérale (26 États et le district fédéral de Brasilia).

Nature du régime : démocratie présidentielle.

Échéances électorales : plébiscite sur le système de gouvernement (sept. 1993) et élections législatives (oct. 1994).

Principaux partis politiques : *Gouvernement* : Parti du mouvement démocratique brésilien (PMDB) ; Parti de la reconstruction nationale (PRN) ; Parti du front libéral (PFL) ; Parti social-démocrate brésilien (PSDB) ; Parti des travailleurs (PT) ; Parti démocratique travailliste (PDT) ; Parti populaire social (PPS) ; Parti libéral (PL) ; Parti démocratique social (PDS) ; Parti travailliste brésilien (PTB) ; Parti démocrate-chrétien (PDC).

Carte : p. 106-107.

avec les partis politiques à la recherche de personnalités « ministrables » et, en particulier, avec le PSDB (Parti social-démocrate du Brésil, centre), pièce essentielle de la nouvelle majorité gouvernementale.

Le président avait besoin de 43 députés et 9 sénateurs du PSDB pour former une majorité au Congrès et au Sénat, et de la caution des vedettes du parti (Mario Covas, Fernando H. Cardoso, José Serra) pour donner de la crédibilité à son programme sans être l'otage du PFL et de l'intrigant Antonio Carlos Magalhaes, le puissant gouverneur de Bahia. Mais après dix jours, les négociations furent rompues. D'une part, le président refusa de s'engager sur un programme élargi de gouvernement, et d'autre part, la machine du PSDB craignit que la participation à un gouvernement impopulaire diminue ses chances aux élections.

Plus âgé et plus expérimenté dans les affaires de l'État, le gouvernement formé comptait 22 membres dont un tiers appartenant à l'ARENA, le parti qui avait été créé pour appuyer la dictature militaire. Le nouveau ministre de la Justice, Celio Borja, a été député et président du Congrès pendant les premières années du gouvernement militaire du général Greisel en 1979. Marcus Vinicias Pratini de Moraes, le ministre des Mines et de l'Énergie, a participé aux trois premiers gouvernements militaires, au plus fort de la répression.

Néanmoins, l'opération politique s'est soldée par un échec, la majorité à l'Assemblée (252 députés) et au Sénat (41 sénateurs) n'étant pas acquise. Le président pouvait compter sur 220 voix au Congrès et 34 au Sénat, mais il allait avoir besoin de l'appui complémentaire de 32 députés et 7 sénateurs parmi les dissidents des partis du centre, susceptibles d'accorder un appui conditionnel à son gouvernement.

L'autorité et l'intégrité du président ont été directement mises en cause par son frère cadet, Pedro, qui a dénoncé en mai 1992 une vaste opération de trafic d'influence avec, à sa tête, Paulo Cesar Farias, l'ancien trésorier de la campagne électorale

de 1989. Une commission parlementaire d'enquête multipartite a été créée en juin et la démission du président a commencé à faire l'objet de spéculations.

Économie : le laisser-aller

Le grand mérite du ministre de l'Économie, Marcilio Marques Moreira, nommé en mai 1991, est d'avoir assisté, placide, au retour de l'inflation, et d'être demeuré impassible devant la soudaine flambée spéculatrice d'octobre 1991. Cette politique du laisser-aller était à la fois la pire et la seule possible.

Après deux ans de gouvernement Collor (mars 1990 à mars 1992), la hausse accumulée de l'indice des prix à la consommation était supérieure à 2 500 %. Malgré le gel décrété en janvier 1991, l'inflation, maîtrisée pour un temps, n'a pas tardé à reprendre sa progression. Elle s'est maintenue autour de 8 % jusqu'en juin 1991 pour passer à 15 % pen-

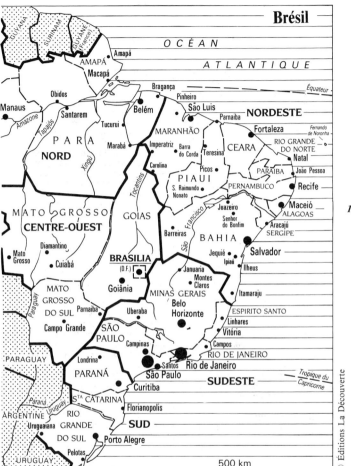

Brésil

OCÉAN

ATLANTIQUE

Équateur

GUYANA SURINAM GUYANE (France)

AMAPÁ
• Amapá
• Macapá

• Obidos
Manaus •
• Santarem
Amazone
Tapajós
Xingu

Bragança
Pinheiro •
• Belém
São Luis •
Parnaíba

NORDESTE

MARANHÃO
Tucurui •
• Imperatriz
• Marabá
Barra do Corda
• Teresina

CEARA
• Fortaleza
Fernando de Noronha

RIO GRANDE DO NORTE
• Natal

PARÁ
NORD
Carolina •
Tocantins

PIAUI
• Picos
S. Raimundo Nonato

PARAÍBA
• João Pessoa
PERNAMBUCO
• Recife

MATO GROSSO
CENTRE-OUEST
GOIAS

São Francisco

• Juazeiro
Senhor do Bonfim
• Aracajú
SERGIPE
Maceió
ALAGOAS

107

• Diamantino
Mato Grosso •
• Cuiabá

BRASILIA
(D.F.)

Barreiras •
BAHIA
• Jequié
Ipiaú
• Salvador
• Ilheus

• Goiânia

MATO GROSSO DO SUL
Parnaíba

Januaria
Montes Claros
• Itamaraju

Paraguai
• Campo Grande

• Uberaba
MINAS GERAIS
Belo Horizonte

ESPIRITO SANTO
• Linhares
• Vitória
• Campos

SÃO PAULO
• Campinas

RIO DE JANEIRO

PARAGUAY
• Londrina
PARANÁ
Paraná

Santos
São Paulo •
• Rio de Janeiro

Tropique du Capricorne

• Curitiba
SUDESTE

ARGENTINE
Uruguai
Sᵀᴬ CATARINA
• Florianopolis

Uruguaiana
RIO GRANDE DO SUL
SUD

URUGUAY
• Porto Alegre
• Pelotas

500 km

© Éditions La Découverte

dant les trois mois suivants, et s'accélérer à partir d'octobre. Les réajustements des tarifs publics, de l'ordre de 54 % pour le téléphone, de 41 % pour les combustibles, de 39 % pour l'électricité ont semblé confirmer un possible gel des prix. Craignant une nouvelle saisie des comptes bancaires (comme cela s'était produit lors du premier plan Collor de mars 1990), les épargnants et les entreprises se sont précipités sur les valeurs refuges. Le 28 octobre 1991, la banque centrale a été forcée de suspendre les opérations sur le marché de l'or. Le taux de change du dollar sur les marchés parallèles a atteint une fois et demie le cours officiel. Alors

Les régions du Brésil

■ *Les États-Unis du Brésil, constitués de ving-six États et du district fédéral de Brasilia, occupent près de la moitié du continent sud-américain. Avec une superficie de 8 511 000 kilomètres carrés, le Brésil possède une frontière commune avec tous les pays d'Amérique du Sud à l'exception du Chili et de l'Équateur.*

C'est le pays le plus peuplé d'Amérique du Sud, avec 153 millions d'habitants. La population est pour moitié constituée de Blancs d'origine européenne, de 10 % de Noirs et de moins de 2 % d'Indiens, le reste étant composé d'une infinie variété de mulâtres et de métis. Malgré l'extrême diversité initiale des vagues d'immigration et des différences régionales sensibles, le Brésil est remarquable par le caractère homogène de sa population, résultat de plusieurs siècles de mélanges raciaux, de l'usage généralisé du portugais et de la pratique répandue de la religion catholique.

Dans ce vaste pays sous-peuplé, la population, urbanisée à 73 %, se trouve surtout dans les très grandes villes de la côte.

Unité politique
malgré la diversité régionale

La plus grande région, au nord, représente 42 % de la superficie du pays et ne compte que 15 millions d'habitants. Couverte de forêt tropicale, elle s'inscrit dans la partie centrale du bassin de l'Amazone. Le sol pauvre, parce que trop souvent lavé par les fortes pluies, ne convient pas à l'agriculture extensive pratiquée par les petits occupants qui détruisent par le feu des pans entiers de la forêt amazonienne. Les cultures commerciales sont encore peu abondantes, alors que la cueillette (des noix de coco pour l'extraction de l'huile de palmier) demeure une activité économique significative.

Le climat humide et chaud joint aux difficultés de transport — les routes sont souvent inutilisables à causes des pluies — rend coûteuse l'exploitation des ressources minières. Les grandes villes sont Belém et Manaus. Cette dernière est devenue une zone franche où se sont implantées de nombreuses entreprises de montage de produits électriques et électroniques.

Le Nord-Est est constitué d'une étroite zone côtière fertile, qui s'étend de Bahia au sud à Natal au nord. A l'intérieur domine un climat semi-aride connu pour ses sécheresses. Première zone d'implantation coloniale, la région a été prospère au XVIe siècle alors que les Portugais exploitaient, grâce aux esclaves venus d'Afrique, de larges plantations de canne à sucre. A la production de sucre se sont ajoutés le coton, le sisal et le café. La plus grande partie du territoire est consacrée à l'élevage extensif du bétail. Lié par l'histoire, une longue tradition culturelle et par une misère endémique, le Nord-Est forme un ensemble politique solidaire à l'échelle nationale, dominé par une élite conservatrice.

Le Sud-Est, qui comprend le triangle Belo Horizonte-Rio de Janeiro-São Paulo, constitue le cœur économique et politique du pays. Sa mise en valeur a débuté au XVIIe siècle. Rio de

Janeiro est le deuxième centre manufacturier du pays après São Paulo.

S'étendant à l'est et au nord de l'État de Rio de Janeiro, le Minas Gerais est un État industriel important. A la transformation traditionnelle des matières premières se sont ajoutées des industries mécaniques et textiles. Point de convergence des sertanejos, *paysans qui fuient la misère du Nord-Est, le Minas Gerais est le lieu de partage entre le Nord pauvre et le Sud riche, la côte peuplée et l'intérieur inexploité.*

São Paulo, première ville d'Amérique du Sud, est située à l'intérieur des terres. Elle est peuplée principalement de descendants de souche européenne et moyen-orientale, alors que dans la ceinture verte de la métropole se trouve une large communauté d'origine japonaise. Capitale économique du pays, sa prospérité est venue après 1930 quand l'industrie a pris la relève de la production de café. São Paulo et les villes ouvrières satellites de l'ABC (Santo André, Santo Bernardo et Santo Caetano) contribuent aux quatre cinquièmes de la production industrielle du pays.

Quatrième grande région, le Sud comprend les États du Paraná, de Santa Catarina et du Rio Grande do Sul. Elle est caractérisée par un climat tempéré et un relief vallonné couvert au nord d'une forêt de pins et au sud de savane annonçant la pampa argentine. Abandonnée par les Portugais aux Indiens, elle a été colonisée au XIXᵉ siècle par des immigrants allemands suivis de ressortissants venus d'Italie, de Pologne et d'autres pays d'Europe. Le Sud s'est consacré aux cultures vivrières (viande de bœuf et de porc, riz et vin).

Malgré sa grande diversité, le Brésil présente une homogénéité de sociétés et une unité politique et économique étonnantes. La domination économique de São Paulo est contrôlée par le jeu politique qui, au niveau fédéral, laisse une large place aux coalitions régionales.

Des voisins distants et un certain isolement

L'immensité géographique, la large fenêtre déployée sur l'Atlantique sud, l'usage du portugais, et sa force militaire ont contribué à isoler le Brésil de ses voisins latino-américains. La frontière intérieure, peu peuplée de part et d'autre, n'est pas un lieu propice aux affrontements. Dans quelques rares cas, le tracé des frontières a fait l'objet de contestations.

C'est surtout à cause de sa puissance économique que l'on prête au Brésil des visées expansionnistes. Seule l'Argentine peut prétendre au titre de concurrent sérieux. La rivalité traditionnelle qui opposa ces deux pays a fait place à une collaboration économique et politique croissante.

La sévérité de la crise économique que traverse le pays depuis le début des années quatre-vingt, et les changements politiques importants qu'il a subis n'ont, à aucun moment, incité ses dirigeants en mal de solutions à rejeter sur les nations voisines la responsabilité d'une situation qu'ils ne parviennent pas encore à maîtriser.

Philippe Faucher

Brésil

Démographie, culture, armée

INDICATEUR	UNITÉ	1970	1980	1991
Démographie				
Population	million	95,85	121,3	153,3 i
Densité	hab./km²	11,3	14,3	18,0
Croissance annuelle	%	2,5 a	2,3 b	1,9 c
Indice de fécondité (ISF)		5,0 a	4,0 b	3,2 c
Mortalité infantile	%₀	94,6	74,2	57 c
Espérance de vie	année	58,9	62,6	66 c
Population urbaine	%	55,8	66,2	75 d
Analphabétisme	%	33,8	25,5	18,9 d
Nombre de médecins	%₀ hab.	0,51	0,96	1,17 h
Scolarisation 12-17 ans	%	49,9	61,7	74,9 d
Scolarisation 3e degré	%	5,3	11,9	11,2 e
Téléviseurs	%₀	64	124	204 e
Livres publiés	titre	8 579 g	18 102	17 648 f
Armée				
Marine	millier d'h.	44,4	47	50
Aviation	millier d'h.	30	43	50,7
Armée de terre	millier d'h.	120	183	196

a. 1965-75; b. 1975-85; c. 1990-95; d. 1990; e. 1989; f. 1985; g. 1971; h. 1988; i. Dernier recensement disponible : 1980.

Commerce extérieur a

INDICATEUR	UNITÉ	1970	1980	1991
Commerce extérieur	% PIB	6,1	9,0	6,7 c
Total imports	milliard $	2,8	25,0	23,1
Produits énergétiques	%	12,4	43,1	22,5 e
Produits agricoles	%	12,8	10,9	12,2 c
Produits manufacturés	%	68,4	40,8	57,4 e
Total exports	milliard $	2,7	20,1	31,9
Produits agricoles	%	75,2	50,3	34,3 c
Minerais et métaux b	%	10,1	9,4	11,5 d
Produits manufacturés	%	13,2	37,2	51,1 d
Principaux fournisseurs	% imports			
États-Unis		32,2	18,6	21,1 c
Moyen-Orient		5,9	33,2	19,7 c
CEE		30,2	16,5	20,6 c
Principaux clients	% exports			
États-Unis		24,7	17,4	23,4 c
CEE		39,7	30,5	30,9 c
Amérique latine		11,6	18,1	11,6 c

a. Marchandises; b. Produits énergétiques non compris; c. 1990; d. 1988; e. 1989.

Brésil

Économie

INDICATEUR	UNITÉ	1970	1980	1991
P I B	milliard $	43,1	252,3	402,8 [d]
Croissance annuelle	%	8,2 [a]	4,4 [b]	1,2
Par habitant	$	450	2 080	2 680 [d]
Structure du P I B				
Agriculture	%	11,5	10,5	9,1 [d]
Industrie	% } 100 %	35,6	41,2	34,3 [d]
Services	%	52,9	48,2	56,6 [d]
Dette extérieure totale	milliard $	5,1	71,0	122,8
Service de la dette/Export.	%	21,8	63,1	22,0 [d]
Taux d'inflation	%	22,3	82,8	493,8
Population active	million	31,54	44,24	55,03 [d]
Agriculture	%	44,9	30,9	25,9 [f]
Industrie	% } 100 %	21,8	26,3	24,2 [f]
Services	%	33,3	42,8	50,0 [f]
Dépenses publiques				
Éducation	% PIB	2,9	3,5	3,7 [e]
Défense	% PIB	2,0	0,8	1,5 [d]
Production d'énergie	million TEC	18,7	34,5	79,1 [c]
Consommation d'énergie	million TEC	41,7	92,5	117,6 [c]

a. 1965-75; b. 1975-85; c. 1989; d. 1990; e. 1988; f. 1987.

qu'une intervention du ministre de l'Économie était attendue par tous, celui-ci s'est contenté de prodiguer des paroles d'apaisement.

L'année 1991 s'est terminée dans un climat de tension. L'inflation a dépassé les 25 % en décembre, s'est stabilisée et a légèrement diminué pendant le premier trimestre de 1992. Le ministre Marques Moreira a gagné son pari et un prestige énorme : il a rétabli l'autorité du gouvernement, ce qui n'a pu que plaire au patronat et aux banquiers étrangers.

Diplomate et banquier, Marques Moreira a mis ses talents au service de la normalisation des relations du Brésil avec ses créanciers étrangers. Les engagements de mener la lutte contre l'inflation (avec un objectif de 2 % par mois à la fin 1992), et de transformer le déficit public en excédent de l'ordre de 2,3 % du PIB ont convaincu le FMI. Une lettre d'entente a été signée en février 1992, et les négociations avec le Club de Paris ont repris. Mais, déjà,

fin avril, le gouvernement admettait un retard dans la réalisation des objectifs prévus, ce qui pourrait avoir pour conséquence de ralentir ou même de suspendre le versement des crédits additionnels, de l'ordre de 2,1 milliards de dollars, accordés au début de l'année.

L'application des mesures de libéralisation économique a progressé. Après être sorti vainqueur d'une bataille juridique qui contestait la constitutionnalité de l'opération, l'État a privatisé quatre entreprises, la plus importante, vendue aux enchères en octobre 1991, étant le groupe sidérurgique Usiminas. Les négociations multilatérales pour la mise en place du Mercosur, le marché commun austral, qui réunit le Brésil, l'Argentine, l'Uruguay et le Paraguay, ont progressé dans la plus grande indifférence. Le principe de cet accord économique régional avait été adopté lors de la signature du traité d'Asunción, le 27 mars 1991. Il devrait entrer en vigueur le 1er janvier 1995.

Une tentative de coup d'État au Vénézuela en février 1992, et le «coup d'État civil» du président Alberto Fujimori au Pérou en avril ont créé des inquiétudes. Le ton est monté contre la politique de récession et d'ouverture des marchés. Des signes de relâchement se sont manifestés. Ainsi, en avril 1992, les salaires des militaires et des fonctionnaires ont été ajustés à la hausse. Pour le «grand capital» et ses alliés de la droite, le contrôle du pouvoir est resté plus important que la stabilisation de l'économie. La perspective des élections municipales de novembre 1992 a inquiété des milliers de candidats, qui ont fait pression sur les administrations régionales. Déjà, les gouverneurs Luiz Antonio Fleury et Antonio Carlos Magalhães (São Paulo et Bahia) ont fait connaître leur opposition à la politique de libéralisation des importations.

Le président Collor s'est efforcé, en 1991-1992, de projeter l'image d'un chef d'État qui a atteint l'âge de raison. Mais ses nominations ont soulevé des interrogations sur la capacité de son gouvernement à résister à la vieille tentation du populisme économique.

Philippe Faucher

(Voir aussi article p. 551.)

Indonésie
Massacre à Timor

Les élections générales du 9 juin 1992 et la perspective de la nomination présidentielle en 1993 ont mollement animé la vie politique, tandis qu'un nouveau drame a éclaté au Timor oriental en novembre 1991.

Malgré des protestations émanant des proches du pouvoir pour une ouverture démocratique, le système est resté bien verrouillé. Les personnalités contestataires appartenant au Golkar, l'organisation gouvernementale, ont été écartées des listes électorales (août 1991). Des propositions visant à modifier la règle du jeu, parfois venues de haut (renforcement du rôle du Parlement, vote des militaires, suppression de la nomination de 100 députés sur un total de 500), ont été écartées par le président, le général Suharto, au nom du respect de la Constitution et de l'unité des forces armées.

Des officiers à la retraite ont marqué leur distance envers le régime en rejoignant, en mai 1991, les rangs du PDI (Parti démocrate indonésien, chrétien-nationaliste) qui a présenté parmi ses candidats le plus jeune fils de Sukarno — père de l'indépendance et président jusqu'en 1967 —, Guruh. Les «dissidents» n'ont pas pu quitter le pays, et plusieurs réunions du *Forum Demokrasi* (Forum de la démocratie, association informelle constituée par des intellectuels contestataires), créé en avril 1991, ont été interdites. L'idée de limiter le nombre des mandats présidentiels est restée d'actualité.

Suharto a décidé de briguer, en 1993, vraisemblablement sans surprise, un sixième mandat de cinq ans (il aura 72 ans). Y aura-t-il d'autres candidats? Ce serait une première. A la mi-1992, le Golkar ne s'était pas encore prononcé, mais plusieurs groupes musulmans, dont le Parti unité développement (PPP), soutenaient déjà la candidature de Suharto. Le président a su s'attirer la faveur des musulmans, notamment en faisant le grand pèlerinage à La Mecque avec sa famille (juin 1991) et en créant la première banque islamique du pays, Bank Muamalat Indonesia (mai 1992). Pourtant, il n'a pas cédé lorsque des musulmans ont manifesté à plusieurs reprises pour réclamer l'interdiction d'une loterie qui rapporte gros à l'État.

L'argent de cette loterie, utilisé pour certaines aides financières, a failli coûter la direction du Nahdatul Ulama (la plus grande organisation musulmane, 30 millions de membres) à Abdurrahman Wahid, son président, qui en avait imprudemment fait bénéficier une école religieuse (novembre 1991). Mais lors de la conférence du Nahdatul Ulama, en janvier 1992, il l'a emporté sur ses opposants. Moderniste et tolérant, il a réuni, le 1er mars 1992, un grand meeting de son organisation pour affirmer le lien entre islam et démocratie; il y a fait la preuve de son influence.

Aux élections de juin 1992, le Golkar l'a emporté comme prévu avec 68 % des voix : en baisse sensible malgré tout (73 % en 1987). Le PPP est arrivé second avec 17 % (16 % en 1987), ne réussissant pas à retrouver ses électeurs de 1982 (28 %). Le PDI a encore amélioré son score avec 15 % (11 % en 1987); son discours contestataire a touché les 17 millions de jeunes qui votaient pour la première fois.

Les affaires de la « famille »

Le climat politique et social a été à la grogne. Les grèves ouvrières ont été deux fois plus nombreuses que l'année précédente et les conflits fonciers sont restés fréquents. L'enrichissement des plus riches (conglomérats de financiers d'origine chinoise, dont certains sont dirigés par des enfants de Suharto) a suscité les critiques. Le monopole du commerce des clous de girofle détenu par « Tommy » Suharto (vingt-neuf ans) — qui visait à soutenir les prix de cette denrée pour améliorer le sort des producteurs — a échoué, malgré un soutien gouvernemental, devant la résistance des fabricants de cigarettes qui en sont utilisateurs; il a été partiellement démantelé. D'autres monopoles (commerce des oranges, perception des redevances de la télévision), également aux mains de la « famille », ont été dénoncés, jusque par le président du Parlement.

Ces situations ne sont que la partie visible de l'iceberg. Presque aucun domaine n'a échappé aux « enfants »,

intermédiaires incontournables : transports aériens, télécommunications, télévision, pétrole et gaz, aménagements portuaires, autoroutes, banques, bois. Ces privilèges vont à l'encontre du développement libéral préconisé par les « technocrates » qui dirigent l'économie. Mais, rejetant les accusations de népotisme, Suharto ne tolère pas la critique sur ce sujet. Cette « faiblesse » familiale fera-t-elle oublier les résultats acquis dans d'autres domaines ?

Alors que la visite d'une délégation parlementaire portugaise à Timor

▼
INDONÉSIE

République d'Indonésie.
Capitale : Jakarta.
Superficie : 1 913 000 km² (3,7 fois la France).
Monnaie : roupie (au taux officiel, 1 roupie = 0,003 FF au 30.3.92).
Langues : bahasa indonesia (officielle); 200 langues et dialectes régionaux.
Chef de l'État : général Suharto, président (depuis mars 1968).
Échéances institutionnelles : élections présidentielles en 1993.
Nature de l'État : république.
Nature du régime : régime présidentiel autoritaire dominé par l'armée de terre.
Principaux partis politiques :
  Gouvernement : Golkar (Golongan Karya, fédération de « groupes fonctionnels » où les militaires occupent une grande place).
  Opposition légale : Partai Persatuan Pembangunan (PPP, Parti unité développement, coalition musulmane); Parti démocratique indonésien (PDI, chrétien-nationaliste).
Territoire contesté : l'ONU ne reconnaît pas la souveraineté indonésienne sur Timor-Est, ancienne possession portugaise occupée en 1975, puis annexée.
Carte : p. 364-365.
Statistiques : voir aussi p. 366-367.

Indonésie

Démographie, culture, armée

INDICATEUR	UNITÉ	1970	1980	1991
Population	million	120,3	151,0	182,5
Densité	hab./km²	62,9	78,9	95,4
Croissance annuelle	%	2,4 a	2,1 b	1,8 c
Indice de fécondité (ISF)		5,3 a	4,4 b	3,1 c
Mortalité infantile	%₀₀	119	105,0	65 c
Espérance de vie	année	47,0	52,5	63 c
Population urbaine	%	17,1	22,2	31 d
Analphabétisme	%	43,4 h	32,7	23,0 d
Nombre de médecins	%₀₀ hab.	0,04	0,09 g	0,13 e
Scolarisation 12-17 ans	%	33,1	51,3	65,9 d
Scolarisation 3e degré	%	2,8	3,9 f	••
Téléviseurs	%₀₀	0,7	20	55 e
Livres publiés	titre	1 424 h	2 322	1 396 e
Marine	millier d'h.	40	35,8	42
Aviation	millier d'h.	50	25	24
Armée de terre	millier d'h.	275	181	212

a. 1965-75; b. 1975-85; c. 1990-95; d. 1990; e. 1989; f. 1981; g. 1979; h. 1971.

Commerce extérieur a

INDICATEUR	UNITÉ	1970	1980	1991
Commerce extérieur	% PIB	11,5	22,6	22,4
Total imports	milliard $	1,0	10,8	25,2
Produits agricoles	%	15,8	15,3	8,9 b
Produits miniers et métaux d	%	2,0	2,4	4,4 c
Produits manufacturés	%	84,1	64,9	74,5 c
Total exports	milliard $	1,1	21,9	26,8
Produits énergétiques	%	32,8	71,9	40,2 c
Caoutchouc	%	19,3	4,9	3,3 b
Autres produits agricoles	%	35,0	16,9	26,0 b
Principaux fournisseurs	% imports			
Japon		29,4	31,5	24,9 b
États-Unis		17,8	13,0	11,5 b
CEE		21,6	13,6	18,9 b
Singapour		5,7	8,6	5,9 b
Principaux clients	% exports			
Japon		39,0	49,3	42,5 b
États-Unis		12,4	19,6	13,1 b
CEE		14,9	6,5	11,8 b
Singapour		14,8	11,3	7,4 b

a. Marchandises; b. 1990; c. 1989; d. Hors produits énergétiques.

Indonésie

Économie

INDICATEUR	UNITÉ	1970	1980	1991
PIB	milliard $	9,44	69,56	116,6
Croissance annuelle	%	6,9 a	6,2 b	6,8
Par habitant	$	80	490	639
Structure du PIB				
Agriculture	% ⎫	44,9	24,0	23,4 c
Industrie	% ⎬ 100 %	18,7	41,7	37,3 c
Services	% ⎭	36,4	34,3	39,2 c
Dette extérieure totale	milliard $	3,0	20,9	68,0
Service de la dette/Export.	%	13,9	13,9	28,0
Taux d'inflation	%	12,3	18,5	9,9
Population active	million	45,6	56,3	75,5 c
Agriculture	% ⎫	66,3	57,2	53,4 c
Industrie	% ⎬ 100 %	10,3	13,1	15,9 c
Services	% ⎭	23,4	29,7	30,7 c
Dépenses publiques				
Éducation	% PIB	2,8	1,7	0,9 d
Défense	% PIB	3,1	2,9	1,3
Production d'énergie	million TEC	63,9	134,0	138,7 c
Consommation d'énergie	million TEC	13,9	34,7	49,6 c

a. 1965-75; b. 1975-85; c. 1989; d. 1988.

venait d'être annulée, l'armée a tiré, le 12 novembre 1991, à Dili, la capitale, sur des jeunes manifestants indépendantistes qui commémoraient la mort d'un des leurs, tué quelques jours plus tôt. Bilan officiel : 19 morts, mais plus de 100 personnes auraient été tuées. Le commandant des forces armées, le général Try Sutrisno, a menacé d'« anéantir tous les séparatistes » [la moitié est de Timor, ancienne colonie portugaise, a été occupée en 1975 par l'Indonésie, puis annexée ; une situation non acceptée par l'ONU].

La réaction internationale a été vive. Plusieurs pays, notamment les Pays-Bas, le Danemark et le Canada, ont menacé de supprimer leur aide économique. Une commission d'enquête désignée par Suharto a reconnu, en décembre 1991, qu'il y avait eu 50 morts et plus de 91 blessés. Fait sans précédent, Suharto a pris des sanctions contre six officiers, dont le commandant de

région. Cette décision (liée peut-être à certaines luttes internes pour le pouvoir) a suffi à prouver à l'étranger la bonne foi du régime — qui par ailleurs a resserré son contrôle sur Timor (arrestations, procès, quadrillage militaire). Néanmoins, un bateau « de paix » portugais, le Lusitania Express, a été refoulé par la marine indonésienne en mars 1992.

Conséquence inattendue de la crise : les Pays-Bas — l'ancienne puissance coloniale — qui président le Consortium international d'aide à l'Indonésie (IGGI, 4,7 milliards de dollars d'aide en 1991) se sont attirés les foudres de Jakarta pour avoir lié aide économique et droits de l'homme. En mars 1992, l'Indonésie a rejeté l'aide néerlandaise (93 milliards de dollars en 1991), sanctionnant en même temps les ONG (organisations non gouvernementales) indonésiennes qui en bénéficiaient. L'IGGI a été remplacé par un Groupe consultatif pour l'Indo-

BIBLIOGRAPHIE

F. CAYRAC-BLANCHARD, *Indonésie, l'armée et le pouvoir. De la révolution au développement*, L'Harmattan, Paris, 1991.

P. LEVANG, O. Sevin, « 80 ans de transmigration en Indonésie », *Annales de géographie*, n° 549, Paris, oct. 1989.

D. LOMBARD, *Le Carrefour javanais, essai d'histoire globale*, EHESS, Paris, 1990.

F. RAILLON, « Le système politique indonésien : quel devenir ? », *Hérodote*, n° 52, La Découverte, Paris, 1989.

nésie, dirigé par la Banque mondiale. L'aide reçue en 1992 ne semblait pas devoir en souffrir.

Éviter la surchauffe économique

Pour éviter la surchauffe liée au gonflement excessif des importations (+ 17,4 % en 1991) et de l'endettement, le gouvernement a poursuivi sa politique de restriction monétaire et, en septembre 1991, a plafonné les emprunts à l'étranger. Plusieurs grands projets de développement ont été reportés. Le taux de la croissance a pourtant atteint 6,8 % en 1991. L'inflation est restée inférieure à 10 %. Mais les importations et le remboursement de la dette (qui s'est élevée à 68 milliards de dollars en 1991) ont porté le déficit de la balance des paiements à un point critique : 4,5 milliards de dollars (1,8 en 1989, 3,8 en 1990). Le service de la dette a représenté 28 % de la valeur des exportations.

Signe favorable : les investissements étrangers (Taïwan, Japon) ont continué au rythme record de 1990 (8,8 milliards de dollars). Mais les investissements nationaux ont diminué. L'infrastructure (ports, routes, électricité, téléphone) a continué de poser problème. Les investissements se concentrent à Java-Ouest, les autorités se sont efforcées de les attirer vers l'Indonésie de l'Est, plus pauvre. En 1992, le budget est resté prudent et le salaire des fonctionnaires a été bloqué. Une baisse des revenus pétroliers était prévue, en même temps qu'une hausse des revenus fis-

caux. Les exportations non pétrolières, quant à elles, ont progressé favorablement (+ 20 % en 1991). La Bourse de Jakarta, en pleine dégringolade après le boom de 1989-1990, a été privatisée en janvier 1992. Le secteur bancaire, pour sa part, a conu un ajustement difficile après les réformes de février et novembre 1991 qui ont imposé aux banques de porter leurs réserves à 8 % de leurs actifs et d'orienter leurs prêts en devises vers l'exportation.

La coopération avec Singapour dans l'archipel des Riau s'est poursuivie : après l'île de Batam, un complexe touristique a été programmé à Bintan et des industries lourdes devraient être implantées à Karimum. Deux points négatifs : la sécheresse a contraint l'Indonésie à réimporter du riz (600 000 tonnes) pour la première fois depuis 1984, et des incendies ont dévasté les forêts de Kalimantan.

Juste avant la crise de Timor, en septembre 1991, l'Indonésie avait enfin obtenu la présidence du mouvement des non-alignés pour 1992-1995. (Elle espérait tirer de la réunion au sommet de ce mouvement, en septembre 1992, un maximum de prestige et en faire une tribune des revendications du Sud.) Immédiatement après, Suharto a effectué un voyage de vingt-cinq jours dans cinq pays d'Amérique latine et d'Afrique. Une nouvelle conférence a eu lieu, en juillet 1991 à Bandoung, sur les îles Spratleys revendiquées à la fois par la Chine, le Vietnam, Taïwan, la Malaisie et les

Philippines. Face à la nouvelle situation liée à la fermeture, le 31 décembre 1992, des bases américaines aux Philippines, l'Indonésie a décidé d'accorder certaines facilités, sur une base commerciale, aux navires américains.

Lors de son IVᵉ sommet qui s'est tenu à Singapour en janvier 1992, l'ANSEA (Association des nations du Sud-Est asiatique) a décidé de créer une zone de libre-échange (ce que l'Indonésie, inquiète pour ses industries, avait jusqu'alors refusé) et a accueilli favorablement la candidature du Vietnam et du Laos. Par ailleurs, des Indonésiens ont fait partie des « casques bleus »

envoyés par les Nations unies au Cambodge.

Enfin, plusieurs chefs d'État ou de gouvernement étrangers se sont rendus en Indonésie dans l'année : le président chinois, Yang Shangkun (juin 1991), le Premier ministre vietnamien, Vo Van Kiet, et l'empereur japonais Akihito (octobre 1991). Cette dernière visite a réveillé certains souvenirs pénibles de l'occupation du pays par le Japon pendant la Seconde Guerre mondiale. Le nouveau Premier ministre australien, Paul Keating est également venu à Jakarta en avril 1992.

Françoise Cayrac-Blanchard

Nigéria
Une transition sous haute surveillance

Confortée par l'afflux de ressources supplémentaires dues au pétrole durant la crise et la guerre du Golfe (1990-1991), la transition vers un régime civil s'est poursuivie sous la férule d'un régime militaire plus que jamais désireux d'éviter toute contestation de ses méthodes de gestion : en avril 1992, tous les titres du groupe de presse Concord ont ainsi été interdits de parution durant deux semaines à la suite d'un numéro qui avait sévèrement critiqué la gabegie économique ambiante. Quelques semaines plus tard, alors que de violentes « émeutes de la faim » éclataient à Lagos, divers dirigeants des organisations de défense des droits de l'homme ont été incarcérés pour avoir appelé à un retrait des militaires et à l'organisation d'une conférence nationale. Alors que le général Ibrahim Babangida n'avait jamais été aussi impopulaire depuis son accession au pouvoir en 1985, la transition était censée se poursuivre avec des élections présidentielles programmées pour le 5 décembre 1992 et un transfert du pouvoir reporté au début du mois de janvier 1993.

Nouveaux découpages administratifs

Confirmant sa réputation de tacticien imprévisible, le général Ibrahim

▼

NIGÉRIA

République fédérale du Nigéria.
Capitale : Abuja.
Superficie : 923 768 km² (1,7 fois la France).
Monnaie : naira (au taux officiel, 1 naira = 0,52 FF au 30.3.92).
Langues : anglais (officiel, utilisé dans tous les documents administratifs) ; 200 langues dont le haoussa (Nord), l'igbo (Est), le yorouba (Ouest).
Chef de l'État : général Ibrahim Babangida, président (depuis le 27.8.85).
Échéance institutionnelle : élections présidentielles (déc. 1992).
Nature de l'État : république fédérale (30 États).
Nature du régime : militaire.
Partis politiques : évolution vers un bipartisme institutionnalisé.
Carte : p. 273.
Statistiques : voir aussi p. 274-275.

Nigéria

Démographie, culture, armée

INDICATEUR	UNITÉ	1970	1980	1991
Démographie				
Population	million	56,58	78,43	112,12 ʲ
Densité	hab./km²	61,2	84,9	121,4
Croissance annuelle	%	3,1 ᵃ	3,3 ᵇ	3,3 ᶜ
Indice de fécondité (ISF)		6,9 ᵃ	6,9 ᵇ	6,6 ᶜ
Mortalité infantile	%₀₀	157,6	118,0	96 ᶜ
Espérance de vie	année	43,5	47,5	53 ᶜ
Population urbaine	%	20,0	27,1	35 ᵈ
Analphabétisme	%	85 ʰ	66	49,3 ᵈ
Nombre de médecins	%₀₀ hab.	0,05	0,10	0,13 ⁱ
Scolarisation 12-17 ans	%	13,9	39,2	46,0 ᵈ
Scolarisation 3ᵉ degré	%	0,5	2,2	3,2 ᵉ
Téléviseurs	%₀₀	1,3	7,0	28,6 ᶠ
Livres publiés	titre	1 219 ᵍ	2 316	1 466 ᶠ
Armée				
Marine	millier d'h.	2	8	5
Aviation	millier d'h.	3	8	9,5
Armée de terre	millier d'h.	180	130	80

a. 1965-75; b. 1975-85; c. 1990-95; d. 1990; e. 1987; f. 1989; g. 1971; h. 1965;
i. 1984; j. Les sources nigérianes indiquent 88,5 millions d'habitants (recensement de 1991).

Commerce extérieur ᵃ

INDICATEUR	UNITÉ	1970	1980	1991
Commerce extérieur	% PIB	14,6	23,4	30,9 ᵇ
Total imports	milliard $	1,1	16,7	8,6
Produits agricoles	%	9,1	17,6	13,6 ᵇ
Produits miniers	%	2,2	2,4	2,0 ᶜ
Produits industriels	%	83,1	77,4	81,8 ᵈ
Total exports	milliard $	1,2	25,9	12,7
Pétrole	%	58,2	96,9	97,1 ᵇ
Cacao	%	16,9	1,7	1,1 ᵇ
Autres produits agricoles	%	19,6	0,6	0,9 ᵇ
Principaux fournisseurs	% imports			
CEE		58,9	57,9	55,6 ᵇ
dont Royaume-Uni		30,7	18,7	16,0 ᵇ
PVD		7,4	15,0	21,4 ᵇ
Principaux clients	% exports			
États-Unis		11,5	38,8	44,0 ᵇ
CEE		70,1	38,0	41,8 ᵇ
dont Royaume-Uni		28,3	1,2	4,0 ᵇ

a. Marchandises; b. 1990; c. 1987; d. 1988.

Nigéria

Économie

INDICATEUR	UNITÉ	1970	1980	1991
PIB	milliard $	9,93	84,43	31,28 d
Croissance annuelle	%	6,8 a	0,3 b	4,3
Par habitant	$	150	1 020	270 d
Structure du PIB				
Agriculture	% ⎫	40,1	26,1	30,6 d
Industrie	% ⎬ 100 %	14,6	41,8	44,2 d
Services	% ⎭	45,4	32,0	25,3 d
Dette extérieure totale	milliard $	0,6	8,9	37,8
Service de la dette/Export.	%	7,2	4,2	25,0
Taux d'inflation	%	13,7	10,0	23,0
Population active	million	23,64	32,09	41,86 d
Agriculture	% ⎫	71,0	68,2	48,2 e
Industrie	% ⎬ 100 %	10,5	11,6	6,7 e
Services	% ⎭	18,5	20,2	45,1 e
Dépenses publiques				
Éducation	% PNB	3,9	5,5 f	1,5 e
Défense	% PNB	9,3	2,0	0,9 d
Production d'énergie	million TEC	79,2	153,8	127,8 c
Consommation d'énergie	million TEC	2,7	11,0	20,2 c

a. 1965-75; b. 1975-85; c. 1989; d. 1990; e. 1986; f. 1981.

119

Babangida (jadis baptisé «Maradona» par les Nigérians) a annoncé le 27 août 1991 un large remodelage de la géopolitique interne du Nigéria : le nombre des États de la fédération a été porté de 21 à 30, celui des collectivités locales de 301 à 437. Ces décisions sont intervenues moins de quatre ans après l'exercice de novembre 1987 qui avait conduit le même régime militaire à présenter comme une décision sans appel la création des deux États de Katsina et de Akwa Ibom. Malgré cela, les demandes de meilleure prise en compte de la «diversité géographique et religieuse» du Nigéria avaient persisté, allant jusqu'à s'exprimer avec violence lors de la tentative de coup d'État du 22 avril 1990.

Les premiers bénéficiaires du redécoupage intervenu sont les Igbo (qui disposent désormais de quatre États : Imo, Anambra, Enugu, Abia), lesquels, en dépit de leur poids démographique, avaient été laissés pour

compte lors des exercices antérieurs ; de l'autre côté du Niger, l'État de Bendel, qui n'avait jamais été redécoupé depuis sa création (sous le nom de Midwest en 1964), a été divisé en deux nouveaux États (Edo et Delta) ; dans l'ancienne région Ouest, la création de l'État d'Osun à partir de celui d'Oyo a porté à cinq, en comptant Lagos, le nombre des États dont disposent les Yorouba. Le nord de la fédération domine toujours le sud avec seize États, issus de la division en deux des ex-États de Sokoto (Sokoto et Kebbi), de Kano (Kano et Jigawa), de Gongola (Adamawa et Taraba), de Kwara (Kwara et Kogi) et de Borno (Borno et Yobe).

Conséquence des bouleversements suscités par la création des nouveaux États et collectivités locales, l'élection des gouverneurs et des députés des assemblées législatives des États a été retardée de plusieurs semaines. Le 19 octobre 1991, des primaires ont eu pour objet la désignation des

BIBLIOGRAPHIE

D. C. BACH, J. EGG, J. PHILIPPE (sous la dir. de), *Nigeria, le pouvoir en puissance*, Karthala, Paris, 1988.

R. JOSEPH, *Democracy and Prebendal Politics in Nigeria*, Cambridge University Press, Cambridge, 1987.

G. NICOLAS, « Le Nigéria : dynamique antagonistique d'une nation à polarisation variable », *Cultures et conflits*, n° 1, Paris, hiver 1990-1991.

« Nigeria », *Financial Times Survey*, Londres, 16 mars 1992.

E. NWOKEDI, « Le mythe d'un leadership nigérian dans les relations inter-africaines », *Études internationales*, vol. XXII, n° 2, Université Laval, Québec, juin 1991.

30 candidats du Parti social-démocrate (SDP) et de la Convention nationale républicaine (NRC) aux fonctions de gouverneurs. Les primaires se sont déroulées dans un climat d'affairisme encouragé par l'absence de bulletins de vote individuels et l'imposition par le gouvernement militaire du vote en file indienne derrière les candidats. Au lendemain du scrutin, le discrédit jeté sur son déroulement était tel que l'annulation de l'ensemble des résultats semble avoir été envisagée par les militaires. Finalement, les primaires n'ont été annulées que dans quelques États ; début décembre 1991, le Conseil de gouvernement des forces armées (AFRC) décidait toutefois de manifester de façon spectaculaire sa détermination à écarter les membres de l'ancienne classe politique de la transition. Devenues omniprésentes à travers des candidats prête-noms, treize personnalités étaient placées en détention ou sous étroite surveillance.

Les enseignements des élections

C'est dans ce contexte que les élections du 14 décembre 1991 ont abouti à l'élection de seize gouverneurs appartenant au NRC, contre treize issus du SDP qui, après avoir été le grand vainqueur des élections locales de 1990, s'est révélé affaibli par des rivalités internes et l'interventionnisme de l'AFRC.

L'implantation régionale du NRC évoque celle du Parti national du Nigéria (NPN) durant la IIᵉ République (1979-1983) : les résultats du NRC ont été spectaculaires à l'est du Niger (six des sept États, l'Anambra étant conquis par le SDP) et dans le Nord « profond » (neuf gouverneurs pour les quatorze États pourvus).

En ce qui concerne le SPD, son implantation géographique recouvre celle de la coalition des forces politiques opposées au NPN durant la IIᵉ République. Le SPD, tout comme l'était le Parti unifié du Nigéria (UPN) du chef Awolowo, est apparu quasi incontesté à l'ouest où il a obtenu la majorité des sièges dans les assemblées législatives des sept États avec six des sept postes de gouverneurs (un gouverneur NRC a été élu à Lagos).

Ailleurs dans le pays, l'implantation du SDP est plus ponctuelle : elle évoque celle du défunt Parti nigérian du peuple (NPP) de Nnamdi Azikiwe dans le Centre (Benue et Plateau) et l'Anambra et recoupe l'implantation de l'ex-Parti du peuple du Grand Nigéria (GNPP) dans l'ex-État de Borno.

L'AFRC a semblé prendre acte de ce non-renouvellement des enjeux et positionnements géo-politiques, en annonçant le 18 décembre 1991 une levée de l'interdiction précédemment faite à tous les politiciens des Républiques antérieures de s'impliquer dans la transition. Ce faisant, l'AFRC est donc spectaculairement revenu sur une décision qui avait constitué la pierre angulaire du programme de transition annoncé en 1986. Ce revirement capital a eu pour conséquence une plus grande transparence dans les réseaux d'influence et a théoriquement ouvert le jeu politique à des personnalités jusqu'alors exclues de la course à la présidence. Il en va en effet différemment dans la pratique puisque la Commission nationale électorale dispose des pouvoirs de disqualifier les candidats en fonction de critères qu'elle n'a pas à rendre publics.

L'organisation d'un recensement de la population a constitué une autre échéance du calendrier de transition : rendus publics en mars 1992, les résultats provisoires ont révélé que le pays compte 88,5 millions d'habitants au lieu de 120 millions mentionnés par les Nations unies. De tels résultats sont à situer dans le contexte des très vives controverses engendrées par les deux recensements précédents (1963 et 1973).

Un luxe de précautions a, pour cette raison, entouré l'organisation du recensement de novembre 1991 : outre une minutieuse mise au point de la logistique, toute référence à l'identité ethnique et à la religion des répondants avait été gommée des questionnaires. Prenant acte des nouveaux résultats, la Commission fédérale électorale a annulé, fin mars 1992, l'ensemble des listes électorales du Nigéria qui comptabilisaient 68 millions d'électeurs, une situation embarrassante car certaines élections avaient déjà été acquises, sur des bases qui se sont révélées *a posteriori* frauduleuses.

Politisation du fait religieux et violences intercommunautaires

Parce que l'agitation de groupes musulmans fondamentalistes s'était révélée inquiétante durant la crise du Golfe, le chef de l'État nigérian et l'*establishment* islamique ont été particulièrement sensibles aux dangers d'une politisation du fait religieux, qui échappe désormais largement aux autorités traditionnelles du Nord. En avril 1991, à Bauchi, plusieurs milliers de musulmans ont ainsi pourchassé les résidents chrétiens de la ville au cours d'émeutes sanglantes. Soucieux de « réajuster » sa politique étrangère, le gouvernement nigérian a annoncé en août 1991 un rétablissement des relations diplomatiques avec Israël, et a suspendu l'adhésion du Nigéria à l'Organisation de la conférence islamique (OCI). Quelques semaines plus tard, en octobre, les attaques d'intégristes musulmans, réputés proches de milieux saoudiens, libyens et iraniens, ont provoqué plusieurs centaines de victimes parmi les chrétiens résidents à Kano. En février 1992, la fermeture de l'université de Sokoto a été décidée à la suite d'affrontements entre étudiants de confessions différentes ; en mars, la ville de Jalingo a été également le théâtre d'émeutes au cours desquelles une centaine de bâtiments ont été détruits, une quinzaine de personnes étant tuées. A la fin du mois de mai, c'est dans l'État de Kaduna qu'une nouvelle vague de violence intercommunautaire a éclaté, provoquant plusieurs centaines de morts.

Contrairement aux tensions constatées à la fin des années soixante, cette montée des intolérances religieuses renvoie à une contestation des pouvoirs en place et se nourrit de la marginalisation de groupes laissés pour compte par les pratiques de redistribution sélective de la rente pétrolière alors que le redressement économique du Nigeria a continué, en 1991-1992 à se faire attendre.

Censée préparer une accession du Nigéria aux conditions d'un plan d'ajustement structurel renforcé, une dévaluation de 80 % de la naira est intervenue le 4 mars 1992 ; si elle est parvenue à réduire efficacement la différence entre taux de change officiel et taux de change parallèle, elle a également contribué à une relance de l'inflation, accentuée par la pénurie de carburants consécutive à la fermeture de l'une des raffineries du pays.

Daniel C. Bach

Pakistan
Un nouveau paysage régional

Nommé le 6 novembre 1990 à la suite des élections organisées en octobre, le Premier ministre, Mian Nawaz Sharif, se distingue de ses prédécesseurs : c'est un industriel du Pendjab. Or, dans cette société traditionnelle, seuls les notables des autres provinces — propriétaires terriens du Sind (familles Bhutto, Jatoi, Junejo), chefs de tribu et de clan baloutches et pathan (familles Bizenjo, Bugti, Wali Khan), et personnalités religieuses (Pir Pagaro) — avaient jusque-là fourni au pays ses hommes politiques, en dehors des périodes de régime militaire. C'est peut-être à ses qualités d'entrepreneur que M. Sharif doit d'avoir osé prendre une série d'initiatives hardies en politique intérieure, dans un contexte économique défavorable et dans une situation sociale plus fragile que jamais.

En effet, au plan économique, le Pakistan avait été durement frappé en 1990 par les conséquences de la crise du Golfe — hausse du prix du pétrole et retour des travailleurs pakistanais du Koweït et d'Irak —, et par la suspension, en octobre, du plan américain d'aide économique et militaire (4,02 milliards de dollars de 1987 à 1993), qui avait été accordé en raison de la présence militaire soviétique en Afghanistan et suspendu à la suite du retrait de cette dernière en 1989. Le départ des troupes soviétiques a redonné la priorité, pour Washington, à la lutte contre la prolifération nucléaire, dont Islamabad est réputé coupable.

Privatisation et dérégulation

Dès décembre 1990, le gouvernement de M. Sharif a lancé un programme de privatisation et de dérégulation visant à faire retrouver au Pakistan le régime économique libéral qui avait été le sien depuis sa création en 1947, mais qui avait été interrompu par les nationalisations effectuées de 1972 à 1974 par Ali Bhutto au nom du « socialisme islamique ». Les successeurs de A. Bhutto : le général Zia (1977-1988), Mohammad Khan Junejo, et sa propre fille, Benazir Bhutto, n'avaient que timidement entrepris de dénationaliser. En fait, seules douze des 115 sociétés mises sur le marché — depuis les minoteries jusqu'à la Pakistan International Airline — sont réputées encore rentables après vingt ans de gestion par l'État...

Quant à la dérégulation des droits de douane, des licences d'importation et du rapatriement des capitaux par les entreprises étrangères, elle devrait relancer les productions agricole et industrielle, et encourager les investissements étrangers.

De plus, le 16 mars 1991, Mian Nawaz Sharif a obtenu des quatre provinces un accord sur la répartition des eaux de l'Indus qui, au travers de 89 000 petits canaux, assurent l'irrigation de la quasi-totalité des terres cultivées du pays. Accord réputé historique, car le problème se posait depuis... 1935.

Le 20 avril 1991, enfin, le Premier ministre a procédé à une décentralisation budgétaire sans précédent, instituant un partage des recettes de l'État proportionnel aux populations respectives des quatre provinces et, surtout, rendant ces dernières autonomes en matière de budget provincial.

Quant à la situation sociale, on ne peut noter de progrès en matière d'éducation (75 % de la population est illettrée), d'hygiène et d'infrastructures. Deux problèmes, aussi anciens que le Pakistan lui-même, sont revenus sous les feux de l'actualité, le banditisme et l'islam.

Le banditisme a toujours existé dans les provinces pauvres et frontalières du Baloutchistan et du Nord-Ouest où il constitue, avec la contrebande, un mode de vie traditionnel. De même, les grandes propriétés agricoles du Sind ont toujours attiré les pillards, souvent d'accord avec les propriétaires, véritables féodaux, pour leur servir de miliciens afin de mieux asservir les travailleurs agricoles : ce n'est qu'en février 1992 que le Parlement a voté l'abolition du servage, dont on estime qu'il maintiendrait 10 des 123 millions de Pakistanais dans un état de servitude totale.

Mais dans les années quatre-vingt, la guerre d'Afghanistan a fortement aggravé cet état de choses en mettant en circulation des armes — données ou payées par l'aide étrangère à la résistance afghane — et de la drogue cultivée en Afghanistan et dont le trafic s'est intensifié au point de devenir un fléau au Pakistan même. De plus, des réfugiés afghans, libres de circuler dans tous les pays, sont venus grossir les rangs de la population allogène de Karachi, où l'ordre public et les institutions n'étaient plus respectés : pour éviter d'avoir recours aux forces armées, le gouvernement Sharif a fait voter, le 18 juillet 1991, un douzième amendement à la Constitution facilitant le maintien de l'ordre, et a remis en vigueur la peine de mort, suspendue en 1988.

Quant à l'islam, si le Pakistan a bien été créé, en 1947, pour soustraire à une Inde en majorité hindouiste ceux des musulmans du sous-continent qui le souhaitaient, il n'a jamais été dans les intentions de son fondateur Mohammed Ali Jinnah, avocat londonien, ni de ses successeurs, d'en faire un État islamique. Tout au plus, sous la pression des partis d'oulémas (docteurs de la loi), les auteurs des trois Constitutions successives du pays — copies de celle des Indes britanniques de 1935 — ont-ils rédigé des préambules assurant qu'aucune loi du pays ne serait en contradiction avec l'islam.

Dans ce contexte, le *Maulana* Saiyyed Abul A'la Maudoudi, créateur du parti fondamentaliste Jamaat-e-Islami, s'était distingué en

▼

PAKISTAN

République islamique du Pakistan.

Capitale : Islamabad.

Superficie : 803 943 km² (1,47 fois la France).

Monnaie : roupie (au taux officiel, 1 roupie = 0,22 FF au 30.3.92).

Langues : ourdou, anglais (officielles) ; pendjabi, sindhi, pashtou-baloutche.

Chef de l'État et du gouvernement : Ghulam Ishaq Khan (depuis le 17.8.88).

Premier ministre : Mian Nawaz Sharif (depuis le 6.11.90).

Nature de l'État : république islamique.

Nature du régime : semi-présidentiel.

Principaux partis politiques : *Partis laïques :* Parti du peuple pakistanais (PPP, social-démocrate), dirigé par Benazir Bhutto ; Parti national du peuple (NPP, socialiste), dirigé par Ghulam Mustapha Jatoi ; Ligue musulmane, dirigée par Mohammad Khan Junejo. *Partis régionaux : baloutche :* Jamboori Watan Party (JWP), dirigé par Salim Akbar Bugti ; *pathan :* Parti national Awami (ANP), dirigé par Khan Abdul Wali Khan ; *immigrés indiens musulmans au Sind :* Mouvement de la communauté Mohâjir (MQM), dirigé par Altaf Hussein. *Partis de religieux :* Rassemblement des oulémas de l'Islam (JUI), dirigé par le Maulana Fazlur Rehman ; Rassemblement des oulémas du Pakistan (JUP), dirigé par le Maulana Shah Ahmed Nourani. *Parti fondamentaliste sunnite :* Jamaat-e Islami (JI), dirigé par le Qazi Hussain Ahmad. *Parti chiite :* Mouvement de soutien à la jurisprudence djafarite (TNFJ), dirigé par l'Aga Syed Hamid Ali Moussavi.

Carte : p. 344.

Statistiques : voir aussi p. 342.

Pakistan

Démographie, culture, armée

Indicateur	Unité	1970	1980	1991
Population	million	65,7	85,3	115,5
Densité	hab./km²	81,7	106,1	143,7
Croissance annuelle	%	2,7 a	3,2 b	2,9 c
Indice de fécondité (ISP)		7,0 a	7,0 b	5,9 c
Mortalité infantile	‰	142,4	124,5	98 c
Espérance de vie	année	46,0	49,0	59 c
Population urbaine	%	24,9	28,1	32 d
Analphabétisme	%	79,3 f	73,8 g	65,2 d
Nombre de médecins	‰ hab.	0,26	0,29	0,52 e
Scolarisation 12-17 ans	%	10,2	11,2	19,1 d
Scolarisation 3e degré	%	2,3	..	4,8 e
Téléviseurs	‰	1,5	11	16 e
Livres publiés	titre	1 744	1 279	..
Marine	millier d'h.	10	13	20
Aviation	millier d'h.	17	17,6	45
Armée de terre	millier d'h.	278	408	500

a. 1965-75; b. 1975-85; c. 1990-95; d. 1990; e. 1989; f. 1972; g. 1981.

Commerce extérieur a

Indicateur	Unité	1970	1980	1991
Commerce extérieur	% PIB	10,8	16,8	17,5
Total imports	milliard $	0,68	5,35	8,44
Produits agricoles	%	24,5	16,4	22,1 b
Produits énergétiques	%	6,5	27,0	14,2 c
Produits manufacturés	%	66,1	54,0	61,4 c
Total exports	milliard $	0,69	2,62	6,53
Produits agricoles	%	40,8	44,0	21,3 b
Produits miniers et métaux d	%	0,7	0,4	0,4 c
Produits manufacturés	%	57,2	48,2	66,0 c
Principaux fournisseurs	% imports			
États-Unis		28,4	14,1	12,8 b
PVD		10,6	46,6	43,8 b
CEE		29,9	21,9	22,4 b
Japon		10,9	10,3	11,9 b
Principaux clients	% exports			
Japon		5,9	7,8	8,2 b
États-Unis		11,7	5,3	12,4 b
CEE		25,6	19,8	31,9 b
PVD		31,5	59,3	36,8 b

a. Marchandises; b. 1990; c. 1988; d. Produits énergétiques non compris.

Économie

Indicateur	Unité	1970	1980	1991
PIB	milliard $	10,30	23,95	43,63
Croissance annuelle	%	3,6 a	6,3 b	6,4
Par habitant	$	170	290	378
Structure du PIB				
Agriculture	% ⎫	36,8	29,5	26,5 d
Industrie	% ⎬ 100 %	22,3	24,9	25,1 d
Services	% ⎭	40,8	45,6	48,4 d
Dette extérieure totale	milliard $	3,1	9,9	18,7 d
Service de la dette/Export.	%	21,7	16,9	20,3 d
Taux d'inflation	%	5,2	11,9	8,0
Population active	million	19,3	25,4	32,8
Agriculture	% ⎫	58,9	54,6	49,6
Industrie	% ⎬ 100 %	18,7	15,7	19,2
Services	% ⎭	22,4	29,7	31,2
Dépenses publiques				
Éducation	% PIB	1,7	2,0	2,6 c
Défense	% PIB	6,3	6,4	7,0
Production d'énergie	million TEC	7,6 e	11,3	20,5 c
Consommation d'énergie	million TEC	12,2 e	16,6	31,7 c

a. 1970-75; b. 1975-85; c. 1989; d. 1990; e. 1975.

1953 en ameutant les foules contre la secte minoritaire des Ahmadis (2 000 morts). Son petit parti qui, à la différence de ses homologues égyptien, iranien ou algérien, ne vise que les élites, n'a jamais eu de succès aux élections, mais il s'est trouvé favorisé par le régime du général Zia (1977-1988), ce dernier convenant avec lui que la solution de tous les problèmes du Pakistan passait par la réislamisation de sa population.

Mian Nawaz Sharif étant une « créature » de Zia, il a accepté des fondamentalistes dans son Alliance démocratique islamique (IDA, au pouvoir). Un peu par peur du Jamaat-e-Islami (moins justifiée depuis la mort de S. Maudoudi en 1979), beaucoup plus pour plaire à l'Arabie saoudite, M. Sharif a fait voter, fin mai 1991, une loi sur l'institution de la *charia* (législation islamique), catalogue de bonnes intentions qui entreprend de faire examiner la conformité des lois du pays aux injonctions du Coran et de la *Sunna* (ou « tradition du Prophète ») et d'étudier la suppression de l'intérêt bancaire, deux processus qui étaient en cours depuis 1985... Preuve de la prudence de cette loi : les huit députés du Jamaat-e-Islami ont quitté l'IDA le 5 mai 1992.

L'Inde, Kaboul et l'Asie centrale

Depuis sa création, une constante de la politique étrangère du Pakistan a été son inimitié avec l'Inde, et, en conséquence, son besoin d'avoir un allié extérieur puissant pour l'armer et le soutenir en cas de conflit. Après bien des vicissitudes, l'allié américain s'est retiré en octobre 1990, en raison même du fait qu'Islamabad cherchait à acquérir un facteur de dissuasion nucléaire vis-à-vis de New Delhi, qui possède, depuis 1974, la maîtrise des explosifs atomiques. On ne sait pas si les deux pays ont déjà construit des arsenaux nucléaires,

BIBLIOGRAPHIE

R. Akhtar, *Pakistan Yearbook 1991-1992*, East & West Publishing Co., Karachi-Lahore, 1991.

J.-J. Boillot, A. Krieger-Krynicki, «Le Pakistan : les turbulences de l'État des Purs», *Notes et études documentaires*, n° 4918, La Documentation française, Paris, 1990.

G. Étienne, *Le Pakistan, don de l'Indus : économie et politique*, PUF, Paris, 1989.

M. Pochoy, *Le Pakistan, l'océan Indien et la France*, dossier n° 38, FEDN, Paris, 1991.

Le Sous-Continent indien, coll. «Military Powers Encyclopaedia», Éditions I3C, Paris, 1990.

mais il est certain qu'ils ont développé des missiles balistiques : au Pakistan, les Haft 2 de 300 km de portée, en Inde, Prithvi et Agni de 240 et 1 600 km de portée. Cette situation dangereuse a toutefois semblé amener les deux pays à calmer le jeu dans leurs différends : la crise du Cachemire indien, rallumée en 1988, n'a pas dégénéré en 1991-1992 ; à cette fin le gouvernement Sharif a fait tirer, le 12 février 1992, sur des manifestants du Front de libération du Jammu et Cachemire (JKLF) qui tentaient de passer du côté indien (16 morts). Il est vrai que le JKLF revendique l'indépendance, mais pas le rattachement au Pakistan...

Les deux autres événements d'importance — qui, pour le Pakistan, sont apparus liés — ont été l'effondrement de l'Union soviétique fin 1991, et celui du régime marxiste de Kaboul en avril 1992. Le premier a permis à l'Azerbaïdjan et aux cinq républiques d'Asie centrale (Kazakhstan, Turkménistan, Kirghizstan, Ouzbékistan, Tadjikistan) de se joindre ou de se porter candidats, en février 1992, à l'Organisation de coopération économique (ECO) qui lie depuis 1985 le Pakistan à l'Iran et à la Turquie.

Le second événement a récompensé le Pakistan de sa politique de soutien à la résistance afghane face à l'ex-URSS. Avec la prise du pouvoir, opérée le 28 avril 1992, par cette résistance, c'est, pour la première fois depuis son indépendance, un régime ami d'Islamabad qui s'est installé à Kaboul. Le Pakistan constitue avec l'Iran l'un des deux seuls débouchés maritimes de l'Asie centrale ; mais la seule route possible traverse l'Afghanistan. Si ce dernier rejoint l'ECO, cette organisation correspondra à un marché de 300 millions de musulmans...

Michel Pochoy

(Voir aussi article p. 539.)

Canada
La déliquescence tranquille

Le Québec n'est, juridiquement, que l'une des dix provinces de la fédération canadienne, mais les Québécois francophones se considèrent comme une nation distincte de la nation canadienne et réclament un statut conforme à cette définition. L'égalité des deux nations se heurte cependant à l'égalité des provinces, incluse dans la Constitution de 1982. D'où la grave crise politique que connaît le Canada depuis l'échec de l'accord du lac Meech, en juin 1990, qui visait justement à reconnaître le caractère distinct du Québec.

En avril 1991, le gouvernement du Québec, au terme d'une large consultation, faisait connaître sa nouvelle stratégie : il donnait au Canada une dernière chance de proposer un renouvellement du fédéralisme canadien tenant compte des aspirations québécoises. Si ces offres formelles se révélaient satisfaisantes, elles seraient soumises à référendum au Québec avant la fin d'octobre 1992. Sinon serait organisé un référendum sur la souveraineté du Québec et, en conséquence, il y aurait rupture de la fédération canadienne. Telle est l'essence de la loi 150, adoptée par l'Assemblée nationale du Québec en juin 1991.

Le gouvernement fédéral maugréa… mais se mit au travail. La première mouture des propositions fédérales fut dévoilée en septembre 1991 et confiée à une commission parlementaire qui fit le tour du pays pour recueillir les avis de groupes de citoyens, triés sur le volet, et qui remit le rapport Beaudoin-Dobbie au début de mars 1992. Restait alors à intégrer les provinces dans le processus, et ces discussions se prolongèrent jusqu'au 7 juillet. Le Québec en fut formellement absent.

La quadrature du cercle

Ces discussions ont été singulièrement compliquées par la « nécessité » d'en arriver à une nouvelle Constitution satisfaisante pour tout le monde, et non seulement pour le

▼
CANADA

Canada.
Capitale : Ottawa.
Superficie : 9 976 139 km² (18,2 fois la France).
Monnaie : dollar canadien (1 dollar canadien = 4,35 FF ou 0,83 dollar des États-Unis au 26.6.92).
Langues : anglais et français.
Chef de l'État : reine Elizabeth II, représentée par un gouverneur général. Le pouvoir exécutif est assuré par le Premier ministre.
Chef du gouvernement : Brian Mulroney, Premier ministre (depuis sept. 84).
Nature de l'État : fédération (10 provinces et 2 territoires). Au gouvernement fédéral existent deux chambres (Chambre des communes, élective ; Sénat dont les membres sont nommés par le gouvernement). Les deux provinces les plus importantes, l'Ontario et le Québec, regroupent 63 % de la population canadienne.
Nature du régime : démocratie parlementaire.
Principaux partis politiques : *Au niveau fédéral et provincial :* Parti progressiste-conservateur (conservateur) ; Parti libéral ; Nouveau parti démocratique (social-démocrate). *Au niveau fédéral seulement :* Reform Party (très conservateur) ; Bloc québécois, présent au Québec seulement (souverainiste). *Au niveau provincial seulement :* Parti québécois (Québec).
Carte : p. 128-129.
Statistiques : voir aussi p. 396.

Canada

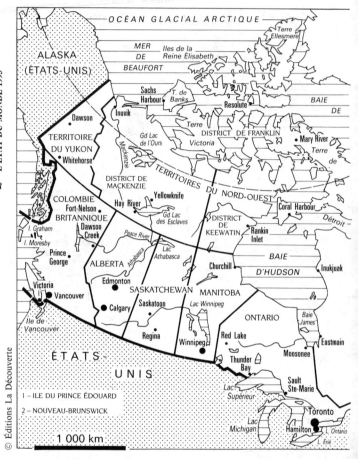

OCÉAN GLACIAL ARCTIQUE

Terre Ellesmere

MER DE BEAUFORT

Iles de la Reine Élisabeth

ALASKA (ÉTATS-UNIS)

Sachs Harbour

T. de Banks

Resolute

BAIE DE

Inuvik

Dawson

Terre

DISTRICT DE FRANKLIN

Mary River

TERRITOIRE DU YUKON

Gd Lac de l'Ours

Victoria

Terre de

Whitehorse

Mackenzie

TERRITOIRES DU NORD-OUEST

DISTRICT DE MACKENZIE

Yellowknife

COLOMBIE

Fort-Nelson

Hay River

Gd Lac des Esclaves

DISTRICT DE KEEWATIN

Coral Harbour

Détroit

BRITANNIQUE

Dawson Creek

Peace River

Rankin Inlet

I. Graham

I. Moresby

Prince George

ALBERTA

Athabasca

Lac Athabasca

Churchill

BAIE D'HUDSON

Inukjuak

Victoria

Edmonton

SASKATCHEWAN

MANITOBA

Vancouver

Calgary

Saskatoon

Lac Winnipeg

ONTARIO

Baie James

Ile de Vancouver

Regina

Winnipeg

Red Lake

Eastmain

ÉTATS-

Moosonee

UNIS

Thunder Bay

Sault Ste-Marie

1 – ILE DU PRINCE ÉDOUARD

2 – NOUVEAU-BRUNSWICK

Lac Supérieur

Toronto

1 000 km

Lac Michigan

Hamilton

L. Ontario

L. Érié

Québec. Ainsi, les communautés autochtones, réparties sur plus de 600 réserves et représentant 3 % de la population canadienne, ont mis à profit leur nouveau poids politique pour participer — pour la première fois de leur histoire — aux négociations constitutionnelles, mais également pour faire reconnaître leur droit « inhérent » à se gouverner elles-mêmes, à l'intérieur même du Canada. Ce nouveau niveau de gouvernement remplacerait le système archaïque en vertu duquel le gouvernement fédéral demeure le « gouverneur » des autochtones. Mais l'application concrète de ce nouveau principe a inquiété plusieurs provin-

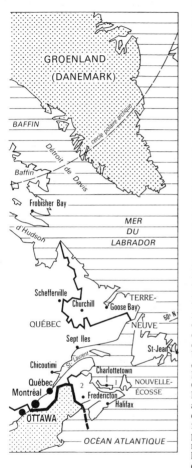

GROENLAND
(DANEMARK)

BAFFIN

Baffin

Détroit de Davis

cercle polaire arctique

Frobisher Bay

d'Hudson

MER
DU
LABRADOR

Scheffervile

Churchill

TERRE-

Goose Bay

QUÉBEC

50° N

Sept Iles

NEUVE

St-Jean

Chicoutimi

St-Laurent

Charlottetown

Québec

NOUVELLE-
ÉCOSSE

Montréal

2

Fredericton

Halifax

OTTAWA

OCÉAN ATLANTIQUE

ces, dont le Québec, qui était déjà indisposé par la campagne plutôt efficace menée par les autochtones de la baie James (les Cris) contre le projet hydroélectrique de Grande-Baleine.

Par ailleurs, les provinces moins peuplées ont énergiquement réclamé un Sénat « triple E » (égal, élu, effi-cace), ce qui signifierait une trans-formation radicale du Sénat cana-dien, la chambre haute du Parle-ment, dont les membres sont nom-més par le gouvernement fédéral. Le principe de l'élection des sénateurs au suffrage universel a été accepté, mais celui de l'égalité de chacune des dix provinces est apparu hérétique aux deux provinces les plus impor-tantes, l'Ontario et le Québec, du moins jusqu'au 7 juillet 1992. Ce nouveau Sénat pourrait bloquer des lois adoptées par la Chambre des communes.

De plus, le Québec, même s'il a fait des concessions, a continué de réclamer, en plus de ce qu'il y avait dans le défunt accord du Lac Meech, le rapatriement de plusieurs compé-tences exercées par le niveau fédéral, bien au-delà de ce que le Canada anglais serait prêt à envisager. Celui-ci a rejeté à la fois tout affaiblisse-ment significatif du gouvernement central et toute idée de « fédéralisme asymétrique ». C'était, en somme, la quadrature du cercle. Le Premier ministre canadien, Brian Mulroney, crut s'en sortir en préparant le pays à l'idée d'une proposition constitu-tionnelle qui serait déposée unilaté-ralement par le gouvernement fédéral et soumise à un référendum pan-canadien. Ce scénario misait sur la complicité du gouvernement du Qué-bec, qui aurait géré le volet québé-cois du référendum, à supposer que l'offre fédérale fût « acceptable » au Québec. La loi fédérale permettant la tenue de ce référendum n'a imposé aucune limite de dépenses pour la campagne référendaire, et les forces fédéralistes québécoises se sont pré-parées à axer leur campagne sur les retombées économiques négatives de la souveraineté québécoise. Du fait de son impopularité, B. Mulroney se devait d'obtenir l'appui du principal parti de l'opposition, le Parti libéral de Jean Chrétien, qui dominait dans les sondages à la mi-1992. Il accorda d'autant plus son appui qu'il voulait régler cet épineux dossier bien avant les prochaines élections fédérales, prévues avant décembre 1993.

Ce scénario n'était pas sans ris-

Canada

Démographie, culture, armée

INDICATEUR	UNITÉ	1970	1980	1991
Démographie				
Population	million	21,3	24,0	26,4
Densité	hab./km²	2,1	2,4	2,6
Croissance annuelle	º/₀	1,4 a	1,1 b	0,8 c
Indice de fécondité (ISF)		2,2 a	1,7 b	1,7 c
Mortalité infantile	º/₀₀	19,0	10,4	7 c
Espérance de vie	année	72,6	75,1	77 c
Population urbaine	º/₀	75,7	75,7	77 d
Culture				
Nombre de médecins	º/₀₀ hab.	1,46	1,82 h	2,2 i
Scolarisation 2e degré f	º/₀	65	89	105 e
Scolarisation 3e degré	º/₀	34,6	42,1	65,6 e
Téléviseurs	º/₀₀	333	443	626 e
Livres publiés	titre	3 457	19 063	..
Armée				
Marine	millier d'h.	17,0	5,3 g	17,4
Aviation	millier d'h.	41,0	15,3 g	23
Armée de terre	millier d'h.	35,4	12,7 g	35,8

a. 1965-75; b. 1975-85; c. 1990-95; d. 1990; e. 1989; f. 12-17 ans; g. Services communs non ventilés; h. 1979; i. 1988.

Commerce extérieur a

INDICATEUR	UNITÉ	1970	1980	1991
Commerce extérieur	º/₀ PIB	18,2	24,6	21,7
Total imports	milliard $	14,3	62,5	124,7
Produits agricoles	º/₀	11,0	9,2	7,7
Produits énergétiques	º/₀	5,6	12,1	4,9
Autres produits miniers	º/₀	3,8	5,0	1,8 b
Total exports	milliard $	16,7	67,7	133,5
Produits agricoles	º/₀	22,2	22,8	16,8
Produits énergétiques	º/₀	6,0	14,5	11,1
Autres produits miniers	º/₀	11,2	7,8	5,5 b
Principaux fournisseurs	º/₀ imports			
États-Unis		68,6	67,5	63,7
Japon		4,0	3,9	7,6
C E E		11,4	8,1	10,9
Principaux clients	º/₀ exports			
États-Unis		62,3	60,6	75,4
Japon		4,6	5,5	4,9
C E E		16,1	12,4	8,1

a. Marchandises; b. 1990.

Canada

Économie

Indicateur	Unité	1970	1980	1991
P N B	milliard $	82,7	257,5	588,5
Croissance annuelle	%	4,8 a	3,1 b	− 1,5
Par habitant	$	3 880	10 710	22 293
Structure du PIB				
Agriculture	% ⎫	4,4	4,1	3,2 e
Industrie	% ⎬ 100 %	36,5	36,2	33,3 e
Services	% ⎭	59,1	59,6	63,5 e
Taux d'inflation	%	3,3	10,2	3,8
Population active	million	8,5	11,6	13,8
Agriculture	% ⎫	7,6	5,4	4,5
Industrie	% ⎬ 100 %	30,9	28,5	23,2
Services	% ⎭	61,4	66,0	72,3
Chômage	%	5,6	7,4	10,3 f
Dépenses publiques				
Éducation	% PIB	8,9	7,3	7,0 c
Défense	% PIB	2,4	1,9	1,9
Recherche et Développement	% PIB	1,2	1,2	1,4
Aide au développement	% PIB	0,41	0,50	0,44 d
Administrations publiques				
Solde g	% PIB	0,8	− 2,8	− 3,8 d
Dette brute	% PIB	51,9	44,7	76,6
Production d'énergie	million TEC	205,0	281,0	369,5 c
Consommation d'énergie	million TEC	188,8	254,2	287,1 c

a. 1965-75; b. 1975-85; c. 1989; d. 1990; e. 1987; f. En décembre; g. Capacité ou besoin de financement.

131

que : la victoire au Québec ou dans l'Ouest canadien n'allait pas de soi. Or il se produisit, le 7 juillet 1992, un événement totalement imprévu qui bouleversa tous ces calculs. Lors d'une ultime séance de négociation réunissant le ministre fédéral responsable du dossier constitutionnel, Joe Clark (Brian Mulroney se trouvant à Munich pour le sommet des sept pays les plus industrialisés), tous les Premiers ministres provinciaux — sauf celui du Québec — et les chefs autochtones, le Premier ministre de l'Ontario, Bob Rae, accepta une variante du Sénat « triple E », ce qui ouvrait la voie à un accord global. Le gouvernement fédéral et les neuf provinces du Canada anglais s'étaient mis d'accord sur une nouvelle Constitution canadienne.

Cet accord comportait plusieurs élé-ments inacceptables au Québec (autochtones, Sénat, partage des pouvoirs, formule d'amendement...). Le Premier ministre du Québec, Robert Bourassa, le fit savoir publiquement, mais à sa manière, de façon détournée. Au retour de Munich, B. Mulroney se trouva confronté à un « casse-tête » plus inextricable que jamais. Comment rouvrir l'accord du 7 juillet au bénéfice du Québec sans provoquer la colère de plusieurs régions du Canada anglais ? A la mi-juillet, l'éventuel référendum fédéral paraissait presque impossible à gagner au Québec.

La récession économique

Cette crise politique s'est doublée d'une crise économique. La récession commencée au printemps de 1990 s'est atténuée au printemps de 1991,

BIBLIOGRAPHIE

D. Bercuson, B. Cooper, *Goodbye... et bonne chance*, Le Jour, Montréal, 1991.

L. Bouchard, *A visage découvert*, Boréal, Montréal, 1992.

E. Cloutier, J. Guay, D. Latouche, *Le Virage. L'évolution de l'opinion publique au Québec depuis 1960, ou comment le Québec est devenu souverainiste*, Québec-Amérique, Montréal, 1992.

J.-L. Granatstein, K. McNaught, *« English Canada » Speaks Out*, Doubleday, Toronto, 1991.

J. Legault, *L'Invention d'une minorité : les Anglo-Québecois*, Boréal, Montréal, 1992.

P.-E. Trudeau, S. Axworth (sous la dir. de), *Les Années Trudeau : la recherche d'une société juste*, Le Jour, Montréal, 1990.

K. Valaskakis, *Le Canada des années 90 - Effondrement ou renaissance ?* Publications Transcontinental, Montréal, 1990.

Voir aussi la bibliographie sélective « Amérique du Nord » dans la section « 37 ensembles géopolitiques ».

pour s'aggraver de nouveau à l'automne. Et, pour la quatrième année consécutive, les prévisions économiques du début de l'année ont dû être ajustées trois mois plus tard, comme l'a été le budget fédéral de février 1992. D'avril 1990 à avril 1992, l'économie canadienne a perdu 462 000 emplois, soit 3,7 % du total. L'alourdissement du fardeau fiscal, rendu nécessaire par la spirale de l'endettement public, a obéré le budget des ménages : le revenu personnel disponible a diminué, en 1990 et 1991, de plus de 5 %. La chute marquée de l'inflation (2 % prévus pour 1992) et des taux d'intérêt (à 7,25 % en juin 1992, le taux préférentiel des banques était à son plus bas depuis vingt ans) n'a cependant pas stimulé la consommation.

L'endettement public a crû constamment, ce qui a limité la marge de manœuvre monétaire de la banque centrale : en juin 1992, les taux d'intérêt à plus long terme demeuraient très élevés, compte tenu de l'inflation. Par ailleurs, la perte très nette de compétitivité internationale de l'industrie canadienne a continué d'assombrir les perspectives d'emplois.

L'accord de libre-échange avec les États-Unis, en vigueur depuis le début de 1989, a servi de révélateur du malaise économique canadien, sans pour autant mettre le Canada à l'abri du harcèlement commercial américain : les dossiers en litige (bois d'œuvre, automobile, porc, acier...) se sont accumulés plus rapidement qu'ils n'ont été réglés. Des voix se sont élevées pour réclamer la renégociation de cet accord... tout en espérant que la reprise américaine tire l'économie canadienne de sa torpeur.

La province la plus importante de la fédération, l'Ontario, a été touchée de plein fouet par la récession économique, davantage même que le Québec. Les difficultés de l'industrie automobile, presque entièrement concentrée dans cette province, y ont été pour beaucoup. Une grave crise immobilière, symbolisée par la quasi-faillite d'Olympia and York en mai 1992, y a également contribué. De sorte que l'écart entre les taux de chômage québécois et ontarien est passé de cinq points en 1988 à moins de deux en 1992, et le déficit budgétaire de l'Ontario pour 1992-1993 devait être deux fois et demie supérieur à celui du Québec.

Cette crise économique a aussi touché certains « joyaux » de l'économie québécoise. La grande firme d'ingénierie Lavalin et la chaîne d'alimentation Steinberg ont été absorbées par des entreprises concurrentes. De grandes entreprises papetières ont tourné au ralenti. La plus grande entreprise québécoise, Hydro-Québec, a vu elle-même de lucratifs contrats américains résiliés et les travaux sur son immense chantier de Grande-Baleine reportés. En revanche, Bombardier s'est porté acquéreur du constructeur aéronautique De Havilland.

Quant aux conflits linguistiques québécois, ils ont été alimentés par les critiques acerbes contre la société québécoise de l'écrivain montréalais Mordecai Richler, piètre analyste social mais propagandiste redouté. L'«affaire Richler» a de nouveau démontré l'isolement du Québec en Amérique.

Au moment de la fête nationale du Québec (24 juin 1992), les forces souverainistes, regroupées derrière Jacques Parizeau à Québec et Lucien Bouchard à Ottawa, se trouvaient toujours en tête dans les sondages, malgré les signaux belliqueux en provenance du Canada anglais. Le Canada entrait lentement mais sûrement dans la saison des tempêtes.

Georges Mathews

Australie
Identité nationale et insertion régionale

En pleine récession économique avec un taux de chômage frôlant les 10,5 % en 1991, l'Australie s'est permis un changement de Premier ministre, une remise en question de ses liens avec le Royaume-Uni, un débat sur son identité nationale et son rôle dans la région Asie-Pacifique.

La vie politique est bien cruelle. Le travailliste Bob Hawke qui avait dominé la scène politique australienne depuis l'élection de son gouvernement en mars 1983, et avait gagné quatre élections successives — un record — s'est vu remercié par les membres de son parti le 19 décembre 1991. Le «messie» de 1983, l'homme politique le plus populaire du pays lors des élections de mars 1990, était devenu un fardeau : la presse populaire ne le désignait plus comme «Monsieur Charisme», mais comme le *silver-haired bodgie* (le «blouson noir retraité»). Paul Keating, son dauphin, et ministre des Finances, las d'attendre que B. Hawke lui cède sa place — comme convenu dans un pacte conclu secrètement le 25 novembre 1988 —, a demandé un vote du groupe parlementaire travailliste. Sa première tentative, le 3 juin 1991, ayant échoué de peu (par 66 voix à 44), P. Keating a démissionné de son portefeuille pour rassembler ses supporters, et a entretenu un climat malsain de rivalité. La chute du Labor (travaillistes) dans les sondages — il se trouvait à 20 points derrière l'opposition en décembre 1991 —, et le spectre d'une défaite cuisante aux élections législatives prévues avant juin 1993 ont été suffisants pour persuader certains députés de se rallier à P. Keating. Un vote du groupe parlementaire le 19 décembre 1991 décida le remplacement de B. Hawke (par 56 voix contre 51) ; l'abandon de celui-ci par une partie de l'aile gauche du parti témoignant du désarroi des travaillistes.

Paul Keating Premier ministre

A 48 ans, Paul Keating est donc devenu le plus jeune Premier ministre australien depuis la création de la fédération, en 1901. Autodidacte, P. Keating a passé toute sa carrière dans le mouvement travailliste, tout d'abord comme responsable syndical et, à partir de 25 ans, comme député. Orateur parlementaire

Australie

Démographie, culture, armée

Indicateur	Unité	1970	1980	1991
Démographie				
Population	million	12,6	14,7	17,3
Densité	hab./km²	1,6	1,9	2,3
Croissance annuelle	%	1,8 a	1,5 b	1,2 c
Indice de fécondité (ISF)		2,7 a	2,0 b	1,8 c
Mortalité infantile	‰	17,9	10,7	7 c
Espérance de vie	année	71,3	74,6	77 c
Population urbaine	%	85,2	85,8	85 d
Culture				
Nombre de médecins	‰ hab.	1,20	1,80	2,25 h
Scolarisation 2e degré f	%	••	71	82 e
Scolarisation 3e degré	%	16,6	25,4	31,6 e
Téléviseurs	‰	220	381	484 e
Livres publiés	titre	4 935	9 386	10 963 g
Armée				
Marine	millier d'h.	17,4	16,9	15,7
Aviation	millier d'h.	22,7	22,1	22,3
Armée de terre	millier d'h.	45	32	30,3

a. 1965-75;   b. 1975-85;   c. 1990-95;   d. 1990;   e. 1989;   f. 12-17 ans;   g. 1987;
h. 1988.

Commerce extérieur a

Indicateur	Unité	1970	1980	1991
Commerce extérieur	% PIB	11,5	15,0	11,0
Total imports	milliard $	5,06	22,40	41,23
Produits agricoles	%	9,9	8,0	6,8
Produits énergétiques	%	5,5	13,8	5,8
Autres produits miniers	%	1,4	3,3	1,2 c
Total exports	milliard $	4,77	22,03	41,76
Produits agricoles	%	56,3	45,1	34,8
Produits miniers b	%	14,8	28,0	29,1
Produits industriels	%	28,3	26,1	47,5
Principaux fournisseurs	% imports			
PVD		12,0	24,7	23,2 c
Japon		12,7	17,1	18,7 c
CEE		37,3	22,7	22,7 c
Principaux clients	% exports			
PVD		22,0	31,4	36,4 c
Japon		26,2	26,6	26,2 c
CEE		21,7	13,9	13,2 c

a. Marchandises;   b. Y compris produits énergétiques;   c. 1990.

Australie

Économie

Indicateur	Unité	1970	1980	1991
PIB	milliard $	37,1	143,0	299,4
Croissance annuelle	%	4,3 [a]	2,9 [b]	– 2,0
Par habitant	$	2 970	9 730	17 305
Structure du PIB				
Agriculture	%	5,8	5,2	4,0 [d]
Industrie	% } 100 %	39,0	36,4	30,5 [d]
Services	%	55,1	58,3	65,4 [d]
Taux d'inflation	%	3,9	10,1	1,5
Population active	million	5,6	6,7	8,6
Agriculture	%	8,0	6,5	5,5
Industrie	% } 100 %	36,4	30,9	24,2
Services	%	55,6	62,6	70,4
Chômage	%	1,6	6,0	10,5 [f]
Dépenses publiques				
Éducation	% PIB	4,2	5,9	5,5 [e]
Défense	% PIB	3,4	2,8	2,6
Recherche et Développement	% PIB	1,3	1,1	1,3 [g]
Aide au développement	% PIB	0,59	0,46	0,34 [d]
Administrations publiques				
Solde [h]	% PIB	2,8	– 0,5	1,4 [d]
Dette brute	% PIB	40,1	25,1	15,5
Production d'énergie	million TEC	59,6	113,0	193,0 [c]
Consommation d'énergie	million TEC	60,6	91,2	120,6 [c]

a. 1965-75 ; b. 1975-85 ; c. 1989 ; d. 1990 ; e. 1987 ; f. En décembre ; g. 1988 ; h. Capacité ou besoin de financement.

redoutable, il est un pur produit de la tradition catholique irlandaise, si puissante dans le mouvement travailliste. Ses huit années passées aux Finances n'ont pas adouci son image de « dur sans cœur ». En lui conférant la direction du parti et, par conséquent, le poste de Premier ministre, les travaillistes ont fait un pari à grand risque.

Ils n'avaient guère le choix car depuis l'arrivée de John Hewson à la tête de l'opposition en avril 1990, ils ne pouvaient plus compter sur les divisions de leurs adversaires pour assurer leur maintien au pouvoir. En effet, le 21 novembre 1991, le programme d'alternance de l'opposition, d'inspiration ultra-libérale, a reçu un accueil favorable dans les médias. J. Hewson a notamment proposé une réduction drastique des dépenses publiques de 4 milliards de dollars australiens, une baisse des impôts sur le revenu de 30 % en moyenne, un allégement de la fiscalité des entreprises d'un montant de 20 milliards de dollars australiens et la « privatisation » de l'assurance-maladie. La clé de voûte de ce plan étant l'instauration d'une TVA (taxe sur la valeur ajoutée) de 15 % — proposition qui avait été défendue sans succès par P. Keating lui-même en 1985 !

Qu'un remède aussi radical ait pu être envisagé démontre la gravité de la récession dans laquelle a sombré l'Australie à partir de 1990. Le taux de chômage, de 6,3 % en mai 1990 était passé à 10,5 % deux ans plus tard, un record jamais atteint depuis

BIBLIOGRAPHIE

G. EVANS, B. GRANT, *Australia's Foreign Relations in the World of the 1990's*, Melbourne University Press, Melbourne, 1991.

Far East and Australia Yearbook (annuaire), Europa Publications, Londres.

«Focus : Australia 1992», *Far Eastern Economic Review*, Hong Kong, 9 avr. 1992.

K. HANCOCK (sous la dir. de), *Australian Society*, Cambridge University Press, Melbourne, 1989.

«Odd man in. A survey of Australia», *The Economist*, Londres, 4 avr. 1992.

G. ORDONNAUD, A. SERIEYX (sous la dir. de), *Australie 88 : bicentenaire ou naissance*, France-Empire, Paris, 1988.

X. PONS, *Le Géant du Pacifique*, Économica, Paris, 1988.

J.-M. POWELL, *An Historical Geography of Modern Australia*, Cambridge University Press, Cambridge, 1988.

States Man Yearbook (annuaire), McMillan Press, Londres.

J.-C. VICTOR, «Où est l'Australie?», *Hérodote*, n° 52, La Découverte, Paris, 1989.

la crise mondiale de 1929-1930. La faible croissance (2,2 % en 1990) s'est transformée en croissance négative : − 2,0 % en 1991. La dette extérieure nette s'est élevée à 145 milliards de dollars australiens soit 35 % du PNB fin 1991. Quelques lueurs d'espoir sont cependant apparues : le déficit des comptes courants a été de 667 millions de dollars australiens en février 1992 (contre 2,4 milliards en janvier 1992) et le taux d'inflation a été ramené à 1,5 % en 1991, permettant une nouvelle baisse des taux d'intérêt à 7,5 % le 8 janvier 1992.

Un plan de relance keynésien

Pour sortir le pays de cette crise, P. Keating s'est laissé persuader par son ministre des Finances, John Dawkins, et son ministre de l'Agriculture et de l'Énergie, Simon Crean, que le pays avait besoin d'une politique économique plus interventionniste, voire plus keynésienne. Le 26 février 1992, il a annoncé un programme de dépenses publiques supplémentaires de 2,3 milliards de dollars australiens (0,5 % du PNB), essentiellement consacré au développement des infrastructures (chemins de fer, routes...) et à l'incitation à l'investissement. L'objectif de son plan, intitulé «Une nation unie», vise à relancer la croissance de 4,75 % en 1993 et à créer 800 000 emplois en quatre ans. Pour l'exercice budgétaire, juillet 1991-juin 1992, on tablait sur un déficit de 9,3 milliards de dollars australiens (2,2 % du PNB). L'Australie a donc ainsi elle aussi tourné le dos à l'orthodoxie monétariste des années quatre-vingt.

En lançant ce plan, P. Keating s'attendait à des retombées politiques immédiates, mais il n'en fut rien. Lors de l'élection partielle du 11 avril 1992 provoquée par la démission du Parlement de Bob Hawke, le candidat travailliste fut battu par un indépendant prônant le protectionnisme. Seule consolation pour le *Labor* : l'opposition a également enregistré une chute de son score, de 7 %.

Après les élections, le *Labor* s'est montré plus compréhensif vis-à-vis de sa base syndicale en ce qui concerne le chômage et l'immigration. Le 12 mai 1992, le ministre de l'Immigration et des Affaires ethniques, Gerry Hand, a limité à 80 000 le nombre des autorisations d'accueil pour 1992-1993, soit une réduction de 27 % par rapport à l'année précédente. Depuis 1985, l'immigration asiatique (tous pays confondus) a été plus importante que l'immigration britannique et irlandaise et, en septembre 1991, les immigrants en provenance de Hong Kong (14,4 % du total) ont dépassé ceux du Royaume-Uni (13,1 %).

Le changement dans la composition ethnique de la « salade mixte » australienne — le terme s'oppose au *melting pot* à l'américaine car il implique le maintien de la diversité d'expression culturelle — n'a pas été étranger à la relance du débat des années... 1890 portant sur le statut de l'Australie et sur l'opportunité d'instaurer une république. En 1950, plus de 90 % de la population australienne avait encore des liens avec le Royaume-Uni, en 1990 cette proportion n'était plus que de 60 %.

Dans un discours modéré devant la reine Elizabeth en février 1992, P. Keating a souligné l'évidence selon laquelle l'Australie est un pays indépendant qui, comme le Royaume-Uni (avec son intégration dans la CEE), a dû prendre en compte certaines réalités géographiques. Dénoncé par la presse populaire britannique pour crime de lèse-majesté — le Premier ministre et sa femme, d'origine néerlandaise, n'ont pas fait la révérence devant la reine —, il a accusé les Britanniques d'avoir abandonné l'Australie pendant la Seconde Guerre mondiale. Dans un discours devant l'Institut des relations Asie-Australie, prononcé le 7 avril 1992, il a vilipendé ses adversaires conservateurs pour leur incapacité à séparer « nos intérêts, notre Histoire et notre avenir » de ceux du Royaume-Uni. Au Parlement, les conservateurs sont tombés dans le piège de cette rhétorique nationaliste musclée et se sont donné l'image de réactionnaires nostalgiques des années cinquante. Dans les sondages, les travaillistes ont en partie rattrapé leur retard par rapport aux conservateurs : fin avril 1992, ils n'avaient plus que trois points de retard. A la mi-1992, une victoire du *Labor* aux élections de 1993 ne semblait plus impossible.

Canberra et le « nouvel ordre asiatique »

La prise en compte des réalités géographiques a continué à déterminer l'action australienne à l'étranger. La visite du président américain George Bush à Canberra le 2 janvier 1992 a été ternie par le différend concernant

---

▼

AUSTRALIE

Commonwealth d'Australie.
Capitale : Canberra.
Superficie : 7 682 300 km² (14 fois la France).
Monnaie : dollar australien (1 dollar australien = 4,28 FF au 30.3.92).
Langue : anglais (officielle).
Chef de l'État : William (Bill) Hayden, gouverneur général représentant la reine Elizabeth II.
Chef du gouvernement : Robert (Bob) Hawke, Premier ministre, remplacé par Paul Keating le 19.12.91.
Échéances électorales : Chambre des représentants (mars 1993 au plus tard).
Nature de l'État : fédération de 6 États et 2 territoires.
Nature du régime : démocratie parlementaire de type britannique.
Principaux partis politiques : *Gouvernement :* Parti travailliste australien (ALP). *Opposition :* Parti libéral d'Australie ; Parti national d'Australie ; Parti des démocrates australiens. *Parti extra-parlementaire :* Parti pour le désarmement nucléaire (NDP).
Territoires externes et sous administration : île de Norfolk, Territoire de la mer de Corail, Lord Hawe [Océanie] ; îles Cocos, îles Christmas [océan Indien] ; îles Heard et Mac Donald ; île Maquerie [Antarctique].
Carte : p. 382-383.
Statistiques : voir aussi p. 386.

les subventions versées par Washington pour encourager les exportations de produits agricoles (l'Australie est elle-même un grand exportateur en ce domaine). Mais les autorités ont exprimé le souhait que les États-Unis restent engagés dans la région. Quant à la diplomatie australienne, elle a enregistré avec satisfaction la nomination d'un général australien, John Sanderson, à la tête des «casques bleus» de l'ONU envoyés au Cambodge. Le fait que son supérieur civil, Yasushi Akashi, soit japonais, a pu symboliser l'émergence d'un nouvel ordre asiatique.

L'intégration de l'Australie en Asie est manifeste sur le plan économique. En 1980, les exportations vers le Japon représentaient 26,6 % du total des exportations, et celles vers le reste de l'Asie 13 %. Dix ans plus tard, en 1990, le Japon était toujours le premier client (26,2 %), mais les exportations vers le reste de l'Asie, en augmentation constante, représentaient 23,3 % du total. En 1991, l'Australie a exporté la valeur de 6,5 milliards de dollars australiens vers les pays de l'ANSEA — Association des nations du Sud-Est asiastique — et, pour la première fois, ce marché a été plus important que celui de la CEE ou des États-Unis. A Jakarta (Indonésie), en avril 1992, lors de son premier voyage officiel à l'étranger, P. Keating a insisté sur le fait que, à l'avenir, l'Australie et les autres pays de la région devraient profiter de leur complémentarité. Le Premier ministre est même allé plus loin en affirmant qu'une Australie républicaine avec un drapeau ne contenant plus l'emblème britannique serait, à ses yeux, une expression de cet engagement.

Pourtant, se situer en Asie, mais avec une population majoritairement d'origine européenne, n'est pas chose facile pour l'Australie. Le 19 novembre 1991, le massacre d'au moins une cinquantaine de manifestants à Timor oriental par l'armée indonésienne *[voir article «Indonésie»]* a provoqué un tollé de condamnations en Australie. P. Keating et son ministre des Affaires étrangères, Gareth Evans, se sont trouvés une fois de plus déchirés entre leur devoir de défendre une vision des droits de l'homme chère à leurs compatriotes et le désir de rester en bons termes avec les pays voisins.

David Camroux

France
Un bon élève pour l'Union monétaire

Curieux climat politique que celui de la France en 1991-1992. Pendant la crise du Golfe, le président François Mitterrand avait bénéficié d'un très fort regain de confiance dans l'opinion publique. Cela avait pu faire oublier, pour quelque temps, à quel point, en dix ans, le pouvoir avait «usé» les socialistes. Le chef de l'État a voulu profiter de ce retour de popularité pour engager une stratégie de reconquête de l'électorat de gauche. Il a remplacé, le 15 mai 1991, son Premier ministre Michel Rocard — un homme au profil relativement consensuel et aux ambitions présidentielles affichées — par Édith Cresson, première femme à occuper un tel poste en France. Mais dans un contexte marqué par les restrictions budgétaires et par un fort discrédit de la classe politique, elle fut rapidement victime d'une impopularité record qui rejaillit sur l'image du chef de l'État.

La multiplication des inculpations pour fausses factures liées au financement des partis et quelques cas avérés de corruption ont nui à la crédibilité des élus et des institutions. Cela a aussi renforcé le sentiment que les socialistes ont échoué dans leur tentative de moraliser la vie politique, malgré la loi du 15 janvier 1990 qui a incontestablement amélioré la transparence du financement des campagnes électorales. La révélation du « scandale du sang contaminé » a encore alourdi le climat : pour écouler les stocks, les responsables de la Transfusion française, au milieu des années quatre-vingt, ont continué à commercialiser du sang contaminé par le sida, provoquant des centaines de morts chez les hémophiles.

Crise de la représentation politique et sociale

Aux élections régionales du 22 mars 1992, les socialistes ont été fortement sanctionnés, n'obtenant que 18,3 % des suffrages exprimés, leur plus mauvais score depuis vingt ans. La droite traditionnelle — Rassemblement pour la République (RPR) et Union pour la démocratie française (UDF) —, en obtenant 33 % des voix, a également enregistré un sensible recul par rapport à son score de 1986 (-8 %). Illustration de la crise de représentation politique que connaît le pays, ce sont les forces apparaissant « hors système » aux yeux des électeurs qui ont tiré le meilleur profit de la situation. Les écologistes ont ainsi obtenu au total 13,9 % des suffrages exprimés, le parti des Verts créé en 1984 étant concurrencé par le mouvement Génération Écologie lancé en 1991 par le très médiatique Brice Lalonde, alors ministre de l'Environnement. La percée des écologistes, désormais très courtisés, est apparue comme une donnée majeure des futures alliances, modifiant déjà le paysage politique. L'élection de Marie-Christine Blandin (Verts) à la présidence de la région Nord-Pas-de-Calais avec le soutien du PS a, de ce point de vue, représenté un test pour l'avenir. Le Front national (FN, extrême droite) a pour sa part confirmé son ancrage, avec 13,9 % des suffrages. Il avait suscité une large indignation dans la classe politique quatre mois plus tôt en publiant un programme à contenu xénophobe pour « régler le problème de l'immi-

▼

FRANCE

République française.
Capitale : Paris.
Superficie : 547 026 km².
Monnaie : franc (1 écu = 6,90 FF et 1 dollar des États-Unis = 5,20 FF au 26.6.92).
Langues : français (officielle), breton, catalan, corse, occitan, basque, alsacien, flamand.
Chef de l'État : François Mitterrand, président de la République (depuis mai 1981).
Premier ministre : Michel Rocard, remplacé le 15.5.91 par Édith Cresson, elle-même remplacée par Pierre Bérégovoy le 2.4.92.
Échéances électorales : législatives (1993), présidentielles (1995).
Nature de l'État : république.
Nature du régime : démocratie parlementaire combinée à un pouvoir présidentiel.
Principaux partis politiques :
Gouvernement : Parti socialiste (PS, social-démocrate).
Oppositions : Rassemblement pour la République (RPR, droite); Union pour la démocratie française (UDF, droite), comprenant notamment le Parti républicain (PR) et le Centre des démocrates sociaux (CDS, démocrate-chrétien); les Verts; Parti communiste français (PCF); Front national (FN, extrême droite).
DOM, TOM et CT : *Départements d'outre-mer* (DOM) : Guadeloupe, Martinique, Guyane [Amérique], Réunion [océan Indien]. *Territoires d'outre-mer* (TOM) : Nouvelle-Calédonie, Wallis et Futuna, Polynésie française [Océanie], Terres australes et antarctiques françaises (TAAF). *Collectivités territoriales* (CT) : Saint-Pierre-et-Miquelon [Amérique], Mayotte [océan Indien].
Carte : p. 473.
Statistiques : voir aussi p. 474-475.

139

France

Démographie, culture, armée

INDICATEUR	UNITÉ	1970	1980	1991
Démographie				
Population	million	50,8	53,9	56,6
Densité	hab./km²	92,8	100,9	103,5
Croissance annuelle	%	0,8 a	0,5 b	0,4 c
Indice de fécondité (ISF)		2,5 a	1,9 b	1,8 c
Mortalité infantile	%₀	18,2	10,0	7 c
Espérance de vie	année	71,9	74,8	77 c
Population urbaine	%	71,0	73,3	74 d
Culture				
Nombre de médecins	%₀ hab.	1,34	2,00	2,6 e
Scolarisation 2e degré f	%	74	85	97 e
Scolarisation 3e degré	%	19,5	25,5	37,2 e
Téléviseurs	%₀	236	353	400 e
Livres publiés	titre	22 935	32 318	40 115 e
Armée				
Marine	millier d'h.	72	69,9	65,3
Aviation	millier d'h.	106	103,5	92,9
Armée de terre	millier d'h.	328	321,0	280,3

a. 1965-75; b. 1975-85; c. 1990-95; d. 1990; e. 1989; f. 11-17 ans.

Commerce extérieur a

INDICATEUR	UNITÉ	1970	1980	1991
Commerce extérieur	% PIB	13,2	18,8	18,8
Total imports	milliard $	19,1	134,9	231,8
Produits agricoles	%	21,6	14,0	11,8
Produits énergétiques	%	12,1	26,6	9,0
Autres produits miniers	%	4,8	3,8	1,8 c
Total exports	milliard $	18,1	116,0	217,0
Produits agricoles	%	18,9	18,2	15,7
Produits miniers b	%	2,6	1,4	1,1 c
Produits industriels	%	74,8	78,3	81,2
Principaux fournisseurs	% imports			
CEE		56,0	48,1	58,1
PVD		20,8	26,7	16,1
États-Unis		9,9	7,7	9,6
Principaux clients	% exports			
CEE		57,0	53,3	63,0
Afrique		10,9	11,0	6,9
Autres PVD		9,4	13,7	11,4

a. Marchandises; b. Produits énergétiques non compris; c. 1990.

France

Économie

Indicateur	Unité	1970	1980	1991
PIB	milliard $	151,8	639,2	1 170,5
Croissance annuelle	%	4,7 [a]	2,5 [b]	1,2
Par habitant	$	2 990	11 900	20 680
Structure du PIB				
Agriculture	% ⎫	6,3	4,2	3,5 [d]
Industrie	% ⎬ 100 %	38,1	33,7	31,1 [d]
Services	% ⎭	55,5	62,0	65,4 [d]
Taux d'inflation	%	5,9	13,3	3,1
Population active	million	21,4	23,4	24,4 [d]
Agriculture	% ⎫	13,5	8,7	6,0 [d]
Industrie	% ⎬ 100 %	39,2	35,9	29,9 [d]
Services	% ⎭	47,2	55,4	64,1 [d]
Chômage	%	2,4	6,3	9,8 [f]
Dépenses publiques				
Éducation	% PIB	4,9	5,0	5,3 [e]
Défense	% PIB	4,2	4,0	2,9
Recherche et Développement	% PIB	1,9	1,8	2,3 [d]
Aide au développement	% PIB	0,46	0,31	0,55 [d]
Administrations publiques				
Solde [g]	% PIB	0,9	0,0	− 1,5
Dette brute	% PIB	53,1	37,3	47,4
Production d'énergie	million TEC	60,8	50,3	66,6 [c]
Consommation d'énergie	million TEC	194,5	237,3	220,9 [c]

a. 1965-75; b. 1975-85; c. 1989; d. 1990; e. 1988; f. En décembre; g. Capacité ou besoin de financement.

gration ». Contrairement à certains scrutins antérieurs, la droite traditionnelle a cette fois, dans l'ensemble, pris soin de se démarquer nettement de ce courant.

Les élections régionales ont eu pour conséquence un nouveau changement de Premier ministre : Pierre Bérégovoy, jusqu'alors ministre de l'Économie et des Finances et à ce titre « Père-la-rigueur », a été appelé à Matignon le 2 avril 1992. Il a souhaité se montrer rassurant et est apparu soucieux de préparer l'échéance législative de 1993. Des assouplissements dans la gestion budgétaire ont ainsi permis de faire face à certains mécontentements catégoriels — celui, par exemple, des paysans, fort inquiets des conséquences de la réforme de la politique agri-cole commune —, tandis que des projets de réforme risquant de susciter des contestations, ou des incompréhensions, étaient ajournés, notamment dans le domaine de l'éducation. Cette politique de « désamorçage » n'a cependant pas suffi à restaurer la crédibilité du gouvernement.

En matière sociale, on a en effet assisté à une multiplication des contestations peu encadrées par les syndicats. Ainsi en a-t-il été des manifestations d'agriculteurs, animées notamment par une Coordination paysanne aux structures improvisées, et des opérations de paralysie du réseau routier réalisées par les transporteurs en juillet 1992. Par ailleurs, la Fédération de l'éducation nationale (FEN) a connu un

BIBLIOGRAPHIE

A.-M. CASTERET, *L'Affaire du sang*, La Découverte, Paris, 1992.

L'état de la France, La Découverte, CRÉDOC, coll. « L'état du monde »,
Paris, 1992.

F. GIUDICE, *Arabicides. Une chronique française 1970-1991*, La
Découverte, Paris, 1992.

A. GLASER, S. SMITH, *Ces messieurs Afrique*, Calmann-Lévy, Paris, 1992.

A. JAZOULI, *Les Années banlieues*, Seuil, Paris, 1992.

D. LAPEYRONNIE, J.-L. MARIE, *Campus blues, les étudiants face à leurs
études*, Seuil, Paris, 1992.

« Les territoires de la nation », *Hérodote*, n° 62, La Découverte, Paris,
3e trim. 1991.

N. MAYER, P. PERRINEAU (sous la dir. de), *Le Front national à découvert*,
Presses de la FNSP, Paris, 1989.

E. PLÉNEL, A. ROLLAT, *La République menacée. Dix ans d'effet Le Pen*,
Le Monde-Éditions, Paris, 1992.

SECRÉTARIAT D'ÉTAT AU PLAN, *Éduquer pour demain, acteurs et
partenaires*, La Découverte/La Documentation française, Paris, 1991.

P.-A. TAGUIEFF (sous la dir. de), *Face au racisme* (2 vol.), La Découverte,
Paris, 1990.

M. VERDIÉ, *Voyage à l'intérieur du RMI. L'expérience à Rennes*, Syros
Alternatives, Paris, 1992.

P. WEIL, *La France et ses étrangers*, Calmann-Lévy, Paris, 1991.

M. WIEVIORKA, *La France raciste*, Seuil, Paris, 1992.

début d'éclatement, le courant majoritaire (pro-socialiste) ayant entrepris d'exclure deux fédérations nationales dirigées par la minorité procommuniste.

L'effet « Maastricht »

A compter de mai 1992, la vie politique française a été totalement polarisée par la question de la ratification du traité de Maastricht relatif à l'Union européenne. Dès le 10 janvier, F. Mitterrand avait annoncé qu'il souhaitait engager sa responsabilité sur ce dossier. Après la victoire du « non » au Danemark le 2 juin, il a considéré que l'approbation du Parlement ne suffisait pas et qu'il fallait recourir à un vote populaire, dont la date a été fixée au 20 septembre. Soucieux de laisser trace de son passage dans l'Histoire et sincèrement convaincu de l'impérieuse nécessité de l'Union européenne, le chef de l'État s'est également montré — une fois de plus — fin manœuvrier face à ses opposants. La droite, tout en criant au « piège », s'est en effet totalement divisée sur la question du référendum. Si l'UDF s'est montrée résolument favorable au traité, une véritable cassure est intervenue au sein du RPR. Son président, Jacques Chirac, après plusieurs déclarations contradictoires, a renoncé à donner toute consigne de vote, indiquant seulement qu'il voterait « oui » à titre personnel.

Pour leur part, le Front national et le Parti communiste ont résolument pris position contre le traité, de même qu'une petite minorité socialiste autour de Jean-Pierre Chevènement. La grande majorité des écologistes s'y est au contraire montrée favorable. Les discordances comme les concordances apparues à l'occasion de ce référendum ont ainsi contribué à brouiller un peu plus les repères politiques du pays.

Le traité de Maastricht aura aussi

donné au gouvernement socialiste l'occasion de souligner sa réussite dans l'orthodoxie économique : au moment de la signature du traité (7 février 1992), la France était en effet, avec le Danemark et le Luxembourg, l'un des rares pays à satisfaire à toutes les exigences fixées pour parvenir à l'Union économique et monétaire (UEM), avec notamment, pour 1991, un déficit public qui n'a représenté que 1,7 % de son PIB et une dette publique équivalant à 47,1 % de ce même PIB. Mais pour être le bon élève de la CEE, le pays n'en a pas pour autant amélioré tous ses indicateurs. Du fait notamment du ralentissement de la croissance du PIB (+ 1 % seulement en volume en 1991), le chômage s'est encore aggravé. En juin 1992, le pays comptait 2 924 700 demandeurs d'emplois, soit une augmentation de 7,8 % en douze mois. L'économie française a par ailleurs continué de subir la pression à la hausse des taux d'intérêt allemands. En fin d'année, les taux nominaux à court terme s'élevaient à 10,1 % à Paris, ce qui n'a pu qu'accentuer le ralentissement de la croissance et peser sur le chômage.

Repenser la doctrine stratégique

En matière de défense, la France a commencé à tirer les conséquences de la disparition de l'URSS. Il lui faudra totalement repenser sa stratégie. Le 10 janvier 1992, F. Mitterrand a évoqué l'idée d'une doctrine nucléaire eu-ropéenne et, le 22 mai suivant, le principe de la création d'un corps d'armée franco-allemand a été confirmé. Par ailleurs, les essais nucléaires dans le Pacifique ont été suspendus en avril 1992 et la France a fini par adhérer au traité de non-prolifération nucléaire (TNP), le 3 août. Mais les effets les plus visibles des réaménagements engagés seront les importantes restructurations prévues dans l'armée elle-même.

Le traité de Maastricht a esquissé la perspective d'une politique étrangère commune. Si celle-ci voit le jour, l'adaptation sera longue pour la France, habituée qu'elle est à jouer sa propre partition et à préserver ses prérogatives diplomatiques. Ayant peu de prise sur le réaménagement de l'ordre mondial engagé par les États-Unis, Paris s'est distingué, notamment dans le conflit qui a embrasé l'ancienne Yougoslavie, en défendant le principe d'une « stratégie de l'action humanitaire ». C'est dans cet esprit que F. Mitterrand, accompagné du ministre de l'Action humanitaire, Bernard Kouchner, s'est rendu à Sarajevo le 28 juin 1992, alors que la ville était assiégée.

La diplomatie française a par ailleurs fait preuve de la plus grande discrétion vis-à-vis des situations prévalant en Tunisie et en Algérie où la répression anti-islamiste s'est accompagnée d'un retour aux méthodes autoritaires et où de graves atteintes aux libertés ont été commises.

Serge Cordellier

Royaume-Uni
La victoire de John Major

Après seize mois d'une difficile mais habile gestion « post-thatchérienne », (Margaret Thatcher, au pouvoir depuis 1979, avait dû démissionner en novembre 1990), le Premier ministre sortant, John Major, a conduit son parti à la victoire aux élections législatives du 9 avril 1992. Les résultats ont en effet donné aux conser-vateurs 41,85 % des voix, contre 34,16 % aux travaillistes et 17,88 % aux démocrates-libéraux. Grâce au système électoral (uninominal à un tour), cette majorité relative des suffrages a permis au parti *tory* de bénéficier d'une majorité absolue au Parlement. Les 651 sièges de la nouvelle Chambre (un de plus qu'en

Royaume-Uni

Démographie, culture, armée

INDICATEUR	UNITÉ	1970	1980	1991
Démographie				
Population	million	55,63	56,33	57,52
Densité	hab./km²	227,9	230,8	235,7
Croissance annuelle	%	0,3 a	0,1 b	0,2 c
Indice de fécondité (ISF)		2,3 a	1,8 b	1,8 c
Mortalité infantile	%ₒₒ	18,5	12,1	8 c
Espérance de vie	année	71,7	73,8	76 c
Population urbaine	%	88,5	88,8	89 d
Culture				
Nombre de médecins	%ₒₒ hab.	..	1,3	1,4 e
Scolarisation 2e degré f	%	73	83	82 e
Scolarisation 3e degré	%	14,1	20,1	23,5 e
Téléviseurs	%ₒₒ	324	401	434 g
Livres publiés	titre	33 441	48 069	52 861 h
Armée				
Marine	millier d'h.	87	72,2	61,8
Aviation	millier d'h.	113	89,7	88,7
Armée de terre	millier d'h.	190	167,3	149,6

a. 1965-75; b. 1975-85; c. 1990-95; d. 1990; e. 1988; f. 11-17 ans; g. 1989; h. 1985.

Commerce extérieur a

INDICATEUR	UNITÉ	1970	1980	1991
Commerce extérieur	% PIB	16,7	21,1	19,4
Total imports	milliard $	21,9	115,5	209,6
Produits agricoles	%	33,2	10,7	13,2
Produits énergétiques	%	10,4	7,7	6,4
Autres produits miniers	%	4,5	2,4	1,7
Total exports	milliard $	19,4	110,2	184,9
Produits agricoles	%	8,7	8,0	8,4
Produits énergétiques	%	2,6	13,0	6,7
Autres produits miniers	%	0,4	1,1	1,1 b
Principaux fournisseurs	% imports			
CEE		29,5	43,7	51,7
PVD		23,5	21,6	14,5
États-Unis		13,0	12,1	11,6
Principaux clients	% exports			
CEE		32,8	46,7	56,6
PVD		22,1	26,0	17,4
États-Unis		11,7	9,6	10,9

a. Marchandises; b. 1990.

Économie

Indicateur	Unité	1970	1980	1991
PIB	milliard $	124,9	447,5	966,7
Croissance annuelle	%	2,3 a	1,8 b	− 2,1
Par habitant	$	2 250	7 940	16 806
Structure du PIB				
Agriculture	% ⎫	2,4	1,8	1,5 d
Industrie	% ⎬ 100 %	38,7	37,5	35,0 d
Services	% ⎭	58,9	60,7	63,5 d
Taux d'inflation	%	6,4	18,0	4,5
Population active	million	25,3	26,8	28,4
Agriculture	% ⎫	3,2	2,6	2,2
Industrie	% ⎬ 100 %	44,8	37,7	28,2
Services	% ⎭	52,0	59,7	69,6
Chômage	%	2,2	6,4	10,4 f
Dépenses publiques				
Éducation	% PIB	5,3	5,6	4,7 e
Défense	% PIB	4,7	5,0	4,0
Recherche et Développement	% PIB	2,0 h	2,1	2,3 c
Aide au développement	% PIB	0,42	0,39	0,27 d
Administrations publiques				
Solde g	% PIB	3,0	− 3,4	− 1,9
Dette brute	% PIB	81,8	54,6	35,4
Production d'énergie	million TEC	144,5	280,2	280,2 c
Consommation d'énergie	million TEC	271,3	271,0	288,1 c

a. 1965-75;   b. 1975-85;   c. 1989;   d. 1990;   e. 1988;   f. En décembre;   g. Capacité ou besoin de financement;   h. 1975.

1987) se sont répartis de la façon suivante : 336 conservateurs, 271 travaillistes, 20 démocrates-libéraux, 13 unionistes nord-irlandais, 4 catholiques modérés nord-irlandais (SDLP), 4 gallois, 3 nationalistes écossais.

Une « divine surprise »

Ce résultat, qualifié de « divine surprise » par les conservateurs, ne semblait pas acquis dans les semaines, voire les mois qui ont précédé le scrutin.

Surprise aussi parce que l'on a cru un moment que le vote des Écossais entraînerait un « éclatement » du Royaume-Uni. Or les sondages du printemps 1992 prévoyaient une « vague » en faveur de la dévolution (c'est-à-dire une large décentralisation administrative, politique et économique) sinon de l'indépendance. Les résultats leur ont donné tort puisque les *tories* n'ont pas subi la déroute attendue (ils ont même gagné deux sièges).

Quels facteurs ont tranché en faveur des *tories* ? Ce n'est certainement pas la conjoncture économique, défavorable aux conservateurs jusqu'à la fin de la campagne. Quoique certains indices (désescalade des taux d'intérêt, ralentissement de la hausse des prix et des salaires), au second semestre 1991, aient été jugés encourageants, la reprise se faisait toujours attendre au printemps 1992 et le chômage frappait quelque 8 % de la population active. Mais les conservateurs ont la réputation d'être

BIBLIOGRAPHIE

N. BURGI, *L'État britannique contre les syndicats*, Kimé, Paris, 1992.

F. DE LA SERRE, J. LERUEZ, H. WALLACE (sous la dir. de), *Les Politiques étrangères de la France et de la Grande-Bretagne depuis 1945*, Presses de la FNSP, Paris, 1990.

K.-D. EDWING, C.-A. GEARTY, *Freedom Under Thatcher. Civil Liberties in Modern Britain*, Clarendon Press, Oxford, 1990.

R. FARNETTI, *Le Déclin de l'économie britannique de Victoria à Thatcher*, Éd. de l'Espace européen, La Garenne-Colombes, 1991.

J. LERUEZ, «Fin de partie en Grande-Bretagne». Bilan de l'ère thatchérienne, *Études*, Paris, fév. 1991.

J. LERUEZ, *Le Phénomène Thatcher*, Complexe, Bruxelles, 1991.

V. RICHES, *L'Économie britannique depuis 1945*, La Découverte, «Repères», Paris, 1992.

de bons gestionnaires et ils ont incontestablement profité de cette image.

Ils ont dénoncé le programme économique des travaillistes en évaluant, par exemple, à 1 250 livres par contribuable et par an l'augmentation de la «facture» fiscale qui découlerait de son application. Par ailleurs, les conservateurs n'ont pas négligé l'impact des largesses électorales. Le projet de budget 1992-1993, présenté par Norman Lamont, chancelier de l'Échiquier, a comporté des allégements d'impôts pour les particuliers ainsi qu'une série de mesures destinées à améliorer la situation des plus défavorisés et à aider l'industrie (en particulier automobile) et les petites entreprises. Mais pour cela, il lui a fallu rompre ouvertement avec l'orthodoxie budgétaire de la période thatchérienne. L'accroissement du déficit budgétaire par lequel se soldera l'exercice fiscal de 1992-1993 devait en effet être financé par une augmentation de l'emprunt public.

Ces mesures ne suffisent pas, cependant, à expliquer la réélection des conservateurs. Comme l'ont montré les émeutes qui ont éclaté début septembre 1991 dans des quartiers extrêmement déshérités de plusieurs villes de Grande-Bretagne, la question sociale n'a cessé en effet de rebondir et de s'aggraver. Parmi les thèmes les plus sensibles de la campagne électorale, l'état souvent désastreux des services publics, en particulier le Service national de santé (NHS), a bien évidemment dominé les débats. La réforme du NHS engagée s'apparente à une sorte de pré-privatisation du secteur de la santé et tend à instaurer une médecine à deux vitesses. Mais le choix des travaillistes en faveur de la «modernisation» et contre la privatisation n'a pas été assez élaboré pour convaincre les indécis.

Un homme de synthèse

Pendant les seize mois qui ont précédé sa victoire électorale, John Major avait gouverné le pays sans la légitimité du suffrage populaire. Issu du même parti que Margaret Thatcher, il lui avait succédé à la suite d'une crise politique (causée par les critiques vis-à-vis de la réforme des impôts locaux — *poll tax*). Pendant cette période transitoire, il a tenté de tirer le meilleur parti de son image d'«homme de synthèse», se revendiquant des grands principes du thatchérisme, mais se montrant plus attentif que son prédécesseur aux problèmes sociaux et aux sensibilités politiques. Il a tenté, par la réforme de la *poll tax*, de réparer les erreurs du passé et a imposé un style de gouvernement privilégiant une prise de décision collégiale.

S'il n'a pas su rassurer complètement les Britanniques en ce qui concerne sa politique sociale, J. Major a su, en matière de diplomatie, profiter de la voie tracée par Margaret Thatcher et s'y imposer à son tour. Ses initiatives — dénoncer sans attendre la tentative de coup d'État à Moscou en août 1991, renouer des relations privilégiées avec le président américain George Bush, préserver pour les Kurdes une sorte de sanctuaire territorial ou soulever, à Pékin, la question des droits de l'homme — ont été bien accueillies, tant à l'intérieur qu'à l'extérieur du Royaume-Uni. Surtout, lors des négociations au sommet européen de Maastricht, les 9 et 10 décembre 1991, il a fait preuve de la même obstination que son prédécesseur à ne pas « brader » la souveraineté de son pays, à ne pas le lier par des engagements supranationaux, obtenant sur l'Union économique et monétaire (UEM) une clause d'exemption autorisant le Royaume-Uni, le moment venu, à faire confirmer par son Parlement le passage à la monnaie unique. En ce qui concerne l'Union politique, il a obtenu satisfaction sur l'essentiel : il a ainsi été décidé que l'Europe sociale se fera à onze, sans le Royaume-Uni. En matière de politique étrangère commune, l'idée d'une extension du vote majoritaire a été abandonnée au profit d'une coopération intergouvernementale renforcée et de la règle de l'unanimité, règle protégeant les États nationaux des risques d'empiétement sur leur souveraineté. Enfin, la perspective d'une défense commune a encore fait l'objet d'une interprétation particulière du côté britannique.

Ces décisions n'ont pas déplu aux « euro-sceptiques », proches de Margaret Thatcher, c'est-à-dire à l'aile droite du Parti conservateur qui s'était maintes fois prononcée dans ce sens, notamment en octobre 1991 à Blackpool lors de son congrès.

Le formalisme de Neil Kinnock

L'échec du Parti travailliste doit être, pour une part non négligeable, mis sur le compte de la tactique suivie par Neil Kinnock lui-même. Depuis son élection à la tête du parti le 2 octobre 1983 et, surtout, après la défaite électorale des travaillistes en 1987, le dirigeant du Labour a certes consacré beaucoup d'énergie à la reconstruc-

▼

ROYAUME-UNI

Royaume-Uni de Grande-Bretagne et d'Irlande du Nord.
Capitale : Londres.
Superficie : 244 046 km² (0,45 fois la France).
Monnaie : livre sterling (1 livre = 1,42 écu ou 9,81 FF au 26.6.92).
Langues : anglais (officielle) ; gallois.
Chef de l'État : reine Elizabeth II.
Premier ministre : John Major (depuis le 28.11.90).
Échéances électorales : législatives (1997 au plus tard).
Nature de l'État : royaume.
Nature du régime : démocratie parlementaire.
Principaux partis politiques : *Gouvernement :* Parti conservateur et unioniste. *Opposition :* Parti travailliste ; Parti des démocrates sociaux et libéraux (SLD) ; Parti unioniste (Irlande du Nord) ; Parti démocrate unioniste (Irlande du Nord) ; Parti social-démocrate et travailliste (Irlande du Nord) ; Sinn Féin officiel (Irlande du Nord) ; Sinn Féin provisoire (Irlande du Nord) ; Parti communiste de Grande-Bretagne ; Parti socialiste des travailleurs (SWP, trotskiste) ; Front national (extrême droite) ; les Verts.
Possessions, territoires, et États associés : Gibraltar [Europe], îles Bermudes [Atlantique nord], îles Falkland, Sainte-Hélène [Atlantique sud], Anguilla, Cayman, Montserrat, Turks et Caïcos, îles Vierges britanniques [Caraïbe], Hong Kong [Asie], Pitcairn [Océanie].
Carte : p. 469.
Statistiques : voir aussi p. 468.

tion de son parti. Il a enterré les dogmes (nationalisations, désarmement nucléaire « unilatéral », etc.) les plus contestés de son programme, il a combattu l'aile gauche des travaillistes non sans quelque démagogie, il s'est progressivement aligné sur le « réalisme » ambiant en proclamant inéluctables les grandes tendances de l'« économie de marché », et il a même fait disparaître la notion de « socialisme démocratique » du programme de 1992. Mais les projets du Labour en sont alors venus à tellement ressembler à ceux des *tories* qu'il était difficile de les distinguer. Car ces remises en question, en partie salutaires, ne se sont accompagnées d'aucune réflexion sur le fond. Au contraire, la tactique de N. Kinnock, tout entière centrée sur des calculs strictement électoralistes, a toujours plus privilégié la forme (image médiatique par exemple). Muselant les oppositions internes ou, à défaut, affirmant (notamment au congrès de Brighton d'octobre 1991) qu'un gouvernement travailliste à venir ne serait lié que par son programme électoral, Neil Kinnock a essayé de renforcer son pouvoir personnel en faisant entrer dans le parti des hommes qui lui étaient proches et qui ont accentué le virage au centre-droit du Labour. Après sa démission, annoncée en avril 1992 et effective en juin, le problème clé auquel est confronté le Labour depuis plus de dix ans restait entier : son successeur saura-t-il donner une consistance aux aspirations travaillistes ?

Noëlle Burgi

Italie
Comment réformer le système politique ?

A la mi-1992, l'Italie se trouvait à un tournant : le séisme provoqué par les élections législatives, la laborieuse élection du nouveau président de la République, l'état désastreux des finances publiques, la mise en accusation de la classe politique à la suite du scandale des pots-de-vin de Milan, l'assassinat du juge Giovanni Falcone et l'étau que les organisations criminelles ont resserré autour de trois régions du Sud ont rendu inévitable l'ouverture d'un nouveau chapitre de la vie du pays.

Les élections du 5 avril 1992 — les premières, depuis 1968, à se dérouler au terme normal de la législature — ont profondément modifié le paysage politique, avec le succès sans précédent de la Ligue du Nord (autonomistes), avec 8,7 %, le net redimensionnement du Parti démocratique de la gauche (PDS, ex-Parti communiste), qui a obtenu 16,1 %, et la défaite de la coalition majoritaire (Démocratie chrétienne (DC) : 29,7 % ; Parti socialiste : 13,6 % ; Parti social-démocrate : 2,7 % ; Parti libéral : 2,8 %). La DC et ses alliés, malgré une légère avance en sièges, n'ont plus la force de gouverner seuls, et tous les partis, sans exception, ont admis la nécessité d'une profonde réforme institutionnelle.

En dépit des apparences, l'Italie a été depuis la guerre le pays le plus stable du monde occidental. Il n'y a là aucun paradoxe. S'il est vrai qu'une cinquantaine de gouvernements se sont succédé en l'espace de quarante-sept ans, il est tout aussi vrai qu'il s'est toujours agi de gouvernements formés par la DC et ses alliés. Les luttes d'influence au sein du parti de « la majorité relative » et les tiraillements avec ses satellites ont certes provoqué de nombreuses crises, mais n'ont jamais ouvert la voie à une alternative. La présence d'un puissant Parti communiste avait bloqué l'évolution du système, permettant à la DC de tenir solidement les rênes du pouvoir.

Vote protestataire sans précédent

Les élections du 5 avril ont modifié un paysage politique qui était resté inchangé depuis le début de l'après-guerre. La dissolution des États communistes, entraînant le déclin de l'ex-PCI, a donné à la société civile une marge de manœuvre qu'elle n'avait jamais eue. L'épouvantail communiste éliminé, le système politique a été balayé par un vote protestataire sans précédent. Résultat éclatant : des dirigeants au pouvoir depuis des décennies ont été désavoués par des électeurs qui ont clairement exprimé leur volonté de changement. Dans le même temps, le vote à la proportionnelle a empêché le rassemblement des mécontents et l'Italie est devenue ingouvernable pour des raisons différentes et nouvelles, puisqu'au Parlement n'est pas apparue de majorité nette et politiquement cohérente.

Voilà donc le changement de certains mécanismes institutionnels mis à l'ordre du jour. Les forces politiques ont été contraintes de prendre acte qu'il fallait modifier les règles du jeu, mais quelle majorité serait capable de s'entendre pour revoir les fondements du système ? Certains groupes, minoritaires (socialistes, sociaux-démocrates, libéraux), ont ouvertement dit leur faveur pour le passage à une IIᵉ République, lorgnant sur le régime présidentiel français ; la majorité, moins radicale, est restée fidèle au régime parlementaire en préconisant une réforme de la loi électorale, principal problème à régler selon elle ; la Ligue du Nord, enfin, prêchant pour l'instauration d'un système fédéral.

Umberto Bossi, leader de la Ligue, est devenu en quelques années, à la surprise générale, un des protagonistes de la vie politique du pays. Née à la fin des années quatre-vingt, la Ligue avait connu son premier grand succès aux élections régionales de 1990. Se servant du mécontentement existant dans les zones industrialisées et de l'inefficacité de l'administration, elle a donné naissance à un nouvel opportunisme de type poujadiste, souvent accompagné d'un certain racisme. Le succès de la Ligue dans les régions du Nord a fait voler en éclats les vieux schémas, rendant impossible la formation d'une majorité compacte.

Le système politique sera-t-il capable d'assurer lui-même cette réforme ? Le pays, par son vote du mois d'avril, a lancé un avertisse-

---

▼

ITALIE

République italienne.
Capitale : Rome.
Superficie : 301 225 km² (0,55 fois la France).
Monnaie : lire (1 000 lires = 0,64 écu ou 4,45 FF au 26.6.92).
Langues : italien (officielle) ; allemand, slovène, ladin, français, albanais, occitan.
Chef de l'État : Francesco Cossiga (de juin 1985 au 28.4.92), remplacé par Oscar Luigi Scalfaro le 25.5.92.
Chef du gouvernement : Giulio Andreotti remplacé par Giulano Amato le 28.6.92.
Échéances électorales : régionales en 1995, législatives en 1997.
Nature de l'État : république accordant une certaine autonomie aux régions.
Nature du régime : démocratie parlementaire.
Principaux partis politiques : Parti de la démocratie chrétienne (DC, participe au pouvoir depuis 1945) ; Parti démocratique de la gauche (PDS, ex-Parti communiste-PCI) ; Parti socialiste italien (PSI) ; Parti socialiste démocratique italien (PSDI) ; Parti libéral (PLI) ; Parti républicain (PRI) ; Parti radical (PR) ; Démocratie prolétaire (DP) ; Mouvement social italien-droite nationale (MSI-DN) ; Verts-Arcobaleno (arc-en-ciel) ; Südtiroler Volkspartei (SVP) ; Parti sarde d'action ; Union valdotaine ; Ligue du Nord ; Refondation communiste.
Carte : p. 473.
Statistiques : voir aussi p. 474-475.

Italie

Démographie, culture, armée

INDICATEUR	UNITÉ	1970	1980	1991
Démographie				
Population	million	53,82	56,4	57,7
Densité	hab./km²	178,7	187,3	191,4
Croissance annuelle	%	0,6 a	0,3 b	0,0 c
Indice de fécondité (ISF)		2,4 a	1,7 b	1,4 c
Mortalité infantile	%ₒₒ	29,6	14,3	9 c
Espérance de vie	année	71,6	74,5	76 c
Population urbaine	%	64,3	66,6	69 d
Culture				
Nombre de médecins	%ₒₒ hab.	1,81	2,90	4,25 g
Scolarisation 2e degré f	%	61	72	78 e
Scolarisation 3e degré	%	16,7	27,7	28,6 e
Téléviseurs	%ₒₒ	223	390	423 e
Livres publiés	titre	8615	12029	22647 e
Armée				
Marine	millier d'h.	45	42	49
Aviation	millier d'h.	73	71	78,2
Armée de terre	millier d'h.	295	253	234,2

a. 1965-75; b. 1975-85; c. 1990-95; d. 1990; e. 1989; f. 11-18 ans; g. 1986.

Commerce extérieur a

INDICATEUR	UNITÉ	1970	1980	1991
Commerce extérieur	% PIB	14,0	19,6	15,6
Total imports	milliard $	15,0	100,7	182,7
Produits agricoles	%	29,2	19,6	17,6
Produits énergétiques	%	14,0	27,6	9,4
Autres produits miniers	%	5,9	4,2	2,4
Total exports	milliard $	13,2	77,9	169,5
Produits agricoles	%	10,1	8,0	7,5
Produits miniers b	%	3,2	4,6	0,5
Produits industriels	%	81,6	81,7	89,9
Principaux fournisseurs	% imports			
CEE		47,3	46,2	57,7
PVD		22,9	31,6	19,3
États-Unis		10,3	7,0	5,6
Principaux clients	% exports			
CEE		51,6	51,8	59,1
PVD		14,0	28,0	17,3
États-Unis		10,3	5,3	6,9

a. Marchandises; b. Produits énergétiques non compris.

Italie

Économie

INDICATEUR	UNITÉ	1970	1980	1991
PIB	milliard $	107,3	422,0	1 072,7
Croissance annuelle	%	4,5 a	2,7 b	1,0
Par habitant	$	2 000	7 480	18 591
Structure du PIB				
Agriculture	%	7,8	5,8	3,2 d
Industrie	% } 100 %	41,3	39,0	39,4 d
Services	%	50,9	55,2	57,4 d
Taux d'inflation	%	5,0	21,3	6,1
Population active	million	20,9	22,6	24,6
Agriculture	%	20,2	14,3	8,5
Industrie	% } 100 %	39,5	37,9	32,3
Services	%	40,3	47,8	59,2
Chômage	%	5,3	7,5	9,9 f
Dépenses publiques				
Éducation	% PIB	4,0	5,0	5,0 e
Défense	% PIB	2,5	2,4	1,7
Recherche et Développement	% PIB	0,9	0,9	1,4
Aide au développement	% PIB	0,17	0,16	0,32 d
Administrations publiques				
Solde g	% PIB	– 3,3	– 8,6	– 9,9
Dette brute	% PIB	41,7	58,5	102,9
Production d'énergie	million TEC	25,8	26,3	32,0 c
Consommation d'énergie	million TEC	142,0	174,9	217,8 c

a. 1965-75; b. 1975-85; c. 1989; d. 1990; e. 1986; f. En fin d'année; g. Capacité ou besoin de financement.

ment sans équivoque à ceux qui le gouvernent, mais le spectacle désolant du Parlement lors de l'élection du nouveau chef de l'État a donné une idée des difficultés que risque de rencontrer tout processus de renouveau.

Ce n'est qu'après quinze jours de scrutin — et sous le choc de l'assassinat du juge « anti-mafia » Giovanni Falcone — que les partis ont su trouver un accord pour élire à la présidence de la république Oscar Luigi Scalfaro, un démocrate-chrétien très apprécié aussi par la gauche. O.L. Scalfaro a tenté d'introduire quelques nouveautés dans la formation du gouvernement, dirigé par Giuliano Amato, secrétaire-adjoint du Parti socialiste. Toutefois, le nouvel exécutif, très fragile, est né avec

l'appui de l'ancienne majorité ; il devra chercher dans d'autres groupes parlementaires le soutien nécessaire pour faire approuver les projets de loi plus importants, comme ceux relatifs à l'assainissement des finances publiques ou à l'élection directe des maires, première réforme institutionnelle d'envergure qui devait être soumise au Parlement à l'automne 1992.

Les partis ont littéralement été en état de choc, rejetés par les électeurs et condamnés par l'enquête d'un courageux magistrat milanais sur la pratique des dessous-de-table, ouverte le 17 février 1992. Scandale révélateur de l'ampleur de la corruption, encore plus retentissant quand on sait qu'il a éclaté à Milan, considérée quelque temps encore aupara-

G. Falcone, M. Padovani, *Cosa Nostra*, Éditions n° 1, Paris, 1991.

F. Gay, P. Wagret, *L'Économie de l'Italie*, PUF, « Que sais-je ? », Paris, 1990.

J. La Palombara, *Démocratie à l'italienne*, Plon, Paris, 1989.

P. Mahon, *L'Économie souterraine : le cas italien*, Réalités sociales, Paris, 1989.

G. Martinet, *Les Italiens*, Grasset, Paris, 1990.

A. Mucci, *L'État italien et le défi du Mezzogiorno 1950-1988*, Éditions universitaires du Sud, 1989.

OCDE, *Études économiques : Italie*, Paris, sept. 1991.

vant comme la « capitale morale » de l'Italie. L'implication de la quasi-totalité des partis, les poursuites engagées contre deux anciens maires socialistes, les aveux des industriels selon lesquels il est impossible de passer des marchés publics sans « graisser la patte » aux élus et aux fonctionnaires ont conduit tout le système politique au banc des accusés. Les Italiens sont habitués aux affaires et aux scandales, mais l'enquête de Milan a dévoilé à quel point le système est corrompu.

Exclusion de l'Union économique et monétaire ?

Réformer les institutions et redonner aux hommes politiques une crédibilité morale n'est pas apparu comme les seules priorités du moment. La situation des finances publiques est devenue tellement catastrophique que le Conseil des ministres des finances de la CEE a été contraint de lancer un sérieux avertissement à Rome : dans ces conditions la participation de l'Italie à la troisième phase de l'Union économique et monétaire (UEM) est impossible et risque d'avoir des répercussions négatives dans toute la Communauté. Les résultats italiens sont en effet fort éloignés des critères de convergence économique définis par le traité de Maastricht. La loi de finances avait prévu pour 1992 un déficit budgétaire de 128 000 milliards de lires, mais des estimations plus tar-

dives ont avancé le chiffre de 160 000 milliards. En 1993, sans interventions correctives, ce déficit pourrait s'élever à 225 000 lires au lieu des 110 000 prévues. Le déficit, fixé à l'automne 1991 à 8,4 % du PIB allait ainsi sans doute passer à 10,5 % alors que les règles communautaires exigent qu'il soit plafonné à 3 %. La CEE a considéré que la crédibilité de l'Italie serait définitivement compromise si elle ne se décidait pas à procéder à des interventions structurelles pour réformer en profondeur son système de retraite et de santé, pour réduire les aides de l'État, relever les recettes fiscales et maîtriser les augmentations de salaires. A Bruxelles, ce dernier point est apparu le plus important pour réduire l'inflation, laquelle s'est stabilisée autour de 6 % alors qu'un objectif de 4,5 % a été fixé dans les critères de convergence de l'Union économique et monétaire.

Les mesures prises en juillet 1992 par le gouvernement Amato n'ont été qu'un premier pas dans la direction d'un assainissement des finances publiques. Elles devaient drainer 30 000 milliards de lires, nécessaires à contenir le déficit budgétaire dans les limites fixées par la loi de finances. En outre, deux lois-cadres devaient permettre l'adoption rapide d'une réforme des retraites et de la santé. Enfin, le gouvernement a mis sur les rails, avec la transformation des régies en sociétés anonymes, un programme de privatisations, qui concernera l'IRI (holding industriel présent dans plusieurs secteurs), l'ENI (pétrole), l'ENEL (électricité) et l'INA (assurances).

Les sacrifices demandés, du moins en principe, par le traité de Maastricht n'ont pas provoqué une remise en cause de sa ratification par le Parlement : la très grande majorité des parlementaires est apparue favorable au traité, et ses adversaires déclarés sont apparus peu nombreux, y compris dans l'opinion publique. La ratification n'a donc pas donné lieu à un véritable débat.

Enfin, le nouveau gouvernement devra faire face à la criminalité organisée, solidement implantée dans trois régions du Sud (Sicile, Campanie, Calabre), et présente ailleurs par ses nombreuses ramifications, même dans le nord du pays. L'assassinat du juge Giovanni Falcone à Palerme, le 23 mai 1992, a montré l'impuissance de l'État face à cette pègre qui compte de plus en plus dans l'économie. La mafia et les autres organisations criminelles (camorra, n'drangheta), grâce aussi aux complicités dans le monde politique et dans les appareils d'État, exercent une emprise redoutable sur les trois régions déjà citées, où l'autorité de l'État est chaque jour bafouée.

Ce tableau, décidément peu flatteur, contraste avec l'état global du pays. Malgré une croissance réduite à 1,0 % en 1991 et limitée à 1,8 % en 1992, l'Italie est un pays riche, avec une économie encore en bonne santé, surtout dans le Nord et au Centre. Le dynamisme du tissu industriel et l'existence d'une économie parallèle permettent à la société de fonctionner et aux citoyens de s'enrichir. Le modèle italien, en somme, porte encore ses fruits, malgré ses contradictions entre le public et le privé, entre la société politique et la société civile, entre le Nord et le Sud. Mais le fossé qui les sépare continue de s'élargir, au risque de compromettre l'équilibre général. De là cette grosse vague d'insatisfaction et d'intolérance envers le « Système Italie » qui semble être la donnée caractéristique de cette période.

Giampiero Martinotti

Espagne
L'Expo et les Jeux

Vers le milieu de l'année 1992, l'Espagne semblait avoir atteint son objectif : retrouver une place dans le concert des dix ou quinze grandes nations de la planète. La presse internationale lançait des éditions spéciales pour célébrer le retour d'une nation qui, au XVIe siècle, avait été une superpuissance crainte et enviée. L'Espagne de 1992, ont unanimement souligné les commentateurs, a non seulement renoncé aux prétentions impérialistes des Rois Catholiques Charles Quint et Philippe II, mais elle a également, avec une modestie, une application et un réalisme remarquables, réussi sa sortie du sous-développement et de la dictature.

Trois événements ont retenu l'attention internationale sur l'Espagne du roi Juan Carlos et de son Premier ministre Felipe Gonzalez — l'Exposition universelle de Séville commémorant le cinquième centenaire de la découverte de l'Amérique, les jeux Olympiques de Barcelone, et la désignation de Madrid, pour un an, comme capitale culturelle européenne. L'Espagne aura été à la mode. Dans un article intitulé « La ''Furie espagnole'' est arrivée », le quotidien français *Le Monde* s'est émerveillé du dynamisme des cadres d'entreprises de la Péninsule. Les hebdomadaires américains *Time* et *Newsweek* ont loué l'habileté avec laquelle le roi et la classe politique

Espagne

Démographie, culture, armée

INDICATEUR	UNITÉ	1970	1980	1991
Démographie				
Population	million	33,8	37,5	39,0
Densité	hab./km²	66,9	74,4	77,3
Croissance annuelle	%	1,1 a	0,8 b	0,4 c
Indice de fécondité (ISF)		2,9 a	2,2 b	1,7 c
Mortalité infantile	%oo	28,1	11,1	9 c
Espérance de vie	année	72,2	74,5	77 c
Population urbaine	%	66,0	72,8	78 d
Culture				
Analphabétisme	%	9,8	6,8	4,6 d
Nombre de médecins	%oo hab.	1,34	2,30	3,7 g
Scolarisation 2e degré f	%	56	87	105 e
Scolarisation 3e degré	%	8,9	24,2	31,5 e
Téléviseurs	%oo	122	254	389 g
Livres publiés	titre	19 717	28 195	38 353 g
Armée				
Marine	millier d'h.	39,4	49	35,6
Aviation	millier d'h.	32,6	38	39,8
Armée de terre	millier d'h.	210	255	182

a. 1965-75; b. 1975-85; c. 1990-95; d. 1990; e. 1987; f. 11-17 ans; g. 1989.

Commerce extérieur a

INDICATEUR	UNITÉ	1970	1980	1991
Commerce extérieur	% PIB	9,7	13,0	14,3
Total imports	milliard $	4,7	34,1	93,9
Produits agricoles	%	23,6	21,3	14,1
Produits énergétiques	%	13,3	38,5	11,0
Autres produits miniers	%	7,0	6,1	2,6 c
Total exports	milliard $	2,4	20,7	59,4
Produits agricoles	%	37,0	19,9	17,5
Produits miniers b	%	3,5	5,6	6,0 c
Produits industriels	%	54,0	70,5	76,9
Principaux fournisseurs	% imports			
CEE		41,3	31,4	59,9
Moyen-Orient		9,6	26,0	2,5
États-Unis		18,9	13,1	8,0
Principaux clients	% exports			
CEE		49,6	52,4	70,9
Afrique		5,9	8,4	4,5
Amérique latine		11,6	9,5	3,8

a. Marchandises; b. Y compris produits énergétiques; c. 1990.

Espagne

Économie

Indicateur	Unité	1970	1980	1991
PIB	milliard $	37,2	198,1	493,1
Croissance annuelle	%	5,9 [a]	1,7 [b]	2,5
Par habitant	$	1 100	5 300	12 644
Structure du PIB				
Agriculture	% ⎫	11,3	7,1	4,9 [c]
Industrie	% ⎬ 100 %	39,9	38,6	37,8 [c]
Services	% ⎭	48,8	54,3	57,3 [c]
Taux d'inflation	%	5,7	15,6	5,5
Population active	million	13,0	13,3	15,4
Agriculture	% ⎫	29,5	18,9	10,7
Industrie	% ⎬ 100 %	37,2	36,1	33,1
Services	% ⎭	33,3	45,1	56,3
Chômage	%	2,5	11,2	16,5 [f]
Dépenses publiques				
Éducation	% PIB	2,1	2,3	4,3 [e]
Défense	% PIB	1,6	2,3	1,5
Aide au développement	% PIB	0,01	0,11	0,15 [d]
Administrations publiques				
Solde [g]	% PIB	0,7	− 2,6	− 3,9
Dette brute	% PIB	13,5	18,5	45,8
Production d'énergie	million TEC	14,1	21,2	29,1 [c]
Consommation d'énergie	million TEC	49,6	88,4	97,1 [c]

a. 1965-75; b. 1975-85; c. 1989; d. 1990; e. 1988; f. En fin d'année; g. Capacité ou besoin de financement.

ont fait passer leur pays de la dictature à la démocratie. Le président américain George Bush a félicité Felipe Gonzalez pour l'organisation, en octobre 1991 à Madrid, de la séance d'ouverture de la Conférence de paix sur le Proche-Orient. Enfin, la communauté juive a remercié le monarque espagnol d'avoir demandé pardon pour l'expulsion, en 1492, de ses ancêtres séfarades.

La dépression après l'euphorie ?

Pourtant, plus encore que la renaissance politique et économique de l'Espagne — limitée pour ce qui est de cette dernière puisqu'elle n'est pas une vraie puissance industrielle et qu'elle semble se contenter de son rôle de prestataire de services —, les observateurs étrangers ont salué sa vigueur culturelle, dont le cinéaste Pedro Almodovar est devenu le symbole.

L'année de la commémoration du cinquième centenaire de la conquête du royaume musulman de Grenade, de l'expulsion des juifs, de la découverte de l'Amérique par les caravelles de Christophe Colomb a également été celle de l'aboutissement d'un gigantesque effort collectif de modernité commencé en 1975 avec la mort du dictateur Franco, et décuplé, en 1982, avec l'arrivée des socialistes au pouvoir.

Mais après l'euphorie pourrait venir la dépression. L'opinion publique internationale, saturée d'information, ne va-t-elle pas se désintéresser des affaires espagnoles ? Les touristes ne vont-ils pas chercher d'autres horizons ? En effet,

BIBLIOGRAPHIE

R. Arques, M. Mirailles, Amedo, *El Estado contra ETA*, Plaza y Janes, Barcelone, 1989.

B. Bennasar, B. Bessière, *Le Défi espagnol*, La Manufacture, Besançon, 1991.

B. Bennasar, *Histoire des Espagnols*, Robert Laffont, Paris, 1992.

«La Catalogne», *Notes et études documentaires*, n° 4925, La Documentation française, Paris, 1991.

A. De Miguel, J.-L. Guttierez, *La Ambición del Cesar*, Temas de hoy, Barcelone, 1989.

T. Maliniak, *Les Espagnols*, Le Centurion, Paris, 1990.

B. Meyer-Stabley, *Juan Carlos*, Hachette, Paris, 1992.

G. O'Reilly, «Gibraltar et le détroit. Colonie britannique et passage géostratégique», *Hérodote*, n° 57, La Découverte, Paris, 1990.

l'Espagne ne peut pas en absorber davantage et tout y est devenu trop cher pour la médiocre qualité des services offerts — exception faite du soleil. En outre, à la fièvre des bâtisseurs d'immeubles privés et d'infrastructures publiques pourrait succéder le constat d'une sérieuse dégradation de l'environnement.

Le jeune système politique espagnol a donné ses premiers signes de fatigue. Le mot «corruption», associé à la classe politique, est entré dans le langage courant. La principale force d'opposition, le Parti populaire, conservateur, l'a systématiquement utilisé pour dénoncer les socialistes. Un nouveau scandale politico-financier a secoué le pays : Mariano Rubio, président de la Banque d'Espagne et proche du pouvoir socialiste, a été mêlé à l'«affaire Ibercorp», un présumé délit d'initié. En 1991, des personnes bien placées dans l'administration et le monde de la finance, dont deux anciens ministres de F. Gonzalez, ont eu accès à des informations confidentielles de la Banque d'Espagne sur une baisse imminente de la valeur des actions de la Banque Ibercorp et ont vendu, à un bon prix, leurs participations dans cette banque.

Pourtant, selon les sondages, à la mi-1992, le Parti socialiste ouvrier espagnol (PSOE) restait favori pour les élections législatives prévues en 1993. Après une décennie d'exercice du pouvoir, les socialistes paraissaient moins usés que leurs homologues français. Le PSOE semblait pouvoir perdre à cette occasion la majorité absolue, mais avoir de fortes chances de rester la principale force politique.

De son côté, le Parti populaire a semblé vouloir sortir de l'isolement où l'ont confiné les liens que ses fondateurs avaient entretenus avec le franquisme. Il a commencé à rencontrer un appui populaire, mais à un rythme si lent que les socialistes ont ironisé sur ses possibilités de se présenter comme alternative de gouvernement d'ici à la fin du millénaire. Son nouveau leader, José María Aznar, s'est efforcé de gagner des sympathies, mais son absence de charisme et la médiocrité de ses conseillers ont nui à ses ambitions.

«Refonte de l'État»?

Un vieux dinosaure ex-franquiste, Manuel Fraga, fondateur du Parti populaire et aujourd'hui président de la Xunta de Galicia — le conseil régional de Galicie —, a lancé une bombe à retardement sur la scène politique espagnole. Il a proposé une «refonte de l'État», autrement dit que l'administration des régions autonomes de la nouvelle Espagne démocratique se fasse sur le modèle d'un véritable État fédéral dans lequel l'administration centrale n'exercerait plus que les fonctions liées à la Défense et aux Affaires étrangères.

La proposition de M. Fraga — paradoxale chez un homme qui, au temps de Franco, s'opposait à la moindre concession en faveur des Catalans et des Basques — a suscité une irrépressible sympathie en Catalogne. L'année 1992 a vu cette région prendre plus de distances vis-à-vis de l'État espagnol. Les élections générales du 15 mars ont redonné une confortable majorité (46,6 % des voix) au nationalisme modéré du président de la generalitat, Jordi Pujol, mais elles ont surtout été marquées par une avancée spectaculaire (10,3 % des voix) du parti indépendantiste Esquerra republicana de Catalunya (Gauche républicaine de Catalogne).

Jordi Pujol a revendiqué davantage d'autonomie pour le gouvernement de la région la plus prospère et la plus dynamique d'Espagne ; une région dont la capitale, Barcelone, a vu sa dimension internationale consacrée par les jeux Olympiques. Les Catalans disposent d'un parlement et d'un gouvernement dotés de larges compétences, puisqu'ils contrôlent deux chaînes de télévision et un réseau de radios, une force de police, le système éducatif et la politique linguistique (le catalan est langue officielle de la région). Mais cette situation est restée insuffisante aux yeux de nombreux Catalans. A la veille des jeux Olympiques, plusieurs personnalités ont exigé que soit formée une équipe catalane distincte de celle de l'Espagne.

Pour apaiser les autres Espagnols, Jordi Pujol a assuré que la seule prétention de la Catalogne est l'instauration d'un véritable système fédéral, et non la séparation. Mais le succès rencontré par les indépendantistes dans les pays Baltes et les républiques ex-yougoslaves a donné des ailes à beaucoup de Catalans.

Une telle situation a rappelé que, à la différence de la France, l'Espagne n'est jamais parvenue au stade de véritable État-nation. Elle doit continuer à se conjuguer au pluriel. Certains observateurs ont vu dans l'enthousiasme de l'immense majo-

---

ESPAGNE

Espagne.

Capitale : Madrid.

Superficie : 504 782 km² (0,92 fois la France).

Monnaie : peseta (100 pesetas = 0,77 écu ou 5,34 FF au 26.6.92).

Langues : officielle nationale : espagnol (ou castillan) ; officielles régionales : basque (euskerra) ; catalan ; galicien ; valencien.

Chef de l'État : Juan Carlos Ier de Bourbon (roi).

Chef du gouvernement : Felipe Gonzalez (depuis déc. 1982, réélu le 30.10.89).

Échéances électorales : législatives et régionales au Pays basque (1993).

Nature de l'État : royaume. 17 régions autonomes dans une Espagne «unie et indissoluble».

Nature du régime : monarchie constitutionnelle.

Principaux partis politiques : Parti socialiste ouvrier espagnol (PSOE, gauche, au pouvoir) ; Parti populaire (PP, droite), Gauche unie (IU, coalition à majorité communiste) ; Centre démocratique et social (CDS, populiste). *Nationalistes :* Parti nationaliste basque (PNV, droite) ; Eusko-Alkartasuna (dissident du PNV) ; Euskadiko Eskerra (EA, gauche basque) ; Herri Batasuna (coalition séparatiste basque) ; Convergencia i Uniõ (CIU, droite, au pouvoir en Catalogne) ; Iniciativa per Catalunya (IC, fédération des communistes catalans, à tendance socialiste) ; Union do Povo Galego (gauche galicienne).

Territoires outre-mer : Ceuta, Melilla [Afrique du Nord].

Carte : p. 473.

Statistiques : voir aussi p. 474-475.

rité des Espagnols pour la construction européenne une manière de passer directement du niveau régional au niveau européen, en éliminant l'étape intermédiaire de l'État-nation. Cette phase, jamais acceptée de bon gré par les Basques et les Catalans, est en outre assimilée à un passé honteux — les Rois Catholiques, l'Inquisition, le massacre des Indiens d'Amérique, le franquisme — par de nombreux citoyens des régions de langue castillane.

Les conditions de l'Union économique et monétaire

Si l'État espagnol a assisté avec une certaine impuissance au décollage catalan, il a semblé en revanche marquer des points dans la vieille guerre qu'il mène contre le terrorisme de l'organisation basque ETA. Les séparatistes ont ouvert l'année 1992 avec une sanglante campagne d'attentats et des menaces directes contre l'Exposition universelle, les jeux Olympiques et la première ligne Madrid-Séville du TGV (train à grande vitesse) espagnol. Mais au printemps 1992, ils ont reçu un rude coup avec l'arrestation en France de leur principal leader, Francisco Múgica Garmendia, *alias* «Artapalo». A cette même époque, l'accentuation des pressions exercées par les autorités françaises a obligé l'ETA à rester sur la défensive. Toutefois, ses militants sont restés capables de mener des actions brutales et ils ont continué de disposer de l'appui d'une frange significative du peuple basque.

L'Espagne s'est préparée au difficile examen de passage de l'entrée dans le «club européen de Maastricht». Aucune formation politique ne s'est opposée à l'accélération de la construction européenne décidée dans la ville néerlandaise en décembre 1991. Les Espagnols ont accepté sans réticence le principe de la monnaie unique, de la banque centrale européenne et de la politique commune des visas. De plus, ils ont trouvé «sympathique» que les étrangers résidant sur leur sol puissent voter aux élections municipales.

Mais l'économie espagnole, à la mi-1992, était loin de remplir les conditions imposées à Maastricht en matière d'inflation et de déficit budgétaire pour être acceptée dans l'Union économique et monétaire (UEM) future. L'OCDE a calculé que l'Espagne terminerait l'année avec une inflation entre 6 % et 7 % et un déficit budgétaire s'élevant à 4,9 % du PIB. C'est pour remédier à cette situation que le gouvernement a approuvé un rigoureux «plan de convergence» destiné à placer l'Espagne, d'ici à 1997, parmi les pays bénéficiant de la meilleure santé économique dans la Communauté. Avant la clôture des jeux Olympiques et de l'Exposition universelle de Séville, F. Gonzalez a annoncé un «nouveau défi» : la convergence économique avec l'Allemagne et la France. L'un des aspects de ce thème — la lutte pour réduire la fraude sur l'indemnisation du chômage et, au passage, le déficit budgétaire — a rencontré de fortes réticences de la part des organisations syndicales. Le ministre de l'Économie, Carlos Solchaga, s'est rendu encore plus impopulaire qu'il n'était avec ce que les Espagnols ont appelé le «*decretazo*» (le «coup du décret»), un décret-loi qui a sensiblement réduit les prestations allouées aux chômeurs. Aux yeux des travailleurs espagnols, le *decretazo* a confirmé que 1993 pourrait être une année de «gueule de bois». Le 27 juin 1992, le quotidien *El País* écrivait que «l'économie se dégrade de plus en plus et perd 1 200 emplois par jour». Le quotidien madrilène présentait un sombre panorama de la situation espagnole : la perte d'emplois est devenue une véritable hémorragie, le chômage a atteint 17,5 %, de nombreuses entreprises n'ont pu payer leurs salariés, le déficit commercial s'est accru de 15,5 %, l'inflation s'est maintenue à 6,5 %, le déficit public a dépassé toutes les prévisions et la croissance ne devait pas dépasser 2 % fin 1992. La fête est-elle finie ou est-ce un entracte ?

Javier Valenzuela

Afrique du Sud
Quel compromis entre Blancs et Noirs?

Sur fond de violence incessante, l'Afrique du Sud a tenté de poursuivre, avec difficulté, en 1991-1992, son processus de rupture avec l'apartheid, et la difficile recherche d'un nouvel équilibre politique non racial. Deux ans après le changement de cap opéré, en février 1989, par le président sud-africain Frederik De Klerk, la minorité blanche a donné un « feu vert » déterminant à la poursuite de cette politique. Pourtant, en juin 1992, les discussions constitutionnelles ont été rompues et une partie de bras de fer aux conséquences incertaines s'est engagée entre le pouvoir blanc et l'opposition noire.

« Aujourd'hui, nous avons refermé le livre de l'apartheid », a déclaré le chef de l'État en saluant les résultats du référendum organisé le 17 mars 1992 pour la minorité blanche. Le chef de l'État sud-africain avait lui-même sollicité cette consultation afin de pouvoir disposer d'un mandat clair de la population blanche avant de s'engager plus avant sur les modalités du partage du pouvoir avec la majorité noire.

A l'issue d'une campagne acharnée contre un « front du refus » d'extrême droite appelant à voter « non », 68,7 % des électeurs ont répondu positivement à la question posée : « Êtes-vous pour la poursuite du processus de réformes engagé le 2 février 1990 par le chef de l'État qui, par les négociations, débouchera sur une nouvelle Constitution ? » Résultat plus massif que prévu par l'entourage du président, qui s'attendait à une courte victoire, et défaite cuisante pour les conservateurs d'Andries Treurnicht et leurs alliés néo-nazis du Mouvement de résistance afrikaner (AWB), dirigé par Eugène Terre Blanche, dont certains semblaient pouvoir se lancer dans la violence terroriste.

Le retour à l'apartheid « pur et dur » n'étant guère considéré comme une alternative réaliste, sauf à vouloir retrouver la répression et l'isolement international, les Blancs ont voté « oui » avec plus de résignation que d'enthousiasme. Les principaux

▼

AFRIQUE DU SUD

République sud-africaine.
Capitale : Prétoria.
Superficie : 1 221 037 km² (2,2 fois la France).
Monnaie : rand (1 rand = 1,94 FF au 30.3.92).
Langues : afrikaans et anglais (officielles) ; langues africaines : xhosa, zoulou, sesotho, etc.
Chef de l'État : Frederik De Klerk, président de la République, élu le 14.9.89.
Échéance institutionnelle : négociations en vue d'une réforme constitutionnelle (suspendues en juin 92).
Nature de l'État : république centralisée. L'État central domine en outre les bantoustans noirs « indépendants ». Les lois sur l'apartheid ont été abolies en juin 91.
Nature du régime : parlementaire : (mais la majorité noire reste privée du droit de vote).
Principaux partis politiques : Parti national (au pouvoir) ; Parti démocratique (libéral) ; Parti conservateur (extrême droite) ; Congrès national africain (ANC) ; Inkatha Yenkululeko Yesizwve (zoulou) ; Congrès panafricaniste (PAC) ; Organisation du peuple d'Azanie (AZAPO, Conscience noire) ; Parti travailliste d'Afrique du Sud ; Congrès indien ; Parti indien de la réforme ; Parti communiste sud-africain (SACP).
Carte : p. 315.
Statistiques : voir aussi p. 312-313.

Afrique du Sud

Démographie, culture, armée

INDICATEUR	UNITÉ	1970	1980	1991
Population	million	22,5	28,3	36,1
Densité	hab./km²	18,4	23,2	29,5
Croissance annuelle	%	2,4 a	2,2 b	2,2 c
Indice de fécondité (ISF)		5,7 a	4,9 b	4,2 c
Mortalité infantile	%₀₀	114,0	87,8	62 c
Espérance de vie	année	48,5	52,5	63 c
Population urbaine	%	47,9	52,7	59 d
Analphabétisme	%	..	..	30,0 d
Nombre de médecins	%₀₀ hab.	0,6 f	0,52 g	0,70 i
Scolarisation 2e degré k	%	24,8	32,4	49,7 j
Scolarisation 3e degré	%	5,5	7,3	9,6 j
Téléviseurs	%₀₀	3,1	71	101 e
Livres publiés	titre	2 649 h	3 849 i	..
Marine	millier d'h.	3,5	4,7	4,5
Aviation	millier d'h.	8	10,3	10
Armée de terre	millier d'h.	32,3	71	49,9

a. 1965-75; b. 1975-85; c. 1990-95; d. 1990; e. 1989; f. 1975; g. 1978; h. 1971; i. 1986; j. 1987; k. 13-17 ans.

Commerce extérieur a

INDICATEUR	UNITÉ	1970	1980	1991
Commerce extérieur	% PIB	19,9	28,1	19,6
Total imports	milliard $	3,8	19,2	18,8
Produits agricoles	%	9,2	5,4	7,5 e
Produits pétroliers	%	5,0	0,4	0,6 b
Produits manufacturés	%	83,1	62,3	70,6 b
Total exports	milliard $	3,4	25,7	24,2
Or	%	34,3	50,7	29,4
Minerais et métaux	%	13,9	13,6	17,6 f
Produits agricoles	%	20,4	14,6	9,2 e
Principaux fournisseurs	% imports			
Japon		8,7	9,1	9,7 e
Europe occidentale		54,4	40,0	47,5 e
États-Unis		16,6	13,8	12,6 e
Confidentiel d		1,3	28,6	18,2 e
Principaux pays clients c	% exports			
Europe occidentale		50,8	48,4	50,4 e
États-Unis		5,4	15,8	13,5 e
Japon		7,6	11,5	12,2
Afrique		17,0	10,5	8,5 e

a. Marchandises; b. 1985; c. Exportations d'or non comprises; d. Origine gardée secrète à cause du boycottage international (lequel a été partiellement levé à partir de 0000); e. 1990; f. 1988.

Économie

Indicateur	Unité	1970	1980	1991
P I B	milliard $	17,1	61,4	103,2
Croissance annuelle	%	4,7 a	1,9 b	− 0,6
Par habitant	$	760	2 170	2 859
Structure du P I B				
Agriculture	%	8,1	7,0	5,1 c
Industrie	% } 100 %	40,1	50,6	44,0 c
Services	%	51,8	42,4	50,9 c
Dette extérieure totale	milliard $	13,8 e	15,6	19,2
Taux d'inflation	%	4,2	13,8	16,2
Population active	million	8,33	9,45	12,4 c
Agriculture	%	32,9	16,5	15,7 g
Industrie	% } 100 %	29,4	35,0	31,1 g
Services	%	37,7	48,5	53,2 g
Dépenses publiques				
Éducation	% PIB	0,4 f	..	2,6 g
Défense	% PIB	2,0	3,3	4,2 c
Production d'énergie	million TEC	48,5	93,5	133,1 d
Consommation d'énergie	million TEC	56,9	90,2	105,7 d

a. 1965-75; b. 1975-85; c. 1990; d. 1989; e. 1975; f. 1968; g. 1985.

alliés de F. De Klerk dans cette campagne, prompts à présenter une éventuelle victoire du « non » comme « tragique », ont été les milieux d'affaires — soucieux d'éviter un retour à l'isolement international dont émergeait à peine le pays —, les libéraux blancs anglophones, mais aussi le Congrès national africain de Nelson Mandela (ANC). Cette alliance entre une partie des Afrikaners, des Anglais et des Noirs a rompu avec trois siècles de vie politique « ethnique ».

Comment juguler la spirale de la violence ?

L'ANC avait initialement critiqué la décision du chef de l'État d'organiser un référendum pour les seuls Blancs, avant d'appeler ceux-ci à voter « oui ». Aussitôt après le référendum, l'ANC a d'ailleurs repris ses négociations avec le gouvernement, à la recherche d'une formule de partage du pouvoir pendant la transition vers une Afrique du Sud aux contours encore incertains.

Ces négociations promettaient d'ailleurs d'être particulièrement difficiles. Ouverte solennellement le 20 décembre 1991, la Conférence pour une Afrique du Sud démocratique (CODESA), réunissant dix-neuf partis politiques dont le Parti national (au pouvoir), l'ANC et le mouvement zoulou Inkatha du chef Mogosuthu Gatsha Buthelezi, s'est rapidement heurtée à ses désaccords. Ceux-ci ont porté à la fois sur les structures de la transition, et sur la majorité qualifiée nécessaire à l'adoption de la future Constitution. En filigrane se sont exprimées deux conceptions de l'avenir, avec l'insistance du Parti national sur la nécessité de préserver les « droits des minorités », alors que l'ANC défendait une conception plus unitaire du pays. Cela représentait un résumé des inquiétudes et des enjeux de pouvoir à venir, même si chacun s'accordait à penser que les deux « camps » n'avaient pas d'autre choix que de trouver un compromis final.

Les difficultés de la négociation

BIBLIOGRAPHIE

«Afriques blanches, Afriques noires», *Hérodote*, n° 65, La Découverte, Paris, 1992 (à paraître).

D. C. BACH (sous la dir. de), *La France et l'Afrique du Sud : histoire, mythes et enjeux contemporains*, Karthala, Paris, 1990.

P. BEAUDET, *Les Grandes Mutations de l'apartheid*, L'Harmattan, Paris, 1991.

P. COQUEREL, *Afrique du Sud, l'histoire séparée*, Gallimard, coll. «Découvertes», Paris, 1992.

J. GUILOINEAU, *Nelson Mandela*, Plon, Paris, 1990.

R. MALAN, *Mon cœur de traître*, Plon, Paris, 1992.

F. MELIN, *Une histoire de l'ANC*, L'Harmattan, Paris, 1991.

J. RIGAULT, E. SANDOR, *Le Démantèlement de l'apartheid*, L'Harmattan, Paris, 1992.

auraient moins retenu l'attention si elles n'avaient risqué, à chaque étape, d'alimenter un climat de violence que rien n'est parvenu à calmer. Deux ans après la libération de Nelson Mandela (emprisonné pendant vingt-sept ans), en effet, l'insécurité a continué de régner, à la fois du fait de la violence politique qui s'est poursuivie, et de la montée vertigineuse de la criminalité, dans un contexte de récession économique. Pour la troisième année consécutive, en 1991, le produit intérieur brut a été en régression : − 0,6 %. Le chômage a touché environ 40 % de la population active, un chiffre que le regain d'intérêt des investisseurs étrangers pour le pays n'a pas semblé devoir rapidement modifier.

Le signes d'espoir, pourtant, n'ont pas manqué. Face à la violence, qui a fait 2 582 morts en 1991, selon la Commission indépendante des droits de l'homme, et 300 de plus pendant la seule période du référendum, les tentatives de conciliation se sont multipliées. En septembre 1991, un premier accord national de paix a été conclu entre les principales forces politiques et religieuses du pays, à commencer par F. De Klerk, N. Mandela et le chef Buthelezi. De nouveau, en avril 1992, les trois hommes sont apparus côte à côte pour appeler à la paix lors d'un pèlerinage religieux d'un million de Noirs.

Ces appels à la paix en commun n'étaient toutefois pas dénués d'ambiguïtés. Pour de nombreux Sud-Africains, certaines racines de la violence sont à trouver dans la collusion entre l'Inkatha et des éléments de l'appareil sécuritaire, illustrée en 1991 par l'«*Inkathagate*», scandale qui a révélé que le parti zoulou avait reçu des fonds publics pour contrer l'ANC. N. Mandela et ses amis ont exigé de F. De Klerk qu'il clarifie cette situation. Certains incidents parmi les plus sanglants, notamment des fusillades aveugles contre des trains de banlieues noires, ont été attribués à des «escadrons de la mort» qui pourraient avoir été créés par des «ultras» au sein des forces de sécurité. C'est d'ailleurs sur cette question, à la suite du massacre de 46 personnes dans le ghetto de Boipatong, le 17 juin 1992, que l'ANC a rompu le dialogue avec F. De Klerk. Chaque retard à la conclusion d'un accord alimente ce cycle infernal de violence.

Fin de l'isolement international

En revanche, anticipant sur un tel accord, le reste du monde a sorti l'Afrique du Sud de son isolement. Les sanctions économiques ont été abandonnées les unes après les autres, la France levant son embargo sur le charbon à la veille du référendum, la CEE son embargo sur les importations d'acier et de pièces d'or et sur les livraisons de produits pétroliers, et les États-Unis toute la série de sanctions imposées par le Congrès au président Ronald Reagan en 1986. Les investisseurs privés ont également repris le chemin de l'Afrique du Sud. La Russie a, elle aussi, établi des relations diplomatiques avec Prétoria en février 1992, tandis que les athlètes sud-africains effectuaient pour leur part leur retour dans les compétitions internationales dont ils avaient été exclus depuis les années soixante, à commencer par les jeux Olympiques.

Plus spectaculaire encore, l'ancien pays de l'apartheid a effectué un retour en force en Afrique noire. La Côte d'Ivoire a noué, la première, en avril 1992, des relations diplomatiques avec Prétoria, tandis que F. De Klerk, reçu quelques jours plus tard au Nigéria, exprimait le souhait d'être admis au sein de l'Organisation de l'unité africaine (OUA), son ennemi juré d'hier. De nombreux responsables africains espèrent voir l'Afrique du Sud jouer, dans l'avenir, un rôle de locomotive économique pour un continent marginalisé.

Avant d'en arriver là, il restait à lever une fois pour toutes l'hypothèque politique. F. De Klerk et N. Mandela sont restés, de ce point de vue, les personnages clés. En avril 1992, N. Mandela a annoncé qu'il se séparait de sa femme Winnie, au nom de « différences de vues personnelles sur un certain nombre de points ». Outre sa condamnation à six ans de prison pour enlèvement et complicité dans le meurtre d'un adolescent noir, pour laquelle elle a fait appel, Winnie Mandela appartient à l'aile la plus radicale de l'ANC, qui critique la politique modérée du mouvement. Peu après cette séparation, Winnie Mandela a dû abandonner ses responsabilités au sein de l'ANC. Pour Nelson Mandela, sorti de prison aux bras de sa remuante épouse, la quête d'un accord politique a trouvé là un prix fort élevé.

Pierre Haski

(*Voir aussi article p. 555.*)

Mexique
Un tournant irréversible

On fera la *perestroïka* avant de faire la *glasnost*, avait annoncé le président Carlos Salinas de Gortari en prenant ses fonctions en décembre 1988. Force est de constater que ses succès économiques et sa détermination politique lui ont permis de reconquérir une légitimité qui lui était fortement contestée.

L'année 1991 et le premier semestre 1992 ont été économiquement fastes. Une croissance de 3,6 %, nettement supérieure aux prévisions et qui devrait se maintenir ; une inflation maîtrisée (18,8 % en 1991 et 9,7 % prévus en 1992), un service de la dette ramené en 1991, après renégociation, de 10 % à 6 % du PIB, un volume considérable d'investisse-

ments (25 milliards de dollars), des privatisations rapportant près de trois fois plus (en particulier celles des banques) que leur valeur escomptée... tout a semblé sourire à la jeune équipe du président. Le choix de l'ouverture quasi totale des frontières, le désengagement de l'État du secteur productif (280 entreprises publiques fin 1991 contre 1 156 en 1982), la réorientation de la production vers l'exportation, la résorption du déficit budgétaire (1,3 % en 1991, probablement nul en 1992) se sont finalement révélés payants.

Quelques ombres néanmoins à ce tableau idyllique : le creusement inquiétant du déficit de la balance commerciale (11,2 milliards de dol-

Mexique

Démographie, culture, armée

INDICATEUR	UNITÉ	1970	1980	1991
Démographie				
Population	million	52,8	70,4	87,8
Densité	hab./km²	26,8	35,8	44,7
Croissance annuelle	º/₀	3,3 a	2,5 b	2,0 c
Indice de fécondité (ISF)		6,5 a	4,5 b	3,1 c
Mortalité infantile	º/₀₀	73,0	55,8	36 c
Espérance de vie	année	61,3	64,9	70 c
Population urbaine	º/₀	59,0	66,4	73 d
Culture				
Analphabétisme	º/₀	25,8	17,0	12,7 d
Nombre de médecins	º/₀₀ hab.	0,69	0,96	1,63 f
Scolarisation 12-17 ans	º/₀	46,2	63,8	68,1 d
Scolarisation 3e degré	º/₀	6,1	14,4	14,6 e
Téléviseurs	º/₀₀	34	54	127 e
Livres publiés	titre	4 812	1 629	3 490 e
Armée				
Marine	millier d'h.	7,6	20	37
Aviation	millier d'h.	6	4	8
Armée de terre	millier d'h.	54	72	130

a. 1965-75; b. 1975-85; c. 1990-95; d. 1990; e. 1989; f. 1987.

Commerce extérieur a

INDICATEUR	UNITÉ	1970	1980	1991
Commerce extérieur	º/₀ PIB	5,4	9,4	12,0
Total imports	milliard $	2,5	19,5	40,7
Produits agricoles	º/₀	12,0	19,1	16,2 b
Métaux et produits miniers d	º/₀	4,2	4,0	3,9 c
Produits manufacturés	º/₀	80,6	74,9	70,3 c
Total exports	milliard $	1,4	15,6	27,2
Produits agricoles	º/₀	48,8	14,7	11,3 b
Pétrole et gaz	º/₀	3,2	66,8	37,7 b
Métaux et produits miniers d	º/₀	15,5	6,5	6,9 c
Principaux fournisseurs	º/₀ imports			
États-Unis		63,6	61,6	70,8 b
C E E		20,0	14,9	12,6 b
Japon		3,5	5,1	5,1 b
Principaux clients	º/₀ exports			
États-Unis		59,8	64,7	73,1 b
C E E		6,9	15,3	10,2 b
P V D		10,5	12,6	7,6 b

a. Marchandises; b. 1990; c. 1989; d. Non compris produits énergétiques.

Mexique

Économie

Indicateur	Unité	1970	1980	1991
PIB	milliard $	37,5	163,4	260,5
Croissance annuelle	%	6,7 a	4,1 b	3,6
Par habitant	$	710	2 320	2 970
Structure du PIB				
Agriculture	%	11,7	8,2	9,8 d
Industrie	% } 100 %	29,4	32,8	33,0 d
Services	%	58,9	59,0	67,7 d
Dette extérieure totale	milliard $	5,97	57,4	100,9
Service de la dette/Export.	%	44,3	49,5	27,7
Taux d'inflation	%	5,2	26,4	18,8
Population active	million	12,96	22,25	30,49 d
Agriculture	%	39,4	25,8	23,7 f
Industrie	% } 100 %	22,9	20,2	21,0 f
Services	%	37,7	53,9	55,4 f
Dépenses publiques				
Éducation	% PIB	2,4	4,2 e	3,8 c
Défense	% PIB	0,6	0,6	0,3 d
Production d'énergie	million TEC	53,8	198,1	250,9 c
Consommation d'énergie	million TEC	53,1	118,6	146,5 c

a. 1965-75 ; b. 1975-85 ; c. 1989 ; d. 1990 ; e. 1981 ; f. 1988.

lars en 1991) et une trop grande part de capitaux spéculatifs (4,5 milliards seulement des investissements correspondent à des placements directement productifs) ont dénoté le maintien d'une certaine fragilité de l'économie.

Au plan politique, C. Salinas a continué à donner des gages de volontarisme et de modernité : réforme électorale accroissant les pouvoirs de l'opposition sur le contrôle des scrutins ; sanctions immédiates contre les policiers responsables d'exactions (tortures, violences) ; élévation, en 1991, au rang constitutionnel de la Commission des droits de l'homme créée en 1990 ; destitution et incarcération des deux généraux compromis dans le trafic de drogues, etc.

Le régent de la ville de Mexico a par ailleurs continué à prendre des mesures radicales de lutte contre la pollution de la ville : interdictions de circuler, fermetures d'écoles certains jours, fermetures d'entreprises polluantes, etc.

Sur la scène diplomatique, enfin, C. Salinas a maintenu une intense activité « latino-américaine », accueillant en juillet 1991 à Guadalajara le premier sommet ibéro-américain, définissant une politique énergétique commune au Groupe des Trois (Colombie, Mexique, Vénézuela), participant activement au Groupe de Rio (groupe de treize pays d'Amérique latine ayant établi des mécanismes de consultation permanente).

Modernisations constitutionnelles

Les électeurs ont salué l'embellie économique et les succès politiques : aux élections législatives d'août 1991, le parti du président (PRI — Parti révolutionnaire institutionnel) a obtenu 61,4 % des suffrages, contre 17,7 % au PAN (Parti d'action nationale, droite) et 8,26 % à un

BIBLIOGRAPHIE

C. BATAILLON, L. PANABIÈRE, *Mexico aujourd'hui, la plus grande ville du monde*, Publisud, Paris, 1988.

G. COUFFIGNAL, «La grande faiblesse du syndicalisme mexicain», *La Revue de l'IRES*, 2 (hiver 1990), Paris.

S. LOAEZA, «Mexique : construire le pluralisme», *in* G. COUFFIGNAL (sous la dir. de), *Réinventer la démocratie : le défi latino-américain*, Presses de la FNSP, Paris, 1992.

L'ordinaire Mexique-Amérique centrale (bimestriel), GRAL-CNRS/IPEALT, Université de Toulouse-Le Mirail.

PRD (Parti révolutionnaire démocratique, gauche) dont l'effondrement a surpris. Bien que l'opposition ait dénoncé de nombreuses irrégularités, ce scrutin fut incontestablement plus transparent que de coutume. Signe des temps nouveaux : le président a contraint trois gouverneurs (de San Luis Potosi, Guanajuato et Tabasco) à démissionner à la suite des protestations devant les irrégularités ayant entaché leur élection. Mais ces élections ont surtout donné à C. Salinas une Chambre où le PRI (320 sièges sur 500), avec l'appui du PAN (89 sièges, le PRD n'en ayant que 41), a la majorité des deux tiers requise pour réformer la Constitution. Il pouvait dès lors s'attaquer aux derniers «archaïsmes» constitutionnels s'opposant à la «modernisation» dont il se veut l'artisan.

Le premier a été la modification, approuvée par les trois grands partis, de l'article 130 de la Constitution, qui régissait les relations (ou plutôt l'absence de relations) avec les Églises. Celles-ci ont désormais la personnalité juridique et peuvent exercer leur activité au grand jour (90 % de la population est catholique), les clercs retrouvent droit de vote et droit de propriété. L'État, enfin, a prévu, en 1992, de renouer des relations diplomatiques avec le Vatican.

Le deuxième a été la modification du régime de l'*ejido* (article 27 de la Constitution), qui organisait la possession communautaire des terres agricoles cultivables. Cette structure originale, qui avait assuré la réussite de la réforme agraire (initiée en 1917), était devenue au fil des ans totalement obsolète, la trop petite superficie des parcelles (moins de 5 hectares dans plus de 60 % des 85 millions d'hectares d'*ejidos*) empêchant toute mécanisation. Depuis décembre 1991 les *ejidatarios* peuvent vendre ou louer leurs parcelles, s'associer avec d'autres, tandis que des sociétés nationales ou étrangères (selon les modalités à définir) peuvent investir dans le secteur.

Enfin, une troisième réforme annoncée est celle de l'article 23, qui régit les relations employeurs-employés et instaure un régime très protecteur des droits des travailleurs. Le succès des *maquiladoras*, ces entreprises de sous-traitance qui se sont multipliées le long de la frontière avec les États-Unis et qui échappent à la législation de droit commun, incite le pouvoir à revoir la réglementation sur l'ensemble du territoire, toujours dans le but d'attirer l'investissement.

Toutes ces réformes sont bien sûr liées à la réalisation de la grande ambition conjointe des présidents mexicain et américain : celle de la constitution du grand marché commun Canada-États-Unis-Mexique. Malgré la complexité du dossier et l'hostilité de certains secteurs (en particulier les syndicats américains), les négociateurs ne désespéraient pas de signer le traité avant la fin de l'année 1992.

L'enjeu, pour le Mexique, qui réalise déjà les trois quarts de son commerce avec les États-Unis, est crucial. Il en attend un coup de fouet pour la croissance, d'autant plus nécessaire que l'État n'aura plus les moyens de gérer socialement les énormes coûts sociaux de la nouvelle politique économique.

Le secteur pétrolier, prochaine étape des privatisations ?

C'est en effet le produit des privatisations qui a permis de financer un vaste Programme national de solidarité (Pronasol) : 3,8 milliards de dollars investis en infrastructures (routes, eau courante, électricité), services (51 000 écoles, 181 000 bourses, 1 030 cliniques), logement, etc. Cela a sans nul doute influé sur le résultat des élections de 1991. Mais il ne restait plus grand-chose à privatiser à la mi-1992 : quelques banques, le canal 13 de la télévision et quelques journaux. A l'exception peut-être du dernier fleuron de la période révolutionnaire, qualifié de stratégique : le pétrole, nationalisé dans les années trente.

Une terrible catastrophe, en avril 1992, a endeuillé Guadalajara, la deuxième ville du pays. Une explosion de gaz a soufflé tout un quartier, provoquant 195 morts et des centaines de blessés. Très vite, l'enquête a mis en cause les installations de l'entreprise pétrolière nationale, PEMEX. Depuis longtemps, les experts soulignaient la nécessité de moderniser ses équipements et l'insuffisance de ses ressources propres pour le faire. Depuis longtemps aussi, les États-Unis lorgnaient sur un pétrole qui les mettrait définitivement à l'abri des conséquences d'une grave crise dans le golfe Arabo-Persique.

Ce secteur, malgré sa dimension hautement symbolique dans la culture politique mexicaine, sera-t-il la prochaine étape de la « modernisation », sous forme de privatisation de l'essentiel de ses activités ? On peut tout attendre d'un président qui a réussi en trois ans à faire

massivement adhérer une population traditionnellement très « antigringo » à l'idée d'une intégration économique dans un grand marché avec les États-Unis. Mais à la mi-1992, il apparaissait qu'il lui fallait faire vite. Il avait entamé la quatrième année de son mandat. C'est en général au Mexique celle du début de l'amenuisement du pouvoir présidentiel, celle où commencent à sourdre les luttes pour la succession. Celle aussi où commencent à émerger des scandales en tout genre.

Georges Couffignal

MEXIQUE

États unis du Mexique.

Capitale : Mexico.

Superficie : 1 967 183 km² (3,6 fois la France).

Monnaie : peso (au taux officiel, 1 peso = 0,001 FF au 30.3.92).

Langues : espagnol (officielle), 19 langues indiennes (nahuatl, otomi, maya, zapotèque, mixtèque, etc.).

Chef de l'État et du gouvernement : Carlos Salinas de Gortari, depuis le 1.12.88 (mandat de six ans).

Échéance électorale : présidentielles en 1994.

Nature de l'État : république fédérale (31 États et un district fédéral, la ville de Mexico).

Nature du régime : présidentiel.

Principaux partis politiques : *Gouvernement :* Parti révolutionnaire institutionnel (PRI, au pouvoir, sous différents noms, depuis 1929). *Opposition :* Parti d'action nationale (PAN, droite libérale) ; Parti de la révolution démocratique (PRD, gauche nationaliste).

Territoires outre-mer : îles Gigedo [Pacifique].

Carte : p. 411.

Statistiques : voir aussi p. 396.

Retour diplomatique remarqué

La guerre des alliés du Koweït contre l'Irak (1990-1991) a permis à l'Iran de régler les contentieux hérités de la révolution de 1979 et de devenir l'interlocuteur indispensable lors des discussions portant sur les conflits régionaux. L'Irak a rendu les derniers territoires qu'il occupait à la suite de la guerre qu'il avait menée contre le pays (1980-1988). Il a aussi libéré les prisonniers et donné à son ennemi d'hier les garanties refusées jusqu'alors. Pendant la crise du Koweït, l'Iran a su renouer avec toutes les capitales arabes et a rétabli ses relations avec tous les États occidentaux, sauf les États-Unis. Sous la pression iranienne, les groupes chiites extrémistes du Liban ont libéré les derniers otages occidentaux qu'ils détenaient. L'avenir de l'Irak, la question kurde (plusieurs centaines de milliers de Kurdes irakiens se sont réfugiés en Iran en avril 1991), l'écrasement de la révolte chiite irakienne après la défaite de Saddam Hussein au Koweït, la sécurité dans le golfe Persique, autant de questions cruciales qui n'ont pas pu être discutées sans Ali Akbar Velayati, le ministre iranien des Affaires étrangères, reçu aussi bien dans les capitales européennes que dans le monde arabe, en Turquie que dans les républiques d'Asie centrale de l'ex-URSS.

L'attitude générale de l'Iran a profondément changé. Téhéran a cherché à entrer au Conseil de sécurité des Nations unies, a envoyé sans problème une délégation de 115 000 pèlerins à La Mecque (pour la première fois depuis le massacre de 402 pèlerins dans une manifestation qui avait tourné à la violence en 1987) et a invité en Iran, sous les prétextes les plus divers, journalistes et experts américains, notamment pour une conférence sur la coopération pétrolière (mai 1991, Ispahan).

Les conséquences de l'assassinat de Chapour Bakhtiar

Le rapprochement entre l'Iran et l'Occident a été freiné par les élections législatives iraniennes d'avril 1992, au cours desquelles révolutionnaires et radicaux se sont affrontés aux politiciens plus pragmatiques, regroupés autour du président Hashemi Rafsandjani, les obligeant à la fermeté, et par le rôle joué par l'Iran dans les luttes d'influence entre les républiques musulmanes de l'ancien empire soviétique.

Probablement décidé dans la surenchère électorale, l'assassinat près de Paris de l'opposant Chapour Bakhtiar, qui fut le dernier Premier ministre du chah (6 août 1991), a terni les relations avec l'Europe. Il est apparu que les ordres venaient de Téhéran. Le rapprochement irano-français fut gelé alors que le règlement du contentieux financier portant sur Eurodif, qui traînait depuis des années, parvint enfin à la signature ministérielle (25 octobre 1991). Mais le voyage en Iran du président François Mitterrand, annoncé à Téhéran et dans lequel on voyait la consécration d'un nouveau départ diplomatique, fut repoussé et oublié.

Une autre conséquence de l'assassinat de C. Bakhtiar fut la détérioration des relations entre l'Iran et la Suisse, laquelle représente les intérêts américains à Téhéran et abrite le siège de la Croix-Rouge internationale. En effet, la France a demandé l'extradition de citoyens iraniens liés aux services diplomatiques iraniens en Suisse. Après une première fermeture de l'ambassade helvétique (fin décembre 1991), un homme d'affaires suisse fut pris en otage à Téhéran et tous les agents de la Croix-Rouge renvoyés alors qu'ils aidaient au règlement des derniers échanges de prisonniers entre l'Iran et l'Irak (mars 1992). Les négocia-

tions reprirent, sous l'égide de la Croix-Rouge, le 15 avril.

Le premier plan élaboré depuis la révolution pour relancer l'économie a des options clairement libérales, réduisant l'intervention de l'État dans le système bancaire, prévoyant la création de banques privées, le désengagement du secteur public (qui contrôlait encore plus de 70 % de la valeur ajoutée industrielle en 1991-1992), le développement de la Bourse de Téhéran. La croissance économique annuelle (9,5 % de mars 1991 à mars 1992) n'a pas suffi à compenser une forte pression démographique (accroissement de plus de 3 % par an constant depuis vingt ans). Le chômage endémique (plus de 25 % de la population active) et l'inflation effective de 50 % par an environ ont pesé sur les classes défavorisées. L'augmentation spectaculaire des salaires de fonctionnaires, multipliés par trois en 1991, n'a pas réussi à rattraper les prix, gonflés par les importations massives de produits alimentaires et de biens de consommation. La rente pétrolière a plus que jamais masqué le visage réel d'une économie malade.

Une position régionale stratégique

L'effondrement de l'URSS a précipité l'évolution des républiques musulmanes vers l'indépendance, les laissant sans arbitre dans leurs conflits ethniques et idéologiques. L'Iran exerce sur elles une influence à plusieurs titres : le rayonnement culturel persan (au Tadjikistan persanophone), le chiisme (Azerbaïdjan), une position géostratégique favorable (frontières communes), des débouchés sur le golfe Persique, des parentés ethniques (minorités azéries, turkmènes, arméniennes en Iran) et enfin le prestige de la richesse pétrolière et de n'être sous la coupe d'aucune puissance étrangère. L'inquiétude américaine de voir ces nouveaux pays s'allier à la République islamique explique l'insistance des alliés régionaux de l'Occident, Turquie, Pakistan, Arabie saoudite, à neutraliser la diplomatie iranienne.

Dans toutes les zones turcophones, des réseaux de télévision diffusent les programmes turcs, et l'Azerbaïdjan a été encouragé à latiniser son alphabet. Mais les dirigeants iraniens se sont aussi présentés comme médiateurs dans les conflits locaux, ont parrainé l'entrée des jeunes républiques à l'Organisation de la conférence islamique (OCI, Dakar, décembre 1991) et se sont interposés entre l'Azerbaïdjan et l'Arménie,

▼

IRAN

République islamique d'Iran.
Capitale : Téhéran.
Superficie : 1 648 000 km² (3 fois la France).
Monnaie : rial (au taux officiel, 1 rial = 0,08 FF au 30.3.92).
Langues : persan (officielle), kurde, turc azéri, baloutche, arabe, etc.
Chef de l'État : Ali Khameneï, guide de la Révolution (depuis juin 89).
Président de la République : (et « homme fort » du régime) Hashemi Rafsandjani, élu le 28.7.89.
Nature de l'État : république islamique.
Nature du régime : fondé sur les principes et l'éthique de l'islam, combiné à quelques éléments de démocratie parlementaire.
Partis politiques : il n'y a pas de parti à proprement parler, depuis l'interdiction, en 1981, du Mouvement pour la liberté en Iran (libéral, Mehdi Bazargan) et l'auto-dissolution du Parti de la république islamique (PRI) en 1987. Le parti Toudeh (communiste) et les Moudjahidin du peuple (islamistes de gauche) n'existent qu'à l'étranger. Il existe deux groupements politiques officiels : l'Association du clergé militant (qui soutient le président Hashemi Rafsandjani) et l'Association des clercs militants (radicaux, Mohtashami, Mehdi Karroubi).
Carte : p. 344.
Statistiques : voir aussi p. 242.

Iran

Démographie, culture, armée

INDICATEUR	UNITÉ	1970	1980	1991
Démographie				
Population	million	28,4	38,9	55,7
Densité	hab./km²	17,4	23,8	33,8
Croissance annuelle	%	3,0 a	3,6 b	2,0 c
Indice de fécondité (ISF)		6,8 a	5,8 b	4,7 c
Mortalité infantile	%₀₀	133,5	89,0	40 c
Espérance de vie	année	54,5	59,6	67 c
Population urbaine	%	41,0	49,6	57 d
Analphabétisme	%	63,5 h	57,2	46,0 d
Nombre de médecins	%₀₀ hab.	0,30	0,17	0,33 i
Scolarisation 12-17 ans	%	35,9	45,7	65,3 d
Scolarisation 3e degré	%	3,1	4,9	6,9 e
Téléviseurs	%₀₀	19	51	66 f
Livres publiés	titre	3 353 g	3 027	6 289 f
Armée				
Marine	millier d'h.	9	22	18
Aviation	millier d'h.	17	100	35
Armée de terre	millier d'h.	135	220	305

a. 1965-75; b. 1975-85; c. 1990-95; d. 1990; e. 1988; f. 1989; g. 1973; h. 1975; i. 1986.

Commerce extérieur a

INDICATEUR	UNITÉ	1970	1980	1991
Commerce extérieur	% PIB	21,1	15,6	13,6 c
Total imports	milliard $	1,7	12,2	19,8
Produits agricoles	%	12,2	15,4	23,8 c
Produits miniers	%	0,2	4,7	••
Produits industriels	%	87,6	79,9	78,0 e
Total exports	milliard $	2,6	14,1	18,0
Produits agricoles	%	6,2	2,2	3,1 c
Pétrole et gaz	%	88,6	92,8	93,8 c
Produits manufacturés	%	4,0	4,4	2,5 d
Principaux fournisseurs	% imports			
CEE		41,6	42,8 b	48,3 c
États-Unis		17,6	20,2 b	1,0 c
Japon		10,5	14,9 b	12,3 c
Principaux clients	% exports			
CEE		32,2	37,2 b	45,1 c
États-Unis		2,4	18,7 b	—
Japon		36,0	16,7 b	20,5 c

a. Marchandises; b. 1978; c. 1990; d. 1987; e. 1986.

Iran

Économie

Indicateur	Unité		1970	1980	1991
PIB	milliard $		10,18	84,2	139,1 d
Croissance annuelle	%		9,8 a	− 12,0 b	9,5
Par habitant	$		355	2 428	2 450 d
Structure du PIB					
Agriculture	%	⎫	19,5	16,7	23,0 c
Industrie	%	⎬ 100 %	42,4	33,1	15,3 c
Services	%	⎭	38,1	50,2	61,7 c
Dette extérieure totale	milliard $		3,5 f	6,2	12,0
Taux d'inflation	%		1,6	27,2	20,8
Population active	million		8,11	11,07	15,25 d
Agriculture	%	⎫	43,8	36,4	30,6 g
Industrie	%	⎬ 100 %	29,2	32,8	35,6 g
Services	%	⎭	27,0	30,8	33,8 g
Dépenses publiques					
Éducation	% PIB		2,9	7,2	3,1 c
Défense	% PIB		7,6	9,5	2,9
Production d'énergie	million TEC		295,2	284,2 e	235,3 c
Consommation d'énergie	million TEC		27,2	31,5 e	81,8 c

a. 1965-75; b. 1975-85; c. 1989; d. 1990; e. 1978; f. 1972; g. 1988.

plus disposée à écouter Téhéran qu'Ankara, en raison du lourd contentieux historique existant. Jouant à fond la carte du respect de l'intégrité des frontières, l'Iran a soutenu les modérés en Afghanistan lors de la reprise de Kaboul (avril 1992) et protégé les rescapés de l'ancien appareil communiste au Tadjikistan, notamment pendant le sommet des républiques d'Asie centrale à Achkabad (Turkménistan) le 10 mai 1992.

Les revenus pétroliers de l'Iran, environ 20 milliards de dollars annuels, servent à acheter des produits alimentaires, mais aussi principalement des armes. Le démantèlement de l'URSS a permis à Téhéran d'acquérir des matériels sophistiqués à bas prix, avec des sources d'approvisionnement diversifiées : Chine populaire, Corée du Nord, Brésil, Argentine, Pakistan. Des contrats de troc armes-pétrole ont aussi été conclus avec certains pays (comme la Tchécoslovaquie, en mars 1991). Alors que les Américains

ont vendu, après la libération du Koweït, pour plus de 15 milliards de dollars d'armement aux pays arabes du golfe Persique, ils se sont émus du programme militaire iranien. Les Israéliens ont estimé possible que trois ogives nucléaires soient assemblées en 1992. Ayant signé le traité de non-prolifération des armes nucléaires, l'Iran accueille des inspections internationales, mais n'en poursuit pas moins un ambitieux programme civil (qui avait été interrompu en 1979), avec l'aide de savants argentins, pakistanais, chinois, et ex-soviétiques.

Deux inquiétudes pèsent sur la République islamique : le renouvellement difficile de ses cadres et la fragilité de sa situation internationale. A la suite des élections adroitement manipulées d'avril 1992, le président Rafsandjani allait disposer d'une confortable majorité au Parlement, mais n'avait pas encore prouvé sa volonté de libéraliser le régime. Les témoignages sur les persécutions des

BIBLIOGRAPHIE

S.-A. ARJOMAND, *The Turban for the Crown*, Oxford University Press, New York, 1988.

J.-P. DIGARD (sous la dir. de), *Le Fait ethnique en Iran et Afghanistan*, Éditions du CNRS, Paris, 1988.

M. DJALILI, *Diplomatie ethnique : stratégie internationale du khomeynisme*, Institut universitaire des hautes études internationales/PUF, Genève/Paris, 1989.

J. ESPOSITO (sous la dir. de), *The Iranian Revolution. Its Global Impact*, Florida University Press, Miami, 1990.

F. KHOSROKHAVAR, P. VIEILLE, *Le Discours populaire de la révolution iranienne*, 2 vol., Contemporanéité, Paris, 1990.

E. NARAGHI, *Des palais du chah aux prisons de la Révolution*, Balland, Paris, 1991.

« Perestroïka à Téhéran », *Les Cahiers de l'Orient*, n° 18, Paris, 1990.

Y. RICHARD, *L'Islam chi'ite*, Fayard, Paris, 1991.

S. VANER, *Modernisation autoritaire en Iran et en Turquie*, L'Harmattan, Paris, 1992.

minorités religieuses (baha'is, chrétiens convertis) et sur les fortes pressions politiques et idéologiques exercées incitaient à la réserve sur ses intentions réelles. Élu en 1989, H. Rafsandjani peut rester président jusqu'en 1997. Mais que deviendrait son pouvoir si le « guide de la Révolution », Ali Khameneï, le chef de l'État qui forme un tandem harmonieux avec le président, disparaissait ?

Malgré les tensions ethniques croissantes et les transformations géopolitiques, l'Iran craint plus que toute autre puissance régionale une redistribution territoriale en faveur des Kurdes, des Azéris, des Turkmènes ou des Tadjiks. Le dynamisme de l'idéologie révolutionnaire, affaibli depuis la fin peu glorieuse de la guerre avec l'Irak (1988), ne suffirait plus à soutenir les ambitions nationales frustrées et à maintenir la cohésion entre différentes provinces de l'ancien empire tentées par des enjeux étrangers.

Yann Richard

Yougoslavie
L'éclatement et la guerre

A la mi-1992, cinq États s'étaient constitués sur les ruines de l'ancienne République socialiste fédérative de Yougoslavie (RSFY). Parmi eux, trois ont été reconnus par la communauté internationale : la Croatie, la Slovénie et la Bosnie-Herzégovine. La reconnaissance de la Macédoine restait bloquée par la Grèce, et la légitimité de la République fédérale de Yougoslavie (RFY, formée par la Serbie et le Monténégro), qui s'est autoproclamée successeur de l'ex-Yougoslavie, était contestée sur la scène internationale.

Malgré les efforts de la CEE et de l'ONU, rien ne semblait pouvoir arrêter l'escalade guerrière en Bosnie-Herzégovine, où les forces croato-musulmanes tentaient de regagner le terrain conquis par les forces serbes, dotées d'une nette supériorité mili-

Les institutions de l'ancienne Yougoslavie

■ *La Yougoslavie était jusqu'en 1991 une fédération de six républiques et de deux provinces où étaient reconnues six « nations » et une foule de « nationalités » (l'équivalent de minorités nationales).*

Chaque république était plus ou moins pluri-ethnique :
— la Croatie, peuplée essentiellement de Croates (78 %) et de Serbes (12 %) ;
— la Slovénie, peuplée essentiellement de Slovènes (90,5 %) ;
— la Bosnie-Herzégovine, peuplée essentiellement de Musulmans (43,7 %), de Serbes (31,3 %) et de Croates (17,3 %) ;
— la Macédoine, peuplée essentiellement de Macédoniens (64,6 %) et d'Albanais (21 %) ;
— la Serbie, peuplée essentiellement de Serbes (66,4 %) et d'Albanais (19,6 %), était la seule république comportant des territoires ayant le statut de province : le Kosovo (90 % d'Albanais) et la Voïvodine (21,7 % de Magyars) ;
— le Monténégro, peuplé essentiellement de Monténégrins (61,5 %), et de Musulmans (17,4 %).
(Les Musulmans, avec un M majuscule, désignent une « nation », celle des Slaves islamisés sous l'occupation ottomane.)
Les « nationalités » les plus nombreuses de l'ancienne Yougoslavie étaient : les Albanais, les Magyars, les Roms (Tziganes), les Bulgares, les Roumains, les Turcs, les Slovaques, etc.
(Les données chiffrées proviennent des recensements de 1991 et de 1981.)
Les langues officielles de la fédération étaient le serbo-croate (qui désignait la langue parlée par les Serbes, les Croates, les Musulmans et les Monténégrins), le macédonien et le slovène. Les langues des « nationalités », comme l'albanais ou le hongrois, étaient utilisées dans les régions où elles étaient majoritaires.

Le dernier chef d'État de la République socialiste fédérative de Yougoslavie (RSFY) aura été le Croate Stipe Mesic, à partir du 1er juillet 1991. Il a abandonné ses fonctions en octobre 1991. La présidence fédérale était composée de huit membres (un représentant par république et province) qui, selon un système de rotation, se succédaient pour un an à la tête de l'État.

Le dernier Premier ministre de la fédération aura été Ante Markovic, Croate de Bosnie, de mars 1989 à décembre 1991, date à laquelle il a formellement démissionné de ses fonctions.

A la fin 1990, chacune des six républiques s'était dotée de représentants librement élus, dans leur grande majorité nationalistes et, dans le cas de la Serbie et du Monténégro, dominés par les ex-communistes.

A la suite de référendums, quatre des six républiques ont proclamé leur indépendance : la Croatie et la Slovénie en juin 1991, la Macédoine en septembre 1991, puis la Bosnie-Herzégovine en mars 1992. Pour leur part, le 27 avril 1992, la Serbie et le Monténégro ont créé une fédération intitulée « République fédérale de Yougoslavie » (RFY), que la communauté internationale a refusé de reconnaître.

V. S.

taire. Simultanément, la situation restait préoccupante en Croatie, où le déploiement des «casques bleus» de l'ONU se heurtait à la poursuite de combats sporadiques.

Le conflit a provoqué la plus grande vague de réfugiés en Europe depuis la Seconde Guerre mondiale. Selon le Haut Commissariat aux réfugiés des Nations unies (HCR), en juin 1992, quelque 2 millions de personnes (près d'un ex-Yougoslave sur dix), dont plus des deux tiers originaires de Bosnie-Herzégovine, avaient dû fuir leurs foyers. Parmi elles, 1,4 million avaient trouvé refuge sur le territoire de l'ex-Yougoslavie, le reste ayant fui à l'étranger.

En juin 1992, on avançait, de source bosniaque, le chiffre de plus de 30 000 morts et disparus dans la seule république de Bosnie-Herzégovine; sur les 7 500 morts enregistrés, 80 % étaient des civils. En décembre 1991, on estimait, de source onusienne, que le conflit en Croatie avait fait 6 000 morts et 15 000 blessés, en majorité civils.

«Purification ethnique»

Les proclamations d'indépendance de la Croatie et de la Slovénie, le 25 juin 1991, ont ouvert la voie à la désintégration de la fédération. L'Armée populaire yougoslave (YNA) a reçu l'ordre de reprendre le contrôle des frontières nord du pays, passées sous autorité slovène. Mais les militaires, mal préparés et peu motivés, ont dû se retirer à partir du 18 juillet 1991 après une humiliante défaite. Le front s'est déplacé en Croatie, où l'armée fédérale s'est présentée comme une «force tampon» entre les belligérants serbes et croates. Mais, très vite, l'armée — où les Serbes sont majoritaires parmi les officiers — s'est rangée du côté des Serbes de Croatie (12 % de la population totale) menacés, selon elle, par les «fascistes oustachis» (allusion aux oustachis du dictateur croate pronazi Ante Pavelic, en place durant la Seconde Guerre mondiale).

Alors que les cessez-le-feu conclus

sous l'égide de la CEE ou de l'ONU étaient tous successivement violés, l'armée et les milices serbes ont entrepris une guerre de conquête territoriale, soustrayant en quelques semaines un tiers du territoire croate à l'autorité de Zagreb. A Belgrade, le président Slobodan Milosevic, ancien communiste «reconverti» au nationalisme, n'a cessé de soutenir le «droit des Serbes à vivre dans un seul État», tandis que, dès la fin 1991, un plan de «purification ethnique» se mettait en place en Croatie, avec le relogement de réfugiés serbes dans

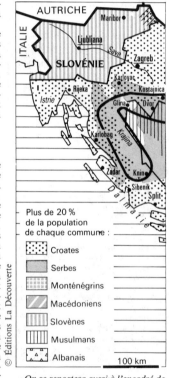

On se reportera aussi à l'encadré de la page 165 qui indique la répartition des principales nationalités par république. Voir aussi la carte p. 483.

des régions vidées de leurs habitants croates.

A l'issue du moratoire de trois mois demandé par la CEE, la Slovénie et la Croatie ont confirmé, le 8 octobre 1991, leurs déclarations d'indépendance. Le 4 novembre, la Serbie rejetait le plan proposé par les Douze dans le cadre de la conférence pour la paix en Yougoslavie et, le 8 novembre, alors que les combats s'étendaient en Croatie, la CEE décrétait des sanctions économiques contre la Yougoslavie, lesquelles ont ensuite été levées sauf pour la Serbie et le Monténégro.

Serbes et Croates ont signé, le 3 janvier 1992, le quinzième cessez-le-feu. Cette trêve, la première à être globalement respectée, a marqué l'arrêt des bombardements massifs en Croatie. De ce fait, le Conseil de sécurité des Nations unies, qui avait conditionné l'envoi de « casques bleus » au respect de la trêve, a voté le 21 février une résolution autorisant

L'ancienne Yougoslavie

Note : le terme « Musulmans » qui figure en légende désigne ici les populations islamisées de langue serbo-croate qui étaient considérées officiellement, dans l'ancienne fédération yougoslave, comme un groupe national. Ne font pas partie de cette définition les Albanais et Turcs musulmans de confession.

Yougoslavie [1]

Démographie, culture, armée

INDICATEUR	UNITÉ	1970	1980	1991
Population	million	20,4	22,3	23,9
Densité	hab./km²	79,6	87,2	93,5
Croissance annuelle	%	0,9 [a]	0,8 [b]	0,5 [c]
Indice de fécondité (ISF)	%	2,4 [a]	2,1 [b]	1,9 [c]
Mortalité infantile	%₀	57,3	31,4	21 [c]
Espérance de vie	année	67,2	68,9	73 [c]
Population urbaine	%	34,8	45,3	56 [d]
Nombre de médecins	%₀ hab.	0,99	1,47	1,83 [g]
Scolarisation 2e degré [f]	%	63	83	80 [e]
Scolarisation 3e degré	%	15,9	21,8	19,0 [e]
Téléviseurs	%₀	97	190	197 [e]
Livres publiés	titre	8 119	11 301	11 339 [e]
Marine	millier d'h.	18	30	11 [h]
Aviation	millier d'h.	20	44	29 [h]
Armée de terre	millier d'h.	200	190	129 [h]

*(1) La fédération yougoslave telle qu'elle avait été constituée à la fin de la Seconde Guerre mondiale n'existe plus depuis la mi-1991. Les données présentées ici se réfèrent à l'ensemble des territoires qui étaient fédérés. On trouvera dans la section «37 ensembles géopolitiques», au chapitre «Balkans», des statistiques analytiques pour chacune des six républiques.
a. 1965-75; b. 1975-85; c. 1990-95; d. 1990; e. 1989; f. 11-18 ans; g. 1986 h. Effectif théorique de l'armée fédérale. Les affrontements entre les nations qui étaient fédérées ont suscité de nombreuses désertions et la création de milices nationales.*

Commerce extérieur [a]

INDICATEUR	UNITÉ	1970	1980	1991
Commerce extérieur	% PIB	16,5	16,6	22,8 [b]
Total imports	milliard $	2,87	15,06	14,74
Produits agricoles	%	16,6	14,5	16,7 [b]
Produits énergétiques	%	4,8	23,6	16,9 [b]
Produits manufacturés	%	61,5	50,2	63,5 [b]
Total exports	milliard $	1,68	8,98	13,95
Produits agricoles	%	25,7	17,7	11,7 [b]
Minerais et métaux	%	13,4	6,5	8,9 [b]
Produits manufacturés	%	55,3	70,2	76,8 [b]
Principaux fournisseurs	% imports			
C E E		48,5	35,2	45,1 [b]
C A E M		20,6	29,7	22,4 [b]
P V D		10,2	17,2	22,8 [b]
Principaux clients	% exports			
C E E		41,2	26,6	45,5 [b]
C A E M		32,2	44,9	28,1 [b]
P V D		11,7	17,3	20,6 [b]

a. Marchandises; b. 1990.

Yougoslavie

Économie

Indicateur	Unité	1970	1980	1991
PIB	milliard $	13,24	72,47	72,86 d
Croissance annuelle	%	6,0 a	3,1 b	– 15,0
Par habitant	$	650	3 250	3 060 d
Structure du PIB				
Agriculture	%	17,8	12,0	11,7 d
Industrie	% } 100 %	40,8	43,9	48,0 d
Services	%	41,4	44,2	40,2 d
Dette extérieure totale	milliard $	2,1	18,5	14,5 d
Service de la dette/Export.	%	16,7	20,8	13,7 d
Taux d'inflation	%	9,6	30,9	215,1
Population active	million	9,18	9,96	10,80 d
Agriculture	%	49,8	32,3	21,7 d
Industrie	%	29,2	33,3	••
Services	%	21,0	34,4	••
Chômage	%	••	••	19,6 f
Dépenses publiques				
Éducation	% PIB	5,4 e	4,7	4,4 c
Défense	% PIB	5,3	4,7	2,2 c
Recherche et Développement	% PIB	0,8 e	0,8	0,8 c
Production d'énergie	million TEC	21,44	28,58	36,10 c
Consommation d'énergie	million TEC	28,69	48,04	60,43 c

a. 1965-75; b. 1975-85; c. 1989; d. 1990; e. 1975; f. En décembre.

le déploiement de 14 000 hommes dans quatre « zones protégées » de Croatie, tenues par les Serbes.

Après de longues tergiversations, la CEE a donné son feu vert à la reconnaissance de la Croatie et de la Slovénie, déjà reconnues de fait par l'Allemagne, et a conditionné celle de la Bosnie-Herzégovine à la tenue d'un référendum sur l'avenir de la république. Estimant avoir « gelé » leurs conquêtes en Croatie grâce au déploiement des « casques bleus », l'armée s'est repliée en Bosnie-Herzégovine. Les premiers affrontements opposant les forces serbes aux forces croato-musulmanes ont éclaté au lendemain du référendum sur l'indépendance (29 février-1er mars 1992) qui, boycotté par les Serbes, a été marqué par une large victoire du « oui ».

Le 6 avril 1992, la CEE, suivie le lendemain par les États-Unis, a reconnu l'indépendance de la Bosnie-Herzégovine. Les Serbes ont proclamé la république serbe de Bosnie-Herzégovine, et les combats ont redoublé d'intensité. Selon un scénario similaire à celui de la guerre en Croatie, les forces serbes se sont emparées de près des deux tiers du territoire bosniaque, et elles ont resserré leur étau autour de Sarajevo.

Le 16 avril 1992, le secrétaire d'État américain James Baker menaça de faire de la Serbie un « paria » du monde si Belgrade n'ordonnait pas le retrait de l'ex-armée fédérale de Bosnie-Herzégovine. Ce retournement des États-Unis, restés jusqu'alors très prudents, a entraîné un durcissement international à l'égard de la Serbie, désormais présentée comme le principal agresseur en Bosnie-Herzégovine.

Les Parlements de Serbie et du Monténégro proclamèrent, le

BIBLIOGRAPHIE

« Balkans et balkanisation », *Hérodote*, n° 63, La Découverte, Paris, 1991.

P. GARDE, *Vie et mort de la Yougoslavie*, Fayard, Paris, 1992.

« La tragédie yougoslave vue de l'intérieur et par ses voisins post-communistes » (dossier), *La Nouvelle Alternative*, n° 25, Paris, mars 1992.

S.-K. PAVLOWITCH, *The Improbable Survivor. Yugoslavia and its Problems, 1918-1988*, Hurst & Co., Londres, 1988.

A. POPOVIC, *Les Musulmans yougoslaves (1945-1989). Médiateurs et métaphores*, L'Age d'Homme, Paris, 1990.

« Vers un retour des guerres balkaniques ? », *Politique étrangère*, n° 2, IFRI, Paris, été 1992.

27 avril 1992, la République fédérale de Yougoslavie (RFY). Le 4 mai, dans le but apparent d'amadouer la communauté internationale, la présidence yougoslave ordonnait le retrait de Bosnie-Herzégovine de tous les militaires citoyens de la RFY. Mais cette décision n'a concerné que 20 % des effectifs militaires, les 80 % restants étant, selon l'armée, originaires de Bosnie.

Tardives réactions internationales

Le 11 mai 1992, les Douze, puis les États-Unis le lendemain, rappelaient leurs ambassadeurs à Belgrade. Le 12 mai, la délégation yougoslave était exclue des débats de la CSCE (Conférence sur la sécurité et la coopération en Europe) concernant la crise bosniaque. Le 30 mai, le Conseil de sécurité de l'ONU adoptait une série de sanctions contre la RFY, dont un embargo pétrolier et aérien, et la suspension de la participation yougoslave aux manifestations internationales comme les jeux Olympiques. De plus en plus isolé, le régime de S. Milosevic a alors dû faire face à une contestation grandissante de l'opposition, mais aussi de ses anciens partisans, comme l'intelligentsia serbe.

Le 22 mai 1992, le secrétaire d'État américain a pour la première fois brandi la menace d'une « intervention militaire en dernier recours ».

Mais les États-Unis, comme les Européens, se sont montrés très réticents à s'engager dans une aventure militaire et ils ont opté pour une intervention limitée, dans le cadre humanitaire. Le 29 juin 1992, le lendemain de la visite-surprise du président français François Mitterrand à Sarajevo, le Conseil de sécurité de l'ONU vota en faveur de l'envoi de 1 000 « casques bleus » dans la capitale bosniaque, puis, en juillet, 500 hommes supplémentaires, afin d'assurer la sécurité de l'aéroport et de permettre l'acheminement d'une aide humanitaire. Le 10 juillet 1992, l'Union de l'Europe occidentale (UEO, bras armé de la CEE regroupant 9 États sur les 12) décida, en coordination avec l'OTAN, l'envoi de bâtiments dans l'Adriatique pour contrôler l'embargo contre la Serbie et le Monténégro. A la mi-1992, les perspectives d'une solution négociée paraissaient lointaines. En août, la Serbie a été de nouveau gravement mise en cause à la suite de révélations sur les traitements infligés aux « prisonniers de guerre » (notamment des civils) dans les camps de Bosnie.

La crise menaçait de s'étendre encore, notamment au Sandzak, enclave musulmane au sud de la Serbie, et au Kosovo, province serbe peuplée en majorité d'Albanais. Redoutant les appétits de ses voisins serbes, bulgares et grecs, la Macédoine a averti que le report de sa reconnaissance multipliait les risques d'un nouveau conflit, voire d'une conflagration balkanique. Enfin, les Magyars de la province serbe de Voïvodine ont réclamé un statut d'autonomie similaire à celui revendiqué par les Serbes de Croatie.

Comment chiffrer le coût de la guerre dans l'ex-Yougoslavie ? Des villes et des villages ont été rasés ; toute une partie du patrimoine culturel, du réseau routier, du potentiel économique et de l'infrastructure touristique a été anéantie. En décembre 1991, le gouvernement fédéral faisait état d'un taux d'inflation de plus de 1 000 % en 1991 et d'une chute de 25 % du produit national brut. Mais, avec l'extension du conflit à la Bosnie-Herzégovine, ces chiffres ont été vite dépassés.

Véronique Soulé

(Voir aussi articles « Slovénie », « Croatie », « Bosnie-Herzégovine », « Serbie-Monténégro » et « Macédoine » p. 489 et suiv. Voir aussi article p. 540.) Statistiques : voir aussi p. 484-485, 486-487.

Zaïre
Débâcle économique et financière

Trois grands titres ont fait la « une » de l'actualité du Zaïre pendant l'année 1991-1992 : la mise en route du multipartisme à partir de janvier 1991, le lancement d'une conférence nationale « souveraine » en août et, surtout, les pillages et saccages des principales agglomérations zaïroises en septembre-octobre 1991, qui ont abouti à l'effondrement de l'appareil financier et économique du pays.

Le multipartisme, sanctionné par une ordonnance présidentielle de décembre 1990, qui annulait le tripartisme annoncé par le chef de l'État, Mobutu Sese Seko, le 24 avril 1990, a d'emblée engendré une prolifération de petits partis : leur nombre est passé de 70 en février 1991 à plus de 200 à la fin de l'année. Seules quelques formations sont apparues être significatives (UDPS — Union pour la démocratie et le progrès social —, UFERI — Union des fédéralistes et républicains indépendants —, PDSC — Parti démocrate social-chrétien —, UDI — Union des démocrates indépendants —, FCN — Front commun des nationalistes), du fait de la qualité de leurs dirigeants, pratiquement tous anciens barons du régime, les autres partis n'étant que des groupes formés par des petits chefs politiques et leur clientèle (familiale) immédiate, la plupart ne survivant que par le biais des *per diem* (allocations journalières) distribués généreusement aux participants à la conférence nationale.

Le démarrage de celle-ci, en août 1991, fut particulièrement ardu. L'opposition, rassemblée conjoncturellement dans une succession de « fronts » aux contours flous (Front uni de l'opposition, Union sacrée, etc.), se battit pendant deux mois pour obtenir non pas une commission nationale où seraient discutées les grandes orientations de la IIIe République, ainsi que l'envisageait le pouvoir en place, mais une conférence nationale qui aurait été souveraine et surtout aurait pu faire le procès de la IIe République, comme au Bénin et au Congo. Elle obtint partiellement gain de cause, mais la conférence « souveraine » ne pourrait toucher aux matières régies par la Constitution dite transitoire, votée au Parlement en juin 1990. Cela signifiait que tout gouvernement de transition — il y en eut quatre en 1991 — continuerait à être nommé par le chef de l'État et non par la conférence et que cette dernière ne pourrait mettre un terme au mandat du président de la République (qui

Zaïre

Démographie, culture, armée

INDICATEUR	UNITÉ	1970	1980	1991
Population	million	19,8	26,2	36,7
Densité	hab./km²	8,4	11,2	15,6
Croissance annuelle	%	2,7 a	2,9 b	3,2 c
Indice de fécondité (ISF)		6,0 a	6,1 b	6,1 c
Mortalité infantile	%₀	123,5	97,5	75 c
Espérance de vie	année	45,0	49,0	54 c
Population urbaine	%	30,3	34,2	39 d
Analphabétisme	%	..	..	28,2 d
Nombre de médecins	%₀ hab.	0,03	0,07 g	..
Scolarisation 12-17 ans	%	36,1	52,8	46,0 d
Scolarisation 3e degré	%	0,8	1,2	2,1 e
Téléviseurs	%₀	0,3	0,4	0,9 h
Livres publiés	titre	..	231 f	..
Marine	millier d'h.	..	1	1,2
Aviation	millier d'h.	..	1	2,5
Armée de terre	millier d'h.	..	18,5	22

a. 1965-75; b. 1975-85; c. 1990-95; d. 1990; e. 1988; f. 1979; g. 1981; h. 1989.

Commerce extérieur [a]

INDICATEUR	UNITÉ	1970	1980	1991
Commerce extérieur	% PIB	34,6	20,0	31,7 b
Total imports	million $	536	835	1 320
Produits agricoles	%	16,8	19,7 c	34,8 b
Produits énergétiques	%	1,1	2,1 c	3,4 b
Produits manufacturés	%	75,0	67,3 c	..
Total exports	million $	776	1 632	1 400
Produits agricoles	%	15,2	36,7 c	12,0 b
Métaux et prod. miniers [d]	%	78,0	56,4 c	66,0 e
Produits manufacturés	%	6,8	5,2 c	11,9 e
Principaux fournisseurs	% imports			
P C D		83,7	90,8	84,9 b
C E E		61,4	54,7	64,3 b
Belgique		24,3	33,5	27,6 b
P V D		14,4	9,1	15,0 b
Principaux clients	% exports			
P C D		75,9	99,4	96,6 d
P V D		23,6	29,7	3,4 b
C E E		73,4	88,6	76,2 b
Belgique		42,3	80,2	56,0 b

a. Marchandises; b. 1990; c. 1978; d. Y compris produits énergétiques; e. 1988.

Zaïre

Économie

INDICATEUR	UNITÉ		1970	1980	1991
PIB	million $		5 148	16 506	8 117 e
Croissance annuelle	%		4,5 a	− 0,1 b	− 12,0
Par habitant	$		260	630	230 e
Structure du PIB					
Agriculture	%	} 100 %	17,0	27,6	29,6 c
Industrie	%		37,0	33,2	32,1 c
Services	%		46,0	39,2	38,3 c
Dette extérieure totale	milliard $		0,3	4,9	10,5
Service de la dette/Export.	%		4,6	22,5	10,0
Taux d'inflation	%		8,0	46,6	4 228,5
Population active	million		8,68	10,43	13,08 e
Agriculture	%	} 100 %	79,1	71,5	65,8 e
Industrie	%		10,3	12,9	··
Services	%		10,6	15,6	··
Dépenses publiques					
Éducation	% PIB		4,4	2,5	0,9 d
Défense	% PIB		··	0,8 f	2,0 d
Production d'énergie	million TEC		0,49	2,13	2,62 c
Consommation d'énergie	million TEC		1,47	1,97	2,21 c

a. 1965-75; b. 1975-85; c. 1989; d. 1988; e. 1990; f. 1979.

venait à expiration le 4 décembre 1991).

Dès les premiers jours de la conférence, ouverte le 7 août 1991, les travaux des séances plénières durent être interrompus à la suite de contestations survenues à propos d'irrégularités flagrantes dans la confection des listes des délégués. L'opposition radicale, qui prétendait rassembler une centaine de partis, cria à la manipulation, tandis que les associations civiles et les Églises se plaignaient d'être sous-représentées.

Le poids du régionalisme

Interrompus à la mi-août, les travaux de la conférence ne redémarrèrent effectivement qu'en décembre 1991, après de longues tractations occultes sur la validation des mandats de chaque délégué. Le stade de la constitution d'un bureau (provisoire) de la conférence et de la rédaction d'un projet de règlement d'ordre intérieur ne fut toutefois pas dépassé.

En janvier 1992, certains délégués de l'intérieur du pays, appuyés par la majorité dite présidentielle — qui n'avait pas réussi à imposer un seul de ses candidats au bureau de la conférence —, remirent cette fois en cause la représentation trop marquée de certaines régions et groupes ethniques (les Baluba du Kasaï). En fait, le régionalisme avait pris le pas sur l'appartenance à l'opposition ou à la mouvance du pouvoir. Le facteur « géopolitique », comme il fut appelé par la suite, devint une donnée incontournable et gangréna progressivement une opposition menée surtout par des « Kinois » (ressortissants de Kinshasa) qui continuaient à jouer la carte d'un front national uni contre le pouvoir.

À la fin janvier 1992, le gouvernement de Nguza-Karl-I-Bond, ancien membre de l'Union sacrée de l'opposition originaire du Shaba (ex-

BIBLIOGRAPHIE

C. BRAECKMAN, *Le Dinosaure. Le Zaïre de Mobutu*, Fayard, Paris, 1991.

E. DUNGIA, *Mobutu et l'argent du Zaïre*, L'Harmattan, Paris, 1992.

KANKWENDA M'BAYA, *Le Zaïre. Vers quelles destinées ?*, Codesria, Dakar, 1992.

J.-C. WILLAME, *De la démocratie « octroyée » à la démocratie enrayée*, CEDAF, Bruxelles, 1992.

J.-C. WILLAME, *L'Automne d'un despotisme. Pouvoir, argent et obéissance dans le Zaïre des années quatre-vingt*, Karthala, Paris, 1992.

« Zaïre. Un pays à reconstruire », *Politique africaine*, n° 41, Karthala, Paris, mars 1991.

Katanga), prit prétexte de ces dissensions pour suspendre les travaux de la conférence, proposer d'en revenir au principe de la tenue d'une commission purement constitutionnelle et annoncer le début d'un processus électoral qui devrait départager les forces politiques réelles du pays. Le Premier ministre Nguza ne se priva pas à cette occasion d'exacerber encore le régionalisme (voire la menace de séparatisme) en entreprenant, après un périple euro-américain, une tournée dans la région dont il prétendait être le fils favori : le Shaba.

Décriés par tous, affaiblis politiquement à la suite de la sanglante répression d'une marche des chrétiens dans la capitale le 16 février 1992, pressés par les diplomaties belge, française et américaine, le gouvernement et le président furent contraints d'annoncer, le 12 mars, la reprise « imminente » des travaux de la conférence. Celle-ci redémarra finalement le 6 avril.

Les pillages de septembre 1991

Entre-temps, le « charivari politicien » avait été interrompu par des pillages et saccages sans précédent qui débutèrent le 22 septembre 1991 à l'aéroport de Ndjili à l'initiative d'une des unités militaires les plus réputées et les mieux entraînées (par la coopération française), la 31ᵉ brigade parachutiste du camp CETA. Ils provoquèrent une intervention militaire franco-belge à la suite de laquelle pratiquement tous les ressortissants étrangers furent rapatriés. Poursuivis par une population marginalisée, ces pillages prirent des allures de grande fête populaire, mais aboutirent à la destruction quasi totale de l'appareil commercial et industriel de la capitale. En quelques heures, les « pauvres » prirent leur revanche, très pacifiquement d'ailleurs, dans toutes les agglomérations du pays.

En fait, les signes annonciateurs de cette insurrection existaient depuis longtemps : mise à sac du campus de Lunumbashi par des militaires et des civils immédiatement après le massacre des étudiants du 12 mai 1990, émeutes en décembre 1990 dans plusieurs villes du pays à la suite de la flambée des prix, troubles persistants dans la capitale en mai et en juin 1991 après la faillite des sociétés pratiquant des « jeux d'argent » (décuplement de la mise initiale après 45 jours), saccages populaires de certaines installations minières, d'hôtels, de commerces, et même de dépôts pharmaceutiques à Mbuji-mayi en juin... Les pillages étaient pratiquement toujours initiés par des militaires réduits à l'état de va-nu-pieds, suivis par une foule de marginaux urbains sur lesquels aucune force politique n'avait la maîtrise.

Les émeutes de septembre 1991 ont aussi constitué le signe le plus tangible de l'effondrement complet de l'économie formelle. La chute vertigineuse de la production minière de la société Gécamines en 1991 (30 % par rapport à 1990), causée par une corruption galopante, ainsi que par un grave éboulement survenu dans une des principales mines, n'a été qu'un élément de la terrible débâcle économique du pays. Il faut lui

LES INVASIONS, C'EST BIEN, FINALEMENT!

PLANTU

ajouter le maintien à des niveaux trop élevés des dépenses publiques, et à la faible rentrée des recettes fiscales (taux de réalisation de 51,7 % au premier semestre de 1991), l'augmentation démesurée de la masse monétaire par des recours intempestifs à la «planche à billets», l'incapacité du Trésor à rembourser plus de 19,8 % du service annuel de sa dette extérieure. Depuis les événements de septembre 1991, l'économie populaire urbaine est devenue la principale forme d'échange monétarisé. C'est cette économie qui détermine les taux de change des devises; c'est elle qui fixe le niveau de l'inflation; c'est elle, surtout (et non plus

les établissements financiers), qui détient le gros de la masse monétaire. En février 1992, une mission de la Banque mondiale et du FMI a conclu à l'impossibilité de poursuivre une quelconque politique économique dans une situation qui, précisaient les experts, échappait à tout contrôle. L'«informalité économique» triomphante prenait ainsi (pacifiquement) sa revanche sur une classe politique inconsciente et malade d'un pouvoir qui n'avait plus d'objet.

Jean-Claude Willame

▼
ZAÏRE

République du Zaïre.
Capitale : Kinshasa.
Superficie : 2 345 409 km² (4,28 fois la France).
Monnaie : zaïre (1 000 zaïres = 0,08 FF au 28.12.91).
Langues : français (off.), lingala, swahili (véhiculaires), diverses langues locales.
Chef de l'État : Mobutu Sese Seko (depuis le 24.11.65)
Premier ministre : Lunda Bululu, puis Mulumba Lukojoi le 17.2.91, Étienne Tshisekedi, le 15.10.91, Mungul Diaka le 30.10.91, et Nguza Karl-I-Bond le 28.11.91. Le 15.8.92, Étienne Tshisekedi a été élu à ce poste par la Conférence nationale.
Échéances électorales : indéterminées à la mi-92.
Nature de l'État : république centralisée.
Nature du régime : présidentiel. 202 partis agréés en déc. 91.
Principaux partis politiques : MPR (Mouvement populaire de la révolution, au pouvoir). *Opposition :* PDSC (Parti démocrate social-chrétien); UDPS (Union pour la démocratie et le progrès social); UFERI (Union des fédéralistes et républicains indépendants); FCN (Front commun des nationalistes); UDI (Union des démocrates indépendants).
Carte : p. 280-281.
Statistiques : voir aussi p. 282-283.

Turquie
Une nouvelle dimension régionale

L'éclatement de l'URSS, fin 1991, et celui de la Yougoslavie en 1991-1992, qui a fait suite à l'effondrement du communisme dans les Balkans et à l'effacement de l'Irak en tant que puissance régionale, après la défaite dans la guerre du Golfe, au début 1991, ont placé la Turquie dans une position stratégique, suscitant à la fois les plus fols espoirs et les plus grandes craintes. Les affrontements entre Musulmans et Serbes en Bosnie-Herzégovine, la recrudescence du conflit arméno-azéri à propos du Haut-Karabakh, et surtout l'accession à l'indépendance des cinq républiques turcophones de l'ex-URSS (Kazakhstan, Turkménistan, Ouzbékistan et Kirghizstan en Asie centrale, et Azerbaïdjan en Transcaucasie), ainsi que l'exacerbation de la violence dans les régions à majorité kurde de Turquie ont créé une situation nouvelle. Ces évolutions sont par ailleurs intervenues dans un contexte restant marqué par l'extension de l'économie de marché et la marche vers la démocratie.

Si, pendant la campagne électorale qui précéda les élections législatives anticipées du 20 octobre 1991, tous les partis se sont déclarés d'accord pour poursuivre l'expérience de libéralisation économique, pour Süleyman Demirel — six fois Premier ministre et deux fois écarté du pouvoir par les militaires —, ainsi que pour les sociaux-démocrates d'Erdal İnönü, il s'agissait avant tout d'effacer les séquelles du coup d'État de 1980, et de sa Constitution, restreignant singulièrement les libertés publiques et individuelles. Le Parti de la juste voie de S. Demirel, tout en arrivant en tête au premier tour, avec 27 % des voix et 39,5 % des sièges, et a dû s'allier au Parti populaire social-démocrate de E. İnönü, lequel, en recul par rapport aux élections de 1987, n'a obtenu que la troisième place avec 20,75 % des voix et

19,5 % des sièges. Le Parti de la mère patrie, fondé par le président de la République Turgut Özal, est arrivé en deuxième position.

Violences en pays kurde

Le lendemain de la formation du gouvernement de coalition, S. Demirel s'est rendu au sud-est du pays pour proclamer l'existence d'une « réalité kurde ». Tout en affirmant que les Kurdes étaient des « citoyens turcs comme les autres », le gouvernement ne pouvait pas sembler s'intéresser moins aux problèmes des Kurdes de Turquie qu'à ceux des Kurdes de l'Irak ou qu'à ceux des Turcs des Balkans, du Caucase, ou d'ailleurs. Le nouveau gouvernement, qui a promis la liberté et la transparence dans tous les domaines, a affirmé qu'il n'y a de solution au problème des 12 millions de Kurdes du pays — un cinquième de la population, dont la moitié environ se trouve dispersée en dehors des régions à majorité kurde — que par l'intégration, à travers l'autonomie culturelle et l'amélioration de la situation économiques des régions kurdes.

Mais la volonté proclamée des nouveaux dirigeants a été battue en brèche par les positions rigides et intransigeantes des corps constitués de l'État, en premier lieu l'armée, mais aussi la police, la justice et même l'administration locale, qui ont entendu poursuivre, au nom de la lutte contre le terrorisme, dans le chemin de l'intolérance et de la répression. C'est ainsi que l'attitude de l'administration a rejoint celle du PKK dans l'escalade de la violence — le toujours très marxiste-léniniste Parti des travailleurs kurdes, engagé depuis 1984 dans une guérilla indépendantiste dans le sud-est du pays. Cet affrontement de plus en plus sanglant a tendu à toucher les grandes villes de l'ouest du pays.

Malgré des déclarations d'intention, le gouvernement s'est montré timoré dans ses réformes. En mai 1992, tandis que la *TRT* (Radio-Télévision turque) annonçait triomphalement que, grâce à ses satellites et son programme «Eurasie», elle devenait par sa couverture la deuxième chaîne d'information au monde après l'américaine *CNN*, S. Demirel refusait d'envisager des émissions télévisées en langue kurde. Or cette politique rigide a montré qu'elle risquait de renforcer un «ras-le-bol» déjà largement entamé aussi bien parmi les populations kurdes du Sud-Est, poussées dans les bras du PKK, que dans l'opinion publique turque, dont l'hostilité grandissante envers les Kurdes pourrait aboutir à une réaction de rejet. De plus, cette atmosphère d'état de guerre pouvait rejaillir sur l'ensemble des institutions et rendre aléatoires, sinon caducs, les espoirs de libéralisation apportés par les élections du 20 octobre 1991.

De l'Adriatique à la mer de Chine

En étant beaucoup plus habile dans sa diplomatie que dans sa capacité à apporter des solutions aux conflits ethniques, la Turquie d'aujourd'hui s'est montrée l'héritière de la tradition ottomane. Cependant, riche de son expérience impériale, elle a su se montrer prudente. L'ouverture vers le monde turcophone de l'ex-URSS a suscité autant d'espoirs que de perplexité. Le discours officiel a certes répété qu'il s'agissait de pays frères, mais l'ouzbek est aussi éloigné du turc anatolien que le français du catalan et on peut se demander si, après mille ans de séparation et peu de contacts depuis, le Turc ne serait pas plus proche de ses voisins balkaniques — y compris ses frères ennemis grecs ou bulgares — que de ces pays turcophones asiatiques. D'ailleurs, l'ouverture vers les Balkans a occupé une place au moins aussi importante dans la politique étrangère turque que l'inté-

rêt porté à l'Asie centrale. Ankara a été la deuxième capitale, après Sofia, à reconnaître la République de Macédoine et la première à reconnaître la Bosnie-Herzégovine. Les

Turquie

Démographie, culture, armée

INDICATEUR	UNITÉ	1970	1980	1991
Démographie				
Population	million	35,3	44,4	67,3
Densité	hab./km²	45,2	56,9	86,3
Croissance annuelle	%	2,5 a	2,3 b	1,9 c
Indice de fécondité (ISF)		5,3 a	4,3 b	3,3 c
Mortalité infantile	%oo	133,6	111,0	62 c
Espérance de vie	année	55,9	61,7	66 c
Population urbaine	%	38,4	43,8	61 d
Culture				
Analphabétisme	%	48,7	34,4	19,3 d
Nombre de médecins	%oo hab.	0,45	0,7	0,9 d
Scolarisation 12-17 ans	%	42,6	46,9	66,0 d
Scolarisation 3e degré	%	6,0	6,1	12,7 e
Téléviseurs	%oo	11	79	174 e
Livres publiés	titre	5 854	3 396	6 685 f
Armée				
Marine	millier d'h.	37,5	45	52
Aviation	millier d'h.	50	52	57,2
Armée de terre	millier d'h.	390	470	470

a. 1965-75;   b. 1975-85;   c. 1990-95;   d. 1990;   e. 1989;   f. 1985.

Commerce extérieur a

INDICATEUR	UNITÉ	1970	1980	1991
Commerce extérieur	% PIB	5,8	9,6	19,2 c
Total imports	milliard $	0,9	7,9	22,5
Produits énergétiques	%	7,5	48,4	20,7 c
Autres produits miniers	%	0,9	2,8	4,3 c
Produits agricoles	%	13,0	3,8	12,6 c
Total exports	milliard $	0,6	2,9	13,7
Produits agricoles	%	82,8	64,7	25,5 c
Produits industriels	%	10,3	24,9	69,6 c
Produits miniers b	%	6,2	9,0	3,2 c
Principaux fournisseurs	% imports			
CEE		45,4	30,8	46,2 c
États-Unis		19,4	5,8	10,4 c
Moyen-Orient		6,3	38,1	12,7 c
Principaux clients	% exports			
CEE		50,0	44,6	49,2 c
Moyen-Orient		9,1	21,5	20,6 c
États-Unis		9,6	4,4	6,7 c

a. Marchandises;   b. Produits énergétiques non compris;   c. 1990.

Économie

Indicateur	Unité	1970	1980	1991
P N B	milliard $	14,1	62,3	91,7 d
Croissance annuelle	°/₀	7,2 a	3,8 b	1,9
Par habitant	$	400	1 390	1 630 d
Structure du P I B				
Agriculture	°/₀	29,5	22,6	18,6 d
Industrie	°/₀ } 100 °/₀	27,3	30,2	34,3 d
Services	°/₀	43,2	47,2	47,0 d
Dette extérieure totale	milliard $	1,96	19,1	49,1 d
Service de la dette/Export.	°/₀	16,8	28,0	28,2 d
Taux d'inflation	°/₀	6,9	110,2	66,8
Population active	million	14,9	16,1	19,2 c
Agriculture	°/₀	67,6	54,9	50,1 c
Industrie	°/₀ } 100 °/₀	14,5	18,9	20,5 c
Services	°/₀	17,9	26,2	29,5 c
Dépenses publiques				
Éducation	°/₀ P I B	2,9	2,8	1,8 c
Défense	°/₀ P I B	4,4	4,7	3,1
Production d'énergie	million T E C	12,0	14,4	21,9 c
Consommation d'énergie	million T E C	16,8	31,9	52,5 c

a. 1965-75; b. 1975-85; c. 1989; d. 1990.

contacts avec l'Albanie se sont multipliés à partir de l'automne 1991, tandis que Turcs et Bulgares ont réussi à liquider en un temps record la quasi-totalité du contentieux hérité de la guerre froide et celui portant sur les traitements subis par la minorité turque en Bulgarie. Il est vrai que cette offensive de charme a aussi visé à isoler la Grèce et à renforcer la position d'Ankara dans les multiples contentieux gréco-turcs.

En ce qui concerne les contacts avec les républiques turcophones de l'ex-URSS, la Turquie a été confrontée à l'énormité de la tâche et à sa mauvaise connaissance du terrain. Même un objectif en apparence mesuré, tel que l'adoption par ces républiques de l'alphabet latin utilisé en Turquie, préalable à un rapprochement linguistique, s'est heurté à des obstacles locaux (hostilité des russophones, résistance des islamistes), mais aussi à des problèmes de

coût qui ont semblé difficilement surmontables.

Au plan économique, la Turquie a cherché à conquérir des marchés, mais les nouvelles républiques asiatiques manquent de devises. Celles-ci ont plutôt essayé d'attirer les investissements, mais la Turquie manque cruellement de capitaux. D'où la volonté persistante des Turcs d'intégrer l'Europe — la Turquie a déposé une demande d'adhésion à la CEE le 14 avril 1987 — afin de pouvoir véhiculer capitaux et savoir-faire occidentaux vers ces républiques. D'où aussi la volonté de montrer aux « frères turcs » un visage résolument laïque et progressiste de leur pays, en s'opposant à l'influence iranienne en Asie centrale.

Parallèlement, la Turquie a adopté un « profil bas » dans certaines crises, où ses « protégés » se sont trouvés en fâcheuse position militaire, comme ce fut le cas en Bosnie-Herzégovine, mais surtout dans le

BIBLIOGRAPHIE

AMNESTY INTERNATIONAL, *Turquie. Dénis de justice*, AEFAI, Paris, 1988.

P. DUMONT, F. GEORGEON (sous la dir. de), *La Turquie au seuil de l'Europe*, L'Harmattan, Paris, 1991.

A. GRESH, « Turquie, un pays ébranlé par les mutations régionales », *Le Monde diplomatique*, Paris, juil. 1991.

« L'immigration turque en France et en Allemagne », *Cahiers d'études sur la Méditerranée orientale et le monde turco-iranien (CEMOTI)*, n° 13, Paris, 1992.

R. MANTRAN (sous la dir. de), *Histoire de l'Empire ottoman*, Fayard, Paris, 1989.

OCDE, *Études économiques : Turquie 1989-1990*, Paris, 1990.

H. THOBIE, S. KANCAL (sous la dir. de), *Turquie, Moyen-Orient et Communauté européenne*, L'Harmattan, Paris, 1989.

S. VANER (sous la dir. de), *Le Différend gréco-turc*, L'Harmattan, Paris, 1988.

S. VANER (sous la dir. de), *Modernisation autoritaire en Turquie et en Iran*, L'Harmattan, Paris, 1992.

S. YÉRASIMOS, « Arabes et Turcs : quelques repères sur un chemin tortueux », *Hérodote*, n° 60-61, La Découverte, Paris, 1991.

Haut-Karabakh, ce territoire d'Azerbaïdjan qui est majoritairement peuplé d'Arméniens [*voir articles « Transcaucasie » p. 517 et suiv.*].

A la veille d'une possible redistribution des cartes dans la région, il apparaissait ainsi clairement, à la mi-1992, que la Turquie devait avant tout résoudre ses problèmes internes.

Stéphane Yérasimos

Corée du Sud
Climat de malaise général

En 1992, dernière année du quinquennat du président Roh Tae Woo, un climat de malaise général a persisté : l'inflation et la hausse des salaires ont continué à éroder la compétitivité internationale de l'industrie en aggravant considérablement le déficit commercial ; le système ploutocratique et l'incompétence d'une partie du personnel politique ont discrédité toute la classe politique ; la discipline sociale et même l'éthique du travail se sont dégradées. La transition de ce pays vers une économie développée s'est révélée beaucoup plus difficile que prévu.

Les manifestations d'étudiants et d'ouvriers qui ont secoué le pays par leur violence (dix immolations par le feu) au printemps 1991 ont brusquement cessé lorsque, en juin, les élections locales ont donné une victoire écrasante au Parti démocrate-libéral (PLD) majoritaire, en montrant que les couches moyennes aspiraient davantage à la stabilité et à la croissance économique qu'à une justice sociale. Dès lors, toutes les forces politiques ont axé leur action sur la préparation de deux échéances électorales majeures prévues en 1992 : les législatives en mars et les présidentielles en décembre.

La vie politique et le régionalisme

Au sein du PLD s'est posé le problème de la désignation du candidat officiel à la présidence. Un « noyau dur » appelé « groupe TK » a certes été formé du temps du président Park Chung Hee (1961-1979), avec des hommes originaires uniquement de Taegu et de la province de Kyonsang. Ce groupe, aujourd'hui dépourvu de toute personnalité d'envergure, a estimé que le régime parlementaire, permettant d'éviter l'élection du Premier ministre — véritable détenteur du pouvoir — au suffrage universel, l'aiderait à conserver le pouvoir. Mais Kim Young Sam, candidat du PLD depuis la fusion, en février 1990, de son Parti pour la démocratie et la réunification et du Parti de la justice et de la démocratie de Roh Tae Woo, a menacé de faire scission. Il a été soutenu en cela par l'opinion publique qui éprouve une grande aversion contre la manipulation constitutionnelle, fréquente depuis des décennies. Finalement le « groupe TK » a renoncé à la révision constitutionnelle, mais il n'en a pas enterré définitivement l'option.

Dans l'opposition, le Parti pour la paix et la démocratie de Kim Dae Jung a fusionné, en septembre 1991, avec le Parti démocrate de Lee Ki Taik, dissident de l'ancien parti de Kim Young Sam. Pour Kim Dae Jung, il s'agissait de surmonter le handicap d'être un parti basé quasi exclusivement dans sa province de Cholla, et d'entamer le fief de son rival de toujours, Kim Young Sam. Le régionalisme est ainsi devenu la donnée fondamentale de la vie politique de la Corée du Sud.

En janvier 1992 est née une nouvelle organisation, le Parti national pour la réunification (PNR), créé par Chung Ju Yung, fondateur de la firme Hyundai. Depuis l'automne 1991, le milliardaire, en conflit ouvert avec le président Roh, ne cachait plus son intention de se lancer dans la politique. Le gouvernement a tenté en vain de l'empêcher par tous les moyens, y compris la répression. Pour la première fois, le pouvoir économique a tenu tête au pouvoir politique.

Les forces d'opposition ainsi réorganisées et le PLD se sont affrontés aux élections législatives le 24 mars 1992. Ce dernier, qui détenait une majorité des deux tiers avant les élections, n'est même pas parvenu à préserver une majorité absolue : il a obtenu 149 sièges (sur 299) contre 97 au NPD, 32 au PNR, et 21 aux indépendants. Certes, il a reçu l'appui de certains indépendants pour former la majorité absolue, mais les électeurs ont voulu sanctionner la politique du gouvernement, ainsi que l'hégémonisme d'un parti dominant formé par fusion de forces hétéroclites.

Corée du Sud

Démographie, culture, armée

INDICATEUR	UNITÉ	1970	1980	1991
Démographie				
Population	million	31,9	38,1	43,3
Densité	hab./km²	320,7	383,2	434,9
Croissance annuelle	%	2,1 a	1,5 b	0,9 c
Indice de fécondité (ISF)		4,3 a	2,6 b	1,7 c
Mortalité infantile	%₀	51,4	32,0	21 c
Espérance de vie	année	59,5	66,6	71 c
Population urbaine	%	44,7	56,9	72 d
Culture				
Analphabétisme	%	12,4	8,3	3,7 d
Nombre de médecins	%₀ hab.	0,45	0,59	1,00 e
Scolarisation 12-17 ans	%	48,8	74,2	85,5 d
Scolarisation 3e degré	%	7,9	15,8	39,2 d
Téléviseurs	%₀	19	165	207 e
Livres publiés	titre	4 207	20 978	39 267 e
Armée				
Marine	millier d'h.	13	48	60
Aviation	millier d'h.	30	32,6	40
Armée de terre	millier d'h.	570	520	650

a. 1965-75; b. 1975-85; c. 1990-95; d. 1990; e. 1989.

Commerce extérieur[a]

INDICATEUR	UNITÉ	1970	1980	1991
Commerce extérieur	% PIB	16,1	31,9	28,0
Total imports	milliard $	2,0	22,3	81,6
Produits agricoles	%	32,6	24,3	13,8 c
Produits énergétiques	%	6,9	29,9	12,4 d
Minerais et métaux	%	5,7	5,8	7,8 d
Total exports	milliard $	0,8	17,5	71,9
Produits agricoles	%	16,6	8,9	4,6 c
Minerais et métaux[b]	%	5,7	1,0	1,1 d
Produits manufacturés	%	76,5	89,5	92,9 d
Principaux fournisseurs	% imports			
Japon		40,8	26,6	29,1 c
États-Unis		29,5	22,2	24,0 c
PVD		15,4	34,4	21,1 c
Principaux clients	% exports			
États-Unis		47,3	26,5	31,7 c
Japon		28,1	17,4	20,9 c
PVD		10,0	31,2	24,7 c

a. Marchandises; b. Produits énergétiques non compris; c. 1990; d. 1989.

Économie

INDICATEUR	UNITÉ	1970	1980	1991
PIB	milliard $	8,62	62,14	271,78
Croissance annuelle	%	10,6 a	7,7 b	8,5
Par habitant	$	270	1 630	6 281
Structure du PIB				
Agriculture	%	26,0	14,9	10,1 d
Industrie	% } 100 %	29,2	41,3	49,6 d
Services	%	44,8	43,7	40,3 d
Dette extérieure totale	milliard $	2,0	29,5	38,7
Service de la dette/Export.	%	20,4	19,7	10,7 d
Taux d'inflation	%	16,1	28,7	9,5
Population active	million	11,41	14,73	18,5 d
Agriculture	%	50,4	38,6	17,8 d
Industrie	% } 100 %	21,8	28,0	34,3 d
Services	%	27,8	33,4	47,9 d
Dépenses publiques				
Éducation	% PIB	3,5	3,7	3,6 c
Défense	% PIB	3,7	4,3	3,9
Recherche et Développement	% PIB	0,48	0,57	1,8 e
Production d'énergie	million TEC	9,5	12,9	19,7 c
Consommation d'énergie	million TEC	20,9	52,3	93,1 c

a. 1965-75; b. 1975-85; c. 1989; d. 1990; e. 1988.

Kim Young Sam, tenu pour responsable de l'échec électoral par ses rivaux, a semblé un moment en difficulté pour obtenir l'investiture du parti comme candidat à l'élection présidentielle. Mais son adversaire Lee Jong Chan s'étant retiré, non sans dénoncer les manœuvres déloyales du président Roh en faveur de Kim Young Sam, celui-ci a été officiellement désigné en mai comme le candidat du parti. De leur côté, Kim Dae Jung et Chung Ju Yung ont annoncé leur candidature. Ainsi, à la mi-1992, la vie politique en Corée du Sud était entièrement tournée vers l'échéance présidentielle de décembre 1992. Pour la première fois depuis trente ans, aucun des candidats n'était militaire.

Malgré un taux de croissance de 8,5 % en 1991, l'économie sud-coréenne a montré des signes de déficiences structurelles illustrées par un déficit commercial de 9,7 milliards de dollars en 1991. Une hausse vertigineuse des prix du foncier a accru le coût de production et encouragé la spéculation. Le grand projet de construction de logements que le gouvernement a lancé inopportunément en 1989 a eu pour conséquence de détourner les ressources financières et humaines du secteur manufacturier, faisant augmenter les taux d'intérêt et les salaires. Les premiers, progressant de 20 % par an depuis la fin des années quatre-vingt, ont réduit les marges dans l'industrie manufacturière. L'encadrement du crédit, élément de la politique anti-inflationniste, a frappé durement les PME (petites et moyennes entreprises), provoquant une multiplication des faillites. Une forte propension à la consommation ostentatoire par les couches aisées de la population a provoqué pour sa part une érosion de l'éthique du travail et a entamé la cohésion sociale. Enfin, les trois années euphoriques

BIBLIOGRAPHIE

Asia Yearbook, annuaire publié par la *Far Eastern Economic Review*, Hong Kong, 1992.

« Basic Data : South Corea. Country Profile 1991-1992 », *The Economist*, Londres, 1991.

« Forces et déséquilibres de l'économie coréenne », *Problèmes économiques*, La Documentation française, Paris, 6 mars 1991.

M. Lanzarotti, *La Corée du Sud : une sortie du sous-développement*, PUF, Paris, 1992.

H.-Y. Lee, « South Corea in 1991 », *Asian Survey*, University of California Press, Berkeley, 1991.

G. Ogle, *South Korea : Dissent within the Economic Miracle*, Zed Books, Londres, 1991.

d'excédents commerciaux (1986-1988) n'ont pas incité à la restructuration industrielle nécessaire.

L'institut de recherche KDI (Korea Development Institute) a prévu pour 1992 un taux de croissance de 7,5 %, un taux d'inflation de 8,7 % et un déficit des paiements de 8,4 milliards de dollars. Il a aussi annoncé une baisse de la croissance des investissements industriels, qui passeraient de 12,8 % en 1991 à 9,7 % en 1992.

Détente avec Pyongyang

Les relations avec la Corée du Nord ont été marquées par une détente, illustrée par l'adhésion simultanée des deux Corées à l'ONU en septembre 1991 et, surtout, par la signature en décembre 1991 d'un « accord sur la réconciliation, la non-agression et la coopération ». Les échanges commerciaux ont atteint 200 millions de dollars en 1991, soit huit fois plus que l'année précédente ; ils ont cependant été effectués, encore indirectement, par l'intérmédiaire de Hong Kong, Singapour, Tokyo ou Pékin.

Certes, la tension entre les deux parties n'a pas pris fin, comme l'ont montré les accrochages survenus le 22 mai 1992 sur la ligne de démarcation, au cours desquels trois soldats nord-coréens ont été tués. Mais le dialogue engagé diffère des précédents car les deux régimes ont inté-

rêt à avancer par étapes ; Séoul a en effet rejeté l'exemple allemand, préférant un processus graduel de remise en état du Nord ; ce dernier, pour survivre, s'est montré conciliant et pragmatique.

Si les relations avec les États-Unis ont été cordiales dans le domaine de la sécurité (contrôle opérationnel des forces armées sud-coréennes, partage des coûts de stationnement des troupes américaines en Corée du Sud, etc.), il n'en est pas allé de même pour les questions économiques. Les États-Unis ont absorbé, en 1991, 32 % des exportations de la Corée du Sud, leur septième partenaire commercial et le deuxième importateur de leurs produits agricoles. Les Coréens ont ressenti amèrement la forte pression que les Américains ont continué à exercer pour l'ouverture du marché du riz.

Les relations avec le Japon ont été également marquées par les contentieux économiques, notamment le déficit commercial chronique (90 % des 9,6 milliards de dollars de déficit commercial de la Corée du Sud ont émané, en 1991, du commerce avec le Japon). D'une manière plus générale, le réveil de l'ambition politico-militaire du Japon sur le plan mondial a inquiété la Corée du Sud, comme les autres pays d'Asie.

Bertrand Chung

Thaïlande
Les «Quatre Glorieuses» de Bangkok

Bangkok a été en mai 1992 le théâtre d'un événement que personne n'attendait : l'irruption décisive de la société civile dans le champ clos des rivalités politiques au sommet de l'État. Ce résultat n'a été obtenu qu'au prix des plus violentes émeutes que la Thaïlande ait connues depuis la révolte étudiante de 1973, et de dizaines, voire de centaines de morts (43 officiellement, mais l'on dénombrait 343 disparus le 23 mai 1992).

Le Comité national pour la préservation de la paix, junte militaire qui s'était emparée du pouvoir le 23 février 1991, pouvait pourtant estimer avoir rempli son mandat : la mise en route d'un régime formellement démocratique sous le contrôle institutionnalisé de l'armée. Une Assemblée nommée avait élaboré une nouvelle Constitution accordant le droit de censure aux 270 sénateurs nommés par l'exécutif — militaires et associés — à égalité avec les députés élus ; l'autonomie du gouvernement vis-à-vis du Parlement avait été renforcée ; enfin, toute révision requérait désormais le vote des deux tiers des parlementaires, accordant *de facto* un droit de veto au Sénat. Les élections législatives du 22 mars 1992, assez libres et peu truquées, mais précédées de l'habituel achat massif des votes ruraux par les partis «militaires», avaient vu la victoire de leurs candidats dans 195 circonscriptions sur 360. Le 7 avril 1992, l'«homme fort» de la junte, le général Suchinda Kraprayoon, démissionnait de l'armée pour accepter, comme prévu, le poste de Premier ministre.

On ne prêta guère attention à trois «grains de sable» : Suchinda avait promis en novembre 1991 de ne pas briguer la tête de l'exécutif ; il eût préféré continuer à jouer l'éminence «à peine grise», mais le prête-nom pressenti, Wongwan Narong, chef du Samakki Tham — premier des quatre partis de la coalition majoritaire —, avait été dénoncé par Washington comme grand trafiquant d'héroïne ; enfin Suchinda, au-dessus des partis, avait négligé de se faire élire député.

Thaïlande

Démographie, culture, armée

Indicateur	Unité	1970	1980	1991
Démographie				
Population	million	35,7	46,7	58,0
Densité	hab./km²	69,5	90,9	112,8
Croissance annuelle	%	3,0 a	2,2 b	1,4 c
Indice de fécondité (ISF)		5,6 a	4,1 b	2,2 c
Mortalité infantile	%₀	72,7	58,3	24 c
Espérance de vie	année	58,1	62,0	67 c
Population urbaine	%	13,3	17,3	23 d
Culture				
Analphabétisme	%	21,4	12,0	7,0 d
Nombre de médecins	%₀ hab.	0,12	0,15	0,20 e
Scolarisation 12-17 ans	%	25,6	34,1	38,1 d
Scolarisation 3e degré	%	1,7	13,1	16,1 e
Téléviseurs	%₀	7	21	109 e
Livres publiés	titre	2 085	4 091	11 217 e
Armée				
Marine	millier d'h.	21,5	32,2	50
Aviation	millier d'h.	23	43,1	43
Armée de terre	millier d'h.	110	155,5	190

a. 1965-75; b. 1975-85; c. 1990-95; d. 1990; e. 1989.

Commerce extérieur a

Indicateur	Unité	1970	1980	1991
Commerce extérieur	% PIB	15,4	23,5	36,0
Total imports	milliard $	1,3	9,2	38,2
Produits agricoles	%	8,7	8,7	9,6 b
Produits énergétiques	%	8,7	30,4	7,7 c
Produits industriels	%	74,7	50,8	73,1 c
Total exports	milliard $	0,7	6,5	28,1
Manioc, riz, caoutchouc et sucre	%	41,1	37,3	15,6 b
Autres produits agricoles	%	29,0	20,0	18,1 b
Étain	%	11,0	8,5	0,0 b
Principaux fournisseurs	% imports			
Japon		37,4	21,2	30,6 b
États-Unis		14,8	14,5	10,7 b
Moyen-Orient		3,9	17,8	4,0 b
Principaux clients	% exports			
Japon		25,5	15,1	17,4 b
États-Unis		13,4	12,7	22,7 b
CEE		19,3	26,0	20,9 b

a. Marchandises; b. 1990; c. 1988.

Thaïlande

Économie

Indicateur	Unité	1970	1980	1991
P I B	milliard $	6,92	31,29	90,05
Croissance annuelle	%	7,4 a	6,3 b	7,9
Par habitant	$	190	670	1 553
Structure du PIB				
Agriculture	%	25,9	23,2	16,0 d
Industrie	% } 100 %	25,3	30,8	35,6 d
Services	%	48,8	46,0	48,4 d
Dette extérieure totale	milliard $	0,73	8,26	25,9 d
Service de la dette/Export.	%	13,9	18,7	17,2 d
Taux d'inflation	%	− 0,1	19,7	5,7
Population active	million	17,87	23,58	29,53 d
Agriculture	%	79,8	70,9	63,8 f
Industrie	%	6,0	10,3	12,5 f
Services et autres	%	14,2	18,8	23,7 f
Dépenses publiques				
Éducation	% PIB	3,5	3,4	3,2 e
Défense	% PIB	3,6	3,3	2,6
Production d'énergie	million TEC	0,37	0,6	14,2 c
Consommation d'énergie	million TEC	6,7	17,3	35,0 c

a. 1965-75; b. 1975-85; c. 1989; d. 1990; e. 1988; f. 1987.

Les pouvoirs de l'armée

La nouvelle Constitution ne le lui imposait pas, mais c'est sur cette marque de mépris pour l'électorat que se cristallisa la révolte populaire. L'habitude de docilité ou de cynisme à l'égard du pouvoir l'aurait peut-être emportée, sans l'intervention du Thaï le plus populaire après le roi Bhumibol, l'ancien gouverneur de Bangkok, Chamlong Srimuang, chef du Palang Dharma (Parti de la force religieuse), bénéficiaire aux élections d'un « raz de marée » dans la capitale. Il annonça, le 4 mai, son intention de se lancer dans une grève de la faim pour contraindre Suchinda à se démettre, et le Parlement à réviser la Constitution. Il déclencha un cycle de rassemblements de plus en plus massifs. Ce furent, du 17 au 20 mai, les « Quatre Glorieuses » de Bangkok, aboutissant le 24 à la démission de Suchinda, après l'exceptionnelle intervention pacifi-

catrice, le 21, d'un monarque qui a su préserver une aura intacte en se retirant de la politique courante. Mais l'amnistie générale proclamée par Suchinda avant son départ pouvait faire rebondir la crise, tant la colère était grande à l'égard de la junte. Le 10 juin, la nomination au poste de Premier ministre de l'honnête et efficace Anand Panyarachun, imposée par le roi à la majorité parlementaire, puis l'annonce de nouvelles élections dans les trois mois ont montré le recul, au moins provisoire, de l'influence des militaires. Anand a été accueilli par la Bourse comme un sauveur : le tourisme, l'immobilier, l'investissement étranger, déjà (au mieux) stagnants depuis 1991, menaçaient avec la crise de confiance en l'exécutif de se détourner d'un pays aux coûts de toutes sortes rapidement croissants. L'économie devrait donc poursuivre sur sa puissante lancée (7,9 % de croissance du PIB en 1991, 10 % en 1990), avec

BIBLIOGRAPHIE

J. CLAD, *Behind the Myth : Business, Money and Power in South East Asia*, Unwin and Hyman, Londres, 1989.

M. DASSÉ, « Asie du Sud-Est : la guerre perdue de la drogue », *Études*, Paris, sept. 1990.

C. GOLDBLUM, *Métropoles de l'Asie du Sud-Est : stragéties urbaines et politiques du logement*, L'Harmattan, Paris, 1987.

THANH-DAM TRUONG, *Money and Morality, Prostitution and Tourism in South East Asia*, Zed Books, Londres, 1990.

l'industrie en guise de locomotive : le royaume exporte désormais avant tout des produits textiles et électroniques, tout en campant aux premiers rangs des ventes de riz et de caoutchouc naturel.

Au-delà de la réaction contre les empiétements dans tous les domaines de l'État, de la 5e promotion de l'école militaire (dont a fait partie Suchinda), les « Quatre Glorieuses » furent une révolte contre un système politico-économique ressenti comme inacceptable. Un slogan des manifestants dénonçait « soixante ans de dictature militaire ». L'armée, qui prit le pouvoir en 1932 pour mettre fin à la monarchie absolue, s'est arrogé depuis une sorte de droit d'intervention permanent dans les affaires du pays. Il s'agit d'un État dans l'État : les militaires possèdent ou contrôlent certaines des plus grandes banques, entreprises publiques, chaînes de télévision et stations de radio ; ils sont à la tête de nombreuses associations, de jeunes en particulier ; certains ministères sont leur domaine réservé, tel l'Intérieur, qui nomme les chefs de village et gouverneurs de province.

La colère qui a explosé en mai 1992 n'aurait pas été aussi vive sans le constat que le rapide développement économique du pays s'est accompagné d'une stagnation, voire d'une détérioration des conditions de vie d'une grande partie de la population : les écarts se sont notablement accrus entre riches et pauvres, entre urbains et ruraux, entre la capitale (48 % du PIB pour 15 % de la population) et le reste du pays. L'environnement a été saccagé, ce qui, comme l'explosion du sida, est une menace pour l'avenir du tourisme, source de devises plus importante que l'agriculture. Selon les estimations, la forêt ne couvre plus qu'entre 10 % et 28 % de la surface du pays, alors que 40 % seraient nécessaires pour éviter érosion et dessèchement ; de nombreux cours d'eau sont biologiquement morts, tel le fleuve Chaophya en aval de Bangkok ; l'usage des gaz CFC (chlorofluorocarbures), nocifs pour la couche d'ozone, a doublé entre 1986 et 1989 ; le taux de particules solides dans l'air de la capitale se situe à un niveau de deux à quatre fois supérieur au maximum autorisé, cependant que le bruit, les embouteillages monstrueux, la déficience des infrastructures et des services publics ont achevé de rendre difficile la vie dans une mégalopole deltaïque de sept millions d'habitants, où le forage de trop nombreux puits a entraîné l'affaissement progressif du sol.

Face à ces immenses problèmes, les gouvernements ont été généralement nonchalants, inefficaces, corrompus : le « *no problem* » lancé comme réponse à toutes les questions, et les millions de dollars détournés par le général Chatchaï Choonhawan, Premier ministre de 1988 à 1991, ont été la justification du coup d'État de février 1991. Mais l'éphémère gouvernement Suchinda comprenait trois ministres de l'équipe précédente reconnus coupables de corruption.

Une « victoire » ambiguë

Pourquoi la révolte a-t-elle éclaté en mai 1992 ? Les étudiants et les partisans de Chamlong furent vite rejoints par cette nouvelle classe moyenne — cadres, professions libérales, enseignants, fonctionnaires —, éduquée, mais dont il n'est guère aisé de savoir si elle privilégie la démocratie politique, l'efficacité gestionnaire, ou ses propres intérêts face à la caste militaro-politicienne. Par ailleurs, la fin de la « guerre froide », qui s'est traduite au plan régional par la réduction du conflit cambodgien et par le tissage de nouveaux liens économiques entre pays de l'ASEAN (Association des nations du Sud-Est asiatique) et le Vietnam, a ôté beaucoup de sa raison d'être au poids démesuré de l'armée thaïlandaise.

La « victoire de Bangkok » est cependant restée ambiguë. Les généraux Chamlong et Chavalit Yongchaiyut se sont dressés contre le général-Premier ministre : officiers de réserve contre cadres d'active ? Coalition d'intérêt de laissés-pour-compte contre une promotion trop gourmande ? La césure n'est guère claire entre civils et militaires : le gouvernement « civil » du général Chatchaï fut remplacé, après le coup d'État, par le gouvernement intérimaire du haut fonctionnaire Anand Panyarachun. Militaires autoritaires et technocrates dévoués marchent parfois ensemble, contre des politiciens trop souvent acoquinés aux pires affairistes et, pour la plupart, prêts à se vendre au parti le plus offrant. L'armée, qui en dernier recours semblait sans doute pouvoir compter sur la monarchie, n'a pas abattu toutes ses cartes.

Jean-Louis Margolin

Vietnam
L'inévitable redéploiement

Après celle du CAEM (Conseil d'assistance économique mutuelle, ou COMECON) le 28 juin 1991, la dissolution de fait de l'URSS, fin 1991, a obligé les dirigeants vietnamiens à modifier radicalement leur réseau extérieur d'échanges économiques.

Que reste-t-il des relations « de coopération et d'amitié » fondées sur la solidarité socialiste internationale qui était proclamée et entretenue ? Le legs des relations passées a échu essentiellement à la Russie où la destruction de tous les signes et symboles du passé révolutionnaire et socialiste (en octobre 1991, le conseil municipal de Moscou a décidé de démanteler le monument dédié à Hô Chi Minh inauguré l'année précédente) a été déplorée par les dirigeants vietnamiens.

Désormais, les relations vietnamo-russes sont placées sur un plan marchand : celles des livraisons russes qui se sont poursuivies sont payables en devises et non plus en « roubles transférables », comme cela était le cas jusqu'au 1er janvier 1991 au sein du CAEM. Quant à la base aéronavale de Cam Ranh, pratiquement évacuée par les forces soviétiques, elle est devenue l'objet d'un marchandage : ou les Russes continuent de l'utiliser et paient un loyer en dollars, hors de portée de leur bourse, ou ils défalquent le loyer des 10 milliards de roubles de la dette vietnamienne. Enfin, le gouvernement vietnamien a souhaité que les 50 000 travailleurs vietnamiens qui sont encore en Russie ne quittent pas le pays en 1992.

Comment changer en restant fidèle ?

Face à la disparition du réseau d'interdépendance socialiste, le tour

Vietnam

Démographie, culture, armée

INDICATEUR	UNITÉ	1970	1980	1991
Démographie				
Population	million	42,7	53,7	67,7
Densité	hab./km²	129,6	162,9	203,3
Croissance annuelle	%	2,3 a	2,2 b	2,2 c
Indice de fécondité (ISF)		5,9 a	5,2 b	3,7 c
Mortalité infantile	%oo	126,5	83,0	54 c
Espérance de vie	année	49,1	57,4	64 c
Population urbaine	%	18,3	19,3	22 d
Culture				
Analphabétisme	%	••	16,0	12,4 d
Nombre de médecins	%oo hab.	0,18 h	0,24	0,30 e
Scolarisation 12-17 ans	%	45,6 i	47,4	46,9 d
Scolarisation 3e degré	%	2,1 g	2,3	••
Téléviseurs	%oo	••	••	38 e
Livres publiés	titre	1 974 h	1 524	1 930 f
Armée				
Marine	millier d'h.	3,25 i	4	31
Aviation	millier d'h.	4,5 i	25	10
Armée de terre	millier d'h.	425 i	1 000	900

a. 1965-75; b. 1975-85; c. 1990-95; d. 1990; e. 1989; f. 1988; g. 1975; h. 1976; i. Nord seulement.

Commerce extérieur a

INDICATEUR	UNITÉ	1976	1980	1990
Total imports	million $	826	1 577	2 061
Produits agricoles	%	53,0	18,5 b	6,2
Dont prod. alimentaires c	%	••	14,8 b	2,5
Produits manufacturés	%	••	••	••
Total exports	million $	215	399	1 729
Produits agricoles	%	37,7	28,0 b	19,0
Dont prod. alimentaires c	%	••	10,0 b	4,1
Produits manufacturés	%	••	••	••
Principaux fournisseurs	% imports			
URSS		37,3	44,4	67,1
PCD		41,4	29,1	19,9
PVD		15,9	25,4	11,8
Principaux clients	% exports			
URSS		39,3	60,8	45,9
PCD		26,9	15,6	29,0
PVD		27,4	20,3	23,5

a. Marchandises; b. 1981; c. Poisson non compris.

Vietnam

Économie

Indicateur	Unité	1970	1980	1991
PIB	million $	4 590	4 891	7 129 c
Croissance annuelle hi	%	2,6 a	6,4 b	2,4
Par habitant	$	107	91	109 c
Structure du PMN				
Agriculture	% } 100 %	50,3 e	51,3	51,7 c
Industrie	%	30,1 e	29,7	28,6 c
Services	%	19,6 e	19,0	19,7 c
Dette extérieure totale	milliard $	••	2,6	8,0 d
Taux d'inflation	%	••	205,3	54,1 d
Population active	million	20,27	24,93	32,92 d
Agriculture	% } 100 %	73,8 f	67,5	72,2 c
Industrie	%	8,2 f	11,8	11,2 c
Services	%	18,1 f	20,7	16,6 c
Dépenses publiques				
Éducation	% PMN	••	••	••
Défense	% PMN	••	••	1,2 c
Production d'énergie	million TEC	3,07	5,35	6,32 c
Consommation d'énergie	million TEC	12,58	6,56	7,17 c

a. 1975-80; b. 1980-85; c. 1989; d. 1990; e. 1976; f. 1973; g. 1980-90; h. Concerne le PMN (produit matériel net); i. Voir définition du PMN p. 16.

de force du Vietnam a consisté à retrouver chez ses voisins asiatiques non seulement des fournisseurs mais aussi des acheteurs : en 1991, 80 % des exportations ont été effectuées sur des marchés de la région. Singapour est devenu le premier partenaire commercial du Vietnam, suivi par le Japon et Hong Kong. De bonnes récoltes de céréales (21,7 millions de tonnes en 1991), l'augmentation de la production et de l'exportation du pétrole ont maintenu les exportations à un niveau satisfaisant.

La normalisation des relations diplomatiques avec la Chine, engagée depuis deux ans, s'est achevée non sans peine en avril 1992, l'ouverture officielle de la frontière, des routes et de la voie ferrée permettant à la séculaire symbiose Vietnam-Chine de revivre. D'autres initiatives ont visé à insérer le Vietnam dans l'Asie : en septembre 1991, le pays a demandé son admission à l'ANSEA (Association des nations du Sud-Est asiatique). L'ancien chef du gouver-

nement de Singapour, Lee Kuan Yew, et le chef du gouvernement de la Malaisie, Datuk Sari Mahathir, ont séjourné à Hanoi en avril 1992, l'un pour se voir proposer de devenir conseiller économique du gouvernement vietnamien, l'autre (accompagné par cent hommes d'affaires) a suggéré aux Vietnamiens d'exploiter en commun le pétrole sur un site des îles Spratleys dont la souveraineté est contestée. Hommes d'affaires taïwanais (premiers investisseurs avec 32 projets et 440 millions de dollars en 1991-1992), sud-coréens, japonais, australiens ont défilé sans interruption. Les investissements ont continué de se porter, en valeur, en majorité vers les hydrocarbures. Les investisseurs étrangers ont rencontré deux obstacles importants : la faiblesse des infrastructures et l'intervention des autorités locales comme intermédiaires obligés dans le recrutement de la main-d'œuvre. Par ailleurs, tout semble bon pour opérer

BIBLIOGRAPHIE

F. GUILBERT, « Vietnam, un régime communiste en sursis », *Études*, Paris, juin 1991.

D. HÉMERY, *Ho Chi Minh. De l'Indochine au Vietnam*, Gallimard, Paris, 1991.

T. N. T. NGUYEN, « Les politiques agraires vietnamiennes entre dogmatisme et nouvelle donne », *Revue Tiers-Monde*, n° 128, Paris, oct.-déc. 1991.

M. T. NGUYEN, *Un excommunié. Hanoï 1954-1991 : procès d'un intellectuel*, Quê, Mê, Paris, 1992.

« Vietnam, Laos, Cambodge. L'incertitude indochinoise » (dossier constitué par D. Hémery), *Problèmes politiques et sociaux*, n° 647-648, La Documentation française, Paris, 1991.

T. H. ZUONG, *Roman sans titre*, Des Femmes, Paris, 1992.

200

des prélèvements financiers lors de la mise en place des projets. C'est pourquoi l'opinion largement répandue selon laquelle la levée, déjà partielle, de l'embargo américain serait un « coup de baguette magique » a pu laisser sceptique.

En somme, comment changer tout en restant fidèle à soi-même ? La question s'est posée dans deux domaines cruciaux : l'économie et les institutions politiques.

En principe, l'État supervise le fonctionnement de l'économie dite « en accord avec le marché ». En fait, ce qui se développe est un régime hybride. Le secteur privé mais aussi les entreprises gérées par les autorités provinciales et municipales fonctionnent de façon anarchique et souvent illicite. Leurs profits échappent à l'impôt central et l'évasion fiscale s'accompagne de sorties de devises et d'or, phénomène aggravé par la contrebande dont la valeur a été évaluée à 350-400 millions de dollars en 1991. Cette contrebande, ainsi que l'inflation monétaire, a provoqué la chute du cours du dong : le taux de change du dollar est passé de 8 100 dongs en 1991 à 12 000 en janvier 1992. C'est pourquoi, dans la nouvelle Constitution adoptée en avril 1992 par l'Assemblée nationale, les pouvoirs de l'exécutif en matière économique ont été renforcés pour réduire le « localisme », la « disper-sion » et l'« autonomie anarchique ».

C'est dans la même perspective que les contours du système politique ont été précisés. La nouvelle Constitution proclame la séparation complète du Parti et de l'État, mais le pluripartisme restant toujours banni et le Parti communiste la « force dirigeante ». Toutefois, beaucoup de soin a été apporté au renforcement de l'État où les deux acteurs sont désormais l'exécutif et le législatif. Le gouvernement doit répondre de ses actes devant l'Assemblée et non plus devant le Parti. Les compétences du Premier ministre sont renforcées, mais la Constitution met en place un régime présidentiel dont le chef est doté de grands pouvoirs. Comme le président doit être élu par l'Assemblée nationale, les élections législatives prévues pour le 19 juillet 1992 revêtaient une importance particulière.

PLANTU

Démographie et environnement

Dans les années quatre-vingt, les dirigeants du Vietnam s'étaient fixé un taux de croissance démographique annuel de 2 % pour l'horizon 1990 ; or celui-ci a atteint une moyenne nationale de 3,2 % (avec un taux urbain de 2,3 % mais un taux rural, notamment parmi certaines ethnies minoritaires, pouvant aller jusqu'à 5 %). La pression démographique est telle qu'elle met en péril les équilibres écologiques et pourrait à terme risquer de donner un tour conflictuel et dramatique aux relations interethniques.

La sédentarisation, depuis 1975, de 1,9 million de montagnards (sur 2,8 millions) pratiquant la culture sur brûlis itinérante n'a pas mis fin à l'essartage, pratiqué par 70 % des sédentarisés. Les colons vietnamiens venus du delta du fleuve Rouge ont eux aussi pratiqué une déforestation sans discernement. Pendant la guerre du Vietnam (1960-1975), les États-Unis avaient détruit 5 % des forêts du pays, dont la moitié avait été très gravement atteinte par les épandages chimiques perpétrés par son aviation. En 1944, la forêt couvrait 44 % de la superficie du Vietnam, contre 20 % en 1992. Des plateaux et collines devenus chauves déferlent des torrents de boue destructeurs du paysage, mais aussi colmateurs des réseaux d'irrigation. Aussi l'État a-t-il interdit, en mars 1992, la vente du bois en grumes et troncs sciés.

Par ailleurs, les ethnies minoritaires, dont certaines se sentent victimes de discriminations, ont perçu l'arrivée de nombreux colons vietnamiens (*kinh*) comme une intrusion parfois insupportable, ce qui a entraîné des contestations foncières ; ainsi des milliers de *kinh* auraient quitté la province de Lai Chau en 1991 pour rendre des terres revendiquées par les autochtones.

Sur le plan de la politique intérieure, après sept mois de détention, la romancière Zuong Thu Huong a

▼
VIETNAM

République socialiste du Vietnam.
Capitale : Hanoi.
Superficie : 333 000 km² (0,6 fois la France).
Monnaie : dong (au taux officiel, 1 dong = 0,0006 FF au 30.3.92).
Langues : vietnamien (langue nationale), langues des ethnies minoritaires (khmer, cham, thai, sedang, mia-yao), chinois, anglais, français, russe.
Chef de l'État : Vo Chi Cong, président du Conseil d'État (depuis le 18.6.87).
Premier ministre : Do Muoi, remplacé par Vo Van Kiet en août 91.
Secrétaire général du Parti : Nguyen Van Linh, remplacé par Do Muoi le 26.6.91.
Nature de l'État : socialiste, fondé le 2.7.76.
Nature du régime : communiste, parti unique (Parti communiste vietnamien, PCV).
Carte : p. 357.
Statistiques : voir aussi p. 358-359.

été libérée le 20 novembre 1991 sans avoir consenti aux renoncements que les autorités exigeaient d'elle. Mais, presque simultanément, un médecin d'Hô Chi Minh-Ville, correspondant d'Amnesty International, a été condamné à quinze ans de prison pour avoir fondé un parti politique. Cependant, à la fin de 1991, l'Union nationale des écrivains a couronné trois romans qui altèrent fortement les images édifiantes de la guerre d'unification nationale et d'une société rurale juste et harmonieuse. Et, en février 1992, le public hanoïen a fait un triomphe à *Fable pour l'an 2000*, pièce de théâtre satirique visant le Parti dont la représentation a été interdite par la censure à Hô Chi Minh-Ville.

Pierre Brocheux

Égypte
L'heure des comptes

Au lendemain de la guerre du Golfe, au début 1991, l'Égypte avait pu apparaître comme l'un des possibles bénéficiaires de ce conflit. Plus d'un an après la fin de la crise, le bilan devait être singulièrement contrasté.

Au plan économique, l'Égypte, qui était entrée dans la guerre aux côtés de la coalition anti-irakienne avec une dette extérieure de près de 50 milliards de dollars (1990), a bénéficié de substantielles annulations — 7 milliards de dette militaire vis-à-vis des États-Unis, 7 milliards de la part des États du Conseil de coopération du Golfe (CCG) — et s'est vue consentir par le Club de Paris, le 25 mai 1991, après accord avec le Fonds monétaire international (FMI) sur un nouveau programme d'ajustement structurel, l'annulation immédiate de 30 % des montants dus à ses membres et le rééchelonnement sur vingt ans des montants restants, assortis d'un engagement d'annulation de 20 % supplémentaires conditionné par l'application effective des mesures d'ajustement. Au compte des effets positifs, s'ajoutent les dons «compensatoires» — environ 4 milliards de dollars payés par les États du Golfe, plus 1,3 milliard d'aide civile américaine (constante depuis 1987 et qui a donc diminué en valeur réelle) — ainsi que l'obtention de nouveaux crédits internationaux dont 400 millions en *stand-by* à la part du FMI. Si bien que la balance des paiements courants, qui affichait un déficit de près de 8 milliards en 1990, devait être excédentaire de 2,5 milliards en 1991.

Néanmoins, le plan d'ajustement imposé à l'Égypte par le FMI est apparu singulièrement draconien : unification totale des taux de change, effective depuis le 9 octobre 1991, au prix d'une dépréciation de 20 % de la livre par rapport au dollar ; réduction du déficit budgétaire à moins de 10 % du PIB au prix de coupes claires dans les subventions ; augmentation des droits de douane de 40 % en moyenne ; introduction d'une TVA (taxe à la valeur ajoutée) au taux de base de 10 % ; limitation des hausses de salaires dans la fonction publique à 16,4 % (ce qui signifie une perte de pouvoir d'achat d'environ 15 %) ; enfin, la mise à niveau mondial des prix des produits agricoles et de l'énergie (+ 33 % pour l'essence, + 53 % pour l'électricité en mai 1991), déjà effective pour le blé, devra être achevée avant 1995.

À l'exception du secteur pétrolier, les activités qui avaient été les plus durement affectées par la crise du Golfe n'ont pas retrouvé leur niveau antérieur : tourisme, − 26 % en 1991, avec des pertes de recettes évaluées à 300 millions de dollars ; canal de Suez, − 5 % par rapport à 1990 qui aura finalement été une «bonne année» du fait du trafic militaire. La contribution des transferts financiers des travailleurs émigrés égyptiens aux recettes courantes, qui s'était maintenue en 1990-1991, pourrait accuser une baisse sensible en 1991-1992 du fait du rapatriement — dans de nombreux cas définitif — de l'épargne des travailleurs privés d'emploi par la guerre. Une large réouverture des marchés du travail des pays du Golfe à la main-d'œuvre égyptienne a semblé improbable.

Avec un taux de croissance de 2,3 %, une population dont la croissance s'est poursuivie au rythme d'un million d'habitants en plus tous les neuf mois, une inflation qui s'est maintenue autour de 25 % et plus de 20 % de la population active au chômage, l'économie égyptienne a traversé une période de récession en 1991. Selon la Banque mondiale, le niveau de vie moyen devrait accuser une baisse de 11 % d'ici à 1995, alors qu'un quart de la population vivrait en dessous du seuil de pauvreté. Le

Fonds social de développement, créé en janvier 1991, avec des ressources d'environ 500 millions de dollars fournies en partie par l'AID (Agence internationale de développement), et placé sous la direction de Ahmed Moubarak, cousin du chef de l'État, risque d'avoir du mal à faire oublier à la population égyptienne que le relatif assainissement des finances publiques devra être payé d'une sensible aggravation de leur niveau de vie quotidien, d'autant que des rumeurs de malversations ou de gaspillage ont entouré cet organisme avant même qu'il ait commencé à fonctionner.

Un bilan diplomatique ambigu

Au plan diplomatique, le bilan de la crise du Golfe n'est pas moins ambigu. Alors même qu'elle sortait de la guerre dans le camp des vainqueurs en ayant conforté son statut de principale puissance arabe et que, à nouveau, un Égyptien, Esmat Abdel Meguid, ancien ministre des Affaires étrangères, occupait depuis le 15 mai 1991 le secrétariat de la Ligue arabe, l'Égypte s'est trouvée marginalisée dans la préparation et les premières phases de la Conférence de paix sur le Proche-Orient, dans laquelle elle ne participe qu'aux négociations « multilatérales ». Après avoir signé avec la Syrie et les États du CCG, le 5 mars 1991, la « déclaration de Damas » faisant des troupes égyptiennes et syriennes déployées dans la péninsule Arabique l'épine dorsale d'un nouveau système régional de sécurité, l'Égypte a annoncé, le 8 mai, le retrait total de ses troupes, marquant un net refroidissement des relations entre Le Caire et les monarchies du Golfe, en particulier le Koweït et l'Arabie saoudite, suspectées de préférer la protection américaine à un renforcement du rôle de l'Égypte dans la région. L'essentiel de l'activité de la diplomatie égyptienne aura consisté, en 1991, à rétablir des ponts avec la Jordanie et l'OLP (Organisation de libération de la Palestine) pour être

en mesure de proposer ses bons offices dans la définition d'une « position arabe commune » dans ces négociations, objectif qui s'est révélé, en définitive, hors de portée.

Le réchauffement de ses relations avec la Libye aura par ailleurs placé Le Caire dans une position inconfortable de médiateur dans la partie de bras de fer opposant les États-Unis

---

▼
ÉGYPTE

République arabe d'Égypte.
Capitale : Le Caire.
Superficie : 1 001 449 km² (1,8 fois la France).
Monnaie : livre (au taux officiel, 1 livre = 1,67 FF au 30.3.92).
Langue : arabe.
Chef de l'État : Hosni Moubarak, président de la République (depuis le 6.10.81).
Premier ministre : Atef Sidqi (depuis le 11.11.87).
Échéances institutionnelles : élections législatives (1993) et présidentielles (1994).
Nature de l'État : république.
Nature du régime : présidentiel.
Principaux partis politiques : *Gouvernement :* Parti national démocratique. *Opposition légale :* Néo-Wafd (libéral) ; Parti socialiste du travail (populiste) ; Rassemblement progressiste unioniste (marxistes et nassériens de gauche) ; Parti des verts égyptiens ; Parti de la Jeune Égypte ; Parti démocratique unioniste. *Tolérés :* Parti nassérien « en voie de constitution » ; les Frères musulmans, non autorisés à constituer un parti politique, ni à se reconstituer comme association, participent à la vie politique formelle sous le couvert du Parti du travail. *Illégaux :* Parti communiste égyptien ; al-Jihad (islamiste).
Carte : p. 301.
Statistiques : voir aussi p. 302.

Égypte

Démographie, culture, armée

INDICATEUR	UNITÉ	1970	1980	1991
Population	million	33,0	40,9	54,6
Densité	hab./km²	33,0	40,8	54,5
Croissance annuelle	%	2,1 a	2,5 b	2,2 c
Indice de fécondité (ISF)		6,0 a	5,2 b	4,0 c
Mortalité infantile	‰	158	108	57 c
Espérance de vie	année	50,9	56,9	62 c
Population urbaine	%	42,2	43,8	47 d
Analphabétisme	%	56,5 g	..	51,6 d
Nombre de médecins	‰ hab.	..	..	0,20 h
Scolarisation 12-17 ans	%	32,7	44,2	63,0 d
Scolarisation 3e degré	%	11,0	17,7	19,6 e
Téléviseurs	‰	16	34	98 f
Livres publiés	titre	2 142	1 680	1 451 e
Marine	millier d'h.	14	20	20
Aviation	millier d'h.	20	27	30
Armée de terre	millier d'h.	250	320	290

a. 1965-75; b. 1975-85; c. 1990-95; d. 1990; e. 1988; f. 1989; g. 1976; h. 1985.

Commerce extérieur a

INDICATEUR	UNITÉ	1970	1980	1991
Commerce extérieur	% PIB	11,0	17,9	30,7 b
Total imports	milliard $	0,8	4,9	15,1
Produits agricoles	%	31,5	38,6	44,8 b
Métaux et produits miniers d	%	3,3	1,3	2,1 c
Produits manufacturés	%	55,8	58,9	56,6 c
Total exports	milliard $	0,8	3,0	4,6
Énergie	%	4,8	64,2	30,5 c
Coton	%	44,7	13,9	7,6 b
Autres produits agricoles	%	22,9	8,5	14,3 b
Principaux fournisseurs	% imports			
États-Unis		5,8	19,3	19,3 b
Japon		1,5	4,7	4,5 b
CEE		32,9	42,0	43,9 b
CAEM		29,4	8,9	5,4 b
Principaux clients	% exports			
États-Unis		0,8	7,7	8,0 b
Japon		3,2	2,4	2,2 b
CEE		14,0	47,4	54,2 b
CAEM		57,0	11,2	17,1 b

a. Marchandises; b. 1990; c. 1989; d. Non compris produits énergétiques.

Égypte

Économie

Indicateur	Unité	1970	1980	1991
P N B	milliard $	7,60	20,72	31,38 d
Croissance annuelle	%	4,9 a	6,9 b	2,3
Par habitant	$	230	490	600 d
Structure du P I B				
Agriculture	%	29,4	18,2	17,4 d
Industrie	% } 100 %	28,2	36,8	29,2 d
Services	%	42,4	44,9	53,5 d
Dette extérieure totale	milliard $	1,7	21,0	32,2
Service de la dette/Export.	%	36,9	20,8	12,0
Taux d'inflation	%	3,8	20,7	25,8
Population active	million	9,17	11,30	14,57 d
Agriculture	%	46,6 g	45,7	35,9 e
Industrie	% } 100 %	17,1 g	20,3	20,6 e
Services	%	36,2 g	34,1	43,5 e
Dépenses publiques				
Éducation	% PIB	4,8	5,7 f	6,8 c
Défense	% PIB	18,1	7,2	4,6 d
Production d'énergie	million TEC	24,5	46,0	73,1 c
Consommation d'énergie	million TEC	8,7	20,1	38,3 c

a. 1965-75 ; b. 1975-85 ; c. 1989 ; d. 1990 ; e. 1988 ; f. 1981 ; g. 1974.

et le Royaume-Uni au régime libyen à propos de l'extradition des auteurs présumés de l'attentat de Lockerbie de décembre 1988.

État d'urgence et contestation islamiste

Au plan politique, le maintien en vigueur de l'état d'urgence, reconduit en juin 1991, a continué de faire obstacle à toute normalisation politique entre le Parti national démocratique (PND), au pouvoir, et l'opposition qui, à l'exception du Rassemblement progressiste unioniste, avait boycotté les dernières élections législatives tenues en novembre-décembre 1990, en pleine crise du Golfe. L'opposition, notamment les Frères musulmans, a tenté de faire de la critique de la Conférence de paix, sous « influence » américaine, son nouveau « cheval de bataille » — sans grand succès, apparemment, dans l'opinion publique, davantage préoccupée par les difficultés du quotidien.

Exclue de la représentation parlementaire par son boycottage, l'opposition, toutes tendances confondues, a tenté de déplacer le débat sur un autre terrain en demandant la révision de la Constitution de 1971, avec en particulier l'accroissement des pouvoirs du Parlement et la limitation de la durée d'exercice de la fonction du chef de l'État à deux mandats successifs de quatre ans. Le rapport de forces au Parlement, avec un PND détenant 348 des 444 sièges, a rendu fort improbable toute avancée dans cette direction.

La principale préoccupation du pouvoir est restée la persistance d'une contestation islamiste violente, en dépit du maintien de l'état d'urgence et d'une répression de plus en plus expéditive. Amnesty International, dans un communiqué d'octobre 1991, et l'Association égyptienne des droits de l'homme ont dénoncé l'usage systématique de la torture et les détentions arbitraires. En dépit de leur marginalité, voire de leur rejet

BIBLIOGRAPHIE

R. BECKER, *Sadate and After : Struggle for Egypt's Political Soul*, Cambridge University Press, Cambridge, 1989.

Égypte-Monde arabe, CEDEJ, Le Caire (trimestriel).

R.-A. HINNEBUSH, *Egyptian Politics under Sadate. The Post-Populist Development of an Authoritarian Modernizing State*, Cambridge University Press, Cambridge, 1985.

I. OWEISS (sous la dir. de), *The Political Economy of Contemporary Egypt*, Georgetown University Press, Georgetown, 1990.

«Les rues du Caire...», *Irrégulomadaire*, n° 2, c/o Shannon, 47, av. de la République, 75011 Paris, été 1991.

T. RUF, *Histoire contemporaine de l'agriculture égyptienne : essai de synthèse*, ORSTOM. Paris, 1988.

«Spécial Égypte», *Maghreb-Machrek*, n° 127, La Documentation française, Paris, janv.-mars 1990.

F. ZAKARIYA, *Laïcité ou islamisme. Les Arabes à l'heure du choix*, La Découverte/Al Fikr, Paris/Le Caire, 1990.

par la population, ces groupes islamistes sont parvenus à entretenir dans certaines régions, en particulier le Fayoum, Beni Soueif et la Moyenne-Égypte, un climat d'extrême tension et le quartier cairote d'Embaba a été, durant le mois de septembre 1991, le théâtre de violentes émeutes confessionnelles opposant coptes et extrémistes islamistes. L'assassinat, le 8 juin 1992, de Farag Foda, l'une des principales figures du courant laïciste égyptien, par des militants islamistes, est apparu comme un inquiétant précédent.

Comme lors de l'attribution, en 1988, du prix Nobel de littérature à Naguib Mahfouz, l'une des rares satisfactions accordées aux Égyptiens en 1991 aura été l'élection de Boutros Boutros-Ghali au poste de secrétaire général des Nations unies.

Alain Roussillon

Argentine
« Il peut arriver n'importe quoi »

Tout au long de l'année 1991 et pendant les premiers mois de 1992, l'économie argentine n'a cessé de donner des signes encourageants, bien que les experts soient restés prudents sur le long terme. Dans les milieux politiques et la société civile, le malaise s'est encore accru, avec les scandales politiques, la corruption et l'impression de désordre général. Après pratiquement vingt ans d'instabilité et de recul économiques, les succès remportés par l'équipe du ministre de l'Économie, Domingo Cavallo, ont permis de masquer les problèmes politiques, ou tout au moins d'éviter d'avoir à les résoudre dans l'immédiat.

En octobre 1991, contrairement à tous les pronostics, le mouvement péroniste de Carlos Menem a remporté une victoire spectaculaire aux élections pour le renouvellement du mandat des gouverneurs de province et des deux tiers du Parlement. Bien qu'ils ne fassent pas plus confiance à leur président qu'à son équipe, la majorité des Argentins ont approuvé la politique économique suivie.

Des résultats économiques contestés

En effet, en 1991, le produit intérieur brut (PIB) a augmenté de 5,9 % et, depuis l'entrée en vigueur du «plan économique de convertibilité», le 1er avril 1991, l'inflation est passée du niveau de 60,2 % de moyenne mensuelle de janvier 1989 à mars 1991 à celui de 2,3 % pour la période d'avril à décembre 1991. La croissance s'est donc accompagnée d'une réduction de l'inflation, un phénomène plutôt rare.

D'autres indicateurs économiques ont été tout aussi significatifs. Les réserves de la banque centrale sont passées de 2,54 milliards de dollars en 1990 à 3,57 milliards en 1991 et à 7,61 milliards en janvier 1992. Les taux d'intérêt, qui, sous la dictature militaire (1976-1984) et sous le gouvernement de Raul Alfonsín (1984-1989), s'étaient maintenus à des niveaux astronomiques (jusqu'à 10 % par jour), sont tombés de 56,7 % par mois en 1989-1990 à 14,8 % entre janvier et avril 1991, pour se stabiliser à 3 %. Les recettes fiscales ont également augmenté : d'une base 100 en 1989-1990, elles sont passées à 147,6 en janvier 1992. Enfin, le taux de chômage a baissé dans la province de Buenos Aires de 7 % à 5 % de la population active, alors que le pouvoir d'achat du salaire moyen est passé d'une base 100 en 1989-1990 à 135,3 en 1991-1992, selon des chiffres officiels. Le déficit de l'État, qui avait atteint 20 % du PIB sous les gouvernements précédents, a spectaculairement chuté grâce à la privatisation massive d'entreprises et à une plus grande rigueur fiscale (il n'existe pas de chiffres fiables sur le déficit mais le gouvernement affirme qu'il a été pratiquement éliminé).

Il reste que ces excellents résultats ont été fortement contestés par les adversaires de la politique économique, qui se sont appuyés sur trois constats. Le premier est que l'augmentation du PIB n'a pas reflété une augmentation réelle de la production, mais une entrée massive de devises destinées à l'achat d'entreprises publiques, à la spéculation en Bourse et au blanchiment de l'argent du trafic de drogue. Le deuxième est que l'équilibre des finances publiques n'a été dû qu'aux liquidités apportées par les privatisations et qu'il disparaîtra dès que cette phase sera terminée. Enfin a été dénoncé le fait qu'une telle politique provoque l'appauvrissement de très larges secteurs de la population.

▼

ARGENTINE

République d'Argentine.

Capitale : Buenos Aires.

Superficie : 2 766 889 km² (5,1 fois la France).

Monnaie : peso (1 peso = 5,46 FF au 28.2.92).

Langue : espagnol.

Chef de l'État et du gouvernement : Carlos Saúl Menem (depuis le 8.7.89).

Échéances électorales : législatives en 1993 ; législatives et présidentielles en 1995.

Nature de l'État : république fédérale (22 provinces, un territoire national et un district fédéral). Chaque province est administrée par un gouvernement élu au suffrage direct.

Nature du régime : démocratie présidentielle.

Principaux partis politiques : Parti justicialiste (PJ, péroniste) ; Union civique radicale (UCR) ; Parti intransigeant (gauche non marxiste) ; Mouvement d'affirmation socialiste (MAS) ; Parti communiste ; Mouvement intégration et développement (MID, droite) ; Union du centre démocratique (UCD, droite libérale) ; Démocratie chrétienne ; plusieurs partis socialistes.

Revendication territoriale : îles Falkland (R-U).

Carte : p. 439.

Statistiques : voir aussi p. 440.

Argentine

Démographie, culture, armée

INDICATEUR	UNITÉ	1970	1980	1991
Population	million	24,0	28,2	32,7
Densité	hab./km²	8,7	10,2	11,8
Croissance annuelle	%	1,6 a	1,5 b	1,2 c
Indice de fécondité (ISF)		3,1 a	3,3 b	2,8 c
Mortalité infantile	‰	51,8	38,0	29 c
Espérance de vie	année	66,6	69,2	71 c
Population urbaine	%	78,4	82,9	86 d
Analphabétisme	%	7,4	6,1	4,7 d
Nombre de médecins	‰ hab.	1,89	2,6	3,0 g
Scolarisation 12-17 ans	%	57,0	67,7	79,4 d
Scolarisation 3e degré	%	14,2	21,6	40,8 e
Téléviseurs	‰	146	182	219 f
Livres publiés	titre	4 627	4 698	4 836 e
Marine	millier d'h.	28,5	35	25
Aviation	millier d'h.	17	19,5	13
Armée de terre	millier d'h.	85	85	45

a. 1965-75; b. 1975-85; c. 1990-95; d. 1990; e. 1987; f. 1989; g. 1988.

Commerce extérieur a

INDICATEUR	UNITÉ	1970	1980	1991
Commerce extérieur	% PIB	6,4	6,2	11,8 c
Total imports	milliard $	1,7	10,5	7,0
Produits agricoles	%	14,6	9,4	9,4 c
Produits miniers et métaux b	%	12,2	13,2	6,4 d
Produits manufacturés	%	73,1	77,3	77,8 d
Total exports	milliard $	1,8	8,0	11,0
Produits agricoles	%	85,2	71,2	57,9 c
dont céréales	%	29,2	20,7	11,4 c
Produits manufacturés	%	13,9	23,2	31,4 d
Principaux fournisseurs	% imports			
États-Unis		24,8	22,6	21,5 c
CEE		32,9	29,7	27,4 c
Amérique latine		22,7	21,4	34,8 c
dont Brésil		10,9	10,2	17,6 c
Principaux clients	% exports			
CEE		53,3	30,4	30,5 c
CAEM		4,2	23,2	7,1 c
Amérique latine		21,1	23,8	26,3 c
dont Brésil		7,8	9,5	11,5 c

a. Marchandises; b. Y compris combustibles; c. 1990; d. 1988.

Argentine

Économie

Indicateur	Unité	1970	1980	1991
P N B	milliard $	21,8	55,3	76,5 d
Croissance annuelle	%	4,2 a	0,0 b	4,5
Par habitant	$	910	1 960	2 370 d
Structure du PIB				
Agriculture	%	13,2	8,3	13,2 c
Industrie	% 100 %	38,1	37,5	41,7 c
Services	%	48,7	54,2	45,1 c
Dette extérieure totale	milliard $	5,2	27,2	61,0
Service de la dette/Export.	%	51,7	37,3	34,1 d
Taux d'inflation	%	13,6	100,8	230
Population active	million	9,34	10,30	11,55 d
Agriculture	%	16,0	13,1	10,4 d
Industrie	% 100 %	34,3	33,8	••
Services	%	49,7	53,1	••
Dépenses publiques				
Éducation	% PIB	1,7	3,6	1,5 c
Défense	% PIB	2,0	2,6	1,3 d
Production d'énergie	million TEC	37,3	51,1	65,0 c
Consommation d'énergie	million TEC	37,9	49,3	61,9 c

a. 1965-75; b. 1975-85; c. 1989; d. 1990.

Ces critiques se sont appuyées sur quelques chiffres : l'indice d'activité boursière est passé de 118,6 en 1990 à 470,1 en janvier 1992, la valeur des actions de 100 en 1989-1990 à 470,1 en janvier 1992, sans que cette euphorie ne corresponde à l'évolution du niveau réel d'activité. A la mi-1992, les industriels hésitaient à se lancer à fond dans la production, à tel point que le ministre de l'Économie, D. Cavallo, a menacé les patrons du secteur automobile de libérer les importations s'ils ne satisfaisaient pas la demande croissante. De son côté, le Programme des Nations unies pour le développement (PNUD) a signalé dans un rapport que 30 % de la population argentine vivaient au-dessous du seuil de pauvreté établi par l'Organisation mondiale de la santé (OMS).

Malgré les indéniables succès économiques — au nombre desquels le refinancement de la dette extérieure du pays dans le cadre du « plan Brady », à la mi-1992 —, une grande inconnue planait sur l'avenir de l'économie : après ce gigantesque effort d'ajustement administratif et une fois les privatisations terminées, l'Argentine connaîtrait-elle une phase de croissance réelle et soutenue ou bien le patronat réclamerait-il à nouveau l'aide et la protection de l'État ?

La réélection de Carlos Menem

Porté par la vague de succès de son équipe économique, le pittoresque président argentin a essayé de faire admettre son idée de modification de la Constitution pour permettre la réélection du président de la République. Le mandat de six ans, sans réélection, serait alors ramené à quatre, avec possibilité de renouvellement, à la manière nord-américaine. Pour convoquer une Assemblée constituante, il fallait une majorité des deux tiers du Parlement que

BIBLIOGRAPHIE

« Argentine : constantes et évolutions du péronisme » (dossier constitué par V. Sukup), *Problèmes politiques et sociaux*, n° 655, La Documentation française, Paris, avril 1991.

J. Castro Rea, G. Ducatenzeiler, P. Faucher, « La tentación populista : Argentina, Brasil, Mexico y Peru », *Foro International*, vol. XXXI, n° 2, El Colegio de Mexico, 1990.

« Spécial Argentine », *Problèmes d'Amérique latine*, n° 95, La Documentation française, Paris, 1er trim. 1990.

H. Verbitsky, *Robo para la corona*, Planeta, Buenos Aires, 1992.

C. Menem ne possédait pas. Restait le recours au référendum, lequel tentait le président, mais dont le résultat n'a pas valeur de loi.

En réalité, le principal obstacle à la réélection de C. Menem ne serait pas le vote populaire, mais les dispositions légales et une sorte de pacte non écrit et secret (quoi que de moins en moins) : un consensus a commencé à se dessiner entre les dirigeants politiques et économiques de toutes les tendances, y compris d'une importante branche péroniste qui s'oppose à la politique officielle, pour empêcher sa réélection. Il faut dire que les scandales familiaux, politiques et économiques qui ont marqué son gouvernement dès sa constitution ont continué de l'éclabousser, et cela de plus en plus fréquemment.

Dans l'Argentine de C. Menem, « il peut arriver n'importe quoi », comme l'a dit l'analyste politique Horacio Verbitsky : depuis l'incarcération pour trafic de drogue de la belle-sœur et secrétaire privée du président, Amira Yoma, jusqu'à la tentative d'un faux député de voter au Parlement... en faveur du président de la République. Sans oublier les révélations concernant le narcoterroriste syrien Monzer Al Kassar : accusé par l'hebdomadaire américain *Time* d'avoir organisé l'attentat de Lockerbie, en Écosse, contre un Boeing 747 de la Pan Am, en décembre 1988, et arrêté en Espagne en mai 1992 pour trafic de drogue, il avait obtenu en quinze jours la nationalité argentine grâce à ses contacts avec la famille présidentielle.

Avec un tel gouvernement, aucune démocratie, aucune économie ne pouvaient se stabiliser. C'est aussi ce qu'a semblé penser l'administration américaine — à laquelle C. Menem obéit en tout —, qui a rappelé en avril 1992 son ambassadeur à Buenos Aires, Terence Todman, pour le remplacer par William Walker. Le premier aurait parfaitement rempli son rôle : canaliser l'économie argentine. Le second, si l'on en croit l'opinion la plus répandue, serait venu mettre de l'ordre dans la pétaudière politique.

Carlos Gabetta

Pologne
Crise politique et « national-moralisme »

L'élection législative du 27 octobre 1991 a, certes, permis à la Pologne de combler un « déficit » en matière de démocratie (après les élections semi-libres de juin 1989), grâce à l'installation des nouvelles chambres, et d'accéder ainsi au Conseil de l'Europe, le 26 novembre 1991. Mais le scrutin à la proportionnelle a aussi donné au pays une Diète fragmentée, aucun parti n'ayant pu obtenir plus de 13 % de sièges. Plus grave, peut-être, ces élections n'ont mobilisé que 43,2 % des inscrits (contre 60,63 % lors du premier tour des présidentielles le 25 novembre 1990 et 53,43 % au second).

Ne disposant pas de la majorité parlementaire, le chef de l'État, Lech Walesa, n'a pu maintenir le gouvernement libéral de Jan Krzysztof Bielecki, ni obtenir que les sociaux-libéraux en forment un nouveau sous la direction de Bronislaw Geremek. C'est finalement Jan Olszewski, soutenu par 121 députés sur les 460 que compte la Diète, qui a constitué un gouvernement de centre droit, dominé par le parti Entente du centre et la coalition électorale Action catholique. L. Walesa avait publiquement manifesté à plusieurs reprises son antipathie à l'égard de cet ancien compagnon de lutte, avocat ayant souvent défendu les militants de l'opposition démocratique.

Adam Michnik, rédacteur en chef du quotidien *Gazeta*, a ainsi commenté le résultat de ces élections : « [...] nous avons assisté à une "guerre au sommet" de la hiérarchie de Solidarité... ce que la dictature communiste n'a pas réussi à détruire en dix ans, la guerre "en haut" y est parvenue en un an et demi. » A propos du succès relatif des ex-communistes (11,98 %, soit 60 sièges) ou des nationalistes radicaux (KPN, Confédération pour une Pologne indépendante : 7,5 %, soit 46 sièges), il a ajouté : « On a voté pour le miracle [...], c'est dire combien

l'infantilisation de la lutte politique pendant la campagne a porté ses fruits. »

Pologne

Démographie, culture, armée

INDICATEUR	UNITÉ	1970	1980	1991
Démographie				
Population	million	32,5	35,6	38,2
Densité	hab./km²	104,0	113,8	122,3
Croissance annuelle	%	0,8 a	0,9 b	0,5 c
Indice de fécondité (ISF)		2,3 a	2,3 b	2,1 c
Mortalité infantile	%₀₀	33,4	21,3	17 c
Espérance de vie	année	70,2	71,0	72 c
Population urbaine	%	52,3	58,1	62 d
Culture				
Nombre de médecins	%₀₀ hab.	1,93	2,25	2,09 e
Scolarisation 2e degré f	%	62	77	81 e
Scolarisation 3e degré	%	14,0	17,6	20,3 e
Téléviseurs	%₀₀	143	246	291 e
Livres publiés	titre	10 038	11 919	10 286 e
Armée				
Marine	millier d'h.	22	22,5	19,5
Aviation	millier d'h.	25	85	86
Armée de terre	millier d'h.	195	210	199,5

a. 1965-75; b. 1975-85; c. 1990-95; d. 1990; e. 1989; f. 15-18 ans.

Commerce extérieur a

INDICATEUR	UNITÉ	1970	1980	1991
Total imports	milliard $	3,61	16,69	15,76
Machines et biens d'équipement	%	36,2	32,7	37,5 b
Produits agricoles	%	19,4	19,4	17,6 b
Produits énergétiques	%	8,1	18,2	17,3 d
Total exports	milliard $	3,55	14,19	14,90
Produits énergétiques	%	12,4	13,2	17,3 d
Produits agricoles	%	13,0	9,4	18,6 b
Produits industriels	%	57,0	60,7	62,3 d
Principaux fournisseurs	% imports			
URSS		37,7	33,2	19,0 b
PCD		27,4	35,1	60,6 b
PVD c		6,8	12,1	14,4 b
Principaux clients	% exports			
URSS		35,3	31,2	23,1 b
PCD		29,9	34,4	48,2 b
PVD c		9,2	13,3	12,5 b

a. Marchandises; b. 1990; c. Non compris ex-pays socialistes; d. 1989.

Pologne

Économie

Indicateur	Unité		1970	1980	1991
PIB	milliard $		..	54,4	64,4 d
Croissance annuelle	%		7,6 a	2,6 b	− 9,0
Par habitant	$		..	1 527	1 700 d
Structure du PIB					
Agriculture	%		15,0 e	16,0	14,4 c
Industrie	%	100 %	69,6 e	62,0	59,8 c
Services	%		15,5 e	22,0	19,6 c
Dette extérieure totale	milliard $		1,2	24,1	46,5
Service de la dette/Export.	%		..	..	4,9 d
Taux d'inflation	%		1,1	9,4	60,3
Population active	million		17,3	18,5	19,7 d
Agriculture	%		34,6	29,7	27,5 c
Industrie	%	100 %	37,6	38,9	30,5 c
Services	%		27,8	31,4	42,0 c
Chômage	%		..	..	11,58 g
Dépenses publiques					
Éducation	% PIB		..	..	4,6 c
Défense	% PIB		..	2,8	2,4 d
Recherche et Développement	% PIB		..	2,1	1,5 f
Production d'énergie	million TEC		130,6	173,8	167,6 c
Consommation d'énergie	million TEC		116,3	176,8	173,1 c

a. 1965-75, concerne le produit matériel net (PMN) - voir définition p. 16 ; b. 1980-87 ; c. 1989 ; d. 1990 ; e. 1975 ; f. 1987 ; g. En décembre.

Une classe politique discréditée

Les députés se sont opposés au programme économique de J. Olszewski, mais ils n'ont pas souhaité l'acculer à une démission redoutée en raison de l'absence de toute majorité alternative. Tandis que les partis se sont perdus dans d'interminables négociations pour construire des alliances susceptibles d'offrir une majorité à un gouvernement de « salut national » (la « petite coalition » regroupe ainsi les libéraux et notamment l'Union démocratique de l'ancien Premier ministre Tadeusz Mazowiecki et le Congrès de libéraux de J.K. Bielecki, et la « grande coalition » les partisans de J. Olszewski), le président de la République a rêvé d'un système présidentiel, « à la française » impliquant, selon lui, le pouvoir exclusif de nommer et de révoquer le gouvernement (au lieu de partager ce pouvoir avec le Parlement).

La paralysie de l'exécutif et du législatif a contribué à discréditer davantage encore les élites politiques aux yeux de la population. Des manifestants cheminots, canalisés par Solidarité, ont marché sur le siège de la Diète le 22 mai 1992, avec des mots d'ordre antiparlementaires, soulignant le fossé grandissant entre une classe politique, au sein de laquelle aucune personnalités n'a résisté à la disgrâce, et la société désorientée.

Seule institution épargnée jusqu'au début de 1992, l'armée polonaise est également devenue un enjeu dans la rivalité politique entre la Présidence de la République et le ministre de la Défense, Jan Parys. Ce dernier, passablement maladroit,

BIBLIOGRAPHIE

«Entretien avec J. Kuron», *La Nouvelle Alternative*, n° 23, Paris, oct. 1991.

J. Expert, *Gens de l'Est*, La Découverte, Paris, 1992.

P. Hassner, P. Grémion, *Vents d'Est. Vers l'Europe des États de droit?*, PUF, Paris, 1990.

W. Jaruzelski, *Les Chaînes et le Refuge. Mémoires*, J.-C. Lattès, Paris, 1992.

J. Kuron, *La Foi et la Faute : à la rencontre et hors du communisme*, Fayard, Paris, 1991.

A. Michnik, *La Deuxième Révolution*, La Découverte, Paris, 1990.

G. Mink, «La voie polonaise de sortie de l'économie soviétisée : mirage ou miracle?», *Le Courrier des pays de l'Est*, n° 350, La Documentation française, Paris, 1990.

G. Mink, *La Force ou la Raison : histoire sociale et politique de la Pologne 1980-1989*, La Découverte, Paris, 1989.

G. Mink, J.-C. Szurek, *Cet Étrange Post-Communisme. Ruptures et transitions en Europe centrale et orientale*, Presses du CNRS/La Découverte, Paris, 1992.

J. Rupnik, *L'Autre Europe. Crise et fin du communisme*, Odile Jacob, Paris, 1990.

P. Smolensky, *Gazeta Wyborcza. Miroir d'une démocratie naissante*, Éditions Noir sur Blanc, Montricher (Suisse), 1991.

n'acceptant pas que son secteur soit soumis au contrôle des conseillers de L. Walesa, a accusé l'entourage du président de préparer, avec quelques officiers haut placés, un coup d'État militaire. N'ayant pu produire de preuves, il a dû démissionner pendant l'été 1992.

L'image de la nouvelle démocratie polonaise n'est pas sortie grandie de cette crise politique. D'autant que seules les actions législatives à connotation nationaliste ont abouti en 1991-1992. Tel le vote de loi qui interdit la participation des capitaux étrangers dans les entreprises de jeux de hasard. Telle, aussi, la modification du code déontologique par le Conseil de l'Ordre des médecins afin d'interdire l'avortement. Aussitôt citée en exemple par le Vatican, cette mesure n'en a pas moins soulevé des réticences croissantes, notamment au sein de la section de l'Ordre de la capitale, Varsovie, qui a jugé la décision du Conseil contraire à la juridiction en vigueur et a refusé de l'appliquer.

Dans ce climat de «national-moralisme», la population, surtout préoccupée par la dramatique situation économique, a perdu ses points de repère.

L'Église, qui a continué d'œuvrer en faveur de cet ordre moral, a été confrontée à des difficultés d'organisation qu'elle a cherché à enrayer par un nouveau découpage administratif ecclésial permettant la promotion d'une génération plus jeune, aguerrie dans la lutte contre le communisme. Les deux villes sièges du primat de Pologne (Gniezno et Varsovie) ont été pourvues de deux titulaires différents, ce qui a eu pour effet de réduire le pouvoir du primat Glemp.

La politique économique libérale d'un gouvernement «antilibéral»

En matière économique, le changement de gouvernement n'a eu aucun effet sensible. Après une campagne électorale sans ménagement contre la politique monétariste du gouvernement précédent, J. Olszewski a maintenu presque le même programme. D'autant plus aisément que les deux principaux ministres chargés des dossiers économiques, Adam Glapinski et Jerzy Eysymontt, détenaient déjà des postes ministériels dans le gouvernement précédent. L'objectif assigné est d'aboutir à une stagnation du niveau de la consommation et des revenus réels jusqu'en 1994, pour favoriser l'investissement. La lutte anti-inflation devant pour sa part aboutir en 1994 à un taux annuel à un chiffre. La crise budgétaire, provoquée par la réduction drastique des recettes due à la récession industrielle, a eu pour conséquence de nouvelles réductions des dépenses sociales. La conduite d'une telle politique exige un consensus social. Or, la population s'est montrée profondément déçue par des promesses non tenues. Mais pouvait-il y avoir d'autre choix que cette combinaison de politique déflationniste et anti-récessionniste ? En réalité, après deux années de transition du Plan vers le marché, deux sphères séparées apparaissaient de plus en plus nettement : l'ancienne structure restait toujours dominante, mais, peu réformée et fonctionnant à perte, elle voit disparaître progressivement ses emplois (plus de 2 millions de chômeurs dans le pays au début 1992, selon plusieurs sources gouvernementales) ; d'autre part, une économie émergente, qui se concentre dans la spéculation commerciale et dans le financement des petites industries dynamiques capables d'affronter les marchés extérieurs. La part de l'économie privée a semblé avoir progressé plus que dans d'autres pays post-communistes : 40 % de la main-d'œuvre non agricole aurait travaillé dans ce secteur en 1991-1992. Inversement, l'ajustement structurel a laissé à désirer : 224 privatisations seulement ont été effectuées en 1991. Cependant, le projet de « privatisation de masse » devait toucher, à la mi-1992, plusieurs centaines de nouvelles entreprises.

Une diplomatie du « voisinage amical »

C'est dans le domaine de la politique étrangère que le pays a obtenu le plus grand nombre de succès, à commencer par la signature avec l'Allemagne, le 14 novembre 1990, d'un traité qui déclare intangible la frontière ouest de la Pologne (ligne Oder-Neisse), et le développement d'un « voisinage amical » avec ce pays. Après la dissolution de l'URSS, fin 1991, l'État ukrainien a signé le 18 mai 1992 avec la Pologne un traité d'amitié qui a consacré une véritable coopération régionale, comparable à celle qui s'est également développée avec la Biélorussie. La controverse polono-lituanienne, concernant les droits de la minorité polonaise dans ce pays, a été d'autant plus mal ressentie à Varsovie que, lors de l'attaque des Bérets noirs (unités spéciales soviétiques) contre le Parlement de Vilnius, en janvier 1991, la Pologne s'était déclarée favorable à la Lituanie. Un conflit frontalier pourrait avoir des conséquences sur tous les pays d'Europe de l'Est.

Après l'échec du gouvernement de J. Olszewski et de la mission gouvernementale de Waldemar Pawlak, le 11 juillet 1992 fut constituée une équipe regroupant la plupart des partis issus de Solidarité (à l'exception de l'Entente du centre-PC) autour de Mme Hanna Suchocka. Si l'on ne savait pas, à cette date, combien de temps pourrait durer cette formule de compromis entre des formations politiques qui se sont opposées idéologiquement dans le passé (notamment concernant la loi sur l'avortement, la séparation Église-État, le choix entre une économie libérale ou sociale), elle semblait représenter une ultime tentative de stabilisation de l'échiquier politique.

Georges Mink

Irak
Comment le régime a survécu

Aux affrontements apocalyptiques du premier trimestre 1991 qui ont opposé les forces irakiennes à une coalition de trente-deux États dirigée par les États-Unis, consécutivement à l'invasion du Koweït, le 2 août 1990, puis à son annexion, a succédé une situation militairement tendue, politiquement confuse et humainement désastreuse. Celle-ci s'est pérennisée en dépit des avertissements de l'ONU et des États-Unis et des tentatives de l'opposition pour organiser une alternative au régime de Saddam Hussein.

A partir de son acceptation inconditionnelle de la *résolution 688* du Conseil de sécurité de l'ONU (5 avril 1991), l'Irak a dû s'ouvrir aux missions des experts de l'AIEA (Agence internationale de l'énergie atomique — douze ont eu lieu entre mai 1991 et juin 1992), des experts chargés de la destruction de ses armes balistiques (quatre entre octobre et décembre 1991) et de la destruction des armes chimiques et biologiques (spécialement au centre d'al-Muthanna). La *résolution 715* du Conseil de sécurité (11 octobre 1991) a imposé au pays le contrôle permanent de ses installations civiles et militaires susceptibles de fabriquer des armes de destruction massive. Durant ces mois, une violente controverse a opposé l'Irak à l'ONU, à l'AIEA et aux États-Unis au sujet du potentiel de destruction dissimulé aux fonctionnaires internationaux.

Des forces alliées (essentiellement américaines) sont demeurées dans l'extrême sud du territoire irakien pour contrôler l'échange de prisonniers (13 000 Irakiens internés en Arabie saoudite ont refusé de rentrer dans leur pays), jusqu'à l'adoption par une commission de l'ONU (16 avril 1992) d'un nouveau tracé frontalier avec le Koweït, déplacé de 600 mètres au profit de ce dernier et qu'a rejeté le Parlement irakien le

17 mai 1992, en particulier parce qu'il réduit à quelques kilomètres l'accès irakien au golfe Arabo-Persique.

Dans l'extrême nord, à la frontière turque, les 4 561 membres de la force internationale qui ont participé à partir d'avril 1991 à l'opération *Provide comfort* de secours aux Kurdes, assiégés par le régime, se sont repliés en Turquie (15 juillet 1991) d'où ils ont exercé une surveillance aérienne de la région située au nord du 36e parallèle, interdite aux forces irakiennes.

Réorganisation militaire et politique

A Bagdad même, le régime baasiste a opéré une restructuration militaire et politique à travers une double stratégie de menace — mises à l'écart, internements et assassinats — et de cooptation — promotions et gratifications. L'armée a été réduite au tiers de ses effectifs d'août 1991 : 300 000 à 350 000 hommes pour l'armée de terre en six corps, dont 120 000 pour la seule Garde républicaine, l'unité prétorienne du régime. De nombreux officiers supérieurs ont été appelés à des directions de l'administration civile (six des dix-huit gouverneurs de province). Le parti Baas (nationaliste panarabe), qui tenait l'armée à l'écart du pouvoir depuis 1968, a ainsi renoué, par nécessité, avec une tradition qui remonte à la naissance de l'État irakien, en 1920.

Pour éviter de remettre son sort aux mains des militaires, Saddam Hussein a continué de jouer des rivalités existant entre, d'une part, les membres de son clan familial — les Takritis —, comme son cousin Ali Hasan al-Majid, ancien gouverneur à Sulaymaniyah, puis à Koweït, nommé ministre de la Défense en novembre 1991 et, d'autre part, des officiers supérieurs sunnites, comme le général Mukhlif al-Rawi, nommé commandant de la Garde républicaine en juin 1990, ou le général Abdel Rahman Douri, entré à la direction du parti Baas en septembre 1991.

Le gouvernement de Hamza al-Zubaydi qui a remplacé en septembre 1991 celui de Saadoun Hammadi, jugé trop laxiste, a été composé de thuriféraires du régime recrutés dans un cercle toujours plus restreint de fidèles et de clients. Le Xe congrès « régional » (c'est-à-dire de la « région irakienne » de la « patrie arabe », en langage baasiste) du Baas s'est tenu à Bagdad du 10 au 13 septembre 1991. Parmi les dix-sept membres du Conseil de commandement de la révolution, instance exécutive renouvelée à cette occasion, on a noté l'arrivée d'Ali Hassan al-Majid et du général Abdel Rahman Douri, deux principaux artisans de la répression interne de mars-avril 1991 qui a fait suite au soulèvement des Kurdes au nord et des opposants chiites au sud. Toutefois, cette « normalisation » de la vie politique irakienne s'est accompagnée d'une perte de légitimité du régime et du développement d'une hostilité générale des populations à son égard. Il aura principalement dû sa survie au consensus international en faveur du *statu quo*.

Écrasement des oppositions

L'écrasement militaire et la division des oppositions auront également permis le maintien au pouvoir de Saddam Hussein. Le soulèvement populaire des chiites du Sud de février-mars 1991, encadrés par des déserteurs et par quelques militants islamistes revenus d'Iran, avait eu comme cibles les postes de police, les permanences du parti Baas et les sièges des organisations gouvernementales. La répression a détruit des quartiers entiers de Bassorah, de Kerbala et Nadjaf, fait près de 50 000 morts et forcé 60 000 civils à l'exil en Iran. En dépit d'accrochages sporadiques dans la région du Chatt al-Arab en juillet-septembre 1991, la résistance chiite a été matée, tandis qu'à l'extérieur le Conseil supérieur de la révolution islamique d'Irak (CSRII) a perdu le soutien de la Syrie, sinon celui de l'Iran.

En revanche, dans la région kurde protégée par les alliés (40 000 km², soit la moitié du Kurdistan revendiqué par les autonomistes), une administration *de facto* s'est mise en place, sous un régime juridique international précaire (le « droit d'ingérence humanitaire » confirmé par la *résolution 688* du Conseil de sécurité du 5 avril 1991) passant outre la souveraineté irakienne. De juillet à novembre 1991, des combats ont opposé les *peshmergas* (combattants) kurdes à l'armée irakienne à Erbil et Sulaymaniyah, et surtout à Kirkouk, vidée de ses populations kurde, turkmène et assyrienne. Avec la coopération d'ONG (organisations non gouvernementales) et d'organisations internationales, accompa-

Irak

Démographie, culture, armée

Indicateur	Unité	1970	1980	1991
Population	million	9,4	13,3	19,6
Densité	hab./km²	21,5	30,6	45,0
Croissance annuelle	%	3,2 a	3,7 b	3,4 c
Indice de fécondité (ISF)		7,1 a	6,8 b	5,9 c
Mortalité infantile	%oo	103,5	80,0	56 c
Espérance de vie	année	55,0	61,9	66 c
Population urbaine	%	56,2	66,2	71 d
Analphabétisme	%	..	..	40,3 d
Nombre de médecins	%oo hab.	0,31	0,56	0,55 i
Scolarisation 12-17 ans	%	36,1	65,4	58,0 d
Scolarisation 3e degré	%	..	9,3	13,8 g
Téléviseurs	%oo	37	49	68 h
Livres publiés	titre	135 e	182 f	..
Marine	millier d'h.	2	4,25	2,5
Aviation	millier d'h.	7,5	38	30
Armée de terre	millier d'h.	85	200	350

a. 1965-75; b. 1975-85; c. 1990-95; d. 1990; e. 1973; f. 1981; g. 1988; h. 1989; i. 1987.

Commerce extérieur a

Indicateur	Unité	1970	1980	1990
Commerce extérieur (1)	% PIB	29,1	38,1	19,0 b
Total imports (1)	milliard $	0,51	13,94	5,1
Produits agricoles	%	21,6	13,8 c	39,4
Produits miniers et métaux	%	1,4	1,5 c	..
Produits manufacturés	%	75,3	84,4 c	..
Total exports (1)	milliard $	1,53	26,28	9,5
Produits agricoles	%	4,2	0,8 c	0,8
Produits énergétiques	%	94,6	98,6 c	98,6 d
Produits manufacturés	%	1,0	0,5 c	0,4 d
Principaux fournisseurs (1)	% imports			
PCD		52,9	61,6	62,9
CEE		35,1	41,9	38,7
PVD		46,9	38,2	29,3
Principaux clients (1)	% exports			
PCD		74,1	77,8	57,0
CEE		66,1	44,3	22,5
PVD		24,9	20,0	35,4

(1) A compter d'août 1991, l'Irak a été en situation de guerre et soumis à embargo international.
a. Marchandises; b. 1989; c. 1978; d. 1986.

Économie

Indicateur	Unité	1970	1980	1991
PIB	million $	3 505	52 749	66 764 c
Croissance annuelle	%	10,8 a	− 7,7 b	••
Par habitant	$	374	3 969	3 652 c
Structure du PIB				
Agriculture	% ⎫	16,0	7,0	5,1 c
Industrie	% ⎬ 100 %	43,0	68,0	72,9 c
Services	% ⎭	41,0	25,0	22,0 e
Dette extérieure	milliard $	••	2,5	80 i
Taux d'inflation	%	7,5 h	16,2	45,0 f
Population active	million	2,39	3,55	5,12 f
Agriculture	% ⎫	47,1	30,4	13,7 e
Industrie	% ⎬ 100 %	21,8	22,1	19,0 e
Services	% ⎭	31,1	47,5	67,2 e
Dépenses publiques				
Éducation	% PIB	6,1	2,6	4,0 d
Défense	% PIB	12,1	6,9 g	6,0 f
Production d'énergie	million TEC	295,2	117,6	204,5 c
Consommation d'énergie	million TEC	5,7	10,7	19,4 c

a. 1970-80; b. 1980-87; c. 1989; d. 1988; e. 1987; f. 1990; g. 1979; h. 1971; i. Dette totale en 1989. Dette civile : 22 milliards de dollars.

gnées par 470 gardes de l'ONU, le Front du Kurdistan (sept partis kurdes d'Irak unis depuis 1987 autour du Parti démocratique du Kurdistan et de l'Union patriotique du Kurdistan) s'est attelé à une tâche de reconstruction et de distribution de vivres pour 330 000 réfugiés à la frontière turque, plus de 1 million d'autres de retour d'Iran et autant qui ont fui les zones contrôlées par l'armée irakienne.

Alors que les négociations avec Bagdad sur l'autonomie ont achoppé sur les problèmes de l'attribution des revenus du pétrole de la région de Kirkouk et du pluripartisme, des élections à l'Assemblée de la région autonome ont été organisées en présence d'observateurs internationaux le 19 mai 1992, qui ont donné une courte majorité au Parti démocratique du Kurdistan (PDK-Irak) de Massoud Barzani sur l'Union patriotique du Kurdistan (UPK) de Jalal Talabani. Les deux partis sont arrivés quasiment à égalité et les autres

organisations, en particulier les islamistes, n'ont pas eu d'élus.

Minées par une émigration continuelle de leurs forces vives, divisées par les offres séparées que leur a faites Saddam Hussein et bridées par leurs protecteurs internationaux qui tiennent au *statu quo* territorial au Moyen-Orient, les oppositions kurdes, chiites et démocratiques n'ont pu s'entendre sur un programme politique commun, indispensable à leur crédibilité interne et internationale : lors de leur réunion du 20 juin 1992 à Vienne, les deux principales forces chiites, al-Dawa et le CSRII, étaient absentes.

L'embargo voté par le Conseil de sécurité de l'ONU (*résolution 661 du 6 août 1990*) étant maintenu tant que l'Irak ne se conforme pas aux résolutions de l'ONU, les populations irakiennes ont dû faire face à une pénurie généralisée de vivres et de médicaments, décrite par Sadruddin Aga Khan, le délégué exécutif du Conseil de sécurité de l'ONU pour

BIBLIOGRAPHIE

A. BARAM, *Culture, History and Ideology in the Formation of Ba'thist Iraq, 1968-1989*, Macmillan, Londres, 1991.

M. FAROUK-SLUGLETT, « Irak : rente pétrolière et concentration du pouvoir », *Maghreb-Machrek*, n° 131, La Documentation française, Paris, 1992.

« L'invasion du Koweït. Opinions arabes », *Maghreb-Machrek*, n° 130 (spéc.), La Documentation française, Paris, 4e trim. 1990.

S. AL-KHALIL, *Irak, la machine infernale*, Lattès, Paris, 1991.

P.-J. LUIZARD, *La Formation de l'Irak contemporain*, Éd. du CNRS, Paris, 1991.

P. MARTIN, « Les chiites d'Irak de retour sur la scène politique », *Maghreb-Machrek*, n° 132, La Documentation française, Paris, 1991.

J. MILLER, L. MYLROIE, *Saddam Hussein*, Presses de la Cité, Paris, 1990.

É. PICARD (sous la dir. de), *La Question kurde*, Complexe, Bruxelles, 1991.

les affaires humanitaires, le 8 juillet 1991, comme une « catastrophe humanitaire ». La détresse a été particulièrement forte dans les régions rurales, en opposition aux quartiers centraux des grandes villes où ont abondé les produits de contrebande, en provenance des cinq États frontaliers de l'Irak, et, surtout, de Jordanie, à des prix prohibitifs. Le Conseil de sécurité de l'ONU a autorisé Bagdad, le 15 août 1991 (*résolution 706*), à vendre pour 1,6 million de dollars de pétrole par mois, dont 30 % devaient être versés au « fonds de compensation pour les dommages de guerre » et le reste être consacré à des achats d'urgence pour les civils. Mais Bagdad a refusé jusqu'en juin 1992 de se plier à ces conditions. Paradoxalement, la prolongation de l'embargo financier et commercial a peu gêné le régime de Saddam Hussein qui a maintenu sa pression sur les populations, qui n'en finissent pas de payer le prix de douze années de guerre (ce n'est en effet qu'en 1988 qu'avait pris fin la terrible guerre contre l'Iran, commencée en 1980).

Elizabeth Picard

Algérie
Madani emprisonné, Boudiaf assassiné

Année du trentième anniversaire de l'indépendance, 1992 devait aussi être celle du passage de l'Algérie au pluralisme politique et, après plusieurs reports, de ses premières élections libres. Cette année aura finalement été marquée par le blocage du processus démocratique et par l'assassinat, pour la première fois au Maghreb, d'un président de la République. L'intervention de l'armée, pour la troisième fois en trois ans et demi, et l'instauration le 9 février 1992 de onze mois d'état d'urgence après les quatre mois d'état de siège déjà proclamés en juin 1991, ont sonné le glas des espoirs apparus après l'« ouverture » qui suivit les émeutes d'octobre 1988.

C'est le Front islamique du salut (FIS) qui fut le catalyseur — et le principal acteur, avec l'armée — de deux crises successives. En juin 1991, l'armée avait porté un coup d'arrêt aux manifestations violentes organisées par le FIS et annulé les élections législatives. Après des années de laxisme, ce changement dans la gestion du phénomène islamiste, illustré notamment par l'arrestation de ses principaux dirigeants, n'allait cependant pas sans un « volet » politique. Il marqua l'intronisation par l'armée d'un nouveau Premier ministre, Sid Ahmed Ghozali qui remplaça Mouloud Hamrouche. Le bilan de ces événements fut très lourd : 150 morts officiellement et plusieurs centaines de blessés de part et d'autre.

En décembre 1991, le parti islamiste fut à nouveau à l'origine d'une crise et de l'annulation du scrutin législatif. Mais l'incertitude qui a régné pendant plusieurs semaines avant la date prévue pour le premier tour de ce scrutin, le 26 décembre, a montré combien les résistances au processus électoral pouvaient être grandes parmi les dirigeants du pays. La présentation et l'adoption, en décembre, par une Assemblée en fin de course et décrédibilisée, de plusieurs lois très importantes avaient-elles anticipé une éventuelle et future absence d'Assemblée ? Quoi qu'il en soit, l'énorme médiatisation de l'attaque, le 29 novembre, par un groupe d'islamistes, d'un poste frontalier à Guemmar (trois soldats tués) avait renforcé le climat d'insécurité. Le malaise était accentué par la majorité de la presse qui annonçait que la tenue des élections conduirait au « chaos » et répétait qu'on ne vote pas sur fond de crise économique ».

Coup d'État « constitutionnel »

Le résultat du premier tour allait déjouer toutes les prévisions des autorités, à commencer par celles du chef du gouvernement qui, en décriant violemment l'ancien parti unique FLN (Front de libération nationale), avait fait campagne pour des candidats « indépendants ». Le rejet du système par la population, mais aussi les effets pervers de la loi et du découpage électoraux jouant à plein, le FIS remporta 188 des 430 sièges à pourvoir, avec 3 400 000 voix et 47,54 % des suffrages exprimés.

▼

ALGÉRIE

République algérienne démocratique et populaire.
Capitale : Alger.
Superficie : 2 381 741 km² (4,4 fois la France).
Monnaie : dinar (au taux officiel, 1 dinar = 0,25 FF au 30.3.92).
Langues : arabe (officielle), berbère, français.
Chef de l'État : Ali Kafi, désigné le 2.7.92 pour remplacer Mohamed Boudiaf (intronisé le 16.1.92, assassiné le 29.6.92) qui, lui-même, avait succédé à Chadli Bendjedid, démis le 11.1.92.
Premier ministre : Belaïd Abdesselam qui a succédé à Sid Ahmed Ghozali le 8.7.92, lequel avait lui-même succédé à Mouloud Hamrouche le 6.6.91.
Nature de l'État : république ; l'islam est religion d'État.
Nature du régime : présidentiel. La nouvelle Constitution adoptée le 4.2.89 a instauré le multipartisme et supprimé toute référence au socialisme.
Principaux partis politiques : Front de libération nationale (FLN, parti unique de 1962 à 1989) ; Front islamique du salut (FIS, dissous le 4.3.1992) ; Front des forces socialistes (FFS), animé par H. Aït-Ahmed ; Mouvement pour la démocratie en Algérie (MDA), animé par A. Ben Bella ; Rassemblement pour la culture et la démocratie (RCD) ; Parti de l'avant-garde socialiste (PAGS, communiste) ; Parti national de la solidarité et de développement (PNSD) ; Parti du renouveau algérien (PRA), Hamas (Cheikh Nahnah)...
Carte : p. 253.
Statistiques : voir aussi p. 254.

Algérie

Démographie, culture, armée

INDICATEUR	UNITÉ	1970	1980	1991
Démographie				
Population	million	13,7	18,7	25,7
Densité	hab./km²	5,8	7,9	10,8
Croissance annuelle	%	3,0 a	3,1 b	2,8 c
Indice de fécondité (ISF)		7,4 a	6,8 b	4,9 c
Mortalité infantile	%₀	139,2	97,6	61 c
Espérance de vie	année	52,4	58,0	66 c
Population urbaine	%	39,5	43,4	52 d
Analphabétisme	%	73,6 g	55,3 h	42,6 d
Nombre de médecins	%₀ hab.	0,13	0,36	0,51 k
Scolarisation 12-17 ans	%	30,8	47,7	64,7 d
Scolarisation 3ᵉ degré	%	1,9	6,2	10,5 e
Téléviseurs	%₀	29,1	52	72,8 i
Livres publiés	titre	289 f	275	718 j
Armée				
Marine	millier d'h.	2	4	6,5
Aviation	millier d'h.	2	7	12
Armée de terre	millier d'h.	53	90	107

a. 1965-75; b. 1975-85; c. 1990-95; d. 1990; e. 1988; f. 1968; g. 1971; h. 1982; i. 1989; j. 1984; k. 1987.

Commerce extérieur a

INDICATEUR	UNITÉ	1970	1980	1991
Commerce extérieur	% PIB	24,4	29,1	28,8
Total imports	milliard $	1,3	10,8	9,0
Produits agricoles	%	16,6	24,2	31,8 b
Produits miniers et métaux	%	1,9	1,7	2,5 c
Produits manufacturés	%	79,3	71,7	62,6 c
Total exports	milliard $	1,0	13,9	11,6
Produits agricoles	%	20,5	0,9	0,4 b
Pétrole et gaz	%	70,5	98,5	95,5 c
Produits miniers et métaux	%	2,5	0,5	1,3 c
Principaux fournisseurs	% imports			
CEE		72,0	67,9	65,0 b
dont France		42,4	23,2	28,5 b
États-Unis		8,0	7,1	10,0 b
Principaux clients	% exports			
CEE		80,2	43,4	63,3 b
dont France		53,5	13,4	13,8 b
États-Unis		0,8	48,1	21,0 b

a. Marchandises; b. 1990; c. 1988.

Algérie

Économie

INDICATEUR	UNITÉ		1970	1980	1991
PIB	milliard $		4,9	36,2	47,3
Croissance annuelle	%		4,4 a	6,2 b	1,8
Par habitant	$		360	1 940	1 839
Structure du PIB					
Agriculture	%	⎫	10,8	10,0	13,9 c
Industrie	%	100 %	41,3	53,7	46,1 c
Services	%	⎭	47,8	36,3	40,0 c
Dette extérieure totale	milliard $		0,9	19,4	26,3
Service de la dette/Export.	%		3,4	27,2	71,2
Taux d'inflation	%		6,6	9,5	30,0
Population active	million		2,95	4,05	5,82 c
Agriculture	%	⎫	40,0 f	30,7	24,7 e
Industrie	%	100 %	20,0 f	28,5	29,7 e
Services	%	⎭	39,9 f	40,8	45,6 e
Dépenses publiques					
Éducation	% PIB		7,8	7,8	9,4 d
Défense	% PIB		7,0	2,8	1,6
Production d'énergie	million TEC		72,5	102,1	132,0 d
Consommation d'énergie	million TEC		5,1	24,8	22,7 d

a. 1965-75 ; b. 1975-85 ; c. 1990 ; d. 1989 ; e. 1988 ; f. 1973.

Ce scrutin au cours duquel près d'un Algérien sur deux s'est abstenu (5 000 000 sur 13 000 000 d'électeurs) a néanmoins fourni une carte politique du pays. Outre le FIS, seuls le Front des forces socialistes (FFS) de Hocine Aït-Ahmed — qui a réalisé l'essentiel de son score en Kabylie et s'est imposé comme la troisième force du pays — et le FLN sont « sortis » des urnes (avec respectivement 26 et 15 sièges), les autres partis étant tous balayés, y compris les deux mouvements islamiques Hamas et Ennadha, le MDA (Mouvement pour la démocratie en Algérie) de Ahmed Ben Bella et le RCD (Rassemblement pour la culture et la démocratie), son leader, Saïd Sadi étant même battu à Tizi Ouzou.

Le résultat spectaculaire de ces élections fit oublier que le FIS avait perdu 1 200 000 voix par rapport à son score aux municipales de 1990. Les militaires estimèrent néanmoins que la majorité absolue des voix que

le FIS risquait d'obtenir au second tour — prévu pour le 16 janvier 1992 — contenait les germes de la guerre civile... et d'une fracture au sein de l'armée. Bien réelle, la peur d'une grande partie de la population fut largement exploitée par plusieurs membres du gouvernement et par certains partis politiques qui, après leur échec au premier tour, redoutaient de voir le second consacrer leur disparition.

Le 2 janvier 1992, cependant, une véritable marée humaine déferla pendant plusieurs heures dans les rues d'Alger à l'appel du FFS qui réclamait la poursuite du processus électoral et voyait dans cette mobilisation le « sursaut » pouvant amener une majorité des abstentionnistes à voter au second tour. L'armée préféra y voir un « feu vert » pour un coup d'État « constitutionnel ».

Le 11 janvier, les blindés se déployaient dans les principales villes du pays ; Chadli Bendjedid —

BIBLIOGRAPHIE

M. AL-AHNAF, B. BOTIVEAU, F. FREGOSI, *L'Algérie par ses islamistes*, Karthala, Paris, 1991.

P. BALTA, *Le Grand Maghreb. Des indépendances à l'an 2000*, La Découverte, Paris, 1990.

F. BURGAT, *L'Islamisme au Maghreb. La Voix du Sud*, Karthala, Paris, 1988.

L. W. DEHEUWELS, *Islam et pensée contemporaine en Algérie. La revue Al-Asala*, Éd. du CNRS, Paris, 1992.

A. EL-KENZ, *L'Algérie et la Modernité*, Éd. Codesria, diff. Karthala, Paris, 1991.

P. ÉVENO, J. PLANCHAIS, *La Guerre d'Algérie*, La Découverte/Le Monde, Paris, 1989.

C. et Y. LACOSTE (sous la dir. de), *L'état du Maghreb*, La Découverte, coll. «L'état du monde», Paris, 1991.

D. SIGAUD, *La Fracture algérienne*, Calmann-Lévy, Paris, 1991.

B. STORA, *Histoire de l'Algérie coloniale*, La Découverte, «Repères», Paris, 1991.

B. STORA, *La Gangrène et l'Oubli. La mémoire de la guerre d'Algérie*, La Découverte, Paris, 1991.

Voir aussi la bibliographie «Maghreb» dans la section «37 ensembles géopolitiques».

accusé d'envisager une «cohabitation» avec les intégristes — était contraint par les militaires à démissionner, après avoir été obligé de signer le décret de dissolution de l'Assemblée nationale. Le 12, les élections étaient annulées. L'Algérie entrait dans une crise constitutionnelle grave : un Haut Conseil de sécurité — dominé par les militaires — confia, le 16 janvier, les pouvoirs présidentiels à un Haut Comité d'État (HCE), composé de cinq personnes et présidé par Mohamed Boudiaf, soixante-douze ans, volontairement exilé au Maroc depuis 1963. En faisant appel à l'un des neuf «chefs historiques» de la révolution algérienne de 1954, dans un pays où, depuis l'indépendance en 1962, la guerre de libération servait de référence, le nouveau pouvoir cherchait une fois de plus une «légitimation» dans l'Histoire, les militaires refusant d'assurer directement la gestion des affaires publiques.

Internements en masse des islamistes

L'arrestation, le 23 janvier, du leader provisoire du FIS, Abdelkader Hachani, et l'interdiction des prêches politiques et des rassemblements autour des mosquées marquaient le début de l'offensive contre les islamistes. A partir du 31 janvier et jusqu'à la mi-février, celle-ci entraîna des affrontements avec les islamistes dans de nombreuses villes du pays. Mais c'est après les heurts particulièrement sanglants qui marquèrent la semaine du 7 au 14 février, que les autorités proclamèrent l'état d'urgence, avant d'annoncer, le 4 mars, la dissolution du FIS. Les arrestations se multiplièrent — 8 000 selon les autorités, trois fois plus selon le FIS —, contraignant le pouvoir à ouvrir sept «camps de sûreté» au sud du Sahara dont le maintien — ajouté à une répression souvent brutale — a provoqué un profond malaise dans le pays. Début juin, trois mille détenus furent libérés.

Prévu le 27 juin, le procès des principaux dirigeants de l'ex-FIS, notamment Abassi Madani et Ali Belhadj, accusés d'«atteinte à la sûreté de l'État» et détenus depuis juin 1991, a été reporté après le retrait de la défense et repoussé au 12 juillet. A. Madani et A. Belhadj ont été condamnés, chacun, à douze ans de prison par le tribunal militaire de Blida, les peines des cinq autres responsables du mouvement variant entre quatre et six ans de détention.

Seul acquis revendiqué par le HCE, la «restauration de l'autorité de l'État» est apparue bien précaire, en dépit du coup réel porté à l'organisation du mouvement intégriste. Imputés à des «extrémistes islamistes», les attentats contre policiers et militaires se sont multipliés — près de quatre-vingts d'entre eux ont été assassinés entre janvier et juillet 1992. Si ces attentats n'ont pas réussi à créer une instabilité significative, ils n'en ont pas moins abouti à une dangereuse banalisation de la violence.

Le 29 juin 1992, alors que le «changement radical» promis par Mohamed Boudiaf se faisait toujours attendre, le chef de l'État était assassiné à Annaba par l'un de ses gardes du corps, un officier de vingt-six ans appartenant à un corps d'élite. Fallait-il rechercher, notamment, dans une volonté de lutter contre la corruption l'une des raisons de cet attentat ? Rares en tout cas étaient ceux qui y voyaient «la main des islamistes», en attendant les résultats de la commission d'enquête qui devait fournir ses premières conclusions avant la fin juillet.

Moins d'une semaine après la nomination, le 2 juillet, de son successeur Ali Kafi, un nationaliste de la première heure — qui dispose des réseaux de la toute-puissante organisation des anciens *moudjahidin* (combattants de la guerre de libération) —, Belaïd Abdesselam, l'un des «barons» du régime de Boumediène (1965-1978) et le «père» de l'industrie lourde algérienne, remplaçait Sid Ahmed Ghozali à la tête du gouvernement. En dépit de son échec à organiser des élections «libres et honnêtes», à obtenir de l'extérieur l'aide économique nécessaire et à ramener la sécurité, ce dernier semblait vouloir se mettre en réserve de la République en se présentant comme le «dépositaire» de la mémoire et de l'œuvre de Boudiaf — toutes deux magnifiées par le pouvoir *après* sa mort.

Le général Khaled Nezzar — ministre de la Défense et homme fort du pays —, Ali Kafi et Belaïd Abdesselam parviendront-ils à juguler une crise économique, politique et sociale sans précédent ? Devant faire face à une lourde dette extérieure (25 milliards de dollars à la mi-1992), le pouvoir algérien allait-il s'accrocher à la thèse sécuritaire qui a fait la preuve de son insuffisance ? Ou allait-il tenter d'ouvrir un «dialogue» avec les forces politiques représentatives — islamiques compris — pour barrer la route au «terrorisme et à la violence» ? De ce choix dépendait sans doute la suite des événements.

José Garçon

Maroc
Le temps de tous les dangers ?

Mis à mal par la guerre du Golfe, par des révélations sur le « jardin secret » du roi Hassan II en matière de droits de l'homme, par une décennie d'ajustement structurel au coût social considérable, le Maroc est entré dans une période de tous les dangers. Au moment où se desserrait, grâce ou à défaut d'un référendum sous les auspices des Nations unies qui devait se faire attendre, le carcan de la « cause nationale sacrée » qu'a été depuis la Marche verte en 1975 la « récupération des terres marocaines » du Sahara occidental, le champ politique s'est rouvert à la contestation, aux réformes, mais aussi à la violence. Cette nouvelle donne débouchera-t-elle sur une remise en cause radicale, républicaine ou islamiste, de la monarchie ou, *a contrario*, sur un nouveau repli autoritaire ?

En décembre 1990, les sanglantes émeutes de Fès, réprimées au prix de dizaines de morts et de centaines de blessés, s'étaient inscrites dans cette logique du verrouillage. Cependant, dès janvier 1991, avec la guerre du Golfe, le régime avait été forcé à l'ouverture : sous la pression populaire, le gouvernement s'était associé, à l'appel des syndicats d'opposition, à une grève générale de solidarité avec l'Irak. Mais la récupération, par un régime qui, par ailleurs, avait envoyé un contingent militaire au côté des forces coalisées contre l'Irak, échoua. Le 3 février, dans les rues de Rabat, des centaines de milliers de manifestants défilaient pacifiquement, sous couvert de solidarité arabe. Parmi eux, un cortège de plus de 10 000 hommes en blanc, des islamistes brandissant le Coran. Leur défi s'adressait non seulement au monarque, mais aussi au « Commandeur des croyants » (titre officiel du roi).

L'« année des droits de l'homme »

Parallèlement, dans plusieurs pays occidentaux et, notamment, en France, où les faits révélés par la publication de l'ouvrage de Gilles Perrault *Notre ami le roi* avaient provoqué l'indignation, Hassan II était interpellé au sujet des droits de l'homme. « L'année du Maroc », une vaste opération culturelle de promotion du royaume chérifien en France, allait être décommandée par le souverain qui, obligé d'apurer ses comptes humanitaires, devait déclarer 1991 « année des droits de l'homme »...

En l'espace de dix mois, les « affaires » les plus connues allaient être « réglées », pour lever une hypothèque pesant trop lourdement sur l'image extérieure du royaume. Cette décision conforta la « rente diplomatique » d'un pays qui, en termes géographiques autant que géopolitiques, est le plus occidental du Maghreb. Le 3 mars 1991, à l'occasion de la fête du Trône, la « famille Oufkir » était libérée, et 2 268 autres prisonniers graciés. Après dix-neuf années de détention au secret, pendant longtemps dans des conditions effroyables, l'épouse et les cinq enfants du général Mohamed Oufkir, l'homme fort du régime qui, en 1972, avait ordonné l'attaque manquée contre le Boeing royal, ont payé, au-delà du « suicide » officiel de leur mari et père, pour sa tentative régicide. Quant aux prisonniers sahraouis, dont plusieurs centaines ont été graciés le 12 juin et le 16 août 1991, ils ont purgé — souvent par une « disparition » définitive — la remise en question des frontières « sacrées » du royaume. Pour avoir soutenu, elle aussi, le droit du peuple sahraoui à l'autodétermination, Danielle Mitterrand, présidente de la fondation humanitaire France

Libertés, était apostrophée par le roi, le 21 juillet sur la chaîne de télévision française *TF1* comme « l'épouse morganatique » du chef de l'État français.

Au cours de la même émission, Hassan II traita de « poseur de bombes » le plus ancien prisonnier politique du Maroc, le marxiste Abraham Serfaty, dont l'épouse française se vit retirer son droit de visite pour avoir inlassablement témoigné à propos du bagne secret de Tazmamart. Le roi s'acharnait à en nier l'existence. Mais, le 13 septembre, Abraham Serfaty était libéré de la prison de Kénitra et, sous le prétexte spécieux d'être « brésilien », expulsé vers la France. Puis, à la fin du mois, on apprit le transfert des 28 survivants — sur une soixantaine de détenus — de Tazmamart, sortis des obscures cellules bétonnées du « mouroir de l'Atlas », prétendument « rasé ». Parmi les ombres squelettiques qui revinrent alors à la vie, trois ressortissants français, les « frères Boureqat », rapetissés de 20 centimètres pour n'avoir pas vu le jour pendant les dix années passées à Tazmamart.

Après le report du référendum des Nations unies au Sahara occidental, initialement programmé pour janvier 1992 mais enlisé dans la difficulté de définir le corps électoral appelé à s'exprimer, Hassan II reprit l'initiative politique, le 3 mars, en annonçant une révision constitutionnelle, favorable au Parlement, et la tenue d'élections législatives avant la fin de l'année, « dans la transparence totale ». Ce scrutin, la première consultation nationale depuis quinze ans, devait marquer clairement « l'après-Sahara » du règne hassanien, le recouvrement des « terres du Sud » étant supposé acquis soit, *de facto*, obtenu par l'organisation du vote. Sur le plan de la politique intérieure, intervenant après la mort, le 8 janvier 1992, du leader historique de l'Union socialiste des forces populaires (USFP), Abderrahim Bouabid, ces échéances ont « invité » l'opposition légale à participer à l'ouverture du régime. Pour avoir

transgressé le cadre ainsi tracé, en dénonçant le gouvernement comme « une bande de voleurs », le secrétaire général de la Confédération démocratique du travail (CDT), Noubir

▼

MAROC

Royaume du Maroc.
Capitale : Rabat.
Superficie : 450 000 km², sans le Sahara occidental (0,82 fois la France).
Monnaie : dirham (au taux officiel, 1 dirham = 0,63 FF au 30.3.92).
Langues : arabe et berbère (trois dialectes différents).
Chef de l'État : Hassan II (roi depuis le 10.2.61).
Premier ministre : Azzedine Laraki remplacé par Mohamed Karim Mamrani le 11.8.92.
Échéances institutionnelles : le Parlement a été reconduit jusqu'en 1992. Un référendum auprès des populations du Sahara occidental était prévu pour 1992 sous supervision de l'ONU.
Nature de l'État : royaume.
Nature du régime : mélange de monarchie de droit divin et de monarchie constitutionnelle.
Principaux partis politiques : *Gouvernement :* Union constitutionnelle ; Rassemblement national des indépendants ; Parti national démocratique ; Mouvement populaire. *Opposition légale :* Istiqlal ; Union socialiste des forces populaires (USFP) ; Parti du progrès et du socialisme (PPS, communiste) ; Organisation de l'action démocratique et populaire (OADP). *Opposition clandestine :* Ilal Aman (En avant, marxiste-léniniste) ; différents mouvements islamistes dont Al Adl wal-Ihsan et le Mouvement des *moudjahidin* du Maroc (MMM).
Territoire revendiqué : Sahara occidental.
Carte : p. 253.
Statistiques : voir aussi p. 254-255.

Maroc

Démographie, culture, armée

Indicateur	Unité	1970	1980	1991
Démographie				
Population	million	15,3	19,4	25,7
Densité	hab./km²	34,0	44,6	57,0
Croissance annuelle	%	2,6ᵃ	2,4ᵇ	2,4ᶜ
Indice de fécondité (ISF)		7,0ᵃ	5,7ᵇ	4,2ᶜ
Mortalité infantile	‰	128,4	102,2	68ᶜ
Espérance de vie	année	51,6	57,0	63ᶜ
Population urbaine	%	34,6	41,1	48ᵈ
Culture				
Analphabétisme	%	78,6ᶠ	70,7	50,5ᵈ
Nombre de médecins	‰ hab.	0,08	••	0,21ᵍ
Scolarisation 12-17 ans	%	24,2	38,9	37,6ᵈ
Scolarisation 3ᵉ degré	%	1,5	6,0	10,5ᵉ
Téléviseurs	‰	13	46	70ᵉ
Armée				
Marine	millier d'h.	1,0	4,5	7
Aviation	millier d'h.	4,0	7,0	13,5
Armée de terre	millier d'h.	45	105	175

a. 1965-75; b. 1975-85; c. 1990-95; d. 1990; e. 1989; f. 1971; g. 1987.

Commerce extérieur ᵃ

Indicateur	Unité	1970	1980	1991
Commerce extérieur	% PIB	15,3	18,8	21,3
Total imports	milliard $	0,68	4,25	7,26
Produits énergétiques	%	5,5	23,6	15,4ᵈ
Produits agricoles	%	28,8	26,3	14,7ᶜ
Produits manufacturés	%	63,7	46,5	60,7ᵈ
Total exports	milliard $	0,49	2,44	4,29
Engrais ᵇ	%	24,5	32,8	24,1ᵈ
Agrumes	%	14,4	10,6	4,0ᶜ
Produits manufacturés	%	9,7	23,5	46,5ᵈ
Principaux fournisseurs	% imports			
CEE		60,2	53,7	76,5ᶜ
— dont France		31,0	25,0	32,4ᶜ
États-Unis		11,3	6,5	10,2ᶜ
Principaux clients	% exports			
CEE		73,2	63,8	67,5ᶜ
— dont France		37,0	25,6	32,3ᶜ
CAEM		8,5	11,7	2,6ᶜ

a. Marchandises; b. Y compris matières premières; c. 1990; d. 1989.

Maroc

Économie				
INDICATEUR	UNITÉ	**1970**	**1980**	**1991**
PIB	milliard $	3,98	18,03	26,78
Croissance annuelle	%	4,8 a	3,9 b	4,2
Par habitant	$	260	930	1 045
Structure du PIB				
Agriculture	%	19,9	18,4	17,4 d
Industrie	% } 100 %	27,0	30,9	37,9 d
Services	%	53,1	50,6	44,7 d
Dette extérieure totale	milliard $	0,75	9,7	23,8
Service de la dette/Export.	%	8,5	32,7	25,0
Taux d'inflation	%	1,3	9,4	6,8
Population active	million	4,05	5,69	7,82 d
Agriculture	%	57,7	45,6	38,0 e
Industrie	% } 100 %	17,0	25,0	28,0 e
Services	%	25,3	29,4	34,0 e
Dépenses publiques				
Éducation	% PIB	3,6	6,1	7,3 e
Défense	% PIB	2,1	7,0	5,3 d
Production d'énergie	million TEC	0,7	1,0	0,8 c
Consommation d'énergie	million TEC	2,9	6,4	9,0 c

a. 1965-75; b. 1975-85; c. 1989; d. 1990; e. 1987.

Amaoui, fut sévèrement condamné, le 17 avril à Rabat, à deux ans de prison.

Une marge étroite

La situation économique et sociale du Maroc offre-t-elle la marge nécessaire à une transformation réformiste du régime ? La réponse apportée à cette question conditionne toutes les stratégies, celle du Trône autant que celles des différentes formations de l'opposition. Au sortir de dix ans d'ajustement structurel, le Maroc est apparu, pour le directeur du « Maghreb » du Fonds monétaire international (FMI), Pieter Botellier, « un exemple unique », « un message d'espoir pour les pays lourdement endettés ». Il est vrai que le rééchelonnement de la dette extérieure marocaine, le 28 février 1992, pourrait être, selon le souhait exprimé par les créanciers du Club de Paris, « l'ultime réamé-

nagement important » d'un fardeau de près de 25 milliards de dollars. Tous les indicateurs macro-économiques sont en effet passés au vert : la balance des paiements s'est rééquilibrée, le déficit budgétaire a été ramené à 3,2 % du PIB (contre 10 % au début des années quatre-vingt), et les réserves du pays en devises couvraient, à la mi-1992, trois à quatre mois d'importations.

Cependant, comment contenir les revendications du plus grand nombre dans un pays où 6 % des ménages accaparent la moitié de la consommation totale ? La concentration des richesses étant scandaleuse, les chômeurs — 20 % de la population active, dont 100 000 jeunes diplômés — et les déracinés du monde rural — 250 000 de plus chaque année — sont poussés à la révolte. D'autant que le salaire minimum, quoique deux fois relevé depuis 1990, couvre, selon la Banque

BIBLIOGRAPHIE

C. ARIAM, *Rencontres avec le Maroc*, La Découverte, Paris, 1989.

P. BALTA, *Le Grand Maghreb. Des indépendances à l'an 2000*, La Découverte, Paris, 1990.

J.-F. CLÉMENT (sous la dir. de), *Maroc. Les signes de l'invisible*, Autrement, sept. 1990.

C. DAURE-SERFATY, *Tazmamart. Une prison de la mort au Maroc*, Gallimard, Paris, 1992.

M. DIOURI, *A qui appartient le Maroc ?*, L'Harmattan, Paris, 1992.

H. EL MALKI, *Trente ans d'économie marocaine*, Éd. du CNRS, Paris, 1989.

C. et Y. LACOSTE, *L'état du Maghreb*, La Découverte, coll. « L'état du monde », Paris, 1991.

G. PERRAULT, *Notre ami le roi*, Gallimard, coll. « Au vif du sujet », Paris, 1990.

A. SERFATY, *Dans les prisons du roi. Écrits de Kénitra sur le Maroc*, Messidor, Paris, 1992.

Voir aussi la bibliographie « Maghreb » dans la section « 37 ensembles géopolitiques ».

mondiale « à peine 60 % des besoins définissant le seuil de pauvreté ». Dorénavant, pour le meilleur et pour le pire, le Maroc est à la merci d'une politique capable de désamorcer cette bombe sociale.

Stephen Smith

Israël
Le retour des travaillistes

Les élections anticipées du 23 juin 1992 ont causé un véritable bouleversement politique en Israël : le Parti travailliste — au pouvoir de 1948, date de la création de l'État, jusqu'en mai 1977 — en est sorti victorieux, avec 44 sièges sur 120. Le Likoud dirigé par Yitzhak Shamir (droite nationaliste) a été renvoyé dans l'opposition, après 15 ans de règne, avec 32 députés. Deux autres phénomènes ont pu être notés dans ces élections : le succès de la liste Merets (gauche sioniste anti-annexionniste) avec 12 députés, et celui de la liste Tsomet, dirigée par l'ancien chef d'état-major Rafaël Eytan, partisan de l'annexion des Territoires occupés, avec 8 députés. Les partis ultra-orthodoxes qui furent longtemps les « faiseurs » de Premiers ministres sont sortis affaiblis du scrutin, avec 16 députés.

Dans ses premières déclarations, Y. Rabin s'est déclaré décidé à parvenir « dans un an à un accord avec les Palestiniens [des Territoires occupés] sur un régime d'autonomie [de la Cisjordanie et de la bande de Gaza] », la Défense et les Affaires étrangères demeurant du ressort d'Israël, de même que la responsabilité des implantations israéliennes dans ces territoires. Il s'est aussi engagé à améliorer le sort des immigrants, ce qui contribuera à relancer l'immigration des Juifs de l'ex-URSS, laquelle a considérablement diminué en 1991, et surtout en 1992, à cause des difficultés qu'ils rencontrent (plus de 50 %

des nouveaux immigrants sont chômeurs), et à mettre fin à la crise de confiance avec Washington. L'arrivée au pouvoir d'Y. Rabin, qui fut Premier ministre de 1974 à 1977, et la formation du gouvernement le plus « colombe » de l'histoire d'Israël n'ont cependant pas annoncé un changement radical. Comme son prédécesseur Yitzhak Shamir, il a continué à se déclarer opposé à la création d'un État palestinien et à des pourparlers directs avec l'OLP. Il a écarté tout retour aux frontières d'avant 1967 et s'est opposé à tout abandon de souveraineté israélienne sur la partie arabe de Jérusalem (annexée en 1967).

La grande question des colonies

Par ailleurs, Y. Rabin s'est déclaré partisan de la poursuite du développement des implantations dans la région de Jérusalem, à Goush Etsion (sud de la Cisjordanie), dans la vallée du Jourdain et sur le Golan. Pour lui, la politique de colonisation à outrance menée par le Likoud fut un gaspillage d'argent sans aucune valeur stratégique. Cependant, il n'a pas remis en cause l'existence des 146 implantations en Cisjordanie et à Gaza, où vivent 120 000 colons, et 1,7 million de Palestiniens (135 000 Israéliens habitent par ailleurs dans la partie arabe de Jérusalem et sur le Golan 15 000 Israéliens sont regroupés en 33 localités).

Y. Rabin fera sans aucun doute tous les efforts nécessaires pour calmer le conflit avec les Américains, qui a pris, avec la politique menée par Y. Shamir, des dimensions sans précédent. Le temps où Washington considérait Israël comme un allié stratégique est apparu bien révolu. Pour le secrétaire d'État américain, James Baker, « les Israéliens doivent mettre fin aux activités de colonisation ; c'est notre politique ». Le refus de Shamir, au nom du « Grand Israël » (*Eretz Israël*), de geler les implantations a conduit l'administration américaine à refuser de garantir 10 milliards de dollars d'emprunts bancaires destinés à l'intégration des nouveaux immigrants. Jamais les

▼

ISRAËL

Israël.
Capitale : Jérusalem (état de fait contesté au plan international).
Superficie : 20 325 km² (0,04 fois la France) ; Territoires occupés : Golan (1 150 km², annexé en 1981), Cisjordanie (5 879 km²), Gaza (378 km²). Jérusalem-Est a été annexée en 1967.
Monnaie : nouveau shekel (1 nouveau shekel = 2,13 FF au 29.6.92).
Langues : hébreu et arabe (officielles) ; anglais, français, russe.
Chef de l'État : Chaïm Herzog, président.
Premier ministre : Yitzhak Shamir, remplacé par Yitzhak Rabin le 13.7.92.
Nature de l'État : Israël n'a pas de Constitution écrite, mais plusieurs « lois constitutionnelles » (dites fondamentales) devant évoluer vers une Constitution. Le pays est divisé en six districts administratifs.
Nature du régime : démocratie parlementaire combinée à une administration militaire dans les Territoires occupés (Cisjordanie, bande de Gaza).
Principaux partis politiques :
Gouvernement : Parti travailliste (social-démocrate, sioniste), Merets (bloc parlementaire comprenant trois partis sionistes de gauche : le Mouvement pour les droits civiques, le Mapam, Shinouï), Chas (orthodoxe sépharade, non sionistes). Le Parti communiste israélien (Rakah) et le Parti démocratique arabe soutiennent le gouvernement sans y participer.
Opposition : Likoud (droite nationaliste), Tsomet (extrême droite), Moledet (extrême droite fasciscante), Parti national religieux (droite sioniste), Parti unifié de la Thora (orthodoxe ashkénaze non sioniste).
Mouvements extra-parlementaires : Shalom Akhshav (La Paix maintenant) ; Goush Emounim (Bloc de la foi, extrémiste-nationaliste religieux) ; Kakh (fasciste).
Carte : p. 328 et 329.
Statistiques : voir aussi p. 330.

Israël

Démographie, culture, armée

INDICATEUR	UNITÉ	1970	1980	1991
Population	million	3,0	3,9	5,0
Densité	hab./km²	146,1	190,4	244,5
Croissance annuelle	%	3,0 a	2,0 b	1,5 c
Indice de fécondité (ISF)		3,8 a	3,3 b	2,8 c
Mortalité infantile	%₀	25,3	24,3	10 c
Espérance de vie	année	71,3	72,8	76 c
Population urbaine	%	84,2	88,6	92 d
Analphabétisme	%	12,1 h	..	4,2 d
Nombre de médecins	%₀ hab.	2,5	2,50	2,90 i
Scolarisation 2e degré g	%	57	73	83 f
Scolarisation 3e degré	%	20	29,3	32,8 e
Téléviseurs	%₀	179	232	265 f
Livres publiés	titre	2 072	2 397	2 214 i
Marine	millier d'h.	8	6,6	9
Aviation	millier d'h.	17	28	28
Armée de terre	millier d'h.	275	135	104

a. 1965-75; b. 1975-85; c. 1990-95; d. 1990; e. 1988; f. 1989; g. 14-17 ans; h. 1972; i. 1985; j. 1983.

Commerce extérieur a

INDICATEUR	UNITÉ	1970	1980	1991
Commerce extérieur	% PIB	26,9	35,1	24,0
Total imports	milliard $	2,12	9,69	16,61
Produits agricoles	%	18,7	13,3	10,2 b
Produits énergétiques	%	4,9	26,5	8,8 b
Diamants	%	8,3	12,3	18,5 b
Total exports	milliard $	0,78	5,54	11,73
Produits agricoles	%	27,1	15,6	11,0 b
Diamants	%	31,4	29,2	27,6 b
Produits manufacturés c	%	39,7	53,2	59,6 b
Principaux fournisseurs	% imports			
États-Unis		15,5	16,0	17,8 b
CEE		33,1	28,5	49,3 b
PVD		3,1	4,8	7,3 b
Confidentiel		35,5	39,7	9,3 b
Principaux clients	% exports			
États-Unis		19,1	16,0	28,8 b
CEE		41,7	41,0	34,9 b
PVD		15,9	14,7	14,7 b
Confidentiel		3,1	13,1	8,4 b

a. Marchandises; b. 1990; c. Diamants non compris.

Israël

Économie

Indicateur	Unité	1970	1980	1991
PIB	milliard $	5,4	20,6	55,5
Croissance annuelle	%	7,2 a	2,5 b	5,2
Par habitant	$	1 830	5 320	11 167
Structure du PIB				
Agriculture	% ⎫	7,6	5,7	3,4 d
Industrie	% ⎬ 100 %	43,7	41,0	30,2 d
Services	% ⎭	48,7	53,3	66,4 d
Dette extérieure totale	milliard $	2,6	17,5	24,0
Taux d'inflation	%	6,1	131,0	18,0
Population active	million	1,09	1,45	1,64 d
Agriculture	% ⎫	9,7	6,2	3,9 d
Industrie	% ⎬ 100 %	35,6	32,0	27,0 d
Services	% ⎭	54,7	61,8	69,1 d
Dépenses publiques				
Éducation	% PIB	5,5	8,0	8,6 c
Défense	% PIB	19,9	19,6	12,0 d
Recherche et Développement	% PIB	1,2	2,5	3,2 e
Production d'énergie	million TEC	7,5	0,2	0,1 c
Consommation d'énergie	million TEC	6,4	8,8	13,7 c

a. 1965-75; b. 1975-85; c. 1989; d. 1990; e. 1985.

États-Unis n'avaient ainsi lié leur assistance à un changement de la politique israélienne.

La colonisation des Territoires occupés s'est accrue en 1991 dans des proportions jusqu'alors inégalées. Et elle a revêtu un caractère véritablement provocateur. Ainsi, deux jours après que le gouvernement israélien eut accepté sous condition la participation d'Israël à la conférence de paix au Proche-Orient (ouverte à Madrid le 30 octobre 1991), il a autorisé la création d'une implantation en Cisjordanie occupée. En 1991, les constructions de logements en Cisjordanie et à Gaza ont représenté 10,33 % du total des constructions en Israël (contre 4 % en 1990). Le vice-ministre de l'Information, Benjamin Netanyahou, a accusé Washington de vouloir ramener Israël aux frontières d'avant 1967, qui, selon lui, seraient indéfendables et pourraient conduire à un « Nouvel Holocauste ». Au lendemain des élections, pour encourager Y. Rabin, l'administration américaine s'est déclarée prête à ouvrir des pourparlers sur les garanties financières. Y. Rabin, pour sa part, a annoncé un gel partiel et temporaire des constructions dans les Territoires occupés.

Une politique souple du gouvernement Rabin pourrait mettre fin au piétinement des conversations bilatérales et multilatérales qui, à la mi-1992, n'avaient apporté aucun résultat tangible. En effet, à la suite de la séance d'ouverture de la conférence de Madrid, marquée par un discours intransigeant de Shamir, les négociations bilatérales ont commencé à Washington entre Israéliens, d'une part, et — séparément — Syriens, Libanais, Jordaniens-Palestiniens, de l'autre (cinq sessions bilatérales ont ainsi eu lieu avant l'été 1992 : une à Madrid et quatre à Washington). A la fin janvier 1992, s'est ouverte la réunion préparatoire au

BIBLIOGRAPHIE

AMNESTY INTERNATIONAL, *Israël et Territoires occupés. Justice militaire*, AEFAI, Paris, 1992.

M. COHEN, *Du rêve sioniste à la réalité israélienne*, La Découverte, Paris, 1990.

S. COHEN, *Dieu est un baril de poudre. Israël et ses intégristes*, Calmann-Lévy, Paris, 1989.

A. DIECKHOFF, *Les Espaces d'Israël*, 2e éd., Presses de la FNSP, Paris, 1989.

A. GRESH, D. VIDAL, *Palestine 47 : un partage avorté*, Presses de la FNSP, Paris, 1989.

J.-F. LEGRAIN, *Les Voix du soulèvement palestinien. 1987-1988*, CEDEJ, Le Caire, 1991.

LIGUE INTERNATIONALE POUR LE DROIT ET LA LIBÉRATION DES PEUPLES, *Le Dossier Palestine. La question palestinienne et le droit international*, La Découverte, Paris, 1991.

M. SCHATTNER, *Histoire de la droite israélienne de Jabotinski à Shamir*, Complexe, Bruxelles, 1991.

Z. SCHIFF, E. YA'ARI, *Intifada*, Stock, Paris, 1991.

niveau des ministres — troisième volet du Plan de paix au Proche-Orient élaboré par le secrétaire d'État américain James Baker —, c'est-à-dire les négociations multilatérales israélo-arabes. Ces dernières visent à élargir le débat à des discussions sur les problèmes régionaux : environnement, contrôle des armements et sécurité régionale, coopération économique, partage des ressources hydrauliques et problème des réfugiés. Dans l'esprit des Américains, ces négociations devraient aider à dissiper la méfiance entre Israël et ses voisins arabes en les amenant à discuter des problèmes d'intérêt commun. Les Palestiniens n'ont pas été présents à la conférence de Moscou (fin janvier 1992) à cause de l'opposition israélienne à la présence de délégués de la diaspora palestinienne. Les Syriens et les Libanais, quant à eux, ont refusé de participer à ces réunions, estimant qu'elles ne pouvaient se tenir tant que des progrès n'auraient pas été enregistrés dans les négociations bilatérales, et qu'aucune coopération n'était envisageable avec Israël tant qu'il occuperait des territoires arabes.

La baisse considérable de l'immigration des Juifs en provenance de l'ex-URSS a été l'un des événements les plus marquants de l'année 1991-1992. Le chômage (12 % de la population active à la mi-1992) et les problèmes de logement en ont été la cause majeure. En 1991, 176 000 Juifs sont arrivés en Israël (la quasi-totalité venant de l'ex-URSS), contre 200 000 en 1990. Durant les premiers mois de 1992, le nombre d'immigrants s'est limité à quelque 5 000 par mois. Beaucoup de ces immigrants ont donné leurs voix aux travaillistes à cause des conditions de vie misérables qu'ils ont subies. L'entrée en vigueur, le 1er juillet 1991, d'une nouvelle loi soviétique leur permettant de garder leurs passeports a également donné un coup de frein à l'émigration juive vers Israël. Jusqu'alors, les Juifs ne pouvaient émigrer qu'avec des documents israéliens et perdaient de ce fait leur nationalité soviétique.

L'*Intifada* (le soulèvement dans les Territoires occupés) est entré en décembre 1991 dans sa cinquième année. Le nombre de victimes palestiniennes tuées par les soldats et les colons israéliens depuis 1987 a dépassé le millier à l'été 1992. Dans cette lutte sans merci, le fusil remplace de plus en plus la pierre palestinienne. Les attaques à l'arme à feu, notamment contre les soldats, se sont multipliées. Treize soldats et sept civils israéliens ont été tués en 1991 dans les Territoires occupés, et 31 Palestiniens ont été abattus par les unités spéciales de l'armée israélienne de septembre 1991 à avril 1992, selon un rapport du CICR (Comité international de la Croix-Rouge). Ces unités, constituées de volontaires déguisés en Palestiniens, parlant l'arabe et circulant à bord de véhicules immatriculés en Cisjordanie et à Gaza, se fondent au sein de la population des Territoires occupés. Plusieurs Palestiniens ont été tués par balle alors qu'ils se trouvaient entre les mains de membres de ces unités spéciales. Selon un rapport d'Amnesty International, les Palestiniens ont très peu de « chances » de bénéficier de procès équitables devant les tribunaux militaires israéliens des Territoires occupés, en raison de « vices de forme » du système judiciaire. Les suspects palestiniens sont systématiquement victimes de tortures et de mauvais traitements pendant les interrogatoires. Pour leur part, dans cette guerre à outrance, les Palestiniens sont sans merci pour ceux qui sont soupçonnés de collaborer avec l'occupant. Comme chaque année, plusieurs dizaines d'entre eux ont été liquidés. En ce qui concerne le front nord, l'année 1991 a été très meurtrière. Dix-sept accrochages ont eu lieu à la frontière libano-israélienne, au cours desquels dix soldats israéliens ont été tués. Dans cette zone, Israël n'a plus pour adversaire principal les organisations palestiniennes, mais le Hezbollah (milice chiite intégriste pro-iranienne). De ce point de vue, l'événement le plus marquant de l'année fut l'assassinat du chef du Hezbollah, le cheikh Abbas Moussaoui, et de sa famille lors d'un raid aérien israélien au Sud-Liban. Ce raid a encore envenimé la situation.

Enfin, sur le plan diplomatique, la convocation de la conférence de paix a apporté à Israël des succès. Il a pu nouer des relations diplomatiques avec la Russie et toutes les autres Républiques de l'ex-URSS, ainsi qu'avec la Chine, l'Inde et quelques États africains.

Amnon Kapeliouk

(Voir aussi articles p. 35 et 534.)

Tchéco-Slovaquie
La difficile coexistence des deux nations

La Tchéco-Slovaquie (selon l'orthographe officielle slovaque) a retrouvé sa pleine souveraineté en 1991 : le dernier soldat soviétique a quitté son territoire en juin ; le pacte de Varsovie a été dissous le 1er juillet et l'ironie de l'histoire a voulu que sa dernière session d'« autoliquidation » se soit déroulée à Prague (que les armées du Pacte avaient envahie en août 1968) et ait été présidée par Václav Havel, l'opposant devenu chef d'État en décembre 1989.

La diplomatie du pays a entretenu des rapports privilégiés avec l'Europe occidentale et les États-Unis, mais aussi avec ses voisins, la Hongrie et la Pologne.

Deux tendances ont prédominé en 1991-1992 : le risque de désintégration de la fédération de deux nations — tchèque et slovaque —, et le rétablissement de l'entreprise privée.

L'Assemblée fédérale, composée de deux chambres, celle du Peuple et celle des Nations, s'est révélée incapable d'accomplir la tâche primordiale pour laquelle elle avait été élue en juin 1990 : élaborer une constitution post-communiste. Elle n'est donc pas entrée dans l'histoire en tant que « constituante ». Les diver-

Tchéco-Slovaquie

Démographie, culture, armée

INDICATEUR	UNITÉ	1970	1980	1991
Démographie				
Population	million	14,33	15,31	15,71
Densité	hab./km²	112,1	119,7	122,8
Croissance annuelle	%	0,4 a	0,5 b	0,3 c
Indice de fécondité (ISF)		2,2 a	2,2 b	2,0 c
Mortalité infantile	%oo	22 a	17,5 b	13 c
Espérance de vie	année	70 a	70,6 b	72 c
Population urbaine	%	55,2	67,5	77 d
Culture				
Nombre de médecins	%oo hab.	2,31	3,24	3,70 d
Scolarisation 2e degré g	%	72 f	89	87 e
Scolarisation 3e degré	%	10,4	17,1	17,6 e
Téléviseurs	%oo	280	389	410 e
Livres publiés	titre	8 567 h	11 647	9 294 e
Armée				
Marine	millier d'h.	••	••	••
Aviation	millier d'h.	18	55	44,8
Armée de terre	millier d'h.	150	140	87,3

a. 1965-75; b. 1975-85; c. 1990-95; d. 1990; e. 1989; f. 1975; g. 15-18 ans; h. 1973.

Commerce extérieur a

INDICATEUR	UNITÉ	1972	1980	1991
Commerce extérieur	% PIB	25,0 f	37,6	33,8
Total imports	milliard $	7,05 g	12,77	10,45
Produits agricoles	%	20,8	16,0	13,4 c
Produits énergétiques	%	10,0	18,8	27,9 b
Produits manufacturés	%	56,7	55,0	53,2 b
Total exports	milliard $	6,15 g	12,06	10,85
Produits agricoles	%	6,3	9,1	9,2 c
Métaux et prod. miniers d	%	3,0	0,6	0,5 b
Produits manufacturés c	%	86,5	84,2	89,5 b
Principaux fournisseurs	% imports			
URSS		32,7 f	36,0	41,4 c
CEE		15,2 f	13,8	18,3 c
PVD h		7,7 f	9,3	7,4 c
Principaux clients	% exports			
URSS		32,2 f	35,5	45,5 c
CEE		14,7 f	14,0	17,5 c
PVD h		9,8 f	12,9	8,0 c

a. Marchandises; b. 1987; c. 1990; d. Non compris produits énergétiques; e. 1989; f. 1970; g. 1975; h. Non compris les ex-pays socialistes.

Tchéco-Slovaquie

Économie

Indicateur	Unité	1970	1980	1991
PIB	milliard $	..	45,8 g	49,2 e
Croissance annuelle	%	4,7 hi	1,5 i	– 16,0 e
Par habitant	$	..	2 980 g	3 140 e
Structure du PIB				
Agriculture	% ⎫	..	6,7	7,9 c
Industrie	% ⎬ 100 %	..	59,7	56,3 c
Services	% ⎭	..	33,6	35,8 c
Dette extérieure totale	milliard $	..	4,6 d	9,3
Service de la dette/Export.	%	..	8,6 d	10,4 e
Taux d'inflation	%	– 0,5 l	3,0	52,0
Population active	million	7,38	8,02	8,39 e
Agriculture	% ⎫	15,8 f	13,3	10,4 c
Industrie	% ⎬ 100 %	48,7 f	49,4	46,1 c
Services	% ⎭	35,5 f	37,4	43,6 c
Taux de chômage	%	..	..	6,6 m
Dépenses publiques				
Éducation	% PIB	4,7	4,8	4,4 k
Défense	% PIB	4,5	4,6	2,8
Recherche et Développement	% PIB	3,7	3,8	3,3 c
Production d'énergie	million TEC	63,8	66,4	63,8 c
Consommation d'énergie	million TEC	77,4	97,8	93,1 c

a. 1965-75; b. 1975-85; c. 1989; d. 1985; e. 1990; f. 1973; g. 1982; h. Concerne le produit matériel net (PMN - voir définition p. 16); i. 1970-80; j. 1980-90; k. 1988; l. 1971; m. En décembre.

gences entre les représentants politiques tchèques et slovaques concernant l'organisation de la coexistence étatique de ces deux nations en ont été la cause essentielle. Les tensions entre Tchèques et Slovaques datent d'avant l'instauration d'un régime communiste, mais elles se sont perpétuées pendant, ainsi qu'après le tournant de 1989.

La situation économique et sociale s'est beaucoup plus dégradée en République slovaque qu'en République tchèque entre décembre 1990 et décembre 1991, les prix à la consommation ont augmenté de 52 % dans les pays tchèques et de 58,3 % en Slovaquie ; pour la même période, le coût de la vie était plus élevé en Slovaquie de 4,5 points dans les foyers d'ouvriers et d'employés, de 8,2 points chez les agriculteurs et de 4,6 points chez les retraités. La pro-

duction des entreprises de plus de 100 employés a chuté en 1991 de 24,4 % en République tchèque et de 25,4 % en Slovaquie, toujours selon les statistiques officielles de Prague. En janvier 1992, le chômage, phénomène absolument nouveau dans les mentalités, a touché 4,4 % de la population active tchèque contre 12,7 % pour la population active slovaque. Pour un poste proposé, il y avait, fin 1991, 4,6 demandeurs d'emploi en pays tchèque et 36,8 en Slovaquie, où ce fléau est devenu un grand sujet de préoccupation. Enfin, plus de 80 % des investissements étrangers en dollars sont allés, jusqu'au printemps 1992, vers les pays tchèques.

La sensibilité «ultra-libérale», prônant réforme économique et «décommunisation» radicales, a été nettement plus forte dans les pays

BIBLIOGRAPHIE

V. HAVEL, *Interrogatoire à distance*, Éd. de l'Aube, La Tour d'Aigues, 1991.

« Les Slovaques méconnus exigent d'être reconnus » (dossier), *La Nouvelle Alternative*, n° 24, Paris, déc. 1991.

É. LHOMEL, T. SCHREIBER (sous la dir. de), « L'Europe centrale et orientale : de l'espoir aux réalités », *Notes et études documentaires*, La Documentation française, Paris, 1991.

G. MINK, J.-C. SZUREK, *Cet Étrange Post-Communisme. Ruptures et transitions en Europe centrale et orientale*, Presses du CNRS/La Découverte, Paris, 1992.

OCDE, *Études économiques : République fédérative tchèque et slovaque*, Paris, déc. 1991.

tchèques qu'en Slovaquie. Les courants politiques demandant une approche plus « sociale » des bouleversements économiques nécessaires se sont révélés majoritaires en Slovaquie, où même la haute hiérarchie de l'Église catholique s'est publiquement engagée dans ce sens, en signalant les dangers de la « privatisation » en cours.

« Petite » et « grande » privatisations

Le rétablissement de l'entreprise privée a marqué un tournant spectaculaire : fin 1991, en effet, 1 338 000 personnes se sont fait enregistrer comme entrepreneurs privés. En fait, la majorité d'entre eux ont, parallèlement, gardé un emploi principal dans une entreprise appartenant encore à l'État, ou étaient employés par un autre entrepreneur. Mais la tendance à la reconstitution d'une nouvelle couche sociale est incontestable. Au cours de la « petite privatisation », inaugurée dans le cadre de la loi en janvier 1991, 14 013 unités (commerce, ateliers, restauration, etc.) ont été vendues ou louées à long terme dans les pays tchèques et 7 282 en Slovaquie en 1991. A ces nouveaux propriétaires-entrepreneurs sont venus s'ajouter ceux qui, selon la loi sur la « restitution », ont récupéré leurs biens confisqués après l'installation du régime communiste en 1948.

La « grande privatisation », initiée en 1992, a concerné quant à elle la moitié des entreprises étatisées. Un procédé original, la « privatisation par coupons », a été mis en place et a été bien accueilli par la population : huit millions et demi d'habitants ont acheté un « livret de coupons » qui permet de devenir actionnaire des entreprises privatisables de leur choix ; choix délégué en général à des centaines de « fonds » privés rapidement créés et offrant leurs services aux petits « apprentis du capitalisme ». Le processus de privatisation a aussi touché l'agriculture, qui avait été presque entièrement collectivisée par contrainte. Dans ce domaine, la situation est restée très complexe, la majorité des agriculteurs-coopérateurs ayant témoigné d'une nette préférence pour les coopératives.

La première grande grève de la période post-communiste, celle des « travailleurs des transports publics routiers », a eu lieu le 10 février 1992. Elle a duré 24 heures et a été largement suivie. Elle s'est déroulée dans les pays tchèques, socialement moins touchés par les problèmes économiques.

La privatisation a soulevé de nombreux problèmes autres qu'économiques et sociaux. L'un des plus discutés a été la « restitution des biens » à l'Église et aux ordres catholiques. Les adversaires d'une large

« restitution » ont même parlé de
« deuxième recatholisation » des pays
tchèques (la première avait suivi la
défaite des insurgés protestants
contre la monarchie, à la Montagne-
Blanche en 1620). La question est
d'autant plus sensible que lors du
recensement de mars 1991, le nombre de personnes se classant comme
étant « sans religion » a dépassé, dans
les pays tchèques, le nombre de
catholiques déclarés (respectivement
39,5 % et 39,2 %). Dans la république probablement la plus laïque du
monde, il s'est révélé délicat de faire
de l'Église catholique « le plus riche
propriétaire privé ». Au sein de
l'Église elle-même, les critiques
publiques concernant son
« égoïsme » n'ont d'ailleurs pas
manqué.

Les enjeux de la transformation
post-communiste au début des
années quatre-vingt-dix sont apparus
d'autant plus complexes que la génération du *baby-boom* de 1973-1978
entrait dans la vie active. Un demi-
million d'enfants nés pendant cette
période demandent aujourd'hui formation et emploi, et revendiqueront
demain un logement.

Les 5 et 6 juin 1992, les élections
législatives à l'Assemblée fédérale et
aux conseils nationaux, tchèque et
slovaque, se sont déroulées comme
prévu. 40 partis, courants et coalitions ont brigué le choix des électeurs, souvent par des méthodes peu
loyales — attaques personnelles liées
en particulier à l'épuration (nécessaire) de la vie publique, conçue
comme une « chasse aux sorcières ».

86 % des électeurs qui se sont prononcés ont désigné deux vainqueurs
politiquement différents : la coalition de la droite (Parti démocratique
civique et Parti chrétien-démocrate)
dans les pays Tchèques (33,6 % des
voix à l'Assemblée fédérale et
29,73 % au Conseil national tchèque) et le centre gauche (Mouvement
pour une Slovaquie démocratique) en
Slovaquie (33,65 % à l'Assemblée
fédérale et 37,26 % au Conseil national slovaque). Dans les deux républiques, la deuxième place est revenue
aux partis issus de l'ancien Parti

communiste tchécoslovaque : le Bloc
de gauche (coalition du Parti communiste de Bohême et de Moravie et
de la Gauche démocratique — respectivement 14,37 % et 14,05 % à
chaque Assemblée) et le Parti de la
gauche démocratique en Slovaquie

▼

TCHÉCO-SLOVAQUIE

**République fédérative tchèque et
slovaque.**

Capitale : Prague (capitale de la
République slovaque : Bratislava).

Superficie : 127 880 km² (0,2 fois la
France) ; superficie de la
Slovaquie : 43 035 km².

Monnaie : couronne tchécoslovaque
(1 couronne = 0,19 FF au 30.3.92).

Langues : tchèque (off.), slovaque
(off.), hongrois, ukrainien-rhuthène,
rom, allemand, polonais.

Chef de l'État : Václav Havel,
président de la République, élu le
5.7.90 (démission le 17.7.92).

Chef du gouvernement fédéral : Jan
Stráský

Chef du gouvernement tchèque :
Václav Klaus.

Chef du gouvernement slovaque :
Vladimír Mečiar.

Nature de l'État : L'ancienne
fédération a vécu. La recherche
d'un nouveau modèle de
coexistence a été engagée.

Nature du régime : républiques
parlementaires.

Principaux partis politiques :
République tchèque : Parti civique
démocratique (ODS) ; Bloc de
gauche (Parti communiste de
Bohême et de Moravie et Gauche
démocratique) ; Parti social-
démocrate. *République slovaque :*
Mouvement pour la Slovaquie
démocratique (HZDS) ; Parti de la
gauche démocratique (SDL) ;
Mouvement chrétien-démocrate
(KDH) ; Parti national slovaque
(SNS).

Carte : p. 497.

Statistiques : voir aussi p. 498.

(respectivement 14,24 % et 14,70 % à chaque Assemblée). Les partis ou mouvements dirigés par les anciens opposants n'ont en général pas franchi le seuil de 5 % nécessaire pour obtenir une représentation.

Les résultats de ces élections sont apparus décisifs pour l'avenir : la République fédérative tchèque et slo-vaque peut se désintégrer définitive-ment, ou trouver une nouvelle forme d'intégration : les méthodes de «thé-rapie de choc» pour l'économie, peu sensibles aux problèmes sociaux, ris-quent d'en être modifiées en Slova-quie.

Karel Bartošek

Cuba
Une économie de subsistance

L'activité économique a reculé de 35 % en deux ans et le pays a perdu, de 1989 à 1992, 7 milliards de dol-lars d'aide en provenance de l'ex-URSS, soit le quart de son PNB de 1989. Les pénuries se sont aggra-vées, y compris pour les produits de première nécessité. Une dizaine de grandes usines ont fermé et 50 % de l'industrie légère ont tourné au ralenti faute de matières premières, de pièces détachées et surtout d'énergie.

Du fait de la réduction des livrai-sons de l'ex-URSS (13 millions de tonnes en 1990, 8 en 1991 et quelque 3 millions en 1992), Cuba n'a disposé que du tiers du pétrole nécessaire. Cela a affecté la production de nic-kel, la distribution d'essence, les transports, et même la récolte de canne. Le sucre, dont l'ex-URSS aurait acheté 4 millions de tonnes en 1991, n'a été payé qu'à la moitié du prix antérieur, le troc subsistant (contre du pétrole) s'effectuant sur la base des prix mondiaux, et les nou-veaux contrats signés avec la Russie, l'Ukraine et le Kazakhstan n'ont pas excédé un an.

La priorité du gouvernement est allée au plan alimentaire et à la reconversion. Des centaines de mil-liers de citadins — à commencer par les anciens fonctionnaires du minis-tère de l'Agriculture dont les effec-tifs ont été réduits de moitié — ont continué d'être transférés à la cam-pagne pour les travaux agricoles et chacun a été invité à «semer tout ce qui est comestible dans tous les lieux possibles». Les résultats ont été aléa-toires, faute d'engrais et de pesti-cides.

Socialisme et «joint ventures»

Si les dirigeants ont admis que l'éco-nomie doit être modernisée et tour-née vers l'exportation sur le marché mondial, ils n'ont pas abandonné la planification centralisée. Le congrès du PCC (Parti communiste cubain), en octobre 1991, s'est contenté de légaliser le travail au noir des artisans

▼

CUBA

République de Cuba.
Capitale : La Havane.
Superficie : 110 861 km² (0,2 fois la France).
Monnaie : peso (1 peso = 7,14 FF au 31.5.92).
Langue : espagnol.
Chef de l'État : Fidel Castro (premier secrétaire du PCC, au pouvoir depuis 1959).
Nature de l'État : communiste («État socialiste des ouvriers et des paysans», selon la Constitution de 1976).
Nature du régime : socialiste à parti unique (Parti communiste cubain, PCC).
Carte : p. 411.
Statistiques : voir aussi p. 412-413.

BIBLIOGRAPHIE

C. Brundenius, A. Zimbalista, *The Cuban Economy*, The Johns Hopkins University Press, Baltimore (É.-U.), 1989.

J. Habel, «Cuba, rectification dans la rectification», *Problèmes d'Amérique latine*, n° 99, La Documentation française, Paris, janv.-mars 1991.

M. Lemoine (sous la dir. de), «Cuba, 30 ans de révolution», *Autrement*, n° 35, hors série, Paris, 1989.

L. Otero, «Ce qui doit absolument changer à Cuba», *Le Monde diplomatique*, Paris, avr. 1992.

I. Stubbs, *Cuba, the Test of Time*, Latin America Bureau, Londres, 1989.

P. Vayssière, *Les Révolutions d'Amérique latine*, Seuil, Paris, 1991.

D. van Eeuwen, «Cuba (1980-1990) : le castrisme à bout de souffle ?» *in* D. van Eeuwen, Y. Pizetty-van Eeuwen (sous la dir. de), *Caraïbes-Amérique centrale 1980-1990. Le sang et les urnes*, IEP/Annales CREAC, Aix-en-Provence, 1991.

mais a refusé de rétablir les marchés libres paysans ; il a formalisé l'ouverture aux capitaux étrangers, qui a notamment permis d'accueillir 400 000 à 500 000 touristes en 1991 et de former des cadres au «management».

Cette nouvelle stratégie du «socialisme plus les *joint ventures*» n'a pas été sans effets pervers : «*apartheid*» touristique, montée du chômage des jeunes, canalisation des ressources vers les activités exportatrices, alors même que les besoins de la population n'ont pas été satisfaits et que les secteurs de la santé et de l'éducation ont été menacés. La vie quotidienne s'est dégradée : vols dans les entreprises, montée de la petite délinquance, prostitution, corruption ; l'absentéisme a augmenté et la productivité a baissé tandis que le secteur informel s'est développé.

Le IVᵉ congrès du PCC, en octobre 1991, n'a pas apporté de véritable solution politique à la crise. Certes, le Comité central a été restructuré, avec la réduction de moitié de ses départements, la suppression du Secrétariat et le renforcement du Bureau politique (25 membres, largement renouvelés). Des réformes constitutionnelles destinées à renforcer l'autonomie du Parlement et du gouvernement par rapport au Parti ont été annoncées. Les croyants pourront adhérer au PCC, l'État cubain devenant «laïque» et non plus «athée». Et surtout, les 500 députés de l'Assemblée nationale du «pouvoir populaire» seront désormais élus directement au suffrage universel et à bulletins secrets.

Mais les candidats continueront à être sélectionnés par le Parti, la seule force dirigeante, en dehors duquel aucune expression n'a été admise car, selon Fidel Castro, premier secrétaire du PCC et chef de l'État depuis 1959, dans son discours de clôture, «le multipartisme est une multicochonnerie… et la démocratie occidentale une ordure… [alors que] le système cubain est le plus démocratique du monde».

Escalade de la répression

Cette réaffirmation de l'attachement à l'orthodoxie s'est accompagnée d'une escalade de la répression. Chaque semaine, à l'automne 1991, des dissidents ont été emprisonnés tandis que se multipliaient agressions physiques et lynchages verbaux. Le 20 janvier 1992, malgré les appels

Cuba

Démographie, culture, armée

INDICATEUR	UNITÉ	1970	1980	1991
Démographie				
Population	million	8,5	9,7	10,7
Densité	hab./km²	76,9	87,3	96,7
Croissance annuelle	%	1,8 a	0,8 b	0,9 c
Indice de fécondité (ISF)		3,9 a	2,0 b	1,9 c
Mortalité infantile	%₀	42,5	20,0	13 c
Espérance de vie	année	69,6	73,5	76 c
Population urbaine	%	60,2	68,1	75 d
Culture				
Analphabétisme	%	..	..	6,0 d
Nombre de médecins	%₀ hab.	0,87	1,95	3,90 e
Scolarisation 12-17 ans	%	56,3	80,6	80,2 d
Scolarisation 3ᵉ degré	%	..	19,5	20,7 e
Téléviseurs	%₀	47	131	203 e
Livres publiés	titre	..	955	2 199 e
Armée				
Marine	millier d'h.	7,5	10	13,5
Aviation	millier d'h.	12	16	22
Armée de terre	millier d'h.	90	180	145

a. 1965-75; b. 1975-85; c. 1990-95; d. 1990; e. 1989.

Commerce extérieur a

INDICATEUR	UNITÉ	1970	1980	1990
Total imports	million $	1 311	6 505	7 900
Produits agricoles	%	26,5	15,5 c	16,1
Produits énergétiques	%	8,7	30,8 c	34,1 b
Produits manufacturés	%	63,1	47,8 c	45,2 b
Total exports	million $	1 050	5 577	5 700
Sucre	%	77,0	83,6	81,4
Métaux et produits miniers	%	16,7	4,6	5,9 d
Produits manufacturés	%	0,3	0,3	2,0 b
Principaux fournisseurs f	% imports			
URSS		52,7	62,8	66,2
CEE		16,2	10,9	10,5
PVD		8,7	5,0	18,4
Principaux clients f	% exports			
URSS		50,4	56,8	80,5
CEE		7,3	4,1	4,9
PVD		13,9	18,8	9,8

a. Marchandises; b. 1988; c. 1984; d. 1987; e. 1989; f. Cuba est soumis à un embargo de la part des États-Unis depuis 1962.

Cuba

Économie

INDICATEUR	UNITÉ	1970	1980	1991
PIB	million $	4 204	13 685	16 399 c
Croissance annuelle f, j	%	5,5 a	4,6 b	1,0 d
Par habitant	$	493	1 414	1 562 c
Structure du PMN j				
Agriculture	%	7,0 g	6,2	12,2 c
Industrie	% 100 %	52,0 g	46,7	45,4 c
Services	%	41,0 g	47,1	42,4 c
Dette extérieure e	million $	..	3 227	14 803 d
Taux d'inflation	%	1,0 h	8,1	..
Population active	million	2,64	3,57	4,46 d
Agriculture	%	30,3	23,5	19,9 i
Industrie	% 100 %	26,6	30,0	31,7 i
Services	%	43,1	46,5	48,4 i
Dépenses publiques				
Éducation	% PMN j	10,0 g	12,9	13,9 c
Défense	% PMN j	6,9	8,2	10,9 c
Production d'énergie	million TEC	0,24	0,43	1,1 c
Consommation d'énergie	million TEC	8,55	13,90	16,1 c

a. 1970-80; b. 1980-87; c. 1989; d. 1990; e. Y compris dette à l'URSS; f. Concerne le PMN (produit matériel net); g. 1975; h. 1971; i. 1988; j. Voir définition p. 15.

internationaux à la clémence (y compris celui de l'écrivain colombien Gabriel Garcia Marquez, proche de F. Castro), a été exécuté Eduardo Diaz Betancourt, un opposant entré dans le pays pour y mener des opérations de commando. Si Mario Chanes, le dernier *plantado* (prisonnier politique de longue durée) détenu depuis trente ans, a été libéré en juillet 1991, le régime a voulu contraindre les dirigeants de l'opposition à l'exil et accélérer les départs des mécontents qui devraient atteindre 30 000 à 40 000 en 1992. Enfin, des « brigades de réaction rapide » ont été créées pour empêcher les protestations populaires.

L'opposition intérieure, peu nombreuse, a tenté de s'organiser : création d'un syndicat indépendant en septembre 1991 (l'Union des travailleurs cubains de Rafael Gutierrez), présence au sein de l'appareil d'État (Association Marti d'opposition au régime, AMOR), appels aux réformes démocratiques de la poétesse Maria Elena Cruz Varela (Critère alternatif), des Comités cubains pour les droits de l'homme ou du Mouvement pour l'harmonie. La « Plateforme pour la démocratie », basée à Madrid, s'est efforcée d'élargir son audience internationale tandis qu'à Miami la Cuban-American National Foundation de Jorge Mas Canosa, le leader des exilés hostiles à tout dialogue, a réclamé 5,4 milliards de dollars d'indemnisation pour les propriétés expropriées.

Le président américain George Bush, en campagne électorale en 1992, a durci le ton et écarté toute levée de l'embargo réclamée par les partisans d'une « contamination capitaliste » du castrisme. Sans suivre ceux qui prônent une intervention militaire, il a envisagé d'interdire aux filiales étrangères des sociétés américaines tout commerce avec Cuba (le montant du commerce a dépassé 550 millions de dollars en 1991). La normalisation a semblé exclue, même si l'île ne menace plus la sécurité des États-Unis. L'Union soviétique, en effet, a éclaté à la fin 1991 après que les putschistes — principaux alliés de La Havane à Moscou — eurent échoué en août 1991 dans leur tentative de coup d'État et que Mikhaïl Gorbatchev, l'ancien chef d'État, eut annoncé le 11 septembre 1991 le retrait d'une brigade de 2 800 hommes (même si le président russe, Boris Elstine, a continué à livrer des armes en 1992).

L'accord de paix signé au Salvador (31 décembre 1992) a coupé le cordon entre la guérilla et Cuba, qui a même joué les « médiateurs » entre guérilleros et gouvernants colombiens. La Colombie, le Chili et le Paraguay ont rétabli leurs relations diplomatiques avec La Havane et la présence de Fidel Castro au sommet ibéro-américain de Guadalajara (Mexique) en juillet 1991 a montré qu'il appartient bien à la « famille latino-américaine ».

La diversification des partenaires commerciaux s'est poursuivie (triplement des échanges avec la Chine, contrats avec des entreprises euro-

péennes dont la française Total pour la prospection pétrolière, crédits canadiens et mexicains) et les investissements étrangers à Cuba ont atteint 500 millions de dollars en 1991.

Capable d'organiser les Jeux panaméricains en août 1991 et d'y remporter 140 médailles d'or — contre 130 pour les États-Unis —, le régime castriste a notamment tenu par l'obstination de son leader qui disposait d'une réserve de popularité. Par le refus, aussi, du retour de l'ancienne classe dirigeante et de la domination des États-Unis. Et sans doute parce que les Cubains ne sont pas prêts à échanger leur système gratuit d'éducation et de santé et leurs logements — inconfortables mais bon marché — contre les « solutions » d'austérité mises en œuvre par le FMI en Amérique latine. Mais l'économie a touché le fond et 1992-1993 constituera une année décisive quant à la capacité du régime castriste d'assurer la subsistance de la population cubaine, condition même de sa survie.

Daniel van Eeuwen

37 ensembles géopolitiques

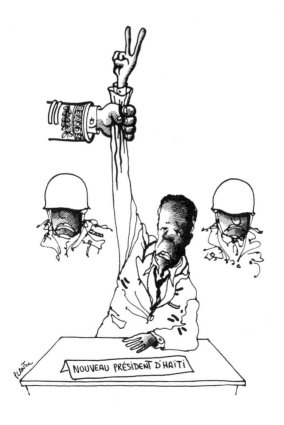

NOUVEAU PRÉSIDENT D'HAÏTI

Afrique

Réunis en mai 1992 à Dakar, les représentants de quarante-deux pays d'Afrique ont adopté une « Déclaration » qui affirme la nécessité pour les gouvernements africains d'assurer le passage « du système de parti unique au multipartisme et à la démocratie ». Pour ce faire, il n'est, continue cette Déclaration, d'autre voie que « les élections libres et transparentes ». C'est donc d'Afrique, cette fois, qu'a été hautement proclamée l'exigence de transformation politique, alors même que les puissants exhortateurs qui, naguère, invitaient de l'extérieur du continent au changement politique se sont faits bien discrets.

Ces balancements du discours sur l'Afrique reflètent sans doute une partie de la réalité de ce début de décennie. D'une part, l'exigence d'une réorganisation des systèmes politiques continue de se faire entendre ; de l'autre, les transitions amorcées au cours des années récentes tendent à produire des résultats décevants.

Si la formule d'une « conférence nationale » entre les différentes forces politiques, sociales et morales en présence, complétée par la désignation, au suffrage universel ou non, d'un nouveau gouvernement, a permis au Bénin de connaître un véritable changement, elle n'a pas offert de « modèle » transposable ailleurs. Au Congo, elle a patiné ; au Togo et au Zaïre, elle a donné une nouvelle image du désordre installé dont la perpétuation n'a profité qu'aux chefs de l'État, Gnassingbe Éyadema et Mobutu Sese Seko, leurs manœuvres étant de fait encouragées par le silence de Paris ou de Washington. Seul le Niger, où la transition a été annoncée pour 1993 alors qu'une trêve a été conclue entre le gouvernement et les Touaregs en mai 1992, a paru avoir fait de la « conférence nationale » un usage encourageant.

Multipartismes de façade

L'évolution des autres pays, où l'on avait cru voir les signes d'une extension des libertés, n'a guère incité à l'optimisme. La force des pouvoirs installés, le factionnalisme politique, les ressources du clientélisme et du détournement des fonds publics, souvent aussi les faiblesses et divisions des oppositions y ont transformé le changement en immobilisme politique, parfois entaché de violences.

L'exemple le plus flagrant en est sans conteste la Côte d'Ivoire : inamovibilité des dirigeants, protection par ceux-ci de soldats à la gâchette dangereusement sensible, répression des manifestations d'opposition et incarcération des dirigeants contestataires ont rendu dérisoire le souvenir des élections multi-

partisanes. Au Gabon, et au Cameroun dans une moindre mesure, la situation n'a pas semblé foncièrement différente. Au Burkina Faso, l'abstention de près de trois quarts des électeurs a permis la reconduction de Blaise Compaoré à la tête de l'État. Au Kénya, face à un pouvoir chancelant, miné par les scandales et les conflits intestins, l'avènement du multipartisme a mis en lumière les divisions d'une opposition obsédée par les rivalités personnelles et, comme presque partout ailleurs, incapable d'avancer un programme de rechange. Au Sénégal, la cooptation au gouvernement des chefs de parti a débouché sur un immobilisme identique qui a seulement eu l'avantage de ne pas engendrer de violences.

Il ne faut pas, cependant, sous-estimer le poids des modifications survenues dans quelques-uns de ces pays : tout ne se joue pas au gouvernement et la liberté de la presse (singulièrement au Sénégal, mais aussi au Niger, au Zaïre, au Kénya où elle est l'enjeu de batailles incessantes), le droit, même menacé, à l'opinion et à l'initiative ont donné naissance à des dynamiques dont les effets ne pourront être appréciés que dans un terme plus long.

Par ailleurs, si affrontements violents et guerres civiles ont continué de détruire de vastes régions du continent (Soudan, Somalie, Djibouti ; Rwanda, Burundi ; Tchad) avec la complicité, au moins passive, de puissances non africaines (le rôle de la France au Tchad et à Djibouti laisse songeur quant à la « politique africaine » de son pouvoir socialiste), et si le dernier jusqu'au-boutiste du parti unique, le président à vie du Malawi, Hastings Kamuzu Banda, ne se réveille de songes presque centenaires que pour emprisonner et massacrer dans une forteresse lézardée, d'autres voies de changement politique se sont fait jour.

C'est paradoxalement la plus « classique » qui a abouti à la révolution la plus complète. Après le Cap-Vert, et São Tomé et Principe, la Zambie, pays continental et nettement plus peuplé, a vu, à la suite de l'autorisation des partis, la victoire électorale des forces d'opposition et le remplacement tranquille d'un président par un autre. Il est vrai que le Mouvement pour la démocratie multipartisane de Frederik Chiluba était doté, grâce à son enracinement syndical, d'une véritable base populaire.

D'autres « expériences » vaudront la peine d'être observées : Madagascar, où malgré d'incessantes violences, la négociation/confrontation entre le gouvernement et l'opposition a entraîné des petits pas de changement ; le Mali, où les militaires du coup d'État ayant entraîné la chute de Moussa Traoré, en mars 1991, ont laissé la place aux civils (mais où les électeurs ont, à 80 %, boudé les urnes) ; le Nigéria, qui doit, une fois encore, changer de régime, et où les gouverneurs et députés ont été concurrentiellement élus, mais qui n'est pas parvenu à éviter les conflits régionaux ou religieux ; la Tanzanie, enfin, qui comme à l'ordinaire s'est singularisée. Là, c'est en dépit d'une opinion publique dûment consultée et favorable au maintien du parti unique que les dirigeants de celui-ci ont décidé d'aller vers le multipartisme en stimulant, préalablement, un large débat non seulement sur le principe de la compétition partisane mais aussi sur les enjeux de société qui seront en son cœur.

Cultures de la débrouillardise

C'est bien là, en effet, le fond des problèmes auxquels les Africains sont aujourd'hui confrontés. Sécheresse dramatique dans une large part du continent, stagnation agricole, régression économique, suffocation par la dette, exode des intellectuels, un adulte sur quarante touché par le sida, des millions de réfugiés. Pour chacun de ces drames ne sont proposées, en Afrique ni ailleurs, de solutions efficaces. Or les «cultures de la débrouillardise», euphémisme polyvalent, qui se sont développées, du haut en bas de la société, pour tenter d'assurer la survie d'un côté, pour nourrir, de l'autre, un enrichissement délirant, sont tellement incrustées dans le tissu social que l'on voit difficilement comment les notions de légitimité, de responsabilité, d'investissement et de répartition des produits de l'économie, bref tout ce qui est inclus dans ce que la Banque mondiale nomme governance *pourra être réintroduit dans les consciences collectives. Pareillement, dans une Afrique du Sud avançant vers la démocratie mais en pleine crise économique, la coexistence d'attentes explosives et de ce qui apparaît cette fois comme une culture de la délinquance risque de poser aux éventuelles coalitions dirigeantes d'insolubles problèmes.*

Pourtant, l'Afrique du Sud a reçu en 1991 un nouveau prix Nobel, couronnant l'œuvre de la romancière Nadine Gordimer. Pourtant, ses musiques se font entendre aux quatre coins du monde, comme celles de bien d'autres régions d'Afrique. Dans la littérature, dans la musique, mais aussi dans les arts plastiques, le cinéma, chaque fois qu'ils en saisissent l'occasion, les Africains font preuve de créativité, d'invention. Il importe de provoquer les conditions pour qu'imagination, créativité, invention se déploient maintenant dans les domaines économique et social. Une politique de la recherche est aujourd'hui indispensable en Afrique. Comme celle qu'appelait de ses vœux le professeur Paulin Hountondji, aujourd'hui ministre dans le nouveau gouvernement béninois. Pourra-t-il, lui et tous ceux qui, en Afrique et au-dehors, partagent ses préoccupations, en tracer les lignes, en guider l'application ? C'est, au-delà des multipartismes de façade ou des élections boiteuses, la véritable question qui se pose aujourd'hui.

Denis-Constant Martin

Afrique / Journal de l'année

— 1991 —

2 juin. **Burkina Faso**. Adoption d'une nouvelle Constitution et nomination d'un nouveau gouvernement.

5 juin. **Afrique du Sud**. Le Parlement vote l'abolition des lois discriminatoires sur la terre et l'habitat.

7 juin. **Gabon**. Démission du gouvernement de Casimir Oyé Mba dans le contexte d'une situation politique tendue marquée par le succès de la grève générale du 5 juin.

8 juin. **Congo**. André Milongo est élu Premier ministre d'un gouvernement de transition placé sous le contrôle d'un Conseil supérieur de la République (CSR) dirigé par Mgr Ernest Kombo.

10 juin. **Rwanda**. Promulgation d'une nouvelle Constitution autorisant pour la première fois le multipartisme, alors que la guerre civile interethnique s'amplifie.

15 juin. **Togo**. Après de violentes manifestations, le président Étienne Gnassingbé Eyadéma accepte le principe de la formation d'une «conférence nationale», qui s'ouvrira le 8 juillet.

28 juin. **Algérie**. Le président Chadli Bendjedid démissionne de la direction du FLN (Front de libération nationale) alors que l'état de siège proclamé le 4 juin est généralisé et que les arrestations de responsables du FIS (Front islamique du salut) se multiplient.

28 juin. **Maroc-Front Polisario**. Après la grâce royale accordée aux opposants saharaouis, signature d'un accord de cessez-le-feu qui devra entrer en vigueur le 6 septembre.

29 juin. **Sénégal**. Vote d'une loi d'amnistie au profit des indépendantistes casamançais.

1er juillet. **Éthiopie**. Les principaux mouvements politiques se rencontrent dans le cadre d'une «conférence nationale» pour tenter de trouver une solution aux conflits.

2 juillet. **Sierra Léone**. Le pluralisme politique est rétabli par le Parlement.

12 juillet. **Mauritanie**. Adoption par référendum d'une nouvelle Constitution organisant le pluripartisme et consacrant l'islam comme source unique de droit.

16 juillet. **Madagascar**. L'opposition, réunie dans le Comité des forces vives, nomme un «gouvernement fantôme». Les violences qui suivent débouchent sur la proclamation de l'état d'urgence le 23 juillet.

24 juillet. **Éthiopie**. Le Conseil national adopte une charte nationale du gouvernement transitoire et élit le président de la République, Méles Zenawi (Front démocratique révolutionnaire du peuple éthiopien - FDRPE).

2 août. **Zambie**. L'Assemblée nationale adopte la loi sur la nouvelle Constitution, ouvrant la voie au multipartisme.

12 août. **Mali**. La Conférence nationale élabore un projet de Constitution démocratique qui sera approuvé par référendum le 12 janvier 1992.

29 août. **Nigéria**. Le pays suspend son adhésion très controversée à l'OCI (Organisation de la conférence islamique).

2 septembre. **Zaïre**. Début d'émeutes et de pillages qui se prolongeront jusqu'à la fin de l'année, alors que la conférence nationale, ouverte le 7 août, piétine. Des militaires français et belges interviennent pour protéger les ressortissants européens tandis que, le 29 septembre, le chef de l'opposition, Étienne Tshisekedi, est nommé Premier ministre.

3 septembre. **Nigéria**. La création, le 27 août, de neuf nouveaux États et de quarante-sept municipalités supplémentaires débouche sur une élection de gouverneurs civils (majorité au parti conservateur) et de chambres représentatives (majorité au parti libéral).

5-7 septembre. **Somalie**. Reprise des combats entre factions armées rivales, aggravant encore une situation économique et sociale catastrophique, caractérisée par une famine généralisée.

13 septembre. **Maroc**. Libération du plus ancien prisonnier politique du pays, Abraham Serfaty.

29 septembre. **Angola**. Le retour à Luanda de Jonas Savimbi, leader de l'UNITA (Union nationale pour l'indépendance totale de l'Angola), annonce le lancement concret des mutations politiques dans le pays.

AFRIQUE/BIBLIOGRAPHIE SÉLECTIVE

J. ADDA, M.-C. SMOUTS, *La France face au Sud, le miroir brisé*, Karthala, Paris, 1989.

Afrique contemporaine (bimestriel), La Documentation française, Paris.

«Afriques blanches, Afriques noires», *Hérodote*, n° 65, La Découverte, Paris, 1992 (à paraître).

Année africaine 1990-1991, CEAN/CREPAO/Pedone, Bordeaux, 1990.

J.-F. BAYART, A. MBEMBE, C. TOULABOR, *La Politique par le bas en Afrique noire. Contributions à une problématique de la démocratie*, Karthala, Paris, 1992.

J.-F. BAYART, *L'État en Afrique, la politique du ventre*, Fayard, Paris, 1989.

J. COPANS, *La Longue Marche de la modernité africaine, savoirs intellectuels, démocratie*, Karthala, Paris, 1990.

G. COULONS, D.-C. MARTIN (sous la dir. de), *Les Afriques politiques*, La Découverte, Paris, 1991.

J.-M. ÉLA, *L'Afrique des villages*, Karthala, Paris, 1982.

J. GIRI, *L'Afrique en panne, 25 ans de développement*, Karthala, Paris, 1986.

A. GLASER, S. SMITH, *Ces messieurs Afrique*, Calmann-Lévy, Paris, 1992.

P. HOUNTONDJI, «L'appropriation collective du savoir : tâches nouvelles pour une politique scientifique», *Genève-Afrique*, n° 26, Genève, 1988.

A. KABOU, *Et si l'Afrique refusait le développement ?*, L'Harmattan, Paris, 1991.

K. MANA, *L'Afrique va-t-elle mourir ?*, Le Cerf, Paris, 1991.

E. M'BOKOLO, *L'Afrique au xxᵉ siècle, le continent convoité*, Seuil, Paris, 1985.

J.-F. MÉDARD, *États d'Afrique noire. Formations, mécanismes et crises*, Karthala, Paris, 1991.

Politique africaine (trimestriel), Karthala, Paris.

9 octobre. **Botswana.** Création par les principaux partis d'opposition d'un Front progressiste du peuple botswanais (BPPF).

18 octobre. **Mozambique.** Signature d'un protocole d'accord fixant le cadre du processus de paix à négocier entre gouvernement et opposition armée.

27 octobre. **Niger.** La conférence nationale élit Amadou Cheffou comme Premier ministre du gouvernement de transition.

31 octobre. **Libéria.** Le Front patriotique national du Libéria (NPFL) accepte de laisser le contrôle militaire du pays à l'Ecomog (force ouest-africaine d'interposition), mais le Mouvement de libération uni pour la démocratie (ULIMO) poursuit sa lutte armée.

31 octobre. **Zambie.** Les premières élections multipartisanes donnent la victoire au parti de Frederick Chiluba, le MMD (Mouvement pour une démocratie multipartisane), au détriment du président sortant, Kenneth Kaunda.

31 octobre. **Madagascar.** Accord transitoire entre gouvernement et opposition, assurant le maintien du président Didier Ratsiraka à la présidence et l'accession du représentant des « Forces vives » de l'opposition, Albert Zafy, à la direction des affaires. Cependant, un nouveau gouvernement n'incluant pas A. Zafy s'est constitué, entraînant une nouvelle flambée de violence.

14 novembre. **Djibouti.** Début des accrochages armés entre l'armée nationale et les maquisards afars du Front pour la restauration de l'unité et de la démocratie.

17 novembre. **Guinée équatoriale.** Adoption par référendum d'une nouvelle Constitution en faveur de la démocratie.

21 novembre. **ONU.** L'Égyptien Boutros Boutros-Ghali est élu secrétaire général des Nations unies.

26 novembre. **Togo.** Alors que le Premier ministre, Joseph Kokou Koffigoh, élu par la convention nationale le 7 septembre, est en France, la dissolution du Rassemblement du peuple togolais provoque une tentative de putsch faisant de nombreuses victimes. Un gouvernement provisoire d'union nationale est formé le 3 décembre.

23-24 novembre. **Burundi.** Le Parti pour la libération du peuple hutu (Palipehutu) attaque Bujumbura.

Décembre. **Burkina Faso.** Le président Blaise Compaoré, seul candidat, est réélu président alors que le taux d'abstention avoisine 70 %.

3 décembre. **Kénya.** Après une violente répression contre les membres des mouvements d'opposition, les délégués de la KANU (Union nationale africaine du Kénya) décident, sous la pression internationale, l'instauration du multipartisme.

16 décembre. **Touaregs.** En dépit de l'accord passé à Tamanrasset (6 janvier 1991), et d'une conférence de paix entre le gouvernement et les quatre mouvements de rébellion touareg, la rébellion continue à se développer.

19 décembre. **Madagascar.** Création d'un gouvernement de consensus entre le Premier ministre, Guy Razanamasy, et le chef de l'opposition, Albert Zafy. Le président Didier Ratsiraka demeure en poste tandis que A. Zafy est reconnu chef de la Haute Autorité de l'État.

20-21 décembre. **Afrique du Sud.** Ouverture des travaux de la Conférence pour une Afrique du Sud démocratique (CODESA) qui a pour tâche d'organiser les structures politiques futures du pays. L'ANC s'en retirera le 17 juin 1992 à cause de la poursuite des violences, et notamment du massacre perpétré dans la cité noire de Boipatong.

— 1992 —

4 janvier. **Algérie.** Les premières élections législatives pluralistes se traduisent par une nette avance du FIS (Front islamique du salut). Le 11 janvier, le président Chadli Bendjedid est démis entre les deux tours des élections législatives. Un Haut Comité d'État (HCE) dans lequel l'armée joue un grand rôle prend le pouvoir le 12 janvier, avant que le FIS ne soit dissous le 5 mars. Le président du HCE, Mohamed Boudiaf, sera assassiné le 29 juin.

24 janvier. **Mauritanie.** Réélection contestée à la présidence du colonel Maaouiya Ould Sid'Ahmed Taya.

Février. **Soudan.** L'armée nationale lance une offensive massive contre l'Armée populaire de libération du Soudan (APLS) avec l'aide de soldats libyens et iraniens.

9 mars. **Burundi.** Adoption par référendum d'une nouvelle Constitution. Le multipartisme sera introduit en mai.

9 mars. **Mali.** L'Alliance pour la démocratie au Mali (ADEMA) remporte les élections législatives. Elles ont surtout été marquées par la très faible participation (21,2 %). Au second tour des élections présidentielles, le 26 avril, Alpha Oumar Kouaré est élu.

10 mars. **Cameroun.** Aucun des quatre principaux partis n'obtient la majorité lors des premières élections législatives pluralistes du pays.

17 mars. **Afrique du Sud.** Lors d'un référendum, la population blanche vote à près de 66 % en faveur de la poursuite du processus de partage du pouvoir lancé par le président Frederick De Klerk. En juin, l'ANC (Congrès national africain) rompra les discussions constitutionnelles engagées avec le gouvernement.

15 avril. **Libye.** Entrée en vigueur de l'embargo militaire et aérien décidé par la résolution 748 des Nations unies, le 31 mars, contre la Libye pour non-collaboration aux enquêtes internationales sur les attentats contre les avions de la Pan Am en 1988 et d'UTA en 1989.

26 avril. **Ghana.** Adoption par référendum d'une nouvelle Constitution introduisant le multipartisme.

27 avril. **São Tomé et Principe.** Après une forte agitation sociale, le Premier ministre, Daniel Daio, est limogé. Il est remplacé par Costa Alegre.

29 avril. **Gambie.** Réélection du président Dawda Jawara.

6 mai. **Malawi.** Violentes émeutes liées à la dégradation de la situation socio-économique et aux revendications démocratiques.

7 mai. **Tanzanie.** Le pluralisme politique est institué par un amendement constitutionnel voté par le Parlement.

Dominique Darbon

Maghreb

Algérie, Libye, Maroc, Mauritanie, Tunisie
(L'Algérie est traitée p. 220. Le Maroc p. 226.)

Libye

Une nouvelle fois, le chef de l'État, le colonel Mouammar Kadhafi, a affronté en cavalier solitaire les légions croisées de l'Occident... L'image est simpliste, à l'instar de la propagande libyenne, mais elle a le mérite de résumer ce qui, aux yeux du colonel, a constitué un nouvel épisode d'un combat sans cesse recommencé. La grande sagesse de M. Kadhafi pendant la crise et la guerre du Golfe (1990-1991), que les Égyptiens avaient attribuée un peu vite à l'influence bénéfique de leur président Hosni Moubarak sur son turbulent voisin, ne fut donc qu'une parenthèse. Un an plus tard, le « guide de la révolution » libyenne a de nouveau été diabolisé, non pas à cause d'une nouvelle « aventure » à l'extérieur de ses frontières, mais du terrorisme.

▼

Jamahirya arabe libyenne populaire et socialiste

Nature du régime : militaire.
Chef de l'État : colonel Mouammar Kadhafi (depuis 1.9.69).
Monnaie : dinar libyen (1 dinar = 19,26 FF au 30.3.92).
Langue : arabe.

En octobre 1991, deux enquêtes parallèles menées par les polices américaine et britannique d'une part, et par des enquêteurs français de l'autre, ont en effet abouti à désigner le même coupable : la Libye, accusée d'avoir commandité et exécuté la destruction en plein vol de deux avions de ligne, un Boeing 747 de la Pan Am en décembre 1988, au-dessus de Lockerbie (Écosse), et un DC 10 d'UTA au-dessus du désert du Ténéré (Niger) en septembre 1989.

Le fait que les deux enquêtes aient, pendant de longs mois, retenu d'autres pistes et d'autres coupables (la Syrie, l'Iran, le Hezbollah libanais...) a été rapidement oublié au profit du procès fait à Mouammar Kadhafi. Le Royaume-Uni et les États-Unis ont exigé l'extradition de deux suspects libyens ; les Français ont lancé mandats d'arrêt et avis de recherche contre des proches du colonel. Les trois pays ont aussitôt fait appel au Conseil de sécurité de l'ONU.

Une première résolution, en décembre 1991, puis une seconde, trois mois plus tard, ont placé la Libye sous embargo aérien et militaire. De façon brouillonne et peu convaincante, les dirigeants libyens ont fait alterner menaces et propositions conciliantes, tout en refusant de se plier aux exigences de leurs adversaires. Alors que les « grands » du Conseil de sécurité préparaient déjà le second stade des sanctions — l'embargo pétrolier, le seul susceptible de faire réellement plier la Libye —, Mouammar Kadhafi annonçait à son peuple le temps venu de « l'austérité révolutionnaire ». Même si l'opposition est restée toujours aussi divisée, réprimée et pour une partie discréditée à cause des liens entretenus de longue date avec la CIA (Central Intelligence Agency), rien n'est venu prouver que les Libyens partagent l'enthousiasme de leur « Guide ».

D'autant que la timide ouverture économique interne, confirmée lors de la réunion du Congrès général du peuple en juin 1992 (libéralisation de la distribution alimentaire et du secteur de l'immobilier, réouverture des souks, etc.), a vu ses effets psychologiques annulés par d'importantes difficultés de trésorerie. Pour la première fois depuis l'arrivée au pouvoir

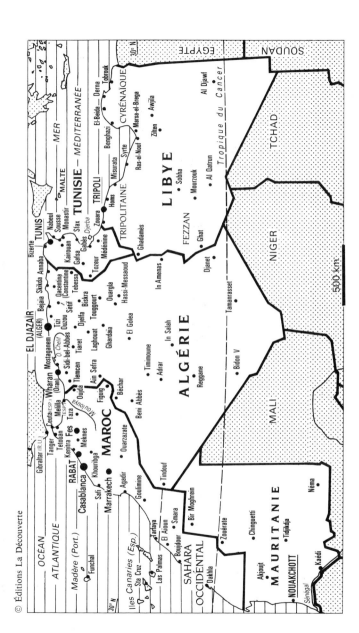

© Éditions La Découverte

Maghreb

	INDICATEUR	UNITÉ	ALGÉRIE	LIBYE
	Capitale		Alger	Tripoli
	Superficie	km²	2 381 741	1 759 540
	Développement humain (IDH) [a]		0,533	0,659
DÉMOGRAPHIE	Population (*)	million	25,71	4,70
	Densité	hab./km²	10,8	2,7
	Croissance annuelle [c]	%	2,8	3,6
	Indice de fécondité (ISF) [c]		4,9	6,7
	Mortalité infantile [c]	‰	61	68
	Espérance de vie [c]	année	66	63
	Population urbaine [a]	%	52	70
CULTURE	Analphabétisme [a]	%	42,6	36,2
	Scolarisation 12-17 ans [a]	%	64,7	..
	Scolarisation 3e degré	%	10,5 [e]	10,1 [d]
	Téléviseurs [b]	‰ hab.	72,8	91,3
	Livres publiés	titre	7,8 [h]	121 [e]
	Nombre de médecins	‰ hab.	0,51 [g]	1,38 [i]
ARMÉE	Armée de terre	millier d'h.	107	55
	Marine	millier d'h.	6,5	8
	Aviation	millier d'h.	12	22
ÉCONOMIE	PIB	milliard $	47,3	23,33 [b]
	Croissance annuelle 1980-90	%	2,7	5,4
	1991	%	1,8	2,8 [b]
	Par habitant	$	1 839	5 310 [b]
	Dette extérieure totale	milliard $	26,3	5,4 [b]
	Service de la dette/Export.	%	71,2	..
	Taux d'inflation	%	30,0	..
	Dépenses de l'État Éducation	% PIB	9,4 [b]	10,1 [f]
	Défense	% PIB	1,6	6,2 [b]
	Production d'énergie [b]	million TEC	132,0	88,6
	Consom. d'énergie [b]	million TEC	22,7	17,6
COMMERCE	Importations	million $	9 000	8 690
	Exportations	million $	11 600	10 200
	Principaux fournis. [a]	%	CEE 65,0	CEE 62,2
		%	Fra 28,5	Ita 20,4
		%	E-U 10,0	CAEM 6,7
	Principaux clients [a]	%	CEE 63,3	CEE 85,5
		%	Ita 13,8	Ita 41,6
		%	E-U 21,0	RFA 19,3

MAROC	MAURI-TANIE	TUNISIE
Rabat	Nouakchott	Tunis
450 000	1 030 700	163 610
0,429	0,141	0,582
25,66	2,04	8,35
57,0	2,0	51,1
2,4	2,9	2,1
4,2	6,5	3,4
68	117	44
63	48	68
48	47	54
50,5	66,0	34,7
37,6	33,5	67,8
10,5 [b]	3,4 [e]	7,9 [b]
70	22,9	75,1
..	..	293 [e]
0,21 [g]	0,08 [h]	0,46 [f]
175	11	27
7	0,5	4,5
13,5	0,25	3,5
26,78	1,10	12,90
4,3	0,6	3,4
4,2	2,5	3,5
1 045	542	1 545
23,8	2,3	7,8
25,0	15,0	25,8 [a]
6,8	4,5	7,0
7,3 [g]	3,8 [j]	6,3 [f]
5,3 [a]	9,8 [h]	3,3
0,8	0,003	7,66
9,0	1,41	5,71
7 260	210	5 190
4 290	485	3 714
CEE 76,5	PCD 77,9	PCD 81,2
Fra 32,4	Fra 41,1	Fra 28,6
E-U 10,2	PVD 18,7	PVD 15,5
CEE 67,5	PCD 77,8	PCD 79,3
Fra 32,3	Jap 22,3	Fra 25,2
CAEM 2,6	PVD 11,1	PVD 17,4

Chiffres 1991, sauf notes : a. 1990; b. 1989; c. 1990-95; d. 1985; e. 1988; f. 1986; g. 1987; h. 1984; i. 1983; j .1976.
(*) Dernier recensement utilisable : Algérie, 1987; Libye, 1984; Maroc, 1982; Tunisie, 1984.

de M. Kadhafi, les salaires des fonctionnaires ont été versés, début 1992, avec de un à trois mois de retard.

Sur le plan extérieur, le régime est resté tout aussi isolé. Tous les pays arabes (à l'exception du Soudan et de l'Irak) ont peu ou prou appliqué l'embargo, et les « appels aux masses », voire la menace d'instaurer en Libye un califat refuge de tous les islamistes, proférée par le très radical Abdessalam Jalloud (« numéro deux » du régime), sont restés sans écho. Quant aux autres chefs d'État du Maghreb, ils ont semblé ne pas demander mieux que le colonel mette à exécution sa promesse de quitter l'UMA (Union du Maghreb arabe). Plus inquiétant peut-être encore pour M. Kadhafi : l'« opposant à l'échelon mondial », même assagi, a de moins en moins attiré les médias. L'année 1992, celle de son cinquantième anniversaire, verra-t-elle aussi la fin de son règne ?

Mauritanie

Pluripartisme, élections présidentielles et législatives concurrentielles, dissolution du Comité militaire au pouvoir, réapparition du poste de Premier ministre, reprise des relations avec le Sénégal... En 1991-1992, la Mauritanie a changé d'apparence plus peut-être qu'en trente ans d'indépendance. Mais bien des problèmes sont demeurés intacts.

Après deux semaines de campagne électorale acharnée, les élections présidentielles se sont soldées, fin janvier 1992, par la victoire du président sortant, le colonel Maaouya Ould Sid'Ahmed Taya, avec un peu plus de 66 % des suffrages. Son principal adversaire — les candidats étaient au nombre de quatre —, le technocrate Ahmed Ould Daddah, frère cadet du premier chef de l'État

MAGHREB

255

BIBLIOGRAPHIE

Annuaire de l'Afrique du Nord, CRESM/CNRS, Aix-en-Provence, Paris.

P. BALTA, *Le Grand Maghreb. Des indépendances à l'an 2000*, La Découverte, Paris, 1990.

P. BALTA (sous la dir. de), *La Méditerranée réinventée. Réalités et espoirs de la coopération*, La Découverte/Fondation René-Seydoux, Paris, 1992.

Y. BEN ACHOUR, *Politique, religion et droit dans le monde arabe*, CERES Production/Cerp, Tunis, 1992.

M. CAMAU (sous la dir. de), *Changements politiques au Maghreb*, Éd. du CNRS, Paris, 1991.

M. FLORY, B. KORANY, R. MANTRAN, M. CAMAU, P. AGATE, *Les Régimes politiques arabes*, PUF, Paris, 1990.

B. KODMDANI-DARWISH (sous la dir. de), *Le Maghreb, les années de transition*, IFRI, Paris, 1990.

A. KRICHEN, *Le Syndrome Bourguiba*, CERES Production, Tunis, 1992.

C. et Y. LACOSTE (sous la dir. de), *L'état du Maghreb*, La Découverte, coll. «L'état du monde», Paris, 1991.

Maghreb-Machrek (trimestriel), La Documentation française.

P. MARCHESIN, *Tribus, ethnies et pouvoir en Mauritanie*, Karthala, Paris, 1992.

P. PEAN, *Vol UT772. Contre-enquête sur un attentat attribué à Kadhafi*, Stock, Paris, 1992.

J.-M. PONTAULT, *L'Attentat*, Fayard, Paris, 1992.

REMMM (Revue du monde musulman et de la Méditerranée, semestrielle), Édisud, Aix-en-Provence (voir notamment n° 54, sur la Mauritanie et n° 57, sur les Touaregs).

F. SOUDAN, *Le Marabout et le Colonel : la Mauritanie de Ould Daddah à Ould Taya*, Jeune Afrique Livres, Paris, 1992.

Voir aussi les bibliographies «Algérie» et «Maroc» dans la section «34 États».

mauritanien Mokhtar Ould Daddah, a obtenu près de 33 % des voix. Regroupée au sein de l'Union des forces démocratiques (UFD), l'opposition, en particulier négro-mauritanienne, s'est massivement mobilisée en sa faveur et la proclamation des résultats s'est faite dans un climat de tension, A. Ould Daddah accusant M. Ould Taya d'avoir «falsifié» les élections. Une émeute fut violemment réprimée à Nouadhibou et l'UFD décida de boycotter les législatives. Sans suspense ni passion, le PRDS (Parti républicain démocratique et social), «parti du président», remporta donc la quasi-totalité des sièges à l'Assemblée et au Sénat.

Maaouya Ould Taya prêta serment le 18 avril 1992, pour un mandat de six ans. Cet officier intelligent, calculateur, et dont la force est d'être sous-estimé par ses adversaires, a contrôlé de bout en bout «sa» démocratisation et «sa» légitimation, avant de renvoyer ses pairs du Comité militaire à leurs casernes. Sur le plan extérieur, la reprise des relations diplomatiques avec le Sénégal — rompues en août 1989 après de violents affrontements intercommunautaires —, annoncée lors de la rencontre entre le président du Sénégal, Abdou Diouf, et M. Ould Taya au sommet de la Francophonie à Paris (novembre 1991), s'est concrétisée cinq mois plus tard. A partir du début mai 1992, la frontière commune sur le fleuve Sénégal a été peu à peu réouverte.

▼

République islamique de Mauritanie

Nature du régime : officiellement civil depuis la dissolution du Comité militaire de salut national (CMSN) et l'organisation d'élections présidentielles (janv. 92).

Chef de l'État : colonel Maaouya Ould Sid'Ahmed Taya (depuis le 12.12.84).

Chef du gouvernement : Sidi Mohamed Ould Boubacar (depuis le 17.4.92).

Monnaie : ouguiya (1 ouguiya = 0,068 FF au 30.3.92).

Langues : arabe, français (off.), hassaniya, pular, soninké, ouolof.

Pourtant, la démocratisation contrôlée n'a en rien résolu le délicat problème des relations intercommunautaires. Les Négro-Mauritaniens ont à plus de 80 % voté contre Maaouya Ould Taya. Et nul ne savait très bien, à la mi-1992, quand et dans quelles conditions les 50 000 expulsés d'avril-mai 1989, réfugiés dans des camps au Sénégal, regagneraient un pays où ils ont souvent perdu leurs cases et leurs terres.

L'état de l'économie est par ailleurs demeuré préoccupant. Sur le point d'aboutir à la mi-1992, après avoir été gelées pendant la crise du Golfe, les négociations avec le FMI et la Banque mondiale pour un nouveau prêt d'ajustement structurel ne semblaient pouvoir déboucher que sur une cure drastique d'austérité.

François Soudan

Tunisie

La Tunisie apparaissait, à la mi-1992, traversée par bien des contradictions. Si l'heure n'était plus aux frayeurs de 1991, tous les facteurs de tension n'avaient pas pour autant disparu. Les perspectives économiques en 1991-1992 ont semblé prometteuses.

La récolte d'olives n'a jamais été aussi abondante de mémoire d'homme et a hissé la production d'huile à 250 000 tonnes ; la production céréalière semblait pouvoir à nouveau atteindre en 1992 le record de 20 millions de quintaux de 1991. La saison touristique a par ailleurs fort bien commencé, et les responsables du secteur ont misé sur un remplissage maximum des hôtels jusqu'à l'automne 1992, à condition que la situation dans la région reste calme, en dépit des inconnues libyenne et algérienne.

▼

République tunisienne

Nature du régime : présidentiel, civil.

Chef de l'État : Zine el-Abidine Ben Ali (depuis le 7.11.87).

Premier ministre : Hamed Karoui (depuis le 27.9.89).

Monnaie : dinar (1 dinar = 6,05 FF au 30.3.92).

Langues : arabe (off.), français.

C'est dans ce contexte qu'a été présenté en avril 1992 le VIIIe plan de développement qui fixe des objectifs ambitieux pour la période 1992-1996 : une croissance de 6 % par an, un taux d'inflation annuel ne dépassant pas 5 % et la création de 320 000 emplois en cinq ans pour freiner l'inquiétante progression du chômage. Les investissements devraient par ailleurs augmenter de près de 10 % par an à prix constant de 1990, et l'on prévoit une réduction graduelle du déficit budgétaire et de l'endettement extérieur pour les situer respectivement à 1,2 % et 42,5 % du PNB en 1996. Si ce n'est pas l'euphorie, les autorités tenant à faire preuve de retenue pour ne pas susciter trop d'espoirs, il est certain que l'optimisme est resté de rigueur et que les augmentations salariales décidées en mai 1992 ont contribué à détendre l'atmosphère.

Sur le plan politique, le pouvoir a également eu lieu d'être satisfait. Après plus d'un an d'énergique répression, le mouvement islamiste

Ennadha a semblé décapité, et la stratégie de la main de fer adoptée par le ministère de l'Intérieur n'a pas soulevé de réprobation massive dans la population ni dans les rangs des formations politiques légales qui n'ont, pour la plupart, protesté que mollement devant les nombreuses exactions dont s'est rendue coupable la police et qui ont entraîné la mort de plusieurs militants islamistes. La reprise en main opérée en Algérie à partir de janvier 1992 a en outre ravi les autorités tunisiennes qui demandaient depuis longtemps une harmonisation des politiques maghrébines en matière de lutte contre l'islamisme.

D'aucuns ont d'autant moins compris, dans ce contexte, la frilosité du pouvoir en matière de démocratisation et sa crispation de plus en plus vive devant toutes les tentatives d'élargir les espaces d'autonomie de la société civile qui sont, malgré les multiples promesses effectuées depuis 1987, demeurés fort étroits. La police, omniprésente, a obtenu des prérogatives accrues depuis le début de la répression du mouvement islamiste, au début de 1991, et la volonté du pouvoir d'interdire toute possibilité d'expression indépendante de lui a été manifeste. La presse est demeurée soumise à un contrôle très strict et la nouvelle loi sur les associations, votée en avril 1992 à l'unanimité d'une chambre monocolore, a revêtu tous les traits d'un texte liberticide essentiellement dirigé contre la Ligue des droits de l'homme, d'ailleurs dissoute en juin 1992. La promulgation en force de cette loi a toutefois provoqué des remous jusqu'au sein du pouvoir dont les éléments libéraux se sont alarmés de ce qui a ressemblé à une dérive autoritaire.

Celle-ci s'accentuera-t-elle? La Tunisie serait alors plus que jamais plongée dans une situation paradoxale où l'État, qui s'est toujours voulu modernisateur, demeurerait prisonnier de ses archaïsmes et constituerait un frein à l'évolution d'une société aspirée, en dépit de ses contradictions et de la permanence — malgré la répression — de l'influence islamiste, dans la spirale de la modernité.

Sophie Bessis

Afrique sahélienne

Burkina Faso, Mali, Niger, Tchad
(Mali, Niger : voir aussi p. 537.)

Burkina Faso

L'adoption, le 2 juin 1991, d'une nouvelle Constitution consacrant le multipartisme a marqué l'avènement de la IVe République, après onze ans de régime militaire d'exception : 90 % de « oui » pour une participation d'environ 50 %.

Quelques mois avant les élections présidentielles et législatives, l'entrée de l'opposition au gouvernement, le 26 juillet, avait laissé augurer le retour à une vie constitutionnelle démocratique. Regroupée au sein de la Coordination des forces démocratiques (CFD), l'opposition a réclamé la tenue d'une conférence nationale souveraine avant les échéances électorales. Elle s'est heurtée au refus du président Blaise Compaoré, soutenu par l'Alliance pour le respect et la défense de la Constitution (ARDC), qui a considéré cette revendication anticonstitutionnelle. Des manifestations, dont certaines ont dégénéré en affrontements, ont consommé en octobre la rupture du dialogue entre le régime et l'opposition. Celle-ci, après avoir quitté le gouvernement en rangs dispersés, a retiré ses cinq candidats de la course à la présidence.

Dès lors, candidat unique, Blaise

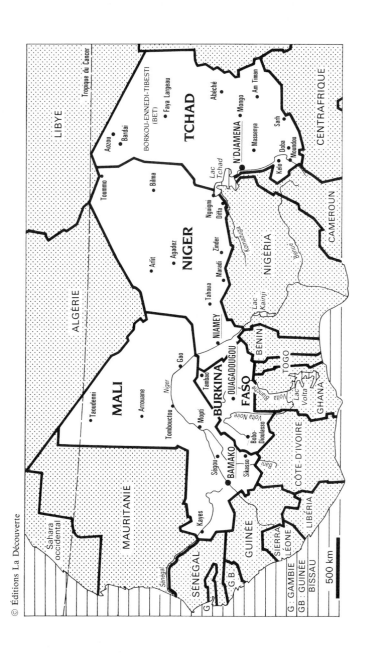

© Éditions La Découverte

500 km

G : GAMBIE
GB : GUINÉE BISSAU

Afrique sahélienne

	INDICATEUR	UNITÉ	BURKINA FASO	MALI
	Capitale		Ouagadougou	Bamako
	Superficie	km²	274 200	1 240 000
	Développement humain (IDH) a		0,074	0,081
DÉMOGRAPHIE	Population (*)	million	9,42	8,42
	Densité	hab./km²	34,4	6,8
	Croissance annuelle c	%	2,9	3,2
	Indice de fécondité (ISF) c		6,5	7,1
	Mortalité infantile c	‰	127	159
	Espérance de vie c	année	49	46
	Population urbaine a	%	9	19
CULTURE	Analphabétisme a	%	81,8	68,0
	Scolarisation 12-17 ans a	%	14,9	12,9
	Scolarisation 3e degré	%	0,7 b	0,2 d
	Téléviseurs b	‰ hab.	5,1	0,4
	Livres publiés	titre	4 g	6 h
	Nombre de médecins i	‰ hab.	0,02	0,04
ARMÉE	Armée de terre	millier d'h.	7	6,9
	Marine	millier d'h.	—	0,05
	Aviation	millier d'h.	0,2	0,4
ÉCONOMIE	PIB	million $	3 061	2 428
	Croissance annuelle 1980-90	%	4,1	3,8
	1991	%	3,0	0,5
	Par habitant	$	325	288
	Dette extérieure totale	million $	1 023	2 600
	Service de la dette/Export.	%	7,2	15,0
	Taux d'inflation	%	− 0,5 a	2,4
	Dépenses de l'État Éducation	% PIB	2,3 b	3,3 f
	Défense	% PIB	3,2	3,1 e
	Production d'énergie b	millier TEC	..	21
	Consom. d'énergie b	millier TEC	249	220
COMMERCE	Importations	million $	703	390
	Exportations	million $	346	320
	Principaux fournis. a	%	PCD 54,5	PCD 55,6
		%	Fra 30,1	Fra 28,1
		%	C d'I 29,9	C d'I 19,6
	Principaux clients a	%	PCD 58,7	PCD 42,1
		%	Fra 29,5	Fra 7,5
		%	PVD 41,3	Alg 10,2

	NIGER	TCHAD
	Niamey	N'Djamena
	1 267 000	1 284 000
	0,078	0,088
	7,99	5,82
	6,3	4,5
	3,3	2,5
	7,1	5,8
	124	122
	47	48
	19	30
	71,6	70,2
	12,8	24,3
	0,7 b	0,9 e
	4,0	1,0
	..	..
	0,03	0,03
	3,2	17
	—	—
	0,1	0,2
	2 399	1 074 a
	– 1,3	5,8
	1,0	4,0
	300	190 a
	1 600	520
	21,0	6,0
	– 6,9	3,6
	3,1 b	..
	1,8 a	5,7
	157	..
	453	97
	310	470
	290	210
	PCD 61,8	CEE 73,2
	Fra 30,8	Fra 52,0
	PVD 25,8	Cam 8,9
	PCD 88,9	PCD 84,6
	Fra 67,9	Por 19,3
	PVD 10,5	PVD 15,4

Compaoré, en disponibilité de l'armée, est devenu le premier président de la IVe République, élu le 1er décembre par seulement 21,6 % des électeurs inscrits malgré une campagne « à l'américaine ». Quelques jours plus tard, l'assassinat, dans les rues de la capitale, le 9 décembre, de Clément Oumarou Ouédraogo, ancien « numéro deux » du régime, écarté en 1990, et plusieurs tentatives d'attentats contre les dirigeants de la CFD, en particulier Moctar Tall, grièvement blessé, ont terni l'image de ce pays qui venait officiellement de restaurer l'État de droit.

▼

République démocratique populaire du Burkina Faso

Nature du régime : présidentiel.
Chef de l'État : Blaise Compaoré (depuis le 15.10.87).
Chef du gouvernement : Youssouf Ouédraogo (depuis le 16.6.92).
Monnaie : franc CFA (1 FCFA = 0,02 FF).
Langues : français (off.), moré, dioula, gourmantché, foulfouldé.

Utilisant les divisions d'une opposition hétéroclite, le président Compaoré a « récupéré » plusieurs de ses leaders, dont Hermann Yaméogo, longtemps présenté comme son principal adversaire à la présidentielle. Ces anciens opposants sont entrés au gouvernement constitué le 26 février 1992 après l'échec du « forum de réconciliation nationale ». Renonçant à sa stratégie de boycottage, l'opposition, affaiblie, a participé aux élections législatives du 24 mai 1992. Le parti du président, l'Organisation pour la démocratie populaire-Mouvement du travail (ODP-MT), contrôlant le processus

Chiffres 1991, sauf notes : a. 1990; b. 1989; c. 1990-95; d. 1986; e. 1988; f. 1987; g. 1985; h. 1978; i. 1984.
(*) Dernier recensement utilisable : Burkina Faso, 1985; Mali, 1987; Mauritanie, 1988; Niger, 1988; Tchad, 1964.

électoral de bout en bout, a obtenu 78 des 107 sièges et la Convention nationale des patriotes progressistes-Parti social-démocrate (CNPP-PSD) est devenue, avec 13 sièges, la principale force d'opposition.

Approuvé en mars et juin 1991 par le FMI et la Banque mondiale, le premier programme d'ajustement structurel (1991-1993) implique des sacrifices susceptibles d'engendrer des tensions sociales, malgré un bilan économique acceptable mais devenu fragile depuis 1989. Le programme d'ajustement est cofinancé notamment par la CEE, la Banque africaine de développement, la France (premier partenaire commercial du pays), le Canada et l'Allemagne.

Ce recentrage économique est allé de pair avec une diplomatie éclectique : les relations avec la Libye n'ont pas exclu une bonne entente, sur le continent, avec les forces conservatrices et les équipes militaires encore au pouvoir.

Mali

Après le renversement, en mars 1991, du général Moussa Traoré, au pouvoir depuis plus de vingt-deux ans, et dont la dictature s'est achevée dans le sang, le Comité transitoire pour le salut du peuple (CTSP), composé de civils et de militaires et présidé par le populaire lieutenant-colonel Amadou Toumany Touré, a pu organiser une «conférence nationale», conformément à ses engagements, malgré une tentative de coup d'État le 15 juillet.

Rassemblant 1 800 délégués du 29 juillet au 12 août 1991 à Bamako, la Conférence a élaboré un projet de Constitution, un code électoral et une charte des partis, tandis que le Mouvement populaire de l'Azawad (touareg) revendiquait un statut particulier pour les régions du nord du Mali. Un certain malaise au sein des forces armées et les rivalités entre forces politiques civiles ont entraîné plusieurs remaniements ministériels mais n'ont pas empêché le bon déroulement de la période de transition, seulement prolongée de quelques mois.

▼

République du Mali

Nature du régime : présidentiel.
Chef de l'État : lieutenant-colonel Amadou Toumany Touré remplacé par Alpha Oumar Konaré (élu le 26.4.92, investi en juin 92).
Chef du gouvernement : Soumana Sacko remplacé par Youmoussi Touré le 8.6.92.
Monnaie : franc CFA (1 FCFA = 0,02 FF).
Langues : français (off.), bambara, senoufo, sarakolé, dogon, touareg, arabe.

Le référendum du 12 janvier 1992 a marqué le début d'un marathon électoral achevé le 26 avril avec le second tour de la présidentielle. La participation a été modeste (43,5 % au référendum, 30 % à 40 % aux municipales, environ 25 % aux législatives et à la présidentielle). Ancrée à gauche, l'Alliance pour la démocratie au Mali (ADEMA) a remporté d'incontestables succès : un tiers des sièges aux municipales, 76 des 116 sièges à l'Assemblée. Son candidat, Alpha Oumar Konaré, a très largement devancé, avec 70 % des suffrages, son ultime adversaire à la présidentielle, Tiéoulé Mamadou Konaté, issu de la fraction conservatrice de l'Union soudanaise-Rassemblement démocratique africain (RDA). Déçu par ses résultats électoraux (13 % des conseillers municipaux, une dizaine de députés, 12 % des voix au premier tour de la présidentielle), le Congrès national d'initiative démocratique (CNID) de Mountaga Tall, qui a joué un rôle décisif dans la chute de Moussa Traoré, n'a pas adhéré au pacte républicain unissant les forces démocratiques.

Par ailleurs, le 11 avril 1992 à Bamako, après deux ans de rébellion engendrée par plusieurs massacres de populations touarègues perpétrés par l'armée, les quatre mouvements touarègues ont conclu avec les autorités un pacte national accordant un statut particulier au nord du Mali.

Cet accord, fragile, devrait faciliter la tâche du président O. Konaré, investi le 8 juin.

Pendant cette délicate transition démocratique, le Mali, lourdement endetté (2,5 milliards de dollars en 1991, soit plus de quatre fois la valeur annuelle des exportations), a pu compter sur l'appui des bailleurs de fonds traditionnels (CEE, France, Allemagne, États-Unis) pour exécuter son programme d'ajustement structurel.

Niger

Quelques mois après la reconnaissance du multipartisme (décembre 1990), la « Conférence nationale souveraine » s'est ouverte, le 29 juillet 1991, dans la capitale nigérienne, Niamey. Parmi les 1 204 délégués représentant partis, syndicats, associations, notables, institutions militaires et religieuses, les principaux contestataires du régime du général Ali Saibou — l'Union des syndicats des travailleurs du Niger (USTN) et l'Union des scolaires du Niger (USN) — ont dressé un sévère réquisitoire contre l'armée, au pouvoir depuis 1974, et ont tiré un bilan désastreux de trente ans d'indépendance.

République du Niger

Nature du régime : présidentiel, gouvernement de transition.

Chef de l'État : général Ali Saïbou (depuis le 16.11.87).

Chef du gouvernement : Alio Mahamidou remplacé par Amadou Cheffou le 3.11.91.

Monnaie : franc CFA (1 FCFA = 0,02 FF).

Langues : français (off.), haoussa, peul, zarma, kanuri, touareg.

D'emblée, la Constitution a été suspendue et la Charte nationale abrogée. Le chef de l'État, qui venait de démissionner, le 12 juillet, de la présidence de l'ancien parti unique, le Mouvement national pour la société et le développement (MNSD), a été provisoirement maintenu dans ses fonctions.

A l'issue des travaux, le 3 novembre 1991, Amadou Cheffou, fonctionnaire international, a été élu Premier ministre du gouvernement de transition. Le professeur André Salifou, qui présidait la Conférence, a pris la tête du Haut Conseil de la République, chargé de contrôler l'action du gouvernement, le général Saïbou n'occupant plus qu'une fonction honorifique de président jusqu'au terme de la transition, fixé à décembre 1993.

Les nouvelles autorités, qui ont dû faire face à une situation économique fortement dégradée (le PIB de 1990 était égal à celui de 1980), ont repris à la fin de 1991 les discussions pour la mise en œuvre du programme d'ajustement structurel du FMI, violemment dénoncé en octobre par la Conférence nationale. Les bailleurs de fonds, en particulier la France qui a augmenté ses engagements en 1992, ont répondu à l'appel à l'aide internationale lancé dès novembre 1991 par le nouveau Premier ministre. Malgré l'accumulation d'arriérés de salaires, un impôt de solidarité, dû par les salariés et les commerçants, a été institué en novembre. La filière uranium devrait être restructurée : les 60 milliards FCFA de recettes en 1991 — contre 110 en 1983 — ont représenté encore deux tiers des recettes d'exportation du pays.

Aux tensions sociales accrues s'est ajouté le problème de la communauté touareg (700 000 personnes, soit 10 % de la population), entrée en rébellion armée en mai 1990 après des massacres perpétrés par l'armée et dont le bilan officiel (63 morts) a été largement sous-estimé. L'appel solennel au dialogue, lancé le 4 janvier 1992 par Amadou Cheffou, après l'extension des attaques dans l'ouest de l'Aïr, non loin de la région minière d'Arlit, a traduit l'inquiétude des nouvelles autorités face à cette question qui a semblé pouvoir gravement hypothéquer la transition démocratique.

BIBLIOGRAPHIE

A. BERRAMDANE, *Le Sahara occidental, enjeu maghrébin*, Karthala, Paris, 1992.

S. BESSIS, «Le Tchad, mal remis de ses années de feu», *Le Monde diplomatique*, Paris, sept. 1990.

C. COQUERY-VIDROVITCH (sour la dir. de), *L'Afrique occidentale au temps des Français*, La Découverte, Paris, 1992 (à paraître).

A. DADI, *Tchad : l'État retrouvé*, L'Harmattan, Paris, 1990.

O. DIARRAH Cheikh, *Vers la troisième République du Mali*, L'Harmattan, Paris, 1992.

«Le Mali», *Politique africaine*, n° 47, Paris, oct. 1992.

«Le Niger : chronique d'un État», *Politique africaine*, n° 38, Karthala, Paris, juin 1990.

J.-L. TRIAUD, «Au Tchad, la démocratie introuvable», *Le Monde diplomatique*, Paris, fév. 1992.

Tchad

Un an après avoir renversé le dictateur Hissène Habré, le colonel Idriss Déby a affirmé, le 30 novembre 1991, que «la démocratie [faisait] son chemin au Tchad». Pourtant, malgré l'annonce d'un gouvernement d'ouverture le 20 mai 1992, le bilan de celui qui prit le pouvoir avec l'appui du lobby militaire français et de la DGSE (Direction générale de la sécurité extérieure) n'a guère été convaincant : une presse indépendante sans cesse menacée, une Ligue tchadienne des droits de l'homme dont le vice-président — Joseph Béhidi — a été assassiné en février 1992, des activités syndicales renaissantes mais entravées, et une «Conférence nationale souveraine» — prévue en mai 1992 — qui a été reportée.

Depuis le 1er décembre 1990, le Mouvement patriotique du salut (MPS), parti du président, est un parti-État, même si l'ordonnance du 4 octobre 1991 a permis la légalisation de quelques autres formations.

Si la répression n'a pas été comparable à celle des huit ans du régime Habré (40 000 victimes selon une commission du ministère de la Justice), la réapparition d'une police politique, la reconstitution de la garde présidentielle, les arrestations et détentions arbitraires, l'impunité — malgré le dégradant spectacle des exécutions publiques en octobre 1991 de quatre boucs émissaires condamnés par la Cour martiale — dont ont joui les combattants pillards des rues de la capitale ont effacé les espoirs nourris lors de la prise du pouvoir.

République du Tchad

Nature du régime : présidentiel.
Chef de l'État : colonel Idriss Déby (depuis le 4.12.90), président du Mouvement populaire du salut (MPS).
Chef du gouvernement : Jean Alingué remplacé par Joseph Yodoyman (depuis le 20.5.92).
Monnaie : franc CFA (1 FCFA = 0,02 FF).
Langues : arabe, français (off.), sara, baguirmi, boulala, etc.

S'appuyant, comme ses prédécesseurs originaires du Nord, sur une base ethnique très minoritaire (une fraction gorane), le président I. Déby a dû faire face aux attaques de partisans de H. Habré dans le Tibesti (extrême nord) en septembre 1991 et dans la région du lac Tchad en décembre-janvier, ce qui a motivé une brève intervention militaire de

Paris. Il a écarté le « numéro deux » du régime, Maldom Bada, et nombre de ses proches hadjaraïs, les accusant de complot avant de les libérer et de les réhabiliter en janvier 1992. Il a par ailleurs eu maille à partir, en avril 1992, avec le clan zaghawa de son ancien ministre de la Défense, Abbas Koty.

Malgré les bonnes relations du Tchad avec la Libye et le Soudan, de plus en plus présents à N'Djamena, la France a maintenu son dispositif militaire *Épervier*, affirmant soutenir ainsi, malgré quelques nuages,

« le processus de démocratisation en cours ». Engagée dans une impossible mission de restructuration de l'armée tchadienne, la France a assumé avec la Banque mondiale l'essentiel de la reconstruction économique. Le rétablissement de la filière coton, les projets pétroliers, les bonnes récoltes de 1991 n'ont pas suffi à résoudre la crise financière, aggravée par les faibles recettes fiscales dues à la contrebande avec le Cameroun, le Nigéria et le Soudan.

Guy Labertit

Afrique extrême-occidentale

Cap-Vert, Gambie, Guinée, Guinée-Bissau, Libéria, Sénégal, Sierra Léone
(voir aussi p. 557)

Cap-Vert

La situation politique cap-verdienne a été marquée en 1991-1992 par la présentation d'un avant-projet de Constitution renforçant les pouvoirs de l'Assemblée nationale mais limitant l'influence du président de la République dans la conduite de la politique générale. L'ancien parti unique, le Parti africain pour l'indépendance du Cap-Vert (PAICV), évincé du pouvoir en 1991, s'est transformé en Parti « social-démocrate ».

▼
République du Cap-Vert

Nature du régime : parlementaire
(les élections de février ont mis fin au régime de parti unique).

Chef de l'État : Aristides Maria Pereira, remplacé par Antonio Mascarenhas Montero le 17.2.91.

Chef du gouvernement : Pedro Pires, remplacé par Carlos Veiga le 15.1.91.

Monnaie : escudo capverdien
(1 escudo = 0,07 FF au 30.3.92).

Langues : portugais (off.), créole.

Au plan économique, la campagne agricole 1991-1992 a été très mauvaise. Le déficit vivrier a été partiellement comblé grâce à l'aide internationale. Un plan de développement du secteur piscicole a été élaboré par le gouvernement.

La coopération avec les États-Unis a été renforcée, notamment en ce qui concerne la lutte contre le trafic de drogue dont l'Afrique de l'Ouest est désormais considérée comme une plaque tournante. Des relations diplomatiques au niveau consulaire ont été établies avec l'Afrique du Sud en novembre 1991.

Gambie

Le président Dawda Jawara a été réélu chef de l'État à l'issue de l'élection présidentielle d'avril 1992 et son mouvement, le Parti progressiste populaire (PPR), est sorti vainqueur des élections législatives organisées au même moment. Cette victoire est cependant intervenue dans un contexte économique difficile : chute à 74 000 tonnes de la production arachidière en 1991 (contre 130 000 tonnes en 1990), due aussi bien au manque de pluie qu'au trop faible prix d'achat aux producteurs ;

Afrique extrême-occidentale

INDICATEUR	UNITÉ	CAP-VERT	GAMBIE	GUINÉE
Capitale		Praïa	Banjul	Conakry
Superficie	km²	4 030	11 300	245 860
Développement humain (IDH) [a]		0,437	0,083	0,052

DÉMOGRAPHIE

INDICATEUR	UNITÉ	CAP-VERT	GAMBIE	GUINÉE
Population (*)	million	0,38	0,88	5,92
Densité	hab./km²	94,9	78,2	24,1
Croissance annuelle [c]	%	3,4	2,7	3,0
Indice de fécondité (ISF) [c]		5,3	6,2	7,0
Mortalité infantile [c]	‰	37	132	134
Espérance de vie [c]	année	68	45	45
Population urbaine [a]	%	29	23	26

CULTURE

INDICATEUR	UNITÉ	CAP-VERT	GAMBIE	GUINÉE
Analphabétisme	%	47,0	72,8	76,0
Scolarisation 12-17 ans [a]	%	38,9	39,5	15,4
Scolarisation 3e degré	%	..	..	1,4 [h]
Téléviseurs [b]	‰ hab.	..	..	5,4
Livres publiés	titre	10 [b]	42 [h]	..
Nombre de médecins	‰ hab.	0,19 [k]	0,09 [k]	0,02 [k]

ARMÉE

INDICATEUR	UNITÉ	CAP-VERT	GAMBIE	GUINÉE
Armée de terre	millier d'h.	1		8,5
Marine	millier d'h.	0,2	0,9	0,4
Aviation	millier d'h.	0,1		0,8

ÉCONOMIE

INDICATEUR	UNITÉ	CAP-VERT	GAMBIE	GUINÉE
PIB	million $	339	258	3 093
Croissance annuelle 1980-90	%	5,7	3,0	− 1,8 [e]
1991	%	1,0	4,5	3,5
Par habitant	$	892	293	522
Dette extérieure totale	million $	155	370	2 588
Service de la dette/Export.	%	4,0	15,0	10,0
Taux d'inflation	%	6,5	11,6	17,0
Dépenses de l'État Éducation	% PIB	2,9 [i]	4,0 [h]	1,8 [h]
Défense	% PIB	3,5 [l]	1,3 [h]	5,2 [m]
Production d'énergie [b]	millier TEC	..	..	21
Consom. d'énergie [b]	millier TEC	37	88	492

COMMERCE

INDICATEUR	UNITÉ	CAP-VERT	GAMBIE	GUINÉE
Importations	million $	99	205	748
Exportations	million $	10	50	860
Principaux fournis. [a]	%	PCD 84,4	PCD 59,5	CEE 67,0
	%	Por 38,5	CEE 53,1	E-U&C [d] 10,6
	%	PVD 7,5	PVD 33,3	PVD 15,0
Principaux clients [a]	%	PCD 45,2	Jap 35,4	CEE 54,6
	%	Por 26,2	CEE 53,4	E-U&C [d] 23,6
	%	Ang 44,0	Bel 44,8	PVD 15,7

	GUINÉE-BISSAU	LIBÉRIA	SÉNÉGAL	SIERRA LÉONE
	Bissao	Monrovia	Dakar	Freetown
	36 120	111 370	196 200	71 740
	0,088	0,227	0,178	0,062
	0,98	2,70	7,54	4,26
	27,1	24,2	38,4	59,4
	2,1	3,3	2,8	2,7
	5,8	6,7	6,2	6,5
	140	126	80	143
	44	55	49	43
	20	46	38	32
	63,5	60,5	61,7	79,3
	24,2	28,1	28,3	37,7
	..	2,5 [i]	3,0 [b]	0,7 [i]
	..	18	35	10
	..	..	42 [k]	16 [k]
	0,14 [n]	0,11 [k]	0,08 [k]	0,07 [k]
	6,8	g	8,5	3
	0,3	g	0,7	0,15
	0,1	g	0,5	—
	197	1 239 [b]	5 714	981 [a]
	3,7	− 1,4 [f]	3,0	0,9
	6,0	− 10,0	1,1	1,0
	201	497 [b]	758	240 [a]
	620	3 500	4 000	1 200
	50,0	40,0	25,0	15,0
	50	100,0	− 2,0	115,4
	2,8 [i]	5,7 [j]	3,7 [h]	3,8 [j]
	2,7 [b]	3,3 [b]	1,9 [a]	0,4 [o]
	..	39	..	..
	70	384	1 394	308
	90	132	1 306	160
	23	250	883	95
	PCD 76,8	Jap 26,5	CEE 61,6	PCD 60,8
	Por 38,0	Cor 17,9	Fra 37,2	CEE 44,5
	PVD 15,9	CEE 29,8	PVD 25,0	Nig 29,0
	R-U 17,2	PCD 92,0	CEE 60,2	PCD 70,6
	PVD 13,8	Nor 45,0	Fra 35,4	E-U 13,1
	Por 34,7	Bel 18,1	PVD 27,4	Bel 25,1

ralentissement de l'activité touristique, seconde source de devises du pays, au bénéfice du Sénégal voisin. A ces tensions s'est également ajoutée l'arrivée de plusieurs centaines de réfugiés fuyant la Casamance (Sénégal) en proie à une vive agitation séparatiste.

▼

République de Gambie

Nature du régime : parlementaire.
Chef de l'État et du gouvernement : Sir Dawda Jawara (depuis le 24.4.74).
Monnaie : dalasi (1 dalasi = 0,64 FF au 30.3.92).
Langues : anglais (off.), ouolof, malinké, peul, etc.

Paradoxalement, pourtant, la Gambie a bénéficié du satisfecit de la Banque mondiale pour la mise en œuvre de ses plans d'ajustement structurel. Entre 1974 et 1991, les financements de la Banque y auraient atteint 120 millions de dollars.

Un nouvel élan a été donné à la coopération avec le Sénégal grâce à la signature, le 25 mai 1991, d'un traité d'amitié qui remplace la Confédération sénégambienne dissoute en septembre 1989.

Guinée

Alors que l'opposition réclamait vainement la tenue d'une conférence nationale, le président Lansana Conté a promulgué, en décembre 1991, dix-sept lois organisant la vie politique : institutions, partis, code électoral, libertés publiques, justice, presse. Ce travail normatif a été suivi

Chiffres 1991, sauf notes : a. 1990; b. 1989; c. 1990-95; d. États-Unis et Canada; e. 1980-89; f. 1980-87; g. Il n'est pas possible de distinguer les forces armées légales en raison de la guerre civile; h. 1988; i. 1987; j. 1980; k. 1984; l. 1981; m. 1982; n. 1985; o. 1986.
(*) Dernier recensement utilisable : Cap-Vert, 1980; Gambie, 1983; Guinée, 1983; Guinée-Bissao, 1979; Libéria, 1984; Sénégal, 1988; Sierra Léone, 1985.

en février 1992 d'un important remaniement ministériel marqué par la réduction de 24 à 16 du nombre des portefeuilles et, surtout, par le départ de la majorité des militaires et des Guinéens « de l'extérieur » du gouvernement. Ce changement a abouti en outre à l'éviction des « barons » du régime, des proches de Lansana Conté.

La prochaine échéance a été fixée à décembre 1992 et concerne les élections législatives dont l'organisation, précédée du recensement des électeurs, devrait coûter 3 milliards de francs CFA.

▼

République de Guinée

Nature du régime : présidentiel, militaire.

Chef de l'État et du gouvernement : Lansana Conté (depuis le 5.4.84).

Monnaie : franc guinéen (1 franc = 0,035 FF au 30.3.92).

Langues : français (off.), malinké, peul, soussou, etc.

La situation économique est restée préoccupante, du fait notamment des tensions persistantes entre les autorités guinéennes et le FMI et la Banque mondiale. A la base de ce désaccord a figuré en particulier la question de la fonction publique dont le poids est jugé trop lourd par les organisations internationales. Cette situation a conduit, en juillet 1990, à la suspension de l'aide du FMI ; toutefois, suite à l'adoption d'un budget « réaliste », la négociation entre les deux parties a repris en mars 1992. Elle a de nouveau achoppé sur les effectifs de l'administration : un audit de la Banque mondiale a révélé l'existence de plus de 5 000 « faux » fonctionnaires, alors que le gouvernement guinéen décidait en mai 1991 de doubler le salaire des agents de la fonction publique.

Ce « dérapage » a laissé planer la menace d'une rupture pure et simple avec le FMI.

Le budget 1992 s'est donc efforcé de corriger les excès de l'exercice précédent par un ralentissement du train de vie de l'État. Son déficit a été évalué à 177,9 milliards de francs guinéens, soit 6,3 % du PIB prévisionnel. Aucune augmentation salariale n'a été programmée et le nombre des salariés de la fonction publique devait passer de 49 800 à 48 000. Ce budget n'a cependant que partiellement pris en compte le service de la dette (527 milliards de francs guinéens) : le montant des intérêts de 1992 (34,5 milliards de francs guinéens) y étant intégré.

Cette incertitude financière s'est greffée sur une conjoncture sociale tendue. Amnesty International a signalé en décembre 1991 de graves violations des droits de l'homme, à l'encontre notamment des opposants du Rassemblement du peuple guinéen (RPG). Quatre nouveaux partis politiques ont été officiellement reconnus début 1992. Un mouvement de grève a paralysé en février 1992 le secteur bancaire dont les employés réclamaient une augmentation de 75 % de leurs salaires. En dépit de cela, la Guinée a continué à bénéficier de l'aide internationale, celle de la France et de la CEE notamment.

Guinée-Bissau

Après le Cap-Vert, São Tomé et Principe, autres anciennes colonies portugaises, la Guinée-Bissau s'est

---

République de Guinée-Bissau

Nature du régime : parti unique jusqu'en déc. 90. Multipartisme ensuite.

Chef de l'État et du gouvernement : João Bernardo Vieira (depuis le 14.11.80).

Monnaie : peso guinéen (1 peso = 0,001 FF au 28.11.91).

Langues : portugais (off.), créole, mandé, etc.

---

engagée, par la voix du président João Bernardo Vieira, à organiser

Afrique extrême-occidentale

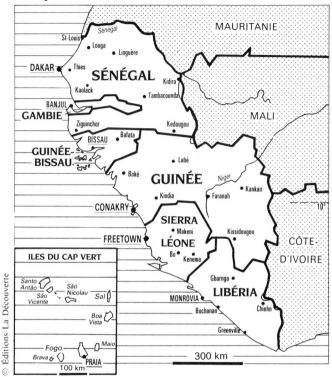

des élections libres en 1992. Dans cette perspective, le chef de l'État a procédé à des changements ministériels dans le but de redorer le blason de son parti, le Parti africain de l'indépendance de la Guinée-Bissau et du Cap-Vert (PAIGC), aux yeux de l'électorat.

Mais les échéances électorales se sont annoncées délicates pour l'ancien parti unique : en novembre 1991, la Banque mondiale a décidé de suspendre son aide, le gouvernement bissau-guinéen n'ayant pas respecté un certain nombre d'engagements concernant le crédit, l'inflation et le train de vie de l'État. La situation alimentaire a connu également des difficultés : les autorités bissau-guinéennes ont dû importer 500 tonnes de riz du Sénégal pour faire face à une pénurie de cette denrée et le Programme alimentaire mondial (PAM) a accordé une aide, sous forme de don, de 17,3 millions de dollars.

Libéria

Après la guerre civile qui a déchiré le pays en 1990-1991, la situation est restée confuse en dépit de la signature, le 31 octobre 1991, de l'accord de Yamoussoukro (Côte-d'Ivoire)

BIBLIOGRAPHIE

C. COQUERY-VIDROVITCH (sous la dir. de), *L'Afrique occidentale au temps des Français*, La Découverte, Paris, 1992 (à paraître).

F. GAULME, «Conflits sur les rives du Sénégal», *Études*, Paris, oct. 1990.

«Guinée : l'après-Sékou Touré», *Politique africaine*, n° 36, Karthala, Paris, 1989.

«Le Sénégal», *Politique africaine*, n° 45, Karthala, Paris, 1992.

M.-P. PINA, *Les Iles du Cap-Vert*, Karthala, «Méridiens», 2e éd., Paris, 1989.

qui confère à l'Ecomog, la force ouest-africaine d'interposition, le contrôle théorique de l'ensemble du pays, préalablement à l'organisation d'élections libres. Toutefois, en dépit du soutien américain aux États participant à l'Ecomog, cet accord s'est heurté aux rivalités qui ont opposé violemment entre elles les factions combattantes, notamment le Mouvement de libération unie pour la démocratie au Libéria (Ulimo) et le Front national patriotique du Libéria (NPFL) de Charles Taylor.

▼

République du Libéria

Nature du régime : gouvernement intérimaire après la guerre civile en 1990-1991.

Chef de l'État : Samuel Kaneyon Doe, exécuté le 9.11.90. Les élections destinées à mettre en place un nouveau chef de l'État n'avaient pas eu lieu en juil. 92.

Chef du gouvernement intérimaire : Amos Sawyer (depuis sept. 90).

Monnaie : dollar libérien (1 dollar = 5,57 FF au 30.3.92).

Langue : anglais.

De son côté, Prince Johnson, leader du Front national patriotique indépendant du Libéria (INPFL), a explicitement rejeté l'accord à la négociation duquel il n'avait pas été convié à participer, et il s'est désengagé du gouvernement intérimaire du président Amos Sawyer. Plusieurs tentatives de médiation (sierra-léonaise, ivoiro-burkinabé, notamment) sont restées infructueuses.

Cette conjoncture est apparue d'autant plus préoccupante que le Libéria a semblé s'installer dans l'anarchie. En février 1992, les chefs d'État guinéen, sierra-léonais et libérien réunis à Freetown (Sierra Léone) ont ainsi dénoncé les relations commerciales de certains pays occidentaux avec le mouvement de Charles Taylor qui exploiterait pour son compte les ressources minières du pays. La France a été impliquée dans cette affaire par le biais du groupe Usinor-Sacilor qui a importé du minerai de fer de la zone contrôlée par le NPFL.

Sénégal

Le président Abdou Diouf a défini la «charte d'action» du gouvernement de Habib Thiam, formé le 8 avril 1991, et comprenant cinq membres importants de l'opposition dont notamment Me Abdoulaye Wade, leader du Parti démocratique sénégalais (PDS), nommé ministre d'État. Parmi les priorités retenues par Abdou Diouf figurent la lutte contre le chômage, le soutien à l'agriculture, la maîtrise des finances publiques, la jeunesse et la modernisation de l'État. Ce discours a cependant laissé sceptique l'opposition de gauche dont trois formations (deux maoïstes et une trotskiste) ont aussitôt décidé de se fondre dans un Parti africain pour la démocratie et le socialisme. Présidée par Landing Savané, la nouvelle formation entend être un « pôle de gauche » face à la coalition « de droite » au pouvoir.

Le changement de gouvernement est intervenu alors que la situation semblait s'apaiser quelque peu en Casamance, siège depuis plusieurs années d'une très vive revendication régionaliste. Le bénéfice en est revenu aux pourparlers engagés par une mission parlementaire avec les indépendantistes du Mouvement des forces démocratiques de Casamance (MFDC). Signe d'une certaine détente, le gouvernement sénégalais a décidé, fin mai 1991, de procéder à la libération de tous les détenus séparatistes casamançais, dont l'abbé Diamacoune Senghor, considéré comme l'âme de l'irrédentisme. L'accord entre le MFDC et le pouvoir central a cependant été terni par l'assassinat en Casamance, le 22 décembre 1991, de deux personnes, dont un député du Parti socialiste (PS) du président A. Diouf.

Un autre signe de détente a toutefois été enregistré le 12 février 1992, avec la reprise des cours à l'université de Dakar, après une grève de plus de deux mois. L'accord signé avec le gouvernement a prévu, entre autres, l'augmentation du budget de l'Université, la création de 147 postes d'enseignants et la revalorisation des bourses.

Le Sénégal a, par ailleurs, enregistré avec satisfaction la décision de la Cour internationale de justice de La Haye relative à la délimitation de sa frontière maritime avec la Guinée-Bissau. La Cour a reconnu la validité de l'accord du 26 avril 1960, passé entre les deux métropoles coloniales d'alors, la France et le Portugal, mais les deux États devront régler entre eux les problèmes de la zone économique exclusive et des zones de pêche.

Au plan international, les bonnes relations avec la France ont été confirmées par des manœuvres militaires communes, dites *N'Diambour VI*, organisées du 8 au 17 février 1992. Le Sénégal a également bénéficié de la sollicitude américaine : en visite à Washington en septembre 1991, le président A. Diouf a obtenu l'annulation d'une dette de 42 millions de dollars destinés à l'achat de produits alimentaires. Le Sénégal s'est vu ainsi remercié de sa docilité à l'égard du FMI et, surtout, de son soutien à l'Arabie saoudite (où Dakar avait dépêché un contingent militaire) pendant la guerre du Golfe. Au cours de cette visite aux États-Unis, Abdou Diouf a plaidé en faveur d'« un plan Marshall pour l'Afrique ».

Sierra Léone

Alors que le pays s'acheminait vers le multipartisme, le 29 avril 1992, un coup d'État a renversé le président, général Joseph Saidu Momoh. Les militaires qui ont pris le pouvoir ont

installé un Conseil national provisoire de gouvernement présidé par le capitaine Valentine Strasser. Ce coup de force est intervenu dans un contexte économique difficile. En effet, d'une année à l'autre, les problèmes se sont accentués, ainsi qu'en ont témoigné les pénuries cycliques de produits de base, une situation d'autant plus paradoxale que la Sierra Léone, potentiellement riche, a dû faire face à la déperdition de ses ressources naturelles : ainsi en est-il du diamant, par exemple, dont la contrebande a représenté annuellement quelque 200 millions de dollars. Afin de lutter contre ce fléau, le gouvernement de J. S. Momoh avait annoncé la promulgation d'une nouvelle réglementation des licences d'exploitation et de commercialisation.

Par ailleurs, dans le domaine pétrolier, la firme américaine Chevron International a remporté, en février 1992, un appel d'offres pour la fourniture de pétrole brut (150 000 tonnes d'abord, puis 300 000 tonnes par la suite). Un autre accord avec la France, le 18 février 1992, a prévu la livraison de 1 460 tonnes de farine de blé dont la vente devait permettre le financement de projets de santé rurale et de développement. Enfin, un pas de plus vers la libéralisation économique a été fait avec l'autorisation accordée, en février 1992, à toute personne résidant dans le pays d'ouvrir un bureau de change, à condition de posséder en permanence un compte créditeur de 25 000 dollars dans une banque commerciale de la place.

René Otayek

Golfe de Guinée

Bénin, Côte d'Ivoire, Ghana, Nigéria, Togo
(Le Nigéria est traité p. 117. Voir aussi p. 557)

Bénin

Naguère présenté comme le parangon de la démocratisation en Afrique, le Bénin n'était plus guère un «modèle» un an seulement après l'élection à la présidence de Nicéphore Soglo, le 24 mars 1991.

▼

République populaire du Bénin

Nature du régime : démocratie pluraliste de type présidentiel.
Chef de l'État et du gouvernement : Mathieu Kérékou, remplacé par Nicéphore Soglo le 24.3.91.
Monnaie : franc CFA (1 FCFA = 0,02 FF).
Langues : français (off.), fon (largement majoritaire dans le centre et le sud), yorouba (est), mina (ouest), somka (nord), dendi, bariba, goun, adja, pila-pila.

«L'homme de la situation», selon le slogan de sa campagne électorale, était désormais accusé d'incurie et, surtout, de népotisme. «Moralisons la vie publique ! Il ne suffit pas de le dire et de le répéter. Il faut passer aux actes», l'ont interpellé en mars 1992, dans une lettre pastorale intitulée «Exigences de la démocratie», les évêques du pays. L'un d'eux, Mgr Isidore de Souza, qui avait présidé la «conférence nationale» à l'origine du «renouveau démocratique», a même estimé que la corruption était devenue «pire» que sous l'ancien régime de Mathieu Kérékou.

Le Bénin est pourtant l'un des rares pays à avoir réellement perçu une «prime à la démocratie». Les États-Unis ont annulé la totalité de leurs créances, le «Club de Paris a allégé de 50 % la dette publique du pays, la France et l'Allemagne, après deux visites conjointes de leurs ministres de la Coopération en l'espace de six mois, ont multiplié prêts, dons et «rallonges spéciales», au point de subventionner la démocratie, en 1991, à hauteur s'approchant de 1 000 FF par habitant. Sans commune mesure avec l'assistance fournie à d'autres pays africains, ces

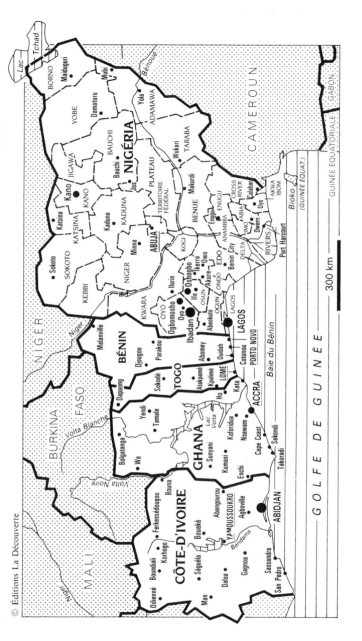

© Éditions La Découverte

Golfe de Guinée

INDICATEUR	UNITÉ	BÉNIN	CÔTE D'IVOIRE
Capitale		Porto Novo	Yamoussoukro
Superficie	km²	112 622	322 462
Développement humain (IDH) [a]		0,111	0,289
DÉMOGRAPHIE Population (*)	million	4,89	12,46
Densité	hab./km²	43,4	38,6
Croissance annuelle [c]	%	3,2	3,8
Indice de fécondité (ISF) [c]		7,1	7,4
Mortalité infantile [c]	‰	85	88
Espérance de vie [c]	année	48	54
Population urbaine [a]	%	38	40
CULTURE Analphabétisme [a]	%	76,6	46,2
Scolarisation 12-17 ans [a]	%	28,9	35,9
Scolarisation 3e degré	%	2,3 [d]	2,6 [e]
Téléviseurs [b]	‰ hab.	4,5	58,5
Livres publiés	titre	13 [g]	46 [e]
Nombre de médecins [e]	‰ hab.	0,06	..
ARMÉE Armée de terre	millier d'h.	3,8	5,5
Marine	millier d'h.	0,2	0,7
Aviation	millier d'h.	0,35	0,9
ÉCONOMIE PIB	milliard $	1,82	8,92 [a]
Croissance annuelle 1980-90	%	2,2	0,2
1991	%	2,0	− 2,5
Par habitant	$	372	730 [a]
Dette extérieure totale	million $	1 500	19 000
Service de la dette/Export.	%	4,0	25,0
Taux d'inflation	%	3,0	1,0
Dépenses de l'État Éducation	% PIB	..	7,0 [f]
Défense	% PIB	2,4 [d]	1,2
Production d'énergie [b]	million TEC	0,42	0,43
Consom. d'énergie [b]	million TEC	0,22	2,04
COMMERCE Importations	million $	605	1 760
Exportations	million $	350	2 900
Principaux fournis. [a]	%	PCD 56,9	PCD 62,2
	%	Fra 23,0	Fra 30,6
	%	PVD 41,4	PVD 35,0
Principaux clients [a]	%	E-U 21,1	PCD 61,6
	%	Por 20,7	Fra 14,1
	%	PVD 35,4	PVD 26,4

	GHANA	NIGÉRIA	TOGO
	Accra	Abuja	Lomé
	238 537	923 768	56 000
	0,310	0,241	0,218
	15,51	112,12 [j]	3,64
	65,0	121,4	65,1
	3,2	3,3	3,2
	6,3	6,6	6,6
	81	96	85
	56	53	55
	33	35	26
	39,7	49,3	56,7
	52,9	46,0	50,9
	1,5 [b]	3,2 [h]	2,6 [d]
	14,5	28,6	5,8
	350 [e]	1 466 [b]	..
	0,06	0,13	0,08
	10	80	4,8
	1,1	5	0,1
	0,8	9,5	0,25
	5,82 [a]	31,28 [a]	1,56
	2,8	0,2	1,8
	4,5	4,3	− 2,5
	390 [a]	270 [a]	429
	4 000	37 800	1 395
	40,0	25,0	10,0
	13,0	23,0	4,0
	3,4 [b]	1,5 [i]	5,2 [d]
	0,8 [a]	0,9 [a]	3,5 [h]
	0,59	127,8	0,001
	1,58	20,2	0,238
	1 380	8 600	534
	950	12 700	382
	PCD 73,9	PCD 75,3	PCD 60,2
	R-U 22,9	CEE 55,6	Fra 23,9
	PVD 21,0	PVD 21,4	PVD 39,4
	E-U 11,9	E-U 44,0	PCD 48,5
	R-U 12,4	CEE 41,8	CEE 32,5
	RFA 28,6	PVD 8,0	PVD 36,9

Chiffres 1991, sauf notes : a. 1990; b. 1989; c. 1990-95; d. 1988; e. 1984; f. 1980; g. 1978; h. 1987; i. 1986; j. Les sources nationales officielles indiquent un chiffre nettement inférieur : environ 90 millions.
(*) Dernier recensement utilisable : Côte d'Ivoire, 1975; Ghana, 1984; Togo, 1981; Bénin, 1979; Nigéria, 1991.

subsides n'ont permis qu'un taux de croissance de 2 %, pour un accroissement démographique de 3 %.

En même temps, les nouvelles institutions de la République se sont grippées, l'Assemblée nationale, où 21 formations politiques se partageaient 64 sièges, étant entrée en « guérilla parlementaire » contre la Présidence. Restent les libertés publiques retrouvées, après dix-huit années de dictature militaro-marxiste. Réelles, elles ne s'exercent ni sans limites ni sans menaces : dans les médias d'État, des « réaffectations » sanctionnent des journalistes outrecuidants, alors que l'ancien ministère de la Propagande a fêté sa résurgence sous forme de « Direction des relations publiques et de la promotion de l'action du gouvernement »...

Stephen Smith

Côte d'Ivoire

Le processus de démocratisation, engagé le 30 avril 1990 par la reconnaissance du multipartisme, a été suspendu en février 1992, plaçant le pays dans une impasse politique.

République de Côte d'Ivoire

Nature du régime : présidentiel.
Chef de l'État : Félix Houphouët-Boigny (depuis 1960).
Premier ministre : Alassane Ouattara (depuis le 7.11.90).
Monnaie : franc CFA (1 FCFA = 0,02 FF).
Langues : français (off.), baoulé, bété, dioula, sénoufo.

Suite aux exactions de l'armée sur le campus de Yopougon (Abidjan) en mai 1991, la commission officielle d'enquête a conclu à la responsabilité directe du chef d'état-major, le général Robert Guéi. En refusant de le sanctionner, le président Félix Houphouët-Boigny a déclenché à la fin janvier 1992 une vive réaction des forces démocratiques. Le 18 février 1992, jour d'une manifestation, prétextant des violences orchestrées par des «loubards», jeunes souvent utilisés par l'ancien parti unique, le PDCI-RDA (Parti démocratique de Côte d'Ivoire-Rassemblement démocratique africain), les autorités ont fait arrêter et condamner à de lourdes peines de prison (de un à trois ans) près d'une centaine de personnes, à l'issue de procès dont la nature politique a été dénoncée à l'étranger, notamment par le Parlement européen, et qui a soulevé la réprobation du cardinal Yago, archevêque d'Abidjan. Parmi les condamnés figurent en effet le chef de file de l'opposition, Laurent Gbagbo, secrétaire général du Front populaire ivoirien (FPI) et président du groupe parlementaire FPI, René Dégni-Ségui, président de la Ligue ivoirienne des droits de l'homme, et plusieurs dirigeants de l'opposition démocratique. Les condamnés ont fini par être amnistiés fin juillet 1992.

C'est de Paris et de Genève, où il a séjourné à partir du 2 février 1992, et où il était toujours à la mi-1992, que le président ivoirien a continué de diriger son pays, et les négociations sur le conflit libérien, contraignant le Premier ministre Alassane Ouattara, sans base politique et sociale, à de fréquents allers-retours. Autre signe du blocage de la vie politique, les députés FPI, dont deux ont été condamnés à deux ans de prison, ont refusé de siéger depuis l'ouverture de la session parlementaire, le 29 avril 1992. Après le retrait tardif du député du Parti ivoirien des travailleurs, seuls les députés de l'ancien parti unique ont continué de siéger.

La désignation d'un président de l'Assemblée nationale dénué de tout charisme, Konan Bédié, comme successeur constitutionnel en cas de vacance du pouvoir (le chef de l'État

était, en 1992, dans sa 87e année officielle) a suscité bien des rancœurs au sein du PDCI-RDA, déchiré en de nombreux clans, tous d'accord cependant pour barrer la route à L. Gbagbo (qui a été candidat en 1990) lors de la prochaine élection présidentielle, prévue en 1995. La paysannerie, base traditionnelle de F. Houphouët-Boigny, s'est détournée du PDCI-RDA et un nouveau syndicat paysan (SYNACI, Syndicat national des agriculteurs de Côte d'Ivoire), créé en juillet 1991 à l'initiative de l'opposition, a connu un réel succès. La base et les jeunes officiers d'une armée secouée par de graves convulsions, en juillet 1991, n'ont pas été insensibles au discours démocratique et le général Guéi a dû former un corps spécial, la FIRPAC (Force d'intervention rapide paracommando), pour assumer les tâches de répression.

Fondée sur le café et le cacao aux marchés fortement déprimés et dont les accords internationaux ont été renégociés en 1992, l'économie ivoirienne avait connu un léger frémissement lors de la mise en œuvre du plan Ouattara après une grave récession en 1989-1990. Mais la tension sociale et politique a stoppé bien des projets et freiné la restructuration des entreprises publiques, susceptible d'aggraver un chômage déjà endémique. Les privatisations (20 prévues en 1992 sur les 80 envisagées), qui sont, selon le Premier ministre, la clé de voûte de la relance, ont suscité des remous politiques. Le groupe français Bouygues, qui contrôle eau et électricité du pays, s'est déclaré intéressé par les télécommunications. Asphyxiée par ses dettes extérieure et intérieure, la Côte d'Ivoire a bénéficié, en 1991-1992, de la manne du FMI (*in extremis*) et de la Banque mondiale, de la CEE et de la France (1,2 milliard FF de prêt d'ajustement en 1991, qui a fait de la Côte d'Ivoire le premier bénéficiaire en Afrique des concours financiers publics de Paris), sans que n'ait été pour autant rétablie la confiance des investisseurs.

Guy Labertit

Ghana

Après neuf ans d'ajustement structurel qui lui ont valu l'épithète « enfant chéri du FMI », le Ghana du capitaine d'aviation Jerry John Rawlings s'est vu confronté au défi de la démocratisation. Annoncé à l'occasion du 35e anniversaire de l'indépendance, le 6 mars 1992, l'échéancier électoral de la transition annoncée aura eu une précision toute militaire : l'adoption par référendum d'une nouvelle Constitution, le 28 avril, légalisation des partis politiques, le 18 mai, scrutin présidentiel, le 3 novembre, puis des élections législatives, le 8 décembre, devaient jalonner le retour au régime civil qui, selon le calendrier retenu, serait formellement achevé le 7 janvier 1993. A condition que refonte économique et réformes politiques puissent se mener de concert, sans heurts majeurs.

▼

République du Ghana

Nature du régime : « révolutionnaire » (transition vers une démocratie pluraliste de type présidentiel engagée le 28.3.92).
Chef de l'État et du gouvernement : Jerry Rawlings (depuis déc. 81).
Monnaie : cedi (1 cedi = 0,015 FF au 30.10.91).
Langues : anglais (off.), ewe, gaadanghe, akan, dagbandi, mamprusi.

Un premier pas important a été franchi, comme prévu, le 28 mars 1992. Près de 93 % des votants — une bonne moitié des électeurs inscrits — ont alors approuvé le fondement constitutionnel de la IVe République, démocratie multipartite, inspirée du système présidentiel à l'américaine, avec un exécutif fort et un pouvoir législatif assumant le rôle de « chien de garde ». Le texte de 204 pages a fait l'unanimité, sauf pour la disposition spéciale accordant « l'impunité absolue » aux responsables du régime

militaire sortant. S'étant emparé du pouvoir pour la seconde fois, en décembre 1982, afin de « libérer définitivement le pays de la magouille et de la corruption », Jerry Rawlings était-il obligé, onze ans plus tard, de « couvrir » les siens ?

Dès décembre 1991, Amnesty International avait publié un rapport accablant pour le régime, dénonçant les méthodes expéditives de ses débuts, puis « la détention arbitraire de centaines d'opposants jamais traduits en justice ». Au pays, le Mouvement pour la liberté et la justice, un regroupement de diverses organisations professionnelles, a même dénoncé l'échéancier de transition comme « frauduleux, antidémocratique, visant simplement à légitimer et perpétuer l'actuel régime militaire ».

« La décennie révolutionnaire a mis fin au déclin », professaient au contraire les pancartes plantées aux nombreux ronds-points de la capitale ghanéenne. Il est vrai que le Ghana, tout en cultivant une image « progressiste », est devenu la vitrine libérale d'une renaissance économique, choyée par le Fonds monétaire international (FMI) et la Banque mondiale. Entre 1982 et 1991, le pays a reçu 4,2 milliards de dollars de dons ou de prêts concessionnels — largement plus, par tête d'habitant, que n'importe quel autre pays d'Afrique. Pour 1991, alors que l'inflation était de 13 % et le taux de croissance de 4,5 %, le Ghana a demandé à ses bailleurs de fonds 850 millions de dollars. Il a obtenu... 970 millions. La prime du « modèle ».

Des aléas climatiques et le coûteux engagement militaire du Ghana au Libéria, au sein d'une force régionale d'interposition (Ecomog), expliquent les contre-performances de 1991. Celles-ci, cependant, n'effacent pas le redressement accompli en l'espace d'une décennie. Grâce à un taux de croissance moyen de 5,3 %, le plus fort du continent, le Ghana s'est mué d'un pays sinistré en un chantier d'avenir. Toutefois, si le revenu des paysans a augmenté, le

BIBLIOGRAPHIE

Y.-S. Affou, *La Relève paysanne en Côte d'Ivoire*, Karthala, Paris, 1990.

T. Bakary-Akin, *La Démocratie par le haut en Côte d'Ivoire*, L'Harmattan, Paris, 1992.

C. Coquery-Vidrovitch (sous la dir. de), *L'Afrique occidentale au temps des Français*, La Découverte, Paris, 1992 (à paraître).

L. Gbagbo, *Côte d'Ivoire. Agir pour les libertés*, L'Harmattan, Paris, 1991.

J.-J. Raynal, « Le renouveau démocratique béninois : modèle ou mirage ? », *Afrique contemporaine*, n° 160, Paris, 1991.

P. Tedga, *L'Ouverture démocratique en Afrique noire*, L'Harmattan, Paris, 1991.

Voir aussi la bibliographie « Nigéria » dans la section « 34 États ».

pouvoir d'achat des citadins est resté faible. « C'est le danger de la démocratie, si elle devait rimer avec démagogie », a mis en garde Jerry Rawlings. Les fruits de la croissance restent défendus.

Togo

Près d'un quart de siècle de régime militaire, sous la férule de l'exsergent-chef Étienne Gnassingbé Eyadéma, le « printemps de toutes les libertés », en 1991, avec ses grèves et

▼

République du Togo

Nature du régime : présidentiel. Transition vers une démocratie multipartiste engagée en mars 91.

Chef de l'État : Étienne Gnassingbé Eyadéma (depuis le 13.1.67).

Chef du gouvernement : Joseph Kokou Koffigoh (depuis le 26.8.91).

Monnaie : franc CFA (1 FCFA = 0,02 FF).

Langues : français (off.), ewe, mina, kabié.

manifestations contestataires, une « conférence nationale » qui, péniblement, devait mettre en place un gouvernement de transition démocratique, puis des massacres et des mutineries militaires et, enfin, le

contre-coup brutal de l'armée togolaise, recrutée au sein des Kabyé, l'ethnie présidentielle, et encadrée par... des officiers français : en 1991-1992, le Togo a parcouru tout le cycle qui mène d'une démocratisation avortée à la restauration autoritaire.

Assailli dans le palais du gouvernement, le 2 décembre 1991, fait prisonnier par des militaires fidèles au président Eyadéma, le Premier ministre Joseph Kokou Koffigoh n'en a pas moins affirmé « être libre de ses mouvements ». Le 14 décembre, il a négocié avec le chef de l'État un nouveau partage du pouvoir, incarné par un gouvernement « d'union nationale ». Tout en abandonnant alors le projet d'une « grève générale illimitée », à partir du 16 décembre, le Haut Conseil de la République, organe législatif dominé par les « forces du changement », est entré en opposition, à la fois contre le président et le Premier ministre. Selon la décision qu'il a prise en mars 1992, ni l'un ni l'autre ne pourrait se présenter aux prochaines élections présidentielles.

Tavio Amorni, le chef du Parti socialiste panafricain (PSP), qui avait été grièvement blessé dans un attentat à Lomé le 23 juillet, est mort quelques jours plus tard.

Stephen Smith

Afrique centrale

Cameroun, Centrafrique, Congo, Gabon, Guinée équatoriale, São Tomé et Principe, Zaïre
(Le Zaïre est traité p. 179.)

Cameroun

A l'issue d'une tournée de plus d'un mois à l'intérieur du pays — qui est resté sous contrôle militaire de mai à décembre 1991 —, l'annonce par le président Paul Biya, le 11 octobre, d'élections législatives anticipées — finalement organisées le 1er mars 1992 — a été la réponse à l'exigence de l'organisation d'une conférence nationale avancée par l'opposition.

▼

République du Cameroun

Nature du régime : présidentiel, multipartisme.
Chef de l'État : Paul Biya (depuis le 6.11.82).
Chef du gouvernement : Sadou Hayatou remplacé par Simon Achidu Achu le 10.4.92.
Monnaie : franc CFA (1 FCFA = 0,02 FF).
Langues : français, anglais (off.), diverses langues bantoïdes, bantou et autres.

Au terme d'une laborieuse concertation tripartite (gouvernement/ opposition/personnalités indépendantes), la signature en novembre 1991 d'une plate-forme se limitant à l'élaboration d'un nouveau code électoral et à l'engagement d'une révision de la Constitution a divisé de façon durable l'opposition. Celle-ci menait depuis mai les opérations «villes mortes» et «désobéissance civile», et multipliait les manifestations de rue, malgré une répression qui a fait plus de 300 morts en 1990-1991.

Les résultats des législatives anticipées qui n'ont accordé qu'une majorité relative (88 des 180 sièges)

au Rassemblement démocratique du peuple camerounais (RDPC), ancien parti unique, du président P. Biya, ont fait oublier qu'une partie plus que significative des opposants avait appelé au boycottage. Parmi eux, le Front social démocratique (SDF) de John Fru Ndi, dominant dans la région ouest anglophone, l'Alliance pour le redressement du Cameroun et quelques ténors de la politique camerounaise. De plus le corps électoral avait été sensiblement réduit par des mesures administratives.

Toutefois, le RDPC a été contraint à une alliance (deux ministres pour six députés) avec un petit parti implanté dans l'extrême nord, le Mouvement pour la défense de la République (MDR) de Dakolé Daïssala, emprisonné de 1984 à 1990. Dirigeant l'État depuis 1982, P. Biya, dans la perspective de la présidentielle d'avril 1993, a nommé pour la première fois un Premier ministre anglophone, Simon Achidi Achu, pour contrer le très populaire Fru Ndi, qui devrait être candidat, et a fait la part belle dans son gouvernement aux originaires des régions frondeuses. L'ancien Premier ministre, Bello Bouba Maïgari, s'est «mis en réserve de la République», son parti, l'Union nationale pour la démocratie et le progrès (UNDP) obtenant 68 sièges ; la fraction officiellement reconnue de l'Union des populations du Cameroun (UPC) de Francis Kodock, avec 18 sièges, a recueilli les dividendes de l'histoire prestigieuse d'une formation aujourd'hui divisée.

Bien que le pays, plongé depuis 1985 dans une profonde crise économique, n'ait pu mener à bien son premier programme d'ajustement structurel, le FMI en a approuvé un second en décembre, encouragé par la France qui a versé 600 millions FF de prêts d'ajustement en 1991. Le Club de Paris a rééchelonné la dette publique en janvier 1992, mais la dette intérieure a obéré l'activité économique du pays, longtemps entravée par les opérations « villes mortes ». Des campagnes coton et café médiocres en 1990-1991, la baisse de la production pétrolière (7 millions de tonnes en 1991 et 4 prévues pour 1995, contre 10 en 1985) ont assombri l'avenir économique d'un État dont les prochaines échéances électorales (municipales en octobre 1992 et présidentielles en 1993) semblaient pouvoir réserver des surprises.

Centrafrique

La République centrafricaine ne vit plus officiellement en régime de parti unique, mais depuis qu'il a exprimé, le 31 août 1991, son accord pour l'organisation d'un grand débat national, le général André Kolingba, le chef de l'État, n'a cessé de retarder les échéances. Il a reçu en septembre 1991 les représentants de l'opposition, qui est notamment animée par Abel Goumba et regroupée

▼
République centrafricaine

Nature du régime : présidentiel, multipartisme autorisé depuis août 91.
Chef de l'État : général André Kolingba (depuis le 1.9.81).
Premier ministre : Edouard Franck (depuis le 11.3.91.)
Monnaie : franc CFA (1 FCFA = 0,02 FF).
Langues : français, sango.

dans le Comité de coordination pour la convocation d'une conférence nationale (CCCCN) ; il a nommé en octobre un médiateur entre les pouvoirs publics et les partis politiques et annoncé le retour aux libertés syndicales pour le 1er novembre. Elles avaient été suspendues le 6 juillet 1991 par un décret du Pré-

Afrique centrale

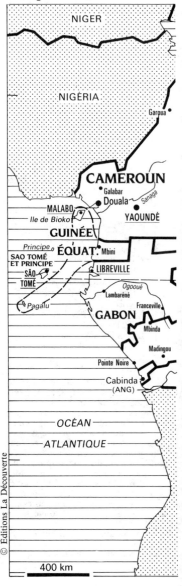

© Éditions La Découverte

400 km

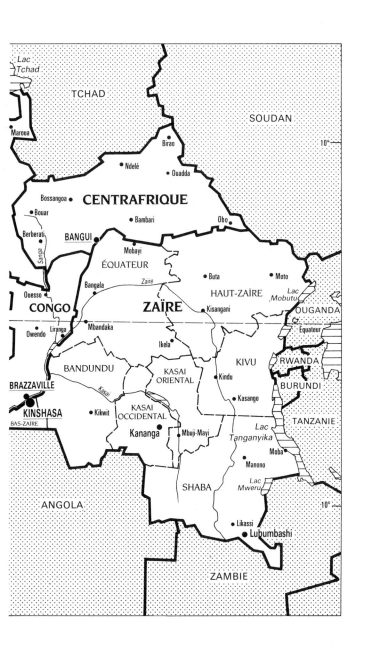

Afrique centrale

INDICATEUR		CAMEROUN	CENTR-AFRIQUE	CONGO	GABON
	Capitale	Yaoundé	Bangui	Brazzaville	Libreville
	Superficie (km²)	475 440	622 980	342 000	267 670
	Développement humain (IDH) ª	0,313	0,159	0,372	0,545
DÉMOGRAPHIE	Population* (million)	12,23	3,13	2,34	1,21
	Densité (hab./km²)	25,7	5,0	6,9	4,5
	Croissance annuelle ᶜ (%)	3,4	2,9	3,3	3,3
	Indice de fécondité (ISF) ᶜ	6,9	6,2	6,3	5,3
	Mortalité infantile (‰) ᶜ	86	95	65	94
	Espérance de vie (année) ᶜ	55	51	55	34
	Population urbaine (%) ª	41	47	40	46
CULTURE	Analphabétisme (%) ª	45,9	62,3	43,4	39,3
	Scolarisation 12-17 ans (%) ª	57,0	29,9	..	..
	Scolarisation 3ᵉ degré (%)	2,9 ᵇ	1,3 ᶠ	5,7 ᶠ	4,2 ᶠ
	Téléviseurs ᵇ (‰ hab.)	21,8	3,4	4,5	35,6
	Livres publiés (titre)	22 ᵏ	..	..	..
	Nbre de médecins (‰ hab.)	0,07 ᵍ	0,04 ⁱ	0,12 ⁱ	0,36 ⁱ
ARMÉE	Armée de terre (millier d'h.)	6,6	3,5	10	3,25
	Marine (millier d'h.)	0,8	—	0,5	0,5
	Aviation (millier d'h.)	0,3	0,3	0,5	1
ÉCONOMIE	PIB (million $)	11 233 ª	1 194 ª	2 296 ª	3 654 ª
	Croissance annuelle 1980-90 (%)	2,9	1,4	3,2	0,8
	1991 (%)	− 4,6	− 2,0	− 7,0	1,0
	Par habitant ($)	940 ª	390	1 010 ª	3 220 ª
	Dette extérieure totale (million $)	6 400	980	5 200	4 000
	Service de la dette/Export. (%)	15,0	12,0	18,0	14,0
	Taux d'inflation (%)	3,0	− 2,4	9,9	2,5
	Dépenses de l'État Éducation (% PIB)	3,3 ᵇ	2,9 ʰ	5,1 ⁱ	5,6 ʰ
	Défense (% PIB)	1,6	1,7	4,4 ʰ	4,1 ᵇ
	Prod. d'énergie ᵇ (millier TEC)	11 774	9	10 579	15 767
	Consom. d'éner. ᵇ (mil. TEC)	2 895	135	783	1 417
COMMERCE	Importations (million $)	1 265	220	550	825
	Exportations (million $)	1 720	150	1 250	2 050
	Principaux fournis. ª (%)	PCD 75,6	PCD 41,0	PCD 86,1	PCD 80,0
		Fra 37,3	Fra 22,8	Fra 41,5	Fra 47,0
		PVD 18,6	Cam 14,1	PVD 12,7	PVD 19,8
	Principaux clients ª (%)	CEE 68,6	Bel 61,8	E-U 37,0	PCD 86,0
		Fra 31,7	Fra 9,5	CEE 57,8	Fra 35,4
		PVD 20,8	PVD 12,9	Ita 25,3	PVD 13,2

	GUINÉE ÉQUATOR.	SÃO TOMÉ & PRINCIPE	ZAÏRE
	Malabo	São Tomé	Kinshasa
	28 050	960	2 345 410
	0,163	0,374	0,262
	0,36	0,12	36,67
	12,8	127,8	15,6
	2,6	2,3	3,2
	5,9	..	6,1
	117	70 [a]	75
	48	62 [a]	54
	29	41	39
	49,8	37,0	28,2
	47,5	..	46,0
	6,1 [b]	..	2,1 [f]
	8,7	..	0,9
	17 [f]	..	..
	..	0,39 [h]	..
	1,1	..	22
	0,1	..	1,2
	0,1	..	2,5
	136 [a]	43	8 117 [a]
	2,9 [e]	− 1,5	1,6
	− 1,0	0,5	− 2,0
	330 [a]	362	230 [a]
	260	162	10 500
	15,0	33,0	10,0
	− 7,1	..	4 228,5
	1,4 [f]	4,3 [j]	0,9 [f]
	..	..	2,0 [f]
	—	1	2 623
	51	17	2 213
	47 [a]	20	1 320
	38 [a]	5	1 400
	PCD 35,7	CEE 58,9	PCD 84,9
	Fra 11,3	E-U&C [d]	
		29,5	Bel 27,6
	Cam 61,5	PVD 0,8	Chi 4,1
	PCD 93,7	CEE 97,7	E-U 12,9
	Esp 17,6	PVD 0,9	CEE 76,2
	Ita 28,7	Chi 0,4	Bel 56,0

Chiffres 1991, sauf notes : a. 1990; b. 1989; c. 1990-95; d. États-Unis et Canada; e. 1980-89; f. 1988; g. 1981; h. 1987; i. 1984; j. 1986; k. 1979.
(*) Dernier recensement utilisable : Cameroun, 1987; Congo, 1984; Gabon, 1981; Guinée équatoriale, 1983; São Tomé et Principe, 1981; Zaïre, 1984; Rép. centrafricaine, 1975.

mier ministre, confronté à une longue grève du secteur public (d'avril à juillet) et du secteur privé (juin), et à des opérations « villes mortes », à l'initiative de l'Union syndicale des travailleurs centrafricains et de la Coordination des élèves et étudiants.

Des manifestations pour l'amnistie générale et la convocation d'une conférence nationale, qui ont fait plusieurs victimes à partir d'août 1991, ont rythmé une vie politique du pays apparemment bloquée. Pour le chef de l'État, peu sensible aux pressions de l'épiscopat, « le peuple centrafricain ne doit pas suivre servilement les autres ». Le 11 mai 1992, le général Kolingba a signé un décret portant création d'une commission nationale préparatoire au « débat national », sans tenir compte du contenu des 72 jours de négociations avec l'opposition.

Minée par les grèves, l'économie de la Centrafrique s'est dégradée : 50 % à 80 % de la production de diamants commercialisée en fraude, déclin de l'exploitation forestière, du café et du coton. Semblant ignorer l'existence des forces démocratiques, la France, premier partenaire commercial, a maintenu 1 200 parachutistes dans les bases de Bangui et de Bouar. Elle a apporté plusieurs aides budgétaires exceptionnelles en 1991, pour le paiement des salaires, et le colonel français Jean-Claude Mansion est resté à la tête de la garde présidentielle qu'il a dirigée pendant toutes les années quatre-vingt, contribuant à la montée d'un réel sentiment anti-français dans le pays.

Congo

Une période de transition politique s'est ouverte au Congo le 10 juin

BIBLIOGRAPHIE

J. CHAMPAUD, « Cameroun : au bord de l'affrontement », *Politique africaine*, n° 44, Paris, déc. 1991.

R. FEGLEY, *Equatorial Guinea : an African Tragedy*, Peter Lang Verlag, Berne, 1990.

P. GAILLARD, *Le Cameroun*, L'Harmattan, Paris, 1989, 2 tomes.

F. GAULME, *Le Gabon et son ombre*, Karthala, Paris, 1988.

M. LINIGER-GOUMAZ, *Brève histoire de la Guinée équatoriale*, L'Harmattan, Paris, 1988.

C. MONGA, « Cameroun : comment le pouvoir freine l'ouverture ? », *Le Monde diplomatique*, Paris, juil. 1991.

R. POURTIER, *Le Gabon*, L'Harmattan, Paris, 1989, 2 tomes.

« Spécial Gabon », *Marchés tropicaux et méditerranéens* n° 2404, Paris, déc. 1991.

« Spécial RCA », *Marchés tropicaux et méditerranéens*, n° 2403, Paris, nov. 1991.

Voir aussi la bibliographie « Zaïre » dans la section « 34 États ».

1991, à l'issue d'une conférence nationale houleuse de plus de trois mois, qui a élu Premier ministre André Milongo, ancien administrateur de la Banque mondiale, l'évêque Ernest Kombo présidant quant à lui le Conseil supérieur de la République (CSR). Organe législatif de transition, le CSR, reflétant l'équilibre régional et politique du pays, a souvent contesté l'action gouvernementale.

▼
République du Congo

Nature du régime : présidentiel, multipartisme.

Chef de l'État (au 31.7.92) : général Denis Sassou Nguesso (depuis le 31.3.79) [battu aux élections d'août 1992].

Premier ministre : Louis Sylvain N'Guesso remplacé par André Milongo le 6.6.91.

Monnaie : franc CFA (1 FCFA = 0,02 FF).

Langues : français (off.), langues du groupe bantou.

Entretenant des relations conflictuelles avec les tout-puissants groupes pétroliers Elf (France) et Agip (Italie),

le gouvernement Milongo a dû faire face aux protestations de la Confédération syndicale congolaise, hostile à son plan, qui a finalement été adopté par le CSR en février 1992. Ce plan s'est fixé pour objectif de restructurer les entreprises publiques et de réduire de 80 000 à 55 000 les effectifs d'une pléthorique fonction publique d'ici à 1995. L'épreuve de force avec l'armée, en janvier 1992, s'est conclue par un remaniement du gouvernement et l'ouverture des « États généraux de l'armée » en février.

La perspective d'augmenter de moitié la production pétrolière est restée lointaine (1995) pour ce pays laissé en faillite par le chef de l'État, le général Sassou N'Guesso, cantonné depuis la conférence dans un rôle honorifique. Les nouvelles autorités du pays, qui est le plus endetté d'Afrique par habitant, ont souffert de la réticence des bailleurs de fonds, en particulier de la France avec laquelle les relations se sont détériorées au profit des États-Unis.

Après le référendum constitutionnel de mars 1992, les élections municipales de mai ont confirmé l'effondrement du Parti congolais du travail (PCT), ancien parti unique d'obédience marxiste, et l'émergence du Front pour la défense de la démocratie (conservateur), autour de Pascal Lissouba, et des Forces républicaines (progressistes), autour de Bernard Kolélas ; l'organisation d'élections législatives et présidentielles devant clore la transition en août.

Gabon

Signe des temps « nouveaux », dans la périphérie de Libreville, le carrefour *Bongo debout* est devenu, à la fin 1991, « place de la Paix » et la statue dorée du président Omar Bongo, don de la Corée du Nord, devait céder sa place à un « monument de la paix ». Quelques détenus, « anciens conjurés », ont été libérés en décembre 1991.

▼

République gabonaise

Nature du régime : présidentiel, multipartisme.
Chef de l'État : Omar Bongo (depuis le 28.11.67).
Premier ministre : Casimir Oyé Mba (depuis le 27.4.90).
Monnaie : franc CFA (1 FCFA = 0,02 FF).
Langues : français (off.), langues du groupe bantou.

Pourtant, disposant de 54 des 120 sièges de l'Assemblée, l'opposition, regroupée dans la Coordination de l'opposition démocratique (COD), a dû réitérer, par la voix de Me Louis Agondjo Okawa, sa demande de dissolution de la garde présidentielle et des milices, quand elle a été reçue par le chef de l'État en octobre 1991. Le Premier ministre, surmontant une brève crise politique en juin 1991, a conservé son poste : ayant obtenu en octobre le réaménagement d'une dette dont le montant est préoccupant, il s'est attaqué au dossier des sociétés parapubliques. Mais la fragile reprise économique, notamment liée à la hausse des revenus pétroliers (40 % des recettes budgétaires du pays en 1992) — l'uranium et le manganèse

connaissent un repli —, n'a pas endigué le mécontentement social, lequel s'est amplifié à partir de janvier 1992. Grèves des magistrats, des enseignants, fermeture de l'Université en février, journées « villes mortes » à l'appel de la COD en mars à la suite de la mort d'une manifestante : le Parti gabonais du progrès (PGP) de Me L. Agondjo et le Rassemblement national des bûcherons de Paul Mba Abessolé, principales organisations d'opposition, n'ont pas entendu « l'appel à la conscience nationale » du président Bongo, au pouvoir depuis 1967, et dont le mandat s'achèvera en 1993...

Guinée équatoriale

Relativement coupée du reste du monde, la Guinée équatoriale n'a pas vraiment connu de « frisson démocratique », même si le gouvernement formé le 23 janvier 1992 a associé des personnalités présentées comme proches de l'opposition. Les arrestations d'opposants ont repris dès février. Le référendum constitutionnel du 17 novembre 1991 a été qualifié de « mascarade » par une opposition réduite à la clandestinité ou à l'exil

▼

République de Guinée équatoriale

Nature du régime : présidentiel, parti unique *de fait* (Parti démocratique de Guinée équatoriale, PDGE).
Chef de l'État et du gouvernement : Teodoro Obiang Nguema Mbasogo (depuis le 3.8.79).
Monnaie : franc CFA (1 FCFA = 0,02 FF).
Langues : espagnol (off.), langues du groupe bantou, créole.

et principalement animée par l'Union pour la démocratie et le développement social (UDDS). La Constitution prévoit le multipartisme, mais la loi régissant les partis, promulguée le 8 janvier 1992 par le chef de l'État, Teodoro Obiang Nguema Mbasogo, a imposé de telles contraintes que le Parti démocratique de la Guinée équatoriale (PDGE), celui du président, restait un parti unique de fait à la mi-1992.

Cet État très endetté (cinq fois la valeur annuelle des exportations) a bénéficié d'un rééchelonnement en septembre 1991 et d'un nouveau prêt du FMI en décembre. La mise en exploitation du champ pétrolier d'Alba devrait augmenter le PIB de 15 % en 1992.

São Tomé et Principe

En dépit de tensions sociales nées de l'application du plan de restructuration de l'économie adopté en août 1991 sous l'égide du FMI et de la Banque mondiale, le Parti de la convergence démocratique (PCD), au pouvoir depuis janvier 1991, a poursuivi une alternance politique plutôt exemplaire dans ce pays où le parti unique était la règle depuis l'indépendance en 1975.

Toutefois, certains responsables de l'ancien régime, regroupés au sein du Mouvement de libération de São Tomé et Principe-Parti social-démocrate (MLSTP-PSD), ont été mis en difficulté. La forte dévaluation de la monnaie nationale, le dobra, la hausse des prix des produits de base et le triplement de celui de l'essence ont entraîné des grèves et le président Miguel Trovoada a changé de Premier ministre : l'ancien ministre des Finances, Norberto Costa Alegre, a remplacé Daniel Daio le 11 mai 1992.

République démocratique de São Tomé et Principe

Nature du régime : présidentiel, multipartisme.
Chef de l'État : Miguel Trovoada (depuis le 3.3.91).
Premier ministre : Daniel Lima Dos Santos Daio remplacé par Norberto Costa Alegre le 11.5.92.
Monnaie : dobra (1 dobra = 0,019 FF au 30.3.92).
Langues : portugais (off.), créole, ngola.

São Tomé et Principe, dont la dette a été réaménagée, a reçu des engagements substantiels de la Banque mondiale (pour le programme d'ajustement structurel), des États-Unis et du Portugal (pêche) et de la France (cacao).

Guy Labertit

Afrique de l'Est

Burundi, Kénya, Ouganda, Rwanda, Tanzanie

Burundi

La démocratisation du régime décidée par le chef de l'État, le major Pierre Buyoya, au lendemain des affrontements interethniques d'août 1988 — qui avaient opposé des groupes tutsi (majoritaire) et hutu (15 % de la population) — et patronnée par l'ex-parti unique, l'UPRONA (Union pour le progrès national), s'est poursuivie par une voie consensuelle. Elle a débouché sur l'adoption par référendum le 9 mars 1992 (90 % de «oui») d'une Constitution de type parlementaire présidentielle garantissant un État de droit, et sur l'apparition d'un multipartisme en mai 1992. L'évolution politique a été accompagnée de mesures favorisant la réconciliation nationale : la poursuite du rééquilibrage ethnique dans l'appareil d'État, la réintégration des anciens réfugiés dans les pays voisins, la suppression de la Cour de sûreté de l'État et la création d'un Conseil national de sécurité, la libéralisation de la presse et, enfin, la mise en place de nouvelles orientations et procédures plus rigoureuses de gestion budgétaire.

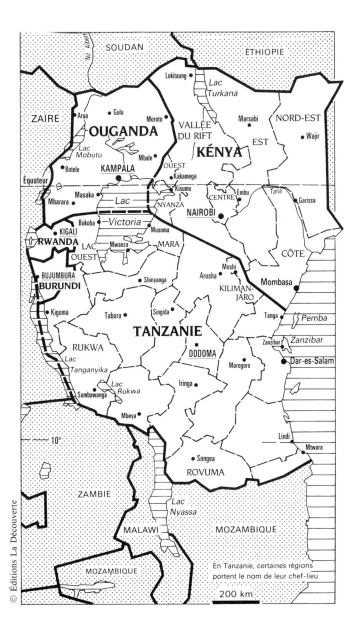

SOUDAN

ÉTHIOPIE

Nil Albert

Lokitaung

Lac
Turkana

ZAÏRE

Arua • • Gulu

Moroto

Marsabi

NORD-EST

OUGANDA

VALLÉE
DU RIFT

EST

• Wajir

Lac
Mobutu

• Mbale

KÉNYA

Butele •

KAMPALA

OUEST

Équateur

• Kakamega

Mbarara •

Masaka •

Lac

Kisumu

CENTRE

Embu •

Tana

• Garissa

KIGALI

ᵾ RWANDA

Bukoba •

— Victoria —

NYANZA

NAIROBI

Musoma •

LAC
OUEST

Mwanza •

MARA

CÔTE

BUJUMBURA
BURUNDI

• Shinyanga

Arusha •

Moshi •

Mombasa

KILIMAN-
JARO

• Kigoma

Tabora •

Singida •

Tanga •

Pemba

TANZANIE

Zanzibar •

Zanzibar

RUKWA

DODOMA

Morogoro •

Dar-es-Salam

Lac
Tanganyika

Iringa •

Sumbawanga •

Lac
Rukwa

Mbeya •

10°

Lindi •

Mtwara •

• Songea

ROVUMA

ZAMBIE

Lac
Nyassa

MALAWI

MOZAMBIQUE

MOZAMBIQUE

En Tanzanie, certaines régions
portent le nom de leur chef-lieu

200 km

© Éditions La Découverte

Afrique de l'Est

INDICATEUR	UNITÉ	BURUNDI	KÉNYA	OUGANDA
Capitale		Bujumbura	Nairobi	Kampala
Superficie	km²	27 830	582 640	236 040
Développement humain (IDH) [a]		0,165	0,366	0,192
DÉMOGRAPHIE Population (*)	million	5,62	25,91	19,49
Densité	hab./km²	201,9	44,5	82,6
Croissance annuelle [c]	%	3,0	3,7	3,7
Indice de fécondité (ISF) [c]		6,8	6,8	7,3
Mortalité infantile [c]	‰	110	64	94
Espérance de vie [c]	année	50	61	53
Population urbaine [a]	%	6	24	10
CULTURE Analphabétisme [a]	%	50,0	31,0	51,7
Scolarisation 12-17 ans [a]	%	30,1	56,6	43,4
Scolarisation 3e degré	%	0,6 [d]	1,6 [b]	1,0 [d]
Téléviseurs [b]	‰ hab.	0,6	8,6	8,3
Livres publiés	titre	54 [f]	933 [f]	..
Nombre de médecins [g]	‰ hab.	0,05	0,10	0,05
ARMÉE Armée de terre	millier d'h.	5,5	19	
Marine	millier d'h.	0,05	1,1	70
Aviation	millier d'h.	0,15	3,5	
ÉCONOMIE PIB	million $	1 212	8 958 [a]	3 814 [a]
Croissance annuelle 1980-90	%	4,2	4,2	4,1
1991	%	4,9	4,0	4,0
Par habitant	$	216	370 [a]	220 [a]
Dette extérieure totale	million $	987	7 500	3 100
Service de la dette/Export.	%	38,7	35,0	71,1 [a]
Taux d'inflation	%	8,3	11,4	35,0
Dépenses de l'État Éducation	% PIB	3,2 [d]	6,5 [d]	3,4 [e]
Défense	% PIB	2,9 [d]	3,9 [f]	1,9 [a]
Production d'énergie [b]	millier TEC	20	343	85
Consom. d'énergie [b]	millier TEC	96	2 450	491
COMMERCE Importations	million $	266	2 300	610
Exportations	million $	85	1 200	180
Principaux fournis. [a]	%	PCD 54,9	CEE 38,8	PCD 59,5
	%	CEE 46,7	Jap 9,9	CEE 44,1
	%	PVD 41,2	PVD 38,8	Kén 20,2
Principaux clients [a]	%	PCD 95,7	PCD 56,9	PCD 89,7
	%	Bel 31,4	CEE 45,4	CEE 73,7
	%	RFA 30,1	PVD 35,3	PVD 10,3

RWANDA	TANZANIE
Kigali	Dodoma
26 340	945 090
0,186	0,268
7,43	26,60
282,1	28,1
3,5	3,8
8,0	7,1
112	97
51	55
8	33
49,8	35,0
33,5	51,2
0,6 [b]	0,2 [d]
..	1,0
207 [e]	363 [g]
0,03	0,04
5	45
—	0,8
0,2	1
1 979	2 917
1,0	2,3
– 1,0	2,5
266	110
800	5 216
15,0	12,6
10,7	22
4,2 [b]	3,7 [b]
1,6 [d]	1,9 [b]
22	79
206	947
267	1 400
94	430
Jap 13,3	CEE 48,8
CEE 44,5	Jap 8,3
PVD 37,1	PVD 28,4
PCD 36,3	PCD 60,1
CEE 27,0	RFA 15,6
Kén 56,4	PVD 38,1

Le succès d'un tel projet est allé à l'encontre des courants extrémistes, tant tutsi que hutu, dont les projets politiques ont paru compromis. Il en est résulté, de la part du Palipehutu (Parti pour la libération du peuple hutu), composé de réfugiés et d'exilés ainsi que de certains militaires, des tentatives de déstabilisation : des actions armées, en novembre 1991, donnèrent lieu à des affrontements sanglants avec l'armée et se renouvelèrent en mai 1992 dans le nord-ouest du pays ; une tentative avortée de coup d'État militaire en mars 1992 mit en cause l'ancien ministre des Affaires étrangères.

▼

République du Burundi

Nature du régime : présidentiel. Parti unique jusqu'en mai 92.
Chef de l'État, président du Comité militaire pour le salut national (CMSN) : major Pierre Buyoya (depuis le 3.9.87).
Premier ministre : Adrien Sibomana (depuis oct. 88).
Monnaie : franc burundais (1 franc = 0,028 FF au 30.3.92).
Langues : kirundi, français, swahili.

Le troisième gouvernement du Premier ministre, Adrien Sibomana, chargé de gérer la transition jusqu'aux élections générales prévues en janvier 1993, s'est engagé dans une politique économique d'ajustement structurel. L'action gouvernementale a par ailleurs dû compter, au plan régional, avec le contentieux burundo-rwandais concernant les réfugiés respectifs des deux pays.

Christian Thibon

Chiffres 1991, sauf notes : a. 1990 ; b. 1989 ; c. 1990-95 ; d. 1988 ; e. 1987 ; f. 1986 ; g. 1984.
(*) Dernier recensement utilisable : Burundi, 1979 ; Kénya, 1979 ; Ouganda, 1991 ; Rwanda, 1978 ; Tanzanie, 1988.

Kénya

C'est contraint et forcé que le président Daniel Arap Moi s'est résolu à autoriser le multipartisme, à la fin de l'année 1991. Le groupe consultatif de la Banque mondiale a suspendu toute aide financière au Kénya pour une durée de six mois lors de sa réunion à Paris les 25 et 26 novembre 1991, dans l'attente de réformes de fond tant dans les domaines politique qu'économique.

▼

République du Kénya

Nature du régime : présidentiel. Parti unique jusqu'en déc. 91.
Chef de l'État et du gouvernement : Daniel Arap Moi (depuis le 22.8.78).
Monnaie : shilling kényan (1 shilling = 0,18 FF au 28.2.92).
Langues : swahili, anglais, kikuyu, luo.

En effet, la corruption endémique a fini par exaspérer, d'autant plus que le recours à la répression n'a cessé de se banaliser. Les révélations sur l'implication d'un proche du président, le ministre de l'Énergie Nicholas Biwott, dans l'assassinat du ministre des Affaires étrangères, Robert Ouko, en avril 1990, ont servi de catalyseur à une opposition déterminée. En dépit de quelques concessions de façade (remaniement gouvernemental, limogeage puis brève arrestation en novembre 1991 de N. Biwott en personne), le régime n'a pu se refaire une virginité à temps.

Les sanctions internationales ont accéléré les difficultés de l'économie déjà perturbée par la sécheresse. Les mauvaises récoltes de maïs ont entraîné des importations alimentaires coûteuses pour un pays lourdement endetté (plus de 5,5 milliards de dollars en 1990-1991) et confronté à un déficit budgétaire en accroissement sensible (5,3 % du PIB). En février 1992, le Kénya ne disposait plus que de quatre jours de réserves en devises, alors que les bailleurs de fonds envisageaient de poursuivre le gel de leur assistance financière.

Bien qu'en difficulté, le président A. Moi n'a cependant pas renoncé à se maintenir au pouvoir. Tout débat sur d'éventuelles réformes constitutionnelles a été refusé tandis que le doute persistait, en juin 1992, sur la tenue d'élections législatives anticipées avant l'échéance normale de 1993.

L'opposition, légitimée dans son existence, n'a donc pas véritablement inversé le rapport des forces et s'est même trouvée fragilisée par l'incertitude calculée que le président a laissé planer. Il a su prévenir une désertion des membres du parti au pouvoir, la KANU (Union nationale africaine du Kénya), en brandissant l'arme des élections partielles pour tout élu qui ferait défection.

Les violences qui ont opposé, à partir de la fin de 1991, dans la Rift Valley et en Nyanza, des ressortissants de l'ethnie kalenjin à des membres des ethnies luo, luhya et kikuyu ont été attisées par le gouvernement qui cherchait à faire la preuve que le tribalisme est inhérent à toute politique de pluralisme. Fin avril 1992, on avait dénombré de 140 à 200 victimes. A Nairobi, ce sont les mères des prisonniers politiques qui ont fait face à la répression, tandis que les Églises chrétiennes, une fois de plus, ont dénoncé la responsabilité du pouvoir dans les exactions.

Les difficultés rencontrées par l'opposition ont été accentuées par ses divisions. Si le Parti démocratique de l'ancien vice-président Mwai Kibaki jouit d'une relative cohérence, sa représentativité est réduite. En revanche, le principal mouvement d'opposition, le FORD (Forum pour la restauration de la démocratie), a connu une intense bataille interne entre factions rivales dominées par des hommes politiques chevronnés (Oginga Odinga, Kenneth Matiba, Martin Shikuku) ou plus jeunes, mais pas moins pressés, tel le brillant Paul Muite.

Daniel Bourmaud

Ouganda

En 1991-1992, les deux problèmes principaux de l'Ouganda ont été, sur le plan économique, l'effondrement des prix du café et, sur le plan politique, le maintien de l'insécurité dans les régions nord et est du pays.

Depuis 1989, les prix du café n'ont cessé de baisser, situation tragique pour un pays dont 95 % des ressources à l'exportation provenaient de cette denrée. La diversification des exportations vers les produits vivriers a fait baisser cette proportion à 70 % en 1991, mais les rentrées globales n'ont cessé de diminuer, amenant le service de la dette (1,8 milliard de dollars) à représenter 60 % des rentrées en devises pour 1990-1991.

Dans de telles conditions, l'aide internationale a tenu une part croissante dans le financement de la balance des paiements. Les engagements pris par le Club de Paris en mars 1991 se sont situés à 850 millions de dollars pour 1991-1992. Mais ils ont été assortis d'un certain nombre de « demandes » qui ont eu des effets variables : la mise à pied de 34 000 fonctionnaires sur les 120 000 restants (60 000 avaient déjà été licenciés en 1990-1991) ; un programme de privatisations extensives, concernant notamment les biens des Asiatiques saisis lors de leur expulsion en 1972 ; enfin, une réduction du montant des dépenses militaires qui ont représenté 39 % des dépenses du budget 1990-1991.

Ce dernier point devrait être particulièrement difficile à tenir pour le régime du président Yoweri Museveni, car plusieurs foyers de troubles armés ont continué d'exister en Ouganda : l'Armée ougandaise du peuple (UPA), guérilla qui opère dans les districts de Kumi et de Soroti (est du pays) ; au nord-est, dans le Karamoja, des bandes de « raiders » (voleurs de bétail) ont continué de sévir. Enfin, les « survivants » du mouvement messianique de la prophétesse Alice Lakwena ont continué d'opérer dans les districts de Kitgum et de Gulu (nord du pays) où ils ont pallié leur impopularité croissante par un regain de violence. La grande offensive dirigée par le général David Tinyefuza en avril 1991, si elle a permis de réduire l'insécurité, n'est cependant pas parvenue à la supprimer et, avec près de 120 000 hommes, l'armée demeure un gouffre budgétaire.

Sur le plan politique, la grande question est restée la recherche d'institutionnalisation du régime. Depuis la prise du pouvoir de 1986 existe en effet un vide constitutionnel. La tentative pour créer une forme originale de « démocratie de base » (conseils de résistance élus à cinq niveaux, de la paroisse au niveau national), si elle semble populaire aux niveaux inférieurs, est contestée aux niveaux supérieurs, notamment au niveau national, comme étant non représentative, à cause de l'interdiction faite aux anciens partis politiques de se présenter sous leurs couleurs. Le président Y. Museveni a promis, le 26 janvier 1992, l'aboutissement proche des travaux de la Commission constitutionnelle et la tenue d'élections législatives en 1994, mais sans préciser si les anciens partis seraient autorisés à y prendre part.

Gérard Prunier

Rwanda

En 1991-1992, le Rwanda a traversé une transition démocratique délicate et conflictuelle. L'enlisement du pays dans une guerre larvée depuis octo-

BIBLIOGRAPHIE

D. BOURMAUD, *Histoire politique du Kénya : État et pouvoir local*, Karthala, Paris, 1988.

F. CONSTANTIN (sous la dir. de), *Les Voies de l'islam en Afrique orientale*, Karthala, Paris, 1987.

H.B. HANSEN, M. TWADDLE (sous la dir. de), *Changing Uganda*, J. Currey, Londres, 1991.

D. HELBIG, « Rwanda : de la dictature populaire à la démocratie athénienne », *Politique africaine*, n° 44, Paris, 1991.

D.-C. MARTIN, « Le multipartisme, pour quoi faire ? Les limites du débat politique : Kénya, Ouganda, Tanzanie, Zimbabwe », *Politique africaine*, n° 43, Paris, 1991.

D.-C. MARTIN, *Tanzanie : l'invention d'une culture politique*, Karthala/Presses de la FNSP, Paris, 1989.

M.-G. SCHATZBERG, *The Political Economy of Kenya*, Praeger, New York, 1987.

C. THIBON, « Les événements de novembre-décembre 1991 au Burundi », *Politique africaine*, n° 45, Paris, 1992.

bre 1990, date de l'offensive du Front patriotique rwandais (FPR), qui s'est prolongée durant l'année 1991 par des actions de guérilla, a résulté des échecs répétés de compromis passés entre le FPR, composé en majorité de réfugiés tutsi, et les tenants du pouvoir central dominé par l'ex-parti unique et replié autour du président Juvénal Habyarimana. Malgré les tentatives de médiation internationales, régionales et, en octobre 1990, l'intervention française « militaro-humanitaire » qui, en perdurant, a tendu à cautionner le régime en place, les partis en présence ont privilégié une stratégie d'affrontement espérant un dénouement militaire sans cesse repoussé. Un accord entre le FPR et le gouvernement a été conclu le 8 juin 1992, mais, à lui seul, il ne semblait pas suffire à ramener la paix.

Pourtant, les concessions (dont la liberté d'expression et l'autorisation de pluripartisme) ont enclenché un processus vers la réconciliation nationale : la constitution d'un gouvernement ouvert à toutes les composantes de l'opposition légaliste intérieure et dirigé par Dismas Nsengiyaremye en avril 1992, le début

d'un rééquilibrage de l'appareil d'État, la définition d'un calendrier politique prévoyant une conférence nationale, une nouvelle Constitution et des échéances électorales ont laissé espérer à terme un règlement politique.

▼

République rwandaise

Nature du régime : présidentiel. Parti unique jusqu'en juin 1991. Multipartisme reconnu ensuite.

Chef de l'État : Juvénal Habyarimana (depuis le 5.7.73).

Chef du gouvernement : Dismas Nsengiyaremye (depuis avr. 92).

Monnaie : franc rwandais (1 franc = 0,045 FF au 30.3.92).

Langues : kinyarwanda, français, swahili.

Mais les manipulations de l'opinion publique, les opérations de déstabilisation et les risques de régionalisation du conflit se sont multipliés et ont entretenu un radicalisme ethnique que la société civile avait jusque-là évité. De plus, cette crise politico-militaire a pesé sur un pays qui a dû faire face à des contraintes financières et économiques alourdies par la mobilisation militaire.

Christian Thibon

Tanzanie

Le 19 février 1992, une nouvelle étape a été franchie dans la lente marche du pays vers le multipartisme : la conférence extraordinaire du Parti de la révolution (Chama Cha Mapinduzi, CCM) en a formellement accepté le principe. Le débat public s'est poursuivi parmi les intellectuels et les élites, tandis que la population était avant tout concernée par la disparition des pénuries, de la corruption et l'arbitraire des petits chefs locaux.

▼

République unie de Tanzanie

Nature du régime : présidentiel, parti unique (Chama Cha Mapinduzi, CCM).

Chef de l'État : Ali Hassan Mwinyi (depuis le 27.10.85).

Chef du gouvernement : John Malecela (depuis le 8.11.90).

Monnaie : shiling tanzanien (1 shilling = 0,022 FF au 30.3.92).

Langues officielles : swahili, anglais.

Le président Ali Hassan Mwinyi s'est appliqué à canaliser le processus, notamment par le biais d'une commission chargée de recueillir l'avis des citoyens à travers le pays. Parallèlement, Horace Kolimba, le secrétaire général du CCM, s'est efforcé de démocratiser le parti de l'intérieur, malgré les réticences de la vieille garde ; et le Premier ministre, John Malecela, a laissé se réunir et s'exprimer les opposants.

L'opposition est restée diverse. Outre les exilés, le Comité national pour la réforme constitutionnelle (NCCR) a été affaibli par la rivalité existant entre Abdallah Fundikira, chef traditionnel respecté, ancien ministre du premier gouvernement de Julius Nyerere (le «père de l'indépendance »), et un avocat, Mabere Marando. En août 1991, A. Fundikira a fondé l'Union pour la démocratie multipartisane (UMD).

Le Front commun maintenu notamment entre le NCCR, l'UMD et d'autres ne s'est cependant pas élargi aux opposants des îles Pemba et Zanzibar. Pour ceux-ci, réunis dans le comité Kamahuru, l'enjeu principal, au-delà du pluralisme, a été l'avenir de l'union avec le territoire continental. La dynamique a été relancée par la libération en novembre 1991 de Seif Hamad, ancien ministre principal de Zanzibar, symbole de la libéralisation politique et économique. Toutefois, la liberté d'expression est restée plus limitée sur les îles que sur le continent. Par ailleurs, si le projet gouvernemental, à la mi-1992, de n'autoriser que des partis nationaux, recrutant dans toutes les composantes de la Tanzanie, est retenu, la spécificité zanzibarite aura encore de la peine à s'exprimer.

Au plan économique, pouvoir et opposition se sont à peu près convaincus de la nécessité de passer par les mesures d'ajustement structurel. L'extension des champs d'intervention possible du secteur privé, tant national qu'étranger, a fait l'objet de mesures législatives (banques, commerces), et l'on a observé une certaine reprise des entreprises de transformation (bitume, cycles...). La mission d'inspection du FMI (janvier 1992) s'est révélée de ce fait satisfaite des efforts réalisés par les autorités de Dar es-Salaam dans l'application du programme renforcé d'ajustement structurel. La Tanzanie a donc pu continuer à bénéficier d'apports importants de crédits étrangers. Mais il faudra aussi que le pays y trouve son compte.

François Constantin

Djibouti, Érythrée, Éthiopie, Somalie
(Voir aussi p. 535.)

Djibouti

Après des accrochages isolés durant l'été, la guérilla lancée en janvier 1991, principalement afar, a mené plusieurs offensives durant l'automne et l'hiver et contrôlait au printemps 1992 les deux tiers du territoire. Le gouvernement a accusé les insurgés d'être d'anciens miliciens afars du dictateur éthiopien déchu,

▼

République de Djibouti

Nature du régime : présidentiel.
Chef de l'État (de fait chef du gouvernement) : Hassan Gouled Aptidon (depuis le 12.7.77).
Premier ministre : Hamadou Barkat Gourad (depuis le 21.9.78).
Monnaie : franc Djibouti (rattaché au dollar, 1 franc = 0,031 FF au 30.3.92).
Langues : arabe, français, afar et issa (ces deux dernières appartiennent au groupe des langues couchitiques).

Mengistu Haïlé Mariam, pour obtenir une aide militaire française qui lui fut refusée à cause de la faible crédibilité de l'argument. Les opposants se sont inquiétés pour leur part du recrutement par l'armée nationale de mercenaires somalis des pays voisins (Éthiopie et Somalie). Une médiation française au contenu ambigu a été acceptée par le président Hassan Gouled Aptidon en février 1992, à la suite d'importants revers militaires. Mais une nouvelle arrestation du porte-parole de l'opposition, le docteur Abate Ebbo, et une réorganisation de l'armée ont eu lieu tandis qu'étaient faites des déclarations sur le multipartisme et l'ouverture politique. Le pouvoir affirmait sa

volonté de négocier tout en préparant une nouvelle offensive. Malgré l'apparition d'une « troisième force » politique conduite par l'ancien ministre Djama Elabeh, l'issue de la crise paraissait encore éloignée.

Érythrée

Le calme et la sécurité qui ont régné en Érythrée à partir de juin 1991 ont contrasté avec les tensions qui se sont poursuivies en Éthiopie après la chute du régime de Mengistu Haïlé Mariam, fin mai 1991. Le meilleur argument en faveur de l'indépendance a été le retour de la paix, la fin des pénuries les plus criantes, l'assurance de pouvoir enfin vivre normalement. Le Front populaire de libération de l'Érythrée (FPLE) a mis en place un gouvernement provisoire et a acquis un contrôle total de l'appareil d'État.

Un référendum d'autodétermination devrait se tenir en avril 1993. Son résultat ne faisait guère de doute. Jusqu'à cette date, les autres organisations politiques ont été interdites, le FPLE promettant l'instauration d'un régime démocratique dès l'indépendance... Les bonnes relations avec le Soudan ont permis de fermer les bureaux des groupes rivaux, souvent discrédités, et elles demeurent une condition de l'hégémonie du FPLE en Érythrée. Les relations avec l'Égypte, le Yémen et Djibouti, très difficiles pendant la guerre, se sont normalisées grâce aux excellentes relations existant entre Asmara et Addis-Abéba ; celles avec l'Arabie saoudite sont restées tendues.

Les dirigeants érythréens, malgré l'aide internationale et le soutien américain, ont pu mesurer l'ampleur des problèmes économiques que rencontrera l'Érythrée indépendante,

Éditions La Découverte

D. = RÉP. DE DJIBOUTI

500 km

avec l'agriculture non irriguée comme principal secteur d'emploi. La dépendance vis-à-vis de l'Éthiopie et du Soudan demeure structurelle. Après les faibles pluies de 1991, la situation économique est restée préoccupante au point de limiter le retour des exilés, notamment d'environ 400 000 réfugiés de l'Est soudanais.

Éthiopie

Après la chute du régime de Mengistu Haïlé Mariam fin mai 1991 et l'entrée des maquisards du FDRPE (Front démocratique révolutionnaire du peuple éthiopien) à Addis-Abeba, la capitale, une «conférence nationale» s'est tenue début juillet 1991.

Le nouveau pouvoir s'est mis en place avec l'élection de Méles Zenawi à la présidence de la République pour deux ans et la nomination d'un gouvernement composé pour l'essentiel de techniciens, chargé de mettre en œuvre une politique de reconstruction nationale. Après quelques mois d'enthousiasme, la population a déchanté devant la multiplication des problèmes et l'apparent immobilisme du pouvoir.

Au niveau politique, plusieurs contradictions se sont développées. D'abord, les relations entre les deux principales composantes du nouveau régime, le Front de libération oromo (FLO) et le FDRPE, dirigé par Méles Zenawi, n'ont cessé de se dégrader, aboutissant plusieurs fois à des

Afrique du Nord-Est

	INDICATEUR	UNITÉ	DJIBOUTI	ÉRYTHRÉE	ÉTHIOPIE [b]	SOMALIE
	Capitale		Djibouti	Asmara	Addis-Abéba	Mogadiscio
	Superficie	km²	23 200	93 679	1 221 000	637 660
DÉMOGRAPHIE	Développement humain (IDH) [a]		0,084	..	0,173	0,088
	Population (*)	million	0,42	3,05 [b]	53,38	7,68
	Densité	hab./km²	18,2	32,5 [b]	43,7	12,0
	Croissance annuelle [c]	%	2,9	..	3,0	2,4
	Indice de fécondité (ISF) [c]		6,5	..	6,8	6,6
	Mortalité infantile [c]	‰	112	..	122	122
	Espérance de vie [c]	année	49	..	47	47
	Population urbaine [a]	%	81	15,3 [b]	13	36
CULTURE	Analphabétisme [a]	%	81,0	..	34,0	75,9
	Scolarisation 12-17 ans [a]	%	27,0	..	26,3	20,9
	Scolarisation 3e degré	%	..	..	0,8 [b]	3,0 [f]
	Téléviseurs [b]	‰ hab.	55,4	..	2,1	13,8
	Livres publiés [g]	titre	..	..	560	..
	Nombre de médecins	‰ hab.	0,2 [i]	0,02 [h]	0,01 [k]	0,06 [k]
ARMÉE	Armée de terre	millier d'h.	2,6	..	e	e
	Marine	millier d'h.	0,09	..	e	e
	Aviation	millier d'h.	0,08	..	e	e
ÉCONOMIE	PIB	million $	492 [b]	..	6 135	946 [a]
	Croissance annuelle 1980-90	%	1,6 [d]	..	1,9	1,1
	1989	%	− 0,8	..	2,4	6,9
	Par habitant	$	1 236 [b]	..	115	150 [a]
	Dette extérieure totale	million $	216	..	3 250 [a]	2 350 [a]
	Service de la dette/Export.	%	6,8 [a]	..	36,3 [a]	47,6 [b]
	Taux d'inflation	%	..	..	12,0	200,0
	Dépenses de l'État Éducation	% PIB	3,0 [b]	..	4,4 [h]	0,4 [i]
	Défense	% PIB	5,4 [i]	..	8,9 [b]	1,4 [b]
	Production d'énergie [b]	millier TEC	..	..	80	..
	Consom. d'énergie [b]	millier TEC	153	..	1 151	420
COMMERCE	Importations	million $	227	..	1 000	396 [a]
	Exportations	million $	25	..	290	139 [a]
	Principaux fournis. [a]	%	PCD 53,9	..	E-U 14,9	PCD 65,4
		%	Fra 19,7	..	CEE 38,8	Ita 30,8
		%	PVD 46,1	..	URSS 18,0	PVD 33,5
	Principaux clients [a]	%	PCD 9,1	..	PCD 68,4	Ita 28,7
		%	Som 43,6	..	CEE 45,5	PVD 56,7
		%	Yém 38,6	..	PVD 24,2	Ar S 23,4

affrontements armés sanglants dans le Balé, le Sidamo, le Hararghe. Les enjeux de cette rivalité sont apparus doubles : le FLO a accusé le FDRPE de vouloir miner son autorité sur le pays oromo (environ 40 % des districts du pays) et de confisquer la réalité du pouvoir aux dépens du gouvernement et du Parlement. Des critiques non dénuées de fondement, malgré une certaine liberté de parole et de presse. La marginalisation politique de l'ethnie qui dominait culturellement les Amhara s'est encore accentuée avec la démission du ministre des Finances. Le pouvoir a dû faire face à une hostilité à peine voilée de nombreux cadres amhara dont les réticences à son égard se sont manifestées par des dysfonctionnements importants de l'appareil d'État.

Ce quasi-effondrement de la machine administrative, conséquence de la guerre et de la nouvelle donne politique, a eu des effets désastreux sur l'économie et la sécurité dans plusieurs provinces du pays. En effet, les tensions ethniques se sont multipliées après la définition des nouvelles régions (ou futurs États) de l'Éthiopie. Celles-ci ont été définies suivant des frontières ethniques quelquefois problématiques, sans prendre en considération la variété des situations régionales, qui rend impossible un découpage qui fait fi de l'histoire et des liens non ethniques. Dans une telle logique, la lutte politique passe par l'affirmation communautaire et se traduit dans plusieurs régions, notamment le Hararghe et l'Ogaden, par des affrontements armés, des massacres, l'expulsion de minorités. Les élections locales qui devaient avoir lieu

Chiffres 1991, sauf notes : a. 1990; b. 1989; c. 1990-95; d. 1980-89; e. Les forces armées gouvernementales ne peuvent être clairement chiffrées, les armées rebelles ayant pris le pouvoir en 1991; f. 1985; g. 1980; h. 1987; i. 1986; j. 1988; k. 1984; l. Y compris Érythrée.
(*) Dernier recensement utilisable : Djibouti, 1961; Éthiopie, 1984; Somalie, 1986-87.

avant la fin mars 1992 ont dû être repoussées et, plus que jamais, le futur de l'État éthiopien est apparu incertain.

Le gouvernement a dû gérer les effets sociaux de la dissolution de l'armée de Mengistu : plus de 300 000 soldats ont été démobilisés en quelques semaines, sans espoir ou désir, pour beaucoup, de retourner dans leurs villages d'origine. Aussi l'insécurité dans les villes et dans la capitale n'a-t-elle cessé de croître. Au niveau économique, le nouveau pou-

▼

République d'Éthiopie

(Le territoire de l'Érythrée est dans les faits sous administration indépendante, contrôlé par le Front populaire de libération de l'Érythrée-FPLE.)

Nature du régime : république.
Chef de l'État : Mengistu Haïlé Mariam jusqu'en mai 1991. Après la chute du régime, Méles Zenawi a fait fonction de chef de l'État. Il a été confirmé par élection du Parlement le 24.7.91.
Premier ministre : Tamrat Layne.
Monnaie : berr (1 berr = 2,69 FF au 30.3.92).
Langues : amharique (off.), oromo, tigrinya, guragé, afar, somali, wälayta, etc.

voir s'est trouvé pris dans une contradiction tenant à son itinéraire idéologique. Ses dirigeants se sont rangés sous la bannière du libéralisme. Cependant, les cadres intermédiaires du FDRPE sont demeurés sensibles aux valeurs d'un marxisme-léninisme hier pro-albanais et ont créé dans les entreprises des comités de doléances ressemblant aux structures de contrôle de la période Mengistu. Le gouvernement éthiopien, après bien des hésitations, a accepté plusieurs mesures économiques importantes, comme la libéralisation du secteur des transports en mars 1992, et la dévaluation de la monnaie nationale en avril.

BIBLIOGRAPHIE

AFRICA WATCH, *Evil Days, 30 Years of War and Famine in Ethiopia*, Africa Watch Committee, New York, 1991.

AFRICA WATCH, PHYSICIANS FOR HUMAN RIGHTS, *No Mercy in Mogadishu*, Africa Watch Committee, New York, 1992.

M.-C. AUBRY, *Djibouti. Bibliographie fondamentale*, L'Harmattan, Paris, 1991.

D. COMPAGNON, « The Somali Opposition Fronts », *Horn of Africa*, n° 1-2, Summit (NJ), 1990.

C. LAPHAM, *Transformation and Continuity in Revolutionary Ethiopia*, Cambridge University Press, Cambridge, 1988.

I. LEWIS, *A Modern History of Somalia*, Westview Press, Boulder (CO), 1988.

R. MARCHAL, « Conflits et recomposition d'un ordre régional dans la Corne de l'Afrique », *Études internationales*, vol. XXII, n° 2, Université Laval, Québec, 1991.

J. MARKAKIS, *National and Class Conflict in the Horn of Africa*, Cambridge University Press, Cambridge, 1989.

G. PRUNIER, « A Candid View of the Somali National Movement », *Horn of Africa*, n° 3, Summit (NJ), 1991.

G. TEREKE, *Ethiopia : Power and Protest*, Cambridge University Press, Cambridge, 1991.

Au niveau international, l'Éthiopie a beaucoup bénéficié de ses excellentes relations avec les États-Unis, lesquels ont été sans cesse consultés et ont servi de médiateur avec le FMI. La normalisation des relations avec l'Occident devait lui garantir l'aide financière nécessaire pour sa reconstruction. Les rapports avec l'Érythrée — où, après la chute du régime éthiopien, a été mis en place un gouvernement provisoire sous le contrôle des indépendantistes — se sont détendus après la signature, en février 1992, d'un accord sur l'utilisation du port d'Assab qui permet l'accès à la mer Rouge et, par-delà le détroit de Bab el-Mandeb, à l'océan Indien. Le Soudan a touché les dividendes de son appui au

FDRPE, en faisant transiter des troupes par l'Éthiopie pour son offensive au sud en mars 1993.

Somalie

Le président du Congrès de la Somalie unifiée (USC), le général Hassan Farah Aydeed, n'a pas accepté les conclusions de la conférence de Djibouti tenue en juillet 1991 ; celles-ci entérinaient la nomination d'Ali Mahdi, président intérimaire depuis

▼

République démocratique de Somalie

(Une situation institutionnelle confuse s'est installée après la chute du régime de Siyad Barre, fin janv. 91, marquée par de fortes rivalités à Mogadiscio et une tentative de sécession du Nord.)

Nature du régime : république.

Chef de l'État : général Siyad Barre, puis Ali Mahdi Mohamed à partir du 29.1.91, après la chute du régime.

Chef du gouvernement : Mohamed Ali Samâtar ; remplacé par Omar Arteh Ghaleb (nommé le 21.1.91 par Siyad Barre et confirmé dans ses fonctions par le nouveau chef de l'État).

Monnaie : shilling somali.

Langue : somali.

---

janvier 1991, à la présidence de la république pour deux ans et ne reconnaissaient pas le rôle primordial joué par certains fronts armés dans la chute du régime de Siyad Barre, en janvier 1991. Les désaccords sur le partage des pouvoirs entre Aydeed et Ali Mahdi ont été relayés par des rivalités claniques à l'intérieur de la famille Hawiye représentée dans l'USC, et par une politique italienne interventionniste et déséquilibrée (l'Italie a été puissance coloniale de la Somalie du Sud, tandis que le Nord était britannique). Ils ont abouti à des affrontements en septembre, qui ont duré quatre jours, puis, surtout, de la mi-novembre au

début mars. Ces violences ont fait plus de 14 000 morts et de 27 000 blessés.

En avril, le dictateur déchu lança une offensive vers Mogadiscio, la capitale, escomptant trouver des adversaires affaiblis par leurs luttes internes. Sa déroute fut telle qu'il dut se réfugier au Kénya et ne paraissait plus capable de peser militairement en Somalie. Le général Aydeed sortit renforcé de cette bataille, alors qu'Ali Mahdi, qui avait déjà subi un revers militaire à Mogadiscio durant l'hiver, voyait ses partisans se diviser et sa position considérablement s'affaiblir. Dans le même temps, les combats reprenaient aux environs de Kismayo entre alliés de Aydeed et de Siyad Barre.

Après des mois de quasi-anarchie, les habitants de Mogadiscio tentèrent au printemps de s'organiser pour la réception de l'aide humanitaire promise lors de la médiation entreprise par l'ONU en février 1992 : un semblant de police était réorganisé alors que le cessez-le-feu était respecté. Cette amélioration de la situation, peut-être fragile, devait permettre aux premiers secours d'arriver dans la capitale où des milliers de personnes souffraient de la famine. Ailleurs, dans le sud de la Somalie, la sécurité demeurait meilleure, bien que plusieurs accrochages se fussent produits entre les fronts armés et le mouvement islamiste qui a connu une forte progression durant cette période. Une nouvell . « conférence de réconciliation nationale » était même annoncée par les Nations unies, particulièrement optimistes.

Le nord du pays, le Somaliland, a connu un calme relatif dans les mois qui suivirent le renversement de Siyad Barre. Le Mouvement national somalien (SNM) qui s'était érigé en gouvernement n'a pas réussi à obtenir le soutien international nécessaire à la reconstruction d'une région dévastée par la guerre, à cause de son incapacité à contrôler ses combattants, d'un banditisme très vi race, et de la réticence de la communauté internationale à soutenir sa décision d'indépendance unilatérale. La pénurie de ressources a exacerbé certaines contradictions latentes au sein de la direction du SNM et les tensions entre des clans qui avaient participé très inégalement à la lutte contre le dictateur. Des affrontements à Berbera et Burao ont manifesté l'éclatement du SNM, malgré plusieurs tentatives de médiation entreprises par des voies traditionnelles ou par des personnalités respectées.

Roland Marchal

Vallée du Nil

Égypte, Soudan

(L'Égypte est traitée p. 202. Voir aussi p. 35 et 535.)

Soudan

La junte militaire du général Omar el-Bechir, au pouvoir depuis la mi-1989 et parrainée par le Front national islamique (FNI) dirigé par Hassan el-Tourabi, a recherché une institutionnalisation plus grande en mettant en place en février 1992 une Assemblée nationale de transition

---

République du Soudan

Nature du régime : dictature militaire.
Chef de l'État et du gouvernement : Omar Hassan Ahmed-el-Bechir (depuis le 30.6.89).
Monnaie : livre soudanaise (1 livre = 1,36 FF au 30.12.91).
Langues : arabe (off.), anglais, dinka, nuer, shilluck, etc.

(dont tous les membres ont cependant été nommés…). Mais les services de sécurité ont paru toujours détenir la réalité du pouvoir en multipliant arrestations et mises à pied arbitraires, et en exerçant une répression plus sélective qu'auparavant. L'islamisation autoritaire de la société nord-soudanaise s'est donc poursuivie, malgré quelques oppositions, notamment au sein de l'université de Khartoum en automne 1991 et en février 1992. L'épuration de l'armée, motivée par des complots quelquefois fabriqués de toutes pièces, s'est poursuivie, mais le raccour-

cissement du couvre-feu en mars attestait la maîtrise de la situation par la junte militaire.

Cette consolidation du régime a été rendue possible grâce à l'aide économique et militaire qu'il a reçue de l'Irak, de la Libye, et surtout de l'Iran après la visite du président Hachemi Rafsandjani en décembre 1991. A l'inverse, les relations sont toujours restées au niveau le plus bas avec l'Égypte, l'Arabie saoudite et les États du Golfe. A côté de cette politique d'État, sous l'impulsion d'Hassan el-Tourabi et en étroite collaboration avec Téhéran, l'aide aux mouvements islamistes, notamment du Maghreb, s'est intensifiée, en leur fournissant argent, passeports diplomatiques, et en mettant des infrastructures soudanaises à leur disposition. Cette hospitalité accordée à des mouvements qualifiés de terroristes en Occident, autant que l'évolution de la situation politique en Algérie ont contribué à durcir l'attitude ou à accroître la méfiance des États-Unis et des États européens.

Après des mois de tergiversations, le gouvernement soudanais a opté pour une politique économique, présentant une incontestable cohérence, en conformité avec certaines exigen-

---

[Notes du tableau de la p. 302]

Chiffres 1991, sauf notes : a. 1990; b. 1989; c. 1990-95; d. 1980-89; e. 1980; f. 1988; g. 1985; h. 1984. (*) Dernier recensement utilisable : Égypte, 1986; Soudan, 1983.

BASSE
ÉGYPTE

SYRIE   IRAK

ISRAEL
JORDANIE

Marsa
Matrouh   Damiette   Port   El
Alexandrie   Saïd   Arich

Mansourah   *Canal
Gizeh*   de Suez*
LE CAIRE   Suez

DÉSERT   Beni Souef   ARABIE
El Minya   SAOUDITE
DÉSERT

ÉGYPTE   Assiout   Sohag   Safaga
Qéna
El Kharga   Louxor   Marsa
Alam

HAUTE

Barrage   Assouan
d'Assouan

ÉGYPTE   MER

Tropique
du Cancer   Halaib   ROUGE

NORD
Nil   Port
Soudan

Dangola   EST   Tokar

DARFUR   Atbara

KHARTOUM

TCHAD   Omdurman*   Kassala

SOUDAN   Ouad
Medani
El Fasher   Gedaref

El Geneina   El Obeid   Lac Tana

En Nahud   CENTRE
KORDOFAN   Er Roseires

Nil Bleu

Bahr   el Ghazal   Malakal
Raga   Uwayl   Nasir
NIL   ÉTHIOPIE
Wau   SUPÉRIEUR
BAHR-
EL GHAZAL

CENTRAFRIQUE   ÉQUATEUR   Juba

LIBYE   Sinaï   Nil Blanc

500 km

© Éditions La Découverte

Vallée du Nil *(voir notes p. 300)*

	INDICATEUR	UNITÉ	ÉGYPTE	SOUDAN
	Capitale		Le Caire	Khartoum
	Superficie	km²	1 001 449	2 505 810
	Développement humain (IDH) [a]		0,385	0,157
DÉMOGRAPHIE	Population (*)	million	54,61	25,93
	Densité	hab./km²	54,5	10,3
	Croissance annuelle [c]	%	2,2	2,9
	Indice de fécondité (ISF) [c]		4,0	6,3
	Mortalité infantile [c]	‰	57	99
	Espérance de vie [c]	année	62	52
	Population urbaine [a]	%	47	22
CULTURE	Analphabétisme	%	51,6	72,9
	Scolarisation 12-17 ans [a]	%	63,0	29,1
	Scolarisation 3e degré	%	19,6 [f]	2,9 [b]
	Téléviseurs [b]	‰ hab.	98	61,3
	Livres publiés	titre	1 451 [f]	138 [e]
	Nombre de médecins	‰ hab.	0,20 [g]	0,10 [h]
ARMÉE	Armée de terre	millier d'h.	290	35
	Marine	millier d'h.	20	0,5
	Aviation	millier d'h.	30	6
ÉCONOMIE	PIB	milliard $	31,38 [a]	7,84 [b]
	Croissance annuelle 1980-90	%	4,7	0,9
	1991	%	2,3	2,1
	Par habitant	$	600 [a]	320 [b]
	Dette extérieure totale	milliard $	32,2	15,9
	Service de la dette/Export.	%	12,0	5,7 [a]
	Taux d'inflation	%	25,8	200,0
	Dépenses de l'État Éducation	% PIB	6,8 [b]	4,8 [a]
	Défense [a]	% PIB	4,6	2,9
	Production d'énergie [b]	million TEC	73,1	0,06
	Consomm. d'énergie [b]	million TEC	38,3	1,52
COMMERCE	Importations	million $	15 100	880
	Exportations	million $	4 600	450
	Principaux fournis. [a]	%	E-U 19,3	PCD 53,0
		%	CEE 43,9	CEE 39,8
		%	CAEM 5,4	PVD 46,1
	Principaux clients [a]	%	CEE 54,2	PCD 44,0
		%	Ita 11,6	CEE 35,0
		%	CAEM 17,1	PVD 49,3

BIBLIOGRAPHIE

AMNESTY INTERNATIONAL, *Soudan, Violations des droits de l'homme dans le contexte de la guerre civile*, AEFAI, Paris, 1989.

H. BLEUCHOT, C. DELMET, D. HOPWOOD, *Sudan. History, Identity, Ideology*, Ithaca Press, Reading, 1991.

M. LAVERGNE (sous la dir. de), *Le Soudan contemporain*, Karthala, Paris, 1989.

G. NZONGOLA-NTALAJA, *Conflict in the Horn of Africa*, African Studies Association, Atlanta (GE), 1991.

P. WOODWARD (sous la dir. de), *Sudan After Nimeiri*, Routledge, Londres, 1991.

Voir aussi la bibliographie « Égypte » dans la section « 34 États ».

ces du Fonds monétaire international. La monnaie a été dévaluée une première fois en octobre 1991, pour finir par être changée au taux du marché libre : en l'espace de quelques mois, le dollar est passée de 12,5 à 90 livres soudanaises. Parallèlement, une libéralisation du commerce et de l'import-export a été adoptée. Malgré quelques mesures d'accompagnement (hausse importante des bas salaires, indemnités spéciales), les couches urbaines ont été considérablement affectées par l'arrêt du subventionnement sur des produits de première nécessité.

Depuis 1983, une guerre oppose le pouvoir central — contrôlé pour l'essentiel par l'élite arabo-musulmane alliée à quelques politiciens du Sud — au Mouvement populaire de libération du Soudan (MPLS) dirigé par John Garang. Le MPLS est appuyé par la majorité de la population africaine du pays, vivant dans le Sud. La division du MPLS, en août 1991, a considérablement affaibli les insurgés du Sud-Soudan, déjà en position de faiblesse après la perte du sanctuaire éthiopien en juin-juillet. Les motifs de cette crise ont été divers : monopolisation du pouvoir dans les mains de J. Garang, faiblesse politique due à une militarisation complète du MPLS, doutes sur la sincérité de l'opposition au nord du pays, rivalités internes, problèmes ethniques, sympathies pour une sécession du Sud-Soudan, etc. Le gouvernement de Khartoum a habilement utilisé ces contradictions pour discréditer le MPLS et retarder la médiation conduite par le président nigérian. Fort de la neutralité de la fraction dissidente, dirigée par le docteur Lam Arol, il a lancé en mars une offensive contre les insurgés, affaiblis par les combats avec les dissidents. Pour la première fois depuis le début de la guerre, l'armée soudanaise a obtenu des succès militaires conséquents, avec notamment la reprise de Pochalla et de Bor. Mais, malgré l'importance de l'aide étrangère, elle n'a pu écraser le MPLS avant l'arrivée des pluies, rendant d'autant plus fragiles ces réels gains sur le terrain.

Roland Marchal

Afrique sud-tropicale

Angola, Malawi, Mozambique, Zambie, Zimbabwé

Angola

Un an après les accords de paix signés en mai 1991 entre le gouvernement du MPLA (Mouvement populaire de libération de l'Angola) et l'UNITA (Union nationale pour l'indépendance totale de l'Angola), et à quelques mois des élections prévues pour fin septembre 1992, le cessez-le-feu a été globalement respecté. Mais l'application des accords, sur les plans politique et militaire, a pris beaucoup de retard. Cela s'est expliqué par l'état de délabrement du pays, la faiblesse de l'aide interna-

▼

République populaire d'Angola

Nature du régime : parti unique jusqu'en mai 1991. Le marxisme-léninisme a été abandonné par l'ex-parti unique à la même date.

Chef de l'État et du gouvernement (au 30.6.92) : José Eduardo Dos Santos (depuis le 20.9.79).

Premier ministre (au 30.6.92) : Fernando José De Franca Dias van Dunem (depuis le 20.7.91).

Monnaie : kwanza (100 kwanza = 0,98 FF au 31.5.92).

Langues : portugais, langues du groupe bantou.

tionale, les méfiances réciproques, et par les termes mêmes des accords, qui ont institué non un gouvernement de transition, mais une double instance de direction jusqu'aux élections : le gouvernement du MPLA d'une part, de l'autre une « commission conjointe politico-militaire » (gouvernement, UNITA, Portugal — ancienne puissance coloniale —, États-Unis, URSS) fonctionnant au consensus. Si le danger d'une reprise du conflit entre les deux armées *en tant que telles* a semblé écarté, celui du recours aux armes de « noyaux

durs » des deux forces en cas d'échec électoral ne l'était pas à la mi-1992, et celui d'une diffusion de la violence armée dans la société est resté très réel. L'autorisation des partis et syndicats et les libertés fondamentales ont été votées, mais ni les moyens ni le temps de se développer n'ont été donnés à d'autres forces politiques, simplement « consultées » sur le processus. A la mi-1992, aucune « troisième force » politique n'est parvenue à s'imposer, et la puissante Église catholique, qui a soutenu les aspirations à la paix et les droits de la population, n'a pu s'y substituer, tandis que la « société civile », malgré les mouvements de grève ou de contestation, ne s'est pas manifestée de façon coordonnée ou autonome. La bipolarisation consacrée par les accords s'est ainsi maintenue : en dépit de ses divisions, de son intolérance et de ses échecs, le MPLA, resté « aux affaires », a pu, en jouant aussi de la peur de l'UNITA, « serrer les rangs » ; quant à l'UNITA, elle a pu, malgré les révélations sur la violation des droits de l'homme en son sein, gagner le soutien des groupes (sociaux, ethniques) qui rejettent l'accaparement des moyens de l'État par le MPLA, la corruption, la misère et les considérables inégalités existantes.

Après ces élections, le pays, dévasté, se trouvera, quel que soit le vainqueur et malgré son pétrole et sa grande richesse potentielle, dans une situation dramatique, du fait des conséquences des plans d'ajustement structurel de son économie, pour le niveau de vie de la majorité de la population.

Christine Messiant

Malawi

La période 1991-1992 est apparue comme une année de faille au Malawi. Sur le plan politique, le

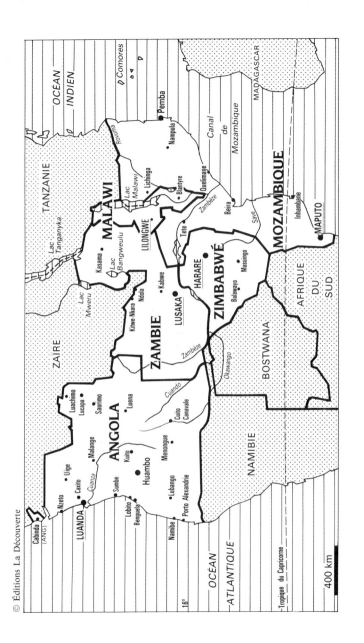

© Éditions La Découverte

Afrique sud-tropicale

INDICATEUR	UNITÉ	ANGOLA	MALAWI	MOZAM-BIQUE
Capitale		Luanda	Lilongwé	Maputo
Superficie	km²	1 246 700	118 480	783 080
Développement humain (IDH) [a]		0,169	0,166	0,153

	INDICATEUR	UNITÉ	ANGOLA	MALAWI	MOZAM-BIQUE
DÉMOGRAPHIE	Population (*)	million	10,30	8,56	16,08
	Densité	hab./km²	8,3	72,2	20,5
	Croissance annuelle [d]	%	2,8	3,6	2,7
	Indice de fécondité (ISF) [d]		6,3	7,6	6,2
	Mortalité infantile [d]	‰	127	138	130
	Espérance de vie [d]	année	47	49	49
	Population urbaine [a]	%	28	12	27
CULTURE	Analphabétisme [a]	%	58,3	53,0	67,1
	Scolarisation 12-17 ans	%	37,9 [f]	53,5 [a]	28,0 [a]
	Scolarisation 3e degré	%	••	0,7 [h]	0,2 [i]
	Téléviseurs [b]	‰ hab.	5,6	••	2,3
	Livres publiés	titre	14 [g]	141 [b]	66 [f]
	Nombre de médecins [f]	‰ hab.	0,06	0,04	0,03
ARMÉE	Armée de terre	millier d'h.	91,5	7	45
	Marine	millier d'h.	1,5	0,1	1
	Aviation	millier d'h.	3	0,15	7
ÉCONOMIE	PIB	million $	5 996 [b]	2 000	1 147
	Croissance annuelle 1980-90	%	8,8 [c]	3,3	− 1,5
	1991	%	0,6 [b]	4,5	3,0
	Par habitant	$	620 [b]	234	71
	Dette extérieure totale	million $	7 880	1 780	5 400
	Service de la dette/Export.	%	7,5 [b]	25,0	20,0
	Taux d'inflation	%	••	12,0	39,0
	Dépenses de l'État Éducation	% PIB	5,2 [b]	3,3 [h]	••
	Défense	% PIB	35,4 [b]	1,6 [h]	10,4
	Production d'énergie [b]	million TEC	32,7	0,07	0,05
	Consom. d'énergie [b]	million TEC	0,87	0,34	0,51
COMMERCE	Importations	million $	2 200	660	1 023
	Exportations	million $	3 500	365	137
	Principaux fournis. [a]	%	CEE 68,7	PCD 54,6	CEE 40,2
		%	PVD 14,9	R-U 21,3	Jap 5,2
		%	URSS 6,3	Afr. S 32,3	E-U&C [e] 9,4
	Principaux clients [a]	%	E-U 51,6	PCD 77,8	CEE 17,7
		%	Fra 12,9	CEE 47,6	Chi 15,3
		%	CEE 35,4	PVD 22,2	PVD 66,3

	ZAMBIE	ZIMBABWÉ
	Lusaka	Hararé
	752 610	390 580
	0,315	0,397
	8,38	9,66
	11,1	24,7
	3,8	3,1
	7,2	5,3
	72	55
	55	61
	50	28
	27,2	33,1
	68,5 [a]	92,8 [g]
	2,0 [b]	5,3 [a]
	24,6	26,6
	454 [f]	337 [b]
	0,14	0,15
	16	51,6
	—	—
	2	3
	3 769	5 488
	0,7	2,6
	− 1,8	1,0
	450	568
	7 600	3 373
	13,5	24,8
	114,1	31,1
	5,5 [f]	8,5 [b]
	2,6 [a]	6,8 [a]
	1,16	5,44
	1,61	6,55
	1 100	1 800
	1 200	1 765
	PCD 86,1	PCD 63,0
	R-U 23,9	CEE 35,9
	RFA 15,0	PVD 20,6
	Jap 29,2	PCD 62,2
	CEE 30,8	CEE 40,0
	PVD 35,9	PVD 36,8

monolithisme du pouvoir a subi des assauts nouveaux. Sur le plan économique, la politique de libéralisation des importations et d'encouragement à l'investissement privé (dans la petite industrie et l'agriculture) s'est poursuivie, même si l'inflation en 1991 (12 %) a dépassé les prévisions.

▼

République du Malawi

Nature du régime : présidentiel, parti unique (Parti du Congrès du Malawi).

Chef de l'État et du gouvernement : Kamuzu Hastings Banda (depuis le 6.7.66).

Monnaie : kwacha (1 kwacha = 1,68 FF au 30.3.92).

Langues : anglais, chichewa.

Le nonagénaire président Kamuzu Hastings Banda a dû répondre, en particulier lors de la réception des légations étrangères en janvier 1992, aux demandes des donneurs d'aide et de financement en faveur d'une certaine démocratisation dans le pays. Dans son discours, le président a rappelé que la Grèce antique, mère de la démocratie, ne connaissait pas le multipartisme, insistant en revanche sur l'absence de corruption dans la gestion de l'aide au Malawi. Il a également répondu aux accusations d'Amnesty International sur le traitement de certains prisonniers, dont Orton Chirwa, un des leaders de l'indépendance, toujours maintenu au secret à la mi-1992.

Quelques semaines plus tard, après l'arrestation d'étudiants à la sortie d'un office religieux, une manifestation estudiantine a été réprimée à coups de feu, apparemment sans faire de victimes. Le 16 mars 1992, le

Chiffres 1991, sauf notes : a. 1990; b. 1989; c. 1980-89; d. 1990-95; e. États-Unis et Canada; f. 1984; g. 1986; h. 1988; i. 1987.
(*) Dernier recensement utilisable : Angola, 1970; Malawi, 1987; Mozambique, 1980; Zambie, 1990; Zimbabwé, 1982.

président a fermé, pour la première fois de son histoire, la seule université du pays. En même temps, sept prêtres prenaient la clandestinité après avoir publié une lettre ouverte contre la violation des droits de l'homme dans le pays.

A l'extérieur, un nouveau mouvement d'opposition est né en juin 1991, l'UFMD (Front uni pour la démocratie multipartisane), dirigé par un ancien parlementaire, Akogo Kanyanya. Si l'on ajoute que les problèmes de couverture alimentaire sont restés aigus, aggravés par la présence d'un million de réfugiés mozambicains (proportionnellement la plus forte concentration de réfugiés au monde), il a pu sembler assez peu probable que le Malawi reste à l'écart de la vague de démocratisation engagée en Afrique, sauf à risquer une explosion sociale.

Philippe G. L'Hoiry

Mozambique

Le « surplace diplomatique » entre le FRELIMO (Front de libération du Mozambique) et la RENAMO (Résistance nationale du Mozambique), dans les négociations pour mettre fin à la guerre civile, s'est prolongé tout au cours de l'année 1991. Les pourparlers de Rome n'ont pas permis de déboucher sur une avancée significative qu'aurait symbolisée un cessez-le-feu entre les belligérants.

▼

République du Mozambique

Nature du régime : marxiste-léniniste, parti unique (Front de libération du Mozambique, FRELIMO) ; en transition vers le multipartisme.

Chef de l'État : Joaquim Chissano (depuis le 4.1.87).

Premier ministre : Mario da Graça Machungo (depuis le 18.7.86).

Monnaie : metical (au cours officiel, 100 meticals = 0,26 FF au 30.3.92).

Langues : portugais (off.), maculalomué, makondé, swahili, shona, thonga, chicheva, etc.

La signature, le 18 octobre 1991, d'un protocole d'accord entre le gouvernement de Joaquim Chissano et le mouvement d'Afonso Dhlakama pouvait laisser présager une issue au conflit. Parmi les cinq points qui scellaient l'accord, la RENAMO s'engageait notamment à mener une lutte politique dans le cadre des institutions en place, dès l'entrée en vigueur d'un cessez-le-feu. Le FRELIMO, qui, depuis son congrès de juillet 1989, ne se réclame plus du marxisme-léninisme, acceptait de son côté la création d'une commission de paix formée de représentants des Nations unies et de gouvernements étrangers, ainsi que des belligérants, mais sans aller jusqu'à s'écarter du pouvoir. De façon révélatrice, aucun calendrier n'était fixé quant à un éventuel cessez-le-feu.

En réalité, l'âpreté des discussions s'est expliquée par plusieurs facteurs cumulés. La RENAMO a continué de redouter une issue qui lui serait défavorable dans un processus de paix où le FRELIMO continuerait d'exercer le pouvoir. C'est pourquoi le mouvement d'A. Dhlakama a maintenu son refus de reconnaître la légitimité du régime de Joaquim Chissano et, par conséquent, de s'inscrire dans le cadre du multipartisme défini par le pouvoir en place. Nombre de cadres politiques et militaires de la RENAMO ont ainsi clairement envisagé de reprendre le maquis dans l'hypothèse où des élections se solderaient par leur défaite. Un tel état d'esprit a d'ailleurs également prévalu dans toute une fraction du mouvement FRELIMO. Le climat de méfiance réciproque a été entretenu par la difficulté à gérer un processus de paix dans la mesure où les forces locales de la RENAMO jouissent d'une grande autonomie par rapport à leur état-major et sont donc difficilement contrôlables, comme l'a reconnu A. Dhlakama en janvier 1992. Enfin, le manque d'expérience diplomatique de plusieurs cadres de la RENAMO a constitué un frein à l'élaboration d'une solution.

Les médiateurs se sont employés à trouver une issue. L'Italie, le Portugal, les États-Unis, l'Église catholique du Mozambique, la Communauté européenne sont tour à tour intervenus, mais sans obtenir le cessez-le-feu nécessaire. Au contraire, la RENAMO a durci ses positions au début de février 1992 à propos des modalités techniques de la consultation électorale supposée désigner les futurs dirigeants du Mozambique.

L'effort militaire a dès lors continué de grever les finances de l'État (40 % du budget). Le groupe consultatif de la Banque mondiale, devant la poursuite de la libéralisation, a néanmoins accru son soutien et accordé 1,125 milliard de dollars pour l'année 1992, certains donateurs suggérant même d'annuler les deux tiers de la dette du pays et de rééchelonner le solde à des conditions très favorables.

Le 7 août à Rome, le chef de l'État et le leader de la RENAMO ont signé une déclaration commune par laquelle ils se sont engagés à aboutir à un accord global de paix avant le 1er octobre 1992.

Daniel Bourmaud

Zambie

Les électeurs zambiens ont voté, le 31 octobre 1991, à 81 % pour l'ancien syndicaliste Frederick Chiluba, dont le Mouvement pour une démocratie multipartisane (MMD) a remporté 125 des 150 sièges du Parlement. Le «père de l'indépendance», Kenneth Kaunda, a été largement battu au terme d'un scrutin qui est apparu honnête à l'ensemble des observateurs étrangers et locaux. Malgré les pressions exercées par l'opposition, il n'est pas parvenu à sortir le pays de la stagnation économique (notamment dans le secteur des mines et de l'agriculture). Il n'a pas non plus réduit l'endettement extérieur (près de 7 milliards de dollars en 1989), ni surmonté l'inefficacité de l'appareil politique.

Les manœuvres d'intimidation politique contre les opposants (sanctionnées par la justice), les tensions avec la Banque mondiale et le Fonds monétaire international (nouvelle rupture des négociations en septembre 1991, toujours au sujet du subventionnement du prix du maïs, denrée de base), les mesures démagogiques (doublement des salaires des fonctionnaires un mois avant les élections) n'ont permis ni de retrouver un soutien dans l'opinion, ni d'obtenir de la communauté internationale les nouveaux crédits nécessaires à la remise en état des infrastructures. Cependant, K. Kaunda a fini par prendre ses responsabilités en avançant de deux ans les échéances électorales sans recourir à la violence et à la fraude électorale.

République de Zambie

Nature du régime : présidentiel, multipartisme autorisé depuis nov. 90.

Chef de l'État : Kenneth David Kaunda remplacé par Frederick Titus Chiluba le 1.11.91.

Vice-président : Levy Mwanawasa (depuis le 1.11.91).

Monnaie : kwacha (1 kwacha = 0,042 FF au 30.3.92).

Langues : anglais, langues du groupe bantou.

La victoire a laissé F. Chiluba et le MMD face aux contraintes de la gestion des affaires. Évitant le combat des chefs, le gouvernement a associé des hommes dont le passé combinait expérience politique (anciens ministres de K. Kaunda) et connaissance des affaires privées pour mettre en œuvre une politique empruntant directement à l'ajustement structurel. La restructuration et la privatisation des entreprises publiques, notamment la Zambia Consolidated Copper Mines (ZCCM), ont conduit à des négociations avec des partenaires étrangers (y compris sud-africains) car les capitaux locaux manquent. Plus délicate, la politique de vérité des prix s'est

BIBLIOGRAPHIE

D. Bourmaud, « Mozambique : l'adieu aux armes », *Annuaire des pays de l'océan Indien*, XI, 1986-1989, Presses universitaires d'Aix-Marseille, 1991.

M. Cahen, *Mozambique, analyse politique de conjoncture*, Indigo Publications, Paris, 1991.

L. Cliffe, C. Stoneman, *Zimbabwe. Politics, Economy and Society*, Pinter, Londres, 1989.

P. Constantin, P. Quantin, « Zambie : fin de parti », *Politique africaine*, n° 45, Paris, 1992.

C. Geffray, *La Cause des armes : anthropologie de la guerre contemporaine au Mozambique*, Karthala, Paris, 1990.

J. Gonçalves, *Angola sob fogo intenso*, Livros Cotovia, Lisbonne, 1991.

P. L'Hoiry, *Le Malawi*, Karthala/CREDU, Paris-Nairobi, 1988.

B. Turok, *Mixed Economy in Focus : Zambia*, Institute for African Alternatives, Londres, 1990.

« Zambia : Pondering the Future », *Southern African Economist*, vol. 4, n° 6, Harare, 1992.

traduite pour le consommateur par le doublement du prix du maïs (janvier 1992) et d'autres produits alimentaires.

La reprise, même prudente, de l'aide internationale pourrait aider le gouvernement dans sa politique de réhabilitation des infrastructures, de relance de l'agriculture et des petites et moyennes entreprises privées, d'investissement dans les domaines de l'éducation et de la santé. Les conséquences sociales de l'ajustement ont commencé, au début 1992, à alourdir un climat politique demeuré pacifique, l'alternance n'ayant pas débouché sur une « chasse aux sorcières », mais plutôt sur une chasse salutaire aux prébendes. La réussite de la transition démocratique a laissé entier le problème du redémarrage du développement économique et social.

François Constantin

Zimbabwé

Plus que jamais, en 1991-1992, le gouvernement a géré au jour le jour les contradictions d'un pays dont se sont estompés les grands desseins et précisées les menaces qui pèsent sur la relative prospérité. La popularité du président Robert Mugabe et de son parti — la ZANU — Union nationale africaine du Zimbabwé — n'a pas tant été menacée par une opposition légale marginalisée (celle des partis d'Edgar Tekere ou de Ndabaningi Sithole, rentré au pays début 1992) que par des dissensions internes suscitées par des ministres (Eddison Zvogbo notamment) et surtout par le désenchantement d'importantes fractions d'une population confrontée à une dégradation sensible de ses conditions de vie.

République du Zimbabwé

Nature du régime : présidentiel.
Chef de l'État : Robert G. Mugabe (depuis le 31.12.87).
Monnaie : dollar Zimbabwé (1 dollar = 1,10 FF au 30.3.92).
Langues : anglais, shona, ndebele.

Le bilan économique est demeuré contrasté. Le programme de réformes, qui a obtenu l'aval de la Banque mondiale, a témoigné de la volonté gouvernementale de lever les contrôles pesant sur la croissance et de renvoyer la responsabilité du développement sur le secteur privé. Toutefois, le budget adopté au mois d'août 1991 a montré que l'État continuait de revendiquer une part très importante des financements disponibles pour combler le déficit. La monnaie nationale a été dévaluée de moitié tandis que l'inflation s'est située aux alentours de 31 %. La production industrielle, encore en progrès (4 %), a dû affronter une pénurie de matières premières et de pièces détachées tandis que s'est précisée une nette tendance à la baisse de la consommation.

C'est dans le secteur agricole que se sont concentrées les plus grandes tensions. Si le tabac s'est encore montré lucratif, les récoltes de maïs, déjà très insuffisantes au printemps 1991, se sont révélées catastrophiques en 1992 à cause de la poursuite d'une grave sécheresse. Le gouvernement a dû importer 150 000 tonnes de maïs d'Afrique du Sud pour assurer la soudure. Aux aides obtenues pour financer le programme d'ajustement structurel, a dû être ajoutée l'aide alimentaire, rendant le pays d'autant plus dépendant.

Cela n'a pas conduit le gouvernement à différer le vote de la loi d'acquisition des terres (*Land Acquisition Bill*) que le Parlement a approuvée en mars 1992. Ce texte a donné à l'administration le droit d'exproprier, sans appel et sans discussion, 11,5 millions d'hectares appartenant à des grands propriétaires blancs pour les redistribuer en parcelles à de petits agriculteurs noirs. Politiquement, cette décision a illustré la nécessité dans laquelle s'est trouvé le gouvernement de donner des satisfactions immédiates à son électorat. Les effets à moyen terme ont été toutefois interprétés comme un risque pour la production agricole du pays.

Patrick Quantin

Afrique australe

Afrique du Sud, Botswana, Lésotho, Namibie, Swaziland
(L'Afrique du Sud est traitée p. 159. Voir aussi p. 555.)

Botswana

Avec un taux de croissance annuel moyen de près de 4 % dans les vingt dernières années, des réserves en devises égales à seize mois d'importation et un budget qui a connu, en 1991, son premier déficit en dix ans, le Botswana a continué de bénéficier d'une situation économique rare en Afrique. En contrepartie, le pays a été désavantagé par une monnaie nationale très forte par rapport à celles de ses voisins, et n'a pas été éligible à certains crédits de la BAD (Banque africaine de développement).

Le renouvellement de l'accord de commercialisation de la production de diamants (60 % des revenus de l'État et 40 % de son PIB) avec la De Beers et le développement des capacités de production et de valorisation du produit constituent une garantie pour l'avenir de l'économie du pays.

République du Botswana

Nature du régime : présidentiel.
Chef de l'État : Dr. Quett Ketumile Joni Masire (depuis le 18.7.80).
Chef du gouvernement : P.S. Mmusi (vice-président depuis le 7.10.89).
Monnaie : pula (1 pula = 2,57 FF au 30.3.92).
Langues : anglais (off.), setswana.

La situation politique s'est, en revanche, dégradée. Une étrange affaire de construction de bases militaires secrètes devant servir aux

Afrique australe

	INDICATEUR	UNITÉ	AFRIQUE DU SUD	BOTS-WANA	LÉSOTHO
	Capitale		Prétoria	Gaborone	Maseru
	Superficie	km²	1 221 037	600 372	30 350
	Développement humain (IDH) [a]		0,674	0,534	0,423
DÉMOGRAPHIE	Population (*)	million	36,10	1,35	1,82
	Densité	hab./km²	29,5	2,2	60,0
	Croissance annuelle [c]	%	2,2	3,5	2,9
	Indice de fécondité (ISF) [c]		4,2	6,4	5,8
	Mortalité infantile [c]	‰	62	58	89
	Espérance de vie	année	63	61	59
	Population urbaine [a]	%	59	28	20
CULTURE	Analphabétisme [a]	%	30,0	26,4	22,0
	Scolarisation 12-17 ans [a]	%	••	81,5	88,5
	Scolarisation 3e degré	%	9,6 [d]	3,0 [b]	3,9 [g]
	Téléviseurs [b]	‰ hab.	101,4	11,9	2,9
	Livres publiés [d]	titre	••	289	••
	Nombre de médecins	‰ hab.	0,70 [h]	0,15 [k]	0,05 [k]
ARMÉE	Armée de terre	millier d'h.	49,9		
	Marine	millier d'h.	4,5	4,5	2
	Aviation	millier d'h.	10		
ÉCONOMIE	PIB	million $	103 200	3 206	832 [a]
	Croissance annuelle 1980-90	%	1,5	9,9	1,8
	1991	%	− 0,6	4,8	2,0
	Par habitant	$	2 859	2 375	470 [a]
	Dette extérieure totale	million $	19 200	600	448
	Service de la dette/Export.	%	••	4,6	3,7
	Taux d'inflation	%	16,2	12,6	12,0
	Dépenses de l'État Éducation	% PIB	2,6 [i]	8,2 [b]	4,0 [g]
	Défense	% PIB	4,2 [a]	4,2 [a]	4,6 [i]
	Production d'énergie [b]	million TEC	133,1	f	f
	Consom. d'énergie [b]	million TEC	105,7	f	f
COMMERCE	Importations	million $	18 800	1 980	640
	Exportations	million $	24 200	2 010	65
	Principaux fournis.	%	CEE 43,0 [a]	UDAA [j] 78,8 [d]	AfS 96,1
		%	RFA 17,1 [a]	R-U 2,2 [d]	CEE 2,4
		%	E-U 12,6 [a]	E-U 2,0 [d]	PVD 0,6
	Principaux clients	%	CEE 24,9 [a]	UDAA [j] 4,4 [d]	AfS 60,2
		%	PVD 12,1 [a]	Eur 90,5 [d]	CEE 19,6
		%	E-U 13,5 [a]	R-U 1,4 [d]	E-U&C [e] 18,5

	NAMIBIE	SWAZILAND
	Windhoek	Mbabane
	824 290	17 360
	0,295	0,458
	1,84	0,80
	2,2	46,0
	3,1	3,6
	5,7	6,5
	97	107
	59	58
	28	33
	60,0	29,0 [d]
	··	75,0
	··	3,9 [d]
	15,7	16,4
	··	··
	0,26 [d]	0,05 [m]
	10	··
	0,1	··
	—	··
	1 934	690
	0,1	4,5
	1,5	4,2
	1 051	863
	28 [a]	290
	··	4,2
	10,5	14,0
	1,9 [l]	6,2 [g]
	2,5 [a]	··
	f	f
	f	f
	1 034	730
	920	580
	AfS 75 [h]	AfS 67,5 [d]
	RFA 10 [h]	Sui 2,2 [d]
	E-U 5 [h]	R-U 4,2 [d]
	AfS 25 [h]	AfS 13,8 [d]
	Sui 31 [h]	R-U 9,4 [d]
	RFA 15 [h]	··

États-Unis a miné le crédit du pays dans la région. L'imbrication des intérêts économiques et politiques en matière foncière a conduit au développement de la corruption, débouchant sur la démission de plusieurs ministres. Enfin, l'augmentation du chômage et la grève sans précédent organisée par le syndicat des employés journaliers d'entreprises publiques ont accru un malaise social que les autres partis ont tenté d'exploiter en se regroupant en un front uni, le Front progressiste du peuple botswanais (BPPF).

Lésotho

Le renversement du général Metsing Lekhanya lors d'un coup d'État organisé par le colonel Elias Ramaena, le 30 avril 1991, a débouché sur une ouverture politique se traduisant notamment par la levée de l'interdiction des partis politiques.

▼

Royaume du Lésotho

Nature du régime : militaire.
Chef de l'État : roi Letsie III, renversé par Elias Ramaena le 30.4.91.
Chef du gouvernement : général Metsing Lekhanya (depuis le 19.1.86).
Monnaie : loti (1 loti = 1,94 FF au 30.3.92), rand sud-africain.
Langues : sesotho, anglais.

Le pays a traversé une période économique délicate en 1991-1992. La réduction du nombre des travailleurs immigrés employés dans les mines d'or sud-africaines a fait augmenter le chômage et diminuer les transferts

Chiffres 1991, sauf notes : a. 1990; b. 1989; c. 1990-95; d. 1987; e. États-Unis et Canada; f. Compris dans les chiffres sud-africains; g. 1988; h. 1986; i. 1985; j. Union douanière d'Afrique australe; k. 1984; l. 1982; m. 1983.
(*) Dernier recensement utilisable : Afrique du Sud, 1985; Botswana, 1981; Lésotho, 1986; Namibie, 1970; Swaziland, 1986.

BIBLIOGRAPHIE

S. BERNARD, « Botswana : un multipartisme fragile », *Travaux et documents du CEAN*, n° 28, Bordeaux, 1990.

I. FERGUSON, *The Anti-Politics Machine : « Development », Depolitization and Bureaucratic Power in Lesotho*, Cambridge University Press, Cambridge, 1990.

J.-C. FRITZ, *La Namibie indépendante. Les coûts d'une décolonisation retardée*, L'Harmattan, Paris, 1991.

G. LORY (sous la dir. de), *Afrique australe. L'Afrique du Sud et ses neuf voisins, « laboratoires » du continent africain, leur mutation*, Autrement, hors série, n° 45, Paris, avr. 1990.

L.-C. ROSE, *The Politics of Harmony : Land Dispute Strategies in Swaziland*, Cambridge University Press, Cambridge, 1992.

Voir aussi la bibliographie « Afrique du Sud » dans la section « 34 États ».

de devises générés par cette immigration. Par ailleurs, le pays a été contraint de faire appel à l'aide internationale pour juguler une famine causée, notamment, par une succession de sécheresses et d'inondations. La poursuite des travaux du Lesotho Highlands Water Project (projet hydraulique des Highlands) est apparue ainsi comme le seul réel espoir de développement économique du pays.

Namibie

La Namibie a poursuivi son organisation en tant que pays indépendant (elle n'est souveraine que depuis le 21 mars 1990). Devenue le 51e État membre de la BAD (Banque africaine de développement) le 7 mai 1991, elle a connu ses premières difficultés dans le domaine des relations internationales. La négociation portant sur l'octroi de droits de pêche aux États de la CEE s'est heurtée à de sérieux problèmes en partie liés à l'attitude des pêcheurs espagnols, alors que, inversement, les négociations avec l'Afrique du Sud sur Walvis Bay ont semblé progresser rapidement vers une coadministration à très court terme de la zone. La Namibie a par ailleurs lancé une procédure d'adjudication de marchés de prospection pétrolière et s'est engagée dans le développement de l'exploitation diamantifère, tout

en s'efforçant, par la promulgation d'une nouvelle loi sur l'exploitation minière et par un accord de lutte contre la fraude, de protéger ses ressources.

▼
République de Namibie

Nature du régime : démocratique, multipartisme constitutionnel.
Chef de l'État : Samuel Nujoma (depuis le 21.3.90).
Chef du gouvernement : Hage Geingob (depuis le 21.3.90).
Monnaie : rand (1 rand = 1,94 FF au 30.3.92).
Langues : afrikaans et anglais (off.), khoi, ovambo.

Le pays a tenté, en dépit de mauvais résultats économiques liés aussi bien à la récession économique en Afrique du Sud qu'à la sécheresse (nécessitant l'importation de 100 000 tonnes de maïs en 1991-1992), d'attirer les investissements étrangers. La conférence qui a réuni, en février 1991, 140 investisseurs privés internationaux a aussi fait partie de cet effort, tout comme la restructuration de la politique fiscale du pays. En attendant, l'État a insisté sur les investissements nationaux (66 % du budget 1991-1992), seuls susceptibles de générer une

Afrique australe

BOSTWANA
Districts :
KGATLENG (1)
SUD-EST (2)

AFRIQUE DU SUD
BANTOUSTANS

BOPHUTHATSWANA (1)
CISKEI (2)
TRANSKEI (3)
VENDA (4)
LEBOWA (5)
GAZANKULU (6)
KANGWANE (7)
KWANDEBELE (8)
KWAZULU (9)
QWAQWA (10)

© Éditions La Découverte

300 km

croissance, condition politique et économique d'une redistribution sociale plus équilibrée des richesses du pays.

Gérante du système politique, la SWAPO (Organisation du peuple d'Afrique du Sud-Ouest) a tenu, en décembre 1991, son premier congrès depuis l'indépendance. Le mouvement est parvenu à gérer très efficacement les revendications sociales et même à accroître sa base territoriale et sociale, comme l'a attesté la nomination du secrétaire général du très influent syndicat minier de Namibie comme ministre adjoint au Tourisme et à l'Environnement.

Swaziland

Le Swaziland a traversé en 1991-1992, une période difficile de son histoire, marquée par une restructuration de son économie. Profitant notamment des sanctions internationales contre l'Afrique du Sud, le secteur manufacturier a connu une progression importante. Il représentait 20 % du PIB en 1991 et contribue de façon notable à une croissance soutenue : près de 3,5 % en moyenne en 1985-1990.

▼
Royaume du Swaziland (Ngwane)
Nature du régime : monarchie constitutionnelle.
Chef de l'État : roi Mswati III (depuis avr. 86).
Chef du gouvernement : Obed Dlamini (depuis le 12.7.89).
Monnaie : lilangeni (1 lilangeni = 1,94 FF au 30.3.92), rand sud-africain.
Langues : swazi, anglais.

Cette mutation économique est venue amplifier les problèmes politiques. La royauté n'a cessé de se renforcer, en multipliant les emprisonnements politiques et en confisquant progressivement le pouvoir. Un groupe de six dignitaires, largement liés à l'ère Sobhuza et aux familles royales, a contribué à la fois à court-circuiter le gouvernement et le Parlement et à faire monter un mécontentement politique directement dirigé contre la personne du roi Mswati III.

Dominique Darbon

Océan Indien

Comores, Madagascar, Maurice, Réunion, Seychelles

Comores

Un nouveau gouvernement comorien a été formé, fin août 1991, quelques semaines après l'échec d'une tentative de « coup d'État civil » fomenté par les juges de la Cour suprême contre le président Saïd Mohamed Djohar. Le gendre du président, Mohamed M'Changama, y a fait son entrée comme ministre des Finances. Le parti Udzima, qui avait permis l'élection de S.M. Djohar à la présidence, est alors passé à l'opposition. A nouveau, le pays s'est trouvé dans l'impasse. Pour essayer d'en sortir, le président Djohar s'est

▼
République fédérale islamique des Comores
Nature du régime : présidentiel.
Chef de l'État : Saïd Mohamed Djohar (depuis le 11.3.90).
« Responsable de l'action gouvernementale » : Mohamed Taki (démis le 3.7.92).
Monnaie : franc comorien (1 franc = 0,02 FF).
Langues : comorien (voisin du swahili), français.

réconcilié, le 22 novembre 1991, avec son rival, Mohamed Taki, candidat

Océan Indien

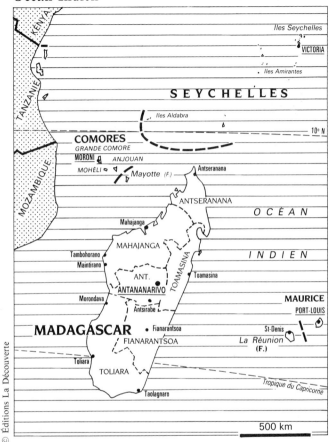

malchanceux aux présidentielles de 1990. Un pacte national a été adopté par 22 partis politiques et un gouvernement d'union nationale fut mis en place, fin 1991, coordonné par Mohamed Taki (ce dernier allait être démis au mois de juillet suivant). Une « conférence nationale » a décidé, en mars 1992, de la tenue d'un référendum constitutionnel. Mais cela n'a pas mis un terme à la crise gouvernementale. Le 7 juin, une nouvelle Constitution a été adoptée à une large majorité (74,25 % des suffrages exprimés). Des élections législatives devaient avoir lieu en juillet 1992.

Au plan économique, les problèmes de trésorerie de l'État sont demeurés entiers. Des grèves de fonc-

Océan Indien

INDICATEUR	UNITÉ	COMORES	MADA-GASCAR	MAURICE
Capitale		Moroni	Antananarivo	Port-Louis
Superficie	km²	2 170	587 040	2 045
Développement humain (IDH) [a]		0,269	0,325	0,793

DÉMOGRAPHIE

INDICATEUR	UNITÉ	COMORES	MADA-GASCAR	MAURICE
Population (*)	million	0,57	11,56	1,07
Densité	hab./km²	262,6	19,7	523,2
Croissance annuelle [c]	%	3,6	3,2	1,1
Indice de fécondité (ISF) [c]		7,0	6,5	1,9
Mortalité infantile [c]	‰	89	110	20
Espérance de vie [c]	année	56	56	70
Population urbaine [a]	%	28	24	40

CULTURE

INDICATEUR	UNITÉ	COMORES	MADA-GASCAR	MAURICE
Analphabétisme [a]	%	39,0	19,8	14,0
Scolarisation 12-17 ans [a]	%	54,8	22,6	56,3
Scolarisation 3e degré [b]	%	..	3,7	2,0
Téléviseurs [b]	‰ hab.	0,3	19,8	214,6
Livres publiés	titre	..	146 [b]	100 [b]
Nombre de médecins	‰ hab.	0,07 [i]	0,10 [i]	0,53 [i]

ARMÉE

INDICATEUR	UNITÉ	COMORES	MADA-GASCAR	MAURICE
Armée de terre	millier d'h.	..	20	..
Marine	millier d'h.	..	0,5	..
Aviation	millier d'h.	..	0,5	..

ÉCONOMIE

INDICATEUR	UNITÉ	COMORES	MADA-GASCAR	MAURICE
PIB	million $	239	2 652	2 634
Croissance annuelle 1980-90	%	2,8	0,5	6,4
1991	%	1,5	− 1,7	3,0
Par habitant	$	419	229	2 462
Dette extérieure totale	million $	210	4 500	950
Service de la dette/Export.	%	1,4 [a]	36,6	5,3
Taux d'inflation	%	..	11,8 [a]	0,1
Dépenses de l'État Éducation	% PIB	6,5 [f]	1,8 [g]	4,1 [g]
Défense	% PIB	..	1,3	..
Production d'énergie [b]	millier TEC	—	39	13
Consom. d'énergie [b]	millier TEC	25	448	468

COMMERCE

INDICATEUR	UNITÉ	COMORES	MADA-GASCAR	MAURICE
Importations	million $	60	410	1 536
Exportations	million $	18	220	1 219
Principaux fournis. [a]	%	CEE 73,0	PCD 61,7	PCD 53,5
	%	Fra 55,9	Fra 34,2	CEE 36,0
	%	PVD 19,6	PVD 27,6	PVD 46,3
Principaux clients [a]	%	E-U 19,2	PCD 83,9	PCD 94,0
	%	Fra 55,5	Fra 27,5	Fra 23,4
	%	RFA 15,7	PVD 15,4	R-U 36,0

RÉUNION	SEYCHELLES
Saint-Denis	Victoria
2 520	280
..	0,740
0,60	0,07
237,6	252,5
1,5	0,9
2,1	..
12	..
72	..
64	58
21,4 [d]	11,0
..	..
..	..
163,0	73,5
73 [j]	..
1,6 [a]	..
—	1
—	0,2
—	0,1
3 342 [b]	358
4,2	3,2
– 4,2 [b]	2,5
5 674 [b]	5 114
..	202
..	9,8
..	0,9
11,2 [h]	9,1 [b]
..	4,4
65	..
493	64
2 075 [a]	172
183 [a]	48
PCD 82,4	PCD 63,5
Fra 68,5	CEE 49,3
PVD 14,8	PVD 36,3
PCD 89,4	CEE 52,7
Fra 83,1	Ita 30,3
PVD 10,5	Thaï 26,9

tionnaires ont eu lieu, en février et mars 1992, amenant la France à débloquer un reliquat d'aides pour assurer le paiement de leurs salaires en retard. Quant aux négociations sur le programme d'ajustement structurel, elles sont restées suspendues aux demandes insatisfaites du FMI.

Par ailleurs, la visite à Moroni d'une forte délégation iranienne, conduite par le fils du président Hachemi Rafsandjani, a causé, fin août 1991, un certain émoi. Téhéran aurait en effet proposé la signature d'un accord militaire que les autorités comoriennes se sont finalement refusées à parapher.

Madagascar

Après des mois de grèves et de protestations contre le régime du président Didier Ratsiraka, la formation d'un gouvernement fantôme de l'opposition et les événements sanglants du 10 août 1991, dans lesquels

---

République démocratique de Madagascar

Nature du régime : présidentiel.
Chef de l'État : (au 25.7.91) amiral Didier Ratsiraka (depuis déc. 75).
Chef du gouvernement : Victor Ranahatra (jusqu'au 29.7.91), remplacé par Guy Razanamasy (depuis août 91).
Monnaie : franc malgache (1 FMG = 0,003 FF au 30.3.92).
Langues : malgache, français.

---

plusieurs manifestants ont été tués par des militaires aux abords du palais présidentiel, de nouvelles institutions ont vu le jour en décembre 1991, qui s'inscrivaient dans le cadre

---

Chiffres 1991, sauf notes : a. 1990; b. 1989; c. 1990-95; d. 1982; e. 1985-90; f. 1986; g. 1988; h. 1987; i. 1984; j. 1985. (*) Dernier recensement utilisable : Comores, 1980; Madagascar, 1975; Maurice, 1983; Réunion, 1982; Seychelles, 1977.

BIBLIOGRAPHIE

Annuaire des pays de l'océan Indien, Presses du CNRS, Paris, 1990.

La Lettre de l'océan Indien (hebdomadaire), Indigo Publications, Paris.

J.-C. Lau Thi Keng, *Inter-ethnicité et politique à l'île Maurice*, L'Harmattan, Paris, 1991.

E. Martinez, *Le Département français de la Réunion et la coopération internationale dans l'océan Indien*, L'Harmattan, Paris, 1989.

P. Rajoeliwa, A. Ramelet, *Madagascar, la Grande Île*, L'Harmattan, Paris, 1989.

P. Vérin, *Madagascar*, Karthala, Paris, 1990.

d'une convention signée par le Premier ministre de D. Ratsiraka, Guy Razanamasy, et les représentants des « Forces vives » de l'opposition (Hery Velona) pour mettre un terme à l'agitation et limiter les pouvoirs du président. Un nouveau gouvernement a été constitué par Guy Razanamasy et des membres de l'opposition, dont Francisque Ravony, du MFM (Mpitolona ho amin'ny Fandrosoan'i Madagasikara). Deux nouvelles institutions ont été créées : la Haute Autorité de l'État (HAE) présidée par Albert Zafy et le Comité de redressement économique et social (CRES) coprésidé par deux autres opposants, le pasteur Richard Andriamanjato et le leader du MFM, Manandafy Rakotonirina.

Un Forum national s'est tenu, fin mars 1992, pour élaborer une nouvelle Constitution qui devait être soumise à un référendum, initialement prévu fin juin puis reporté en juillet ou août 1992. Des élections présidentielles étaient prévues pour août et des législatives devaient avoir lieu avant la fin de l'année 1992. Les débats du Forum national se sont polarisés sur le refus du fédéralisme prôné par certains partisans du président Ratsiraka et l'« empêchement » pour ce dernier de briguer un nouveau mandat : un article du nouveau code électoral interdit à un président en exercice le droit de concourir pour un troisième mandat consécutif.

La transition vers la IIIe République malgache ne pouvait être que chaotique. Les institutions transitoires, tricéphales (Premier ministre, président Ratsiraka et président de la HAE), se contredisant en permanence. C'est ainsi par exemple qu'un contrat d'approvisionnement pétrolier de la Grande Île, attribué à une société suisse par la compagnie d'État Solima, dont le directeur avait été nommé par le président Ratsiraka, a été annulé par la HAE qui a préféré rechercher en vain un accord d'État à État avec l'Iran. En fait, les nouvelles autorités sont apparues prises en contradiction entre leurs promesses à la population (baisse du prix du pétrole et du riz) et les conditions posées par la Banque mondiale et le FMI à la poursuite du programme d'ajustement structurel (dévaluation du franc malgache, privatisations accélérées, hausse des taxes pétrolières, arrêt des subventions aux produits de première nécessité).

Les discussions entre les autorités malgaches et les experts de la Banque et du FMI n'ont donc pas été aisées. Une première mission internationale, fin décembre 1991, a estimé que le dossier malgache n'était pas suffisamment préparé. La mission suivante, qui a visité l'île en mars 1992, a également convenu de la nécessité d'un « complément d'information ». Cette aide extérieure apparaissait indispensable compte tenu de la faiblesse des réserves en devises de l'État (200 000 dollars en avril 1992). Ce problème était d'autant plus aigu que la menace d'une dévaluation poussait les exportateurs malgaches à retarder le rapatriement de leurs devises. En 1991, 400 millions de dollars se trouvaient ainsi sur des comptes de citoyens malgaches en Europe et aux États-Unis.

En fait, l'amorce de reprise de l'économie a été mise à rude épreuve par la longue grève générale qu'a connue le pays entre juillet et novembre 1991. Selon certaines estimations, la croissance économique aurait enregistré un recul net de 6 %, soit une baisse de la production *per capita* de 9 %. Les recettes d'exportations ont baissé, d'où des arriérés vis-à-vis des créditeurs bilatéraux. Les recettes fiscales ont baissé de 30 %.

Durant cette ère de transition, la diplomatie malgache a été elle aussi marquée par de multiples conflits de préséance entre représentants des diverses institutions. Le président Didier Ratsiraka, qui a conservé un important staff de conseillers, a continué à mener sa propre diplomatie, envoyant par exemple en avril 1992 un émissaire en Afrique du Sud pour réclamer une aide financière et matérielle qui lui a été refusée.

Maurice

Le Mouvement socialiste mauricien (MSM) du Premier ministre Aneerood Jugnauth et le Mouvement militant mauricien (MMM) de Prem Nababsing et Paul Bérenger, alliés depuis leur accord électoral du 19 juillet 1990, ont remporté les élections législatives de septembre 1991. Un nouveau gouvernement de coalition a ensuite été formé sous la conduite d'Aneerood Jugnauth. Au début de l'année 1992, cette nouvelle majorité a fait adopter au Parlement un projet de loi dotant l'île d'un statut de république « à l'indienne », laquelle a été proclamée le 12 mars 1992. L'ancien gouverneur général Veerasamy Ringadoo a été nommé président. La coalition d'opposition entre le Parti travailliste et le PMSD

(Parti mauricien social-démocrate), qui n'a obtenu que quelques élus aux élections de septembre 1991, a déposé de nombreuses plaintes pour fraude. Cette affaire est montée jusqu'au Conseil privé de la reine d'Angleterre — chef d'État de cette île du Commonwealth — qui devait statuer définitivement sur le fond, dans le courant de l'année 1992.

▼

Maurice

Nature du régime : parlementaire. Un statut de « république à l'indienne » a été adopté par le Parlement le 12.3.92.

Chef de l'État : Veerasamy Ringadoo (depuis le 12.3.92). Il était auparavant gouverneur général, représentant la reine Elizabeth II.

Chef du gouvernement : Aneerood Jugnauth, Premier ministre (depuis le 11.6.82).

Monnaie : roupie mauricienne (1 roupie = 0,34 FF au 30.3.92).

Langues : anglais, créole, français, langues indiennes.

Au plan diplomatique, le nouveau ministre des Affaires étrangères, Paul Bérenger, a relancé la demande de reconnaissance de la souveraineté mauricienne sur l'archipel des Chagos où se trouve la base militaire américaine de Diego Garcia (louée par le Royaume-Uni) et sur Tromelin (qui dépend de la France). Cela a jeté un froid dans les relations entre Port-Louis et Londres. Par ailleurs, fin mars 1992, des relations consulaires ont été établies avec l'Afrique du Sud.

Au plan économique, l'année 1991 a été difficile. Le taux de croissance (3 %) a été inférieur à celui de 1990, à cause de la sécheresse qui a affecté la production de canne à sucre et d'une baisse du tourisme pendant la guerre du Golfe. Le ministre des Finances, Rama Sithanen, a annoncé comme prévision une croissance supérieure à 6 % pour 1992.

Réunion

Dans ce département français d'outre-mer (DOM), le chamboulement issu des élections régionales des 22 et 29 mars 1992 a représenté, en quelque sorte, le prolongement des émeutes qui avaient éclaté un an plus tôt dans le quartier populaire du Chaudron, à Saint-Denis. Créant la surprise, la liste de Camille Sudre, le PDG de *Télé Free Dom* (dont la confiscation des émetteurs avait été le détonateur des émeutes du Chaudron), est arrivée en tête du scrutin régional, avec 30,8 % des suffrages et 17 sièges sur 45. Les autres partis ont vu leur score baisser par rapport aux élections de 1986 : la droite unie est passée de 54 % à 25,6 % des suffrages, perdant 12 sièges et la présidence de l'Assemblée, le Parti socialiste (PS) a chuté de 14 % à 10,5 % et le Parti communiste réunionnais (PCR) de 25,2 % à 17,9 %, perdant 4 élus.

Le PCR a toutefois tiré son épingle du jeu en passant un accord post-électoral avec Camille Sudre pour réclamer la régularisation de *Télé Free Dom* et une accélération de l'alignement des prestations sociales et des salaires sur la métropole. Camille Sudre a été élu président de l'Assemblée régionale et Paul Vergès, le secrétaire général du PCR, vice-président, de même que Pierre Lagourgue (droite).

Pourtant les problèmes structurels qui avaient alimenté les émeutes de février 1991 n'ont pas été dissipés. Même si certains indicateurs économiques ont été favorables en 1991, les projections font apparaître une aggravation des problèmes de chômage — déjà aigus — à l'horizon de l'an 2000, où il est difficile d'imaginer moins de 120 000 chômeurs,

selon une étude publiée en avril 1992 par l'INSEE.

Seychelles

Sur proposition du chef de l'État Albert René, le Parti progressiste du peuple seychellois (SPPF) a opté pour le multipartisme, le 4 décembre 1991. Neuf nouveaux partis ont été autorisés, dont le Parti démocratique de l'ex-président James Mancham, le Parti Seselwa de Wavel Ramkalawan et Jean-François Ferrari et le Mouvement seychellois pour la démocratie de l'ex-ministre du Tourisme Jacques Hodoul. L'élection d'une Assemblée constituante devait avoir lieu fin juillet 1992, suivie d'un référendum sur la Constitution et d'une élection présidentielle.

▼

République des Seychelles

Nature du régime : présidentiel.
Chef de l'État et du gouvernement :
France-Albert René (depuis le 5.6.77).
Monnaie : roupie seychelloise (1 roupie = 1,06 FF au 30.3.92).
Langues : créole, anglais, français.

Cette ouverture politique s'est doublée d'une libéralisation économique (autorisation des écoles privées et de l'exercice privé de la médecine) et de l'établissement de relations consulaires et commerciales avec l'Afrique du Sud, en avril 1992. En légère baisse pour 1991, le déficit commercial est toutefois resté égal à six fois la valeur des exportations du pays.

Francis Soler

■ Proche et Moyen-Orient

Jusqu'au XIXe siècle, on parlait de l'« Orient » pour désigner les territoires sous domination ottomane. La pénétration européenne en Chine, à la fin du XIXe siècle, conduisit à inventer la notion d'« Extrême-Orient », ce qui a abouti par réaction à faire naître l'expression « Proche-Orient ». Entre le Proche et l'Extrême-Orient, les Anglo-Saxons ont introduit au début du XXe siècle la notion de « Moyen-Orient », pour qualifier les régions allant de la mer Rouge à l'empire britannique des Indes. Après la Première Guerre mondiale et la chute de l'Empire ottoman, ils ont étendu cette notion de Moyen-Orient à l'ensemble des pays arabes, évacuant ainsi le terme de Proche-Orient. C'est ainsi qu'aux États-Unis de nombreux auteurs appellent aujourd'hui Moyen-Orient un vaste domaine régional s'étendant du Maroc au Pakistan.

Dans la terminologie française, on emploie en général indistinctement les notions de Proche et Moyen-Orient, mais l'Afrique du Nord (ou Maghreb) en est toujours exclue ; seul le domaine géographique s'étirant de la vallée du Nil à la vallée de l'Indus en fait partie. Le Proche et Moyen-Orient comprend l'Orient arabe (ou Machrek), le monde turco-iranien (Turquie, Iran, Afghanistan) et Israël. L'Orient arabe englobe la péninsule Arabique (Arabie saoudite, Yémen, Oman, les Émirats arabes unis, Qatar, Bahreïn et Koweït), les pays du Croissant fertile (Liban, Syrie, Jordanie, Irak, et l'ancienne Palestine [Israël et les Territoires occupés]), mais aussi les pays arabes de la vallée du Nil (Égypte et Soudan).

Certains auteurs classent plutôt l'Égypte et le Soudan avec l'Afrique et rattachent la Turquie à l'Europe méditerranéenne. C'est l'option adoptée dans cet ouvrage. Le rattachement du Pakistan au Moyen-Orient est contesté par certains, qui préfèrent étudier ce pays avec les États de l'espace indien, car il faisait partie de l'ancien « empire des Indes » des Britanniques. Cependant, son rattachement au Moyen-Orient se justifie également : les mêmes groupes ethno-linguistiques (Pachtoun, Baloutches) se retrouvent de part et d'autre de la frontière pakistano-afghane imposée par les Anglais au XIXe siècle.

Le Proche et Moyen-Orient, dans le cadre des limites adoptées dans cet ouvrage, regroupe donc quinze États, situés en Asie, mais au carrefour de trois continents (Europe, Afrique, Asie). Cette situation géographique exceptionnelle, qui, au cours de l'histoire, a toujours suscité des convoitises et des conflits, est aujourd'hui valorisée par la richesse pétrolière.

Les pays du Golfe (Iran, Irak, Arabie saoudite, Koweït, Bahreïn, Qatar, Émirats arabes unis et Oman) ont assuré en 1989 le quart de la production mondiale de pétrole. Les principaux producteurs ont été l'Arabie saoudite (270 millions de tonnes, troisième rang mondial), l'Iran (144 millions), l'Irak (140 millions), les Émirats arabes unis (97 millions), le Koweït (95 millions). L'importance des réserves (65,7 % des réserves mondiales en 1990) donne aux pays du Golfe une valeur géopolitique sans rapport avec la faible population de la plupart d'entre eux (Arabie saoudite et émirats). Bien plus, avec l'épuisement de nombreux gisements dans le reste du monde, au début du siècle prochain, les pays du Golfe devraient disposer de près de 85 % des ressources pétrolières. En 1990, 25,3 % des réserves mondiales se trouvaient en Arabie saoudite, 9,9 % en Irak, 9,8 % dans les Émirats arabes unis, 9,4 % au Koweït, 9,2 % en Iran, etc. Pour les États-Unis, qui ont consommé 25,5 % de la production mondiale de pétrole en 1989, alors qu'ils ne possèdent que 2,6 % des réserves mondiales et ne représentent que 4,8 % de la population mondiale, le pétrole du Golfe a une importance vitale.

Une mosaïque de minorités

La diversité humaine du Proche et Moyen-Orient est d'abord confessionnelle. La région a été le berceau des trois grandes religions monothéistes : judaïsme, christianisme et islam. L'islam sunnite est le plus répandu, mais les chiites ont une importance grandissante. Ils sont majoritaires en Iran, en Irak, à Bahreïn. Au Liban, ils constituent la première communauté, et forment d'actives minorités au Koweït, en Arabie saoudite, en Afghanistan, etc. Sont issus du chiisme les ismaéliens (Syrie et Yémen), les druzes (Liban et Syrie), les alaouites au pouvoir en Syrie, ou encore les zaïdites, majoritaires au Yémen. Les chrétiens ont un rôle majeur au Liban (maronites), non négligeable en Égypte (coptes), en Syrie (les grecs-orthodoxes), en Irak (les chaldéens) et parmi les Palestiniens. Enfin, la religion juive est aujourd'hui essentiellement pratiquée en Israël.

Il existe aussi des minorités ethno-linguistiques. En Afghanistan s'opposent persanophones (Pachtoun, Tadjiks, Hazares) et turcophones (Ouzbeks, Turkmènes), mais aussi des groupes particuliers (Nouristanis, Pachaïs). Les bouleversements politiques du XXᵉ siècle ont fait de ces minorités ethno-linguistiques des « peuples sans État ». Ainsi, les 22 millions de Kurdes : 11 millions en Turquie (20 % de la population turque), 6 millions en Iran (12 % de la population), 4,5 millions en Irak (25 % de la population), 1 million en Syrie (9 % de la population), sans oublier l'existence d'une diaspora kurde *au Liban. Il existe aussi une diaspora arménienne au Liban et en Syrie. Enfin, les Palestiniens constituent aussi un «peuple sans État» depuis le partage de la Palestine et la création de l'État d'Israël en 1948. Ils sont 5 millions en 1990, répartis entre Israël (700 000), la Cisjordanie (1 200 000), la bande de Gaza (750 000), la Jordanie (1 500 000), le Liban (400 000), le Koweït (350 000), la Syrie (250 000), etc.*

Une région conflictuelle

Les travailleurs étrangers dans les pays arabes du Golfe riches en pétrole forment aussi des minorités : ils étaient 3 millions en Arabie saoudite, 2,4 millions dans les émirats, et 1,5 million en Irak avant les bouleversements consécutifs à l'invasion du Koweït par l'Irak en août 1990. Ces travailleurs étrangers sont pour une part croissante originaires de pays asiatiques non arabes (Pakistanais, Indiens, Thaïlandais, Sri-Lankais, Philippins, Sud-Coréens, etc.). Ces Asiatiques en viennent même à constituer la majorité de la population dans certains émirats.

Les États plus fragiles de la région sont ceux du Croissant fertile, où le puzzle confessionnel est le plus grand, et où le pouvoir n'est pas aux mains de la minorité la plus importante. Dans les monarchies du Golfe, les forts contingents d'étrangers ne représentent pas une menace politique, mais beaucoup plus une dépendance économique et une menace pour l'identité culturelle de ces pays arabes du Golfe. La présence de ces diverses minorités a toujours facilité les interventions étrangères.

Le tracé des frontières, lors du dépeçage de l'Empire ottoman, après la Première Guerre mondiale, a été essentiellement conçu selon les intérêts des puissances européennes, et est à l'origine de nombre de litiges régionaux des dernières décennies. D'autre part, les affrontements apparus à partir de 1988 dans les républiques soviétiques du Caucase et d'Asie centrale pourraient avoir des conséquences pour la Turquie, l'Iran et l'Afghanistan : les mêmes populations se retrouvent de part et d'autre de la frontière de l'ex-U R S S.

La permanence des tensions internes et le développement des conflits armés — conflit israélo-palestinien et guerres israélo-arabes, guerres libanaises à partir de 1975, guerre Iran-Irak (1980-1988), guerre d'Afghanistan à partir de 1979, second conflit du Golfe en 1990-1991 — font que le Proche et Moyen-Orient est la région du monde qui dépense le plus d'argent pour son armement.

André Bourgey

Proche et Moyen-Orient / Journal de l'année

— 1991 —

18 juin. **Arabie saoudite.** Fin du pèlerinage à La Mecque qui s'est déroulé sans incidents du 29 mai au 18 juin et a regroupé 1 700 000 pèlerins. Pendant la guerre du Golfe beaucoup se demandaient si ce rassemblement pourrait avoir lieu en 1991.

19 juin. **Jordanie.** Nomination d'un nouveau Premier ministre, Taher al-Masri.

20 juin. **Koweït.** 29 condamnations à mort pour collaboration avec l'occupant irakien. Devant l'ampleur des réactions internationales, ces condamnations sont transformées en peines de détention à vie.

5 juillet. **Émirats arabes unis.** Suspension par la Banque d'Angleterre des activités de la BCCI (Banque de commerce et de crédit international, détenue à 77 % par Cheikh Zayed, émir d'Abu Dhabi).

14 juillet. **Syrie.** Le président Hafez el-Assad accepte les propositions américaines pour un règlement de paix au Proche-Orient, qui prévoient une conférence régionale sous l'égide des États-Unis et de l'URSS.

15 juillet. **Irak.** Retrait des forces militaires occidentales présentes dans le nord de l'Irak pour protéger les Kurdes après leur exode massif du printemps 1991 (qui a suivi la répression de leur soulèvement).

29 août. **Liban.** Départ du général chrétien Michel Aoun du Liban, réfugié depuis octobre 1990 à l'ambassade de France à Beyrouth. Il obtient l'asile politique en France.

23-27 septembre. **Irak.** Des experts de l'ONU en mission en Irak découvrent des documents prouvant l'existence d'un programme d'armement nucléaire clandestin. Les autorités irakiennes, dans les mois suivants, poseront de nombreux obstacles à la poursuite des inspections.

28 septembre. **Conférence sur la paix.** Acceptation par le Conseil national palestinien (CNP) du principe d'une participation palestinienne à la conférence de paix sur le Proche-Orient proposée par les États-Unis et l'URSS.

19 octobre. **Syrie.** Réconciliation entre la Syrie et l'OLP, à la suite d'une rencontre à Damas entre Hafez el-Assad et Yasser Arafat.

30 octobre. **Conférence sur la paix.** Séance d'inauguration à Madrid de la conférence de paix sur le Proche-Orient.

3 novembre. **Conférence sur la paix.** Premières rencontres bilatérales entre Israéliens d'une part et — séparément — Syriens, Libanais, Jordaniens-Palestiniens, de l'autre. Cinq sessions bilatérales auront eu lieu avant l'été 1992.

6 novembre. **Jordanie.** Démission du Premier ministre Taher al-Masri, remplacé le 20 par le maréchal Zeid Ben Chaker, cousin du roi.

2 décembre. **Syrie.** Réélection, pour un quatrième septennat, du président Hafez el-Assad, avec 99,9 % des voix.

4 décembre. **Liban.** Libération à Beyrouth du dernier otage américain, Terry Anderson, après la libération par Israël de nombreux prisonniers chiites.

29 décembre. **Iran/France.** Signature à Téhéran d'un accord mettant fin au contentieux financier entre la France et l'Iran.

— 1992 —

Fin janvier. **Israël.** Ouverture de la réunion préparatoire pour les négociations multilatérales israélo-arabes. Les Syriens et les Libanais refusent de participer.

Février. **Pakistan.** Le Parlement vote l'abolition du servage.

3 février. **Territoires occupés.** L'armée israélienne est autorisée par le gouvernement Shamir à tirer sur tout Palestinien armé.

12 février. **Pakistan.** Le gouvernement Sharif fait tirer sur des manifestants du JLKF (Front de libération du Jannu et Cachemire) : 16 morts.

16 février. **Liban.** Le chef du Hezbollah pro-iranien, *cheikh* Abbas Moussaoui, est tué ainsi qu'une vingtaine de personnes, lors d'une attaque de l'aviation israélienne, en riposte à l'assassinat de trois soldats israéliens dans un camp militaire en Israël.

7 avril. **OLP.** Après un atterrissage forcé dans le désert libyen, Yasser Arafat sort indemne d'un accident d'avion.

19 avril. **Afghanistan.** Après avoir tenté de fuir Kaboul, le président Mohammed Najibullah démissionne.

27 avril. **Syrie.** Les autorités autorisent les Juifs de Syrie à voyager librement, ce qui leur donne en fait la possibilité d'émigrer.

PROCHE ET MOYEN-ORIENT / BIBLIOGRAPHIE SÉLECTIVE

Les Cahiers de l'Orient (trim.), Paris.

A. et L. CHABRY, *Politiques et minorités au Proche-Orient*, 2ᵉ éd., Maisonneuve et Larose, Paris, 1987.

G. CHALIAND, *Le Malheur kurde*, Seuil, Paris, 1992.

G. CORM, *Géopolitique du conflit libanais*, La Découverte, Paris, 1986.

G. CORM, *Le Proche-Orient éclaté*, La Découverte, Paris, 1986.

G. CORM, *L'Europe et l'Orient*, La Découverte, Paris, 1989.

Y. COURBAGE, P. FARGUES, *Chrétiens et juifs dans l'Islam arabe et turc*, Fayard, Paris, 1992.

« De la guerre à la paix », *Le Monde-Dossiers et documents*, n° spéc., Paris, nov. 1991.

J.-P. DERRIENNIC, *Le Moyen-Orient au XXᵉ siècle*, Armand Colin, Paris, 1980.

M. FLORY, B. KORANY, R. MANTRAN, M. CAMAU, P. AGATE, *Les Régimes politiques arabes*, PUF, Paris, 1990.

B. GHALIOUN, *Le Malaise arabe*, La Découverte/ENAG, Paris/Alger, 1991.

A. GRESH, D. VIDAL, *Golfe. Clefs pour une guerre annoncée*, Le Monde - Éditions, Paris, 1991.

A. GRESH, D. VIDAL, *Les 100 portes du Proche-Orient : les dates, les chiffres, les noms, les faits*, Autrement, Paris, 1989.

H. LAURENS, *Le Grand Jeu : Orient arabe et rivalités internationales*, Armand Colin, Paris, 1991.

LIGUE INTERNATIONALE POUR LE DROIT ET LA LIBÉRATION DES PEUPLES, *Le Dossier Palestine. La question palestinienne et le droit international*, La Découverte, Paris, 1991.

Maghreb-Machrek (trim.), La Documentation française, Paris.

E. PICARD, *La Question kurde*, Complexe, Bruxelles, 1991.

Revue d'études palestiniennes (trim), diff. Éd. de Minuit, Paris.

A. SFEIR, P. VALLAUD (sous la dir. de), « Les nouvelles questions d'Orient », *Les Cahiers de l'Orient/Pluriel*, Paris, 1991.

J. THOBIE (sous la dir. de), « Mouvements nationaux et minorités au Moyen-Orient », *Guerres mondiales et conflits contemporains*, n° 191, Paris, 1988.

29 avril. Afghanistan. Le commandant Ahmed Shah Massoud, appartenant à l'ethnie tadjike, qui se trouve à la tête d'une coalition où dominent les combattants tadjiks et ouzbeks, entre dans Kaboul après quatre jours de combats contre les extrémistes islamistes pachtoun de Gulbuddin Hekmatyar.

6 mai. Liban. De vives manifestations contre le marasme économique et la hausse vertigineuse des prix se déroulent dans tout le pays, entraînant la démission du gouvernement d'Omar Karamé.

16 mai. Liban. Formation d'un nouveau gouvernement présidé par Rachid Solh, dont la composition est assez proche de celle de l'ancien gouvernement d'Omar Karamé.

19 mai. Irak. Premières élections libres dans le Kurdistan irakien. Les deux principales formations arrivent à égalité : le Parti démocratique du Kurdistan de Massoud Barzani (PDK-Irak) obtient 44,5 % des voix et l'Union patriotique du Kurdistan (UPK) de Jalal Talabani, 44,3 %.

20-31 mai. Liban. Regain de tension dans le sud du Liban, avec de nombreuses opérations militaires israéliennes, devenues quotidiennes.

25 mai 1992. Afghanistan. Le président intérimaire Sebghatullah Modjaddidi obtient un accord de paix entre le commandant Massoud, maître de Kaboul, et le leader des Pachtoun intégristes, Gulbuddin Hekmatyar. Cet accord fragile dépend en grande partie des réactions des miliciens ouzbeks de Rashid Doustom, toujours présents à Kaboul.

André Bourgey

Croissant fertile

Irak, Israël, Jordanie, Liban, Syrie
(L'Irak est traité p. 216, Israël p. 230. Voir aussi p. 35 et 534.)

Jordanie

En 1992, les problèmes économiques et sociaux de la Jordanie n'ont cessé de s'aggraver, le royaume hachémite continuant de subir les conséquences de la crise et de la guerre du Golfe de 1990-1991. Il a tout d'abord eu à assumer le fardeau des rapatriés : 300 000 Palestiniens chassés du Koweït ont en effet trouvé refuge en Jordanie (déjà peuplée à 60 % de Palestiniens), contribuant à désorganiser une économie déjà très fragile, depuis que la guerre Irak-Iran a pris fin en 1988 (cette guerre avait été commercialement « profitable » pour la Jordanie).

Royaume hachémite de Jordanie

Nature du régime : monarchie parlementaire.
Chef de l'État : roi Hussein (depuis 1952).
Chef du gouvernement : Moudar Badrane, remplacé par Taher al-Masri le 19 juin 1991, lui-même remplacé par le maréchal Zeid Ben Chaker en nov. 91.
Monnaie : dinar (1 dinar = 8,09 FF au 30.3.92).
Langues : arabe, anglais.

Le retour de ces 300 000 « Jordano-Palestiniens » a non seulement fait perdre à la Jordanie sa principale source de devises (les transferts des émigrés atteignaient 1 milliard de dollars avant 1990), mais a aussi provoqué une augmentation spectaculaire du chômage (30 % de la population active en 1992), et un accroissement de 10 % de la population totale du pays. La Jordanie a aussi été obligée d'accueillir plusieurs dizaines de milliers d'Irakiens, en particulier des chrétiens, fuyant le régime de Bagdad et le blocus imposé à l'Irak.

Or, l'aide internationale, plus que jamais nécessaire au gouvernement d'Amman, a beaucoup diminué. Les

© Éditions La Découverte

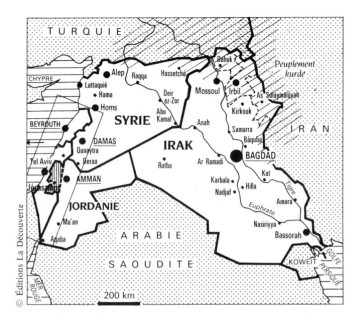

monarchies pétrolières du Golfe ont cessé d'apporter leur contribution au roi Hussein, lui reprochant son soutien à l'Irak pendant la guerre, et l'aide américaine n'a repris que modestement à la fin de 1991. En revanche, les pays de la CEE et surtout le Japon ont aidé la Jordanie à faire face à ses échéances financières immédiates. La dette extérieure (8,1 milliards de dollars en 1991) représente deux fois la valeur du produit national brut. Un nouveau rééchelonnement de la dette a été nécessaire. Pour sa part, le maintien de l'embargo contre l'Irak imposé par l'ONU a aussi eu des répercussions sur l'économie jordanienne, car Bagdad était le principal partenaire commercial d'Amman jusqu'en 1990. En même temps, les monarchies pétrolières du Golfe ont continué de fermer leurs frontières aux produits jordaniens.

En politique intérieure, le processus de libéralisation s'est poursuivi avec le développement du multipartisme. Le 19 juin 1991, Taher al-Masri a été nommé Premier ministre. Mais, dès novembre 1991, un nouveau gouvernement fut constitué, dirigé par le maréchal Zeid Ben Chaker, avec pour tâche essentielle de « participer au processus de paix au Moyen-Orient », engagé lors de la réunion de Madrid d'octobre 1991.

Liban

Le Liban connaît une crise économique et sociale d'une extrême gravité, alors que la situation politique, interne et régionale, n'a cessé de se détériorer. Le mois de mai 1992 a illustré cette dégradation générale. Le 6 mai 1992, à la suite de manifestations très violentes dénonçant dans toutes les villes du pays le marasme économique et social, la corruption de l'administration et l'incapacité du gouvernement, le gouvernement d'Omar Karamé a été contraint de démissionner. Le nouveau gouvernement de Rachid Solh, formé le 16 mai

Croissant fertile

	INDICATEUR	UNITÉ	IRAK	ISRAËL	JORDANIE
	Capitale		Bagdad	Jérusalem	Amman
	Superficie	km²	434 924	20 770	97 740
	Développement humain (IDH) [a]		0,589	0,939	0,586
DÉMOGRAPHIE	Population (*)	million	19,56	4,97	4,14
	Densité	hab./km²	45,0	244,5	42,4
	Croissance annuelle [c]	%	3,4	1,5	3,3
	Indice de fécondité (ISF) [c]		5,9	2,8	5,5
	Mortalité infantile [c]	‰	56	10	36
	Espérance de vie [c]	année	66	76	68
	Population urbaine [a]	%	71	92	68
CULTURE	Analphabétisme [a]	%	40,3	4,2	19,9
	Scolarisation 12-17 ans [a]	%	58,0	..	..
	Scolarisation 3e degré	%	13,8 [h]	32,8 [h]	26,6 [e]
	Téléviseurs [b]	‰ hab.	68	265	77,2
	Livres publiés	titre	..	2 214 [g]	..
	Nombre de médecins	‰ hab.	0,55 [i]	2,90 [j]	1,14 [f]
ARMÉE	Armée de terre	millier d'h.	350	104	90
	Marine	millier d'h.	2,5	9	0,3
	Aviation	millier d'h.	30	28	11
ÉCONOMIE	PIB	milliard $	66,76 [b]	55,5	4,27
	Croissance annuelle 1980-90	%	− 11,1 [d]	3,2	− 0,4
	1991	%	..	5,2	1,0
	Par habitant	$	3 652 [b]	11 167	1 032
	Dette extérieure totale	milliard $	80 [b]	24,0	8,1
	Service de la dette/Export.	%	..	..	31,7
	Taux d'inflation	%	45,0 [a]	18,0	6,8
	Dépenses de l'État Éducation	% PIB	4,0 [h]	8,6 [b]	5,9 [b]
	Défense	% PIB	6,0 [a]	12,0 [a]	13,7
	Production d'énergie [b]	million TEC	204,5	0,1	0,03
	Consom. d'énergie [b]	million TEC	19,4	13,7	3,91
COMMERCE	Importations	million $	5 100 [ak]	16 614	2 600
	Exportations	million $	9 500 [ak]	11 734	1 100
	Principaux fournis. [a]	%	PCD 62,9	E-U 17,8	E-U 17,4
		%	CEE 38,7	CEE 49,3	CEE 28,4
		%	PVD 29,3	PVD 7,3	M-O 25,3
	Principaux clients [a]	%	PCD 57,0	E-U 28,8	PCD 6,4
		%	CEE 22,5	CEE 34,9	PVD 93,5
		%	PVD 35,4	PVD 14,7	M-O 41,0

LIBAN	SYRIE
Beyrouth	Damas
10 400	185 180
0,561	0,665
2,76	12,56
265,3	67,8
2,2	3,6
3,4	6,3
40	39
67	67
84	50
19,9	35,5
65,2	69,3
27,7 [f]	19,9 [b]
326,5	58,7
..	119 [f]
1,50 [j]	0,77 [i]
17,5	300
0,5	4
0,8	40
1,25 [b]	12,40 [a]
− 20,5 [d]	1,4
− 33,1 [b]	5,0
467 [b]	990 [a]
1,9	16,4 [a]
..	26,9 [a]
50	5,9
6,5 [g]	4,1 [b]
4,2 [a]	14,8 [a]
0,06	27,1
3,88	11,6
3 200	2 768
550	3 494
PCD 57,2	PCD 57,1
CEE 42,4	CEE 40,3
PVD 42,3	URSS 3,7
PCD 39,6	PVD 17,0
PVD 60,4	PCD 37,2
ArS 19,0	URSS 44,3

1992, obtint le 29 mai 1992 la confiance du Parlement, avec 76 voix contre 5 et 3 abstentions. Ce nouveau gouvernement allait devoir s'attaquer à trois problèmes essentiels : la crise économique et sociale, la tension croissante dans le sud du pays, et l'organisation d'élections législatives durant l'été 1992, sous la tutelle syrienne.

▼

République libanaise

Nature du régime : en théorie démocratie parlementaire. Les institutions sont en cours d'évolution en application des accords de Taef (oct. 89).
Chef de l'État : Elias Hraoui (depuis le 24.10.89).
Premier ministre : Omar Karamé, remplacé par Rachid Solh le 16.5.92.
Monnaie : livre libanaise (100 livres = 0,04 FF au 30.3.92).
Langues : arabe, français, anglais.

Le marasme économique s'est aussi traduit par l'effondrement de la livre libanaise, soutenue par la banque centrale du Liban jusqu'au 19 février 1992. Alors qu'au début de l'année 1992 le dollar valait 879 livres libanaises (en 1975 il représentait 2,5 livres libanaises), en juillet 1992 le dollar était échangé contre un peu plus de 2 000 livres libanaises. Or, les prix n'ont cessé d'augmenter et de nombreuses familles se sont trouvées incapables de payer les frais de scolarité de leurs enfants, ou l'achat de médicaments en cas de maladie.

L'aide étrangère annoncée par les accords de Taef (octobre 1989) ne s'est pas concrétisée et les capitaux libanais placés à l'étranger — estimés à

Chiffres 1991, sauf notes : a. 1990; b. 1989; c. 1990-95; d. 1980-89; e. 1980; f. 1984; g. 1985; h. 1988; i. 1987; j. 1983; k. A partir d'août 1990 et jusqu'au printemps 1991 le pays a été en situation de guerre. Il a été soumis a un embargo commercial et financier prolongé.
(*) Dernier recensement utilisable : Irak, 1987; Israël, 1983; Jordanie, 1979; Liban, 1970; Syrie, 1981.

BIBLIOGRAPHIE

G. CORM, *Liban : les guerres de l'Europe et l'Orient - 1840-1992*, Gallimard, «Folio», Paris, 1992.

A. GRESH, D. VIDAL, *Palestine 47 : un partage avorté*, Complexe, Bruxelles, 1991 (nouv. éd.).

E. KIENLE, *Ba'th vs Ba'th. The Conflict beetween Syria and Iraq, 1968-1989*, B. Tauris, Londres, 1990.

M.-A. LECERF, *Comprendre le Liban*, Karthala, Paris, 1988.

«L'invasion du Koweït, opinions arabes», *Maghreb-Machrek*, n° 130, La Documentation française, Paris, 4e trim. 1990.

É. PICARD, *Liban. État de discorde*, Flammarion, Paris, 1988.

«Proche-Orient. Une guerre de cent ans», *Le Monde diplomatique*, «Manière de voir», n° 11, Paris, mars 1991.

«L'Occident et la guerre des Arabes», *Hérodote*, n° 60-61, La Découverte, Paris, 1991.

N. PICAUDOU, *La Déchirure libanaise*, Complexe, Bruxelles, 1989.

Voir aussi les bibliographies «Irak» et «Israël» dans la section «34 États».

au moins 20 milliards de dollars — ne sont pas revenus au pays pour financer le redressement du pays, ruiné par quinze ans de guerre civile.

L'escalade de la violence dans le sud du pays durant les dix derniers jours de mai 1992 a fait craindre à certains un affrontement syro-israélien. A partir de février 1992, les attaques des miliciens intégristes chiites du Hezbollah contre Israël ont entraîné des ripostes de plus en plus violentes de la part de l'armée israélienne. Déjà, le 16 février, le chef du Hezbollah avait été tué, mais, le plus souvent, les victimes ont été civiles.

Dans ce contexte de crise économique sans précédent et de tension dans le Sud, les élections législatives annoncées pour l'été 1992 étaient contestées par beaucoup de chrétiens, d'autant plus que le retrait des troupes syriennes (ou du moins leur repli sur plaine de la Bekaa) prévu par les accords de Taëf pour octobre 1992 apparaissait encore très hypothétique à la mi-1992.

Syrie

Le rôle régional de la Syrie est resté une donnée géopolitique prépondé-rante en 1992. Après avoir tiré bénéfice de sa participation à la coalition anti-irakienne, lors de la guerre du Golfe en 1991, le chef de l'État syrien, Hafez el-Assad (réélu avec

---

République arabe syrienne

Nature du régime : république socialiste dirigée par le parti Baas.

Chef de l'État : Hafez el-Assad (depuis mars 71).

Chef du gouvernement : Mahmoud al-Zubbi (depuis nov. 87).

Monnaie : livre syrienne (1 livre = 0,50 FF au 30.3.92).

Langue : arabe.

99,9 % des voix, le 2 décembre 1991), a accepté que la Syrie participe à la conférence de paix ouverte le 30 octobre 1991 à Madrid. Face à Israël, la délégation syrienne est vite apparue comme la plus intransigeante des délégations arabes. D'ailleurs, au printemps 1992, le gouvernement de Damas a refusé de participer à la poursuite des négociations multilatérales de Moscou, après avoir consenti avec beaucoup d'hésitations à s'associer aux négociations de paix de Washington (février 1992).

Au Liban, la tutelle syrienne a été de plus en plus contestée, et de nombreux observateurs se demandent si le repli des troupes de Damas dans la plaine de la Bekaa pourra avoir lieu en septembre 1992, comme cela a été prévu lors des accords signés à Taef en octobre 1989.

La situation économique s'est améliorée : le pays a bénéficié de bonnes récoltes de céréales et, surtout, la production d'hydrocarbures a rapidement augmenté : en 1992, on prévoyait l'extraction de 25 millions de tonnes de pétrole et de 16 milliards de mètres cubes de gaz naturel. La moitié de la production de pétrole est exportée et rapporte à la Syrie de précieuses devises, d'autant plus utiles que l'aide financière promise par les monarchies du Golfe a beaucoup diminué en 1992. La libéralisation de l'économie s'est poursuivie : la nouvelle loi sur les investissements, en accordant des exemptions d'impôts ou de taxes douanières, veut attirer les capitaux étrangers ou le retour de capitaux syriens expatriés. Elle vise aussi à séduire les capitaux privés locaux. Certains secteurs de l'économie ont été encouragés, en particulier le tourisme. En ce domaine, le pays dispose d'un excellent potentiel (diversité des régions, richesse archéologique, bonne infrastructure routière), mais l'équipement hôtelier demeure insuffisant. Il est vrai que les tensions et conflits régionaux n'ont guère été propices à un développement serein de cette activité.

A la grande satisfaction de nombreux gouvernements occidentaux, Damas a annoncé, le 27 avril 1992, que les 4 000 Juifs syriens pourront désormais voyager librement, ce qui leur donne en fait la possibilité d'émigrer. D'autre part, 3 500 détenus politiques ont été libérés à la fin de 1991 et au début de 1992.

André Bourgey

Péninsule Arabique

Arabie saoudite, Bahreïn, Émirats arabes unis, Koweït, Oman, Qatar, Yémen
(voir aussi p. 35.)

Arabie saoudite

Pour l'Arabie saoudite, les conséquences économiques et financières de la guerre du Golfe de 1991 ont été très lourdes. La contribution saoudienne à la coalition armée contre l'Irak, l'aide financière apportée par le gouvernement de Riyad à la Syrie et à l'Égypte pour leur participation à la coalition, mais aussi les achats massifs d'armes aux États-Unis ont représenté en 1992 un montant estimé entre 70 et 80 milliards de dollars.

Or les recettes pétrolières saoudiennes qui avaient atteint 40,9 milliards de dollars en 1990, en raison d'une augmentation sensible de la production et du relèvement specta-

▼
Royaume d'Arabie saoudite
Nature du régime : monarchie absolue, islamique.
Chef de l'État : roi Fahd ben Abd el-Aziz (depuis juin 82).
Chef du gouvernement : émir Abdallah (prince héritier).
Monnaie : riyal (1 riyal = 1,49 FF au 30.3.92).
Langue : arabe.

culaire du prix du baril de brut durant le second semestre de 1990, ont sensiblement chuté en 1991, à la suite de l'effondrement du prix du pétrole, descendu en dessous de 18 dollars le baril, soit un niveau inférieur à ce qu'il était avant l'inva-

Péninsule Arabique (voir notes p. 336)

	INDICATEUR	UNITÉ	ARABIE SAOUDITE	BAHREÏN	ÉMIRATS ARAB. UNIS
	Capitale		Riyad	Manama	Abu Dhabi
	Superficie	km²	2 149 690	678	83 600
	Développement humain (IDH) [a]		0,687	0,790	0,740
DÉMOGRAPHIE	Population (*)	million	15,44	0,53	1,62
	Densité	hab./km²	7,2	781,7	19,4
	Croissance annuelle [d]	%	3,8	3,1	2,2
	Indice de fécondité (ISF) [d]		7,1	3,7	4,3
	Mortalité infantile [d]	‰	58	12	22
	Espérance de vie [d]	année	66	72	71
	Population urbaine [a]	%	77	83	78
CULTURE	Analphabétisme [a]	%	37,6	22,6	45,0
	Scolarisation 12-17 ans [a]	%	54,1	93,9	63,6
	Scolarisation 3e degré	%	12,2 [f]	14,9 [f]	8,5 [b]
	Téléviseurs [b]	‰ hab.	276,5	401,6	108,5
	Livres publiés	titre	218 [j]	46 [k]	152 [b]
	Nombre de médecins	‰ hab.	1,40 [i]	1,24 [g]	1,01 [k]
ARMÉE	Armée de terre	millier d'h.	45	6	40
	Marine	millier d'h.	9,5	1	1,5
	Aviation	millier d'h.	18	0,45	2,5
ÉCONOMIE	PIB	milliard $	114,15	3,72	32,42
	Croissance annuelle 1980-90	%	− 0,8 [c]	− 0,1 [c]	− 3,1
	1991	%	9,5	1,3	7,5
	Par habitant	$	7 393	7 019	20 010
	Dette extérieure totale	million $	14 950 [a]	1 800	11 500
	Service de la dette/Export.	%	..	..	..
	Taux d'inflation	%	5,0	− 0,2	..
	Dépenses de l'État Éducation	% PIB	7,6 [f]	5,4 [f]	2,1 [b]
	Défense	% PIB	23,5	5,2	15,1
	Production d'énergie [b]	million TEC	417,1	9,97	160,8
	Consom. d'énergie [b]	million TEC	86,5	7,79	30,6
COMMERCE	Importations	million $	29 550	3 146	12 700
	Exportations	million $	48 450	3 544	20 900
	Principaux fournis. [a]	%	E-U 16,4	ArS 41,0	Jap 14,2
		%	Jap 11,1	CEE 17,6	CEE 34,6
		%	CEE 38,1	E-U 19,4	PVD 35,3
	Principaux clients [a]	%	E-U 22,4	Jap 12,1	Jap 35,1
		%	Jap 21,9	PVD 58,2	CEE 8,0
		%	CEE 20,7	Inde 10,6	PVD 24,6

KOWEÏT	OMAN	QATAR	YÉMEN [1] DU NORD	YÉMEN [1] DU SUD
Koweït	Mascate	Doha	Sanaa	
17 811	212 457	11 000	527 968	
0,815	0,598	0,802	0,232 e	
2,20	1,56	0,51	11,68 e	
123,5	7,3	46,1	35,1 e	
2,8	3,7	3,4	3,7	3,2
3,5	7,1	5,3	7,6	6,5
15	34	26	107	107
74	68	70	53	53
96	11	90	25	43
27,0	65,0	18,0	61,5	60,9
73,2	59,3	92,0	34,5	41,1
17,9 f	4,1 f	24,0 b	2,9 b	1,9 g
280,6	761,8	514,3	16,9	62,1
793 f	..	461 h	..	..
1,51 i	0,93 h	0,98 i	0,17 g	0,22 g
7	20	6	60 e	
0,2	3,4	0,7	3 e	
1	3	0,8	2 e	
33,09 b	10,39	7,66	6,74 b	1,33 b
2,2 c	8,6 c	– 6,6	7,1 c	3,6 c
17,4 b	8,0 b	10,6 b	5,9	2,0 b
16 160 b	6 663	15 029	761 b	551 b
10 910 b	3 157	1 100	7 639	2 505 b
10,5 b	13,0 a	..	8,2 a	..
2,0 a	..	3,0	..	..
5,0 h	3,7 b	3,8 b	6,1 i	6,2 j
54,0	13,8	12,2	12,5 a	..
118,4 i	48,96	36,71	12,05 e	
16,36 i	4,97	8,53	3,84 e	
3 959 al	2 658 a	1 529	1 509 a	983 a
7 557 a	5 087 a	3 000	1 383 a	197 a
PCD 62,7	Jap 17,4	PCD 68,7	PCD 59,8	URSS 30,2
CEE 34,3	R-U 20,3	CEE 42,3	CEE 32,8	PCD 21,2
PVD 37,0	EAU 19,5	PVD 31,2	PVD 38,9	PVD 25,6
Jap 20,6	Jap 35,0	PCD 65,0	E-U 24,8	CEE 41,7
CEE 26,7	Cor 21,2	Jap 60,6	RFA 31,3	Ita 22,9
PVD 36,6	Sin 6,9	PVD 32,3	Ita 15,1	PVD 32,7

BIBLIOGRAPHIE

P. BONNENFANT (sous la dir. de), *La Péninsule Arabique aujourd'hui*, 2 vol., Éd. du CNRS, Paris, 1982.

A. CHENAL, H. ARFAOUI, « Yémen », *Relations internationales et stratégiques*, n° 1, IRIS/Stock, Paris, 1991.

« De la guerre à la paix ? », *Le Monde - Dossiers et documents*, n° spéc., Paris, nov. 1991.

L. GRAZ, *Le Golfe de turbulences*, L'Harmattan, Paris, 1990.

H. ISHOW, *Le Koweït. Évolution politique, économique, sociale*, L'Harmattan, Paris, 1989.

« Koweït : l'État rentier au Moyen-Orient », *Problèmes économiques*, n° 2105, La Documentation française, Paris, déc. 1988.

« L'invasion du Koweït, opinions arabes », *Maghreb-Machrek*, n° 130, La Documentation française, Paris, 4e trim. 1990.

« L'Occident et la guerre des Arabes », *Hérodote*, n° 60-61, La Découverte, Paris, 1er sem. 1991.

G. LUCIANI, « Arabie saoudite : l'industrialisation d'un État allocataire », *Maghreb-Machrek*, n° 129, La Documentation française, Paris, 3e trim. 1990.

« Proche-Orient. Une guerre de cent ans », *Le Monde diplomatique*, « Manière de voir », n° 11, Paris, mars 1991.

Revue d'études palestiniennes (trim.), diff. Éd. de Minuit, Paris.

M.-T.-B. SADIRA, *Ainsi l'Arabie est devenue saoudite : les fondements de l'État saoudien*, L'Harmattan, Paris, 1989.

S. YÉRASIMOS, « Frontières d'Arabie », *Hérodote*, n° 58-59, La Découverte, Paris, 2e sem. 1990.

sion du Koweït par l'Irak d'août 1990. C'est pourquoi l'Arabie saoudite a envisagé de porter sa capacité de production à 10 millions de baril par jour en 1992. Déjà, en novembre 1991, lors d'une conférence de l'OPEP, les Saoudiens avaient obtenu un relèvement du quota de production, porté à 8,5 millions de barils/jour (contre 5,4 millions de barils/jour en 1989).

Les difficultés financières de l'Arabie saoudite ont contraint le gouvernement de Riyad à recourir au marché international des capitaux, en lançant deux emprunts de 4,5 milliards de dollars et de 2,5 milliards de dollars en 1991.

Contrairement à certaines prévisions alarmistes, le pèlerinage à La Mecque s'est déroulé sans incident du 29 mai au 18 juin 1991. Il est vrai que la très grande majorité des militaires occidentaux présents dans le royaume lors de la guerre du Golfe avaient déjà quitté le sol saoudien à ce moment. 1 700 000 pèlerins sont venus, dont 117 000 Iraniens. Les musulmans soviétiques, jusqu'alors absents, ont été au nombre de 4 700 ; le roi Fahd avait personnellement

---

[Notes du tableau des p. 334-335]

(1) *Un processus d'unification des deux Yémens a été engagé en 1990.*

Chiffres 1991, sauf notes : a. 1990 ; b. 1989 ; c. 1980-89 ; d. 1990-95 ; e. Yémen unifié ; f. 1988 ; g. 1985 ; h. 1987 ; i. 1986 ; j. 1980 ; k. 1984 ; l. Le Koweït a été occupé par l'Irak d'août 1990 à février 1991. Pendant cette période un embargo a été imposé à l'Irak et à l'Émirat. De nombreuses infrastructures de ce dernier ont été détruites pendant la guerre.

(*) Dernier recensement utilisable : Arabie saoudite, 1974 ; Bahreïn, 1981 ; Émirats arabes unis, 1985 ; Koweït, 1985 ; Qatar, 1986 ; Yémen du Nord, 1986 ; Yémen du Sud, 1988.

Péninsule Arabique

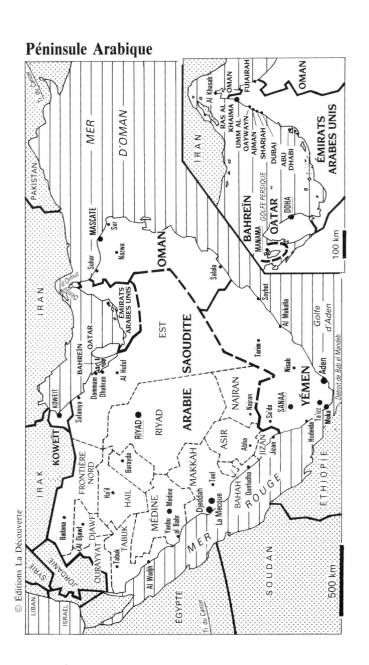

© Éditions La Découverte

pris en charge leurs frais. En finançant la réouverture de mosquées, le gouvernement de Riyad s'intéresse d'ailleurs de plus en plus aux républiques musulmanes de l'ex-URSS qui se dégagent de l'emprise soviétique.

La coopération avec les États-Unis a été encore plus étroite que traditionnellement : l'Arabie saoudite a apporté son appui total au processus de paix américain pour le Proche-Orient, et à la réunion de la conférence de Madrid (fin octobre 1991). De même, pour faire plaisir au président américain, le roi Fahd a annoncé la création d'un Conseil consultatif, le Majlis al-choura. Mais cela n'a pas pour autant démocratisé le régime.

Bahreïn

Bahreïn a été, après Koweït, l'émirat le plus touché par la guerre du Golfe de 1991. Pendant de longs mois, les puits de pétrole en feu du Koweït ont pollué le ciel, et l'émirat a été également menacé par la marée noire.

▼

Émirat du Bahreïn

Nature du régime : monarchie absolue, islamique (le Parlement est dissous depuis 1975).
Chef de l'État : Cheikh Issa Ben Salmane al-Khalifa (depuis 1961).
Chef du gouvernement : Cheikh Khalifa Ben Salmane al-Khalifa (depuis 1970).
Monnaie : dinar (1 dinar = 14,81 FF au 30.3.92).
Langue : arabe.

Les conséquences économiques de la crise du Golfe sont bien plus importantes : selon diverses estimations, 30 % à 40 % des dépôts ont été retirés des banques privées. Le nombre des banques *offshore* n'était plus que de 51 à la fin de 1991, contre 75 dix ans plus tôt. Toutefois, à la fin de 1991, les capitaux étrangers ont semblé commencer à reprendre le chemin de Manama, la capitale.

Émirats arabes unis

En 1991, la réputation des Émirats arabes unis a été ternie par le scandale de la BCCI (Banque de crédit et de commerce international), dont l'émir d'Abu Dhabi, Cheikh Zayed, était le principal actionnaire : dix milliards de dollars (douze selon certains) auraient été détournés, provenant de la fortune personnelle de l'émir. Il a promis de rembourser les petits déposants et partiellement les gros.

▼

Fédération des émirats arabes unis
(Abu Dhabi, Dubai, Sharjah, Ajman, Umm al-Qaywayn, Ras el-Khaima, Fujairah)

Nature du régime : chacun des sept cheikhs est monarque absolu dans son propre émirat.
Chef de l'État : Cheikh Zayed Ben Sultan al-Nahyan, émir d'Abu Dhabi (depuis 1971).
Chef du gouvernement : Cheikh Rachid Ben Saïd al-Maktoum, émir de Dubai (depuis 1979).
Monnaie : dirham (1 dirham = 1,52 FF au 30.3.92).
Langue : arabe.

Les recettes pétrolières des émirats ont atteint 15 milliards de dollars en 1991. La production de gaz naturel (21 milliards de mètres cubes en 1990) a continué de progresser.

La visite du chef de l'État en France, durant la première quinzaine de septembre 1991, a permis la signature d'un accord militaire.

Koweït

L'émirat a pu recommencer à produire et exporter son pétrole dès l'été 1991, mais de façon modeste. L'extinction des 732 puits de pétrole, incendiés par les Irakiens en février 1991 au moment de leur retrait de l'émirat, a été achevée plus tôt que prévu, en novembre 1991. Mais 3 % des réserves koweïtiennes ont cependant brûlé, et la remise en état des installations endommagées devrait coûter entre 70 et 80 milliards de dollars. En revanche, les autres dépenses de reconstruction dans l'ensemble de l'émirat ne devraient pas dépasser 30 milliards de dollars, soit beaucoup moins que les estimations du printemps 1991.

▼

Émirat du Koweït

Nature du régime : monarchie (le Parlement est dissous depuis 1986).
Chef de l'État : Cheikh Jaber al-Ahmed al-Sabah (depuis 1977).
Chef du gouvernement : Cheikh Saad al-Abdallah al-Salem al-Sabah (depuis 1978).
Monnaie : dinar (1 dinar = 18,89 FF au 30.3.92).
Langue : arabe.

Les ministres de l'OPEP, réunis à Vienne (Autriche) fin mai 1992, ont autorisé le Koweït à relever son quota de production, si bien qu'en 1992 il devait produire 80 millions de tonnes de pétrole, soit un niveau assez proche de ce qu'il était avant l'invasion irakienne. Les revenus pétroliers escomptés seront cependant très insuffisants pour financer la reconstruction, d'autant plus que l'émirat a payé 22 milliards de dollars comme contribution aux dépenses militaires de la coalition anti-irakienne. Le Koweït a donc été contraint de puiser dans le « Fonds de réserve pour les générations futures ». Ses avoirs à l'étranger, qui étaient estimés à plus de 100 milliards de dollars avant l'invasion, ont sensiblement diminué. Cependant, pour ne pas perturber les marchés financiers internationaux et surtout pour préserver une rente financière appréciable, les autorités ont généralement préféré emprunter plutôt que de réaliser leurs avoirs : un emprunt de 5 milliards de dollars lancé en octobre 1991 a été immédiatement souscrit.

Malgré la perspective d'élections législatives annoncées pour octobre 1992, le climat politique intérieur est resté tendu : la libération de l'émirat ne s'est pas accompagnée d'un processus de démocratisation, malgré les pressions occidentales. Cependant, Washington, au nom de la défense des droits de l'homme, a pu obtenir que de nombreuses condamnations à mort de personnes accusées de « collaboration » avec les Irakiens soient transformées en peine de prison à vie. Une véritable « chasse aux Palestiniens » a été organisée. De 400 000 avant l'invasion, ils n'étaient plus que 100 000 à la fin 1991 (et peut-être seulement 50 000 en mai 1992). Les autorités koweïtiennes ont souhaité réduire le nombre des étrangers : la population de l'émirat, qui atteignait 2 millions avant l'invasion, était estimée à 1,2 million fin 1991, ce qui n'a pas été sans conséquences sur l'économie (les étrangers représentaient 80 % de la population active de l'émirat).

Oman

Oman a bénéficié de la crise du Golfe de 1991-1992, ne serait-ce que par l'augmentation de ses revenus pétroliers en 1990 et en 1991. Il a profité de l'absence de l'Irak et du Koweït sur le marché mondial du pétrole

▼

Sultanat d'Oman

Nature du régime : monarchie absolue, islamique.
Chef de l'État et du gouvernement : Sultan Qabous ben Saïd (depuis 1970).
Monnaie : riyal (1 riyal = 14,48 FF au 30.3.92).
Langue : arabe.

pour augmenter sa production, au moment où le prix du baril de brut augmentait, fin 1990. Si les prix ont baissé en 1991, les recettes pétrolières omanaises, de l'ordre de 4 milliards de dollars, étaient suffisamment importantes pour permettre le financement d'un ambitieux plan quinquennal (1991-1995), avec un budget d'investissements de 10,6 milliards de dollars. La création d'une zone industrielle à Sohar (200 km à l'ouest de Mascate), décidée le 28 septembre 1991, témoigne de la volonté d'éviter une trop grande concentration des activités économiques autour de la capitale. L'émirat a envisagé le développement des activités touristiques (signature d'un accord avec l'organisation touristique française Club Méditerranée, le 14 août 1991).

Qatar

L'émir de Qatar a inauguré, le 3 septembre 1991, la première phase de développement du gisement de gaz naturel *offshore* de North Field. Avec des réserves estimées à 10 000 milliards de mètres cubes (soit 175 années de production), ce gisement doit produire 8 milliards de mètres cubes en 1992, et 24 milliards de mètres cubes en 1996. D'importants contrats de livraison de gaz ont été conclus avec le Japon pour une durée de 25 ans.

▼
Émirat du Qatar

Nature du régime : monarchie absolue, islamique.
Chef de l'État : Cheikh Khalifa ben Hamad al-Thani (depuis 1972).
Monnaie : riyal (1 riyal = 1,53 FF au 30.3.92).
Langue : arabe.

Le litige frontalier entre Qatar et Bahreïn, à propos de l'île de Haward et des hauts fonds de Dibal et Qitat, potentiellement riches en pétrole, a provoqué une grande tension entre les deux émirats durant l'été 1991, nécessitant une médiation saoudienne.

Yémen

Le Yémen a connu en 1992 d'énormes difficultés économiques, conséquences directes de la crise du Golfe de 1990-1991 qui a freiné le processus de construction économique du pays, réunifié le 22 mai 1990. Le chômage concernait 2 millions de Yéménites, à la mi-1990, ce qui est

▼
République du Yémen

Proclamée le 22.5.90, la République du Yémen correspond à l'unification du Yémen du Sud et du Yémen du Nord.
Nature du régime : transition vers le multipartisme (le Yémen du Nord connaissait un régime militaire, le Yémen du Sud, un régime de parti unique, marxiste-léniniste).
Chef du nouvel État : Ali Abdallah Saleh (qui était chef d'État du Yémen du Nord depuis juil. 78).
Chef du gouvernement : Yassine Saïd Noomane (qui était chef du gouvernement du Yémen du Sud depuis févr. 86).
Capitale : Sanaa.
Monnaie : riyal et dinar (1 riyal = 1 dinar = 0,46 FF au 30.3.92).
Langue : arabe.

considérable pour une population totale de 11,6 millions. Aux Yéménites obligés de quitter l'Arabie saoudite en 1990 (entre 800 000 et 1 million, selon les estimations), sont venus s'ajouter les réfugiés yéménites d'Afrique orientale, fuyant en particulier la Somalie, ravagée par la guerre civile en 1991 et 1992. Les transferts financiers des émigrés, si importants pour l'économie, ont cessé au moment même où les monarchies pétrolières du Golfe arrêtaient toute aide financière au Yémen en raison du soutien diplomatique apporté à l'Irak. En revanche, l'aide occidentale commençait à reprendre à la fin 1991.

Aden, l'ancienne capitale du Yémen du Sud, est apparue de plus en plus comme une victime de la réunification, malgré la reprise des activités de la raffinerie, fin 1991. Les gisements pétroliers d'Alif (près de Marib) et de Shabwa assurent une production de 10 millions de tonnes qui procure l'essentiel des devises du pays, d'autant plus utiles que le fort endettement (7,8 milliards de dollars en 1991) est préoccupant, et a nécessité une demande de rééchelonnement de la dette en 1991.

Le référendum sur la Constitution du Yémen unifié a été approuvé en mai 1991 par 98,3 % de « oui », et il a confirmé le multipartisme. En avril 1992, un nouveau code du statut personnel a institutionnalisé la polygamie sur tout le territoire du Yémen réunifié au nom de la « charia » (législation islamique). L'ancien Yémen du Sud, qui se réclamait du marxisme-léninisme, a accueilli avec inquiétude ce nouveau code. Dans le même temps, au printemps 1992, les attentats ou tentatives d'assassinat de personnalités originaires de l'ancien Yémen du Sud se sont multipliés à Sanaa. Enfin, en avril 1992, les autorités de Sanaa ont dénoncé d'importantes manœuvres militaires saoudiennes, proches de la frontière nord du Yémen, dans les zones frontalières d'Assir, Najrane et Sizzane, qui étaient yéménites jusqu'en 1934.

André Bourgey

Moyen-Orient

Afghanistan, Iran, Pakistan

(Le Pakistan est traité p. 122. L'Iran, p. 168. Voir aussi p. 35 et 539.)

Afghanistan

L'année 1992 a vu la chute du régime de Najibullah et la prise de Kaboul par une coalition hétéroclite de *moudjahidin*. Une mission de l'ONU, dirigée par Benon Sevan, avait tenté jusqu'au dernier moment de promouvoir une alternative au régime en place en mettant sur pied une « commission de travail », recrutée essentiellement parmi les technocrates en exil : soutenue par les États-Unis et le ministère pakistanais des Affaires étrangères, cette médiation irréaliste s'est heurtée à la fois aux plus radicaux des partis basés à Peshawar (Pakistan) et aux commandants *moudjahidin* de l'intérieur, systématiquement tenus à l'écart par Benon Sevan.

Sur le plan intérieur, la situation a basculé sur une question apparemment banale d'équilibre ethnique. Le régime communiste de Najibullah s'appuyait à la fois sur l'armée régulière, traditionnellement encadrée par les Pachtoun, et sur des milices locales à base ethnique : les Ouzbeks du général Doustom et les ismaéliens de Sayyid Naderi. Or de nombreux officiers pachtoun avaient été limogés au printemps 1991, à la suite de l'échec d'un coup d'État monté à la fois par le ministre de la Défense, Shah Nawaz Tanaï, un communiste radical, et par les extrémistes fondamentalistes du Hezb-i-Islami de Gulbuddin Hekmatyar. Désireux de donner à nouveau des gages aux Pachtoun, Najibullah remplaça en janvier 1992 le chef de

---

▼

République d'Afghanistan

Nature du régime : le régime mis en place par l'URSS est tombé le 27.4.92. S'est ouverte alors une période de pouvoir de transition.

Chef de l'État : Mohammed Najibullah, président du Conseil révolutionnaire jusqu'à la chute du régime, le 27.4.92. Il a été remplacé provisoirement par le général Hatif, puis, par Sibghatullah Modjaddedi. Burhanuddin Rabbani a été nommé le 28.6.92, pour quatre mois.

Premier ministre (de transition) : Abdul Sabur Farid, désigné le 6.7.92.

Monnaie : afghani (1 afghani = 0,014 FF au 30.3.92 au cours officiel).

Langues : pashtou, dari, etc.

Moyen-Orient

	INDICATEUR	UNITÉ	AFGHA-NISTAN	IRAN	PAKISTAN
	Capitale		Kaboul	Téhéran	Islamabad
	Superficie	km²	647 497	1 648 000	803 943
	Développement humain (IDH) [a]		0,065	0,547	0,305
DÉMOGRAPHIE	Population (*)	million	17,20	55,70	115,52
	Densité	hab./km²	25,6	33,8	143,7
	Croissance annuelle [c]	%	6,7	2,0	2,9
	Indice de fécondité (ISF) [c]		6,8	4,7	5,9
	Mortalité infantile [c]	‰	162	40	98
	Espérance de vie [c]	année	43	67	59
	Population urbaine [a]	%	18	57	32
CULTURE	Analphabétisme [a]	%	70,6	46,0	65,2
	Scolarisation 12-17 ans [a]	%	15,8	65,3	19,1
	Scolarisation 3e degré	%	1,3 [f]	6,9 [f]	4,8 [b]
	Téléviseurs [b]	‰ hab.	8,1	66	16
	Livres publiés	titre	415 [i]	6 289 [b]	••
	Nombre de médecins	‰ hab.	0,07 [b]	0,33 [h]	0,52 [b]
ARMÉE	Armée de terre	millier d'h.	40 [k]	305	500
	Marine	millier d'h.	—	18	20
	Aviation	millier d'h.	5 [k]	35	45
ÉCONOMIE	PIB	milliard $	7,61 [b]	139,12 [a]	43,63
	Croissance annuelle 1980-90	%	– 1,7 [de]	2,7	6,3
	1991	%	– 2,2 [b]	9,5	6,4
	Par habitant	$	485 [b]	2 450 [a]	378
	Dette extérieure totale	milliard $	1,64 [f]	12,0	18,7 [a]
	Service de la dette/Export.	%	••	••	20,3 [a]
	Taux d'inflation	%	14,2	20,8	8,0
	Dépenses de l'État Éducation	% PIB	2,1 [j]	3,1 [b]	2,6 [b]
	Défense	% PIB	13,9 [g]	2,9	7,0
	Production d'énergie [b]	million TEC	4,18	235,3	20,5
	Consom. d'énergie [b]	million TEC	3,64	81,8 [c]	31,7
COMMERCE	Importations	million $	936 [a]	19 800	8 440
	Exportations	million $	235 [a]	18 000	6 530
	Principaux fournis. [a]	%	URSS 56,3	CEE 48,3	Jap 11,9
		%	Jap 9,4	RFA 19,7	PVD 43,8
		%	PVD 16,1	Jap 12,3	CEE 22,4
	Principaux clients [a]	%	URSS 72,4	CEE 45,1	Jap 8,2
		%	PCD 11,9	PVD 30,7	PVD 36,8
		%	PVD 5,8	Jap 20,5	CEE 31,9

J.-P. Digard, *Le Fait ethnique en Iran et en Afghanistan*, Éd. du CNRS, Paris, 1988.

F. Nahavandi, *L'Asie du Sud-Ouest : Afghanistan, Iran, Pakistan*, L'Harmattan, Paris, 1991.

O. Roy, *The Lessons of the Soviet-Afghan War*, Adelphi Paper, IISS, Londres, 1991.

Voir aussi les bibliographies « Iran » et « Pakistan » dans la section « 34 États ».

la zone Nord, le général Momin, un Tadjik, par un Pachtou, Djouma Assak. Aussitôt une coalition se créa entre les Tadjiks de l'armée gouvernementale, les milices ouzbeks et ismaéliennes, les chiites du Parti de l'unité et le puissant « Conseil du Nord » dirigé par le commandant Ahmed Shah Massoud, dirigeant *moudjahidin* de l'intérieur, lui aussi tadjik. Massoud tira alors le bénéfice de ses années d'efforts pour monter une organisation politico-militaire efficace. Cette coalition s'empara en mars de la capitale du Nord, Mazar-i-Sharif, puis descendit sur Kaboul qui fut investie à la mi-avril.

Par un effet en chaîne, toutes les capitales de province tombèrent alors entre les mains des *moudjahidin*. Pris de vitesse, G. Hekmatyar tenta alors une percée sur Kaboul en s'alliant avec les éléments radicaux et pachtoun du régime de Kaboul, dont le ministre de l'Intérieur, Raz Mohammad Paktin, qui lui livra son ministère. Mais les troupes de la coalition du Nord le chassèrent de la capitale en deux jours (3 et 4 mai). Pendant ce temps, sous la pression pakistanaise, les partis

Chiffres 1991, sauf notes : a. 1990; b. 1989; c. 1990-95; d. PMN; e. 1980-89; f. 1988; g. 1985; h. 1986; i. 1983; j. 1987; k. Chiffre théorique de l'armée gouvernementale en 1991 : à l'approche de la chute du régime (effective en 1992), de nombreux désertions et ralliements aux insurgés moudjahidin ont eu lieu.

(*) Dernier recensement utilisable : Afghanistan, 1979; Iran, 1986; Pakistan, 1981.

de Peshawar annonçaient un gouvernement de coalition présidé par le modéré Sebghatullah Modjaddidi, tandis que G. Hekmatyar était nommé Premier ministre et Massoud ministre de la Défense. Hekmatyar commit l'erreur de dénoncer ce gouvernement. Cela permit à Massoud de regrouper sous son commandement les *moudjahidin* du Nord et les restes de l'armée gouvernementale, avec la totalité de l'aviation, tandis que S. Modjaddidi s'installait à Kaboul à la tête d'une administration fantôme.

En revanche, malgré une propagande à contenu ethnique, G. Hekmatyar ne réussit pas à regrouper autour de lui l'ensemble des Pachtoun. Ces derniers, pourtant peu enclins à apprécier le passage du pouvoir réel à Massoud, se sont montrés inquiets de la volonté hégémonique du chef du Hezb-i-Islami.

Ainsi la chute du régime de Kaboul a-t-elle laissé en place un Afghanistan divisé autour des grands clivages ethniques et tribaux, opposant les Pachtoun dépourvus de véritable *leadership* et les non-Pachtoun : Tadjiks (en fait tous les persanophones sunnites), chiites (tous persanophones), Ouzbeks, ismaéliens. La question se posait à la mi-1992 de savoir si Massoud, qui n'est pas lui-même un nationaliste tadjik, luttant pour le maintien d'un Afghanistan uni, parviendrait à imposer aux Pachtoun modérés un véritable partage du pouvoir.

Olivier Roy

Moyen-Orient

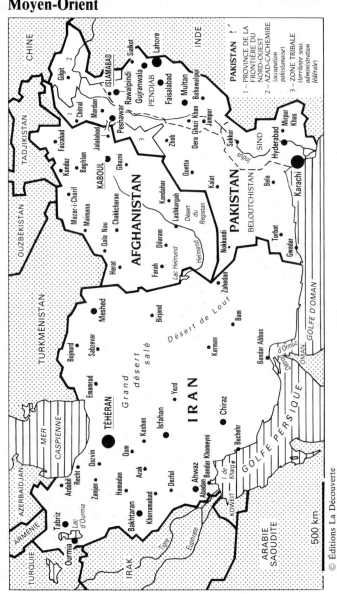

Asie

L'Asie est un ensemble géographique, économique et humain sans équivalent. D'abord par l'immensité de sa population et ses perspectives de croissance : plus de 1,2 milliard de Chinois et plus de 1 milliard d'Indiens en l'an 2000, mais aussi, ce qui est moins souvent évoqué, près de 220 millions d'Indonésiens, 150 millions de Pakistanais et 150 millions d'habitants du misérable Bangladesh : en tout, plus de la moitié de la population mondiale.

Cette Asie « prolifique » peut être opposée à une Asie « économique » : Japon, nouveaux pays industrialisés (NPI, Corée du Sud, Taïwan, Hong Kong, Singapour), auxquels il est logique d'ajouter désormais la Thaïlande, la Malaisie et potentiellement l'Indonésie. Sans que ces trois derniers pays aient entièrement mis fin à la pauvreté rurale et aux bidonvilles du développement inégalitaire, leur dynamisme industriel et la révolution technique des campagnes les rattachent à leurs voisins qui les ont précédés. Cette Asie « économique » est beaucoup plus concentrée : le Japon, avec 125 millions d'habitants, représente à lui seul près des deux tiers du PNB de toute l'Asie. L'ensemble constitue tout de même un atelier industriel et un marché de consommateurs potentiel de plus de 300 millions de personnes.

Plusieurs ensembles géopolitiques bien distincts

Cette comparaison n'est pourtant que virtuelle. Par sa géographie, par l'histoire et par la culture, l'Asie est fractionnée en plusieurs ensembles bien distincts. Asie continentale, paysanne et marquée par la tradition bureaucratique du confucianisme d'État : c'est la Chine, qui possède toutefois une façade maritime plus ouverte, la Corée du Nord, le Vietnam et la Birmanie, où communisme et socialisme autoritaire ont redoublé l'effet des traditions autarciques. Cette Asie a ses satellites, comme le Cambodge et le Laos en Indochine, qui sont pourtant autant marqués par l'hindouisme et le bouddhisme, où l'État est essentiellement une création coloniale, en dépit de précédents monarchiques. Asie indo-musulmane, rassemblée autour de l'Inde et du Pakistan en Asie du Sud (Bangladesh, Sri Lanka, États himalayens plus particularistes), mais le socle hindouiste ou la pénétration de l'islam ont également été très sensibles en Asie du Sud-Est : en Malaisie, en Indonésie, à Brunéi et aux Philippines. Conflits ethniques ou religieux, « communalisme » comme on l'appelle en Inde, ou tribalisme y sont très importants.

Les quatre dragons eux-mêmes sont une création de l'histoire récente : Hong Kong, territoire dépendant du Royaume-Uni qui

ASIE/BIBLIOGRAPHIE SÉLECTIVE

Asia Yearbook 1992, Far Eastern Economic Review, Hong Kong, 1992.

Asian Security 1991-1992, Research Institute for Peace and Security, Brassey's, Londres-Tokyo, 1991.

South East Asian Affairs 1991, Institute of South East Asian Studies, Singapour, 1991.

R. BENEDICT, *Le Chrysantyème et le Sabre*, Éd. Piquier, 1987.

N. CHANDA, *Les Frères ennemis*, Éd. du CNRS, Paris, 1987.

P. GOUROU, *La Terre et l'Homme en Extrême-Orient*, Flammarion, Paris, 1972.

K. D. JACKSON, *Cambodia 1975-1978, Rendez-vous with Death*, Princeton University Press, Princeton, 1989.

F. JOYAUX, *Géopolitique de l'Extrême-Orient* (2 vol.), Complexe, Bruxelles, 1991.

G. MYRDAL, *Asian Drama*, Pantheon Books, New York, 1968.

K. OHMAE, *Triad Power : the Coming Shape of Global Competition*, The Free Press, New York, 1985.

L.-W. PYE, *Asian Power and Politics. The Cultural Dimension of Authority*, Harvard University Press, Cambridge, 1985.

J. SPENCE, *The Search for Modern China*, Norton, Londres.

Voir aussi les bibliographies « Chine », « Japon » et « Inde » dans la section « 34 États ».

doit retourner à la Chine en 1997; Singapour, cité-État créée en 1955 : Taïwan, île-province restée, après la prise du pouvoir communiste en Chine continentale (1949), sous le gouvernement de Tchang Kaï-chek, mais qui a engagé à partir de 1987 des contacts humains et économiques avec la Chine populaire ; et enfin la Corée du Sud, produit de la division de la péninsule coréenne en 1945. Dans les quatre cas, la dimension plus réduite du secteur agraire, l'État de sécurité nationale (ou une efficace et discrète administration coloniale à Hong Kong), la stratégie fondée sur les zones franches et l'investissement direct international, la tradition éducative et culturelle se sont conjugués pour créer les révolutions industrielles et commerciales les plus rapides de l'histoire.

Enfin, le Japon mérite une place à part dans toute description de l'Asie : seul pays (avec la Thaïlande) à n'avoir jamais été colonisé, mais premier pays à avoir, depuis l'ère Meiji (1868-1912), adopté profondément techniques et institutions occidentales. Mais l'unicité de la culture japonaise, qui rassemble confucianisme, bouddhisme et shintoïsme, s'est préservée. Une grande part du débat concernant le Japon contemporain tourne autour des limites de cet état d'exception, de la profondeur sociale de la démocratisation forcée par l'occupation militaire américaine qui a suivi la Seconde Guerre mondiale, et des possibilités d'évolution future du Japon : vers une occidenta-

lisation tardive de la société, parachevant l'adaptation des institutions politiques modernisées après 1945, et entraînant l'effritement du consensus interne et la démobilisation au travail des générations nouvelles; ou, comme le voient certains, vers la conjugaison de la mobilisation économique permanente, qui a si bien réussi à l'économie japonaise sur les marchés mondiaux, avec une résurgence du nationalisme nippon, qui effacerait les prudences de l'après-guerre.

L'émergence d'une identité régionale

Deux faits marquent l'ensemble asiatique : d'abord, à la différence de l'Europe depuis 1989, la persistance des foyers de tension nés aussi bien de la décolonisation que de la guerre froide. La crise cambodgienne, la division de la Corée, le conflit frontalier nippo-soviétique autour des îles Kouriles pèsent sur la situation régionale. Les régimes démocratiques ou en voie de transition vers la démocratie sont peu nombreux et fragiles. L'élan des années quatre-vingt (Mme Corazon Aquino aux Philippines, démocratisations taïwanaise et sud-coréenne, libéralisation chinoise, transition civile en Thaïlande, assouplissement des militaires birmans) a semblé cassé au tournant des années quatre-vingt-dix (Chine, Birmanie), interrompu (Thaïlande, Pakistan), chaotique (Corée du Sud) ou tout simplement décevant dans ses effets économiques et sociaux (Philippines). Quant à l'Inde, seul pays d'Asie à avoir pratiqué deux fois l'alternance électorale depuis le milieu des années soixante-dix, elle oscille entre la démocratie parlementaire et les violences «communales».

Mais en sens inverse, à partir du dynamisme économique, avec l'extinction progressive des haines nées de la guerre de conquête japonaise (1937-1945), avec aussi l'essor de canaux de concertation comme l'ANSEA — Association des nations du Sud-Est asiatique —, le sens d'une identité régionale apparaît progressivement. La région a connu plus d'une décennie de palabres autour de la crise cambodgienne, près d'une décennie de querelles commerciales ou monétaires parallèles entre les différents pays d'Asie et les États-Unis, une obsession commune à tous les hommes d'affaires asiatiques avec les perspectives de l'unification européenne et d'un protectionnisme encore accru : ces facteurs se conjuguent avec l'ouverture mutuelle des économies industrielles asiatiques pour laisser pressentir une organisation de la région qui ne serait plus fondée sur un alignement extérieur automatique avec les États-Unis.

François Godement

— 1991 —

27 juin. **Vietnam.** VIIᵉ congrès du Parti communiste. Do Muoi, Premier ministre depuis juin 1988, succède à Nguyen Van Linh comme secrétaire général du Parti. Le 9 août, Vo Van Kiet est élu Premier ministre.

16-17 juillet. **Cambodge.** Réunion à Pékin du Conseil national suprême cambodgien (CNS). Le prince Norodom Sihanouk est élu à la présidence.

23 juillet. **Japon.** Une série de scandales ternissent depuis plusieurs semaines la réputation des maisons de titres dont Nomura, Daïwa, Nikko et Yamaichi : compensations boursières, transactions avec les *yakuzas* (mafia japonaise) et fraudes fiscales. Plusieurs personnalités politiques sont impliquées.

23 juillet. **Japon.** A la tête du Parti social démocratique (ex-Parti socialiste), Tanabe Makoto succède à Mme Doi Takado, démissionnaire le 21 juin.

31 juillet. **Japon - CEE.** Conclusion de l'accord fixant les modalités de l'entrée progressive des voitures nippones dans la Communauté jusqu'en 1999. A partir du 1ᵉʳ janvier 2000, l'ouverture du marché automobile européen sera totale.

7 août. **Bangladesh.** Le Parlement adopte un amendement constitutionnel restaurant le système parlementaire après seize ans de régime présidentiel. Un référendum, le 15 septembre, entérine le vote du Parlement.

14 août. **Laos.** L'Assemblée populaire suprême ratifie la nouvelle Constitution qui réaffirme le rôle dirigeant du Parti populaire révolutionnaire (communiste) au pouvoir depuis 1975. L'ex-Premier ministre, Kaysone Phomvihane, est élu chef de l'État et Khamsay Siphandone devient Premier ministre.

20 août. **Inde.** Les deux principaux suspects dans l'assassinat — non revendiqué mais attribué aux Tigres de libération de l'Eelam tamoul (LTTE) — de l'ancien Premier ministre, Rajiv Gandhi, le 21 juin, se suicident.

31 août. **Singapour.** Aux élections législatives anticipées, le Parti de l'action du peuple (PAP) recueille 61 % des voix (77 des 81 sièges à pourvoir). Le Parti démocratique passe de 1 à 3 élus et le Parti des travailleurs obtient 1 député.

17 septembre. **Corée.** Admission des deux Corées à l'ONU.

3 octobre. **Japon.** La nouvelle loi boursière est adoptée par les parlementaires. Elle rend illégale le dédommagement de clients en cas de pertes sur transactions.

8 octobre. **Bangladesh.** Abdur Rahman Biswas, du Parti national du Bangladesh (BNP), est élu président de la République. Il obtient les suffrages de 172 des 330 députés.

14 octobre. **Myanmar (Birmanie).** Le prix Nobel de la paix est attribué à Mme Aung San Suu Kyi, dirigeante de la Ligue nationale birmane pour la démocratie (opposition), assignée à résidence surveillée depuis le 20 juillet 1989.

17 octobre. **Sri Lanka.** L'offensive militaire lancée dans la région du Mullaitivu (Nord-Est), bastion de la guérilla tamoule, fait 110 morts. Les précédentes opérations avaient fait 726 morts (le 20 septembre) et la bataille du camp d'Elephant Pass (22 juillet) — qui contrôle l'accès à la péninsule de Jaffna — 860 tués.

23 octobre. **Cambodge.** Signature de l'Accord de paix à la conférence internationale de Paris. Il met fin officiellement à vingt et un ans de guerre. Le pays est placé sous tutelle des Nations unies jusqu'à l'organisation d'élections libres prévues en 1993.

23 octobre. **Vietnam-États-Unis.** Le secrétaire d'État américain, James Baker, annonce la levée progressive de l'embargo contre le Vietnam.

23 octobre. **Japon.** Retour de quatre dragueurs de mines envoyés en mission depuis le 26 avril dans le golfe Arabo-Persique. C'était la première mission à l'étranger de l'armée depuis 1945. Le 15 juin 1992, le Parlement adoptera la loi dite d'« opérations de maintien de la paix » à l'étranger qui suscitera un âpre débat politique.

27 octobre. **Japon.** Élection à la présidence du Parti libéral démocrate (PLD) de Miyazawa Kiichi en remplacement de Kaifu Toshiki qui ne se représentait pas. M. Miyazawa devient, le 5 novembre, le nouveau Premier ministre.

4 novembre. **Philippines.** Retour à Manille d'Imelda Marcos, épouse de l'ancien chef d'État Ferdinand Marcos, mort en exil à Hawaii, en 1989.

5-10 novembre. **Chine-Vietnam.** Normalisation des relations entre les deux États — interrompues depuis février 1979 — avec la visite à Pékin de Do Muoi, secrétaire général du Parti communiste, et de Vo Van Kiet, Premier ministre. Signature d'accords commerciaux.

12 novembre. **Indonésie.** A Dili, capitale du Timor oriental annexé en 1976 par l'Indonésie, l'armée ouvre le feu lors d'une cérémonie religieuse et fait, officiellement, une cinquantaine de morts. Le 27 février 1992, le chef d'état-major annoncera la culpabilité de six militaires, dont deux généraux.

14 novembre. **Cambodge.** Arrivée à Phnom Penh du prince Norodom Sihanouk en exil depuis janvier 1979. Il est reconnu, le 20, comme chef de l'État et maintient Hun Sen à la tête du gouvernement.

26 novembre. **Philippines.** Les États-Unis cèdent officiellement aux Philippines leur base aérienne de Clark ; le Sénat philippin ayant rejeté, le 9 septembre, le renouvellement du bail pour dix ans. Le 26 décembre, sera annoncée l'évacuation de la base navale de Subic Bay dans les douze mois.

13 décembre. **Corée.** A Séoul, cinquième session des pourparlers coréens Nord-Sud entamés en septembre 1990. Signature d'un accord de réconciliation, de non-agression, d'échange et de coopération.

21 décembre. **Taïwan.** Aux élections législatives, victoire du Kuomintang (Parti nationaliste). Il remporte 71,98 % des voix (254 sièges sur 325). Le Parti démocratique progressiste (23,9 % des voix) obtient 66 sièges.

31 décembre. **Corée.** Accord entre les deux Corées sur la dénucléarisation de la péninsule. Les deux parties sont convenues de se soumettre aux inspections de l'Agence internationale de l'énergie atomique (AIEA).

— 1992 —

28 janvier. **ANSEA.** Les six États membre de l'Association des nations du Sud-Est asiatique décident d'établir une zone de libre-échange.

11 février. **Pakistan.** Plusieurs milliers de Pakistanais participent à la « marche pour l'indépendance du Cachemire » organisée à l'appel du Front de libération du Jammu et Cachemire. Les affrontements avec les forces de sécurité font 16 morts et quelque 200 blessés.

12 février. **Mongolie.** Une nouvelle Constitution entre en vigueur. Elle met fin à soixante-dix ans de marxisme-léninisme et instaure la démocratie parlementaire et l'économie de marché.

28 février. **Cambodge.** Le Conseil de sécurité vote la *résolution 945* créant l'Autorité provisoire des Nations unies au Cambodge (APRONUC) pour rétablir la paix et organiser des élections libres. Environ 15 900 « casques bleus » en provenance de douze pays seront envoyés sur place. L'APRONUC entrera en fonction le 15 mars.

10 mars. **Chine.** Le Bureau politique du Parti communiste chinois (PCC) entérine la théorie de Deng Xiaoping en faveur de l'expansion des mécanismes de l'économie de marché et du recul de la planification.

31 mars. **Bangladesh - Birmanie.** Environ 250 000 Birmans rohingyas, victimes d'exactions de la part de l'armée birmane, se sont réfugiés au Bangladesh.

15 avril. **Vietnam.** L'Assemblée nationale adopte la nouvelle Constitution. Le texte protège l'entreprise privée, renforce le rôle du Parlement mais préserve la domination du Parti communiste.

22 avril. **Thaïlande.** Début des manifestations de l'opposition qui réclame le départ du Premier ministre, le général Suchinda Krapayoon, nommé par le roi le 5 avril. Le 18 mai, l'armée ouvre le feu sur les manifestants et l'état d'urgence est proclamé. Les émeutes font officiellement 43 morts, mais plus de 300 personnes sont disparues.

23 avril. **Myanmar (Birmanie).** Le chef de la junte militaire, le général Saw Maung, démissionne. Il est remplacé par son adjoint, le général Than Shwe.

11 mai. **Philippines.** Élections présidentielle, législatives et locales. Le 16 juin, Fidel Ramos sera déclaré officiellement vainqueur de l'élection présidentielle avec 5,29 millions de voix (23,5 % des suffrages). Il succédera à Mme Corazon Aquino le 30 juin.

24 mai. **Thaïlande.** Démission du Premier ministre Suchinda Krapayoon. Le 26, l'état d'urgence est levé. Le Parlement vote la révision de la Constitution réclamée par l'opposition. Anand Panyarachun, nommé Premier ministre intérimaire le 10 juin, est chargé d'organiser de nouvelles élections dans les trois mois.

Martine Rigoir

Périphérie de l'Inde

Bangladesh, Bhoutan, Inde, Maldives, Népal, Sri Lanka

(L'Inde est traitée p. 81. Carte de la région : p. 82-83.)

Bangladesh

Indépendant depuis 1971, le Bangladesh s'est doté en 1991, après vingt ans de dictatures militaires, d'un gouvernement affichant des couleurs démocratiques. A la suite de la montée générale des oppositions et des manifestations violentes, la chute (4 décembre 1990) du président Hussein Mohammad Ershad — toujours en prison à la mi-1992 — avait soulevé d'immenses espoirs. Plus d'un an après la nomination de la bégum Zia comme Premier ministre, le 19 mars 1991, la situation ne correspondait guère aux promesses faites par le BNP (Parti national du Bangladesh, au pouvoir).

▼

Bangladesh

Nature du régime : présidentiel.
L'islam est religion d'État.

Chef de l'État : Shahabuddin Ahmed, remplacé par Abdur Rahman Biswas, président de la République, le 8.10.91.

Chef du gouvernement : Kazi Jafar Ahmed, remplacé par la bégum Zia le 19.3.91.

Monnaie : taka (1 taka = 0,14 FF au 30.3.92).

Langues : bengali, urdu, anglais.

La détérioration de la conjoncture économique et l'augmentation de la pauvreté ont eu pour conséquences, au début 1992, une série de grèves tant dans le secteur privé que public. Les universités, dans lesquelles les militants sont armés, ont connu des conflits sanglants entraînant leur fermeture régulière. Semblant manquer d'un programme élaboré, le gouvernement a subi des pressions, notamment de la Banque mondiale, en faveur des privatisations. Cela a conduit à un sentiment général d'absence d'autonomie du gouvernement. En outre, les projets internationaux visant à faire face aux inondations se sont multipliés, sans qu'une planification globale et concrète ait été avancée.

La frustration et le mécontentement se sont traduits par un débat politique virulent dont la présence à la tête du Jamaat-I-Islami du professeur Golam Azam — ancien collaborateur du pouvoir pakistanais durant la lutte pour l'indépendance, qui ne possède pas la nationalité bangladeshie — a été le révélateur et a mis en lumière l'ampleur des forces antagonistes. Ainsi, début 1992, différents comités se sont réunis dans une « Association nationale pour l'accomplissement de l'esprit de la guerre de libération et l'anéantissement des meurtriers et des collaborateurs de 1971 » (le Bangladesh — ancien Pakistan oriental — est devenu indépendant en 1971 au terme d'un conflit très meurtrier). Cette association, à laquelle les différents partis de gauche et la Ligue Awami ont apporté leur soutien, a condamné à mort Golam Azam dans un procès public, le 26 mars 1992. Elle représente la première contestation massive du régime. Le gouvernement a réagi en incarcérant Golam Azam. La bégum Zia est apparue d'autant plus embarrassée que sa nomination s'était effectuée avec l'aide du Jamaat-I-Islami.

Privé de toute légitimité durant près de vingt ans en raison de son action passée en faveur de l'oppression pakistanaise et contre l'indépendance du pays, le Jamaat-I-Islami a récemment conquis une place importante sur l'échiquier politique. Mais la question du poids futur de ce parti — à travers le pro-

blème de la « collaboration » — est
restée entière.

Depuis la guerre du Golfe
(1990-1991), la population bangladeshie s'est identifiée plus fortement
à la communauté musulmane mondiale. Sentiment renforcé avec
l'afflux, fin 1991, des réfugiés
rohingyas — musulmans birmans de
l'Arakan — dans la région de Cox
Bazar où ils auraient été environ
250 000.

Plus d'un an de « tentative démocratique » a donc conduit le Bangladesh à de relatives contradictions
politiques. Quatre grands partis se
sont affrontés. La défaite de la Ligue
Awami lors des élections du
27 février 1991 a entraîné son isolement. Le parti Jatyo de l'ancien président H.M. Ershad a connu une
certaine recrudescence de popularité,
particulièrement dans les milieux
ruraux. Le BNP a engendré de nombreuses déceptions tandis que le
Jamaat-I-Islami s'est efforcé de
conquérir une nouvelle légitimité.
Dans une société aussi politisée que
le Bangladesh, d'aucuns décrivent la
scène politique de façon peu optimiste. Le pays se partagerait entre
quatre personnages centraux : deux
morts — Sheikh Mujibur Rahman,
père de Sheikh Hasina (Ligue
Awami), et Zia Rahman, mari de
la bégum Zia (BNP) —, un étranger — Golam Azam (Jamaat-i-
Islami) et un accusé — H.M. Ershad (parti Jatyo) —, qui étaient tous
deux en prison à la mi-1992.

Monique Selim

Bhoutan

Les autorités de Timphu n'ont pu,
en 1991-1992, venir à bout de la
rébellion violente lancée fin 1990 par
les autonomistes d'origine népalaise.
Ceux-ci réclament une reconnaissance officielle de leur spécificité
culturelle ainsi que la démocratisation d'un régime qui, à la mi-1992,
n'admettait toujours pas l'existence
de partis politiques. En août et
décembre 1991, le roi a amnistié plusieurs dizaines d'activistes, promet-

▼
Royaume du Bhoutan

Nature du régime : monarchie
constitutionnelle.
Chef de l'État et du gouvernement :
Jigme Singye Wangchuck (roi
depuis 1972).
Monnaie : ngultrum (1 ngultrum =
0,22 FF au 30.3.92).
Langue : dzong-ka (dialecte tibétain).

tant en outre une politique de développement privilégiée pour le Sud, à
majorité népalaise. Il n'est pas
revenu cependant sur les mesures de
« bhoutanisation » à l'origine du
conflit (usage de la langue de la
majorité drukpa, par exemple). Le
Parti national démocratique bhouta-
nais (BNDP), fondé à New Delhi
début 1992, a accusé le pouvoir de
mener une politique d'acculturation
autoritaire qui contraint les Népalais
à fuir le pays. Durant l'hiver
1991-1992, 20 000 réfugiés auraient
rejoint le Népal

Philippe Ramirez

Maldives

Au début de 1991, le président Maumoon Abdul Gayoom s'est efforcé
de diversifier les relations extérieures de son pays, en signant avec la
Chine un traité de commerce, assorti
d'un prêt sans intérêt d'un milliard
de dollars, tout en renégociant les
termes du traité avec l'Inde, conclu

▼
République des Maldives

Nature du régime : présidentiel. Il n'y
a pas de parti.
Chef de l'État et du gouvernement :
Maumoon Abdul Gayoom (depuis
le 11.11.78).
Monnaie : rufiyaa (1 rufiyaa =
0,56 FF au 30.3.92).
Langues : divehi, anglais.

dix ans auparavant. Sur le plan intérieur, le gouvernement a été affaibli

Inde et périphérie

	INDICATEUR	UNITÉ	BANGLA-DESH	BHOUTAN	INDE
	Capitale		Dhaka	Thimbou	New Delhi
	Superficie	km²	143 998	47 000	3 287 590
	Développement humain (IDH) [a]		0,185	0,146	0,297
DÉMOGRAPHIE	Population (*)	million	118,71	1,55	844,4
	Densité	hab./km²	824,4	33,0	256,9
	Croissance annuelle [c]	%	2,7	2,3	2,1
	Indice de fécondité (ISF) [c]		5,1	5,5	4,1
	Mortalité infantile [c]	‰	108	118	88
	Espérance de vie [c]	année	53	50	60
	Population urbaine [a]	%	16	5	27
CULTURE	Analphabétisme [a]	%	64,7	61,6	51,8
	Scolarisation 12-17 ans [a]	%	20,5	12,2	41,6
	Scolarisation 3e degré	%	3,6 [b]	0,3 [d]	6,4 [h]
	Téléviseurs [b]	‰ hab.	4,4	0,06	27
	Livres publiés	titre	1 209 [e]	..	11 851 [b]
	Nombre de médecins	‰ hab.	0,19 [b]	0,06 [b]	0,43 [e]
ARMÉE	Armée de terre	millier d'h.	93	4 [i]	1 100
	Marine	millier d'h.	7,5	—	55
	Aviation	millier d'h.	6	—	110
ÉCONOMIE	PIB	milliard $	22,33	0,27 [a]	294,8 [a]
	Croissance annuelle 1980-90	%	3,7	9,7	5,4
	1991	%	3,6	8,1 [b]	2,0
	Par habitant	$	188	190 [a]	350 [a]
	Dette extérieure totale	milliard $	12,26	0,083 [a]	70,1 [a]
	Service de la dette/Export. [a]	%	25,4	..	26,8
	Taux d'inflation	%	1,9	..	13,1
	Dépenses de l'État Éducation	% PIB	2,2 [b]	3,7 [g]	3,2 [g]
	Défense	% PIB	1,3	..	3,4
	Production d'énergie [b]	million TEC	5,41	0,08	256,1
	Consom. d'énergie [b]	million TEC	7,73	0,03	256,9
COMMERCE	Importations	million $	3 600	112 [a]	23 000
	Exportations	million $	1 780	66 [a]	18 500
	Principaux fournis. [a]	%	Jap 13,2	Inde 81,9	CEE 34,4
		%	CEE 15,7	PCD 18,1	PVD 31,7
		%	PVD 42,1	Jap 4,6	CAEM 8,9
	Principaux clients [a]	%	E-U 30,5	Inde 99,3	CEE 26,5
		%	CEE 30,0	Jap 0,2	PVD 25,8
		%	PVD 24,0	PCD 0,7	CAEM 16,4

MALDIVES	NÉPAL	SRI LANKA
Male	Katmandou	Colombo
298	140 797	65 610
0,490	0,168	0,651
0,22	19,36	17,21
738,3	137,5	262,3
2,9	2,3	1,3
..	5,5	2,5
85 [f]	118	24
60 [f]	54	72
21	10	21
5,0	74,4	11,6
..	25,3	66,0
..	6,2 [e]	4,2 [b]
24,0	1,6	32,3
..	122 [b]	2 188 [b]
0,16 [b]	0,05 [b]	0,19 [b]
..	34,8	70
..	—	8,5
..	0,2	10
0,096 [a]	3,29 [a]	8,75
10,0	4,5	3,9
8,4 [b]	4,1	4,8
440 [a]	170 [a]	508
0,078 [a]	1,62 [a]	6,1
5,0	18,3	16,5
..	20,9	9,0
4,6 [g]	2,8 [h]	3,0 [e]
..	1,2	2,4 [a]
..	0,07	0,33
0,04	0,44	1,87
169 [a]	742	3050
70 [a]	231	2140
Sin 57,0	Jap 11,9	Jap 12,3
Jap 6,5	Inde 25,0	CEE 14,7
CEE 13,8	CEE 13,0	PVD 59,7
E-U 22,1	E-U 17,9	E-U 25,9
Thaï 32,3	RFA 31,4	CEE 25,5
CEE 21,0	Inde 19,9	PVD 32,3

en 1990 par la naissance d'un mouvement d'opposition au sein de la jeunesse instruite, qui a contribué à la démission d'Ilyas Ibrahim, beau-frère du président et « numéro deux » du régime, accusé de corruption.

Au plan économique, le pays a continué de dépendre largement du tourisme, dont le régime s'est efforcé de limiter les effets pervers en l'organisant et en le cantonnant plus étroitement que dans les autres États de la région.

Éric Meyer

Népal

Les élections libres de mai 1991, remportées par le Nepali Congress, social-démocrate, et la formation d'un gouvernement par le libéral Girija Prasad Koirala avaient marqué la conclusion du processus de démocratisation inauguré en avril 1990. La normalisation politique qui a suivi aura été de courte durée.

▼

Royaume du Népal

Nature du régime : monarchie parlementaire.
Chef de l'État : Birendra Shah (roi depuis 1972).
Chef du gouvernement : Krisna Prasad Bhattarai, remplacé par Girija Prasad Koirala en mai 91.
Monnaie : roupie népalaise (1 roupie = 0,13 FF au 30.3.92).
Langue : népali.

Le pari du cabinet Koirala était d'opérer une restructuration de l'économie favorisant l'initiative privée, tout en endiguant une inflation devenue endémique depuis une rupture de quinze mois des échanges avec

Chiffres 1991, sauf notes : a. 1990; b. 1989; c. 1990-95; d. 1980; e. 1988; f. 1985-90; g. 1987; h. 1985; i. 1981.
(*) Dernier recensement utilisable : Bangladesh, 1991; Bhoutan, 1969; Inde, 1991; Maldives, 1985; Népal, 1991; Sri Lanka, 1981.

BIBLIOGRAPHIE

AMNESTY INTERNATIONAL, *Sri Lanka - Le Nord-Est, violation des droits de l'homme en temps de conflit armé*, AEFAI, Paris, sept. 1991.

BANQUE MONDIALE, *Sri Lanka, Strengthened Adjustment for Growth and Poverty*, Washington (DC), 1992.

É. MEYER, *Ceylan-Sri Lanka*, PUF, «Que sais-je?», Paris, 3ᵉ éd., 1992 (à paraître).

L.-E. ROSE, *The Politics of Bhutan*, Cornell University Press, Ithaca (NY), 1977.

R. SHAHA, *Politics in Nepal, 1980-1990*, Manohar, New Delhi, 1990.

M. SÉLIM, *L'Aventure d'une multinationale au Bangladesh*, L'Harmattan, Paris, 1991.

A. C. SINHA, *Bhutan : Ethnic Identity and National Dilemma*, Reliance Publication House, New Delhi, 1991.

J. SPENCER (sous la dir. de), *Sri Lanka, History and the Roots of Conflict*, Routledge, Londres, 1990.

Voir aussi la bibliographie «Inde» dans la section «34 États».

l'Inde, en 1989-1990. Or la dévaluation de 22 % de la roupie népalaise en juillet 1991 et la réduction, voire la suppression, de nombreuses taxes n'auront eu d'effets que très éphémères. Si les exportations ont connu un essor sans précédent, la hausse des prix, qui s'élevait déjà à 20,9 % en 1991, a poursuivi son envolée, en particulier sur les produits de première nécessité.

Jusqu'à l'hiver 1991-1992, malgré une multiplication des grèves dans les entreprises publiques — encore majoritaires dans le secteur industriel —, la contestation est restée pacifique : l'opposition, menée par des communistes particulièrement hostiles au libéralisme de G.P. Koirala, avait consenti, pour protéger la jeune démocratie, à limiter ses actions à la seule arène parlementaire. Ce relatif consensus avait été favorisé par la réaffirmation de l'entente avec la Chine, la gauche ayant toujours suspecté le Congress d'une sympathie excessive envers l'Inde. Pour lever toute ambiguïté, G.P. Koirala s'est rendu à Pékin au printemps 1992.

Or la décision prise fin mars 1992 d'accroître le prix du téléphone et de l'électricité de 50 % a porté le mécontentement dans les rues des grandes villes, avec un appel à la grève générale lancé par les groupes maoïstes emmenés par Nirmal Lama. Le 6 avril, une série d'affrontements violents entre police et manifestants dans la vallée de Katmandou a conduit les autorités à imposer le couvre-feu nocturne (toujours en vigueur en mai 1992). Les réserves exprimées par la tendance communiste majoritaire — Parti communiste uni marxiste-léniniste (UML) — sur la forme prise par le mouvement n'auront pas suffi à calmer des troubles qui — de source officielle — avaient fait 7 morts et 40 blessés en moins de trois jours. Malgré cette crise, le Congress est sorti vainqueur des élections locales tenues fin mai 1992.

Philippe Ramirez

Sri Lanka

Dans le conflit déclenché depuis plus d'une décennie par les séparatistes tamouls, l'année 1991-1992 a été marquée par une modification des rapports de forces en faveur du gouvernement sri-lankais, sans pour autant que soit écartée l'éventualité d'une division du pays.

Après la reprise des combats en 1990, les LTTE (Tigres de libération de l'Eelam tamoul), basés dans la péninsule de Jaffna, se trouvaient en position de force, ayant éliminé les groupes rivaux et affermi leur contrôle des régions de jungle au nord et à l'est du pays. Tandis que les LTTE multipliaient les actions terroristes contre la minorité musulmane qui se refusait à joindre leur cause, les forces paramilitaires srilankaises répétaient les représailles dans l'est du pays contre les civils tamouls.

▼

Sri Lanka

Nature du régime : présidentiel.
Chef de l'État : Ranasinghe
   Premadasa (depuis le 19.12.88).
Premier ministre : D.B. Wijetunge
   (depuis fév. 89).
Monnaie : roupie sri-lankaise
   (1 roupie = 0,13 FF au 30.3.92).
Langues : cingalais et tamoul (off.),
   anglais (semi-off.).

Forts de leurs succès apparents, les LTTE commirent une série d'attentats spectaculaires : assassinat en mars 1991 du ministre de la Défense, Ranjan Wijeratne, à Colombo, assassinat non revendiqué du Premier ministre Rajiv Gandhi en Inde du Sud, en mai, et attaque à la bombe en juin contre le quartier général de l'armée à Colombo. L'attentat contre Rajiv Gandhi suscita en Inde une profonde émotion, se traduisant par un succès électoral du Parti du Congrès et de ses alliés, et se retourna contre ses auteurs présumés, leur faisant perdre une base arrière vitale : depuis plusieurs années, les dirigeants de Madras (capitale de l'État du Tamil Nadu) et la masse de la population tamoule indienne étaient excédés par le climat de violence que les LTTE y faisaient régner.

En août 1991, la bataille lancée contre l'armée régulière pour annihiler le camp d'Elephant Pass, contrôlant l'accès de la péninsule de Jaffna, tourna au détriment des LTTE. Les forces de Colombo reprirent l'offensive à partir de septembre, s'emparant de quelques bases et des îles entourant Jaffna. Début 1992, de part et d'autre, des ouvertures étaient faites en vue de négociations, mais les tenants d'une ligne dure les firent avorter.

Dans le Sud à majorité cingalaise, la menace du JVP (Janata Vimukthi Peramuna, Front de libération du peuple) avait été réduite à néant par une répression sanglante (sans doute plusieurs dizaines de milliers de victimes). Mais en dépit du succès de l'UNP (Parti national uni, au pouvoir) aux élections locales de mai 1991 (majorité dans 80 % des conseils régionaux et municipaux), une fronde se développa contre le président Ranasinghe Premadasa, accusé de corruption, d'autoritarisme et de trahison par deux de ses rivaux au sein de l'UNP. La procédure d'*impeachment* (destitution) qu'ils avaient lancée échoua, et ses auteurs contraints à la démission fondèrent un nouveau parti, le DUNF (Front démocratique national uni), qui se rapprocha de l'opposition affaiblie par la mauvaise santé de son leader vieillissant, Mme Sirimavo Bandaranaïke.

La situation économique du pays s'est améliorée en 1991 : croissance de 4,8 %, inflation de 9 %, balance des paiements redevenue positive grâce à la reprise du tourisme, aux investissements en provenance d'Asie orientale et à une bonne conjoncture pour le thé. Mais la dépendance vis-à-vis des crédits de la Banque mondiale est restée entière : les pressions qu'elle exerce en faveur de la reprivatisation des entreprises d'État, des plantations et des banques commerciales, et de la réduction des dépenses sociales, est susceptible d'alimenter le mécontentement des catégories qui n'ont pas bénéficié de la croissance.

Éric Meyer

Indochine

Cambodge, Laos, Myanmar (Birmanie), Thaïlande, Vietnam
(La Thaïlande est traitée p. 193 ; le Vietnam, p. 197.
Cambodge et région : voir aussi p. 542.)

Cambodge

Le retour, le 14 novembre 1991, du prince Norodom Sihanouk, après douze ans d'exil, a catalysé les espérances de tout un peuple mais la menace de débâcle économique et une situation sanitaire désastreuse auguraient mal de l'avenir. En dépit des accords de paix signés à Paris, le 23 octobre 1991, le Cambodge est demeuré un pays en état de guerre. A la suite des manifestations des étudiants (21 décembre) qui protestaient contre la corruption du régime de Phnom Penh et le bradage des biens publics, la capitale a vécu jusqu'au 7 février 1992 sous les contraintes du couvre-feu. En province, au cours des premiers mois de l'année,

---

▼

État du Cambodge

Nature du régime : transition d'un régime communiste vers un système intégrant les quatre factions en conflit.

Chef de l'État : Heng Samrin a exercé cette fonction à partir de 1979. La constitution du Conseil national suprême (CNS) le 10.9.90, présidé depuis juil. 91 par Norodom Sihanouk, a introduit un nouveau niveau dans les institutions, mais, bien que dépositaire de la légitimité historique, le CNS n'est pas un gouvernement.

Chef du gouvernement de Phnom Penh : Hun Sen (depuis janv. 85).

Monnaie : riel (100 riels = 0,64 FF au 31.5.92).

Langues : khmer, français, anglais, vietnamien.

---

20 000 personnes ont fui la région de Kompong Thom où sporadiquement

s'affrontent Khmers rouges et forces de Phnom Penh. Pour garantir le cessez-le-feu, les Nations unies ont commencé à déployer, sous le commandement du général australien John Sanderson, 15 900 « casques bleus » en provenance de douze pays. Mais les forces de l'ONU ne sont là que pour faciliter le respect des accords par les différentes parties, non pour les leur imposer. Selon le Japonais Yasushi Akashi qui dirige l'Autorité provisoire des Nations unies au Cambodge (APRONUC), 2,8 milliards de dollars seront nécessaires à retrouver une vie normale, 1,9 milliard pour le budget de fonctionnement de l'APRONUC, 100 millions pour le rapatriement des réfugiés et 800 millions pour la reconstruction du pays.

Incontestablement la réconciliation nationale sera longue, difficile et peut-être meurtrière. On attenta successivement à Phnom Penh à la vie des leaders Khmers rouges Khieu Samphan et Son Sen (27 novembre 1991), tandis que d'autres opposants étaient intimidés ou assassinés (Tea Bun Long le 22 janvier 1992, Yang Horn 19 mars…).

Toutes les forces politiques ont commencé à préparer les élections prévues pour mai 1993. Après avoir abandonné un projet de gouvernement de coalition, les sihanoukistes du Front uni national pour un Cambodge indépendant, neutre, pacifique et coopératif (FUNCINPEC) ont signé, le 20 novembre, un accord politique et militaire avec le régime de Phnom Penh.

Une progressive recomposition du champ politique s'est engagée : le Parti populaire révolutionnaire du Kampuchéa, au pouvoir depuis 1979, s'est transformé en Parti du peuple cambodgien (30 août 1991) et le Front de

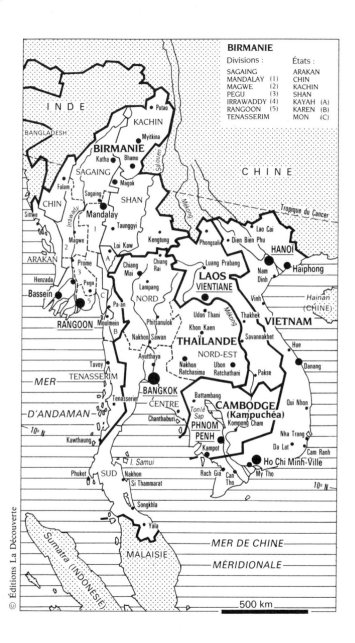

BIRMANIE

Divisions :

SAGAING
MANDALAY (1)
MAGWE (2)
PEGU (3)
IRRAWADDY (4)
RANGOON (5)
TENASSERIM

États :

ARAKAN
CHIN
KACHIN
SHAN
KAYAH (A)
KAREN (B)
MON (C)

INDE

BANGLADESH

KACHIN

Putao

Myitkina

BIRMANIE

Katha   Bhamo

CHINE

SAGAING

Falam

Magok

Sagaing

SHAN

CHIN

Mandalay

Taunggyi

Sittwe

Irraway

Lao Cai   Dien Bien Phu

Tropique du Cancer

Magwe

Loi Kaw

Kengtung

Phongsali

HANOÏ

ARAKAN

Prome

A

Chiang Mai   Chiang Rai

Luang Prabang

Nam Dinh

Haiphong

Henzada

Pegu

3

LAOS

VIENTIANE

Bassein

5

C

Lampang

NORD

Vinh

Hainan (CHINE)

Pa-an

Thakhek

VIETNAM

RANGOON

Moulmein

B

Phitsanulok

Nakhon Sawan

Udon Thani

Khon Kaen

Mékong

Savannakhet

THAÏLANDE

NORD-EST

Hue

MER

TENASSERIM

Tavoy

Ayutthaya

Nakhon Ratchasima   Ubon Ratchathani

Pakse

Danang

D'ANDAMAN

Tenasserim

BANGKOK

CENTRE

Battambang

CAMBODGE (Kampuchéa)

Qui Nhon

10° N

Chanthaburi

Tonlé Sap

Kompong Cham

Kawthaung

PHNOM PENH

Nha Trang

Da Lat   Cam Ranh

Kampot

Ho Chi Minh-Ville

Phuket

SUD

I. Samui

Nakhon Si Thammarat

Rach Gia   Can Tho

My Tho

10° N

Songkhla

Yala

MER DE CHINE

Sumatra (INDONÉSIE)

MALAISIE

MÉRIDIONALE

© Éditions La Découverte

500 km

Indochine

	INDICATEUR	UNITÉ	CAMBODGE	LAOS
	Capitale		Phnom Penh	Vientiane
	Superficie	km²	181 035	236 800
	Développement humain (IDH) [a]		0,178	0,240
DÉMOGRAPHIE	Population (*)	million	8,43	4,26
	Densité	hab./km²	46,6	18,0
	Croissance annuelle [c]	%	2,2	2,9
	Indice de fécondité (ISF) [c]		4,4	6,7
	Mortalité infantile [c]	‰	116	97
	Espérance de vie [c]	année	51	51
	Population urbaine [a]	%	12	19
CULTURE	Analphabétisme [a]	%	64,8	16,1
	Scolarisation 12-17 ans [a]	%	..	42,4
	Scolarisation 3e degré	%	..	1,6 [e]
	Téléviseurs [b]	‰ hab.	8,1	5,0
	Livres publiés	titre	..	..
	Nombre de médecins [b]	‰ hab.	0,05	0,04
ARMÉE	Armée de terre	millier d'h.	55,5 [k]	50
	Marine	millier d'h.	1 [k]	0,6
	Aviation	millier d'h.	0,5 [k]	2
ÉCONOMIE	PIB	milliard $	0,85 [b]	0,848 [a]
	Croissance annuelle 1980-90	%	0,7 [d]	3,7
	1991	%	− 2,1 [b]	6,0
	Par habitant	$	106 [b]	200 [a]
	Dette extérieure totale	million $	1 000	1 150
	Service de la dette/Export.	%	..	12,2 [a]
	Taux d'inflation	%	200	15,0
	Dépenses de l'État Éducation	% PIB	..	2,2 [j]
	Défense	% PIB	..	3,1 [b]
	Production d'énergie [b]	million TEC	0,004	0,135
	Consom. d'énergie [b]	million TEC	0,218	0,158
COMMERCE	Importations	million $	224 [a]	241 [a]
	Exportations	million $	60 [a]	68 [a]
	Principaux fournis. [a]	%	PCD 9,4	CEE 6,8
		%	URSS 79,9	Jap 15,3
		%	PVD 9,8	PVD 71,8
	Principaux clients [a]	%	PCD 8,3	CEE 4,6
		%	URSS 36,7	Jap 3,8
		%	PVD 50,0	PVD 89,1

MYANMAR	THAÏLANDE	VIETNAM
Rangoon	Bangkok	Hanoi
676 552	514 000	329 556
0,385	0,685	0,464
42,55	58,0	67,70
62,89	112,8	203,3
2,1	1,4	2,2
3,7	2,2	3,7
59	24	54
63	67	64
25	23	22
19,4	7,0	12,4
26,7	38,1	46,9
4,8 [e]	16,1 [b]	2,3 [f]
1,7	109	38
673 [i]	11 217 [b]	1 930 [g]
0,27	0,20	0,30
259	190	900
12	50	31
9	43	10
16,38 [b]	90,05	7,13 [b]
1,2 [d]	7,6	4,5 [h]
4,2	7,9	2,4 [h]
401 [b]	1 553	109 [b]
4 500	25 900 [a]	8 000 [a]
26,0	17,2 [a]	..
35,0	5,7	54,1 [a]
1,9 [e]	3,2 [g]	..
4,9 [a]	2,6	1,2 [b]
2,91	14,2	6,32
2,53	35,0	7,17
270 [a]	38 200	2 061
325 [a]	28 100	1 729
Jap 18,3	Jap 30,6	URSS 67,1
Chi 17,0	E-U 10,7	PCD 19,9
Sin 19,7	PVD 35,7	PVD 11,8
PCD 20,4	Jap 17,4	URSS 45,9
PVD 75,2	E-U 22,7	PCD 29,0
Sin 13,2	PVD 32,3	PVD 23,5

libération nationale du peuple khmer (FLNPK) de Son Sann est devenu quant à lui le Parti démocrate libéral bouddhiste (22 mai 1992), lors de son congrès au stade olympique de Phnom Penh, premier rassemblement de masse organisé par un parti politique d'opposition.

De son côté, le régime de Phnom Penh a modifié ses instances dirigeantes. Outre les nouvelles responsabilités d'État accordées au président de l'Assemblée nationale, Chea Sim, d'importants remaniements ministériels ont été opérés en janvier et en février 1992, au cours desquels le prince Norodom Chkrapong, fils du prince Sihanouk, a été nommé au rang de vice-Premier ministre. De plus, le retour au Cambodge du premier dirigeant placé au pouvoir par les Vietnamiens après le renversement des Khmers rouges en 1979, Pen Sovan, après une décennie d'exil au Vietnam, est venu brouiller un peu plus les cartes. Dans le même temps s'opérait un véritable ballet diplomatique au palais royal. Après le ministre des Affaires étrangères français (23 novembre 1991) se sont succédé ses homologues chinois (11 février 1992), malaisien (21 février), vietnamien (24 février), américain (9 mars) ainsi que le secrétaire général des Nations unies Boutros Boutros-Ghali (18 avril). Entre-temps, le prince Sihanouk a fait successivement deux voyages remarqués en Chine populaire. Le prince est apparu comme le dépositaire de la légitimité du Cambodge depuis qu'il a été nommé, en juillet 1991, président du Conseil national suprême (CNS, formé en septembre 1990).

Chiffres 1991, sauf notes : a. 1990; b. 1989; c. 1990-95; d. 1980-89; e. 1987; f. 1980; g. 1988; h. Concerne le PMN; i. 1985; j. 1986; k. Armée gouvernementale seulement, sans compter les forces insurgées.
(*) Dernier recensement utilisable : Myanmar, 1983; Cambodge, 1962; Laos, 1985; Thaïlande, 1990; Vietnam, 1989.

BIBLIOGRAPHIE

Aung San Suu Kyi, *Se libérer de la peur*, Des Femmes, Paris, 1991.

D.-P. Chandler, *The Tragedy of Cambodian History : Politics, War and Revolution since 1945*, Yale University Press, New Haven (CT), 1991.

N. Régaud, *Le Cambodge dans la tourmente : le troisième conflit indochinois, 1978-1991*, L'Harmattan, Paris, 1992.

M. Smith, *Burma : Insurgency and the Politics of Ethnicity*, Zed Books, Londres, 1991.

C. Taillard, *Le Laos. Stratégie d'un État-tampon*, Reclus, Montpellier, 1989.

« Vietnam, Laos, Cambodge : l'incertitude indochinoise » (dossier constitué par D. Hémery), *Problèmes politiques et sociaux*, n° 647-648, La Documentation française, Paris, janv. 1991.

Voir aussi les bibliographies « Thaïlande » et « Vietnam » dans la section « 34 États ».

Laos

Après maintes tergiversations et seize ans de pouvoir, les communistes laotiens ont édicté leur première Constitution en août 1991. Le texte ne fait plus mention de la construction du socialisme et reconnaît le principe de la propriété privée. Néanmoins, le rôle de « guide de la nation » demeure celui du Parti révolutionnaire populaire lao. Le général

République démocratique populaire du Laos

Nature du régime : communiste.

Chef de l'État : Phoumi Vongvichit remplacé par Kaysone Phomvihane le 15.8.91.

Chef du gouvernement : Kaysone Phomvihane remplacé par le général Khamsay Siphandone le 15.8.91.

Monnaie : kip (1 kip = 0,008 FF au 30.3.92).

Langues : lao, dialectes (taï, phoutheung, hmong), français, anglais.

Khamtay Siphandone, 68 ans, a été nommé Premier ministre, tandis que son prédécesseur — Kaysone Phomvihane — a remplacé au poste de chef de l'État le prince Souphanouvong, au pouvoir depuis 1975. Dans le même temps, Kaysone a quitté ses fonctions de secrétaire général du Parti, poste qu'il occupait depuis 1955, pour devenir président du Comité central, un poste nouvellement créé. La « vieille garde » a, quant à elle, été reléguée aux postes honorifiques de conseillers du Comité central. Au-delà de ces aménagements, l'armée a consolidé ses positions au Comité central et au Bureau politique, devenant le pivot du système politique.

Ces changements n'ont pas modifié la politique pragmatique du régime. Peu à peu, le Laos a retrouvé une place sur la scène internationale : pour la première fois depuis l'indépendance (1975), un ministre des Affaires étrangères français, Roland Dumas, y a fait une visite officielle en novembre 1991. Les États-Unis ont pour leur part décidé de porter au niveau d'ambassade leur représentation diplomatique. Vientiane a signé, en février 1992, un accord d'amitié et de coopération avec la Thaïlande et, en octobre 1991, un accord frontalier avec la Chine populaire.

Bien qu'en 1991 les échanges aient doublé avec le Vietnam, la Thaïlande, les États-Unis et la France sont devenus les trois plus importants investisseurs du pays. En obtenant également 34 millions de dollars de la Banque asiatique du développement pour l'amélioration du réseau routier et en renforçant son commerce avec la Chine et avec la Thaïlande, les Laotiens ont pu espérer une amélioration progressive de leur niveau de vie.

Cependant, il est à craindre que le développement soit financé par le pillage des ressources naturelles, au premier rang desquelles le bois. Certes, le gouvernement a réitéré son interdiction d'exporter les produits forestiers, mais chaque année 200 000 hectares disparaissent.

Myanmar (Birmanie)

Après des décennies d'oubli, la Birmanie est redevenue un sujet d'actualité et l'objet d'attention de la communauté internationale. En 1990, la Norvège a accordé le prix Thorolf Rafto pour la défense des droits de l'homme à la femme qui dirige l'opposition — Aung San Suu Kyi —, puis le Parlement européen lui a décerné le prix Sakharov et, consécration suprême, en 1991, le jury d'Oslo lui a attribué le prix Nobel de la paix.

▼

Union de Myanmar
(Birmanie)

Nature du régime : dictature militaire.
Chef de l'État et du gouvernement : général Saw Maung remplacé par le général Than Shwe le 23.4.92.
Monnaie : kyat (1 kyat = 0,90 FF au 30.3.92).
Langues : birman, anglais, dialectes des diverses minorités ethniques.

Malgré les soutiens internationaux dont elles bénéficient et leur victoire aux élections législatives de 1990, les forces démocratiques n'ont pas pu exercer un quelconque pouvoir. En dépit des pressions européennes et du refus du Japon de reprendre son aide au développement, le régime militaire de Rangoon a semblé plus

décidé que jamais à se maintenir au pouvoir. Progressivement, tous les États limitrophes en sont venus à considérer la situation intérieure birmane comme une source de déstabilisation de la région. Disposant de moyens financiers souvent illicites — la récolte de pavot a doublé en trois ans pour atteindre 2 200 tonnes en 1991 —, le SLORC (Comité d'État pour la restauration de la loi et de l'ordre), organe qui dirige le pays, a cependant renforcé ses liens avec la Chine. Pour son premier voyage à l'étranger depuis la répression sanglante des grandes manifestations de 1988, le chef de l'État, le général Saw Maung, s'est rendu à Pékin (août 1991) où il a signé un nouvel accord frontalier susceptible de renforcer les échanges locaux (1,5 milliard de dollars en 1991) et perçu une aide militaire d'un milliard de dollars.

Profitant d'un renforcement sensible de son arsenal militaire, l'armée de Rangoon, dont les effectifs n'ont cessé de croître (+ 21 % en 1991), a lancé une offensive tous azimuts contre les guérillas ethniques pendant la saison sèche 1991-1992. Attaquant tour à tour le quartier général de la guérilla karen le long de la frontière thaïlandaise et les bases des forces de la résistance kachin au Nord, les combats intensifs et la répression ont eu pour effet l'exode de dizaines de milliers de réfugiés vers l'Inde, la Chine populaire et la Thaïlande. 250 000 Rohingyas, musulmans originaires de l'Arakan, ont trouvé refuge au Bangladesh. Après avoir déclaré que ces populations n'étaient que des migrants illégaux sur son territoire, Rangoon a dû composer sous les multiples pressions internationales et signer un accord de rapatriement avec les autorités de Dhaka (28 avril 1992).

L'armée birmane a tenté, au début de 1992, de redorer son image sur la scène internationale. Figure emblématique de la junte, le général Saw Maung a été dépossédé de toutes ses attributions et remplacé, en avril 1992, par le général Than Shwe, et les militaires ont multiplié les gestes de « bonne volonté » : libération de quelques dizaines de prisonniers politiques dont l'ancien Premier ministre U Nu, annonce de leur intention de discuter de l'élaboration d'une nouvelle Constitution avec les leaders de l'opposition, et autorisation, pour la famille du Prix Nobel, de lui rendre visite dans sa résidence surveillée.

Néanmoins, peu de responsables de l'opposition ont été convaincus par cette soudaine « ouverture » du régime et nombreux sont ceux qui y ont vu une nouvelle intervention du général Ne Win, pourtant officiellement écarté du pouvoir en 1988 après avoir été chef de l'État pendant vingt-six ans.

Christian Lechervy

Asie du Sud-Est insulaire

Brunéi, Hong Kong, Indonésie, Macao, Malaisie, Philippines, Singapour, Taïwan
(L'Indonésie est traitée p. 112.)

Brunéi

Le petit sultanat pétrolier, seule monarchie absolue de l'Extrême-Orient, a continué de promouvoir, face à une jeunesse souvent oisive et à l'expansion de la drogue, la trilogie « traditions malaises, islam, monarchie ». Il participe, comme toute la région, à la course aux armements : non content du « parapluie » britannique, il a négocié en 1991 l'achat au Royaume-Uni de 400 millions de livres de matériel militaire, dont 16 avions de chasse et trois corvettes.

▼

Sultanat de Brunéi

Nature du régime : monarchie absolue.
Chef de l'État et du gouvernement : sultan sir Hassanal Bolkiah (depuis l'indépendance, le 1.1.84).
Monnaie : dollar de Brunéi.
Langue : malais.

Les revenus, provenant presque exclusivement des hydrocarbures, demeurent considérables, mais ne trouvent guère à s'investir dans une économie minuscule et sous-développée, malgré l'encouragement donné aux quelques entreprises *bumiputera* (malaises). Aussi, après le magasin londonien Harrods, le sultan s'est-il offert en 1991 une part de la compagnie aérienne jordanienne. Les avoirs brunéiens à l'étranger sont estimés à plus de 25 milliards de dollars des États-Unis.

Hong Kong

Le nouveau gouverneur britannique, Chris Patten, nommé en avril 1992, aura vraisemblablement la tâche d'abaisser l'*Union Jack* — le drapeau britannique —, le 30 juin 1997, lors du retour de la colonie à la mère patrie chinoise (en vertu d'un accord signé en 1984). Pour les Britanniques, le choix est clair : maintenir de bonnes relations avec Pékin, éviter toute situation de confrontation ; et, quand c'est possible, défendre les intérêts de leurs sujets de Hong Kong. Ainsi la longue controverse sur le projet vital, mais terriblement dispendieux, d'un nouvel aéroport, s'est achevée en juillet 1991 par un accord qui concède à Pékin un droit de regard et de veto sur les contrats à signer, garantit la participation de ses entreprises, et promet le maintien en 1997 d'un minimum de 25 milliards de dollars de Hong Kong dans les réserves publiques. La Chine, ici à l'unisson des Hong-Kongais, a encouragé la conclusion avec Hanoi, en octobre 1991, d'un accord sur le rapatriement forcé des quelque 63 000 *boat people* vietnamiens. Mais de sérieuses menaces sont apparues quant au respect des frontières de la future région autonome (la zone économique spéciale, ZES, de Shenzhen lui serait annexée) et une liste noire des habitants «opposés au gouvernement chinois» aurait été dressée.

Les pesanteurs économiques ont achevé de rendre cette intégration en douceur de plus en plus irréversible : les délocalisations massives des industries hong-kongaises vers la Chine du Sud-Est ont entraîné, de 1987 à 1991, une chute de 20 % de l'emploi industriel et la stagnation des salaires ouvriers, à partir de 1982, tandis que ceux des cols blancs augmentaient de 64 %. La transformation du territoire en centre de services, et d'abord en «plaque tournante» entre la Chine et ses principaux partenaires — États-Unis, et Taïwan qui refuse de commercer directement avec Pékin —, a conduit en 1991 à une augmentation de 26 % des réexportations, mais les exportations indigènes n'ont crû que de 2 % ; les premières ont représenté plus de deux fois les secondes, alors que dix ans plus tôt le rapport était inverse.

Les élections législatives de septembre 1991 ont pourtant montré que les Hong-Kongais refusent de voir leur sort réglé par l'étrange collusion des communistes chinois, des conservateurs britanniques, des magnats capitalistes locaux et de quelques maffiosi «patriotes». Moins du quart des électeurs potentiels ont voté. Les «libéraux» hostiles à Pékin et à l'*establishment* l'ont largement emporté, et ont su entraîner derrière eux le Conseil législatif : il a ouvert une crise constitutionnelle en rejetant, en décembre 1991, l'accord sino-britannique sur la composition de la future Cour d'appel.

Macao

Le général Vasco Vieira, nommé gouverneur de ce «territoire chinois sous administration portugaise» en mars 1991, aura fort à faire pour assurer la viabilité, après 1999, de la future région autonome chinoise. Lisbonne et Pékin se sont accordés en juillet 1991 sur la future Loi fondamentale. Très proche de celle de Hong Kong, elle prévoit théoriquement une large autonomie législative, exécutive et judiciaire, l'absence d'impôts chinois, le maintien d'une monnaie propre et des casinos...

L'état de l'économie a renforcé les inquiétudes. 1991 a connu une récession de 3 %. Le problème est structurel : les PME (petites et moyennes entreprises) locales, routinières, ne produisent que des textiles et des jouets (au total 83 % des exportations en 1990), et Macao est de plus en plus dépassé par ses concurrents régionaux, Chine incluse, malgré les très bas salaires et l'exploitation des enfants. Le «tourisme» (c'est-à-dire les casinos et la prostitution) paraît condamné à jouer un rôle encore accru.

Jean-Louis Margolin

Malaisie

Il y a quelques années encore, un effondrement de la production d'étain — qui a atteint en 1991 son plus bas niveau depuis la fin de la Seconde Guerre mondiale — et de caoutchouc naturel aurait été pour

▼

Fédération de Malaisie

Nature du régime : monarchie constitutionnelle.

Chef de l'État : sultan Azlan Muhibuddin Shah (depuis le 26.4.90).

Chef du gouvernement : Datuk Sari Mahathir Mohamad (depuis le 16.7.81).

Monnaie : ringgit (1 ringgit = 2,15 FF au 30.3.92).

Langues : malais, chinois.

la Malaisie l'amorce d'une profonde crise économique. Il n'en fut rien et, fort de la hausse de ses ventes industrielles (+ 19,3 % en 1991), le pays

Asie du Sud-Est insulaire

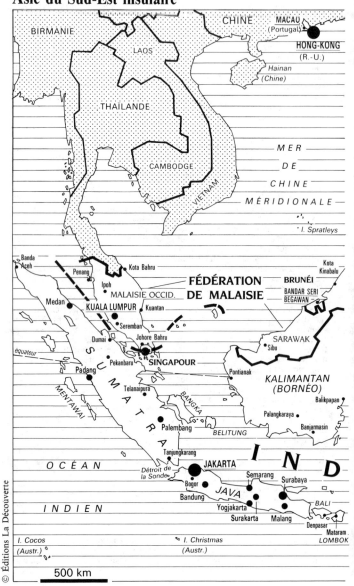

CHINE
MACAU (Portugal)
HONG-KONG (R.-U.)
BIRMANIE
LAOS
Hainan (Chine)
THAILANDE
MER DE CHINE MÉRIDIONALE
CAMBODGE
VIETNAM
I. Spratleys
Banda Aceh
Penang
Kota Bahru
Kota Kinabalu
Ipoh
FÉDÉRATION DE MALAISIE
BRUNÉI
BANDAR SERI BEGAWAN
Medan
MALAISIE OCCID.
KUALA LUMPUR
Kuantan
Seremban
SARAWAK
Dumai
Johore Bahru
Sibu
équateur
Pekanbaru
SINGAPOUR
S U M A T R A
Pontianak
KALIMANTAN (BORNÉO)
Padang
MENTAWAI
Telanaipura
BANGKA
Balikpapan
Palangkaraya
Palembang
BELITUNG
Banjarmasin
Tanjungkarang
OCÉAN
Détroit de la Sonde
JAKARTA
I N D
Semarang
Surabaya
Bogor
JAVA
Bandung
BALI
Yogjakarta
Denpasar
INDIEN
Surakarta
Malang
Mataram
LOMBOK
I. Cocos (Austr.)
I. Christmas (Austr.)
500 km

© Éditions La Découverte

Asie du Sud-Est insulaire (Voir notes p. 368)

	INDICATEUR	UNITÉ	BRUNÉI	HONG KONG	INDONÉSIE
	Capitale		Bandar S.B.	Hong Kong	Jakarta
	Superficie	km²	5 770	1 045	1 913 000
	Développement humain (IDH) [a]		0,848	0,913	0,491
DÉMOGRAPHIE	Population (*)	million	0,28	5,85	182,50
	Densité	hab./km²	48,4	5 600	95,4
	Croissance annuelle [c]	%	2,5	0,9	1,8
	Indice de fécondité (ISF) [c]		..	1,4	3,1
	Mortalité infantile [c]	‰	11 [i]	6	65
	Espérance de vie [c]	année	71 [i]	78	63
	Population urbaine [a]	%	58	94	31
CULTURE	Analphabétisme [a]	%	14,0	10,0	23,0
	Scolarisation 12-17 ans [a]	%	..	88,5	65,9
	Scolarisation 3e degré	%	..	13,1 [i]	6,5 [i]
	Téléviseurs [b]	‰ hab.	224,6	260,3	55
	Livres publiés	titre	16 [b]	4 851 [k]	1 396 [b]
	Nombre de médecins [b]	‰ hab.	0,59	1,01	0,13
ARMÉE	Armée de terre	millier d'h.	3,4	—	212
	Marine	millier d'h.	0,55	—	42
	Aviation	millier d'h.	0,3	—	24
ÉCONOMIE	PIB	milliard $	2,35 [b]	66,7 [a]	116,6
	Croissance annuelle 1980-90	%	− 2,0	7,0	6,3
	1991	%	1,0	4,3	6,8
	Par habitant	$	9 101 [b]	11 540 [a]	639
	Dette extérieure totale	milliard $	0,147 [g]	13,18 [a]	68,0
	Service de la dette/Export.	%	..	..	28,0
	Taux d'inflation	%	..	9,9	9,9
	Dépenses de l'État Éducation	% PIB	5,6 [g]	2,7 [b]	0,9 [h]
	Défense	% PIB	10,5 [h]	—	1,3
	Production d'énergie [b]	million TEC	22,64	..	138,7
	Consom. d'énergie [b]	million TEC	3,56	11,54	49,6
COMMERCE	Importations	million $	1 700	100 255	25 200
	Exportations	million $	2 200	98 577	26 800
	Principaux fournis.	%	PCD 55,3 [a]	Jap 16,1 [a]	Jap 24,9 [a]
		%	R-U 26,2 [a]	PVD 61,9 [a]	E-U 11,5 [a]
		%	Sin 34,6 [a]	Chi 36,8 [a]	Sin 5,9 [a]
	Principaux clients	%	Jap 52,7 [a]	E-U 24,1 [a]	Jap 42,5 [a]
		%	R-U 11,9 [a]	PVD 46,5 [a]	E-U 13,1 [a]
		%	Cor 9,2 [a]	Chi 24,8 [a]	Sin 7,4 [a]

MACAO	MALAISIE	PHILIPPINES	SINGAPOUR	TAÏWAN
Macao	Kuala Lumpur	Manille	Singapour	Taipei
16	329 750	300 000	618	35 980
..	0,789	0,600	0,848	..
0,50	18,17	62,87	3,03	20,30
31 200	55,1	209,6	4 903	564,2
3,5	2,3	2,3	1,1	0,8 [l]
..	3,5	3,9	1,8	..
13 [i]	20	40	8	7 [i]
68 [i]	71	65	74	73 [i]
99	43	43	100	67 [d]
20,6 [e]	21,6	10,3	12,0	7,4 [b]
..	70	71,9 [b]	86,4	..
..	6,6 [h]	28,2 [h]	7,9 [k]	22,2 [m]
65,4	143,6	41,1	372,4	260
..	3 348 [b]	1 072 [h]	1 927 [j]	..
1,08	0,37	0,15	1,19	1,03
—	105	68	45	270
—	10,5	23	4,5	30
—	12,4	15,5	6	70
2,9 [h]	47,44	43,95 [a]	33,51 [a]	181,7
7,0 [f]	5,1	0,9	7,0	7,9
− 3,0	8,3	− 1,0	7,1	7,4
6 304 [h]	2 611	730 [a]	12 310 [a]	8 951
..	13,0	30,5 [a]	0,038 [a]	0,95 [a]
..	11,7 [a]	21,2 [a]	..	..
9,0	4,2	13,1	2,8	3,6
..	5,6 [b]	2,9 [b]	3,4 [h]	5,2 [m]
—	3,7	2,2 [a]	5,4	5,1
..	60,35	2,76	..	15,8 [m]
0,487	24,07	17,98	13,40	53,8 [m]
1 490	41 690	13 628	66 293	63 078
1 610	34 300	8 759	59 025	76 140
Chi 18,9 [a]	E-U 16,9 [a]	Jap 18,4 [a]	Jap 20,1 [a]	E-U 23,0 [a]
HK 44,5 [a]	PVD 35,7 [a]	E-U 19,5 [a]	E-U 16,1 [a]	Jap 29,2 [a]
Jap 9,8 [a]	Jap 24,1 [a]	PVD 43,9 [a]	Mal 13,5 [a]	RFA 4,9 [a]
E-U 36,7 [a]	E-U 17,0 [a]	E-U 38,0 [a]	E-U 21,3 [a]	Jap 12,4 [a]
CEE 34,1 [a]	Jap 15,3 [a]	Jap 19,9 [a]	Mal 13,0 [a]	E-U 32,4 [a]
HK 12,8 [a]	Sin 23,0 [a]	CEE 17,8 [a]	Jap 8,8 [a]	HK 12,7 [a]

[Notes du tableau des p. 366-367]

Chiffres 1991, sauf notes : a. 1990; b. 1989; c. 1990-95; d. 1985; e. 1970; f. 1980-89; g. 1987; h. 1988; i. 1985-90; j. 1984; k. 1980; l. 1986-91; m. 1986.

(*) Dernier recensement utilisable : Brunéi, 1981; Hong Kong, 1986; Indonésie, 1990; Macao, 1981; Malaisie, 1980; Philippines, 1990; Singapour, 1990.

a connu une croissance soutenue (+ 8,3 % en 1991). Néanmoins, ces excellents résultats ne doivent pas cacher la multiplication des contraintes d'infrastructure et le manque de main-d'œuvre. Pour faire face à ce problème, les autorités ont décidé de régulariser la situation juridique des travailleurs « clandestins ». Plus inquiétant pour l'avenir, le ralentissement des investissements a nécessité une reprise des mesures incitatives pour les capitaux étrangers.

Si l'amélioration des relations avec le Cambodge ou le Vietnam, où s'est rendu le Premier ministre Datuk Sari Mahathir, en compagnie d'une centaine d'hommes d'affaires (avril 1992), a ouvert la perspective de nouveaux marchés, Kuala Lumpur ne cache plus son ambition de supplanter le rôle de la colonie britannique de Hong Kong après que celle-ci aura rejoint le giron chinois en 1997. A cet effet, la capitale malaysienne a multiplié les projets pour devenir un centre régional dans les domaines des télécommunications et de la presse.

Mais l'affairisme ambiant a également eu pour conséquence de nourrir par ses scandales le débat politique. Plusieurs personnalités de premier plan ont ainsi été mises en cause, comme le leader du Parti indien de la majorité, Samy Vellu, ou le chef de l'État du Sabah, Joseph Pairiu Kitingan, accusé de corruption. Les familles royales n'ont pas échappé à cette polémique et le parti du Premier ministre, l'UMNO (Organisation unifiée malaise), s'est plaint des interférences croissantes de celles-ci dans la gestion politico-économique du pays, ce que la Constitution leur dénie. Pour éviter que

la crise ne s'envenime, les deux parties ont élaboré un code de conduite, mais l'enjeu est bien, depuis 1983, la place de la monarchie dans la vie politique.

Le roi demeure le symbole de la nation et son voyage sur l'île de Layang-Layang (archipel des Spratleys), en mai 1992, est venu confirmer la détermination malaysienne à défendre son espace maritime face aux ambitions chinoises. Plus que jamais, la Chine a continué d'être perçue comme la plus grande menace pour la stabilité de la région. Par ailleurs, la Malaisie a dénoncé la destruction de son environnement forestier.

Philippines

Malgré les rumeurs et l'attaque d'une armurerie par des militaires « putschistes », en novembre 1991, les électeurs se sont rendus aux urnes, le 11 mai 1992, comme prévu, pour élire leur nouveau président de la République, ainsi que 17 000 représentants locaux. Le même jour était également renouvelé le mandat des

▼
République des Philippines

Nature du régime : démocratie parlementaire.
Chef de l'État : Corazon Aquino remplacée par Fidel Ramos le 30.6.92.
Secrétaire général à la présidence : Oscar Orbos (depuis le 10.12.90).
Monnaie : peso (au taux officiel, 1 peso = 0,22 FF au 30.3.92).
Langues : tagalog, anglais.

200 députés, 24 sénateurs et des représentants des collectivités locales. Le mode de scrutin à majorité relative sur un seul tour ne favorisant guère l'émergence d'un candidat sur ses rivaux, le nouveau président, le général Fidel Ramos, a été élu avec moins d'un quart des suffrages et une avance réduite sur sa rivale populiste Miriam Defensor Santiago qui a centré sa campagne sur la lutte contre

la corruption. De plus, il devra gouverner avec une Chambre dominée par un autre parti que le sien. Le Congrès n'a proclamé les résultats que le 22 juin, et la victoire de F. Ramos et de son vice-président, Joseph Estrada, un acteur devenu politicien, a été entachée d'accusations de fraude.

Ayant reçu le soutien personnel de l'ancien chef de l'État, Corazon Aquino, F. Ramos a bénéficié d'une image très contrastée dans l'opinion publique. Ce cousin de l'ancien dictateur, Ferdinand Marcos, qui s'est fait connaître en codirigeant la « révolution » de février 1986 (fin de la dictature), fut le plus solide soutien à C. Aquino ; mais il n'en fut pas moins, durant la loi martiale, le responsable de la politique de répression contre les opposants.

A quelques mois des élections, son succès n'était guère assuré : protestant dans un pays où 85 % de la population sont catholiques, il n'a pas obtenu l'appui du parti au pouvoir qui lui a préféré le président de la Chambre des représentants, Ramon Mitra. Les plus nationalistes n'ont pas hésité, quant à eux, à lui reprocher ses liens avec les Américains. A l'heure où ces derniers doivent quitter le territoire (le bail de concession des bases américaines a pris fin en septembre 1991) après la non-reconduction pour dix ans du traité de 1947, cela paraissait pour le moins une gageure. Les Bourses de Manille et de Makati ont, dans un premier temps, bien accueilli cette élection. Mais les problèmes économiques sont demeurés importants : chômage (10,8 % en 1991), inflation (13,1 %), dégradation des services publics notamment. La personnalité de C. Aquino ne la portait guère à prendre des décisions radicales : et beaucoup de problèmes sont restés en suspens : absence de réformes agraire et fiscale, nécessité d'améliorer les infrastructures et de remédier au plus vite aux problèmes d'approvisionnement en énergie. 1991 fut la plus mauvaise année économique depuis l'arrivée au pouvoir de C. Aquino. Cependant, en 1992,

pour la première fois depuis 1983, les crédits étrangers ont été supérieurs au service de la dette et les réserves monétaires de la banque centrale ont atteint des records avec 5,3 milliards de dollars. En définitive, C. Aquino aura consacré sa dernière année au pouvoir à la modernisation de l'économie : assouplissement du contrôle des changes, décentralisation, libéralisation des importations, et instauration d'une loi sur les investissements étrangers. Des mesures qui laissaient espérer la fin de la récession, et qui ont assuré, au début 1992, une forte progression des exportations.

Cette embellie pourrait cependant être menacée par la réduction de moitié du programme d'assistance américain consécutif à la fermeture des bases militaires le 31 décembre 1992. Même si un décret sur l'utilisation commerciale des installations portuaires de la VIIe flotte dans la baie de Subic a été pris, rien ne semblait assurer, à la mi-1992, que la reconversion se fasse rapidement. L'éruption volcanique du mont Pinatubo (700 morts en juin 1991), puis celle du mont Taal ont aussi eu des effets économiques désastreux, notamment la réduction du nombre des touristes.

En dépit de ces problèmes économiques, et de la persistance de la guérilla communiste, C. Aquino sera demeurée le personnage politique le plus aimé de son pays au point que près des deux tiers des Philippins déclaraient, à la mi-1992, lui faire encore confiance.

Christian Lechervy

Singapour

L'année 1991-1992 a été celle du changement dans la continuité. A première vue, les différences ne frappent pas entre le Singapour de Goh Chok Tong et celui que Lee Kuan Yew façonna au long d'un règne de trente et un ans. Les élections législatives anticipées du 31 août 1991, précédées de quelques jours de campagne seulement, se sont traduites

BIBLIOGRAPHIE

R. BLANDET, *L'Asie du Sud-Est : nouvelle puissance économique*, Presses universitaires de Nancy, Nancy, 1992.

J.-B. GOODNO, *The Philippines : Land of Broken Promises*, Zed Books, Londres, 1991.

S. HAGGARD, C.I. MOON, *Pacific Dynamics : the International Politics of Industrial Change*, Westview Press, Boulder (CO), 1989.

J.-L. MARGOLIN, *Singapour 1959-1987. Genèse d'un nouveau pays industriel*, L'Harmattan, Paris, 1989.

P. RÉGNIER, *Singapour et son environnement régional*, PUF, Paris, 1987.

South East Asian Affairs (annuel), Institue of South East Asian Studies, Singapour.

M.-L. SURIYAMONGKOL, *Politics of ASEAN Co-operation*, Oxford University Press, Singapour, 1988.

Voir aussi la bibliographie « Indonésie » dans la section « 34 États ».

par une large victoire du Parti de l'action du peuple (PAP, au pouvoir) : 77 sièges sur 81. Les dirigeants singapouriens admettent si peu la contestation que leur score (61 % des voix obtenus contre 63 % en 1988) leur est apparu comme un désastre, la position du Premier

---

Singapour

Nature du régime : république parlementaire autoritaire contrôlée par un parti dominant.

Chef de l'État : Wee Kim Wee (président, depuis sept. 85).

Chef du gouvernement : Goh Chok Tong (depuis le 27.11.90).

Monnaie : dollar de Singapour (1 dollar = 3,35 FF au 30.3.92).

Langues : chinois, malais, anglais, tamoul.

---

ministre s'en trouvant ébranlée. Ce souci de perfectionnisme, tournant facilement à l'acharnement obsessionnel, voire au totalitarisme ingénu, est la marque de Singapour. Ainsi Goh a-t-il menacé les circonscriptions « coupables » d'opposition de se voir supprimer leurs jardins d'enfants. Par ailleurs, Singapour a continué d'acheter beaucoup d'armements (le budget militaire a été en

hausse de 11 % en 1991), et s'est préparé à accueillir une mini-base navale américaine.

Mais des changements ont eu lieu, malgré tout. La faiblesse de la position du Premier ministre dans son propre parti, face à Lee Kuan Yew, secrétaire général, et à son fils, Lee Hsien Loong, vice-Premier ministre, comme le raffermissement de l'opposition, si relatif soit-il, ont créé des ferments d'instabilité inédits. L'« explosion » de la classe moyenne (24 % de cadres, de techniciens, d'administrateurs et de professions libérales, trois fois plus que trente ans plus tôt) conduit par ailleurs à une revendication pour plus de liberté et de responsabilités, sinon pour plus de démocratie. Quelques mesures ont déjà été prises, qui ont aidé à un très perceptible changement d'atmosphère : remise en cause de la féroce censure cinématographique, levée du bannissement des opposants communistes des années soixante, droit pour les sections du PAP de proposer les candidats à la députation.

L'économie a fait preuve, d'une grande solidité : 7,1 % de hausse du PIB en 1991, 4 milliards de dollars américains d'excédents pour la balance des paiements... L'internationalisation est devenue la priorité : elle a conduit à accompagner la délocalisation des activités de main-d'œuvre (mise sur pied d'un « triangle de croissance » avec la Malaisie et l'Indonésie), ainsi qu'à définir, dans le cas des sociétés publiques, une stratégie d'investissements dans les industries de pointe, aux États-Unis surtout. Elle a aussi conduit à se lancer à la conquête de marchés nouveaux, tel celui du Vietnam où Singapour a remplacé en 1991 l'ex-URSS comme premier partenaire.

Taïwan

Les relations avec l'« autre rive », cette « entité politique hostile » reconnue *de facto* depuis mai 1991, et connue ailleurs sous le nom de République populaire de Chine (RPC), ont dominé la scène taïwanaise. Quoique Taipeh n'autorise toujours pas les relations économiques directes avec le continent, on

▼
Taïwan
« République de Chine »

Nature du régime : démocratie présidentielle à parti dominant.
Chef de l'État : Lee Teng-hui, président depuis janv. 1988.
Chef du gouvernement : Hau Pei Tsun (depuis le 18.5.90).
Monnaie : dollar de Taïwan (1 dollar = 0,20 FF au 31.12.91).
Langue : chinois.

estimait fin 1991 que 2 500 entreprises au moins y avaient investi quelque trois milliards de dollars, la moitié environ s'étant implantées dans la province du Fujian, d'où proviennent 85 % des Taïwanais. Leur taux de profit moyen s'élevant à 24 %, contre 15 % à Taïwan, le mouvement a semblé devoir continuer, malgré les craintes des autorités de l'île quant aux effets politiques d'une trop grande « dépendance » : un « plafond » de 10 % a été fixé pour la part des échanges avec le continent dans le commerce extérieur de l'île. Avec 4,2 % (5,8 milliards de dollars) pour 1991, on en était encore

loin, mais l'augmentation par rapport à 1990 a été de 43 %.

Effet bénéfique indirect des délocalisations : le surplus commercial avec les États-Unis — premier partenaire — est passé de 19 milliards de dollars en 1987 à 9,8 milliards en 1991 (celui de la RPC a crû d'autant...), ce qui a éloigné les menaces de représailles, et permis d'obtenir le soutien américain à la candidature de Taïwan au GATT (Accord général sur les tarifs douaniers et le commerce). Cependant, en avril 1992, l'électronique taïwanaise, fer de lance de l'industrie (18 % des exportations), a été accusée à Washington de « piratage de *copyright* et de contrefaçon de marques déposées », et l'île placée sur la liste des « pays étrangers prioritaires » causant le plus grand tort aux États-Unis. L'annonce en novembre 1991 du rachat partiel de la firme américaine McDonnell-Douglas par Taiwan Aerospace et de la construction d'une partie du futur avion MD-12 à Taichung n'y a pas été étrangère. Il s'agissait pourtant surtout d'assurer les transferts de technologie nécessaires à l'aéronautique militaire et, par là, de conforter la défense d'un petit pays privé de reconnaissance internationale. C'est sans doute ainsi qu'il a fallu comprendre l'achat discret, fin 1991, aux États-Unis de pièces essentielles des missiles sol-air Patriot, et les beaucoup plus retentissantes acquisitions de matériel français : 16 frégates de 3 200 tonnes vendues désarmées en septembre 1991 pour 4,8 milliards de dollars, et 80 Mirage 2000. Paris hésitait à donner son accord pour ces derniers, tant la colère de Pékin était grande.

Celle-ci s'alimente de tout ce qui pourrait aller dans le sens d'une indépendance formelle de Taïwan, jusqu'à proférer, à l'occasion, des menaces non voilées d'invasion armée. Cela n'a pu que contribuer au triomphe du Kuomintang (au pouvoir depuis le repli des dirigeants nationalistes dans l'île, en 1949), lors des élections du 21 décembre 1991 pour la nouvelle Assemblée nationale, enfin débarrassée des «députés âgés» élus en 1948 sur le continent. Par rapport à 1989, le parti au pouvoir est passé de 60,8 % à 71,9 % des voix, cependant que le Parti démocratique progressiste, qui s'était prononcé en octobre 1991 contre le dogme de la réunification, et avait organisé de vastes manifestations indépendantistes, a régressé de 28,3 % à 23,9 %. Mais les partisans de l'indépendance n'en gagnent pas moins en influence dans la nouvelle génération du Kuomintang. Les excuses tardives et embarrassées du pouvoir pour les massacres de 1947 — qu'un rapport officiel a évalués entre 18 000 et 28 000 morts — n'ont pu que les conforter. A travers ces péripéties un fait essentiel est apparu : la démocratisation en douceur amorcée en 1987 a semblé l'avoir durablement emporté.

J.-L. M.

Asie du Nord-Est

Corée du Nord, Corée du Sud, Japon, Mongolie
(La Corée du Sud est traitée p. 188 ; le Japon est traité p. 91.
Cartes : voir p. 62-63 et p. 373.)

Corée du Nord

En 1991-1992, la Corée du Nord a déployé un grand effort d'adaptation pour sauvegarder son régime. Elle a adhéré en septembre 1991, en même temps que la Corée du Sud, aux Nations unies, ce qu'elle avait toujours refusé de faire au nom du mot «Corée indivisible». Elle a également signé avec Séoul, en décembre 1991, un accord «sur la réconciliation, la non-agression et la coopération».

▼

République populaire démocratique de Corée

Nature du régime : communiste, parti unique (Parti des travailleurs coréens).
Chef de l'État : Kim Il Sung, président (depuis sept. 48).
Premier ministre : Yon Hyong Muk (depuis fév. 89).
Monnaie : won (1 won = 2,48 FF au 31.5.92).
Langue : coréen.

Dans cet effort de survie, le régime communiste a annoncé, le 23 avril 1992, à l'occasion du soixantième anniversaire de l'Armée populaire, une série de décisions tendant à renforcer le pouvoir de Kim Jong Il, fils et dauphin du président Kim Il Sung (au pouvoir depuis 1948). Si ce dernier, proclamé généralissime, est resté le chef de l'État et le président du Parti, son fils a été nommé maréchal et commandant suprême des Forces armées. Cette décision a été suivie de la promotion au grade de général de 524 colonels appartenant à la garde prétorienne de Kim Jong Il.

Cette promotion personnelle de Kim Jong Il n'a toutefois pas signifié l'installation d'une dyarchie, mais elle a relevé d'un processus de transfert du pouvoir du père au fils, la légitimation de ce dernier restant fragile. Par ailleurs, ces mouvements du personnel politico-militaire ont montré que le régime de Pyongyang ne faisait plus confiance qu'à l'armée.

L'économie du pays a continué à se dégrader. A l'approche de la fin du IIIᵉ plan septennal (1987-1993), l'objectif de 7,9 % de croissance apparaissait impossible à atteindre. La pénurie a été particulièrement grave pour les produits alimentaires et l'énergie. Les chiffres disponibles ont montré qu'en 1990 la production

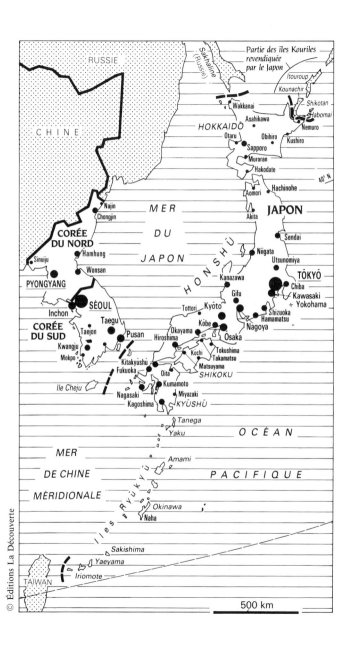

RUSSIE

Sakhaline (Russie)

Partie des îles Kouriles revendiquée par le Japon

Itouroup

Kounachir

CHINE

Wakkanai

Shikotan

Habomai

Nemuro

HOKKAIDŌ

Asahikawa

Otaru

Obihiro

Kushiro

Sapporo

Muroran

Hakodate

40° N

Hachinohe

Aomori

MER

Najin

JAPON

Chongjin

Akita

DU

CORÉE
DU NORD

Sendai

JAPON

Hamhung

Niigata

Utsunomiya

Sinuiju

Wonsan

HONSHŪ

TŌKYŌ

PYONGYANG

Kanazawa

Chiba

Kawasaki

Yokohama

SÉOUL

Gifu

Shizuoka

Inchon

Tottori

Kyōto

Hamamatsu

Taegu

Kōbe

Nagoya

CORÉE
DU SUD

Taejon

Okayama

Osaka

Pusan

Hiroshima

Kwangju

Kochi

Tokushima

Mokpo

Takamatsu

Kitakyūshū

Matsuyama

SHIKOKU

Ile Cheju

Fukuoka

Oita

Kumamoto

Nagasaki

Miyazaki

Kagoshima

KYŪSHŪ

Tanega

Yaku

OCÉAN

MER

Amami

DE CHINE

PACIFIQUE

MÉRIDIONALE

Îles Ryūkyū

Okinawa

Naha

Sakishima

Yaeyama

TAIWAN

Iriomote

500 km

© Éditions La Découverte

Asie du Nord-Est

	INDICATEUR	UNITÉ	CORÉE DU NORD	CORÉE DU SUD
	Capitale		Pyongyang	Séoul
	Superficie	km²	120 538	99 484
	Développement humain (IDH) [a]		0,654	0,871
DÉMOGRAPHIE	Population (*)	million	22,18	43,27
	Densité	hab./km²	184	434,9
	Croissance annuelle [c]	%	1,9	0,9
	Indice de fécondité (ISF) [c]		2,4	1,7
	Mortalité infantile [c]	‰	24	21
	Espérance de vie [c]	année	71	71
	Population urbaine [a]	%	60	72
CULTURE	Analphabétisme [a]	%	4,0	3,7
	Scolarisation 12-17 ans [a]	%	..	85,5
	Scolarisation 3e degré	%	..	39,2 [a]
	Téléviseurs [b]	‰ hab.	14,0	207
	Livres publiés	titre	..	39 267 [b]
	Nombre de médecins	‰ hab.	2,38 [b]	100 [b]
ARMÉE	Armée de terre	millier d'h.	1 000	650
	Marine	millier d'h.	41	60
	Aviation	millier d'h.	70	40
ÉCONOMIE	PIB	milliard $	19,16 [b]	271,78
	Croissance annuelle 1980-90	%	7,5 [d]	10,1
	1991	%	5,9 [b]	8,5
	Par habitant	$	897 [b]	6 281
	Dette extérieure totale	milliard $	2,58 [a]	38,7
	Service de la dette/Export. [a]	%	..	10,7
	Taux d'inflation	%	..	9,5
	Dépenses de l'État Éducation	% PIB	..	3,6 [b]
	Défense	% PIB	10,0 [a]	3,9
	Production d'énergie [b]	million TEC	52,2	19,7
	Consom. d'énergie [b]	million TEC	59,9	93,1
COMMERCE	Importations	million $	2 922 [a]	81 637
	Exportations	million $	1 763 [a]	71 897
	Principaux fournis.	%	Jap 6,6 [a]	Jap 29,1 [a]
		%	Chi 13,8 [a]	E-U 24,0 [a]
		%	URSS 57,2 [a]	PVD 21,1 [a]
	Principaux clients	%	Jap 15,4 [a]	E-U 31,7 [a]
		%	Chi 8,0 [a]	Jap 20,9 [a]
		%	URSS 54,1 [a]	PVD 24,7 [a]

	JAPON	MONGOLIE
	Tokyo	Oulan-Bator
	372 313	1 565 000
	0,981	0,574
	123,92	2,26
	332,8	1,4
	0,4	2,7
	1,7	4,7
	5	60
	79	64
	77	52
	1,0	7,0
	..	87,5
	30,7 [b]	21,8 [e]
	610	37,5
	36 346 [f]	889 [e]
	1,6 [g]	2,70 [b]
	156,1	21 [a]
	44	—
	46,3	0,5 [a]
	3 337,9	1,71 [b]
	4,1	6,1
	4,5	− 18,0
	26 936	804 [b]
	..	6,04 [a]
	..	..
	2,7	..
	4,8 [g]	..
	0,97	9,4 [b]
	47,1	3,12
	495,9	3,99
	236 600	1 024 [b]
	314 800	767 [b]
	E-U 22,7	CAEM 92,5 [b]
	CEE 13,5	PCD 4,1 [b]
	PVD 49,6	PVD 0,3 [b]
	E-U 29,3	CAEM 90,3 [b]
	CEE 18,9	PCD 6,7 [b]
	PVD 43,2	PVD 0,2 [b]

agricole a été de 4,8 millions de tonnes, soit une diminution de 12 % par rapport à l'année précédente. En ce qui concerne l'énergie, le pays avait importé environ 3,3 millions de tonnes de pétrole par an entre 1986 et 1989. Or, en 1990, il n'a pu importer que 2,5 millions de tonnes. Résultat : les usines nord-coréennes ont tourné à 40 % de leur capacité de production.

Les échanges commerciaux avec l'URSS, premier partenaire du pays, ont subi une baisse dramatique lorsque Moscou en a exigé, en janvier 1991, le paiement en devises convertibles et non plus en roubles transférables. Ainsi, le volume des importations nord-coréennes en provenance de l'URSS, qui avait atteint 887 millions de dollars pendant les sept premiers mois de 1990, est passé à 11 millions de dollars pour la période correspondante en 1991. La Chine a été le seul pays qui a accordé une aide économique à la Corée du Nord en 1991-1992. Lors de sa visite à Pékin en décembre 1990, le Premier ministre Yon Hyong Muk a obtenu une aide de 300 millions de dollars. En octobre 1991, Kim Il Sung lui-même s'est rendu en Chine.

La Corée du Nord, économiquement exsangue, a activement cherché à nouer une coopération avec Séoul et à aboutir à une normalisation avec Tokyo et un apaisement avec Washington. Toutefois, ses efforts d'ouverture se sont heurtés, en 1991, à son refus d'inspection de ses installations nucléaires par l'Agence internationale de l'énergie atomique (AIEA). Ce n'est qu'en mars 1992, sous la pression conjuguée de Washington, de Tokyo et de Séoul, que Pyongyang a accepté le principe d'inspection mutuelle au Nord et au Sud. Cet assouplissement a été suivi, en mai, par une inspection effective, par l'AIEA, des sites nucléaires

Chiffres 1991, sauf notes : a. 1990; b. 1989; c. 1990-95; d. Estimation ONUDI; e. 1986; f. 1987; g. 1988. (*) Dernier recensement utilisable : Corée du Nord, 1944; Corée du Sud, 1985; Japon, 1985; Mongolie, 1989.

BIBLIOGRAPHIE

« Basic Data : North Korea. Country Profile 1991-1992 », *The Economist*, Londres, 1991.

E. MILNE, *The Mongolian's People Republic : Toward a Market Economy*, FMI, Occasional paper n° 79, Washington (DC), 1991.

« Mongolie-Politique intérieure », La Documentation française/CIDIC, Paris, 1991-1992.

SANG WOO RHEE, « North Korea in 1991 », *Asian Survey*, University of California Press, Berkeley, 1991.

Voir aussi les bibliographies « Corée du Sud » et « Japon » dans la section « 34 États ».

nord-coréens, y compris celui de Yongbyon. Aucun indice d'une éventuelle utilisation militaire des installations inspectées n'a été décelé. L'affaire n'a sans doute pas été close, mais il paraissait de plus en plus clair, à la mi-1992, qu'elle a été exagérée.

Bertrand Chung

Mongolie

Le chef de l'État mongol, Punsalmaagiyn Orchirbat, assurait, en juillet 1991, que la « démocratisation » entamée depuis 1989 était « irréversible » dans ce qui fut le deuxième plus ancien pays communiste du monde (1924).

▼

République mongole

Nature du régime : Transition d'un régime communiste vers un régime parlementaire. Nouvelle Constitution entrée en vigueur le 12.2.92.
Chef de l'État : Punsalmaagiyn Orchirbat (depuis le 21.3.90).
Premier ministre : Dashyin Byambasuren, remplacé par Puntsagiin Jasray le 16.7.92.
Monnaie : tugrik (1 tugrik = 0,13 FF au 31.5.92).
Langue : mongol.

L'ex-Parti communiste et ex-parti unique à la tête de la coalition gouvernementale depuis juillet 1990 a été rebaptisé Parti démocrate national. La nouvelle Constitution, mettant fin à soixante-dix ans de marxisme-léninisme, est entrée en vigueur le 12 février 1992. Elle stipule la séparation des pouvoirs exécutif, législatif et judiciaire, et reconnaît le droit à la propriété privée. Les élections législatives se sont déroulées le 28 juin 1992, donnant à l'ex-Parti communiste 70 sièges sur 76.

Au plan économique, le gouvernement s'est attelé à partir de 1990 au programme des réformes visant à transformer l'économie centralisée en économie de marché. Une loi de privatisation a été votée et 70 % de l'économie devaient être privatisés avant fin 1992. Autre choc important pour l'économie, l'arrêt de l'aide de l'ex-URSS, qui apportait encore en 1990 une contribution de 25 % du PIB national mongol et représentait 75 % du commerce extérieur. Cette rupture financière n'a été compensée ni par les nouvelles relations avec la Chine, ni par l'aide internationale (155 millions de dollars de crédits accordés le 6 septembre 1991 à la conférence de Tokyo sur l'aide à la Mongolie).

Martine Rigoir

Océanie

L'Océanie s'inscrit dans l'océan Pacifique et en bordure de l'océan Indien; elle comporte, au sud-ouest, le continent australien, et, au centre, l'ensemble des terres émergées situées entre l'Amérique et l'Asie, à l'exclusion de l'Antarctique et des archipels qui bordent ces deux continents, des Aléoutiennes à l'Insulinde. Hormis la Nouvelle-Guinée, il s'agit d'îles aux dimensions modestes, le plus souvent regroupées en archipels, d'origine volcanique ou corallienne, donc de fort relief ou de faible fécondité; la faune y est pauvre; les eaux sont très riches en produits halieutiques.

Ces îles sont situées aux latitudes tropicales ou près de l'équateur; celui-ci ne constitue pas une limite repérable sauf en matière de météorologie ou d'hydrologie. La notion de « Pacifique sud » apparaît donc très approximative. Dans le sens nord-sud, la ligne de changement de date située aux antipodes du méridien de Greenwich constitue un obstacle psychologique aux relations transpacifiques. Les terres émergées se trouvent en majorité dans la portion occidentale du Pacifique, surtout dans le sud-ouest de celui-ci. Le long du continent américain, les îles sont, en revanche, rares, isolées et minuscules.

Les archipels océaniens ont été regroupés selon des données anthropologiques ou naturelles. L'Australie a échappé à cette classification par ses dimensions et par la spécificité de sa population originelle.

La région voisine est la Mélanésie, triangle situé dans l'hémisphère Sud, pointé vers le sud, de la Papouasie-Nouvelle-Guinée et des Fidji jusqu'à la Nouvelle-Calédonie. Les langues mélanésiennes n'étant pas intercommunicables, les populations sont compartimentées; elles entretiennent avec le sol des relations rituelles et collectives fondées sur le clan.

La Polynésie s'inscrit également dans un triangle, mais pointé vers le nord, sur Hawaii, et s'étendant au sud, de la Nouvelle-Zélande à l'île de Pâques; elle est beaucoup plus étendue, couvrant tout le Pacifique central, de part et d'autre de l'équateur. Les Polynésiens ont une vocation maritime. Il existe donc une communauté liée par la tradition culturelle et par la langue.

La Micronésie possède une population à dominante polynésienne; elle est tout entière dans l'hémisphère Nord, composée d'une multitude d'îles minuscules; son importance est liée à sa position géographique, entre Hawaii et les archipels bordant le continent asiatique, Philippines et Indonésie.

Océanie/Bibliographie sélective

B. Antheaume, J. Bonnemaison, *Atlas des îles et États du Pacifique Sud*, Reclus/Publisud, Paris, 1988.

Asia Pacific Yearbook 1992, Far Eastern Economic Review, Hong Kong, 1992.

«Australasie», *Hérodote*, n° 52, La Découverte, Paris, 1er trim. 1989.

A. Bensa, *Nouvelle-Calédonie, un paradis dans la tourmente*, Gallimard, Paris, 1990.

J. Chesneaux, *Transpacifiques*, La Découverte, Paris, 1987.

J. Chesneaux, N. Maclellan, *La France dans le Pacifique. De Bougainville à Moruroa*, La Découverte, Paris, 1992.

R. Crocombe, *The South Pacific : an Introduction*, University of the South Pacific, Suva, 1989.

M. Fouquin, É. Dourille-Feer, J. Oliveira-Martins, *Pacifique : le recentrage asiatique*, CEPII/Économica, Paris, 1991.

P. Guichonnet, *Îles du Pacifique, paradis perdu*, Arthaud, Paris-Grenoble, 1976.

S. Henningham, *France and the South Pacific*, Allen & Unwin, Sydney, 1991.

«Renaissance du Pacifique», *Ethnies*, n° spéc., vol. IV, n° 8-10, Paris, 1989.

Voir aussi la bibliographie «Australie» dans la section «34 États».

L'Océanie partagée

Des groupes humains atomisés ne pouvaient résister aux influences extérieures. L'éloignement de l'Europe fut la protection provisoire de sociétés qui constituèrent parfois de véritables royaumes comme à Hawaii, au Tonga ou à Tahiti. Les Occidentaux explorèrent ces régions lointaines, surtout au XVIIIe siècle. Puis vint la phase du partage, l'Espagne étant évincée par les États-Unis et l'Allemagne. Les Japonais occupèrent les lambeaux de l'Empire allemand dès 1914 et les gardèrent sous leur autorité jusqu'à la Seconde Guerre mondiale.

Au nord de l'équateur, l'Océanie est donc devenue un «lac américain»; Hawaii est le cinquantième État des États-Unis depuis 1959 et Washington a négocié avec les archipels de Micronésie des statuts qui ménagent ses intérêts stratégiques. Les archipels de Polynésie méridionale et de Mélanésie ont été partagés entre la France et l'Angleterre; cette dernière a transmis son influence à ses dominions «blancs» : Australie et Nouvelle-Zélande, même si tous les archipels ayant appartenu à l'Empire britannique ont accédé à l'indépendance formelle entre 1962 et 1980. La France a maintenu son autorité sur ses territoires d'outre-mer par la Constitution de 1958.

La Nouvelle-Zélande et l'Australie sont riches de leur agriculture et, pour la seconde, de ressources minérales; celles-ci sont également présentes dans de nombreuses îles; elles constituent, avec les produits tropicaux, l'essentiel des ressources; quant à la pêche, elle est pratiquée par les armements étran-

gers, sans profit pour les populations, sauf des redevances payées aux gouvernements locaux. Des immigrants furent amenés comme main-d'œuvre par les pouvoirs coloniaux, introduisant des frictions ethniques. Ces tensions sont aggravées par une forte croissance démographique.

La curée des Grands

L'intrusion de l'Occident a bouleversé le monde océanien, mettant fin à un équilibre traditionnel déjà fragile. Les missionnaires ont contribué à une restructuration de ces sociétés; la religion y est omniprésente, parfois sous des formes aberrantes. Un développement tardif a introduit les populations dans l'économie monétaire débouchant sur des aspirations à la consommation. Les jeunes générations sont contraintes à l'émigration ou rejetées dans la délinquance ou les pratiques déviantes. Les sociétés océaniennes aujourd'hui sont en danger de dépersonnalisation sur le plan socio-culturel.

Les territoires océaniens sont victimes des rivalités qui se manifestent entre les grandes puissances, notamment celles qui sont riveraines du Pacifique. Les États-Unis semblent attacher une importance croissante à cette aire maritime. La Chine y est déjà présente par des peuplements minoritaires, le Japon y développe ses activités de coopération économique. Par le biais de la convention de Lomé, les pays de la Communauté économique européenne sont liés à huit pays du Pacifique.

Les autres riverains, du Canada à l'Indonésie, adoptent une politique fort active. L'Australie et surtout la Nouvelle-Zélande, qui possède une population polynésienne importante — les Maoris —, s'estiment investies d'une responsabilité historique.

Les institutions régionales ont incité à une réelle coopération en vue de résoudre des problèmes qui apparaissent communs malgré les clivages de langue, de statut, d'idéologie. La Commission du Pacifique sud, créée en 1948, rassemble les partenaires de la région et les grandes puissances qui y exercent des responsabilités. Pour échapper à ces dernières, les riverains ont formé, en 1972, le Forum du Pacifique sud dont les grandes puissances sont exclues et où la France a été mise en cause tant en raison de sa présence nucléaire en Polynésie que de sa politique en Nouvelle-Calédonie. Mais depuis que le gouvernement a montré sa volonté de faire évoluer le statut de ce territoire et de réduire ses activités nucléaires, la présence de la France semble mieux supportée par l'environnement international.

Seules l'Australie et la Nouvelle-Zélande participent à la mise en place de l'APEC (Coopération économique Asie-Pacifique) qui englobe les États riverains du Pacifique.

Jean-Pierre Gomane

Océanie / Journal de l'année

— 1991 —

30-31 juillet. **Forum du Pacifique sud.** XXIIe forum du Pacifique sud. Il se tient pour la première fois en Micronésie, à Ponhpei, et est marqué par l'absence des dirigeants australien, néo-zélandais, vanuatuans et salomonais.

18 août. **Vanuatu.** Libération de Jimmy Stevens, leader séparatiste responsable du mouvement sécessionniste sur l'île d'Espirito Santo au moment de l'indépendance du Vanuatu, en juillet 1980.

21 août. **Tonga.** Démission pour raisons de santé du prince Fatafehi Tu'ipei Ake, Premier ministre depuis 1976. Il est remplacé par le baron Vaea of Houma.

6 septembre. **Vanuatu.** Remplacement provisoire de Walter Lini par Donald Kalpokas au poste de Premier ministre.

11 septembre. **Polynésie française.** Rupture de l'alliance entre Gaston Flosse, président du gouvernement, et Émile Vernaudon (chef du A'ia api); Gaston Flosse forme une nouvelle coalition avec Jean Juventin (chef du Pupu Here Aia).

17 septembre. **Micronésie.** Adhésion des États fédérés de Micronésie et des îles Marshall à l'ONU, dont ils deviennent, respectivement, les 165e et 166e membres.

14 octobre. **Vanuatu.** Dissolution du Parlement.

28-29 octobre. **France-Nouvelle-Zélande.** Visite officielle de Jim Bolger, Premier ministre néo-zélandais, en France.

2 décembre. **Vanuatu.** Élections législatives. L'Union des partis modérés (UPM) obtient 19 sièges et le Parti Vanuaku, 24.

16 décembre. **Vanuatu.** Formation d'un gouvernement de coalition par Maxime Carlot, premier Premier ministre francophone.

19 décembre. **Australie.** Démission du Premier ministre, Bob Hawke, à la suite d'un vote défavorable des élus du Parti travailliste. Il est remplacé par Paul Keating.

— 1992 —

2 janvier. **Australie.** Visite du président américain George Bush à Canberra.

1er février. **Kiribati.** Changement de secrétaire général au Forum du Pacifique sud : Ieremiah Tabai, ancien président de Kiribati (1979 à 1991), succède à Henry Naisali.

10 mars. **Nouvelle-Calédonie.** Décès de Jacques Iekawé, préfet délégué chargé de la coopération régionale et du développement économique et secrétaire général élu de la Commission du Pacifique sud depuis octobre 1991.

22 mars. **Wallis-et-Futuna.** Élections pour le renouvellement de l'Assemblée territoriale dont le RPR (Rassemblement pour la République) perd la majorité pour la première fois en vingt-huit ans.

2 avril. **Polynésie française.** Élection de Jean Juventin à la tête de l'Assemblée territoriale de Polynésie française alors que le titulaire, Émile Vernaudon, n'a pas démissionné.

8 avril. **Polynésie française.** Annonce par Pierre Bérégovoy, le Premier ministre français, d'un moratoire d'un an concernant les essais nucléaires sur l'atoll de Mururoa.

11 avril. **Australie.** Élection partielle au Parlement provoquée par la démission de Bob Hawke.

12 mai. **Australie.** Le ministre de l'Immigration et des Affaires ethniques, Gerry Hand, annonce une limitation à 80 000 du nombre des autorisations d'immigration pour 1992-1993 (en réduction de 27 % par rapport à l'année précédente).

23-30 mai. **Fidji.** Élections législatives. Les premières élections depuis les coups d'État de 1987 doivent permettre le renouvellement de l'Assemblée, où 37 des 70 sièges sont réservés aux Fidjiens d'origine mélanésienne, 27 aux Fidjiens d'origine indienne, 1 aux habitants de l'île polynésienne de Rotuma et 5 aux autres communautés. Le Parti politique de Fidji a obtenu 30 sièges seulement (sur les 37), n'atteignant donc pas la majorité à l'Assemblée.

Isabelle Cordonnier

Océanie

Australie, Nouvelle-Zélande, États et territoires du Pacifique
(L'Australie est traitée p. 133.)

Nouvelle-Zélande

1991 a été la première année d'exercice du pouvoir pour le Premier ministre Jim Bolger et le Parti national, après sept années de travaillisme. Les questions économiques ont dominé le débat public, en particulier après la publication, en juillet 1991, par le nouveau ministre de l'Économie, Ruth Richardson, de son premier budget. Il s'est inscrit dans la continuité de la politique de

---

Nouvelle-Zélande

Nature du régime : démocratie parlementaire.

Chef de l'État : reine Elizabeth II, représentée par un gouverneur, sir Paul Alfred Reeves (depuis le 20.11.85).

Chef du gouvernement : Jim Bolger (depuis le 27.10.90).

Monnaie : dollar néo-zélandais (1 dollar = 3,05 FF au 30.3.92).

Langues : anglais, maori.

Territoires : îles Cook et Niue (libre association), Tokelau (sous administration).

---

libéralisation du gouvernement précédent, étant caractérisé par la volonté d'introduire les mécanismes de l'économie de marché dans le fonctionnement de certains services de l'État, ce qui s'est traduit par des coupes claires dans les dépenses publiques, par un programme de privatisation et par l'augmentation des taxes sur certains produits (alcool, tabac, pétrole). Les conséquences en ont été une baisse de la consommation nationale et une augmentation du chômage (qui atteignait, au mois de décembre 1991, 10,3 % de la population active). Les sondages ont

souligné le mécontentement de la population, dont seulement 27 % déclaraient soutenir le Premier ministre en décembre 1991.

Sur le plan extérieur, les relations avec la France autrefois ombrageuses ont été maintenues au beau fixe. Elles ont été marquées par la visite du Premier ministre en France en octobre 1991. La Nouvelle-Zélande s'est félicitée de l'arrêt pour un an par la France de ses essais nucléaires à Mururoa, annoncé en avril 1992. Jim Bolger a manifesté son intention d'améliorer ses relations avec les États-Unis, distendues depuis l'exclusion, en août 1986, de la Nouvelle-Zélande de l'ANZUS (alliance militaire conclue en 1951 entre l'Australie, la Nouvelle-Zélande et les États-Unis). Tout en envisageant de resserrer sa coopération militaire avec Wellington, l'Australie a toutefois fait connaître son opposition à ce que les États-Unis fassent des concessions à la politique antinucléaire de la Nouvelle-Zélande.

États indépendants de Mélanésie

Fidji. L'archipel a encore ressenti, en 1991-1992, les soubresauts des coups d'État de 1987. Le 29 mai 1991, le gouvernement a édicté deux décrets — l'un sur la protection de l'indus-

---

Fidji

Nature du régime : démocratie parlementaire.

Chef de l'État : Ratu Sir Penaia Ganilau (depuis le 6.12.87).

Chef du gouvernement : Ratu Sir Kamisese Mara (depuis oct. 89).

Monnaie : dollar fidjien (1 dollar = 3,72 FF au 30.3.92).

Langues : fidjien, anglais.

Océanie

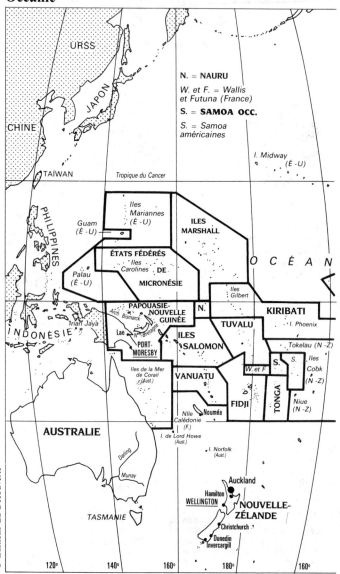

N. = NAURU

W. et F. = Wallis et Futuna (France)

S. = SAMOA OCC.

S. = Samoa américaines

URSS

JAPON

CHINE

TAÏWAN

PHILIPPINES

INDONÉSIE

Irian Jaya

AUSTRALIE

Darling

Murray

TASMANIE

Tropique du Cancer

I. Midway (É.-U)

Iles Mariannes (É.-U)

Guam (É.-U)

ÉTATS FÉDÉRÉS

Iles Carolines

Palau (É.-U)

DE

MICRONÉSIE

ILES MARSHALL

OCÉAN

Iles Gilbert

PAPOUASIE-NOUVELLE GUINÉE

Arch. Bismarck

N-Bretagne

Lae

PORT-MORESBY

ILES SALOMON

N.

TUVALU

KIRIBATI

I. Phoenix

Tokelau (N.-Z)

Iles de la Mer de Corail (Aust.)

VANUATU

W. et F

S.

S.

Iles Cobk (N.-Z)

FIDJI

TONGA

Niue (N.-Z)

Nlle Calédonie (F.)

Nouméa

I. de Lord Howe (Aust.)

I. Norfolk (Aust.)

Auckland

Hamilton

WELLINGTON

NOUVELLE-ZÉLANDE

Christchurch

Dunedin

Invercargill

120°   140°   160°   180°   160°

© Éditions La Découverte

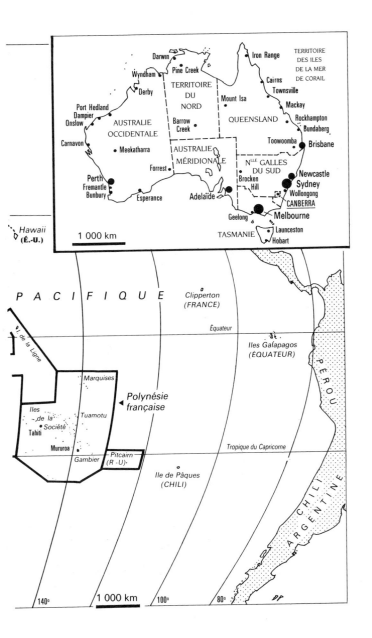

Carte de l'Australie

Darwin
Iron Range
TERRITOIRE DES ILES DE LA MER DE CORAIL
Pine Creek
Wyndham
Cairns
Derby
TERRITOIRE DU NORD
Townsville
Port Hedland
Dampier
Onslow
Mount Isa
Mackay
AUSTRALIE OCCIDENTALE
Barrow Creek
QUEENSLAND
Rockhampton
Bundaberg
Carnavon
Meekatharra
AUSTRALIE MÉRIDIONALE
Toowoomba
Brisbane
Forrest
N^{LLE} GALLES DU SUD
Newcastle
Perth
Fremantle
Bunbury
Brocken Hill
Sydney
Wollongong
CANBERRA
Esperance
Adelaïde
Geelong
Melbourne
Launceston
TASMANIE
Hobart

Hawaii
(É.-U.)

1 000 km

PACIFIQUE
Clipperton (FRANCE)
Équateur
I. de la Ligne
Iles Galapagos (ÉQUATEUR)
PÉROU
Marquises
Polynésie française
Iles de la Société
Tahiti
Tuamotu
Mururoa
Gambier
Pitcairn (R.-U.)
Tropique du Capricorne
Ile de Pâques (CHILI)
CHILI
ARGENTINE

1 000 km
140°
100°
80°

Iles du Pacifique (Voir notes p. 387)

INDICATEUR	UNITÉ	FIDJI	KIRIBATI	NAURU
Capitale		Suva	Tarawa	Nauru
Superficie	km²	18 274	728	21
Développement humain (IDH) [a]		0,713	..	..

	INDICATEUR	UNITÉ	FIDJI	KIRIBATI	NAURU
DÉMOGRAPHIE	Population (*)	millier	741	70	9
	Densité	hab./km²	40,5	96,2	429
	Croissance annuelle [d]	%	1,5	1,0	1,4
	Indice de fécondité (ISF) [d]		2,8	..	..
	Mortalité infantile	‰	24 [d]	68 [f]	19 [c]
	Espérance de vie	année	66 [d]	..	55,5 [j]
	Population urbaine [a]	%	39	36	..
CULTURE	Analphabétisme	%	13,0 [a]	10,0 [e]	1,0 [g]
	Scolarisation 12-17 ans [a]	%	87,1	..	..
	Scolarisation 3e degré	%	4,3 [a]	..	..
	Téléviseurs [c]	‰ hab.	14,0	..	..
	Livres publiés [e]	titre	13	..	..
	Nombre de médecins	‰ hab.	0,48 [i]	0,23 [e]	..
ARMÉE	Armée de terre	millier d'h.	4,7	..	—
	Marine	millier d'h.	0,3	..	—
	Aviation	millier d'h.	—	..	—
ÉCONOMIE	PIB	million $	1 315	54 [a]	80,7 [e]
	Croissance annuelle 1980-90	%	1,3	3,6	6,4 [n]
	1991	%	3,4	4,3 [c]	..
	Par habitant	$	1 775	760 [a]	8 070 [e]
	Dette extérieure totale [a]	million $	399	17	223
	Service de la dette/Export.	%	11,3 [a]	..	..
	Taux d'inflation	%	3,5	..	..
	Dépenses de l'État Éducation	% PIB	5,0 [c]	7,6 [c]	..
	Défense	% PIB	2,0	..	..
	Production d'énergie [c]	millier TEC	41	..	..
	Consom. d'énergie [c]	millier TEC	362	10	59
COMMERCE	Importations	million $	741	46 [a]	38 [a]
	Exportations	million $	531	4 [a]	61 [a]
	Principaux fournis. [a]	%	Aus 29,8	Aus 23,9	PCD 65,8
		%	N-Z 18,0	Asie [b] 8,7	Aus 52,1
		%	Asie [b] 37,7	Jap 12,0	Asie [b] 31,6
	Principaux clients [a]	%	Aus 16,0	PCD 75,0	Aus 56,6
		%	R-U 30,6	PVD 25,0	N-Z 21,2
		%	Asie [b] 31,3	CEE 49,9	Asie [b] 13,1

PAPOUASIE-Nlle-GUINÉE	SAMOA	ÎLES SALOMON	TONGA	TUVALU	VANUATU
Port Moresby	Apia	Honiara	Nuku'Alofa	Funafuti	Port-Vila
461 691	2 842	28 446	699	158	12 189
0,321	0,591	0,434	..	..	0,536
3770	170	331	90	9 [a]	154
8,2	59,8	11,6	128,8	57,0	12,7
2,3	0,3	3,1	− 0,2	1,7	2,8
4,8	..	..	..	..	..
58 [d]	28 [k]	57,4 [l]	..	35,0 [e]	35 [k]
56 [d]	63,9 [e]	58,0 [e]	62,9 [e]	58,5 [f]	55,0 [m]
16	22 [e]	11	21	..	30
48,0 [a]	8,0 [a]	76,0 [a]	0,4 [h]	4,5 [a]	33,0 [a]
21,6	..	..	..	..	..
2,0 [i]	..	..	..	..	..
2,1	35,9	..	..	..	8,5
..	..	..	..	..	..
0,09 [c]	0,28 [i]	0,14 [c]	0,40 [i]	0,38 [i]	0,19 [i]
3,4	..	..	..	..	..
0,3	..	..	..	..	..
0,14	..	..	..	..	..
3740	121 [a]	187 [a]	100 [a]	3 [j]	167 [a]
1,9	2,0	7,0	2,1	..	2,4
8,0	1,0	1,0 [a]	1,0	..	4,0
992	730 [a]	580 [a]	1 010 [a]	326 [j]	1 060
2606	93	122,5	58,4	..	40,2
36,0 [a]	7,8 [c]	11,9 [a]	4,4 [a]	..	2,1 [a]
8,0	0,5	14,5	7,4	..	4,2
..	..	4,7 [m]	4,2 [i]	..	5,5 [c]
1,4 [a]	..	..	..	..	..
56	2	..	..	..	..
1 115	60	76	35	..	31
1613	99	92 [a]	62 [a]	6 [a]	93 [a]
1282	8	70 [a]	13 [a]	1 [a]	14 [a]
Aus 39,1	Aus 10,6	Aus 32,3	Aus 21,7	Fij 33,9	Jap 56,8
Jap 13,3	N-Z 30,7	Jap 20,2	N-Z 30,7	Aus 18,3	CEE 20,3
PVD 18,1	PVD 31,5	PVD 27,2	Asie [b] 22,2	Asie [b] 33,3	Ita 16,6
PCD 83,7	Aus 18,6	PVD 27,5	Jap 35,4	Fij 3,6	Jap 20,8
Jap 33,0	N-Z 29,8	Jap 41,3	Aus 17,4	Aus ..	Ita 15,5
RFA 19,8	RFA 11,7	R-U 11,5	N-Z 24,4	N-Z ..	RFA 29,0

Australie - Nlle-Zélande - Nlle-Calédonie

	INDICATEUR	UNITÉ	AUS-TRALIE	NOUVELLE-ZÉLANDE	NOUVELLE-CALÉDONIE
	Capitale		Canberra	Wellington	Nouméa
	Superficie	km²	7 682 300	268 676	19 058
	Développement humain (IDH) ᵃ		0,971	0,947	..
DÉMOGRAPHIE	Population (*)	million	17,30	3,38	0,18
	Densité	hab./km²	2,3	12,6	9,4
	Croissance annuelle ᶜ	%	1,2	0,8	1,7
	Indice de fécondité (ISF) ᶜ		1,8	1,9	..
	Mortalité infantile ᶜ	‰	7	9	14 ʲ
	Population urbaine ᵃ	%	85	84	79,5 ᵇ
CULTURE	Scolarisation 2ᵉ degré	%	82 ᵇᵈ	88 ᵇᵉ	92 ᵏᵉ
	Scolarisation 3ᵉ degré ᵇ	%	31,6	40,7	5,2 ᵏ
	Téléviseurs ᵇ	‰ hab.	484	371,6	268,3
	Livres publiés	titre	10 963 ᵍ	2 850 ᵐ	14 ᵍ
	Nombre de médecins	‰ hab.	2,25 ᶠ	1,9 ᵇ	1,6 ᵍ
ARMÉE	Armée de terre	millier d'h.	30,3	4,9	—
	Marine	millier d'h.	15,7	2,5	—
	Aviation	millier d'h.	22,3	3,9	—
ÉCONOMIE	PIB	milliard $	299,4	43,69	2,23 ᵇ
	Croissance annuelle 1980-90	%	3,2	1,4	5,7
	1991	%	– 2,0	– 0,4	10,9 ᵇ
	Par habitant	$	17 305	12 926	13 533 ᵇ
	Taux de chômage ʰ	%	10,5	10,6	8,9 ᵇ
	Taux d'inflation	%	1,5	1,0	..
	Dépenses de l'État Éducation	% PIB	5,5 ᵍ	5,9 ᶠ	35,0 ᵍ
	Défense	% PIB	2,6	1,9	—
	Production d'énergie ᵇ	million TEC	193,0	13,96	0,06
	Consom. d'énergie ᵇ	million TEC	120,6	17,02	0,71
COMMERCE	Importations	million $	41 228	8 406	749 ᵃ
	Exportations	million $	41 764	9 598	379 ᵃ
	Principaux fournis.	%	PVD 23,2 ᵃ	Aus 22,0	PCD 88,1 ᵃ
		%	Jap 18,7 ᵃ	E-U 16,7	Fra 47,5 ᵃ
		%	CEE 22,7 ᵃ	CEE 18,2	PVD 9,6 ᵃ
	Principaux clients	%	PVD 36,4 ᵃ	Aus 18,9	CEE 52,7 ᵃ
		%	Jap 26,2 ᵃ	Jap 15,9	Fra 33,1 ᵃ
		%	CEE 13,2 ᵃ	CEE 14,5	Jap 25,1 ᵃ

Chiffres 1991, sauf notes : a. 1990 ;   b. 1989 ;   c. 1990-95 ;   d. 12-17 ans ;   e. 11-17 ans ; f. 1988 ;   g. 1987 ;   h. En fin d'année ;   i. 1980-89 ;   j. 1985-90 ;   k. 1984 ;   l. 1983 ; m. 1980.

(*) Dernier recensement utilisable : Australie, 1986 : Nouvelle-Zélande, 1986 ; Nouvelle-Calédonie, 1989.

trie sucrière, l'autre sur la protection de l'économie nationale — destinés à protéger, le premier, la production de canne à sucre en faisant respecter la planification, et le second, les principaux secteurs d'activité du pays (tourisme, électricité, aviation civile, mines et pétrole, télécommunications et transport). Le général Sitiveni Rabuka a mobilisé l'ensemble des chefs traditionnels de l'archipel afin d'éviter toute division dans les rangs mélanésiens face aux Fidjiens d'origine indienne lors des élections législatives de mai 1992. Mais son parti, le Parti politique de Fidji, a obtenu 30 sièges seulement sur les 37 réservés aux Fidjiens d'origine mélanésienne, n'atteignant donc pas la majorité à l'Assemblée (70 sièges). Le général Rabuka a néanmoins été nommé Premier ministre le 2 juin 1992.

Papouasie-Nouvelle-Guinée. Les troubles n'ont pas cessé sur l'île de Bougainville — depuis la déclaration de sécession en mai 1989 —, mais le blocus en a été partiellement levé en juillet 1991, après sept mois d'isole-

---

Papouasie-Nouvelle-Guinée

Nature du régime : démocratie parlementaire.
Chef de l'État : reine Elizabeth II, représentée par un gouverneur, sir Ignatius Kilage (depuis le 22.2.89).
Chef du gouvernement : Rabbie Namaliu (depuis juil. 88).
Monnaie : kina (1 kina = 5,82 FF au 30.3.92).
Langues : pidgin mélanésien, anglais, 700 langues locales.

[Notes du tableau des p. 384-385]
Chiffres 1991, sauf notes : a. 1990; b. Hors Japon; c. 1989; d. 1990-95; e. 1985; f. 1980; g. 1979; h. 1976; i. 1986; j. 1987; k. 1985-90; l. 1981; m. 1984; n. 1975-85.
(*) Dernier recensement utilisable : Fidji, 1986; Kiribati, 1985; Nauru, 1977; Papouasie, 1990; Samoa, 1981; Salomon, 1986; Tonga, 1986; Tuvalu, 1979; Vanuatu, 1989.

---

ment. Le pays n'en a pas moins connu une croissance économique de 8 % en 1991. La politique de rigueur du gouvernement de Rabbie Namaliu explique en partie ce résultat, qui est aussi dû au développement de la production minière (or et cuivre). Mais les conditions d'insécurité dans la capitale, Port Moresby, se sont encore aggravées et le partagé des fruits de la croissance est resté très inégalitaire.

Îles Salomon. La vie politique en 1991-1992 a été marquée par la démission, en 1991, d'Andrew Nori de son poste de leader de l'opposition, après son échec à accroître le

---

Îles Salomon

Nature du régime : démocratie parlementaire.
Chef de l'État : reine Elizabeth II, représentée par un gouverneur, sir George Lepping (depuis juil. 88).
Chef du gouvernement : Salomon Mamaloni (depuis fév. 89).
Monnaie : dollar des Salomon (1 dollar = 1,94 FF au 30.3.92).
Langues : pidgin mélanésien, anglais.

---

nombre de députés de l'opposition au Parlement. Il a été remplacé par Joses Tuhanuku, membre du Parti travailliste, en novembre 1991.

Vanuatu. Après plusieurs mois d'instabilité gouvernementale et de montée de la contestation au sein du Parti

---

République du Vanuatu

Nature du régime : démocratie parlementaire.
Chef de l'État : Fred Timakata (depuis 30.1.89).
Chef du gouvernement : pasteur Walter Hadye Lini (depuis le 30.7.80).
Monnaie : vatu (1 vatu = 0,05 FF au 30.3.92).
Langues : bislamar, anglais, français.

Vanua'aku, le parti au pouvoir depuis 1980, Walter Lini, Premier ministre depuis l'indépendance (juillet 1980), a quitté le pouvoir en septembre 1991 et le Parlement a été dissous le 14 octobre. Les élections du 2 décembre 1991 ont donné 19 sièges à l'Union des partis modérés (UPM) de Maxime Carlot et 24 au Parti Vanua'aku. L'UPM a formé un gouvernement de coalition le 16 décembre.

États indépendants de Polynésie

Kiribati. L'ancien président, Ieramiah Tabai, a pris ses fonctions comme secrétaire général du Forum du Pacifique sud le 1er février 1992, après treize ans à la tête de l'État. Son successeur, Teatao Teannaki, a tracé les grandes lignes de sa politique lors de l'ouverture de la session

> **Kiribati**
>
> **Nature du régime :** démocratie parlementaire.
> **Chef de l'État et du gouvernement :** Ieremiah Tabai remplacé par Teatao Teannaki le 3.7.91.
> **Monnaie :** dollar australien (1 dollar = 4,28 FF au 30.3.92).
> **Langue :** anglais.

parlementaire en décembre 1991. Les priorités seront données à la recherche de potentialités économiques, en particulier aux ressources marines et à la periculture, à l'éducation, à la protection de l'environnement et à l'amélioration des télécommunications du pays et des infrastructures des îles éloignées. Le budget, adopté fin décembre 1991, a montré un financement à hauteur de 97,8 % par l'aide internationale.

Nauru. La République de Nauru a signé un contrat avec Television New Zealand Limited, ce qui lui permet

> **République de Nauru**
>
> **Nature du régime :** démocratie parlementaire.
> **Chef de l'État et du gouvernement :** Bernard Dowiyoga (depuis le 15.12.89).
> **Monnaie :** dollar australien (1 dollar = 4,28 FF au 30.3.92).
> **Langue :** anglais.

de recevoir les programmes télévisés néo-zélandais.

Samoa occidental. La situation économique de l'archipel s'est encore dégradée en 1991-1992, en raison d'une forte baisse des transferts financiers des émigrés et des recettes d'exportation, ainsi que de la stagnation de l'aide au développement. En novembre 1991, le Parlement a adopté une réforme constitutionnelle qui a permis d'allonger le mandat des parlementaires de trois à cinq ans, de faire passer le nombre des ministres de huit à douze et celui des sièges parlementaires de 47 à 49.

> **Samoa occidental**
>
> **Nature du régime :** démocratie parlementaire (formellement monarchie constitutionnelle).
> **Chef de l'État :** Mallietoa Tanumafili (roi depuis le 5.4.63).
> **Chef du gouvernement :** Tofilau Eti Alesana (depuis avr. 88).
> **Monnaie :** tala (1 tala = 2,30 FF au 30.3.92).
> **Langues :** samoan, anglais.

Les Samoans ont par ailleurs réussi l'exploit sportif de parvenir en quart de finale dans la Coupe du monde de rugby en octobre 1991.

Tonga. Le prince Fatafehi Tu'ipieh Ake, Premier ministre depuis 1966, a démissionné pour raisons de santé. Il a été remplacé par le baron Vaea

---

Tonga

Nature du régime : monarchie.
Chef de l'État : roi Taufa'ahau Tupou IV (depuis le 5.12.65).
Chef du gouvernement : prince Fatafeehi Tu'ipelehake remplacé par baron Vaea of Houma en août 91.
Monnaie : pa'anga (1 pa'anga = 4,21 FF au 30.3.92).
Langues : tongien, anglais.

---

of Houma. Les premières élections à l'Assemblée avaient eu lieu en février 1990. Tonga a par ailleurs accueilli la trente et unième conférence du Forum du Pacifique sud en octobre 1991.

Tuvalu. Le Tuvalu Trust Fund a rapporté 5,88 millions de dollars australiens à ce petit État, qui compte parmi les plus pauvres du monde. Le gouvernement de Bikenibeu Paenia

---

Tuvalu

Nature du régime : démocratie parlementaire.
Chef de l'État : reine Elizabeth II, représentée par un gouverneur, sir Tupua Lepena (depuis le 1.3.86).
Chef du gouvernement : Bikenibeu Paeniu (depuis le 16.10.89).
Monnaie : dollar australien (1 dollar = 4,28 FF au 30.3.92).
Langues : tuvalien, anglais.

---

a apporté son soutien à la proposition (en septembre 1991) du député de Funafuti de faire de Tuvalu une République autonome au sein du Commonwealth.

Territoires sous contrôle de la France

Nouvelle-Calédonie. Conclus en 1988 à la suite de graves affrontements entre indépendantistes, anti-indépendantistes et forces de sécu-

rité, les accords de Matignon signés par les représentants des deux principales forces politiques de ce territoire d'outre-mer (TOM) — le RPCR (Rassemblement pour la Calédonie dans la République) et le FLNKS (Front de libération national kanak et socialiste) — ont prévu qu'en soit dressé un bilan au cours de l'année 1992. L'approche de cette échéance a mobilisé les forces politiques. Le mécontentement des Mélanésiens (Kanaks) a surtout porté sur des lenteurs dans les programmes de formation des jeunes, ce qui maintient le déséquilibre dans la qualification et l'emploi entre Mélanésiens et Calédoniens d'origine européenne.

Le gouvernement a souhaité améliorer l'insertion régionale de la Nouvelle-Calédonie et de la Polynésie française en les autorisant à devenir membres associés de la Commission économique et sociale de l'ONU pour la région Asie-Pacifique (CESAP) en avril 1992.

Wallis et Futuna. Les élections du 22 mars 1992 pour le renouvellement de l'Assemblée de ce territoire d'outre-mer polynésien ont vu la défaite du RPR (Rassemblement pour la République), qui a perdu la majorité pour la première fois en vingt-huit ans. C'est un élu du Taunu'a Lelei, Soane Mani Uhila, qui a été porté à la présidence de l'Assemblée. Par ailleurs, certains secteurs économiques ont connu une activité soutenue (bâtiment et travaux publics). La Banque de Wallis et Futuna, ouverte en juin 1991 après dix-huit mois d'absence bancaire sur le territoire, a connu une activité importante due à l'attente de la clientèle.

Polynésie française. Le 11 septembre 1991, le président de ce territoire d'outre-mer (TOM), Gaston Flosse, a formé une nouvelle coalition gouvernementale avec Jean Juventin (chef du Pupu Here Ai'a), au détriment de la précédente alliance avec Émile Vernaudon (chef du A'ia api). Ce dernier a refusé de céder la présidence de l'Assemblée territoriale à

J. Juventin, élu le 2 avril 1991 par 24 voix sur 41. Des voix se sont en outre élevées pour demander au gouvernement une consultation afin de définir les bases d'un accord destiné à permettre à la Polynésie d'accéder à l'émancipation.

Les interrogations sur l'avenir politique du territoire ont rejoint celles sur sa survie économique après l'annonce, le 8 avril 1992, d'un moratoire d'un an sur les essais nucléaires de Mururoa. Le Centre d'expérimentation nucléaire du Pacifique (CEP) est en effet installé depuis les années soixante sur cette possession française.

« Zone américaine »

La question du statut de **Palau** (14 000 habitants, territoire en libre association) et de **Guam** (129 000 habitants, territoire non incorporé, administré par les États-Unis) n'avait toujours pas été réglée à la mi-1992. Les **États fédérés de Micronésie** (Kosrae, Pohnpei, Yap et Chuuk), fédération autonome de 90 000 habitants, en libre association, qui a abrité la XXIIe réunion du Forum du Pacifique sud en août 1991, et les **îles Marshall**, république autonome de 34 000 habitants, sont devenus respectivement les 165e et 166e membres de l'Organisation des Nations unies en septembre 1991 après être devenus indépendants. L'autorité de Washington continue de s'exercer sur le **Commonwealth des Mariannes du Nord** (État associé autonome, 30 000 habitants), **Hawaii** (50e État de l'Union), sur les **Samoa américaines** (territoire non incorporé, 30 000 habitants) et sur plusieurs groupes d'îlots. Trois sont administrés par le ministère de la Défense et confiés à une armée : Midway (marine), Wake (armée de l'air) et Johnston (armée de terre) ; quatre sont inhabités (Howland, Baker, Jarvis et Kingman Reef) ; l'un, enfin, est propriété privée (Palmyra).

Territoires sous contrôle de la Nouvelle-Zélande

La Nouvelle-Zélande a envisagé de réduire l'aide versée à **Niue** (État autonome associé, 2 500 habitants), voire de déplacer sa population à Auckland. Les **îles Cook** (État autonome associé, 20 000 habitants) ont été ravagées en décembre 1991 par les cyclones *Val* et *Wasa* qui ont causé des dégâts d'un montant de 2 millions de dollars US. **Tokelau** (territoire d'outre-mer, 1 700 habitants) a continué de survivre grâce à l'aide internationale et aux transferts financiers de ses émigrés.

Territoires sous administrations diverses

Ces territoires restent à l'écart des évolutions politiques régionales. L'**île de Pâques** (encore appelée Rapanui), avec ses richesses archéologiques, est chilienne, les **îles Galapagos** équatoriennes et les **îles Gigedos** mexicaines. L'Australie administre, dans la région, **Lord Hawe**, ainsi que deux « territoires extérieurs », le **Territoire de la mer de Corail**, où elle a des stations météorologiques depuis 1921, et l'île de **Norfolk** (2 500 habitants). **Pitcairn** (50 habitants) reste la dernière possession britannique dans le Pacifique sud (statut de territoire « dépendant ») ; sa minuscule population descend des révoltés du *Bounty*.

Isabelle Cordonnier

Amérique du Nord

Si l'effondrement de l'URSS, fin 1991, a laissé les États-Unis incertains de leur rôle dans le « nouvel ordre mondial », en ce qui concerne ses deux voisins nord-américains, le Canada et le Mexique, Washington sait exactement ce qu'il veut : une intégration économique encore plus étroite à l'échelle du continent.

Le projet d'« Amérique du Nord 1992 » vise uniquement, pour le moment, une vaste zone de libre-échange, mais impliquant des partenaires autrement plus dissemblables que ceux de la Communauté européenne. Ainsi, le Mexique représente près du quart du poids démographique de cette zone, tout en affichant un revenu par tête huit fois inférieur à celui des États-Unis et du Canada. Ce qu'on appelle NAFTA — Accord nord-américain de libre-échange —, qui a été signé le 12 août 1992, représentera donc une expérience inédite.

Avec la fin de la « guerre froide » Washington se campe sur « son » continent. Malgré son déclin relatif, l'économie américaine demeure à plusieurs égards la plus importante du monde. Cela permet de monnayer au prix fort un accès plus large à son marché.

Un premier succès fut obtenu avec l'entrée en vigueur de l'Accord canado-américain de libre-échange, au début de 1989. Même si l'économie canadienne ne pèse que le dixième de l'économie américaine, ces deux pays sont chacun le premier fournisseur étranger de l'autre. Les exportations canadiennes vers les États-Unis représentent cependant près de 20 % du produit national, alors que les exportations américaines vers le Canada en représentent moins de 3 % : aucune économie occidentale n'est dépendante à ce point d'un seul partenaire.

Hormis le secteur de l'automobile, pour lequel il existe un accord spécifique, les exportations canadiennes sont axées sur les ressources naturelles et l'industrie légère, en échange de produits industriels à plus haute intensité en capital. Le Canada est largement prisonnier du marché américain : où pourrait-il écouler ses voitures, son papier journal, son pétrole et son gaz naturel ? Les Américains ont donc facilement obtenu un accès garanti aux ressources énergétiques canadiennes et une plus grande liberté de circulation des capitaux. En échange, ils ont consenti à la création d'un tribunal d'arbitrage, chargé de statuer sur la conformité des mesures de rétorsion commerciale, adoptées par l'un ou l'autre pays, aux lois du pays en question. Comme le cheminement juridique des litiges commerciaux se révèle assez long, le harcèlement commercial des États-Unis n'a pas cessé. La disparition graduelle des droits de douane en

AMÉRIQUE DU NORD/BIBLIOGRAPHIE SÉLECTIVE

J. AGNEW, *The United States in the World Economy, A Regional Geography*, Cambridge University Press, New York, 1987.

J.B. BRENNER, *The North Atlantic Triangle*, McClelland and Stewart, Toronto, 1961 (réimp. de l'édit. orig. de 1945).

W. LANGEWIESCHE, « The Border », *The Atlantic Monthly*, Boston, mai-juin 1992.

S.M. LIPSET, *Continental Divide, The Values and Institutions of the United States and Canada*, Routledge, New York, 1990.

J.-F. LISÉE, *Carrefours Amérique*, La Découverte, Paris, 1991.

« North American Free Trade Agreement: Generating Jobs for the American Economy », *Business America*, US Department of Commerce, Washington, 8 avr. 1991.

S.K. PURCELL, « Mexico's New Economic Vitality », *Current History*, Philadelphie, fév. 1992.

Voir aussi les bibliographies « Canada », « États-Unis » et « Mexique » dans la section « 34 États ».

vigueur en 1988 n'a pas empêché l'imposition de droits de douane « spéciaux ». Et, depuis 1989, plusieurs entreprises américaines ont fermé leurs usines canadiennes pour concentrer toute leur production aux États-Unis. Certains Canadiens se sont demandé si la NAFTA n'accentuera pas cette tendance.

Les États-Unis et le Canada partagent plus de 5 000 kilomètres de frontière, d'est en ouest, sans patrouille militaire et souvent sans surveillance. Quant aux questions de défense commune, elles ont sombré dans l'indifférence : le Canada a décidé le retrait de ses soldats du cadre européen de l'OTAN, sans provoquer la moindre réaction des États-Unis.

Le troisième partenaire

Entre en jeu le troisième partenaire des décennies de protectionnisme, de dirigisme et d'anti-américanisme, le Mexique, qui a choisi la voie de l'intégration économique au reste de l'Amérique du Nord. Depuis son adhésion au GATT (Accord général sur les tarifs douaniers et le commerce) en 1986, ce pays connaît une véritable révolution économique, l'apertura (l'ouverture). Le nombre d'entreprises d'État est passé de 1 155 en 1982 à une trentaine en 1992. La loi de 1973 sur les investissements étrangers a été remplacée par un régime très libéral.

L'économie mexicaine a retrouvé le chemin de la croissance. Mais elle demeure pauvre, avec une agriculture inefficace, comptant beaucoup de petits fermiers. Les abondantes réserves pétrolières et un secteur manufacturier en pleine croissance permettent en revanche tous les espoirs. A partir de 1989, les *exportations de produits manufacturés ont dépassé les exportations pétrolières et alimenté l'exode des provinces peu développées du Sud vers les centres manufacturiers, notamment à proximité de la frontière américaine.*

Cette frontière, longue de 2 000 kilomètres, est surveillée jour et nuit du côté américain pour tenter d'atténuer l'immigration clandestine des Mexicains et autres hispanophones, qu'aucune loi ne semble pouvoir contrôler. Cette immigration est un atout dans le jeu du président mexicain Carlos Salinas de Gortari, qui a proposé, en 1990, un accord de libre-échange aux États-Unis, principal partenaire commercial du Mexique. Un tel accord constituerait une garantie solide pour tous les investissements, étrangers et nationaux, nécessaires au « miracle économique mexicain ». Le Canada, pour sa part, a peu de liens économiques avec le Mexique. C'est uniquement pour sauvegarder les acquis de 1989 qu'il s'est présenté à la table de négociations.

Il semblait, à la mi-1992, que le calendrier optimiste prévu en 1990-1991 pouvait être respecté. Le Mexique, dans une position de demandeur (tout comme le Canada en 1985-1987), avait plus ou moins accepté les principales exigences américaines : un délai plus long avant l'abolition des tarifs douaniers sur les produits agricoles américains les plus menacés, une expansion graduelle des achats mexicains de maïs américain, l'ouverture partielle du secteur pétrolier mexicain aux investissements étrangers, un taux de contenu local de 60 % pour qu'un produit puisse circuler librement dans toute la zone. Cette dernière règle, qui remplacerait celle du 50 % contenue dans l'accord canado-américain, vise directement les usines automobiles japonaises installées au Canada. De même, l'entente américano-mexicaine sur le textile et les vêtements (toute la matière première devra être « locale ») menace l'industrie canadienne. Le Canada n'est pas en position de force, il espère tout de même des retombées positives dans les secteurs de l'énergie, du transport et des télécommunications. A défaut de quoi, l'accord ne sera pas « vendable » aux électeurs canadiens.

L'énorme potentiel de croissance démographique et économique du Mexique a poussé l'administration américaine à accepter un projet quelque peu risqué, qui arrimera solidement le Mexique de demain à l'économie américaine et qui en fera donc un partenaire compréhensif à l'égard des intérêts de Washington. Le président G. Bush en attendait d'ailleurs des retombées électorales positives, notamment dans les États du Sud, sympathisants a priori *du candidat démocrate sudiste Bill Clinton.*

Georges Mathews

Le Canada, les États-Unis et le Mexique sont respectivement traités p. 127, 50 et 163.

Amérique du Nord / Journal de l'année

— 1991 —

12 juin. **NAFTA.** Ouverture officielle des négociations entre les États-Unis, le Canada et le Mexique pour constituer une « Zone nord-américaine de libre-échange » (NAFTA).

15 juin. **Québec.** Le Bloc québécois, rassemblement de huit députés fédéraux du Québec, se transforme officiellement en parti politique. La souveraineté du Québec constitue son objectif essentiel.

3 juillet. **États-Unis.** IBM conclut une alliance technologique sur les logiciels avec Apple. Le 2 octobre, face à la crise mondiale de l'informatique, IBM et Apple annonceront une alliance globale.

17 juillet. **États-Unis-Philippines.** Un accord est conclu sur l'avenir des bases militaires américaines aux Philippines. La base aérienne de Clark devra être fermée avant septembre 1992 et le bail de la base navale de Subic Bay sera renouvelé pour dix ans.

18-19 juillet. **Mexique.** Le premier sommet ibéro-américain rassemble à Guadalajara les chefs d'État de dix-neuf pays latino-américains et ceux de l'Espagne et du Portugal.

30-31 juillet. **États-Unis-URSS.** Quatrième sommet entre George Bush et Mikhaïl Gorbatchev, à Moscou. Signature du traité START qui prévoit une réduction de 25 % à 30 % de leurs armements nucléaires stratégiques. Les États-Unis accordent la clause commerciale de la nation la plus favorisée à l'URSS.

10 août. **Canada.** Lors de son grand congrès biennal, le Parti conservateur du Premier ministre Brian Mulroney reconnaît le droit du Québec à l'autodétermination.

18 août. **Mexique.** Aux élections législatives, le Parti révolutionnaire institutionnel (PRI) du président Carlos Salinas de Gortari obtient 61,4 % des suffrages (soit 320 sièges sur 500) contre 17,7 % au Parti d'action nationale (PAN, droite), soit 89 sièges, et 8,26 % au Parti révolutionnaire démocratique (PRD, gauche), soit 41 sièges.

12 septembre. **États-Unis-Israël.** Le président Bush annonce qu'il risque d'opposer son veto aux garanties bancaires demandées par Israël (sur un emprunt de 10 milliards de dollars destiné à financer l'intégration des quelque 300 000 Juifs soviétiques installés depuis le début 1990).

22 septembre. **Mexique.** Le Chili signe avec le Mexique un traité de libre-échange.

24 septembre. **Canada.** Le gouvernement fédéral publie ses nouvelles propositions constitutionnelles, destinées à résoudre l'imbroglio canadien. Une commission parlementaire fédérale est chargée de recueillir l'avis des Canadiens et de présenter un rapport à la fin de février 1992.

27 septembre. **États-Unis.** D'importantes réductions dans l'armement nucléaire américain (notamment l'élimination des armes à courte portée basées sur terre et sur mer) sont annoncées par G. Bush.

15 octobre. **États-Unis.** Confirmation par le Sénat de la nomination à la Cour suprême du juge noir conservateur Clarence Thomas, malgré les accusations de harcèlement de l'une de ses anciennes collaboratrices. Les audiences spéciales relatives à cette affaire ont fait l'objet d'une très large couverture médiatique et provoqué un vaste débat national sur le harcèlement sexuel.

7 novembre. **États-Unis.** Le célèbre basketteur « Magic » Johnson déclare à la presse qu'il est séropositif. Il annonce son intention de se consacrer à la campagne contre le sida.

Décembre. **Mexique.** Modification du système de l'*ejido* (art. 27 de la Constitution sur la possession communautaire des terres agricoles cultivables). Les parcelles peuvent désormais être vendues ou louées ; des sociétés nationales ou étrangères peuvent investir dans le secteur.

2-4 décembre. **États-Unis-Liban.** Les trois derniers otages américains, dont le journaliste Terry Anderson, détenu depuis presque sept ans, sont libérés par leurs ravisseurs chiites pro-iraniens grâce à la médiation de l'ONU.

20 décembre. **États-Unis.** La Banque de réserve fédérale réduit son taux d'escompte de 4,5 à 3,5 %. Cette baisse spectaculaire, la sixième en un an, est à nouveau destinée à accélérer la reprise de l'activité économique, qui demeure beaucoup plus modeste que prévu.

28 janvier. **États-Unis**. Dans son discours sur l'état de l'Union, le président Bush propose des réductions d'impôts et des mesures pour stimuler les investissements. Le déficit budgétaire pour 1992 est chiffré à 399 milliards de dollars, un record.

1er février. **États-Unis-Russie**. Boris Eltsine effectue son premier voyage aux États-Unis en tant que président de la Fédération de Russie.

18 février. **États-Unis**. Les premières « primaires » de la campagne présidentielle ont lieu dans le New Hampshire. Chez les républicains, G. Bush l'emporte par seulement 53 % des suffrages contre 37 % pour l'ultra-conservateur Patrick Buchanan. Chez les démocrates, Paul Tsongas l'emporte avec 33 % des voix, devançant ainsi le favori des sondages, Bill Clinton.

25 février. **Canada**. Dans son premier budget, le ministre des Finances, Don Mazankowski, reconnaît la timidité de la reprise économique. Il parie sur une véritable relance dans les mois à venir, et compte sur la décélération des dépenses fédérales pour réduire le déficit (31,4 milliards de dollars canadiens en 1991-1992).

26-27 février. **États-Unis-Amérique latine**. Le deuxième sommet antidrogue interaméricain se tient au Texas en présence de George Bush.

1er mars. **Canada**. La commission (fédérale) Beaudoin-Dobbie publie ses recommandations sur la réforme constitutionnelle. Bien que mal accueilli par le Québec, l'Alberta et le Manitoba, ce rapport servira de base aux négociations entre le gouvernement fédéral, les provinces et les autochtones. Le Québec ne participera pas officiellement à ces négociations multilatérales.

10 mars. **États-Unis**. « Super mardi » électoral : des primaires et des *caucus* se déroulent dans onze États du Sud. George Bush l'emporte avec un peu moins de 70 % des voix, et il est assuré de l'investiture républicaine. Chez les démocrates,

Bill Clinton l'emporte facilement sur Paul Tsongas, qui se retirera de la course le 19 mars.

26 avril. **Mexique**. Quatre jours après la série d'explosions qui a fait officiellement 190 morts et 1 500 blessés à Guadalaraja, la justice mexicaine met en cause quatre employés de PEMEX, la société nationale des pétroles.

29 avril. **États-Unis**. L'acquittement de quatre policiers blancs de Los Angeles ayant « passé à tabac » un citoyen noir, Rodney King, provoque les émeutes les plus meurtrières de l'histoire américaine d'après guerre : près de 50 morts, plus de 2 300 blessés, plus de 3 000 magasins ou entrepôts détruits à Los Angeles. Le couvre-feu est instauré pendant quatre jours. La police fédérale (FBI) étudiera le dossier des policiers acquittés.

7 mai. **Québec**. L'ancien ministre et stratège constitutionnel du gouvernement du Parti québécois, Claude Morin, admet avoir eu des contacts rémunérés avec la Gendarmerie royale canadienne (la police fédérale) entre 1975 et 1977. Il croyait pouvoir en obtenir des informations utiles pour la cause souverainiste. L'« affaire Morin » consterne l'opinion publique et les milieux souverainistes.

15 mai. **Canada**. Le projet de loi relatif aux référendums sur la Constitution est déposé au Parlement d'Ottawa. Il permet au gouvernement canadien de tenir un référendum national sur un projet de nouvelle Constitution.

16 mai. **États-Unis**. Un sondage *Time-CNN* accorde pour la première fois la première place à l'éventuel candidat indépendant Ross Perot dans les intentions de vote à l'élection présidentielle de novembre. R. Perot annoncera son retrait de candidature en juillet 1992.

25 mai. **Mexique**. Le président Salinas révise à la baisse (de 4 % à 3 %) les prévisions de croissance de l'économie mexicaine pour 1992.

30 mai. **Canada**. Les négociations constitutionnelles multilatérales, qui devaient se terminer le 31 mai, sont prolongées de dix jours. L'impasse persiste, notamment sur la réforme du Sénat et le droit de veto du Québec.

Georges Mathews

Amérique du Nord

	INDICATEUR	UNITÉ	CANADA	ÉTATS-UNIS	MEXIQUE
	Capitale		Ottawa	Washington	Mexico
	Superficie	km²	9 976 139	9 363 123	1 967 183
	Développement humain (IDH) ᵃ		0,982	0,976	0,804
DÉMOGRAPHIE	Population (*)	million	26,40	252,69	87,80
	Densité	hab./km²	2,6	27,0	44,7
	Croissance annuelle ᶜ	%	0,8	0,7	2,0
	Indice de fécondité (ISF) ᶜ		1,7	1,9	3,1
	Mortalité infantile ᶜ	‰	7	8	36
	Espérance de vie ᶜ	année	77	76	70
	Population urbaine ᵃ	%	77	75	73
CULTURE	Scolarisation 2ᵉ degré	%	105 ᵇᵉ	98 ⁱʲ	53 ᵃᵉ
	Scolarisation 3ᵉ degré	%	65,6 ᵇ	63,1 ᵈ	14,6 ᵇ
	Téléviseurs ᵇ	‰ hab.	626	814	127
	Livres publiés	titre	19 063 ᶠ	85 126 ᶠ	3 490 ᵇ
	Nombre de médecins	‰ hab.	2,2 ᵍ	2,3 ᵍ	1,63 ᵈ
ARMÉE	Armée de terre	millier d'h.	35,8	731,7	130
	Marine	millier d'h.	17,4	780,5	37
	Aviation	millier d'h.	23	517,4	8
ÉCONOMIE	PIB	milliard $	588,5	5 674	260,5
	Croissance annuelle 1980-90	%	3,3	3,2	1,1
	1991	%	1,5	− 0,7	3,6
	Par habitant	$	22 293	22 544	2 970
	Taux d'inflation	%	3,8	3,1	18,8
	Taux de chômage ʰ	%	10,3	7,0	··
	Dépenses de l'État Éducation ᶜ	% PIB	7,0 ᵇ	6,8 ᵈ	3,8 ᵇ
	Défense	% PIB	1,9	4,8	0,3 ᵃ
	Recherche et dévelop.	% PIB	1,4	2,8	0,2 ᵇ
	Production d'énergie ᵃ	million TEC	369,5	2 055,7	250,9
	Consom. d'énergie ᵃ	million TEC	287,1	2 504,7	146,5
COMMERCE	Importations	milliard $	124,7	488,1	40,7
	Exportations	milliard $	133,5	421,9	27,2
	Principaux fournis.	%	E-U 63,7	CEE 17,7	E-U 70,8 ᵃ
		%	Jap 7,6	Asie 43,1	CEE 12,6 ᵃ
		%	CEE 10,9	Jap 18,8	Jap 5,1 ᵃ
	Principaux clients	%	E-U 75,4	CEE 24,5	E-U 73,1 ᵃ
		%	Jap 4,9	AL 15,0	CEE 10,2 ᵃ
		%	CEE 8,1	Asie 31,0	PVD 7,6 ᵃ

Chiffres 1991, sauf notes : a. 1990; b. 1989; c. 1990-95; d. 1987; e. 12-17 ans; f. 1980; g. 1988; h. En fin d'année; i. 1986; j. 14-17 ans.

(*) Dernier recensement utilisable : Canada, 1986; États-Unis, 1990: Mexique, 1990.

■ Amérique centrale et du Sud

Cette région est structurée par la succession de volcans qui relient les deux Amériques, et par l'immense chaîne andine qui longe le Pacifique et s'arque vers l'Atlantique en ses deux extrêmes nord et sud. Comme en Afrique, les États qui la composent sont pour l'essentiel issus d'une colonisation européenne (1530-1820 environ) qui a, de plus, imposé langues et religion, donnant une impression bien souvent illusoire d'unicité à un ensemble constitué d'entités de taille, population, richesse, culture très diverses.

L'Amérique centrale, terre d'élection des régimes militaires, fut sinistrée par les conflits nicaraguayen et salvadorien dans la décennie quatre-vingt. Traditionnelle « arrière-cour » des États-Unis, elle est formée de petits États dont les populations découvrent depuis peu qu'elles aussi ont le droit de vivre en démocratie et peut-être en paix. Leur côte orientale est baignée par la mer des Caraïbes, cette « Méditerranée des Amériques » d'importance stratégique et commerciale vitale pour les États-Unis. A côté d'une myriade de micro-États, quelques grandes îles ont conservé la langue et parfois le rattachement juridique à l'ancien colonisateur européen (Royaume-Uni, France, Pays-Bas). Cuba, qui en 1959 avait tenté de se doter d'un régime indépendant avant de tomber dans le giron de l'URSS, est entrée dans une logique schizophrénique : être le dernier pays à demeurer communiste. Fidel Castro, le leader cubain, est resté un mythe en Amérique latine. Il l'est chaque jour moins dans son pays et le régime ne lui survivra pas.

L'Amérique du Sud est pleine de contrastes. Le Brésil est le pays des « plus » : le plus riche, le plus endetté, le plus peuplé, le plus étendu (près de la moitié de la superficie du sous-continent)... La colonisation portugaise n'a laissé qu'un État là où la colonisation espagnole en a laissé neuf. Le « Cône sud » (Uruguay, Paraguay, Argentine, Chili), culturellement très européen, aux richesses naturelles importantes, se distingue des pays du Pacte andin (Bolivie, Colombie, Équateur, Pérou, Vénézuela), plus pauvres et à forte proportion de populations indiennes ou métisses. Tout ce vaste ensemble connaît aujourd'hui des mutations profondes.

L'embellie économique

Si la religion demeure partout majoritairement catholique, il lui faut désormais compter avec la percée spectaculaire des Églises et sectes protestantes. Les Blancs, qui continuent à former l'essentiel des classes dirigeantes, y compris dans les sociétés les plus métissées, ont presque partout dû mettre en œuvre des programmes reconnaissant la spécificité culturelle indienne (Amérique centrale et andine) ou noire (côte caraïbe, Brésil). L'année 1992, avec la célébration du cinq-centième anniversaire de la découverte du continent, a d'ailleurs donné lieu dans de nombreux pays à d'importantes manifestations indiennes dénonçant le génocide ou l'acculturation de la colonisation.

Dictatures, coups d'État militaires, guérillas, sur fond d'affrontement Est-Ouest, avaient pendant longtemps été la norme de la région. Hormis Haïti, dont le président a été renversé en 1991, tous les pays disposaient en 1992 de gouvernements élus, et les groupes armés, à l'exception notable du Pérou, avaient déposé les armes ou en négociaient le dépôt (Colombie). Mais partout était perceptible un certain désenchantement des populations, favorable au retour de tentations autoritaires [voir article dans la section « Tendances »].

Après dix années de régression continue, l'année 1991 a été celle d'un début d'embellie que le premier semestre 1992 est venu confirmer. La croissance a repris (de l'ordre de 2,5 % malgré les mauvais chiffres du Pérou et du Brésil), l'inflation a presque partout été maîtrisée, le poids de la dette a été réduit grâce à la généralisation des renégociations dans le cadre du « plan Brady » (à partir de 1989), les investissements ont repris, plus de 400 milliards de dollars « latino-américains » expatriés sont revenus.

Force est de constater les résultats macroéconomiques positifs des politiques d'« ajustement structurel », que tous les gouvernements de la région ont été contraints d'adopter sous l'impulsion du FMI : privatisations massives, réduction des déficits budgétaires, ouverture des économies vers les échanges extérieurs. Mais l'abandon du modèle ancien s'est opéré au prix d'énormes coûts sociaux, en partie amortis grâce à la généralisation de l'économie informelle. Celle-ci s'accompagne d'ailleurs souvent de phénomènes associatifs très actifs qui témoignent plutôt du dynamisme de ces sociétés. L'accélération des processus de regroupement régionaux en est aussi un signe.

De nouvelles entités régionales

Les années quatre-vingt avaient vu surgir des regroupements régionaux centrés sur la résolution de problèmes politiques (la paix en Amérique centrale) : « groupe Contadora » (Mexique, Colombie, Vénézuela, Panama), « groupe des huit » (les mêmes plus l'Argentine, le Brésil, le Pérou, l'Uruguay), plan Esquipulas. Ces instances de concertation hors des structures traditionnelles se sont pérennisées avec le « groupe de Rio », qui regroupait treize pays en 1992. L'« Initiative pour les Améri-

ques » (créer un « marché commun de l'Alaska à la Terre de Feu »), lancée en 1989 par George Bush pour concurrencer l'Europe et l'Asie, et surtout la perspective de la constitution, décidée le 12 août 1992, d'une zone de libre-échange Canada-États-Unis-Mexique — NAFTA — ont stimulé les regroupements subrégionaux. L'année 1991 avait été celle de la multiplication des accords de libre-échange : Mexique-Amérique centrale, Mexique-Chili, « Mercosur » (Argentine, Brésil, Paraguay, Uruguay), revitalisation du Pacte andin. Un an plus tard, trois accords semblaient partis sur des bases solides : Mercosur, Mexique-Chili et Marché commun centraméricain. D'une manière générale, la volonté de dialogue régional est demeurée plus vivace que jamais. En juillet 1991 s'est ainsi tenu au Mexique le premier sommet des chefs d'État ibéro-américains : tous y étaient présents, du roi Juan Carlos à Fidel Castro. Il y fut décidé de le réitérer chaque année, celui de 1992 se tenant bien sûr à Séville.

L'urgence des réformes sociales

Tout cela suffira-t-il à résoudre les problèmes dont souffre le sous-continent ? Comment venir à bout de ce mal qui ronge la plupart des pays andins mais assure des moyens de subsistance à des millions d'Indiens miséreux : la culture de la coca ? Aucun pays n'est aujourd'hui épargné : l'argent de la drogue est recyclé partout, et des scandales éclatent périodiquement, impliquant hommes politiques ou militaires. La culture s'étend et se diversifie, le pavot (pour produire l'héroïne) étant apparu en Colombie en 1991. L'aide des États-Unis pour éradiquer les cultures est, de plus, apparue très ambiguë lors du second « sommet antidrogue », début 1992, au Texas : Washington a refusé d'augmenter son aide au développement de cultures de substitution. Les participants ont hésité à ne renforcer que les seuls moyens de répression...

Misère et injustice sociale avaient hier été le terreau sur lequel s'étaient développés les populismes et les guérillas ; c'est aujourd'hui celui sur lequel prospèrent les trafiquants en tout genre, ceux de la drogue comme ceux faisant du commerce d'enfants. La reprise de la croissance économique permettra-t-elle de venir rapidement à bout de ces maux ? Il faudrait pour cela que de vastes réformes sociales soient opérées : aucun État n'en a pris le chemin. Tocqueville avait montré que l'égalité allait de pair avec la démocratie. Il observait à l'époque une jeune démocratie, l'Amérique anglo-saxonne. Son théorème se vérifiera-t-il dans les finalement très jeunes démocraties d'Amérique latine ?

Georges Couffignal

Amérique centrale et du Sud / Journal de l'année

— 1991 —

19 juin. **Colombie.** Reddition de Pablo Escobar et de plusieurs autres trafiquants de drogue membres du cartel de Medellin.

15 juillet. **El Salvador.** Les pays d'Amérique centrale décident d'entamer des négociations en vue du rétablissement du marché commun régional et de la création d'une zone de libre-échange avec le Mexique et le Vénézuela.

18-19 juillet. **Mexique.** Le premier sommet ibéro-américain, à Guadalajara, confirme l'isolement de Fidel Castro.

19-21 juillet. **Nicaragua.** Congrès du FSLN (Front sandiniste de libération nationale) qui reste un parti «révolutionnaire, démocratique et anti-impérialiste».

30 juillet. **Haïti.** Roger Lafontant, ancien chef des «tontons macoutes», milice formée sous la dictature des Duvalier, au pouvoir jusqu'en 1986, est condamné à la prison à perpétuité pour son coup d'État manqué de janvier 1991. Il sera assassiné dans sa prison.

2 août. **Chili-Argentine.** Signature d'accords mettant fin à un contentieux frontalier vieux de plus d'un siècle.

31 août. **Brésil.** Le président Fernando Collor engage un processus de réforme de la Constitution pour mettre en œuvre sa politique économique.

8 septembre. **Argentine.** Après sa victoire aux élections législatives, le président Carlos Menem tente de rassembler le peuple derrière lui.

7 septembre. **Surinam.** Après les élections législatives du 25 mai, Ronald Venetian est nommé président du pays. Il prendra ses fonctions le 16 septembre.

19 septembre. **Argentine.** L'Argentine quitte le Mouvement des non-alignés qui, selon ses autorités, «n'a plus de raison d'être depuis la fin de la guerre froide».

20 septembre. **Pérou.** Devant une police impuissante, le Sentier lumineux tente d'investir les quartiers populaires de Lima. Au cours de l'année, il y renforcera son implantation.

30 septembre. **Haïti.** Un coup d'État militaire dirigé par le général Raoul Cedras oblige le président Jean-Bertrand Aristide à s'exiler. L'OEA (Organisation des États américains) décrète un embargo commercial.

6 octobre. **Colombie.** Sous la pression de la majorité des membres de l'Assemblée constituante, le président Cesar Gaviria décide des élections législatives anticipées. Le 4 juillet, une nouvelle Constitution avait été adoptée.

24 décembre. **Brésil.** Un décret-loi crée vingt-deux nouvelles réserves indiennes sur 22 millions d'hectares et concernant une population d'une dizaine de milliers d'individus.

27 décembre. **Pérou.** La Cour de cassation confirme le non-lieu bénéficiant à l'ancien président Alan García, accusé d'«enrichissement illicite».

31 décembre. **El Salvador.** Signature d'un accord de cessez-le-feu qui doit entrer en vigueur le 1er février 1992, conformément au plan de paix arrêté aux Nations unies. L'accord de Chapultepec (Mexique), signé le 16 janvier 1992 entre le gouvernement et le FMLN (Front Farabundo Marti de libération nationale), met un point final à la guerre et fixe un échéancier de retour à la paix.

— 1992 —

9 janvier. **Équateur-Pérou.** Première visite d'un président péruvien en Équateur depuis 1941 et les affrontements armés en Amazonie relatifs à la souveraineté sur la province de l'Oriente.

Janvier. **Haïti.** Poursuite de la répression et des exécutions sommaires à Port-au-Prince, et maintien des sanctions internationales contre le régime militaire.

24 janvier. **El Salvador.** Vote de la loi d'amnistie par le Parlement. Condamnation de deux officiers à trente ans de prison pour l'assassinat de six jésuites en novembre 1989.

24 janvier. **Bolivie.** Le Pérou accorde à la Bolivie l'administration d'une zone franche débouchant sur le port d'Ilho et sur un accès à la mer qu'elle avait perdu lors de la «guerre du Pacifique» contre le Chili (1879-1893) et du traité signé en 1904.

3-4 février. **Vénézuela.** Tentative de putsch et affrontement des rebelles avec les militaires loyalistes. Plus de 100 morts.

20 février. **El Salvador.** Décès du major Roberto d'Aubuisson, fondateur du parti d'extrême droite au pouvoir, l'ARENA (Alliance républicaine nationaliste).

26-27 février. **Drogue.** Deuxième «sommet antidrogue» à San Antonio (Texas) entre les États-Unis, le Mexique, la Bolivie, la Colombie, l'Équateur, le Pérou et le Vénézuela. Washington n'accroîtra pas son aide.

3 mars. **Nicaragua.** La présidente Violeta Chamorro lance un programme de restructuration économique.

5 avril. **Pérou.** Coup d'État du président Alberto Fujimori qui, avec l'appui de l'armée, dissout le Parlement et suspend les garanties constitutionnelles.

9 avril. **États-Unis-Panama.** L'ex-général et ancien dictateur Manuel Noriega est convaincu de trafic de drogue par le tribunal de Miami.

17 mars. **Argentine.** Un attentat à la bombe contre l'ambassade d'Israël à Buenos Aires fait 28 morts et 235 blessés.

13-16 avril. **Pérou.** L'Organisation des États américains (OEA) appelle le président Alberto Fujimori à rétablir d'urgence l'ordre constitutionnel tandis que celui-ci promet élections et référendum en 1993 ; le Sentier lumineux multiplie les attentats dans le pays ; la Banque interaméricaine de développement (BID) gèle ses prêts ; le général San Roman est élu clandestinement président par l'Assemblée dissoute. Le 15 juin, le Pérou opposera son veto aux accords souscrits par ses partenaires

du Pacte andin (Bolivie, Colombie, Équateur, Vénézuela).

23 avril. **Vénézuela.** Violents affrontements à Merida entre policiers en grève et militaires de la garde nationale venus les déloger.

30 avril. **Cuba.** Modifications constitutionnelles prévoyant le suffrage universel au scrutin direct et secret pour l'élection des députés (mais sans établissement du multipartisme), la garantie des investissements étrangers et la suppression de la référence à l'athéisme.

6 mai. **Brésil.** La foule pille une douzaine de supermarchés dans les quartiers pauvres de Rio pour protester contre le scandale financier qui affecte le président Fernando Collor de Mello et son entourage. Une commission parlementaire d'enquête multipartite sera créée en juin.

5 mai. **Colombie.** Suspension, pour six mois, des négociations entre le gouvernement et les représentants de la Coordination nationale de la guérilla Simon Bolivar (CNGSB) à Tlaxcala (Mexique).

6 mai. **Pérou.** Dans une prison de Lima, mutinerie de détenus appartenant au Sentier lumineux. La répression fait une dizaine de morts.

4 mai. **El Salvador.** Invoquant la menace que le gouvernement fait peser sur le processus de paix, la guérilla du Front Farabundo Marti (FMLN) affirme qu'elle ne démobilisera pas ses effectifs dans l'immédiat.

9 mai. **Haïti.** Signature d'un accord tripartite prévoyant la formation d'un gouvernement de consensus, la fin de l'isolement diplomatique et la levée de l'embargo ; mais pas le retour du président J.-B. Aristide.

17 mai. **Équateur.** Premier tour de l'élection présidentielle. Les candidats conservateurs devancent largement celui de la gauche démocratique.

24 mai. **États-Unis-Haïti.** Le président George Bush ordonne à la garde côtière de refouler les *boat-people* haïtiens qui se dirigent vers la Floride.

Alain Gandolfi

AMÉRIQUE CENTRALE ET DU SUD
BIBLIOGRAPHIE SÉLECTIVE

BANQUE INTERAMÉRICAINE DE DÉVELOPPEMENT, *Rapport annuel*, Washington/Paris (édit. en français).

C. BATAILLON, J. GILARD (sous la dir. de), *La Grande Ville en Amérique latine*, Presses du CNRS, Paris, 1988.

Cahiers des Amériques latines (semestriel), CNRS-IHEAL, Paris.

Caravelle (semestriel), IPEALT, Université Toulouse - Le Mirail.

CEPAL (Commission économique des Nations unies pour l'Amérique latine), *Rapport annuel*, Santiago du Chili.

G. COUFFIGNAL (sous la dir. de), *Réinventer la démocratie : le défi latino-américain*, Presses de la FNSP, Paris, 1992.

DIAL (Diffusion de l'information sur l'Amérique latine), hebdomadaire, Paris.

A. GANDOLFI, J. LAMBERT, *Le Système politique de l'Amérique latine*, PUF, Paris, 1987.

M. LEMOINE (sous la dir. de), *Les 100 portes de l'Amérique latine*, Autrement, Paris, 1989.

Problèmes de l'Amérique latine (trimestriel), La Documentation française, Paris.

A. REMICHE-MARTINOW, G. SCHNEIER-MADANES (sous la dir. de), *Notre Amérique métisse. Cinq cents ans après, les Latino-Américains parlent aux Européens*, La Découverte, Paris, 1992.

A. ROUQUIÉ, *Amérique latine. Introduction à l'Extrême-Occident*, Seuil, Paris, 1987.

A. TOURAINE, *La Parole et le Sang : politique et sociétés en Amérique latine*, Odile Jacob, Paris, 1988.

P. VAISSIÈRE, *Les Révolutions d'Amérique latine*, Seuil, Paris, 1991.

Amérique centrale

Bélize, Costa Rica, Guatémala, Honduras, Nicaragua, Panama, El Salvador

Bélize

Sans abandonner ses attaches avec la Communauté des Caraïbes, le Bélize a poursuivi en 1991 son rapprochement avec l'Amérique centrale. De ce point de vue, une étape historique a été franchie lorsque le gouvernement du Guatémala a reconnu le droit à l'autodétermination (14 août), puis l'indépendance du pays (5 septembre), acquise le 21 septembre 1981. Conséquence de ce déblocage, le Bélize a participé en qualité d'observateur au onzième sommet des présidents centraméricains (12-13 décembre 1991) qui a relancé l'intégration régionale.

▼

Bélize

Nature du régime : démocratie parlementaire.
Chef de l'État : reine Elizabeth II, représentée par un gouverneur, dame Minita Gordon.
Premier ministre : George Price (depuis le 4.9.89).
Monnaie : dollar bélizéen (1 dollar = 2,78 FF au 30.3.92).
Langues : anglais (off.), espagnol, langues indiennes (ketchi, mayamopan), garifuna.

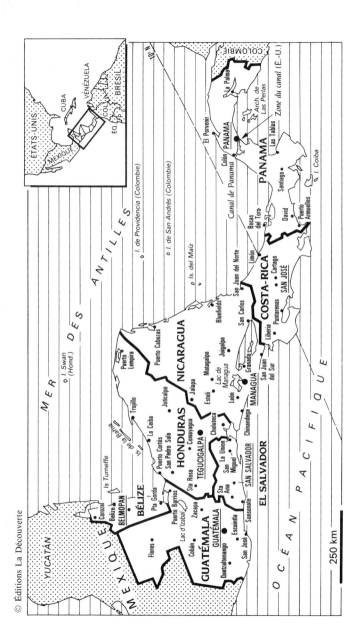

© Éditions La Découverte

ÉTATS-UNIS
MEXIQUE
CUBA
VÉNÉZUELA
COLOMBIE
BRÉSIL
ÉQ.

YUCATÁN

MER DES ANTILLES

MEXIQUE

I. Swan (Hond.)

I. de Providencia (Colombie)

o I. de San Andrés (Colombie)

o Is. del Maíz

BÉLIZE
Is Turneffe
Corozal
Belize
BELMOPAN
Pta Gorda
Puerto Barrios
Lac d'Izabal
Zacapa

GUATÉMALA
Flores
Cobán
Quetzaltenango
GUATEMALA
Escuintla
San José
Sta Rosa

HONDURAS
Trujillo
La Ceiba
Is de la Bahia
Puerto Cortés
San Pedro Sula
Comayagua
TEGUCIGALPA
Choluteca

EL SALVADOR
Sta Ana
SAN SALVADOR
San Miguel
La Unión
Sonsonate

NICARAGUA
Puerto Lempira
Puerto Cabezas
Juticalpa
Jalapa
Esteli
Matagalpa
León
Chinandega
Lac de Managua
MANAGUA
Granada
Juigalpa
San Juan del Sur
San Carlos
Bluefields
San Juan del Norte

COSTA-RICA
Liberia
Puntarenas
SAN JOSÉ
Cartago
Limón

PANAMA
Bocas del Toro
David
Puerto Armuelles
Santiago
I. Coiba
Las Tablas
PANAMA
Colón
El Porvenir
La Palma
Arch. de Las Perlas
Canal de Panama
Zone du canal (E.-U.)
COLOMBIE

OCÉAN PACIFIQUE

250 km

Amérique centrale

	INDICATEUR	UNITÉ	BÉLIZE	COSTA RICA	EL SALVADOR
	Capitale		Belmopan	San José	San Salvador
	Superficie	km²	22 960	50 700	21 040
	Développement humain (IDH) [a]		0,665	0,842	0,498
DÉMOGRAPHIE	Population (*)	million	0,19	3,06	5,38
	Densité	hab./km²	8,5	60,3	255,8
	Croissance annuelle [c]	%	2,2	2,3	2,5
	Indice de fécondité (ISF) [c]		..	3,0	4,5
	Mortalité infantile [c]	‰	21 [i]	17	53
	Espérance de vie [c]	année	67 [i]	75	67
	Population urbaine [a]	%	52	47	44
CULTURE	Analphabétisme [a]	%	5,0	7,2	27,0
	Scolarisation 12-17 ans [a]	%	..	47,7	53,8
	Scolarisation 3e degré	%	..	26,5 [b]	17,1 [b]
	Téléviseurs [b]	‰ hab.	164,8	136,1	87,1
	Livres publiés	titre	12 [k]	198 [b]	15 [h]
	Nombre de médecins	‰ hab.	0,49 [b]	0,83 [a]	0,38 [h]
ARMÉE	Armée de terre	millier d'h.	0,6	} 7,5 [d]	40
	Marine	millier d'h.	—		1,2
	Aviation	millier d'h.	—		2,4
ÉCONOMIE	PIB	million $	404,9	5 813	5 767 [a]
	Croissance annuelle 1980-90	%	5,3	3,0	0,8
	1991	%	6,0	1,2	3,0
	Par habitant	$	2 131	1 900	1 100 [a]
	Dette extérieure totale	million $	150	3 850	2 165
	Service de la dette/Export.	%	7,7 [b]	21,5	23,7 [a]
	Taux d'inflation	%	4,5	25,3	14,5
	Dépenses de l'État Éducation	% PIB	..	4,4 [b]	2,0 [b]
	Défense	% PIB	3,0 [b]	1,1 [a]	2,8 [a]
	Production d'énergie [b]	millier TEC	..	409	233
	Consom. d'énergie [b]	millier TEC	85	1 460	1 155
COMMERCE	Importations	million $	215	2 002	1 406
	Exportations	million $	125	1 580	588
	Principaux fournis. [a]	%	E-U 54,6	E-U 40,6	E-U 43,6
		%	CEE 18,9	CEE 12,4	CEE 10,4
		%	AL 14,9	AL 28,1	AL 32,3
	Principaux clients [a]	%	E-U 42,6	E-U 45,7	E-U 39,0
		%	R-U 34,4	CEE 27,7	RFA 16,8
		%	AL 16,9	AL 16,5	AL 32,7

	GUATÉ-MALA	HONDU-RAS	NICA-RAGUA	PANAMA
	Guatémala	Tegucigalpa	Managua	Panama
	108 890	112 090	130 000	77 080
	0,485	0,473	0,496	0,731
	9,47	5,26	4,00	2,47
	86,9	47,0	30,8	32,0
	2,9	3,0	3,2	1,9
	5,4	4,9	5,0	2,9
	48	57	50	21
	65	66	66	73
	39	44	60	53
	44,9	26,9	19,0	11,9
	43,4	55,2	51,8	66,3
	8,6 f	9,7 b	8,4 g	21,9 h
	44,7	70,3	61,4	164,6
	574 l	..	41 g	22 m
	0,25 h	0,55 h	0,56 h	1,14 a
	37	14,4	27	
	1,2	1	1,5	11,6 d
	1,4	2,1	2	
	9 016	3 023 a	897 b	5 062
	0,7	2,2	− 0,8 e	0,1
	3,0	1,4	− 0,5	6,2
	952	590 a	240 b	2 049
	2 700	3 150	8 570	5 850
	15,5	31,3	4,1 a	9,3
	36,9	24,6	13 630	1,1
	1,8 j	4,9 g	3,9 h	6,2 b
	1,0 a	2,0 a	8,8	1,5
	514	108	70	268
	1 761	891	1 049	1 400
	1 626	1 095	715	1 695
	1 210	925	300	340 a
	E-U 40,9	E-U 52,5	CEE 17,3	E-U 34,4
	CEE 13,7	CEE 8,3	CAEM 31,0	Jap 4,9
	AL 29,6	AL 22,6	E-U 14,4	AL 35,7
	E-U 38,3	E-U 53,5	CEE 31,9	E-U 45,2
	CEE 15,3	CEE 19,0	CAEM 7,2	CEE 29,2
	AL 28,6	Jap 8,2	E-U 5,2	AL 20,1

Costa Rica

L'année 1991 aura été marquée par des catastrophes naturelles et par une agitation sociale croissante. Le 22 avril, un violent tremblement de terre dévastait la côte caraïbe et causait pour 600 millions de dollars de dégâts. Quatre mois plus tard, des pluies torrentielles aggravaient encore la situation de cette partie du pays traditionnellement oubliée de la capitale. Mais ce sont les mouvements sociaux qui ont le plus affecté le climat politique du pays, entraînant la démission de quatre ministres. Le « plan contre la pauvreté », lancé par

▼

République du Costa Rica

Nature du régime : présidentiel.
Chef de l'État et du gouvernement : Rafael Angel Calderón Fournier (depuis le 4.2.90).
Monnaie : colón (1 colón = 0,042 FF au 30.3.92).
Langues : espagnol, anglais, créole.

le président Rafael Angel Calderón Fournier en février 1991, s'est révélé insuffisant pour compenser le coût social des mesures imposées par le FMI (limogeage de 9 000 fonctionnaires, réduction du déficit fiscal de 7 % à 1,5 % du PIB). En désaccord avec ces mesures, le ministre des Réformes de l'État quittait le gouvernement le 7 mars. Il était suivi en août par son collègue détenant le portefeuille de la Planification. En juin, le Conseil permanent des travailleurs (CPT) décrétait une grève de 48 heures pour protester contre l'augmentation du coût de la vie. En juillet, de violents affrontements avaient lieu dans la capitale alors que

Chiffres 1991, sauf notes : a. 1990; b. 1989; c. 1990-95; d. Forces de sécurité; e. 1980-89; f. 1986; g. 1987; h. 1988; i. 1985-90; j. 1984; k. 1985; l. 1981; m. 1980.
(*) Dernier recensement utilisable : Bélize, 1980; Costa Rica, 1988; El Salvador, 1971; Guatémala, 1981; Honduras, 1988; Nicaragua, 1971; Panama, 1980.

la police tentait de déloger des vendeurs ambulants. Critiqué, le ministre de la Sécurité publique démissionnait à son tour. Devant la montée des mécontentements, le président Calderón décidait en octobre de ralentir les réformes. Son principal artisan, le ministre des Finances, se sentait désavoué et démissionnait lui aussi.

Guatémala

551 exécutions extra-judiciaires, 205 meurtres, 231 disparitions forcées, 123 cas de tortures. Les chiffres publiés par l'Église catholique guatémaltèque ont confirmé l'acuité de la question des droits de l'homme en 1991. Celle-ci fut un des obstacles majeurs à l'avènement de la paix dans ce pays d'Amérique centrale qui

---

▼

République du Guatémala

Nature du régime : présidentiel.
Chef de l'État et du gouvernement : Vinicio Cerezo Arevalo, remplacé par Jorge Serrano Elias le 6.1.91.
Monnaie : quetzal (1 quetzal = 1,10 FF au 30.3.92).
Langues : espagnol, 23 langues indiennes (quiché, cakchiquel, mam,...), garifuna.

---

connaît la plus ancienne guérilla. Le « plan de paix totale », lancé par le président Jorge Serrano en avril 1991, fut plutôt bien accueilli par la guérilla. Le 24 avril, un dialogue s'engageait au Mexique entre le gouvernement, la Commission nationale de réconciliation (CNR) et l'Union révolutionnaire nationale guatémaltèque (URNG), autour des problèmes de la démocratisation et des droits de l'homme, du renforcement du pouvoir civil et de la définition du rôle de l'armée en démocratie, des droits des Indiens, de la situation du monde agraire, de l'incorporation de l'URNG à la vie politique, d'un cessez-le-feu définitif et d'un accord de paix et de démobilisation. Les

deuxième (juin), troisième (juillet), quatrième (septembre) et cinquième (octobre) séries de négociations butaient toutes sur les premiers points, respect des droits de l'homme et démilitarisation, et aucun progrès tangible n'était enregistré.

Les droits de l'homme ont contrarié aussi les relations extérieures du pays. En mai 1991, la Chambre des représentants des États-Unis suspendait l'aide militaire pour 1992 et 1993 dans l'attente d'une amélioration sur ce plan. Mais dans le même temps Washington soulignait à quel point le Guatémala s'était montré « performant » dans la lutte contre le narcotrafic, et il ne s'opposait pas à l'attribution, de la part de la Banque interaméricaine de développement (BID), d'un prêt de 32,8 millions de dollars qui contribuait à l'assainissement de l'économie. La période a aussi été marquée par la reconnaissance de la souveraineté du Bélize (5 septembre 1991), mettant fin à un conflit frontalier vieux de 150 ans.

L'année 1992 a débuté sous de meilleurs auspices. La sixième série de négociation avec la guérilla, en février 1992, a laissé entrevoir l'espoir d'un accord sur les droits de l'homme grâce à la médiation de l'ONU. En mars, la Commission des droits de l'homme de l'ONU a certes condamné le Guatémala pour la « persistance de violations graves des droits de l'homme », mais elle a souligné la « volonté politique du gouvernement » de combattre ce fléau.

Honduras

C'est à nouveau l'agitation sociale qui aura marqué l'année 1991 au Honduras. Le gouvernement de Leonardo Callejas a éprouvé les pires difficultés à faire accepter les mesures d'ajustement structurel aux très puissants syndicats, alors que l'armée donnait des preuves de son arrogance. Le 9 avril, la Fédération centrale de syndicats de travailleurs libres du Honduras, qui compte 40 000 affiliés, lançait un mot d'ordre de grève. Le 28, c'était au tour de la Fédération unitaire de travailleurs du Honduras (FUTH) de se joindre au mouvement. En juin, la Plate-forme de lutte du Honduras (PLH) menaçait de déclencher une grève générale. Le président Callejas organisait alors une concertation avec le patronat et les syndicats, aboutissait à une hausse de 28 % du salaire minimum. Mais en octobre, la Fédération des syndicats de travailleurs nationaux du Honduras agitait encore le spectre de la grève générale pour protester contre des licenciements.

République du Honduras

Nature du régime : présidentiel.
Chef de l'État et du gouvernement : Rafael Leonardo Callejas (depuis le 26.11.89).
Monnaie : lempira (1 lempira = 1,03 FF au 30.3.92).
Langues : espagnol (off.), langues indiennes (miskito, sumu, paya, lenca, etc.), garifuna.

La violence politique est allée de pair avec cette ébullition sociale. Les mouvements de guérilla (le Mouvement de libération Cinchonero et le Front patriotique morazaniste), traditionnellement faibles dans ce pays, ont perpétré quelques attentats, alors que le fils de la présidente du Comité des familles de détenus et disparus était assassiné, probablement par des militaires. Amnesty International a dénoncé les tortures et les violations des droits de l'homme dont sont l'objet les paysans et les prisonniers politiques. Le Parlement européen a d'ailleurs demandé que l'aide de la Communauté européenne soit subordonnée au respect des droits de l'homme. Au plan économique, L. Callejas a pu se prévaloir de quelques succès grâce à l'appui des États-Unis. Ainsi, le 26 septembre, Washington a décidé d'éponger une dette hondurienne de 436 millions de dollars, soit 12 % de la dette totale du pays.

L'Agence américaine pour le développement international (AID) a par ailleurs décidé d'accorder 154 millions de dollars d'aide supplémentaire. Dans le même temps, les États-Unis ont exercé des pressions pour que les militaires honduriens acceptent la démilitarisation engagée au plan régional. Mais le 22 octobre, à l'occasion de la « journée » de l'armée, L. Callejas a annoncé que le budget militaire serait intégralement reconduit en 1992. Par ailleurs, les traditionnelles tensions frontalières avec le Salvador sont réapparues au début de l'année 1992.

Nicaragua

Le Nicaragua a continué en 1991 à réorganiser son économie, alors que le rythme de la « désandinisation » du pays faisait toujours l'objet d'un débat et que la violence réapparaissait. Le 3 mars, un an après sa victoire électorale, la présidente Violeta Chamorro lançait un programme de restructuration économique, avec l'appui du Front sandiniste de libération nationale (FSLN, opposition), qui comportait une dévaluation de 400 %, une augmentation des prix

---

République du Nicaragua

Nature du régime : présidentiel.
Chef de l'État et du gouvernement : Violeta Barrios de Chamorro (depuis le 25.2.90).
Monnaie : cordoba (1 million de cordobas = 0,23 FF au 30.4.91).
Langues : espagnol (off.), anglais, créole, langues indiennes (miskito, sumu, rama), garifuna.

---

des céréales et des tarifs publics de 300 % à 400 % et des hausses salariales moyennes de 230 %. Parallèlement, un plan de reconversion en matière d'emploi, financé par l'Agence américaine pour le développement international (AID), devait permettre une réduction des effectifs du secteur public. Alors que l'AID annonçait avoir versé 207 millions de

BIBLIOGRAPHIE

O. DABÈNE, « Amérique centrale : transformer les régimes », *in* G. COUFFIGNAL (sous la dir. de), *Réinventer la démocratie : le défi latino-américain*, Presses de la FNSP, Paris, 1992.

O. DABÈNE, « L'assistance américaine à l'Amérique centrale (1979-1989) », *Problèmes d'Amérique latine*, n° 91, La Documentation française, Paris, 1er trim. 1989.

A. ROUQUIÉ (sous la dir. de), *Les Forces politiques en Amérique centrale*, Karthala, Paris, 1992.

D. VAN EEUWEN, Y. PIZETTY-VAN EEUWEN (sous la dir. de), *Caraïbes-Amérique centrale 1980-1990. Le sang et les urnes*, IEP/Annales CREAC, Aix-en-Provence, 1991.

Voir aussi la bibliographie sélective « Amérique centrale et du Sud », page 000.

dollars pour la période 1990-1991 (sur 541 promis), l'assistance étrangère retrouvait le chemin du Nicaragua. Le 17 mai 1991, le gouvernement obtenait un prêt de 360 millions de dollars lors d'une conférence de pays donateurs à Paris, puis le FMI, pour la première fois depuis 1979, lui octroyait un prêt de 44 millions de dollars. Enfin, les États-Unis décidaient d'annuler une dette de 259 millions de dollars contractée du temps du dictateur Anastasio Somoza (chassé du pouvoir par la révolution sandiniste en 1979).

Cela n'a que partiellement compensé une agitation sociale nourrie par les progrès du chômage. De longues et dures grèves ont eu lieu dans les milieux enseignants, dans les professions de la santé et dans certains secteurs privatisés comme l'industrie sucrière. Cela n'a pas empêché la présidente Chamorro de poursuivre avec prudence le processus de démilitarisation (entre 1990 et 1992 les effectifs de l'armée sont passés de 88 000 à 21 000 hommes) et de « désandinisation ». Mais elle s'est heurtée aux députés de sa majorité désireux d'accélérer les réformes. Le 22 avril 1991, le Parti national conservateur (PNC) a déposé un projet de loi visant à annuler les lois sandinistes sur la propriété de la terre et le logement, alors que le processus de concertation politique et écono-mique, réunissant le gouvernement, les syndicats et le patronat, décidait de préserver ces lois. Le 20 août, les députés votaient la dérogation de ces lois, contraignant la présidente à faire usage de son droit de veto. Mais V. Chamorro devait connaître aussi des difficultés extra-parlementaires. Le 2 mai 1991, des affrontements ont eu lieu entre l'armée et des anciens combattants des forces contre-révolutionnaires — les *recontras* — qui réclamaient des garanties pour leur sécurité personnelle, du travail et des crédits. En août, d'anciens militaires sandinistes démobilisés formaient des groupes de *recompas* pour lutter contre les *recontras*. Le 10 novembre, des extrémistes détruisaient le mausolée de Carlos Fonseca, leader historique du sandinisme, déclenchant de violents combats dans la capitale. Un remaniement ministériel le 9 janvier 1992 ne permettait pas véritablement à la présidente de calmer les esprits, et les combats se poursuivaient dans le nord du pays entre *recontras* et *recompas*.

Panama

Deux ans après l'intervention militaire américaine *Juste cause* de décembre 1989, qui a abouti à la capture de l'ancien homme fort du pays, Manuel Antonio Noriega, le Panama n'avait — c'est un euphémisme —

République du Panama

Nature du régime : présidentiel.
Chef de l'État et du gouvernement :
 Guillermo Endara (depuis
 le 20.12.89).
Monnaie : théoriquement le balboa
 (1 balboa = 5,57 FF au 30.3.92),
 de facto le dollar.
Langues : espagnol (off.), langues
 indiennes (guaymi, kuna, etc.).

---

enregistré aucun retour à la normale. Difficultés économiques et ressentiment croissant à l'égard des États-Unis ont conjugué leurs effets pour affaiblir encore la position du président Guillermo Endara. Certes, des sondages montraient en avril 1991 que 70 % de la population étaient favorables au maintien des troupes américaines, y compris après l'an 2000, alors que les traités signés en 1977 avec Washington prévoient un retrait total des 10 000 soldats américains à cette date. Mais une partie de la classe politique s'est montrée de plus en plus critique vis-à-vis des États-Unis, accusés de se comporter comme des occupants et de ne pas tenir leurs promesses d'aide économique. La présence d'officiers américains dans certains ministères et la signature d'un traité d'assistance mutuelle en matière pénale avec les États-Unis, permettant le viol du secret bancaire pour enquêter sur le blanchiment de l'argent de la drogue, ont donné des arguments à ceux qui déploraient l'absence de souveraineté du pays. Ces concessions n'ont même pas été récompensées puisque, selon le contrôleur général des États-Unis, le trafic de drogue a été multiplié par quatre entre 1989 et 1990. Par ailleurs, l'Agence américaine pour le développement international (AID) a décidé en septembre 1991 de diminuer de 434 millions de dollars son assistance financière, la portant à 27 millions. Une dette colossale, de plus de 9 milliards de dollars, a obligé le gouvernement à annoncer une « stratégie de modernisation de l'économie » (mai 1991). Comme

ailleurs, les mesures prises, notamment le licenciement de 9 000 fonctionnaires, se sont révélées très impopulaires. Des grèves se sont développées dans presque tous les secteurs de l'économie, celui de l'enseignement se montrant particulièrement combatif. Isolé au plan politique depuis sa brouille avec le Parti démocrate-chrétien, accusé de corruption et de népotisme, le président Endara a eu beau agiter le spectre de l'apparition d'une guérilla, le Mouvement du 20 décembre (M 20), rien n'a pu faire remonter sa cote de popularité. Deux événements ont tout de même infléchi positivement le cours de l'histoire panaméenne en 1991-1992. Au plan intérieur, l'Assemblée législative a approuvé le 17 juillet une réforme constitutionnelle supprimant l'armée pour la remplacer par une police et, au plan extérieur, le Panama est devenu un membre à part entière de la Communauté centraméricaine.

El Salvador

Alors que l'année 1991 prenait fin, et avec elle le mandat du secrétaire général de l'ONU, Javier Pérez de Cuellar, un accord était signé *in extremis*, mettant un terme à une guerre civile de douze ans ayant coûté la vie à 80 000 personnes. Le rôle de l'ONU aura été déterminant

---
République du Salvador

Nature du régime : présidentiel.
Chef de l'État et du gouvernement :
 Alfredo Cristiani (depuis
 le 19.3.89).
Monnaie : colón (1 colón = 0,68 FF
 au 30.3.92).
Langues : espagnol (off.),
 nahuatlpipil.

---

pour imposer la paix aux belligérants. Mais il est vrai que tant le gouvernement d'extrême droite d'Alfredo Cristiani que l'armée et la guérilla du Front Farabundo Martí de libération nationale (FMLN) s'accordaient à penser qu'une issue militaire au conflit n'était plus envisageable. Le bon score de la gauche, devenue la troisième force politique du pays lors des élections législatives et municipales de mars 1991, avait conforté le FMLN dans son intention de réintégrer la vie politique. Envisagée dès 1989, la participation de la guérilla aux élections présidentielles fut alors annoncée pour 1994. En avril, la médiation de l'ONU ayant été acceptée par tous, les négociations reprenaient à Mexico, puis se poursuivaient en mai à Caracas, en juin et juillet à Mexico et en septembre à New York. Les divergences portaient sur le rôle futur de l'armée et les conditions dans lesquelles les combattants du FMLN allaient être «démobilisés». En avril, des accords étaient signés portant sur 47 projets de réforme constitutionnelle touchant l'organisation des forces de sécurité et prévoyant la création d'une Commission de la vérité pour enquêter sur les violences commises depuis 1980. En mai, le Conseil de sécurité de l'ONU créait une mission d'observateurs pour le Salvador (ONUSAL), chargée de vérifier le respect des accords. En septembre, l'action de J. Pérez de Cuellar donna une impulsion décisive aux négociations et, alors que le gouvernement présentait des gages de bonne volonté en faisant condamner deux militaires pour le massacre d'universitaires jésuites, perpétré en novembre 1989, le 31 décembre, l'«acte de New York» instaurait un cessez-le-feu définitif. Ce dernier a prévu une épuration et une réduction des forces armées, la création d'une police nationale civile, des transferts de terre aux anciens combattants, et a énuméré des mesures visant à faciliter la participation du FMLN à la vie politique. Ces points ont été repris dans l'accord de Chapultepec, signé le 16 janvier 1992 au Mexique entre le gouvernement et la guérilla, lequel a mis un point final à la guerre et précisé l'échéancier de retour à la paix. De façon symbolique, le 20 janvier disparaissait Roberto d'Aubuisson, fondateur du parti d'extrême droite au pouvoir (ARENA — Alliance républicaine nationaliste) et figure emblématique de l'anticommunisme. De leur côté, deux combattants du FMLN, accusés d'avoir achevé deux militaires américains dont ils venaient d'abattre l'hélicoptère en janvier 1991, se sont rendus à la justice en mars 1992. Décidément, une page semblait avoir été tournée. Mais les premières mesures prévues pour l'accord de Chapultepec (la séparation des combattants) se sont révélées délicates à mettre en œuvre, rendant l'objectif de réconciliation nationale difficile à atteindre dans l'immédiat. Ainsi, la démobilisation de 20 % des effectifs de la guérilla n'était pas effective à la date prévue du 1er mai 1992, bouleversant le calendrier contenu dans les accords du 16 janvier.

Olivier Dabène

Grandes Antilles

Bahamas, Cayman, Cuba, Haïti, Jamaïque, Porto Rico, République dominicaine, Turks et Caicos
(Cuba est traité p. 240.)

Bahamas

Aux élections générales de juin 1992 Randol Fawkes, le «père des syndicats», s'est confronté au Premier ministre Lynden Pindling, tandis que le ministre des transports sir Clifford était pressenti pour devenir gouverneur général. Au plan économique, les revenus du tourisme ont chuté de 18 millions de dollars américains, soit une baisse de 10 % par rapport à 1990. Dans le budget 1992, aucun nouvel impôt n'a été prévu. Selon le ministre des Finances, la récession aux États-Unis et la crise du Golfe

© Éditions La Découverte

MEXIQUE

1 – NOUVEAU-LEÓN
2 – ZACATECAS
3 – AGUASCALIENTES
4 – SAN LUIS POTOSI
5 – GUANAJUATO
6 – QUERETARO
7 – HIDALGO
8 – TLAXCALA
9 – PUEBLA
10 – MORELOS
11 – TABASCO
12 – CAMPÊCHE
13 – YUCATAN
14 – QUINTANA ROO

OCÉAN ATLANTIQUE

Tropique du Cancer

20° N

RÉP. DOMINICAINE

San Juan

Porto-Rico (É.-U.)

SAINT-DOMINGUE

Santiago

HAÏTI

PORT-AU-PRINCE

Les Cayes

Turcs et Caïcos (R.-U.)

BAHAMAS

NASSAU

arch. de Camagüey

Holguin

Camagüey

Guantanamo (É.-U.)

Santiago de Cuba

KINGSTON

JAMAÏQUE

CUBA

LA HAVANE

Matanzas

Cienfuegos

Pinar del Río

I. de la Jeunesse (I. des Pins)

Cayman (R.-U.)

G R A N D E S   A N T I L L E S

ÉTATS-UNIS

Mexicali

Tijuana

BASSE CALIFORNIE DU NORD

SONORA

Hermosillo

Ciudad Juárez

CHIHUAHUA

Chihuahua

BASSE CALIFORNIE DU SUD

La Paz

SINALOA

Culiacán

DURANGO

Durango

COAHUILA

Monclova

Saltillo

Nuevo Laredo

Reynosa

Matamoros

Monterrey

TAMAULIPAS

Ciudad Victoria

Tampico

Zacatecas

NAYARIT

Tepic

JALISCO

Guadalajara

COLIMA

MICHOACÁN

Morelia

León

MEXICO

GUERRERO

Acapulco

Oaxaca

OAXACA

Tehuantepec

Jalapa

Veracruz

VERACRUZ

Minatitlán

Tuxtla Gutiérrez

CHIAPAS

Campeche

Mérida

Chetumal

Cancun

BÉLIZE

GUATEMALA

HONDURAS

GOLFE DU MEXIQUE

OCÉAN PACIFIQUE

500 km

MEXIQUE

Grandes Antilles (Voir notes p. 414)

	INDICATEUR	UNITÉ	BAHAMAS	CAYMAN	CUBA
	Capitale		Nassau	Georgetown	La Havane
	Superficie	km²	13 930	259	110 861
DÉMOGRAPHIE	Développement humain (IDH) [a]		0,875	..	0,732
	Population (*)	million	0,25	0,02	10,73
	Densité	hab./km²	18,3	80,2	96,7
	Croissance annuelle [c]	%	1,6	3,5	0,9
	Indice de fécondité (ISF) [c]		..	..	1,9
	Mortalité infantile [c]	‰	20 [k]	11 [k]	13
	Espérance de vie [c]	année	70 [k]	..	76
	Population urbaine [a]	%	59	100	75
CULTURE	Analphabétisme [a]	%	1,0	2,5 [d]	6,0
	Scolarisation 12-17 ans [a]	%	..	..	80,2
	Scolarisation 3e degré	%	..	..	20,7 [b]
	Téléviseurs [b]	‰ hab.	224,9	208,3	203,4
	Livres publiés	titre	..	..	2 199 [b]
	Nombre de médecins	‰ hab.	0,98 [n]	2,15 [n]	3,90 [b]
ARMÉE	Armée de terre	millier d'h.	} 2,5 [f]	..	145
	Marine	millier d'h.		..	13,5
	Aviation	millier d'h.		..	22
ÉCONOMIE	PIB	million $	2 913 [a]	553 [a]	16 399 [b]
	Croissance annuelle 1980-90	%	3,6	5,8 [p]	4,1 [g][h]
	1991	%	1,0	9,5 [a]	1,0 [a]
	Par habitant	$	11 510 [a]	27 650 [a]	1 562 [b]
	Dette extérieure totale	million $	230	1 158 [a]	14 803 [a]
	Service de la dette/Export.	%	5,5	..	..
	Taux d'inflation	%	6,5	7,7 [a]	..
	Dépenses de l'État Éducation	% PIB	7,3 [o]	..	13,9 [b][m]
	Défense	% PIB	3,0 [l]	..	10,9 [b][m]
	Production d'énergie [b]	millier TEC	..	..	1 078
	Consom. d'énergie [b]	millier TEC	637	108	16 087
COMMERCE	Importations	million $	1 265	229 [b]	7 900
	Exportations	million $	325	2 [b]	5 700
	Principaux fournis. [a]	%	E-U 29,1	..	URSS 66,2
		%	Jap 15,6	..	CEE 10,5
		%	PVD 34,9	..	PVD 18,4
	Principaux clients [a]	%	E-U 48,0	..	URSS 80,5
		%	CEE 22,5	..	CEE 4,9
		%	Nor 10,5	..	PVD 9,8

	RÉPUB. DOMIN.	HAÏTI	JAMAÏQUE	PORTO RICO
	St-Domingue	Port-au-Prince	Kingston	San Juan
	48 730	27 750	10 990	8 900
	0,595	0,276	0,722	..
	7,31	6,62	2,45	3,60
	150,1	238,6	222,8	404,5
	2,0	2,0	1,2	1,0
	3,3	4,8	2,4	2,1
	57	86	14	13
	68	57	74	76
	60	28	52	74
	16,7	47,0	1,6	10,9 [e]
	71,6 [i]	55,0	82,7	79,1
	18,6 [j]	1,2 [j]	5,0 [b]	48,1 [q]
	81,9	4,5	123,5	265,7
	2 219 [e]	271 [b]	71 [j]	..
	1,07 [l]	0,14 [l]	0,15 [a]	2,18 [r]
	15	7	3	—
	4	0,25	0,18	—
	4,2	0,15	0,17	—
	5 847 [a]	2 400 [a]	4 139	22 650
	1,9	− 0,4	0,7	2,3
	− 5,0	− 1,5	1,5	2,3 [a]
	820 [a]	370 [a]	1 689	6 292
	4 425	905	4 530	..
	14,0	9,8	24,3	..
	4,0	6,6	80,2	5,2
	1,5 [i]	1,8 [b]	6,6 [b]	..
	0,9 [b]	0,7 [a]	0,8 [a]	—
	117	39	14	34
	2 770	332	2 069	9 659
	1 979	374	1 760	17 496
	651	103	1 225	21 323
	E-U 43,5	E-U 65,9	E-U 50,9	E-U 68,7
	CEE 11,8	CEE 10,4	CEE 12,4	Jap 3,2
	AL 27,1	AL 10,1	AL 17,1	Vén 4,4
	E-U 60,9	E-U 80,8	E-U 39,0	E-U 86,9
	CEE 17,8	CEE 14,2	CEE 24,8	RD 2,0
	AL 4,3	AL 1,1	AL 9,4	R-U 0,8

(1990-1991) ont entraîné une perte de 200 millions de dollars américains.

Cayman

La consultation, début mars 1991, avec les commissaires britanniques sur les possibilités de changement de la Constitution de 1972 a porté sur la création d'un poste de Premier ministre, le gouverneur sortant ainsi de l'arène politique. La loi sur la définition de la citoyenneté devait être révisée pour laisser le pouvoir aux Caymanais (66 % de la population totale). La proposition de passer de 12 à 15 élus à l'Assemblée permettrait la création d'un poste de leader de l'opposition au Parlement. En juin 1992, le haut commissaire des Bahamas, Michael Gore, a été élu gouverneur des îles Cayman, succédant à Alan Scott. Des élections générales étaient prévues pour le 18 novembre 1992. Au plan économique, au début 1991, le tourisme avait chuté de 50 % suite à la guerre du Golfe.

Haïti

Avec l'arrivée au pouvoir du père Jean-Bertrand Aristide le 16 décembre 1990, l'aide américaine et européenne était revenue, tandis que les relations avec les États-Unis s'étaient améliorées. Mais des rumeurs de complot en avril 1991, des mutineries dans l'armée et la police en mai, ainsi que l'arrestation en juillet, pour complot contre l'État, de vingt personnes menées par le duvaliériste Roger Lafontant (la dictature des Duvalier a régné pendant vingt-neuf ans, jusqu'en 1986) ont fait peser un lourd climat politique, aggravé par des recours trop fréquents du gouvernement aux manifestations populaires entraînant de graves abus (encouragements à supplicier les opposants). En septembre 1991, R. Lafontant a été condamné à trente ans de travaux forcés et une commission d'enquête sur les crimes commis entre 1986 et 1991 a été mise en place.

Sur le plan économique, le gouvernement a négocié un accord avec le FMI pour un prêt *stand-by* de 23 millions de dollars. Le 15 septembre 1991, le président Aristide a demandé aux Nations unies l'aide des organismes internationaux, le président du Vénézuela proposant alors une concertation entre les États-Unis, la France, le Canada et le Vénézuela.

Mais le 30 septembre 1991, à la suite d'un coup d'État militaire dirigé par le général Raoul Cédras, le président Aristide, qui a d'abord trouvé asile à l'ambassade de France, dut quitter le pays et rejoindre Caracas (Vénézuela) d'où il appela à la résistance. Le coup d'État fut condamné par l'OEA (Organisation des États américains), l'ONU, la France et les États-Unis. 34 pays de l'OEA adoptèrent une résolution pour le retour du président Aristide. Le 7 octobre, le président américain George Bush ordonna le gel des avoirs haïtiens aux États-Unis. Une commission de neuf membres de l'OEA entama des pourparlers avec les putschistes, mais les négociations de Carthagène (du 22 novembre entre le président Aristide et des parlementaires haïtiens échouèrent. Toutefois, un projet en douze points fut élaboré, comprenant le retour à l'ordre constitutionnel et la nomination d'un Premier ministre. A la fin novembre 1991, l'OEA décida le maintien de l'embargo en vigueur depuis le coup d'État.

Début décembre, René Théodore, leader du PCUH, fut proposé au poste de Premier ministre avec pour mission la mise en place d'un gouvernement de consensus et la préparation du retour du président Aristide, ce qui aurait permis la levée de l'embargo. De nouvelles négociations eurent lieu à Washington du 22 au 24 février 1992, mais la forte opposition au retour du président de l'armée, des macoutes (miliciens duvaliéristes) et de l'élite riche, aboutit à un échec total des pourparlers. Le 18 mars, l'Assemblée refusa de voter les propositions élaborées à Washington, fin février, prévoyant le retour du président Aristide, et de valider un mandat de Premier ministre à René Théodore.

Le pays est resté en proie à une misère profonde, les pétroliers en provenance d'Afrique ou d'Europe ne profitant qu'à l'armée. La cherté de la nourriture et des transports, l'effondrement du système sanitaire, la famine sévissant dans le Nord-Ouest ont posé le problème des retombées de l'embargo sur les plus déshérités. A la mi-1992, l'oppression régnait, la remise en place des chefs de sections macoutes ne faisant

que renforcer la terreur. Depuis le coup d'État, Washington avait suspendu le rapatriement en Haïti des réfugiés. Le 24 mai 1992, cependant, G. Bush annonça la décision de refouler directement en Haïti tous les *boat-people* qui se dirigent vers la Floride.

Jamaïque

Le 31 mars 1991, Edward Zacca a été nommé gouverneur général, succédant à sir Florizel Glasspole qui s'est retiré à 81 ans après dix-sept années de pouvoir. La politique économique du gouvernement de Michael Manley a divisé le PNP (Parti national du peuple) et a entraîné une mini-réorganisation du cabinet en septembre 1991. Le mécontentement a été

Jamaïque

Nature du régime : parlementaire.
Chef de l'État : reine Elizabeth II, représentée par un gouverneur, Edward Zacca (qui a remplacé Florizel Glasspole le 31.3.91).
Chef du gouvernement : Michael Manley remplacé par Percival John Patterson le 26.3.92.
Monnaie : dollar jamaïcain
(1 dollar = 0,20 FF au 30.3.92).
Langues : anglais, espagnol.

---

général, tant dans le secteur privé que parmi la population, avivé par les conséquences de la politique de dérégulation menée. Cela a suscité le souhait d'un changement de gouvernement en faveur du JLP (Parti travailliste jamaïcain) et la création d'un troisième parti. Le gouvernement a démissionné le 29 décembre 1991 et, en janvier, M. Manley a annoncé qu'il n'y aurait pas d'élections générales avant 1994. Le 28 mars 1992, le Premier ministre a démissionné pour raisons de santé après vingt-trois ans de leadership au sein du PNP. Percival John Patterson, nouveau leader du PNP, a été élu Premier ministre, battant Portia Simpson (ministre des Travaux

BIBLIOGRAPHIE

M. CEARA HATTON, « Republica Dominicana : crisis permanente », *Pensamiento Propio*, Managua, n° 77, janv.-fév. 1991.

J. COHEN, « Où en le modèle portoricain » in D. et Y. VAN EEUWEN (sous la dir. de), *Caraïbes-Amérique centrale 1980-1990*, IEP/CREAC, Aix-en-Provence, 1991.

C. GAUTIER MAYORAL (sous la dir. de), « Poder y Plebiscito : Puerto Rico en 1991 », *Cuadernos de coyuntura*, n° 1, Centro de investigaciones sociales, Universidad de Puerto Rico, Rio Piedras, 1992.

C. LIONET, *Haïti, l'année Aristide*, L'Harmattan, Paris, 1992.

C. RUDEL, *La République dominicaine*, Karthala, « Méridiens », Paris, 1989.

P. SUTTON, *Europe and the Caribbean*, Macmillan, Londres, 1991.

M.-R. TROUILLOT, *Les Racines historiques de l'État duvalérien*, H. Deschamps, Port-au-Prince (Haïti), 1987.

D. VAN EEUWEN, Y. PIZETTY-VAN EEUWEN (sous la dir. de), *Caraïbes-Amérique centrale 1980-1990. Le sang et les urnes*, IEP/Annales CREAC, Aix-en-Provence, 1991.

Voir aussi la bibliographie « Cuba » dans la section « 34 États ».

publics), d'où des tensions au sein du parti.

Pendant la campagne électorale, le dollar jamaïcain est passé d'une valeur de 22 à 26 pour 1 dollar américain. On a enregistré par ailleurs une chute de recettes dans le tourisme et la bauxite, tandis que l'inflation atteignait 5,7 % pour le seul mois de janvier (80 % en 1991). Le Premier ministre, P.J. Patterson, a d'autre part négocié un nouvel accord avec le FMI. La dette extérieure s'élevait en 1991 à 4 530 millions de dollars américains, ce qui a poussé le gouvernement à poursuivre les privatisations. Enfin, la Jamaïque a dû diminuer son quota d'exportations sucrières vers les États-Unis de 35 %.

Yolande Pizetty-van Eeuwen

Porto Rico

Cette île est un « État librement associé » aux États-Unis. Le référendum du 8 décembre 1991 y a vu la défaite (par 45 % contre 55 %) du gouverneur Rafael Hernandez Colon, partisan du renforcement de l'autonomie de l'« État-libre associé » face au Nouveau parti progressiste favo-

rable à un rattachement aux États-Unis. Au plan économique, la croissance s'est ralentie, la perte d'emplois industriels a entraîné le plus fort taux de chômage depuis 1987 (17,5 % en janvier 1992), tandis que l'activité touristique, l'une des plus touchées des Caraïbes, a chuté de 6,7 % en 1991. Le secrétaire d'État Antonio Colorado, nommé *Resident Commissioner* à Washington, aura notamment pour tâche de défendre la « Section 936 » accordant des avantages fiscaux aux entreprises nord-américaines et remise en cause par le Congrès qui reproche à Porto Rico l'insuffisance des fonds de soutien aux petits investisseurs caraïbes.

République dominicaine

L'arrêt d'émission de monnaie a entraîné une chute de l'inflation, passée de 75,9 % en 1990 à moins de 4 % en 1991 ; la valeur du peso étant maintenue. La dette a quant à elle été renégociée avec le Club de Paris et, tandis que les organismes internationaux accordaient plus de 380 millions de dollars au pays, un accord *stand-by* portant sur 113 millions de dollars était signé avec le FMI pendant l'été

1991. Le tourisme et les exportations non traditionnelles, comme celles des vingt-six zones franches, vers les États-Unis (1 846 millions de dollars en 1991) se sont accrus. Mais le PNB a décliné et l'accord avec le FMI a été dénoncé par l'opposition comme susceptible d'abaisser encore le pouvoir d'achat et d'aggraver une situation sociale déjà explosive, marquée par trois grèves générales en juillet 1991 et par le départ hebdomadaire de 500 Dominicains vers Porto Rico.

▼

République dominicaine

Nature du régime : présidentiel.

Chef de l'État et du gouvernement : Joaquim Balaguer (depuis 1986, réélu le 16.5.90).

Monnaie : peso (1 peso = 0,43 FF au 30.3.92).

Langue : espagnol.

Le gouvernement a connu une crise politique avec la destitution du secrétaire à la Présidence, et le Parti réformiste social-chrétien (PRSC, au pouvoir) s'est divisé sur le choix du successeur de Joaquim Balaguer, chef de l'État et du gouvernement. Au Parti de libération dominicaine, un certain flottement a régné après que son président Juan Bosch a repris sa démission. Quant à l'ancien chef de l'État, Salvador Jorge Blanco, du Parti révolutionnaire dominicain, il a été condamné le 8 août 1991 à vingt ans de prison pour corruption. Son procès est apparu comme politique, alors que les scandales financiers frappaient les institutions, que la gabegie affectant le système énergétique menaçait les investissements étrangers et que le pays est devenu un carrefour du trafic de drogue.

Un décret d'expulsion a entraîné le départ de 40 000 Haïtiens au second semestre 1991, tandis que vivres et pétrole permettaient de tourner l'embargo imposé aux militaires haïtiens après le renversement du président Aristide, le 30 septembre 1991.

Saint-Domingue a accueilli, le 17 février 1992, la conférence CEE-ACP (Afrique, Caraïbe, Pacifique) et de la convention de Lomé et a préparé la commémoration du « cinquième centenaire du voyage de Christophe Colomb » qui avait abordé dans cette île qu'il avait baptisée Española (Hispaniola). Le pape était attendu, en octobre 1992, date à laquelle devait se réunir le Conseil épiscopal latino-américain présidé par le cardinal Lopez Rodriguez, nouvel archevêque de la capitale dominicaine.

Daniel van Eeuwen

Turks et Caicos

Les îles Turks et Caicos sont une colonie britannique. Le Parti national progressiste de Washington Missik a battu le Mouvement démocratique du peuple de l'ex-Premier ministre Oswald Skippings aux élections générales du 3 avril 1991, obtenant 8 sièges contre 5 ; Washington Missik a été nommé Premier ministre. C'étaient les premières élections depuis l'adoption en 1986 de la loi constitutionnelle prévoyant le gouvernement direct.

Turks et Caicos ont par ailleurs participé à la quinzième conférence sur les Caraïbes, tenue à Miami (États-Unis) en décembre 1991 sur le thème « Être prêt pour 1992 ».

Y.P.-v. E.

Petites Antilles

Les îles sont présentées selon un ordre géographique, en suivant l'arc qu'elles forment, du nord au sud, dans la mer des Caraïbes.

♦ **Iles Vierges britanniques.** D'après le recensement de décembre 1991, la population a augmenté de 50 % par rapport à 1980 (16 749 habitants), progression due à l'accroissement du nombre des travailleurs immigrés. Des entretiens ont eu lieu en décembre 1991 entre le Premier ministre d'Anguilla et de Montserrat pour une coopération plus étroite entre eux et avec l'OECS (Organisation des États des Caraïbes orientales).

♦ **Iles Vierges américaines.** American Airlines a repris ses vols quotidiens Miami-Saint-Thomas, interrompus en janvier 1991 à cause de la guerre du Golfe et de la baisse du tourisme. Par ailleurs, la Caribbean Conservation Organization a préparé son XXVe congrès annuel avec comme programme pour 1993-1995 la gestion des réserves marines, la préservation des forêts et les désastres naturels.

♦ **Anguilla.** En décembre 1991, le Premier ministre, Edward Gumbs, a rencontré ceux des îles Vierges britanniques et de Montserrat pour établir une collaboration plus étroite entre les dépendances britanniques ainsi qu'avec les États de l'OECS (Organisation des États de Caraïbes orientales). Le gouverneur Brian Canty a, depuis la législation de janvier 1992, toute autorité pour donner des licences aux compagnies *offshore* afin de mieux les contrôler.

♦ **St Kitts et Nevis.** En 1991, le tourisme a augmenté de 94 % en ce qui concerne les *stop-over* et de 55,7 % pour les croisières et yachts. Le CARICOM (Marché commun des Caraïbes anglophones) devait réunir un sommet du 1er au 4 juillet 1992 à Basseterre.

▼

St Kitts et Nevis
(Saint Christophe-et-Nièves)

Nature du régime : parlementaire.
Chef de l'État : reine Elizabeth II, représentée par un gouverneur, Clement A. Arrindell.
Chef du gouvernement : Dr. Kennedy A. Simmonds (depuis le 19.9.83).
Monnaie : dollar des Caraïbes orientales (1 dollar EC = 2,06 FF au 30.3.92).
Langues : anglais, créole.

Les quotas d'exportation sucrière vers les États-Unis ont été réduits de 9,6 % à cause de la croissance du sucre de betterave en 1991 qui a concurrencé le sucre de canne. Par ailleurs, un prêt de la Caribbean Development Bank de 5 millions de dollars US a été accordé à la Banque de développement (banque publique) pour l'agriculture, l'industrie et le tourisme.

♦ **Antigua et Barbuda.** Malgré des accusations de corruption, le Premier ministre, Vere Bird (82 ans), a affirmé qu'il finirait son mandat (il

▼

Antigua et Barbuda

Nature du régime : parlementaire.
Chef de l'État : reine Elizabeth II, représentée par un gouverneur, Wilfred E. Jacobs.
Chef du gouvernement : Vere C. Bird, senior (depuis le 1.2.76).
Monnaie : dollar des Caraïbes orientales (1 dollar EC = 2,06 FF au 30.3.92).
Langue : anglais.

lui restait deux ans à assurer). Le budget 1992 n'a pas prévu de nou-

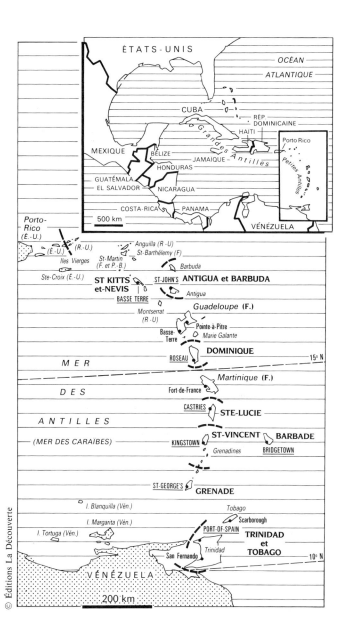

ÉTATS-UNIS

OCÉAN

ATLANTIQUE

CUBA

RÉP.
DOMINICAINE

HAÏTI

MEXIQUE

BÉLIZE

JAMAÏQUE

Grandes Antilles

Porto Rico

Petites Antilles

HONDURAS

GUATÉMALA
EL SALVADOR

NICARAGUA

COSTA-RICA

PANAMA

500 km

VÉNÉZUELA

Porto-
Rico
(É.-U.)

(É.-U.)

(R.-U.)

Anguilla (R -U)

Iles Vierges

St-Martin
(F. et P.-B.)

St-Barthélemy (F)

Ste-Croix (É.-U.)

Barbuda

ST KITTS
et-NEVIS

ST-JOHN'S

ANTIGUA et BARBUDA

BASSE TERRE

Antigua

Montserrat
(R -U)

Guadeloupe (F.)

Basse-
Terre

Pointe-à-Pitre

Marie Galante

MER

ROSEAU

DOMINIQUE

15° N

DES

Martinique (F.)

Fort-de-France

CASTRIES

STE-LUCIE

ANTILLES

(MER DES CARAÏBES)

KINGSTOWN

ST-VINCENT

BARBADE

Grenadines

BRIDGETOWN

ST-GEORGE'S

GRENADE

I. Blanquilla (Vén.)

Tobago

I. Margarita (Vén.)

Scarborough

I. Tortuga (Vén.)

PORT-OF-SPAIN

TRINIDAD
et
TOBAGO

Trinidad

San Fernando

10° N

VÉNÉZUELA

200 km

© Éditions La Découverte

Petites Antilles *(Voir notes p. 422)*

	INDICATEUR	UNITÉ	ANTIGUA ET BARBUDA	BARBADE	DOMINI-QUE
	Capitale		St. Jean	Bridgetown	Roseau
	Superficie	km²	442	430	440
	Développement humain (IDH) [a]		0,781	0,927	0,783
DÉMOGRAPHIE	Population (*)	millier	76	256	82
	Densité	hab./km²	172,3	595,4	187,5
	Croissance annuelle [c]	%	0,3	0,3	0,6
	Indice de fécondité (ISF) [c]		..	1,8	..
	Mortalité infantile	‰	34 [g]	10 [c]	11 [g]
	Espérance de vie	année	66 [g]	76 [c]	67 [g]
	Population urbaine [a]	%	32	45	..
CULTURE	Analphabétisme [a]	%	4,0	1,2	3,0
	Scolarisation 12-17 ans [a]	%	..	89,4	..
	Scolarisation 3e degré	%	..	19,4 [f]	..
	Téléviseurs [b]	‰ hab.	289,5	262,7	49,4
	Livres publiés	titre	..	87 [k]	20 [k]
	Nombre de médecins	‰ hab.	0,40 [j]	0,94 [f]	0,33 [f]
ARMÉE	Armée de terre	millier d'h.			0,1 [i]
	Marine	millier d'h.	0,7 [k]	0,154 [k]	..
	Aviation	millier d'h.			..
ÉCONOMIE	PIB	million $	363 [a]	1 680 [a]	160 [a]
	Croissance annuelle 1980-90	%	5,2	1,7	4,3
	1991	%	6,2 [b]	− 3,0	− 1,5 [b]
	Par habitant	$	4 600 [a]	6 540 [a]	1 940 [a]
	Dette extérieure totale	million $	63 [k]	750	83,6 [a]
	Service de la dette/Export.	%	..	8,5 [e]	5,4 [a]
	Taux d'inflation	%	..	8,1	2,7
	Dépenses de l'État Éducation	% PIB	2,5 [f]	6,9 [b]	5,3 [b]
	Défense	% PIB	0,8 [i]	1,0 [f]	..
	Production d'énergie [b]	millier TEC	..	113	2
	Consom. d'énergie [b]	millier TEC	135	410	30
COMMERCE	Importations	million $	167 [a]	700 [a]	166 [a]
	Exportations	million $	34 [a]	209 [a]	77 [a]
	Principaux fournis. [a]	%	PCD 89,2	E-U 28,8	PCD 46,4
		%	R-U 21,1	AL 25,7	CEE 20,6
		%	AL 9,0	CEE 28,4	PVD 53,1
	Principaux clients [a]	%	PCD 73,5	E-U 14,7	E-U 9,8
		%	R-U 13,4	AL 35,1	R-U 49,9
		%	AL 11,8	R-U 14,8	AL 19,5

GRENADE	GUADE-LOUPE	MARTI-NIQUE	SAINTE-LUCIE	ST. VINCENT ET GRENADINES	TRINIDAD ET TOBAGO
St. George	Basse-Terre	Fort-de-F.	Castries	Kingstown	Port d'Espagne
344	1 780	1 100	620	388	5 130
0,758	..	..	0,712	0,693	0,876
85	345	370	153	117	1 250
245,9	193,9	336,4	246,5	302,3	243,7
− 0,4	0,6	0,6	1,7	1,0	1,4
..	2,4	2,1	..	..	2,7
13 [g]	12 [c]	10 [c]	21 [g]	40 [g]	14 [c]
69 [g]	75 [c]	76 [c]	71 [g]	69 [g]	72 [c]
..	49	75	46	20	69
4,0	10,0 [d]	7,2 [d]	7,0	16,0	4,0
..	..	..	..	..	63,8
..	..	..	..	..	6,0 [b]
..	292,4	136,8	18,4	78,9	301,3
..	..	..	63 [k]	..	186 [m]
0,51 [e]	1,58 [h]	1,8 [i]	0,51 [e]	0,35 [e]	0,83 [e]
..	—	—	..	..	2
..	—	—	..	..	0,6
..	—	—	..	..	0,05
199 [a]	2071 [b]	2612 [b]	286 [a]	184 [a]	5224
5,8	1,6	4,0	6,3	6,9	− 4,3
6,2 [b]	4,5 [b]	5,9 [b]	4,1 [b]	5,8 [b]	2,7
2 120 [a]	6073 [b]	7705 [b]	1 900 [a]	1 610 [a]	4 179
103,8 [a]	..	..	67,4 [a]	59,0 [a]	2 250
3,4 [b]	..	..	..	3,3 [b]	18,8 [a]
5,6 [b]	..	..	5,2	..	2,3
6,9 [l]	12,1 [h]	13,5 [h]	7,2 [i]	6,1 [b]	4,9 [b]
..	—	—	..	..	1,4 [b]
..	..	..	..	4	16 060
37	615	588	78	41	7 126
309 [a]	1 678 [a]	1 613 [a]	201 [a]	121 [a]	1 595
601 [a]	131 [a]	264 [a]	148 [a]	97 [a]	2 000
CEE 16,4	PCD 91,9	PCD 87,9	PCD 82,6	E-U 31,9	E-U 40,9
E-U 28,4	Fra 78,7	Fra 72,4	R-U 17,0	CEE 32,7	CEE 15,8
AL 31,5	AL 7,0	AL 5,4	AL 14,4	AL 12,8	AL 22,6
E-U 21,5	PCD 77,9	PCD 82,7	PCD 89,9	E-U 8,3	E-U 53,9
R-U 22,9	Fra 72,0	Fra 73,7	R-U 60,8	R-U 62,9	CEE 8,8
AL 31,0	AL 21,8	AL 17,0	AL 10,1	AL 11,8	AL 28,5

veaux impôts. Le tourisme européen s'est accru de 44 %, tandis que celui des États-Unis a chuté de 11 %. En août 1991, vingt-sept mesures pour améliorer les finances ont été annoncées, dont le gel des dépenses d'investissement, le gel des emplois dans la fonction publique et la réorganisation du système fiscal.

♦ **Montserrat.** Dans cette dépendance britannique, après la dissolution de la Chambre par le gouverneur en mars 1991, des élections générales ont eu lieu le 8 octobre 1991. Remportées par le Parti progressiste national, nouvellement formé, elles ont mis fin au gouvernement de John Osborne et du Mouvement national du peuple, au pouvoir depuis 1978. Rueben Meade a été nommé Premier ministre.

Le 27 décembre 1991, le Conseil législatif a autorisé la réouverture des établissements financiers *offshore*. Le Royaume-Uni a porté son aide à 17,5 millions de livres, pour la reconstruction d'hôpitaux et d'écoles détruits lors du passage du cyclone *Hugo* (septembre 1989).

Yolande Pizetty-van Eeuwen

♦ **Guadeloupe.** Les élections de mars 1992 ont recomposé le paysage politique de ce département français d'outre-mer (DOM). Si le socialiste Dominique Larifla a été réélu à la tête d'un Conseil général quasiment inchangé, l'éclatement de la gauche, pourtant majoritaire au Conseil régional, a permis à Lucette Michaux-Chevry (RPR, Rassemble-

ment pour la République) d'accéder à la présidence grâce à l'appui des dissidents socialistes du même D. Larifla.

A Saint-Martin (dépendance du Nord), dont les élus ont réclamé un nouveau statut pour les «îles du Nord», l'occupation au tiers de 7 000 chambres d'hôtel a préoccupé les responsables touristiques. Par ailleurs, le maire de La Désirade (proche dépendance), Mathias Mathurin, conseiller général et régional et président d'Air-Guadeloupe, a été assassiné le 22 octobre 1991.

Les exportations bananières ont semblé pouvoir profiter de l'instauration d'une taxe sur les achats européens de bananes d'Amérique latine, proposée en avril 1992 par la Commission de Bruxelles. Tandis que s'est poursuivie l'harmonisation sociale avec la métropole (réduction de 25 % de l'écart des prestations familiales au 1er juillet 1991), le nombre de bénéficiaires guadeloupéens du RMI (revenu minimum d'insertion) a dépassé 20 000 en 1992.

Daniel van Eeuwen

♦ **Dominique.** Les 22 et 27 avril 1991, une rencontre s'est tenue entre les Premiers ministres de la Dominique, de Sainte-Lucie et de Saint Vincent en vue d'un rapprochement.

▼

Commonwealth de la Dominique

Nature du régime : parlementaire.
Chef de l'État : reine Elizabeth II, représentée par un gouverneur, Clarence Seignoret.
Chef du gouvernement : Eugenia Charles (depuis le 23.7.80).
Monnaie : dollar des Caraïbes orientales (1 dollar EC = 2,06 FF au 30.3.92).
Langues : anglais, créole.

John Compton (Sainte-Lucie) a proposé la constitution d'un gouvernement commun de 40 membres et d'un Parlement de 48 membres. Par

---

[Notes du tableau des p. 420-421]

Chiffres 1991, sauf notes : a. 1990; b. 1989; c. 1990-95; d. 1982; e. 1988; f. 1984; g. 1985-90; h. 1987; i. 1986; j. 1983; k. 1985; l. 1975; m. 1978;

(*) Dernier recensement utilisable : Antigua et Barbuda, 1981; Barbade, 1980; Dominique, 1981; Grenade, 1981; Guadeloupe, 1982; Martinique, 1982; Sainte-Lucie, 1980; Saint Vincent et les Grenadines, 1980; Trinidad et Tobago, 1990.

ailleurs, en octobre 1991, le chef du gouvernement, Eugenia Charles, a été anoblie par la reine, ce qui semblerait confirmer son retrait de la politique. La citoyenneté économique pourrait être donnée à des investisseurs taïwanais, selon une législation de mai 1991 (qui prévoit un dépôt de 35 000 dollars US dans les banques locales).

Y. P.-v. E.

♦ **Martinique**. Dans ce département français d'outre-mer (DOM), les élections de mars 1992 ont été marquées par les progrès de la gauche et la poussée des « indépendantistes » d'Alfred Marie-Jeanne, le maire de Rivière Pilote (Mouvement indépendantiste martiniquais, MIM) qui, avec 9 élus au Conseil régional, a fait jeu égal avec le Parti progressiste martiniquais (PPM). Ce dernier ayant perdu la majorité, c'est le communiste Émile Capgras qui a été élu président, au bénéfice de l'âge, avec les suffrages de l'ensemble de la gauche non indépendantiste. Le docteur Claude Lise, député PPM a, quant à lui, enlevé la présidence du Conseil général au RPR (Rassemblement pour la République) Émile Maurice.

Un important programme d'investissements (2,4 milliards FF de 1992 à 1996) a été mis en place pour augmenter les surfaces plantées en bananes, en accroître la productivité et, surtout, la qualité, afin d'augmenter les ventes en Europe. En janvier 1992, s'est tenue la réunion préparatoire de la IIe conférence sur la Coopération régionale Antilles françaises-Caraïbes : elle a dressé un bilan des Fonds interministériels de coopération (9 300 000 FF pour les trois départements français d'Amérique en 1991).

D. v. E.

♦ **Sainte-Lucie**. Aux élections du 11 juin 1992, le Parti unifié des travailleurs (UWP) a remporté 56,3 % des suffrages — le Premier ministre,

PETITES ANTILLES

423

▼

Sainte-Lucie

Nature du régime : parlementaire.
Chef de l'État : reine Elizabeth II, représentée par un gouverneur, Allen M. Lewis.
Chef du gouvernement : John Compton, remplacé par Stanislas James le 22.2.92.
Monnaie : dollar des Caraïbes orientales (1 dollar EC = 2,06 FF au 30.3.92).
Langues : anglais, créole.

John Compton, restant au pouvoir —, contre 43,5 % pour le Parti travailliste de Sainte-Lucie et 0,2 % pour le Parti travailliste progressiste. Par ailleurs, Stanislas James a été confirmé dans son poste de gouverneur général le 22 février 1992. La croissance du tourisme a été de 12,6 % en 1991. Une campagne de limitation des naissances a été engagée pour contenir la poussée démographique.

♦ **Saint Vincent et les Grenadines**. Le 14 octobre 1991, le Nouveau parti démocratique du sud des Grenadines a remporté les élections par 926 voix contre 165 au Mouvement pour l'unité nationale. 100 navires ont été

Commonwealth de Saint Vincent et les Grenadines

Nature du régime : parlementaire.
Chef de l'État : reine Elizabeth II, représentée par un gouverneur, Joseph L. Eustache.
Chef du gouvernement : James Mitchell (depuis 1984, réélu le 16.5.89).
Monnaie : dollar des Caraïbes orientales (1 dollar EC = 2,06 FF au 30.3.92).
Langue : anglais.

---

transférés de « Yougoslavie » vers Saint Vincent, conséquence du conflit, la plupart venant de Croa-

BIBLIOGRAPHIE

Antilles : espoirs et déchirements de l'âme créole, Autrement, Paris, 1989.

« L'avenir des Caraïbes », *Le Courrier ACP-CE*, n° 132, Bruxelles, mars-avr. 1992.

A. BLERALD, *La Question nationale en Guadeloupe et en Martinique*, L'Harmattan, Paris, 1988.

B. DAHLBERG (sous la dir. de), *The Dutch in the Caribbean : Old and New Connections*, Gordon and Branch, Londres, 1989.

J.-L. MATTHIEU, *Les DOM-TOM*, PUF, Paris, 1988.

F. MORIZOT, *Grenade, épices et poudre*, L'Harmattan, Paris, 1988.

T. THORNOIKE « Ten years of political evolution in the English-speaking Caribbean », *in* D. et Y. VAN EEUWEN (sous la dir. de), *Caraïbes-Amérique centrale 1980-1990*, IEP/CREAC, Aix-en-Provence, 1991.

D. VAN EEUWEN, Y. PIZETTY-VAN EEUWEN (sous la dir. de), *Caraïbes-Amérique centrale 1980-1990. Le sang et les urnes*, IEP/Annales CREAC, Aix-en-Provence, 1991.

tie et Slovénie. Saint Vincent possède, avec 521 navires enregistrés, la première flotte de « pavillons de complaisance » des Caraïbes.

♦ **Barbade**. Le 26 janvier 1992, un nouveau cabinet a été formé quatre jours après la victoire électorale du Premier ministre, Erskine Sandiford. Pourtant, en septembre 1991, la diminution de 8 % des salaires des fonctionnaires avait amené les syndicats à demander la démission du Premier ministre. Malgré sa baisse de

▼

Barbade

Nature du régime : parlementaire.
Chef de l'État : reine Elizabeth II, représentée par un gouverneur, dame Nita Barrow (depuis le 6.5.90).
Chef du gouvernement : Erskine Sandiford (depuis le 1.6.87).
Monnaie : dollar barbadien (1 dollar = 2,77 FF au 30.3.92).
Langue : anglais.

popularité, le Parti travailliste démocratique au pouvoir a semblé recueillir le soutien de plus de 40 % de la population. Pour 1992-1993, les autorités ont prévu une croissance économique de 1,2 % grâce au tourisme et au secteur financier, et une inflation de 5 %.

♦ **Grenade**. En août 1991, le gouvernement a commué en peine de prison à perpétuité la peine de mort de quatorze personnes impliquées dans

▼

Grenade

Nature du régime : parlementaire.
Chef de l'État : reine Elizabeth II, représentée par un gouverneur, Paul Scoon.
Chef du gouvernement : Nicolas Brathwaite (depuis le 29.3.90).
Monnaie : dollar des Caraïbes orientales (1 dollar EC = 2,06 FF au 30.3.92).
Langue : anglais.

le meurtre, en 1983, de Maurice Bishop, alors Premier ministre, créant ainsi un précédent dans la région (M. Bishop a été assassiné par des éléments plus radicaux de son parti). Une demande d'aide a été adressée au FMI pour un plan d'ajustement structurel. Par ailleurs, un projet du Fonds économique de développement d'aide aux infrastructures a été établi, concernant notamment les routes du parc national de Levera (création d'un parc de loisirs coûtant 6 millions FF environ). La progression du tourisme a été de 10 % en 1990 et de 22,5 % pour le premier trimestre 1991. Enfin, en 1992, les revenus prévus étaient de 171 millions de dollars des Caraïbes orientales, et le déficit de 6 millions.

♦ **Trinidad et Tobago**. Aux élections législatives du 16 décembre 1991, l'Alliance nationale pour la reconstruction (NAR, au pouvoir) de Arthur Napoléon Robinson a obtenu 2 sièges, 13 sièges allant au Congrès national unifié, le Mouvement national du peuple (PNM, opposition) obtenant 45 % des suffrages et

▼

Trinidad et Tobago

Nature du régime : parlementaire.
Chef de l'État : Noor Hassanali.
Chef du gouvernement : Arthur Napoleon Robinson, remplacé par Patrick Manning le 16.12.91.
Monnaie : dollar de Trinidad et Tobago (1 dollar = 1,31 FF au 30.3.92).
Langues : anglais, espagnol, hindi, créole.

21 sièges. Son leader, Patrick Manning (45 ans) a été nommé Premier ministre. Le programme économique de la NAR et la tentative de coup d'État du groupe musulman Samaar-al-Muslimeen (juillet 1990) ont été les facteurs de l'échec du parti. Le premier geste du gouvernement a été de restructurer la dette, et de rechercher des prêts pour le projet pétrolier de Trintoc, compagnie d'État qui doit traiter 30 000 barils/jour de brut vénézuélien.

Y. P.-v. E.

♦ **Antilles néerlandaises et Aruba**. L'élection des « conseils insulaires », le 12 avril 1991, a été marquée par la défaite des sortants, notamment celle de Claude Wathey, dont le Parti démocratique, au pouvoir depuis quarante ans à Saint-Martin, a été miné par les divisions, les irrégularités financières, sans compter un climat d'insécurité susceptible d'accentuer le ralentissement du boom touristique. A *Aruba* (autonome depuis 1986), *Bonaire* et même *Saba* et *Statia*, la CEE a financé le développement du tourisme. Enfin, les Pays-Bas ont demandé aux cinq îles de faire des propositions séparées pour une réforme institutionnelle, tandis qu'à *Curaçao* a été envisagé un référendum sur la nature de la Fédération.

D. v. E.

Vénézuela-Guyanes

Guyana, Guyane française, Surinam, Vénézuela
(Voir aussi p. 551.)

Guyana

Malgré les travaux de la commission installée en juin 1991 pour mettre à jour les listes électorales, les élections ont dû être repoussées au 16 décembre 1991. Mais elles n'ont pu être tenues, en l'absence de listes acceptables. Après la dissolution du Par-

lement, le 28 septembre, le président Desmond Hoyte a déclaré l'état d'urgence le 28 novembre pour permettre le retour du Parlement. Celui-ci a approuvé une législation (28 décembre) permettant sa prorogation jusqu'au 30 septembre 1992.
Sur le plan économique, les résultats ont été positifs avec l'augmen-

tation des productions de riz et d'or (54 300 onces, record qui n'avait pas été atteint depuis soixante-quinze ans). Pour le sucre, il semblait possible, en 1992, pour la première fois depuis quatre ans, d'atteindre les quotas de la CEE fixés à 167 000 tonnes. La production de bauxite a été

République coopérative de Guyana

Nature du régime : présidentiel.
Chef de l'État : Desmond Hoyte.
Chef du gouvernement : Hamilton Green (depuis le 6.8.85).
Monnaie : dollar de Guyana
(1 dollar = 0,045 FF au 30.3.92).
Langue : anglais.

---

en hausse de 6 %. La BID (Banque interaméricaine de développement) a approuvé deux prêts de 52 millions de dollars US pour des réformes dans l'agriculture et l'énergie. Sur un autre plan, un contrat a été passé en mars 1992 entre la firme néerlandaise Demarare Timbers Ltd et la Commission forestière pour l'exploitation de 546 000 hectares de forêt tropicale dans une région sans aucune installation indienne. Par ailleurs, des études ont été entreprises pour l'extension du parc national de Kaieteur. Enfin, le Brésil a accordé en mars 1992 un prêt de 13 millions de dollars US pour financer la construction de tronçons routiers.

Yolande Pizetty-van Eeuwen

Guyane française

Le Parti socialiste guyanais (PSG) a remporté un succès absolu aux élections de mars 1992 : il contrôle le Conseil général dont le président sortant, Élie Castor, a été réélu, ainsi que le Conseil régional présidé par son secrétaire général, Antoine Karam, qui l'a emporté sur le président sortant Georges Othily, sénateur et dissident du PSG. Les deux nouveaux présidents ont préconisé la création d'une assemblée unique. Ce département français d'outre-mer (DOM) a en effet, comme les autres

DOM, le statut de région. A. Karam a pour sa part dénoncé la dette du Conseil régional, estimée à 781 millions FF. Aux entreprises du bâtiment victimes d'impayés des collectivités locales et qui ont vu s'éloigner le « miracle » des grands chantiers, le gouvernement a accordé, en avril 1992, 100 millions de francs d'avances de trésorerie. A Kourou, le rythme de neuf lancements de satellites atteint en 1991 devrait être maintenu en 1992.

Par ailleurs, la dérive ascendante des salaires a continué d'attirer les immigrants brésiliens, haïtiens et surinamiens dont plus de 200 ont été refoulés chaque mois par la gendarmerie et l'armée aux effectifs renforcés.

Daniel van Eeuwen

Surinam

Aux élections législatives du 25 mai 1991, le Nouveau front pour la démocratie et le développement (NFDD), composé du Parti national du Surinam (NPS), du Parti progressiste unifié (UH) et du Parti de l'unité et de l'harmonie (KTPI), a

---

République du Surinam

Nature du régime : présidentiel.
Chef de l'État et du gouvernement : Johan Kraag remplacé par Ronald Venetiaan le 7.11.91.
Monnaie : florin de Surinam
(1 florin = 3,12 FF au 30.3.92).
Langues : néerlandais (off.), sranan, tongo (langues de communication).

---

obtenu 55 % des voix (contre 85 % en 1987), et emporté 30 sièges (sur 51), tandis que le Parti national démocratique (parti de l'armée) est passé de 3 à 12 sièges. L'Alternative démocratique 1991 (AD91), formée deux mois avant les élections par des dissidents du NFDD, a gagné 9 sièges, d'où la nécessité d'un accord NFDD-AD91 pour obtenir la majorité des deux tiers nécessaire

Vénézuela - Guyanes

© Éditions La Découverte

St-Vincent

Antilles néerlandaises
Aruba (P.B.) — Curaçao
I. Los Roques — Bonaire
I. Blanquilla
GRENADE
NUEVA - ESPARTA
I. de Margarita — La Asunción
Tortuga
TRINIDAD ET TOBAGO

OCÉAN ATLANTIQUE

10° N

Oyapock
Sinnamary
Kourou
Cayenne
Guyane française
Maroni
Nieuw Amsterdam
Albina
PARAMARIBO
Brokopondo
Groningen
Totness
Nieuw Nickerie
SURINAM
Enmore
New Amsterdam
GEORGETOWN
Enterprise
Suddie
Bartica
Ituni
GUYANA
Tumeremo
Maharuma
Isherton
Lethem
BRÉSIL

Maracaibo
Cabimas
Calabozo
Fijo
Pto
Coro
FALCON
LARA
Barquisimento
Trujillo
Barinas
Guanare
Mérida
Machiquets
S. Cristóbal
ZULIA
Valencia
Maracay
San Carlos
MIRANDA
CARACAS
GUARICO
Orénoque
Apure
S. Fernando de Apure
APURE
Barcelona
Cumaná
Maturín
MONAGAS
ANZOATEGUI
SUCRE
Tucupita
DELTA AMACURO
Ciudad Guyana
Tumeremo
Ciudad Bolívar
Réservoir de Guri
BOLIVAR
Paragua
VÉNÉZUELA
Puerto Ayacucho
Sta-Bárbara
AMAZONE
San Carlos
Orénoque

COLOMBIE

300 km

VÉNÉZUELA
1 – ARAGUA
2 – CARABOBO
3 – YARACUY
4 – COJEDES
5 – PORTUGUESA
6 – TRUJILLO
7 – MERIDA

Vénézuela - Guyanes

INDICATEUR	UNITÉ	GUYANA	GUYANE FRANÇAISE
Capitale		Georgetown	Cayenne
Superficie	km²	214 970	91 000
Développement humain (IDH) [a]		0,539	..

	INDICATEUR	UNITÉ	GUYANA	GUYANE FRANÇAISE
DÉMOGRAPHIE	Population (*)	million	0,81	0,10
	Densité	hab./km²	3,8	1,1
	Croissance annuelle [c]	%	0,8	3,0
	Indice de fécondité (ISF) [c]		2,4	..
	Mortalité infantile [c]	‰	48	20 [f]
	Espérance de vie [c]	année	65	..
	Population urbaine [a]	%	35	75
CULTURE	Analphabétisme [a]	%	3,6	17,0 [d]
	Scolarisation 12-17 ans [a]	%	54,2	..
	Scolarisation 3e degré	%	4,0 [f]	..
	Téléviseurs [b]	‰ hab.	31,4	210,5
	Livres publiés	titre	46 [b]	..
	Nombre de médecins	‰ hab.	1,6 [f]	1,7 [e]
ARMÉE	Armée de terre	millier d'h.	1,4	—
	Marine	millier d'h.	0,1	—
	Aviation	millier d'h.	0,2	—
ÉCONOMIE	PIB	million $	293 [a]	266 [b]
	Croissance annuelle 1980-90	%	– 2,7	– 0,4
	1991	%	4,5	4,8 [b]
	Par habitant	$	370 [a]	2 800 [b]
	Dette extérieure totale	milliard $	1,8	..
	Service de la dette/Export.	%	42,9 [a]	..
	Taux d'inflation	%	100,0 [a]	..
	Dépenses de l'État Éducation	% PIB	8,8 [e]	19,2 [d]
	Défense	% PIB	3,3 [g]	—
	Production d'énergie [b]	millier TEC	1	..
	Consom. d'énergie [b]	millier TEC	311	222
COMMERCE	Importations	million $	511 [a]	1 671 [a]
	Exportations	million $	251 [a]	89 [a]
	Principaux fournis. [a]	%	E-U 35,1	E-U 17,7
		%	CEE 26,4	Fra 51,5
		%	AL 19,7	RFA 18,1
	Principaux clients [a]	%	E-U 20,3	AL 15,4
		%	CEE 47,0	Fra 33,5
		%	AL 14,3	RFA 26,3

SURINAM	VÉNÉZUELA
Paramaribo	Caracas
163 270	912 050
0,749	0,824
0,43	20,23
2,6	22,2
1,8	2,4
3,4 [a]	3,5
28	33
70	70
48	90
5,1	11,9
93,9	64,8
7,2 [f]	27,8 [g]
132,9	156,0
..	1 202 [e]
0,87 [h]	1,69 [b]
1,9	34
0,2	11
0,1	7
1 365 [a]	53 476
− 2,6	0,7
1,0 [a]	9,2
3 050 [a]	2 643
0,08 [b]	33,0
1,5 [e]	25,6
50,0 [a]	31,0
9,5 [b]	4,2 [b]
4,8 [a]	3,3
430	181 691
522	54 326
396	11 198
380	15 130
E-U 37,3	E-U 44,5
P-B 17,4	CEE 29,7
AL 26,9	AL 9,9
E-U 9,2	E-U 54,7
P-B 19,6	CEE 12,3
Nor 37,7	AL 19,7

pour approuver le programme de politique générale et élire le président.

C'est le 7 septembre 1991 que Ronald Venetiaan a été nommé président, après le vote de l'Assemblée unie du peuple, collège électoral formé par l'Assemblée nationale et les représentants des districts et conseils municipaux. Cette élection a été bien accueillie par les États-Unis, le Vénézuela, la Colombie et le Brésil. R. Venetiaan a annoncé son intention de réformer la Constitution pour diminuer les pouvoirs de l'armée, et d'améliorer les relations avec les Pays-Bas, l'ancienne puissance coloniale, et le Vénézuela.

En novembre 1991, une réunion avec les ministres néerlandais s'est tenue à Bonaire concernant l'attribution d'une aide de 100 millions de florins pour le développement et de 4,4 millions de florins pour la production pétrolière. Un prêt de 44 millions de dollars US a été demandé à la BID (Banque interaméricaine de développement) pour un programme de crédit industriel global. Par ailleurs, en mai 1991, les relations avec la guérilla se sont normalisées.

Y. P.-v. E.

Vénézuela

A partir d'octobre 1991, grèves en chaîne et émeutes étudiantes (20 morts en novembre) ont confirmé le mécontentement populaire. Les scandales affectant l'entourage présidentiel et les services de sécurité, la collusion de dirigeants civils et militaires avec les cartels de la drogue sont à la source d'une crise morale.

Néanmoins, s'il faut s'en tenir aux résultats macro-économiques, la politique néo-libérale d'austérité a

Chiffres 1991, sauf notes : a. 1990; b. 1989; c. 1990-95; d. 1982; e. 1987; f. 1986; g. 1988; h. 1984. (*) Dernier recensement utilisable : Guyana, 1980; Guyane française, 1982; Surinam, 1980; Vénézuela, 1990.

BIBLIOGRAPHIE

F. BALZAN, «Golpe fallido... por ahora», *Pensamiento Propio*, n° 88, Managua, mars 1992.

A. BANSART, «Dix ans de relations entre le Vénézuela et la Caraïbe insulaire», *in* D. et Y. VAN EEUWEN (sous la dir. de), *Caraïbes-Amérique centrale 1980-1990*, IEP/CREAC, Aix-en-Provence, 1991.

F. BARTHÉLÉMY, «Le "grand virage" du Vénézuela», *Le Monde diplomatique*, Paris, déc. 1991.

P. MOUREN-LASCAUX, *La Guyane*, Karthala, Paris, 1990.

J. REVEL-MOUROZ (sous la dir. de), *Vénézuela. Centralisme, régionalisme et pouvoir local*, EST-IHEAL, Paris, 1989.

D. VAN EEUWEN, Y. PIZETTY-VAN EEUWEN, «Caraïbe insulaire et Guyanes (1980-1990), *Caraïbes-Amérique centrale 1980-1990*, IEP/Annales CREAC, Aix-en-Provence, 1991.

430

enregistré des résultats plutôt bons : croissance de 9,2 % en 1991, inflation réduite des trois quarts en trois ans, augmentation des investissements — notamment vénézuéliens — de 1,7 milliard de dollars en 1991, dette rééchelonnée. La privatisation du téléphone, de la compagnie aérienne Viasa, rachetée par l'espagnole Iberia, et de trois banques a rapporté 2 milliards de dollars en 1991. En revanche, l'OPEP (Organisation des pays exportateurs de pétrole) a contraint, en février 1992, la compagnie pétrolière PDVSA (quatrième mondiale) à réduire ses objectifs de production et d'investissements dans le souci de contrôler l'évolution des prix. Les recettes d'exportation espérées en ont été réduites de 13,5 à 10,7 milliards de dollars.

Au plan social, en renonçant aux fondements mêmes du système vénézuélien — subventions aux produits de première nécessité grâce aux revenus du pétrole, maintien par l'État de prix artificiellement bas pour les services courants —, le gouvernement d'Action démocratique (social-démocrate) s'est coupé de sa base parmi les plus pauvres. Les secteurs de l'éducation, de la santé et des transports étant à l'abandon, le niveau de protection sociale a sensiblement diminué. La classe moyenne appauvrie, en proie à de grandes difficultés de logement, a été frappée par les licenciements de fonctionnaires, tandis que la concentration de l'industrie entre les mains de quelques grandes familles s'est accentuée et que s'est creusé le fossé qui les sépare des quatre cinquièmes de la population vivant au seuil de pauvreté. Au début de février 1992, 81 % des Vénézuéliens affirmaient n'avoir «aucune confiance dans leur président», Carlos Andres Perez. Ce dernier a mal apprécié l'ampleur du malaise social et celui des militaires qui ont vu, eux aussi, baisser leurs revenus réels.

Dans la nuit du 3 au 4 février 1992 douze bataillons (parachutistes de Maracay et Maracaibo, unités blindées) se sont soulevés, mais ils ont échoué au bout de quelques heures devant la résistance de la police et de la garde loyalistes. Un millier de militaires ont été arrêtés, 200 officiers limogés. Le président

---

▼

République du Vénézuela

Nature du régime : présidentiel.
Chef de l'État et du gouvernement : Carlos Andrez Perez (élu le 4.12.88).
Monnaie : bolivar (1 bolivar = 0,085 FF au 30.3.92).
Langue : espagnol.

annonça un «méga-programme social» ainsi que des réformes constitutionnelles portant sur le Congrès et la Cour suprême ; il remania son gouvernement à trois reprises en un mois.

Mais l'appel des officiers du «Mouvement révolutionnaire bolivarien» à la restauration de «l'honneur perdu de la nation», à une gestion honnête et efficace des richesses nationales, à la lutte contre l'insécurité (principalement dans la capitale Caracas), ainsi que leur dénonciation de «la dictature du FMI... responsable de la misère du peuple» ont trouvé un écho au sein d'une population qui ne s'est pas mobilisée contre les putschistes. Leur leader, le lieutenant-colonel Hugo Chavez, est même devenu le personnage le plus populaire du pays tandis que l'agitation est restée permanente (grève civique du 8 avril 1992, violents affrontements à Mérida le 23 avril).

Le président C.A. Perez a continué de mener une politique extérieure extrêmement active (zone de libre-échange andine, accords commerciaux avec l'Amérique centrale et le CARICOM — Marché commun des Caraïbes anglophones), pourparlers de paix salvadoriens et colombiens à Caracas, présidence du Conseil de sécurité des Nations unies — qui vaudra à l'ambassade du Vénézuela à Tripoli d'être attaquée le 2 avril 1992 après le vote de sanctions contre la Libye.

En accueillant, en septembre 1991, le président haïtien Jean-Bertrand Aristide renversé par l'armée, C.A. Perez dénonçait «l'ère révolue des coups d'État militaires». Mais pour préserver la plus ancienne démocratie d'Amérique du Sud, sans doute faudra-t-il procéder à une profonde «rectification» économique — demandée par le parti même du président — et ne pas se borner à «incarner la démocratie», mais assurer son «fonctionnement décent» ainsi que l'a réclamé l'un des «sages» de la nation, l'écrivain Arturo Uslar Piétri.

D. v. E.

Amérique andine

Bolivie, Colombie, Équateur, Pérou
(Voir aussi p. 551.)

Bolivie

La Bolivie a poursuivi la politique d'ajustement structurel inauguré en 1985 sous la surveillance des organismes financiers internationaux. Elle devait en particulier parachever en 1992 la privatisation de 158 entreprises du secteur public. Malgré une reprise de l'inflation (15 % en 1991), les premiers résultats de cette politique se sont fait sentir en 1991 : le taux de croissance a été de 4,1 %, la balance commerciale a été excédentaire de 200 millions de dollars et les réserves internationales se sont élevées à 240 millions de dollars. Comme dans les pays voisins, cela a été payé d'un coût social élevé :

▼

République de Bolivie

Nature du régime : présidentiel.
Chef de l'État et du gouvernement : Jaime Paz Zamora (depuis le 6.8.89).
Monnaie : boliviano (1 boliviano = 1,46 FF au 30.3.92).
Langues : espagnol, qechua, aymara, guarani.

30 % de la population participe à des activités illégales, comme la contrebande et le trafic de drogue. Les projets de développement alternatif n'ont pas apporté de solutions durables aux paysans qui ont accepté en

1991 d'arracher 5 000 hectares plantés de cocaïers en échange d'une indemnisation.

L'opposition, avec le recul des partis de gauche et des organisations syndicales, a pris un nouveau visage : marches de protestation et grèves de la faim, mais aussi lutte armée. Ainsi, en avril-mai 1992, ont été arrêtés des membres de l'Armée de guérilla Tupac Katari (EGTK), liés aux Ayllu rouges, un groupe dont l'idéologie se rattache à la fois au maoïsme, à l'anarcho-syndicalisme et à l'indigénisme. Il s'est en particulier signalé par une cinquantaine d'attentats de la mi-1991 à la mi-1992.

Sur le plan électoral, on a assisté au recul des grands partis — Mouvement de la gauche révolutionnaire (MIR), Action démocratique nationaliste (ADN), Mouvement nationaliste révolutionnaire (MNR) — discrédités par les scandales et les affaires de drogue, et à la montée de mouvements populistes, comme l'a montré le résultat des élections municipales en décembre 1991. L'Union civique de la solidarité (UCS), dirigée par le brasseur Max Fernandez, est arrivée en troisième position avec 23 % des voix, et la Conscience de la patrie (CONDEPA) dont le leader est propriétaire d'une chaîne de télévision, Carlos Palenque, en quatrième position avec 15,3 % des voix. La gauche n'a obtenu que 10 % des voix. L'opposition aux partis traditionnels et à l'ensemble du système politique devait également être marquée par l'élection, en octobre 1992, d'une Assemblée des nationalités, dans le cadre des contre-manifestations suscitées par la célébration du cinquième centenaire de la découverte de l'Amérique.

Colombie

La reddition de Pablo Escobar — le chef du cartel de Medellín — le 19 juin 1991, après celle des frères Ochoa à la fin de l'année précédente, n'avait pas seulement représenté pour le président Cesar Gaviria un succès dans la lutte contre le narco-terrorisme. En effet, soit que le rapa-

triement de l'argent de la drogue placé à l'étranger ait été un élément explicite de la négociation avec le « parrain » qui avait continué à diriger le trafic de sa prison avant de s'en évader, le 22 juillet 1992, soit que la fin des affrontements ait simplement constitué un élément incitatif pour les trafiquants, le pays a bénéficié en 1991-1992 d'un afflux de dollars sans précédent. La hausse des taux d'intérêt à près de 40 % n'a pas, non plus, été étrangère à cet engouement.

▼

République de Colombie

Nature du régime : présidentiel.
Chef de l'État et du gouvernement : Virgilio Barco, puis Cesar Gaviria, élu le 27.5.90 et investi le 7.8.90.
Monnaie : peso (1 peso = 0,07 FF au 30.3.92).
Langue : espagnol.

Durant les derniers mois de 1991, l'excédent mensuel de devises a été de 200 millions de dollars, ce qui a conduit à une réévaluation de fait du peso de 12,5 % et au maintien de l'inflation à environ 30 %. Les mesures de privatisation et de remise en question de la garantie de l'emploi ont provoqué une vive agitation sociale, marquée en particulier par une grande marche de protestation nationale, le 28 mai 1992. Comme la croissance n'a été que de 3 % en 1991, et que les rationnements en énergie électrique à partir du mois de mars 1992 ont affecté la production industrielle, les ambitieux projets sociaux qui devaient compenser les effets de la « libéralisation » de l'économie semblaient, à la mi-1992, devoir être remis en cause.

Sur le plan politique, l'adoption d'une nouvelle Constitution, le 4 juillet 1991, a été un incontestable succès pour le nouveau gouvernement. Cette dernière, en instituant le plébiscite, en réformant le système électoral et en proposant une nouvelle charte des droits de l'homme, représente un renforcement des institutions démocratiques.

Amérique andine

ÉQUATEUR
1 – RÉGION CÔTIÈRE
2 – RÉGION DE LA SIERRA
3 – RÉGION ORIENTALE

COLOMBIE
1 – MAGDALENA
2 – ATLÁNTICO
3 – BOLIVAR
4 – SUCRE
5 – SANTANDER
6 – BOYACA
7 – CUNDINAMARCA
8 – CALDAS
9 – RISARALDA
10 – QUINDÍO
11 – TOLIMA
12 – VALLE DEL CAUCA
13 – CAUCA
14 – HUILA

PÉROU
1 – AMAZONAS
2 – CAJAMARCA
3 – APURIMAC

© Éditions La Découverte

Amérique andine

	INDICATEUR	UNITÉ	BOLIVIE	COLOMBIE
	Capitale		La Paz	Bogota
	Superficie	km²	1 098 581	1 138 914
	Développement humain (IDH) [a]		0,394	0,758
DÉMOGRAPHIE	Population (*)	million	7,61	33,62
	Densité	hab./km²	6,9	29,5
	Croissance annuelle [c]	%	2,8	1,9
	Indice de fécondité (ISF) [c]		5,8	2,9
	Mortalité infantile [c]	‰	93	37
	Espérance de vie [c]	année	56	69
	Population urbaine [a]	%	51	70
CULTURE	Analphabétisme [a]	%	22,5	13,3
	Scolarisation 12-17 ans [a]	%	54,2	71,7
	Scolarisation 3e degré	%	22,8 [b]	13,7 [b]
	Téléviseurs [b]	‰ hab.	98,4	108,1
	Livres publiés	titre	447 [d]	1 486 [b]
	Nombre de médecins	‰ hab.	0,48 [e]	0,91 [b]
ARMÉE	Armée de terre	millier d'h.	23	115
	Marine	millier d'h.	4	12
	Aviation	millier d'h.	4	7
ÉCONOMIE	PIB	million $	6 140	44 219
	Croissance annuelle 1980-90	%	0,0	3,1
	1991	%	4,1	2,2
	Par habitant	$	807	1 315
	Dette extérieure totale	million $	3 550	16 700
	Service de la dette/Export.	%	34,4 [a]	37,2
	Taux d'inflation	%	15,0	26,8
	Dépenses de l'État Éducation	% PIB	2,3 [b]	2,9 [b]
	Défense	% PIB	3,3 [b]	2,2
	Production d'énergie [b]	million TEC	5,61	56,54
	Consom. d'énergie [b]	million TEC	2,70	26,45
COMMERCE	Importations	million $	942	5 341
	Exportations	million $	849	7 540
	Principaux fournis. [a]	%	E-U 20,3	E-U 37,7
		%	CEE 22,0	CEE 20,2
		%	AL 38,8	AL 20,8
	Principaux clients [a]	%	E-U 17,4	E-U 45,8
		%	CEE 35,1	CEE 26,2
		%	AL 35,5	AL 14,0

ÉQUATEUR	PÉROU
Quito	Lima
283 561	1 285 216
0,641	0,600
10,78 a	22,00
38,0 a	17,1
2,4	2,0
3,9	3,6
57	76
67	65
56	70
14,2	14,9
75,5	81,0
25,2 d	35,6 a
82,3	94,6
..	481 d
1,06 d	1,04 b
50	72
4,8	18
3	15
11 774	25 149 a
1,9	0,2
2,9	2,0
1 066	1 160 a
12 100	18 500
47,0	10,8 a
49,0	139,2
2,6 b	3,5 e
2,1	1,6 a
21,60	12,11
6,84	10,64
2 397	3 592
2 852	3 220
E-U 34,8	E-U 30,4
CEE 22,3	CEE 19,9
AL 18,0	AL 30,4
E-U 45,2	PCD 68,5
CEE 9,5	CEE 28,5
AL 25,9	E-U 22,2

En revanche, le 5 mai 1992, les négociations qui se déroulaient à Tlaxcala (Mexique) entre le gouvernement et les représentants de la Coordination nationale de la guérilla Simon Bolivar (CNGSB) ont été suspendues pour six mois sans que des résultats tangibles aient été obtenus. Les négociations n'avaient interrompu ni les enlèvements et les attentats de la part de l'Armée de libération nationale (ELN) et des Forces armées révolutionnaires de Colombie (FARC), ni les violations massives des droits de l'homme de la part de l'armée. Durant le premier trimestre 1992, plus de 300 personnes ont été tuées pour des mobiles politiques. D'autre part, le développement rapide des cultures de pavot destinées à la production d'héroïne, en particulier dans les départements montagneux du Sud, Cauca, Huila et Tolima, qui seraient passées, sous l'impulsion de nouveaux cartels, de 3 000 hectares en 1991 à plus de 10 000 en 1992, ont constitué un enjeu supplémentaire pour les forces en présence sur le terrain : trafiquants, armée et guérilla.

Équateur

Les exportations de pétrole, bananes et crevettes ont permis au PIB de progresser de 2,5 % en 1991. Cepen-

République de l'Équateur

Nature du régime : présidentiel.
Chef de l'État et du gouvernement : Rodrigo Borja Cevallos (depuis le 8.5.88).
Monnaie : sucre (1 sucre = 0,004 FF au 30.1.92).
Langues : espagnol, quechua.
Territoires outre-mer : îles Galapagos.

dant, sous les pressions des bailleurs de fonds internationaux, le gouver-

Chiffres 1991, sauf notes : a. 1990; b. 1989; c. 1990-95; d. 1988; e. 1987.
(*) Dernier recensement utilisable : Bolivie, 1976; Colombie, 1985; Équateur, 1990; Pérou, 1981.

BIBLIOGRAPHIE

AMNESTY INTERNATIONAL, *Pérou, Un peuple pris entre deux feux*, AEFAI, Paris, 1989.

CAMPAGNE EUROPÉENNE D'INFORMATION SUR LA DROGUE, *Géopolitique de la drogue*, La Découverte, Paris, 1991.

R. CORTEZ, *La guerre de la coca*, FLACSO-CID, La Paz, 1992.

La Dépêche internationale des drogues (mensuel), B.P. 190, 75643 Paris Cedex 10.

G. GORRITI ELLENBOGEN, *Sendero, historia de la guerra milenario en el Peru*, t. 1, Editorial Apoyo, Lima, 1990.

A. HERTOGHE, A. LABROUSSE, *Le Sentier lumineux du Pérou, un nouvel intégrisme dans le tiers monde*, La Découverte, «Enquêtes», Paris, 1989.

A. LABROUSSE, *La Drogue, l'argent et les armes*, Fayard, Paris, 1991.

J.-M. RODRIGO, *Le Sentier de l'espoir : les organisations populaires à la conquête du Pérou*, L'Harmattan, Paris, 1990.

A. SALAZAR, *Des enfants tueurs à gages, les bandes d'adolescents de Medellin*, Centre Europe-Tiers Monde, Ramsay, Paris, 1992.

436

nement a relevé le prix de l'essence, ce qui a entraîné une hausse du coût de la vie et une vague de grèves et de manifestations. Une dette extérieure s'élevant à 13 milliards de dollars et absorbant 36,7 % du budget en 1991 (contre 24 % en 1990) et la chute du cours de la banane sur le marché international hypothèquent les projets de développement du pays.

Parallèlement, les activités illicites ont connu un essor sans précédent, comme l'a montré la découverte, le 10 février 1992, de quatre tonnes de cocaïne en provenance de Colombie et, fin juin, le démantèlement d'un important réseau international à Quito. Les trafiquants de ce pays ont acheté de grandes propriétés dans la région de Santo Domingo de los Colorados et l'Équateur est devenu une plaque tournante du blanchiment de l'argent et du trafic des produits chimiques qui servent à élaborer la cocaïne.

L'année 1991 a été marquée par l'annonce, par le groupe Alfaro Vive, le 21 octobre, de la fin de la lutte armée, et l'année 1992 par de grandes manifestations des populations amérindiennes. Ainsi, les délégués de 3 000 indigènes, à l'issue d'une marche de 222 kilomètres organisée par la Confédération nationale des indigènes de l'Équateur (CONAIE) et soutenue par de larges secteurs de la population, ont présenté au président Rodrigo Borja, le 23 mai 1992, une liste de revendications concernant les conflits pour la terre et la défense de l'environnement.

L'«usure» de la Gauche démocratique (ID, au pouvoir) s'est traduite par la victoire, au premier tour des élections générales du 17 mai 1992, des partis de droite. En ce qui concerne la présidence de la République, le second tour devait se disputer, le 5 juillet, entre les deux candidats conservateurs arrivés en tête : Sixto Durán Ballén du Parti d'unité républicaine (PUR), 28 %, et Jaime Nebot du Parti social chrétien (PSC), 21 %. Le candidat de la ID, Raul Baca, n'a obtenu que 8 % des voix.

Pérou

La politique ultra-libérale mise en place par le président Alberto Fujimori en 1990 s'est poursuivie en 1991-1992, sous l'impulsion du ministre de l'Économie, Carlos Bolonia : privatisations des entreprises publiques et des services, liberté des prix, licenciements. L'inflation a été ramenée à 7,5 % en mars 1992 et les réserves monétaires reconstituées (elles dépassaient un milliard de dollars à la fin de 1991).

Ces mesures ont eu cependant un coût social extrêmement élevé. A la mi-1992, plus de 80 % de la population travaillait dans l'économie informelle ou était au chômage. A la fin 1991, le salaire minimum de 30 dollars ne couvrait, par exemple, que le dixième du coût du « panier de la ménagère ». Cette situation a provoqué une multiplication des mouvements de grève et n'a pas été étrangère au renforcement de l'implantation du mouvement de guérilla Sentier lumineux dans les bidonvilles et les quartiers populaires de la capitale, Lima. La guérilla s'est signalée par l'assassinat de nombreux leaders des mouvements populaires, en particulier celui, le 15 février 1992, de Maria Elena Moyano, maire adjoint de la commune de Villa El Salvador, ex-bidonville. Les membres d'organisations non gouvernementales (ONG) ont constitué une autre cible du Sentier lumineux.

Le Congrès s'est opposé au renforcement du pouvoir personnel du président en bloquant, en novembre 1991, une série de décrets législatifs qui conférait à l'exécutif et à l'armée le monopole absolu de la lutte contre la guérilla et le trafic de cocaïne. Quant au pouvoir judiciaire, il s'est disqualifié en libérant des dizaines de trafiquants de drogue et plus de 200 membres du Sentier lumineux ou en réduisant la durée de leur peine.

Le 5 avril 1992, le président Alberto Fujimori décrétait la dissolution des deux chambres et annonçait la mise en marche d'une réforme constitutionnelle radicale ainsi que la réorganisation du pouvoir judiciaire. Les forces armées — le principal soutien du président — ont apporté leur appui au coup qui s'est déroulé sans effusion de sang. Selon des sondages, 80 % de la population de Lima l'auraient approuvé. En revanche, la classe politique quasi unanime s'y est opposée. Le 9 avril, 99 députés et 36 sénateurs, réunis dans la clandestinité, ont élu comme président le deuxième vice-président, Carlos García García. Dès son retour de l'étranger, le premier vice-président, Máximo San Roman, a occupé cette charge symbolique. Les pays qui, comme les États-Unis, le Canada et l'Espagne, constituaient le Groupe d'appui au Pérou ont gelé leur aide s'élevant à 600 millions de dollars. En revanche, d'autres pays comme le Japon et des institutions internationales comme le FMI ont semblé fort bien s'accommoder d'une situation favorisant l'application de la politique économique ultra-libérale menée.

Afin de désamorcer les critiques de la communauté internationale, le président A. Fujimori a présenté un calendrier de « redémocratisation du pays » : un premier plébiscite le 5 juillet 1992 pour approuver le principe des réformes ; un deuxième, le 8 novembre, pour approuver les propositions de réforme de la Constitution et du pouvoir judiciaire rédigées par une « Commission spéciale » ; enfin, l'élection en février 1993 d'un nouveau Congrès. Le 23 mai 1992, le président a fait une concession en annonçant l'élection prochaine d'un Congrès constituant démocratique.

▼

République du Pérou

Nature du régime : présidentiel.

Chef de l'État : Alberto Fujimori, théoriquement destitué par le Congrès après qu'il a décrété la dissolution des deux chambres et renforcé son pouvoir personnel.

Premier ministre : Juan Carlos Hurtado Miller, puis Carlos Torres y Torres, puis Alfonso de los Heros le 6.11.91, lui-même remplacé, après sa démission le 6.4.92, par Oscar de la Puente.

Monnaie : nouveau sol (1 nouveau sol = 0,005 FF au 30.3.92).

Langues : espagnol, qechua, aymara.

Mais la baisse substantielle du montant de l'aide internationale et la recrudescence de l'offensive du Sentier lumineux ont fait peser des menaces sur cette échéance.

La tentative de reprise en main par la police des pénitenciers du pays a par ailleurs provoqué une mutinerie des membres du Sentier lumineux du 5 au 10 mai 1992. La répression a fait officiellement une quarantaine de morts (plus de cent selon les familles). D'autre part, les profils du trafic de cocaïne, qui ont représenté plus d'un milliard de dollars en 1991, sont des ressources clés pour le pays. Une fraction de l'armée et de la police, bénéficiant de complicités au plus haut niveau, est elle-même investie dans le trafic, dont les profits, canalisés par l'État, pourraient permettre au Pérou d'être moins dépendant de l'aide économique internationale. Le veto opposé à Quito (15-17 juin 1992), par le Pérou, aux accords souscrits par ses partenaires du Pacte andin (Bolivie, Colombie, Équateur, Vénézuela) a paru s'inscrire dans cette stratégie.

Alain Labrousse

Cône sud

Argentine, Chili, Paraguay, Uruguay
(L'Argentine est traitée p. 206. Voir aussi article p. 551.)

Chili

Le gouvernement du président Patricio Aylwin a semblé avoir bien relevé les nombreux défis qui l'attendaient en 1991-1992, sa deuxième année de pouvoir : la normalisation des rapports entre l'armée et la société, la question du terrorisme d'extrême gauche — l'un des leaders de la droite, Jaime Guzmán, avait été assassiné en avril 1991, après la publication du rapport de la Commission pour la vérité et la réconciliation (qui a enquêté sur les cas les plus graves de violations des droits de l'homme pendant la dictature de Augusto Pinochet, 1973-1990) —, et la consolidation de la croissance économique.

Les relations entre l'armée et le gouvernement se sont fortement améliorées pendant l'année 1991 malgré quelques frictions dues notamment à l'exportation illégale de 11 tonnes d'armes chiliennes vers la Croatie, ainsi qu'aux obstacles posés à la justice dans l'enquête sur les crimes commis par les militaires dans les années soixante-dix.

Deux stratégies ont été adoptées dans la lutte contre le terrorisme : l'isolement politique des groupes activistes, en profitant de l'opposition généralisée de la population à ceux-ci ; la création d'un service de sécurité, l'Office coordinateur de sécurité publique (OCSP). Cela a eu pour conséquence d'affaiblir les mouvements terroristes, seul le Front patriotique Manuel Rodriguez (FPMR) - autonome continuant la lutte armée à la mi-1992.

La croissance économique est passée de 2 % en 1990 à 5,5 % en 1991, malgré la faible performance du secteur agricole dont la croissance a été de 1 %. Le transport et les communications ont constitué les secteurs les plus dynamiques, avec une croissance de 13 %, ce qui s'explique par

▼
République du Chili

Nature du régime : démocratie présidentielle.
Chef de l'État et du gouvernement : Patricio Aylwin (depuis le 11.3.90).
Monnaie : peso (1 peso = 0,016 FF au 30.3.92).
Langues : espagnol, mapuche.

Cône sud

	INDICATEUR	UNITÉ	ARGENTINE	CHILI
	Capitale		Buenos Aires	Santiago
	Superficie	km²	2 766 889	756 945
	Développement humain (IDH) [a]		0,833	0,863
DÉMOGRAPHIE	Population (*)	million	32,71	13,39
	Densité	hab./km²	11,8	17,7
	Croissance annuelle [c]	%	1,2	1,6
	Indice de fécondité (ISF) [c]		2,8	2,7
	Mortalité infantile [c]	‰	29	19
	Espérance de vie [c]	année	71	72
	Population urbaine [a]	%	86	86
CULTURE	Analphabétisme [a]	%	4,7	6,6
	Scolarisation 12-17 ans [a]	%	79,4	91,2
	Scolarisation 3e degré	%	40,8 [f]	18,8 [d]
	Téléviseurs [b]	‰ hab.	219	200,6
	Livres publiés	titre	4 836 [f]	2 350 [b]
	Nombre de médecins	‰ hab.	3,0 [d]	0,42 [b]
ARMÉE	Armée de terre	millier d'h.	45	54
	Marine	millier d'h.	25	25
	Aviation	millier d'h.	13	12,8
ÉCONOMIE	PIB	milliard $	76,5 [a]	29,69
	Croissance annuelle 1980-90	%	− 0,5	2,8
	1991	%	5,0	5,5
	Par habitant	$	2 370 [a]	2 217
	Dette extérieure totale	million $	61 000	17 150
	Service de la dette/Export.	%	34,1 [a]	23,4
	Taux d'inflation	%	230	18,7
	Dépenses de l'État Éducation	% PIB	1,5 [b]	3,6 [d]
	Défense	% PIB	1,3 [a]	1,9
	Production d'énergie [b]	million TEC	65,0	7,35
	Consom. d'énergie [b]	million TEC	61,9	15,63
COMMERCE	Importations	million $	7 040	7 354
	Exportations	million $	11 000	8 929
	Principaux fournis. [a]	%	E-U 21,5	AL 26,4
		%	CEE 27,4	E-U 19,2
		%	AL 34,8	CEE 19,8
	Principaux clients [a]	%	E-U 13,8	Jap 14,6
		%	CEE 30,5	E-U 16,9
		%	AL 26,3	CEE 34,7

PARAGUAY	URUGUAY
Asunción	Montevideo
406 752	176 215
0,637	0,880
4,40	3,11
10,8	17,6
2,7	0,6
4,3	2,3
39	20
67	72
47	85
9,9	3,8
50,2	80,0
8,0 [b]	50,4 [d]
48,2	227,2
..	805 [b]
0,99 [b]	2,93 [a]
12,5	16
3,5	3,5
1	3,4
4,80 [a]	7,93 [a]
1,9	− 0,3
2,0	2,3
1 110 [a]	2 560 [a]
1 840	7 130
13,0 [a]	41,0 [a]
11,8	81,5
1,5 [e]	3,1 [d]
1,4 [b]	2,6 [g]
0,34	0,48
0,91	2,41
1 573	1 623
1 180	1 594
Bré 17,4	CEE 18,2
Jap 15,7	Bré 23,0
CEE 15,1	Arg 16,8
Bré 32,6	CEE 24,1
PCD 37,7	Bré 29,6
CEE 28,1	E-U 9,8

Chiffres 1991, sauf notes : a. 1990 ; b. 1989 ; c. 1990-95 ; d. 1988 ; e. 1985 ; f. 1987 ; g. 1986.
(*) Dernier recensement utilisable : Argentine, 1980 ; Chili, 1982 ; Paraguay, 1982 ; Uruguay, 1985.

les importants investissements de l'État dans les infrastructures. Le secteur manufacturier a connu une croissance de 4,5 %, la construction de 3,6 % et le secteur minier de 3,3 %. Le taux d'inflation a été ramené à 18,7 % en 1991 (contre 27 % en 1990) ; les salaires réels ont subi une légère augmentation, bien que demeurant faibles en termes absolus. Le taux de chômage est resté relativement stable, autour de 6 %, mais il a atteint 15 % parmi les 15-24 ans. Cela a entraîné une insatisfaction croissante de l'électorat, qui s'est manifestée dans les sondages d'opinion et dans l'augmentation du nombre des conflits du travail, les travailleurs réclamant au gouvernement le paiement de la « dette sociale ».

La relative perte de popularité du gouvernement de la Concertation nationale ne semblait pourtant pas devoir constituer un obstacle pour cette coalition de partis pour les élections municipales de juin 1992 qu'elle a emportées avec plus de 53 % des votes contre près de 30 % pour l'opposition. Le 9 novembre 1991, le Congrès avait approuvé une réforme constitutionnelle autorisant l'élection au suffrage universel des maires et des conseillers municipaux. L'importance de ces élections a dépassé le cadre strictement municipal : elles auront, sans doute, des répercussions importantes pour les élections présidentielles et législatives de 1993, aussi bien pour la Concertation, où le Parti démocrate-chrétien a réaffirmé son hégémonie, que pour l'opposition. Les partis de la Concertation devraient poursuivre leur collaboration politique tandis que le pacte conclu entre les deux formations de centre droit lors des élections municipales, la Rénovation nationale (RN) et l'Union démocratique indépendante (UDI), devrait leur assurer de meilleurs résultats électoraux.

BIBLIOGRAPHIE

B. ARDITI, «Élections et partis dans le Paraguay de la transition»,
Problèmes d'Amérique latine, n° 2, La Documentation française,
Paris, juil.-sept. 1991.

M. CAVAROZZI, M. A. GARRETON, *Muerte y reşurreccion. Los partidos
politicos, autoritarismo y democratizacion del Cono Sur*, FLACSO,
Santiago, 1989.

R. FRENCH-DAVIS, «Le retour à la démocratie au Chili : héritages
et défis économiques», *Problèmes d'Amérique latine*, n° 97,
La Documentation française, Paris, 3e trim. 1990.

C. RUDEL, *Le Paraguay*, Karthala, Paris, 1990.

Voir aussi la bibliographie «Argentine» dans la section «34 États».

Paraguay

Trois ans après le renversement du dictateur Alfredo Stroessner, en février 1989, le Paraguay semblait engagé sur la voie de la démocratie. Le président Andrés Rodríguez a annoncé qu'il ne serait pas candidat aux élections présidentielles de 1993 et le calendrier politique, fixé au début de son mandat constitutionnel, en mai 1989, a continué d'être respecté.

▼

République du Paraguay

Nature du régime : démocratie présidentielle.
Chef de l'État et du gouvernement : général Andrés Rodriguez (depuis le 3.2.89 pour 4 ans).
Monnaie : guarani (1 guarani = 0,003 FF au 30.3.92).
Langues : espagnol, guarani.

Après les élections municipales de mai 1991, où les partis d'opposition ont obtenu des gains substantiels, le peuple paraguayen a été convoqué aux urnes, le 1er décembre 1991, pour élire une Assemblée constituante. La victoire est revenue au Parti colorado (PC), le parti du président ; avec 55 % des voix, il s'est assuré 82 des 140 sièges de l'Assemblée. Le Parti libéral radical authentique (PLRA), principal parti d'opposition, a

obtenu 27 % des voix et 40 sièges, tandis que le mouvement Constitution pour tous (CPT), issu de la formation Assomption pour tous qui avait remporté les élections municipales dans la capitale — Asunción —, a dû se contenter de 16 sièges (11 % des voix).

Le renversement des résultats entre les deux élections (municipales et pour la Constituante) s'explique par la résolution des conflits à l'intérieur du Parti colorado, au profit du renforcement des liens traditionnels de ce parti avec les forces armées. Cela a suscité des inquiétudes, car l'Assemblée constituante, qui a commencé ses délibérations le 9 janvier 1992, devait se prononcer sur le rôle des forces armées dans un régime démocratique.

La démocratisation a été accompagnée de réformes économiques ; réaménagement du système fiscal, loi sur la privatisation des entreprises publiques, loi de garantie des investissements étrangers destinés à des contrats mixtes avec le capital national. Ces réformes ne se sont pourtant pas attaquées au principal problème social du Paraguay, celui de la paysannerie. La réforme agraire, qui lui permettrait de récupérer des terres non exploitées dans les mains des latifundistes, a tardé à venir.

La croissance économique a été médiocre par rapport aux années précédentes (2 % en 1991 contre 3 %

en 1990). Ce résultat a été provoqué par de mauvaises récoltes et par le plan de stabilisation, dont l'objectif principal était de contenir l'inflation qui s'est située autour de 14 %, en baisse de plus de vingt points par rapport à 1990.

Uruguay

Le 1er mars 1990, Luis Alberto Lacalle, candidat du Parti national (blanco), était nommé président de la République. N'ayant pas de majorité au Congrès, les Blancos ont conclu un pacte — la Coïncidence nationale — avec le Parti colorado.

▼

République orientale de l'Uruguay

Nature du régime : démocratie présidentielle.
Chef de l'État et du gouvernement : Luis Lacalle (depuis le 1.3.90).
Monnaie : nouveau peso (1 nouveau peso = 0,002 FF au 30.3.92).
Langue : espagnol.

La Coïncidence s'est révélée très difficile à gérer et, avec le départ le 28 janvier 1992 de Jorge Batlle et de sa faction (le Batllismo radical), elle a été sérieusement atteinte. Il en restait, à la mi-1992, une alliance entre le Parti blanco et une faction du Parti colorado, l'Union colorada et batlliste.

Le gouvernement a aussi été affaibli par les conflits existants à l'intérieur du Parti blanco dont les causes sont similaires à celles qui ont conduit à l'échec de la Coïncidence : des différends concernant la politique économique, notamment la réforme du secteur public. En effet, la loi sur les entreprises publiques, destinée à réduire la participation de l'État dans leur capital, a été le principal événement de l'année 1991. La loi a prévu la privatisation de l'ILPE, la compagnie de pêcheries de l'État, ainsi que la participation du capital privé dans d'autres secteurs tels que le transport aérien, le téléphone, l'électricité et le gaz. Les groupes opposés à ces mesures, le Front élargi (gauche), trois députés blancos et un colorado, ainsi que la centrale syndicale — les salariés ayant été particulièrement touchés par la politique économique du gouvernement —, ont prôné un référendum sur les privatisations qui sera possible s'ils détiennent 630 000 signatures sur une pétition, soit le quart de l'électorat.

La mise en œuvre d'une politique fiscale très sévère, la réduction de l'indexation des salaires dans le secteur public, la stabilité du prix du pétrole ainsi que des taux de change argentin et brésilien sont autant de facteurs qui ont expliqué la chute du taux d'inflation, passé de 129 % en 1990 à 81,5 % en 1991. Pour sa part, le taux de croissance a été de 2,3 % en 1991 et les secteurs les plus dynamiques ont été les pêcheries et la distribution, cette dernière bénéficiant particulièrement du tourisme argentin et de l'augmentation des importations.

Graciela Ducatenzeiler

Europe

Que désigne le mot Europe aujourd'hui ? C'est d'abord un ensemble territorial composé de plus de quarante États anciens ou récents et d'une cinquantaine de nations — plus ou moins affirmées — ou d'entités ethno-linguistiques. C'est aussi un espace discontinu, traversé de multiples clivages et marqué, de ce fait, de nombreuses tensions. C'est encore un continent maillé par un réseau d'institutions interdépendantes : Conseil de l'Europe, avec 27 membres à la mi-1992 ; Communauté européenne évoluant depuis le traité international de Maastricht (7 février 1992) en Union européenne ; Conférence sur la sécurité et la coopération en Europe ; Union de l'Europe occidentale (UEO), Association européenne de libre-échange (AELE)...

Le mot Europe, c'est, enfin, un critère d'admission à l'Union européenne, selon l'article 237 du traité de Rome (1957) et l'article 0 du traité de Maastricht : « tout État européen peut en devenir membre ». Le terme « européen » n'y est pas officiellement défini. Le rapport sur l'élargissement des Douze préparé par la Commission de Bruxelles pour le Conseil européen de Lisbonne (juin 1992) indique : « [le terme] combine des éléments géographiques, historiques et culturels qui, ensemble, contribuent à l'identité européenne. Leur expérience partagée de proximité, d'idées, de valeurs et d'interaction historique ne peut être condensée en une formule simple et reste sujette à révision à chaque génération successive. » La Commission pense qu'il n'est « ni possible ni opportun d'établir maintenant les frontières de l'Union européenne, dont les contours se construiront au fil du temps ». Voilà une définition de géopolitique constructive, au sens de rencontre d'un projet politique volontaire et d'un espace, de taille continentale. En sont membres, dans cette acception, ceux qui participeront au projet.

Intégration et désintégration

Une seconde lecture géopolitique révèle le double mouvement, contradictoire, qui traverse le continent : d'un côté, à l'ouest, une tendance lourde à l'intégration, économique et politique ; de l'autre, au centre et à l'est, à la désintégration des structures étatiques mises en place entre 1919 et 1945.

L'unification allemande de 1990, pacifique, a montré que des frontières n'étaient plus intangibles et a ouvert la voie à une lame de fond où s'affirment des nations, même petites et peu « viables », qui veulent toutes disposer des attributs de la souveraineté nationale : douanes et frontières ; armée et monnaie ;

drapeau et reconnaissance internationale. Cela se produit dans les espaces où la fin de la « guerre froide » a laissé percer les insatisfactions héritées de 1945 (États baltes, Moldavie) ou de 1919 (espace yougoslave, Albanie et Kosovo, Slovaquie, relations Hongrie-Roumanie et Roumanie-Russie-Ukraine).

Diverses aspirations se manifestent au-delà de ce qui ne peut être réduit à une simple renaissance nationaliste : volonté de se soustraire, par la sécession, à des régimes national-communistes (Slovénie et Croatie; pays Baltes); souci de renouer avec une tradition étatique antérieure (Baltes), d'en élargir le champ (Serbie, Roumanie) ou d'en inventer une (Ukraine, Slovénie, Macédoine, Croatie); désir d'unification (Roumanie/Moldavie; Albanie/Kosovo); exigence d'un droit de regard sur les minorités co-ethniques (Hongrie avec tous ses voisins); transformation inédite d'un statut de centre impérial à celui d'État-nation (Russie). Et, un peu partout, volonté de se protéger des rudes conséquences de l'introduction du marché : ces nouveaux États sont bien souvent en guerre économique et les ruptures de solidarités mal vécues visent à freiner les réformes (Slovaquie, Serbie), ou à les accélérer (pays Tchèques, Russie) : partout s'élèvent de nouvelles frontières fiscales ou monétaires.

Le continent européen en comptait environ 26 000 kilomètres en 1989. A la fin de 1992, il sera traversé de quelque 14 200 kilomètres supplémentaires, Asie centrale non comprise, qui sont autant de fronts réels ou virtuels, et de frontières d'alarme. Cette fragmentation est parfois négociée (Slovaquie ou majorité des États successeurs de l'URSS), souvent conflictuelle sous forme de véritables lignes de front (espace yougoslave, Moldavie et Caucase) là où le droit des peuples à disposer d'eux-mêmes est revendiqué aussi par les nouvelles minorités (Serbes et Croates hors de Serbie, Russes de Moldavie).

A nouveau deux Europes

A l'Europe privilégiée, au plan économique, des Douze de l'Union européenne et des Sept de l'AELE (Autriche, Finlande, Islande, Norvège, Suède, Suisse, Liechtenstein), liés par un traité (signé à Porto le 2 mai 1992) instituant un espace économique européen (EEE), en attendant l'adhésion de plusieurs États de l'AELE à l'Union, après 1995, s'oppose l'ancien bloc de l'Est, à l'économie sinistrée. La combinaison des crises politiques et des heurts de la transition économique contribue à différencier l'Europe centrale et orientale. La partition engagée de l'ancienne République fédérative tchèque et slovaque comme l'instabilité politique polonaise compliquent la transition alors que ces États, liés avec la Hongrie par les accords de Visegrad, étaient les plus avancés dans leur rapprochement avec l'Ouest européen. Ils bénéficient d'accords d'association au terme desquels la CEE s'ouvre à leurs productions.

Au-delà de ce groupe centre-européen, le destin de l'espace balkanique reste suspendu à l'évolution des guerres yougoslaves; la Grèce, pourtant membre de l'Union européenne, en reste un maillon faible, ne parvenant pas à dépasser les craintes d'un autre âge (notamment son refus de voir reconnaître la Macédoine comme État au prétexte que la seule Macédoine légitime serait grecque).

Dans l'ex-Union soviétique, l'interdépendance économique, loin de servir de base à la Communauté d'États indépendants (CEI, créée à partir du 8 décembre 1991), sert désormais à un marchandage permanent pour des États en quête de souveraineté. Le repli stratégique russe s'est poursuivi. Sa limite a toutefois été soulignée par l'intérêt que Moscou et l'armée russe ont manifesté à l'égard des minorités russes vivant hors des nouvelles frontières de la Russie, mal définies et largement administratives.

A l'Europe pacifiée de l'Ouest s'oppose ainsi une Europe en mutation douloureuse. A la mi-1992, les crises demeuraient contenues à l'intérieur des anciens États. Elles apparaissaient lourdes de risques si elles devaient échapper à une gestion globale et négociée. Elles représentent le premier point d'application de la politique étrangère et de sécurité commune dont l'Union européenne a manifesté l'ambition. Mais les formules efficaces du peace-making — *imposer la paix, y compris par une présence militaire — sont largement à inventer dès lors que chaque partie au conflit peut exciper de droits historiquement fondés, au moins partiellement, mais qui se révèlent peu compatibles avec les nouvelles réalités contemporaines. C'est le cas tragique du Kosovo, très majoritairement peuplé d'Albanais, sur des terres où les Serbes affichent des droits historiques.*

L'Europe est ainsi traversée de conflits localisés mais violents qui, à durer, risquent d'augmenter le nombre des victimes et des réfugiés (plus de deux millions à la mi-1992) : le but principal de la guerre locale est souvent de chasser les populations appartenant à un autre groupe national. La poursuite de ces crises érodera, à terme, la confiance des opinions publiques de la partie pacifiée de l'Europe dans le bien-fondé de la construction européenne et l'Union, plus vite que prévu, devra affirmer une véritable capacité politique et militaire en utilisant l'UEO (Union de l'Europe occidentale) pour seconder son action diplomatique, économique et humanitaire.

Après l'euphorie des années 1989-1990, est venu, pour tous les Européens, le temps des épreuves de vérité et des choix qui engagent dans la durée.

Michel Foucher

Europe / Journal de l'année

— 1991 —

17 juin. **Allemagne-Pologne.** Signature à Bonn d'un traité de coopération et de bon voisinage faisant suite au traité du 14 novembre 1990 qui avait confirmé la frontière commune (la « ligne Oder-Neisse »).

20 juin. **Allemagne.** Le Parlement choisit de faire de Berlin le siège futur du gouvernement et des institutions.

25 juin. **Slovénie.** Autoproclamation d'indépendance. Une courte guerre s'ensuit avec l'armée « fédérale », qui se termine le 7 juillet 1991. Environ 100 morts, dont un tiers de Slovènes.

25 juin. **Croatie.** Autoproclamation d'indépendance (le même jour que la Slovénie). Un meurtrier conflit s'ensuit avec l'armée serbo-fédérale, qui culminera entre le 15 juillet 1991 et le 4 janvier 1992.

28 juin. **CAEM.** Dissolution du Conseil d'assistance économique mutuelle (ou COMECON), puis du pacte de Varsovie trois jours plus tard, le 1er juillet.

1er juillet. **CEE.** La Suède dépose une demande officielle d'adhésion à la CEE.

26 juillet. **CEE-Japon.** Compromis prévoyant l'ouverture progressive du marché européen aux automobiles japonaises et la suppression des quotas en l'an 2000.

8 septembre. **Macédoine.** La souveraineté de la Macédoine est approuvée par plus de 90 % des Macédoniens. Le 27 juin 1992, le Conseil européen, réuni à Lisbonne, décidera d'inciter l'ex-république yougoslave à changer de nom avant toute reconnaissance, suivant en cela la position de la Grèce. Le gouvernement macédonien sera alors renversé.

10 septembre. **CSCE.** Admission de l'Albanie et des États baltes à la Conférence sur la sécurité et la coopération en Europe, suivie le 30 janvier 1992 par celle des dix républiques de la CEI (la Russie succédant à l'URSS) et, le 24 mars 1992, de la Géorgie, de la Croatie et de la Slovénie. A cette date, la CSCE comptera 51 membres.

15 septembre. **Suède.** Recul du Parti social-démocrate aux législatives. Ingvar Carlsson est remplacé par Carl Bildt (conservateur) au poste de Premier ministre.

7 octobre. **Pologne-URSS.** Signature d'un accord sur le retrait des 50 00 soldats soviétiques avant la fin de 1992.

13 octobre. **Bulgarie.** Les élections législatives mettent fin à quarante-cinq ans de domination communiste. Les 12 et 19 janvier 1992, la première élection présidentielle au suffrage universel sera remportée par Jelio Jelev, avec 52,8 % des voix.

17 octobre. **OTAN.** A Taormine (Sicile), les ministres de la Défense de l'Organisation du traité de l'Atlantique nord annoncent une réduction de 80 % des armes nucléaires tactiques en Europe d'ici deux à trois ans.

18 novembre. **Croatie.** Chute de Vukovar, après trois mois de siège.

22 novembre. **CEE-Europe centrale.** Signature d'accords d'association avec la Hongrie, la Pologne et la Tchécoslovaquie.

24 novembre. **Belgique.** Aux élections législatives, la coalition des partis « classiques » (socialistes, sociaux-chrétiens, Volksunie) perd la majorité des deux tiers. Le parti xénophobe Vlaams Blok progresse, de même que les écologistes.

26 novembre. **Conseil de l'Europe.** Adhésion de la Pologne puis, le 7 mai 1992, de la Bulgarie.

9-10 décembre. **CEE.** A Maastricht (Pays-Bas), les Douze s'accordent sur l'Union européenne. Le traité, signé le 7 février 1992, instaure notamment une monnaie unique avant 1999 et une amorce de politique étrangère et de sécurité commune. Le Royaume-Uni bénéficiera d'une exemption pour la monnaie commune et a refusé de participer à l'Europe sociale. Le 2 juin, les Danois refusent par référendum la ratification du traité. Celle-ci sera approuvée par référendum en Irlande (18 juin), par le Parlement au Luxembourg (2 juillet) et en Belgique (17 juillet).

19 décembre. **Allemagne.** Le taux d'escompte est porté à 8 % (il n'était encore que de 6 % avant le 31 janvier 1991, et il atteindra 8,75 % le 16 juillet 1992).

20 décembre. **COCONA.** Session inaugurale du Conseil de coopération nord-atlantique créé en novembre. Il réunit les pays de l'OTAN et les ex-membres du pacte de Varsovie.

— 1992 —

25 janvier. **Slovénie, Croatie.** La CEE reconnaît l'indépendance de la Slovénie et de la Croatie.

22 février. **Croatie.** Le Conseil de sécurité de l'ONU vote la *résolution 743* autorisant le déploiement de 14 000 « casques bleus » (FORPRONU) dans quatre « zones protégées » tenues par les Serbes.

1er mars. **Bosnie-Herzégovine.** Un référendum organisé dans la république et boycotté par les Serbes approuve l'indépendance. Début d'une guerre qui oppose essentiellement les Musulmans de Bosnie aux Serbes, mais aussi aux Croates.

2 mars. **Saint-Marin.** Admission de la république aux Nations unies.

18 mars. **Finlande.** Helsinki se déclare candidat à l'adhésion à la CEE.

22 et 29 mars. **Albanie.** Victoire du Parti démocratique albanais (PDA) aux législatives, ce qui marque la fin du pouvoir communiste.

2 avril. **France.** Pierre Bérégovoy remplace Édith Cresson comme Premier ministre.

6 avril. **Bosnie-Herzégovine.** La CEE reconnaît la république indépendante.

6 avril. **SME.** L'escudo portugais entre dans le Système monétaire européen.

9 avril. **Royaume-Uni.** Le Parti conservateur du Premier ministre John Major remporte les élections législatives avec 41,8 % des voix. Neil Kinnock démissionne de son poste de leader des travaillistes.

20 avril. **Espagne.** Inauguration de l'Exposition universelle à Séville, alors que le pays célèbre le cinquième centenaire de la « rencontre avec l'Amérique ». Les jeux Olympiques débuteront pour leur part à Barcelone le 25 juillet suivant.

27 avril. **Serbie-Monténégro.** Proclamation par les Parlements des deux républiques de la « république fédérale de Yougoslavie » (RFY), que ne reconnaît pas la communauté internationale.

2 mai. **CEE-AELE.** Les Douze et les sept pays de l'Association européenne de libre-échange signent, à Porto, le traité créant une zone de libre-échange, l'Espace économique européen (EEE), au 1er janvier 1993.

17 mai. **Suisse.** L'entrée au Fonds monétaire international (FMI) est approuvée par référendum. Le 26 mai, la Suisse décidera de déposer une demande officielle d'adhésion à la CEE.

21 mai. **CEE.** L'accord communautaire sur la réforme de la politique agricole commune (PAC) prévoie une baisse des subventions aux produits agricoles et une hausse des aides aux exploitants, suivant en cela le plan MacSharry.

22 mai. **France-Allemagne.** Les deux pays décident de créer un corps d'armée réunissant leurs forces respectives (Eurocorps).

23 mai. **Italie.** Assassinat du juge « anti-mafia » Giovanni Falcone à Palerme. Le 25, Oscar Luigi Scalfero est nommé président de la République. Son prédécesseur Francesco Cossiga avait démissionné le 25 avril. Giulano Amato (PSI) sera nommé président du Conseil le 28 juin. Le 19 juillet, le juge Paolo Borsellino, proche du juge Falcone, sera lui aussi assassiné.

24 mai. **Autriche.** Thomas Klestil, candidat du parti conservateur (ÖVP), remporte les élections présidentielles et remplace Kurt Waldheim à la tête de l'État.

30 mai. **Serbie-Monténégro.** Le Conseil de sécurité de l'ONU décrète un embargo commercial, pétrolier et aérien. Le 10 juillet suivant, l'OTAN et l'UEO s'engageront à contrôler le respect de l'embargo dans l'Adriatique.

Carole Journault

Voir aussi la chronologie consacrée à l'ex-empire soviétique, au chapitre suivant, pour les républiques européennes de l'ancienne URSS.

EUROPE/BIBLIOGRAPHIE SÉLECTIVE

A. BROSSAT, S. COMBE, J.-Y. POTEL, J.-C. SZUREK, *A l'Est, la mémoire retrouvée*, La Découverte, Paris, 1990.

F. FÉRON, A. THORAVAL (sous la dir. de), *L'état de l'Europe*, La Découverte, coll. « L'état du monde », Paris, 1992 (à paraître).

M. FOUCHER, *Fronts et frontières, un tour du monde géopolitique* (2ᵉ éd. rev. et augm.), Fayard, Paris, 1991.

« Fragments d'Europe », *La Lettre de l'OEG*, n° 2, Lyon, 1991.

P. HÉRITIER *et alii*, *Les Enjeux de l'Europe sociale*, La Découverte, Paris, 1991.

L. HURWITZ, C. LEQUESNE, *The State of the European Community. Policies, Institutions and Debates in the Transition Years*, Longman, Londres, 1991.

L'Autre Europe (trim.), Paris.

La Nouvelle Alternative (trim.), Paris.

G. MINK, J.-C. SZUREK, *Cet Étrange Post-Communisme. Ruptures et transitions en Europe centrale et orientale*, Presses du CNRS/La Découverte, Paris, 1992.

D. MOÏSI, J. RUPNIK, *Le Nouveau Continent, plaidoyer pour une Europe renaissante*, Calmann-Lévy, Paris, 1991.

L'OBSERVATOIRE EUROPÉEN DE GÉOPOLITIQUE (sous la dir. de M. FOUCHER), *Atlas du continent européen*, Fayard, Paris, 1992 (à paraître).

J. et A. SELLIER, *Atlas des peuples d'Europe centrale*, La Découverte, Paris, 1991.

Europe germanique

Autriche, Liechtenstein, Allemagne, Suisse
(L'Allemagne est traitée p. 97.)

Autriche

L'élection présidentielle de mai 1992 a marqué un tournant dans la vie politique autrichienne. Kurt Waldheim a été remplacé à la tête de l'État par Thomas Klestil, le candidat du parti conservateur (ÖVP, Parti populaire autrichien), un diplomate de haut rang. Le départ de K. Waldheim a mis fin, pour l'Autriche, à six années d'isolement international : l'ex-président avait lui-même reconnu que le statut de paria que lui avait imposé le monde occidental — après la polémique portant sur son rôle d'officier de la Wehrmacht pendant la Seconde Guerre mondiale — avait nui à son pays, et il avait décidé de ne pas sol-

▼
République d'Autriche

Nature du régime : parlementaire.
Chef de l'État : Kurt Waldheim, remplacé par Thomas Klestil (élu en mai 92).
Chef du gouvernement : Franz Vranitzky (depuis le 16.6.86).
Monnaie : schilling (1 schilling = 0,48 FF au 30.3.92).
Langues : allemand, slovène.

liciter un second mandat. L'Autriche allait désormais pouvoir se consacrer pleinement à ses relations extérieures et entamer les négociations en vue de son adhésion à la Communauté européenne.

La victoire de T. Klestil sur Rudolf Streicher, le candidat du SPÖ (Parti socialiste d'Autriche), a représenté aussi la première grande défaite pour le chancelier fédéral Franz Vranitzky et pour son parti. C'est en présentant T. Klestil comme un candidat au-dessus des partis que l'ÖVP a réussi à renouer avec le succès, dans un climat de morosité générale. Parti minoritaire dans la coalition gouvernementale dirigée par F. Vranitzky, l'ÖVP n'est pas parvenu pour autant à améliorer sa cote de popularité dont la baisse a atteint un seuil historique. De même, l'élection présidentielle a montré que le Parti socialiste ne pouvait même plus compter sur son électorat traditionnel. Ainsi a pris fin l'ordre politique de l'après-guerre selon lequel les deux « partis du peuple », les « rouges » (SPÖ) et les « noirs » (ÖVP), se partageaient la politique et l'administration.

Le malaise politique n'a pas eu de répercussion sur l'économie, laquelle est restée prospère. En 1991, elle a encore résisté à la récession internationale en maintenant un taux de croissance d'environ 3 %, un taux d'inflation légèrement au-dessus de 3 % et un taux de chômage de 5 %.

Cependant, la crise du système politique a montré à quel point elle semblait profonde. Elle a surtout profité au parti populiste de droite de Jörg Haider, le FPÖ (Parti libéral d'Autriche), et, dans une moindre mesure, aux écologistes de gauche (les Verts). Beaucoup avaient pensé que la déclaration de J. Haider, au printemps 1991, selon laquelle Hitler avait eu une « vraie politique de l'emploi », allait définitivement lui « couper les ailes ». Certes, il avait dû démissionner de son poste de gouverneur de Carinthie en juin 1991, mais son parti a pratiquement doublé son nombre de voix en septembre 1992 à l'occasion du scrutin régional de Vienne ; faisant reculer pour la première fois l'ÖVP au troisième rang dans la capitale et cassant la majorité absolue dont jouissait le SPÖ dans « Vienne la Rouge » depuis 1918. Avec sa propagande

xénophobe et ses critiques à l'encontre des « vieux partis », le FPÖ a réussi à marquer des points précisément dans les banlieues traditionnellement ouvrières. Représentant la deuxième force politique du « camp bourgeois », il a évolué de plus en plus vers une forme de parti autoritaire. Face à son succès, la grande coalition a adopté, au printemps 1992, des lois sur le droit d'asile et l'immigration dont le caractère restrictif a été vivement critiqué par Amnesty International et par le Haut Commissariat des Nations unies pour les réfugiés (HCR).

Les bouleversements intervenus en Europe ont eu un effet bénéfique sur l'économie autrichienne. Mais, politiquement, le cours tumultueux des événements, par les incertitudes qu'il a soulevées, a profondément ébranlé le pays.

Georg Hoffmann-Ostenhof

Liechtenstein

État souverain de 157 kilomètres carrés, le Liechtenstein constitue, depuis le début du XVIIIᵉ siècle, une principauté. Bordé par le Rhin, situé dans les Alpes, entre Suisse et Autriche, il est proche aussi de l'Allemagne. La principauté, dont le prince régnant appartient à la maison du Liechtenstein, a été formée à partir des anciennes seigneuries de Vaduz et de Schellenberg.

▼

Principauté du Liechtenstein

Nature du régime : monarchie constitutionnelle.
Chef de l'État : prince Hans Adam.
Chef du gouvernement : Hans Brunhart (depuis 1978).
Monnaie : franc suisse.
Langue : allemand.

Paradis fiscal qui abrite d'innombrables sociétés holdings, la principauté partage monnaie, tarifs douaniers et système postal avec la Suisse.

Le Liechtenstein est membre de

Europe germanique

DANEMARK

MER DU NORD

MER BALTIQUE

SCHLESWIG-HOLSTEIN

• Kiel
• Lübeck

Hambourg

POLOGNE

PAYS-BAS

Odenbourg

• Brême

BASSE-SAXE

MECKLEMBOURG POMÉRANIE OCC.le

Schwerin • Neubrandenbourg

Hanovre

Brunswick

BRANDEBOURG

A L L E M A G N E

BERLIN

Rhin

Postdam

Francfort-sur-l'Oder

Essen

RHÉNANIE DU NORD

Magdebourg

SAXE-ANHALT

Duisbourg
Dortmund
Dusseldorf
WESTPHALIE   Cassel
Cologne

Halle

Leipzig

Cottbus

Elbe

Oder

BONN

HESSE

THURINGE
Erfurt

SAXE
Dresde

BELG.

Coblence

Suhl   Gera   Karl-Marx-Stadt

L.

RHÉNANIE-PALATINAT

Francfort

AUTRICHE

SARRE

Sarrebruck

Wurtzbourg

Länder :

VORARLBERG (1)   STYRIE   (5)
TYROL   (2)   HAUTE
CARINTHIE   (3)   AUTRICHE (6)
SALZBOURG (4)   BURGENLAND
                              (7)

Mannheim

Nuremberg

BADE-

BAVIÈRE

FRANCE

Stuttgart

WURTEMBERG

Fribourg

Danube

Linz

VIENNE

Rhin

Munich

6

BASSE AUTRICHE

Zurich

Bienne

St-Gall   Bregenz

Innsbruck

Salzbourg

Eisenstadt

AUTRICHE

7

BERNE

Lucerne

2

4

5   • Graz

Neuchâtel

Lausanne

SUISSE

2

Klagenfurt

Genève

Rhône

ITALIE

YOUGOSLAVIE

SUISSE
Cantons :

BÂLE-VILLE   (1)
BÂLE-CAMPAGNE (2)
SOLEURE   (3)
FRIBOURG   (5)
OBWALD   (7)
NIDWALD   (8)
SCHWYZ   (9)
ZOUG   (10)
SCHAFFHOUSE (11)
APPENZELL   (12)
(Rhodes ext.)
APPENZELL   (13)
(Rhodes int.)
GLARIS   (14)

SUISSE

ARGOVIE

THURGOVIE

11

3

FRANCE

JURA

2

ZURICH

12

NEUCHÂTEL

4

3

10

13

LIECHTENSTEIN

LUCERNE

9

ST-GALL

6

6

4

8

14

6

5

7

URI

VAUD

BERNE

TESSIN

GRISONS

VALAIS

ITALIE

50 km

100 km

© Éditions La Découverte

Europe germanique

INDICATEUR	UNITÉ	AUTRI-CHE	LIECHTEN-STEIN
Capitale		Vienne	Vaduz
Superficie	km²	83 850	157
Développement humain (IDH) [a]		0,950	..

DÉMOGRAPHIE

INDICATEUR	UNITÉ	AUTRI-CHE	LIECHTEN-STEIN
Population (*)	million	7,82	0,03
Densité	hab./km²	93,3	192,6
Croissance annuelle [d]	%	0,0	0,0
Indice de fécondité (ISF) [d]		1,5	..
Mortalité infantile [d]	‰	9	..
Population urbaine [a]	%	58	25,2 [b]

CULTURE

INDICATEUR	UNITÉ	AUTRI-CHE	LIECHTEN-STEIN
Scolarisation 2e degré [b]	%	82 [g]	..
Scolarisation 3e degré [b]	%	31,4	—
Téléviseurs [b]	‰ hab.	475,3	342,9
Livres publiés [b]	titre	9 462	..
Nombre de médecins	‰ hab.	2,1 [a]	..

ARMÉE

INDICATEUR	UNITÉ	AUTRI-CHE	LIECHTEN-STEIN
Armée de terre	millier d'h.	38	—
Marine	millier d'h.	—	—
Aviation	millier d'h.	6	—

ÉCONOMIE

INDICATEUR	UNITÉ	AUTRI-CHE	LIECHTEN-STEIN
PIB	milliard $	158,1	1,0 [h]
Croissance annuelle 1980-90	%	2,1	..
1991	%	2,8	..
Par habitant	$	20 217	35 587 [h]
Taux d'inflation	%	3,1	..
Taux de chômage [j]	%	4,9	0,1 [h]
Dépenses de l'État Éducation	% PIB	5,5 [b]	..
Défense	% PIB	1,0	..
Recherche et développement	% PIB	1,5	..
Production d'énergie [b]	million TEC	8,52	f
Consom. d'énergie [b]	million TEC	30,45	f

COMMERCE

INDICATEUR	UNITÉ	AUTRI-CHE	LIECHTEN-STEIN
Importations	million $	50 832	..
Exportations	million $	41 113	1 282 [h]
Principaux fournis.	%	CEE 67,8	..
	%	RFA 43,0	..
	%	PVD 9,5	..
Principaux clients	%	CEE 65,9	AELE [k] 21,0 [b]
	%	RFA 39,0	Sui
	%	CAEM 9,0	CEE 41,4 [b]

ALLEMAGNE	SUISSE
Bonn-Berlin [1]	Berne
357 325	41 288
0,955	0,977
79,20	6,79
222,0	164,5
– 0,1	0,2
1,5	1,6
8	7
86	60
107 [ic]	..
33,6 [c]	26,2
506,4 [c]	405,8
71 998 [b]	13 270
3,0 [bc]	2,9 [b]
335	565 [e]
37,6	—
103,7	60 [e]
1 519,59 [c]	216,8
2,2 [c]	2,3
3,2 [c]	– 0,5
24 038 [c]	31 937
4,2	5,2
4,3 [c]	1,5
4,2 [bc]	4,9 [h]
2,0	1,8 [a]
2,8 [a]	2,9 [b]
243,1	6,47
453,9	24,22
383 081	66 271
391 884	61 330
CEE 52,1	CEE 70,2
PVD 15,2	RFA 32,8
E-U 6,5	PVD 9,0
CEE 54,1	CEE 58,8
PVD 13,3	RFA 23,8
E-U 6,3	PVD 17,6

diverses organisations internationales, dont l'Association européenne de libre-échange (AELE).

Isabelle Claude

Suisse

L'année de son 700e anniversaire, la Suisse a effectué, en 1991, un pas important en direction de la Communauté européenne. Le 22 octobre, les sept pays membres de l'Association européenne de libre-échange (AELE), à laquelle appartient la Suisse, ont conclu avec les Douze de la CEE un accord instituant l'Espace

Confédération helvétique

Nature du régime : parlementaire.
Chef de l'État : René Felber (1.1.92, pour un an), président de la Confédération et du gouvernement.
Monnaie : franc suisse (1 franc suisse = 3,72 FF au 30.3.92).
Langues : allemand, français, italien, romanche.

économique européen. L'EEE instaurera, à partir de 1993, la libre circulation des biens, des personnes, des services et des capitaux à travers les dix-neuf pays participants, créant un vaste marché de 380 millions de consommateurs. Dans le cadre de l'EEE, la Suisse devra abolir, au profit des ressortissants des pays membres de la CEE et de l'AELE, les restrictions qui freinent actuellement l'immigration de main-d'œuvre et l'achat d'immeubles par des étrangers.

(1). Le Bundestag a voté le 20.6.1991 le transfert de la capitale de Bonn à Berlin. Chiffres 1991, sauf notes : a. 1990; b. 1989; c. Concerne la RFA dans ses frontières d'avant la réunification; d. 1990-95; e. Sur mobilisation; f. Compris dans les chiffres suisses; g. 10-17 ans; h. 1988; i. 10-18 ans; j. En fin d'année; k. Association européenne de libre-échange.
(*) Dernier recensement utilisable : Autriche, 1981; Liechtenstein, 1980; RFA, 1987; Suisse, 1980.

BIBLIOGRAPHIE

B. Burgenmeier, *Main-d'œuvre étrangère en Suisse, une analyse économique*, Économica, Paris, 1992.

J. Derron *et alii, Les négociations économiques européennes de la Suisse*, Éd. Universitaires, Fribourg, 1991.

F. Dunand, *Le Modèle suisse*, Payot, Paris, 1991.

W. Keller, J. Odermatt, *La Suisse vue par elle-même*, Der Alltag/Scalo Verlag, Zurich, 1992.

F. Masnata, C. Rubattel, *Le Pouvoir suisse 1291-1991*, Éditions de l'Aire, Lausanne, 1991.

OCDE, *Études économiques : Autriche*, Paris, avr. 1991.

OCDE, *Études économiques : La Suisse*, Paris, août 1992.

J.-B. Racine, C. Raffestin, *Nouvelle géographie de la Suisse et des Suisses*, Payot, Lausanne, 1991.

Voir aussi la bibliographie « Allemagne » dans la section « 34 États ».

Le fonctionnement de l'EEE reposera essentiellement sur le droit communautaire, le traité n'offrant aux sept membres de l'AELE qu'un droit de consultation assorti d'un droit de veto difficile à mettre en œuvre. Pour la Suisse, l'EEE n'est donc qu'une étape qui doit conduire, à terme, à une intégration plus poussée au sein de la Communauté européenne. D'emblée, il est apparu que la Suisse devra sans doute poser rapidement sa candidature à la Communauté européenne car tous les autres membres importants de l'AELE, notamment l'Autriche, la Suède et la Finlande, ont déposé une demande d'adhésion.

Les événements se sont précipités durant le premier semestre de 1992. Le Conseil fédéral décidait de déposer, le 26 mai 1992, une demande formelle d'adhésion à la CEE. Le gouvernement helvétique avait été encouragé dans sa démarche par le fait que, le 17 mai, de manière un peu inattendue, une majorité des citoyens et des cantons avait approuvé, dans un référendum, l'entrée de la Suisse au Fonds monétaire international (FMI) et à la Banque mondiale. L'adhésion aux institutions de Bretton Woods avait été combattue par les mêmes milieux isolationnistes qui s'opposaient à l'intégration de la Suisse dans l'Europe. L'issue du référendum sur l'Espace économique européen (EEE), prévu pour le 6 décembre 1992, s'annonçait cependant comme très incertaine.

Les mécanismes de la démocratie directe helvétique, notamment le droit de référendum qui permet à 50 000 citoyens de contester une loi votée par le Parlement, donnent un poids politique important aux minorités et aux groupes de pression. Ces mécanismes sont apparus en 1991 comme une entrave de plus en plus sérieuse à l'adaptation de la Suisse aux bouleversements de l'environnement mondial. En juin 1991, les électeurs ont ainsi rejeté une réforme fiscale « euro-compatible », considérée par les milieux d'affaires comme indispensable au renforcement de la compétitivité de l'économie suisse. La paralysie du pouvoir helvétique est apparue de plus en plus marquée, au moment où les Douze ont décidé de renforcer leur intégration économique et politique par les accords de Maastricht.

La détérioration de l'image politique de la Suisse s'est répercutée sur le cours de la monnaie, qui est tombé, en 1991, à son niveau le plus bas, par rapport au mark allemand, depuis dix ans. La faiblesse du franc suisse et le niveau élevé de l'inflation ont provoqué une hausse brutale des taux d'intérêt, qui a déclenché à son tour la plus grave crise que le secteur de l'immobilier et de la construction ait vécue depuis les années trente. La crise de l'immobilier et les défaillances de nombreux débiteurs ont accéléré le mouvement de concentration au sein de l'appareil bancaire helvétique, au profit des grandes banques qui ont enregistré, en 1991, des profits records. A la suite de la faillite d'une petite banque régionale, la Caisse d'épargne de Thoune, des images, qui ont fait le tour du monde, ont montré, pour la première fois depuis la crise des années trente, une file d'attente devant les guichets fermés d'une banque suisse.

Jean-Luc Lederrey

Benelux

Belgique - Luxembourg - Pays-Bas

Belgique

Après plus de dix ans de gouvernement Martens, l'histoire s'est brusquement accélérée en Belgique à la suite des élections législatives du 24 novembre 1991. Celles-ci ont vu, en effet, un net recul des partis classiques : les socialistes ont perdu 9 sièges, les sociaux-chrétiens 5 sièges et la Volksunie (qui participait avec eux au gouvernement) 6 sièges.

▼

Royaume de Belgique

Nature du régime : monarchie parlementaire.
Chef de l'État : roi Baudouin 1er (depuis 1951).
Chef du gouvernement : Wilfried Martens remplacé en mars 92 par Jean-Luc Dehaene.
Monnaie : franc belge (1 franc belge = 0,023 écu ou 0,16 FF au 26.6.92).
Langues : français, néerlandais (flamand), allemand.

Les libéraux n'ont pas profité de leur cure d'opposition, l'électorat protestataire se reportant principalement sur les écologistes (+ 8 sièges) en Wallonie et sur l'extrême droite (+ 11 sièges) en Flandre. Dans la campagne électorale, le thème de l'immigration avait été très présent, après les manifestations maghrébines de mai 1991 à Bruxelles ; les bons résultats du Vlaams Blok, parti xénophobe et partisan d'une quasi-indépendance de la Flandre, ont fortement marqué l'opinion et, dans son message de Noël, le roi Baudouin a fermement condamné la montée du racisme.

La coalition sortante n'atteignant plus la majorité des deux tiers (très importante dans le système fédéral belge), la formation du nouveau gouvernement s'est révélée très difficile. Débordée sur sa droite en Flandre, le Volksunie a souhaité ne pas participer ; ce mouvement nationaliste flamand modéré avait été à l'origine de la désagrégation du gouvernement Martens (septembre 1991) en s'opposant à l'attribution de licences d'exportation d'armes à deux entreprises wallonnes. Restaient les sociaux-chrétiens et les socialistes, qui sont parvenus à un accord après trois mois de négociations. Compte tenu du clivage linguistique, ce ne sont pas deux mais quatre partis qui ont dû s'entendre : après l'échec d'un social-chrétien francophone, l'issue des tractations a confirmé l'accord tacite pour attribuer la présidence du gouvernement à un social-chrétien flamand ; la Chambre compte en effet une large majorité néerlandophone (125 députés contre 87), qui ne fait que refléter le poids démographique respectif des deux communautés.

BIBLIOGRAPHIE

C. CHRISTIANS, L. DAELS, *La Belgique*, Société géographique de Liège, 1988.

G.-H. DUMONT, *La Belgique*, PUF, « Que sais-je ? », Paris, 1991.

J.-A. FRALON, *Lettre ouverte d'un petit Français au roi des Belges*, Fayard, Paris, 1990.

C. GENGLER, *Le Luxembourg dans tous ses états*, Éditions de l'Espace européen, La Garenne-Colombes, 1991.

J. KUSSMAN-PUTTO, *Les Pays-Bas : histoire des Pays-Bas du Nord et du Sud*, Stichting Ors Erfel, 1988.

« La Belgique », *Pouvoirs*, n° 54, Paris, 1990.

OCDE, *Études économiques : Belgique et Luxembourg 1990-1991*, Paris, 1991.

OCDE, *Études économiques : Pays-Bas 1991-1992*, Paris, 1991.

Jean-Luc Dehaene s'est heurté d'emblée, en devenant le chef du gouvernement en mars 1992, à trois dossiers difficiles : la poursuite de la révision constitutionnelle, qui exige une majorité des deux tiers, le traitement des problèmes liés à l'immigration et à l'insécurité, et la réduction de la dette publique et du déficit budgétaire, indispensable si la Belgique veut satisfaire en 1996 aux conditions de l'union monétaire européenne (le 17 juillet 1992, la Chambre belge des députés a voté en faveur de la ratification du traité de Maastricht — 146 voix « pour », 33 « contre » et 3 abstentions).

La situation économique du pays n'est cependant pas apparue catastrophique. Certes, le chômage a recommencé à augmenter, avec un taux de croissance de 1991 (2 %) modeste ; mais l'inflation est restée contenue (moins de 3 % par an), la balance des comptes bénéficiaire, et les investissements étrangers ont continué d'affluer, ce qui a d'ailleurs soulevé quelque inquiétude quant à l'indépendance économique nationale. La présence française est particulièrement surveillée par les Flamands depuis la prise de contrôle de la Société générale de Belgique (SGB) par le groupe Suez en 1988 ; ces réticences ayant retardé la conclusion, finalement intervenue en avril 1992, d'un accord entre Air France et Sabena.

Une nouvelle intervention militaire au Zaïre (ancien Congo belge) a eu lieu fin septembre 1991, après plusieurs journées d'émeutes contre le président Mobutu. Le retrait de ces troupes a été décidé fin octobre, en même temps que l'évacuation des étrangers. Poussé par les Flamands, qui ont toujours un peu considéré le Zaïre francophone comme un boulet, le gouvernement belge a pris une position dure vis-à-vis du régime Mobutu, sans parvenir à peser de façon décisive sur un processus de démocratisation péniblement enclenché.

Luxembourg

La stabilité politique intérieure et la bonne santé de l'économie (croissance du PIB de 3,5 % en 1991, renforcement des fonctions financières)

▼

Grand-Duché de Luxembourg

Nature du régime : monarchie constitutionnelle.

Chef de l'État : prince Jean (depuis 1964).

Chef du gouvernement : Jacques Santer (depuis 1984).

Monnaie : franc luxembourgeois, franc belge (1 franc = 0,022 écu ou 0,16 FF au 28.6.92).

Langues : français, allemand, dialecte luxembourgeois.

Benelux

Îles Frisonnes :
1 - Schiermonnikoog
2 - Ameland
3 - Terschelling
4 - Vieland

Îles Frisonnes

Mer des Wadden

GRONINGUE
• Groningue
FRISE
Leuwarden
Assen
Texel
PAYS-BAS
DRENTHE
HOLLANDE
SEPTENTRIONALE

MER
Zwolle
AMSTERDAM • Lelystad
Haarlem • FLEVOLAND
DU
OVERIJSSEL
• Enschede
HOLLANDE
MÉRIDIONALE
GUELDRE
NORD
Utrecht
UTRECHT Arnheim
La Haye
Rotterdam
Rhin
• Bois-le-Duc
ZÉLANDE
Breda Tilburg BRABANT
SEPTENTRIONAL
Middelbourg
Eindhoven
ANVERS
LIMBOURG
Bruges
FLANDRES-
ORIENTALES
• Anvers
LIMBOURG
ALLEMAGNE
FLANDRES-
OCCIDENTALES
Gand
BELGIQUE
Hasselt
Maastricht
• Ypres
BRUXELLES
BRABANT
Liège
Tournai
Namur
Meuse
LIÈGE
HAINAUT
Charleroi
FRANCE
• Mons
NAMUR
Escaut
Sambre
• Philippeville
LUXEMBOURG
LUXEMBOURG
LUXEMBOURG
Neufchâteau
Arlon
LUXEMBOURG

LUXEMBOURG
Districts :
DIEKIRCH   (1)
LUXEMBOURG (2)
GREVENMACHER (3)

50 km

ont laissé la voie libre aux dirigeants du pays pour se consacrer à la scène internationale. 1991 a ainsi surtout offert au Luxembourg l'occasion d'affirmer son rôle diplomatique à l'occasion de son passage à la présidence européenne (premier semestre), dans les circonstances difficiles de la guerre du Golfe et de la préparation de l'Union économique et monétaire européenne. Par ailleurs, le Parlement a voté en faveur de la ratification du traité de Maastricht le 2 juillet 1992, par 51 voix contre 6.

Pays-Bas

Malgré des difficultés, la coalition gouvernementale (chrétiens-démocrates et socialistes) dirigée par Ruud Lubbers a passé le cap du budget 1992. Alors que la politique européenne ne constitue pas une pomme de discorde, les économies budgétaires soulèvent chaque année de vifs débats, assortis de rumeurs de rupture. Comme l'a clairement souligné en décembre 1991 le rapport de l'OCDE (Organisation pour la co-

Benelux

INDICATEUR	UNITÉ	BELGIQUE	LUXEM-BOURG	PAYS-BAS
Capitale		Bruxelles	Luxembourg	Amsterdam
Superficie	km²	30 514	2 586	40 844
Développement humain (IDH) [a]		0,950	0,929	0,968

	INDICATEUR	UNITÉ	BELGIQUE	LUXEM-BOURG	PAYS-BAS
DÉMOGRAPHIE	Population (*)	million	9,84 [a]	0,38	15,06
	Densité	hab./km²	322,5	146,9	368,7
	Croissance annuelle [c]	%	0,0	0,2	0,6
	Indice de fécondité (ISF) [c]		1,7	1,5	1,6
	Mortalité infantile [c]	‰	8	9	7
	Population urbaine [a]	%	97	84	89
CULTURE	Scolarisation 2e degré	%	103 [eg]	70 [ei]	103 [fg]
	Scolarisation 3e degré	%	34,2 [f]	3,1 [h]	32,4 [f]
	Téléviseurs [b]	‰ hab.	447,1	252,0	484,8
	Livres publiés [b]	titre	6 822	520	15 392
	Nombre de médecins	‰ hab.	3,4 [a]	1,99 [d]	2,5 [a]
ARMÉE	Armée de terre	millier d'h.	62,7	0,8	64,1
	Marine	millier d'h.	4,55	—	16,6
	Aviation	millier d'h.	18,2	—	16
ÉCONOMIE	PIB	milliard $	189,9	8,75	278,3
	Croissance annuelle 1980-90	%	1,4	4,3	1,9
	1991	%	1,4	2,5	2,2
	Par habitant	$	19 299	23 026	18 479
	Taux d'inflation	%	2,8	2,6	4,9
	Taux de chômage [j]	%	8,1	1,3	7,1
	Dépenses de l'État Éducation	% PIB	4,9 [f]	4,7 [b]	6,8 [f]
	Défense	% PIB	1,5	1,1 [a]	2,7
	Recherche et développement	% PIB	1,6 [f]	..	2,2 [b]
	Production d'énergie [b]	million TEC	8,45	0,10	83,24
	Consom. d'énergie [b]	million TEC	57,22	4,64	98,62
COMMERCE	Importations	million $	120 182	7 547 [a]	125 779
	Exportations	million $	118 199	6 317 [a]	133 155
	Principaux fournis. [a]	%	CEE 72,8	Bel 38,5	CEE 64,3
		%	RFA 23,5	RFA 31,3	RFA 25,7
		%	P-B 17,2	Fra 12,5	PVD 14,7
	Principaux clients [a]	%	CEE 75,3	RFA 27,6	CEE 76,7
		%	Fra 19,1	Bel 16,3	RFA 29,5
		%	RFA 23,7	Fra 17,1	Bel 14,3

opération et le développement économiques), la marge de manœuvre du gouvernement pour réduire le déficit budgétaire repose essentiellement sur les prestations sociales et les subventions (notamment au logement), composantes majeures de l'« État-providence ». Les socialistes ont dû consentir à une hausse des loyers supérieure à celle des prix et à une réduction des allocations pour inaptitude au travail. Mais le prix électoral risque d'être élevé pour un parti déjà en perte de vitesse : après son mauvais résultat aux municipales de 1990, le PvdA (Partij van de Arbeid, socialiste) a enregistré un échec sévère aux élections provinciales de mars 1991, perdant plus du tiers de ses sièges.

▼

Royaume des Pays-Bas

Nature du régime : monarchie constitutionnelle.

Chef de l'État : reine Beatrix Ire (depuis 1980).

Chef du gouvernement : Ruud Lubbers (depuis 1982).

Monnaie : florin (1 florin = 0,43 écu ou 2,98 FF au 26.6.92).

Langue : néerlandais.

Territoire outre-mer : Antilles néerlandaises [Caraïbes].

Or la tendance est plutôt à la dégradation de la situation économique. L'unification allemande a « dopé » les exportations néerlandaises, mais le marché intérieur s'est contracté et la dépendance des Pays-Bas vis-à-vis de l'étranger les a particulièrement exposés aux contrecoups de la stagnation économique mondiale. En 1991, la croissance du PIB est tombée à 2 % environ ; parallèlement, l'inflation a approché

Chiffres 1991, sauf notes : a. 1990 ; b. 1989 ; c. 1990-95 ; d. 1990 ; e. 1987 ; f. 1988 ; g. 12-17 ans ; h. 1986 ; i. 12-18 ans ; j. En fin d'année. (*) Dernier recensement utilisable : Belgique, 1981 ; Luxembourg, 1981 ; Pays-Bas, 1980.

4 %. Le reflux du chômage, sensible depuis la fin des années quatre-vingt, s'est arrêté, et le marché de l'emploi qualifié, jusqu'ici très actif, s'est nettement dégradé. Les entreprises néerlandaises ont investi plus volontiers à l'étranger que sur le territoire national, ce mouvement étant imparfaitement compensé par les investissements étrangers. Même les Japonais, très présents aux Pays-Bas, ont créé peu d'emplois ; leurs implantations relèvent plus ici du commerce que de l'industrie, et lorsqu'il s'agit de fabrication, l'automatisation y est très poussée, comme dans la construction automobile.

Sur le plan diplomatique, le sommet de Maastricht (9-10 décembre 1991) a été l'enjeu essentiel de la présidence néerlandaise de la CEE (second semestre 1991). Or les choses avaient mal débuté, avec le rejet du projet néerlandais d'union politique européenne, établi en septembre. Dès le 6 octobre, la France et l'Allemagne avaient relancé la concertation, en ignorant la présidence néerlandaise ; celle-ci, pour éviter un échec, dont abandonner son intention d'accélérer la construction européenne. Les commentaires sur les résultats de Maastricht ont été nuancés, y compris aux Pays-Bas, mais le sommet est considéré en général comme un succès, après les graves appréhensions de l'automne.

En revanche, la ratification des accords de Schengen qui portent notamment sur les conditions d'entrée et de circulation des immigrés dans les pays de la CEE qui en sont signataires — dont les Pays-Bas — est restée problématique. Les Pays-Bas sont réticents à la fois pour des raisons de forme (aucun contrôle parlementaire) et de fond ; le fichage généralisé est contraire à la tradition néerlandaise, et une ouverture des frontières internes de la CEE sans harmonisation préalable du droit d'asile risque, à leurs yeux, d'engendrer une situation chaotique.

Au Surinam, le retour à la démocratie avec l'élection d'une nouvelle Assemblée (mai 1991), puis d'un président (septembre) a permis le rétablissement de l'aide économique des Pays-Bas, l'ancienne métropole. En Afrique du Sud, la visite du Premier ministre néerlandais, prévue pour février 1992, a été reportée sous la pression de l'ANC (Congrès national africain) ; le succès du référendum de mars a cependant ouvert de meilleures perspectives.

Jean-Claude Boyer

Europe du Nord

Danemark, Finlande, Groenland, Islande, Norvège, Suède

Danemark

L'économie danoise a connu une légère amélioration en 1991 : augmentation modérée des prix et des salaires (2,4 % et 4,5 %), faible croissance du PNB (+ 1 %) mais relance de la consommation privée (+ 2,2 %), progression des exportations (+ 5,8 %) mais aussi des importations (+ 5,4 %). Plusieurs

▼

Royaume du Danemark

Nature du régime : monarchie parlementaire.
Chef de l'État : reine Margrethe II.
Chef du gouvernement : Poul Schlüter (depuis sept. 82).
Monnaie : couronne danoise (1 couronne = 0,87 FF au 30.3.92).
Langue : danois.
Territoires autonomes : Groenland ; îles Féroé (communautés autonomes au sein du royaume).

facteurs ont contribué à la bonne tenue de la balance commerciale et, pour la seconde année consécutive, à l'excédent confortable des comptes extérieurs (14,2 milliards de couronnes) : le renforcement des relations économiques avec les pays Baltes, la Russie, la Pologne et, surtout, l'Allemagne ; le développement du tourisme ; l'augmentation de la production de pétrole et de gaz (qui a couvert, en 1991-1992, les besoins du pays) ; et l'institution d'une taxe sur les importations et les transactions internes (pour laquelle le Dane-

mark a été condamné le 31 mars 1992 par la Cour européenne de Luxembourg).

Pourtant, si la dette externe est passée de 282 à 264 milliards de couronnes de 1990 à 1991, elle est demeurée considérable (32 % du PNB). Les investissements ont stagné (− 2,1 %), les faillites se sont multipliées, le marasme a dominé certains secteurs comme la construction, et le taux de chômage a encore augmenté (10,6 % contre 9,7 % en 1990). Le gouvernement minoritaire de centre droit du conservateur Poul Schlüter a réussi à faire adopter par le Folketing (Parlement), le 1er février 1992, un budget déficitaire prévoyant une réforme des allocations de chômage (réduction de la part de l'État dans le financement et baisse du taux des allocations après neuf mois de chômage), des aides aux petites et moyennes entreprises et des investissements publics pour stimuler l'emploi, et enfin une réduction de l'impôt sur les sociétés (de 38 % à 34 %).

Le traité de Maastricht concernant l'Union européenne, signé le 7 février 1992, a, dans l'ensemble, été bien accueilli par la classe politique pro-européenne, les positions danoises en matière de protection de l'environnement et des consommateurs ayant été prises en compte. Mais plusieurs partis politiques sont restés opposés au processus européen (socialistes populaires à l'extrême gauche, Parti du progrès à l'extrême droite), ou divisés (démocrates-chrétiens). Le référendum du 2 juin 1992 soumettant le traité à l'appro-

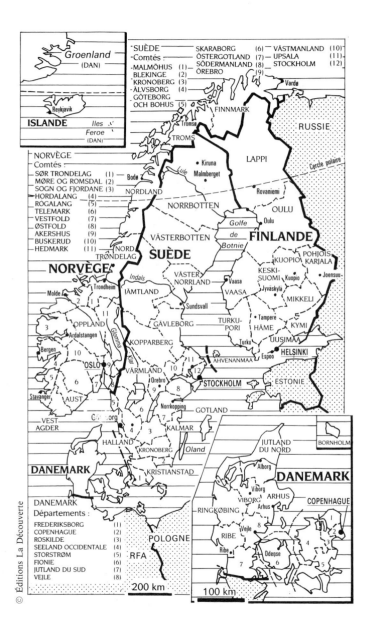

ISLANDE
Groenland (DAN)
Reykjavik
Iles & Feroe (DAN)

SUÈDE
Comtés :
MALMÖHUS (1)
BLEKINGE (2)
KRONOBERG (3)
ÄLVSBORG (4)
GÖTEBORG
OCH BOHUS (5)
SKARABORG (6)
ÖSTERGOTLAND (7)
SÖDERMANLAND (8)
ÖREBRO (9)
VÄSTMANLAND (10)
UPSALA (11)
STOCKHOLM (12)

NORVÈGE
Comtés :
SØR TRONDELAG (1)
MØRE OG ROMSDAL (2)
SOGN OG FJORDANE (3)
HORDALANG (4)
ROGALANG (5)
TELEMARK (6)
VESTFOLD (7)
ØSTFOLD (8)
AKERSHUS (9)
BUSKERUD (10)
HEDMARK (11)

RUSSIE
FINNMARK
Varde
Tromsø
TROMS
LAPPI
Kiruna
Malmberget
Cercle polaire
Bodø
NORDLAND
Rovaniemi
NORRBOTTEN
OULU
Oulu
Golfe de Botnie
FINLANDE
VÄSTERBOTTEN
SUÈDE
POHJOIS-KARJALA
NORD TRØNDELAG
KUOPIO
KESKI-SUOMI
Kuopio
Joensuu
VÄSTER NORRLAND
Vaasa
Jyväskyla
MIKKELI
NORVÈGE
Indals
Trondheim
JÄMTLAND
VAASA
Molde
Sundsvall
KYMI
OPPLAND
Tampere
HÄME
GÄVLEBORG
TURKU-PORI
UUSIMAA
Ardalstangen
Turku
HELSINKI
Bergen
KOPPARBERG
Espoo
ESTONIE
OSLO
AHVENANMAA
VÄRMLAND
STOCKHOLM
Stavanger
Örebro
AUST
Norrkopping
GOTLAND
VEST AGDER
Göteborg
KALMAR
DANEMARK
HALLAND
KRONOBERG
Öland
KRISTIANSTAD
POLOGNE
RFA
200 km

DANEMARK
Départements :
FREDERIKSBORG (1)
COPENHAGUE (2)
ROSKILDE (3)
SEELAND OCCIDENTALE (4)
STORSTRØM (5)
FIONIE (6)
JUTLAND DU SUD (7)
VEJLE (8)

BORNHOLM
JUTLAND DU NORD
Alborg
DANEMARK
COPENHAGUE
Viborg
VIBORG
ARHUS
RINGKØBING
Arhus
Vejle
RIBE
Ribe
Odense
100 km

© Éditions La Découverte

Europe du Nord

	INDICATEUR	UNITÉ	DANE-MARK	FINLANDE	GROEN-LAND
	Capitale		Copenhague	Helsinki	Godthab
	Superficie	km²	43 070	337 010	2 186 000
	Développement humain (IDH) [a]		0,953	0,953	..
DÉMOGRAPHIE	Population (*)	million	5,15	5,0	0,06
	Densité	hab./km²	119,5	14,8	0,03
	Croissance annuelle [c]	%	0,1	0,2	0,7
	Indice de fécondité (ISF) [c]		1,5	1,7	..
	Mortalité infantile [c]	‰	6	5	20 [g]
	Population urbaine [a]	%	87	60	78
CULTURE	Scolarisation 2e degré	%	109 [de]	112 [be]	..
	Scolarisation 3e degré	%	31,5 [d]	43,0 [b]	..
	Téléviseurs [b]	‰ hab.	528,2	488,3	181,8
	Livres publiés [b]	titre	10 762	10 097	..
	Nombre de médecins	‰ hab.	2,7 [d]	1,9 [a]	1,15 [j]
ARMÉE	Armée de terre	millier d'h.	17,9	27,3	..
	Marine	millier d'h.	5	2	..
	Aviation	millier d'h.	6,5	2,5	..
ÉCONOMIE	PIB	milliard $	129,2	127,2	0,47 [j]
	Croissance annuelle 1980-90	%	2,1	3,6	0,5 [h]
	1991	%	2,0	− 5,2	..
	Par habitant	$	25 087	25 440	8 790 [j]
	Taux d'inflation	%	2,3	3,9	..
	Chômage [i]	%	10,9	10,2	..
	Dépenses de l'État Éducation	% PIB	7,6 [b]	5,8 [b]	..
	Défense	% PIB	2,0	1,7	—
	Recherche et développement	% PIB	1,5 [b]	1,9 [a]	..
	Production d'énergie [b]	million TEC	11,54	5,85	—
	Consom. d'énergie [b]	million TEC	22,68	28,68	0,26
COMMERCE	Importations	million $	32 326	21 809	309 [a]
	Exportations	million $	35 880	23 080	601 [a]
	Principaux fournis.	%	CEE 52,8	CEE 45,8	Dnk 86,4 [a]
		%	Scan 19,4	URSS 8,5	Nor 2,9 [a]
		%	RFA 22,1	Scan 20,3	E-U 2,2 [a]
	Principaux clients	%	CEE 54,2	CEE 51,3	Dnk 51,3 [a]
		%	Scan 19,8	URSS 5,0	Jap 20,2 [a]
		%	RFA 22,4	Scan 21,1	Fra 7,6 [a]

	ISLANDE	NORVÈGE	SUÈDE
	Reykjavik	Oslo	Stockholm
	103 000	324 220	449 960
	0,958	0,978	0,976
	0,26	4,26	8,64
	2,5	13,1	19,2
	0,8	0,3	0,2
	1,9	1,7	1,9
	5	6	6
	90	75	84
	99 [bf]	98 [be]	91 [be]
	24,7 [b]	36,0 [b]	31,3 [b]
	318,7	422,7	470,5
	1 250	5 331	11 197
	2,8 [b]	3,1 [a]	3,1 [b]
	—	15,9	43,5
	—	7,3	12
	—	9,5	7,5
	6,04	106,0	223,6
	2,4	3,1	2,1
	0,3	1,6	− 1,4
	23 231	24 883	25 880
	7,5	2,9	7,9
	..	5,8	3,7
	5,4 [d]	7,5 [b]	7,3 [b]
	..	3,2	2,5
	..	1,9	2,8 [b]
	0,56	166,3	16,95
	1,43	30,18	42,72
	1 717	25 267	49 605
	1 550	34 091	55 241
	CEE 50,1 [a]	CEE 48,7	CEE 55,3 [a]
	E-U 14,2 [a]	PVD 12,6	PVD 8,9 [a]
	Scan 23,0 [a]	Scan 26,1	Scan 22,4 [a]
	CEE 67,8 [a]	CEE 66,5	CEE 54,3 [a]
	E-U 9,9 [a]	PVD 7,9	PVD 10,6 [a]
	Scan 9,2 [a]	Scan 19,3	Scan 22,2 [a]

bation du peuple a confirmé les réticences d'une majorité des Danois et s'est soldé par la victoire du « non » (50,7 % des voix). A la mi-juin 1992, le gouvernement de Poul Schlüter n'avait pas l'intention de demander la renégociation du traité et la question de l'organisation d'un second référendum restait ouverte. Par ailleurs, dans l'opposition depuis 1982, le Parti social-démocrate s'est donné un nouveau leader, Poul Nyrup Rasmussen, modéré et pro-européen, lors de son congrès extraordinaire du 11 avril 1992.

Finlande

L'économie finlandaise, en 1991, s'est trouvée en proie à une importante récession. La chute du PIB (− 6 %), de la consommation privée (− 4 %) et des investissements (− 20 %) a entraîné une hausse du chômage (10 %). Seule l'inflation est restée modérée (4,1 %). Le déclin des investissements a été particulièrement sensible dans les industries mécaniques, métallurgiques (− 23 %) et forestière (− 25 %).

▼

République de Finlande

Nature du régime : parlementaire.
Chef de l'État : Mauno Koivisto.
Chef du gouvernement : Harri Holkeri, remplacé par Esko Aho le 26.4.91.
Monnaie : mark finlandais (1 mark = 1,24 FF au 30.3.92).
Langues : finnois, suédois.

L'effondrement du commerce avec l'ex-URSS (fondé sur le troc) a précipité la crise : les achats de pétrole russe ont baissé de 25 %,

Chiffres 1991, sauf notes : a. 1990; b. 1989; c. 1990-95; d. 1988; e. 13-18 ans; f. 13-19 ans; g. 1985-90; h. 1973-86; i. En fin d'année; j. 1986.
(*) Dernier recensement utilisable : Danemark, 1981; Finlande, 1985; Groenland, 1976; Islande, 1970; Norvège, 1980; Suède, 1985.

mais ont dû être payés en devises fortes, les ventes de la Finlande à l'ex-URSS ont chuté de 70 % en 1991 et ne représentaient plus que 4 % des exportations (contre 20 % en 1980 et 14 % encore en 1990).

Facteur structurel de la récession, l'érosion de la compétitivité des produits finlandais a été aggravée par la décision, le 4 juin 1991, de lier le mark finlandais à l'écu. La poussée du chômage et l'augmentation des faillites ont conduit le gouvernement de centre droit d'Esko Aho à une dévaluation de 12,3 % le 15 novembre 1991 ; dévaluation en partie responsable de l'augmentation de la dette externe (35 % du PNB contre 26 % en 1990). La balance commerciale, néanmoins excédentaire (4,6 milliards de marks), a permis de réduire le déficit des paiements courants (23 milliards de marks contre 26,5 en 1990).

Face à la récession, le gouvernement a décidé de limiter les dépenses sociales (assurance maladie, retraites). Après avoir vivement résisté, les syndicats ont accepté, le 21 octobre 1991, une baisse des salaires de 4,1 % en 1992, et le 29 novembre un accord de gel des salaires a été conclu pour deux ans.

Au plan diplomatique, la Finlande a tourné une page de son histoire. Trois accords, commercial, politique et frontalier, ont été signés avec la Russie le 20 janvier 1992, mettant fin au pacte qui la liait à l'URSS depuis 1948. Sans envisager de modification des frontières, elle devrait développer ses liens avec la Carélie russe et tous les États riverains de la Baltique. Elle s'est aussi résolument orientée vers l'Europe et, après de longs débats lors desquels le Premier ministre s'est employé à convaincre les centristes (son propre parti) que l'agriculture fortement subventionnée devait de toute manière être restructurée, la Finlande s'est déclarée candidate à l'entrée dans la CEE le 18 mars 1992. Dans l'attente de l'adhésion, elle devrait bénéficier de son appartenance à l'Espace économique européen (EEE), institué par le traité de Porto, le 2 mai 1992, entre les Sept de l'AELE (Association européenne de libre-échange, dont la Finlande est membre) et la CEE.

Groenland

Réductions d'effectifs dans l'administration, accélération des transferts d'autorité du Danemark au Groenland (les compétences relevant du Service de santé ont été transférées le 1er janvier 1992), privatisations et

---

Groenland

Statut : territoire autonome rattaché à la couronne danoise.
Chef de l'exécutif : Jonathan Motzfeldt, remplacé par Lars-Emil Johansen le 5.3.91.
Monnaie : couronne danoise.
Langues : groenlandais, danois.

---

mise en place, le 1er juillet 1991, d'un programme d'investissements dans le secteur de la construction ont été dans cette période les tâches essentielles du gouvernement autonome, dirigé par une coalition des partis Siumut (social-démocrate) et Inuit Ataqatigiit (socialiste) depuis mars 1991.

Islande

La récession qui affectait l'économie islandaise depuis 1987 a marqué une légère pause en 1991 : le PNB (+ 1,3 %), la consommation privée (+ 5 %) et les importations (+ 4,4 %) ont sensiblement augmenté, et l'inflation s'est maintenue à 6,8 %. Mais le chômage (1,2 % en 1991, 3,2 % en janvier 1992), la chute des exportations (– 5 %), le déficit des paiements courants (4,8 % du PNB) et l'endettement externe (55 % du PNB) n'ont pu être enrayés.

En dépit de l'accord sur l'Espace économique européen signé le 2 mai 1992 entre la CEE et l'AELE (Association européenne de libre-échange dont fait partie l'Islande), l'avenir paraissait sombre, du fait d'une nouvelle réduction des quotas de pêche (− 55 000 tonnes de morue) et de l'abandon *sine die* par les investisseurs étrangers du projet de construction d'une usine d'aluminium. Les mesures ultra-libérales (réduction des dépenses de santé et d'éducation, privatisations) du gouvernement (coalition entre le Parti de l'indépendance — conservateur — et les sociaux-démocrates) ont été contestées et la personnalité de son chef, David Oddsson, controversée. En avril 1992, les négociations salariales ont été rompues.

Pour l'Islande, tiraillée entre la peur de l'isolement et celle d'être « noyée » dans l'Europe communautaire, et exclue *de facto* de la communauté de la Baltique en gestation, la question de l'adhésion à la CEE est devenue un sujet brûlant.

Norvège

Les progrès marqués des partis du Centre ex-agrarien et des socialistes de gauche (12,1 % des voix chacun) aux élections locales du 9 septembre 1991 ont traduit une mobilisation contre l'Europe, qu'il s'agisse de la demande d'adhésion à la CEE que le gouvernement travailliste de Mme Gro Harlem Brundtland prévoyait de déposer après le congrès du Parti travailliste à l'automne 1992, ou de la ratification du traité de Porto sur l'Espace économique européen conclu le 2 mai 1992 entre la CEE et l'AELE (Association européenne de libre-échange), dont la

Norvège est membre, par le Storting (Parlement). Cette ratification devait être obtenue grâce aux voix des démocrates-chrétiens. Le gouvernement et le « lobby » pro-européen, en revanche, ont estimé que la coopération nordique et l'autonomie de la Norvège seraient mieux servies par l'intégration de leur pays à la CEE que par son exclusion. La Norvège a, par ailleurs, développé ses relations diplomatiques, commerciales (Russie) et humanitaires (dons aux pays Baltes) avec les démocraties est-européennes.

Malgré la chute du score électoral travailliste (30,4 %, le plus bas depuis 1925), le Premier ministre a négocié un accord majoritaire en faveur de la réforme fiscale (simplification et modification de l'assiette) et du vote du budget 1992, plus déficitaire encore qu'en 1991 en raison des mesures d'aide à la création d'emplois.

De plus en plus dépendante du pétrole, l'économie norvégienne a continué de fonctionner « à deux vitesses ». 1991 a été une année record pour la navigation et les industries *offshore*, malgré la réduction des revenus en raison de la baisse du prix du pétrole : de nouveaux puits ont été forés et la Norvège est devenu le plus gros producteur mondial *offshore* (119,9 millions de tonnes équivalent pétrole, + 10,6 % de 1990 à 1991). La balance des paiements a enregistré un excédent historique (35 milliards de couronnes en 1991) qui a permis une réduction de la dette extérieure.

BIBLIOGRAPHIE

« Danemark », *Le MOCI*, n° 909, Paris, 23 févr. 1990.

P. DOUCET, « La Norvège hors de ses fjords », *Politique internationale*, n° 52, Paris, été 1991.

L.-H. GROULX, *Où va le modèle suédois ? État-providence et protection sociale*, L'Harmattan, Paris, 1990.

J.-P. MOUSSON-LESTANG, « Neutralité et sécurité : la Suède à la croisée des chemins », *Défense nationale*, n° 47, Paris, 1991.

OCDE, *Études économiques*, Paris [*Danemark* : août 1991 ; *Finlande* : août 1991 ; *Islande* : juin 1991 ; *Norvège* : mars 1992 ; *Suède* : janv. 1991].

J.-Y. POTEL, « A la recherche d'une zone de coopération baltique », *Le Monde diplomatique*, Paris, sept. 1991.

F. THIBAULT, *La Finlande, politique intérieure et neutralité active*, LGDJ, Paris, 1990.

P. VIDAL-GRÉGOIRE, « Quels partenaires nordiques pour l'Europe ? », *Défense nationale*, n° 47, Paris, 1991.

Pourtant, l'économie n'a pas échappé au marasme. Le PNB hors pétrole a enregistré une croissance de 0,2 % (contre + 1,6 % avec le pétrole), les investissements bruts un déclin de 4,4 % (+ 0,2 % avec le pétrole), les exportations un recul de 2,1 % (+ 5 % avec le pétrole). De nombreuses grandes entreprises ont subi des pertes importantes (faillites en hausse de 33 %), l'État est intervenu pour sauver le système bancaire en crise (il contrôlait environ 58 % du capital des banques au début de 1992). Le chômage a atteint le niveau le plus élevé de l'après-guerre (5,5 %). En revanche, le taux d'inflation est descendu à 3,4 % et la centrale syndicale a modéré ses revendications salariales, mettant l'accent sur des réformes sociales.

Suède

Avec 38,2 % des voix, les sociaux-démocrates suédois ont enregistré aux élections législatives du 15 septembre 1991 leur plus mauvais score depuis 1928, au profit des conservateurs (22 %, + 3,7 % par rapport à 1988) et des chrétiens-démocrates (7,2 % des voix contre 2,9 %). Le Parti de la nouvelle démocratie, populiste d'extrême droite et nouveau venu, a rassemblé les suffrages de 6,8 % des Suédois. Le leader conservateur Carl Bildt a formé un gouvernement intégrant les quatre partis bourgeois traditionnels, dont les libéraux et les centristes ex-agrariens, tous deux affectés par une baisse de leur score électoral (respectivement passés de 12,1 % à 9,2 % et de 11,3 % à 8,4 %). Cependant, minoritaire et fragmentée, la coalition devrait dépendre de l'arbitrage des nouveaux démocrates (25 sièges).

▼

Royaume de Suède

Nature du régime : monarchie parlementaire.

Chef de l'État : roi Carl XVI Gustaf.

Chef du gouvernement : Ingvar Carlsson remplacé par Carl Bildt le 4.10.91.

Monnaie : couronne suédoise (1 couronne = 0,93 FF au 30.3.92).

Langue : suédois.

En 1991-1992, la Suède a offert l'image d'une société plus instable, troublée par la poussée du libéralisme, le recul de la social-démocratie et des valeurs contestataires (gauche ex-communiste et Verts), l'apparition de « nouveaux pauvres » et la montée du racisme. Pour autant, il serait abusif de proclamer la fin du « modèle suédois », à la fois parce qu'il fut égratigné dès avant 1991 par les sociaux-démocrates eux-mêmes (en matière de fiscalité ou de stabilisation des salaires) et parce que le système de relations sociales qui en est le fondement n'a pas été atteint.

Le gouvernement de Carl Bildt s'est attelé à la mise en œuvre d'une politique économique libérale : démantèlement graduel des fonds salariaux gérés par les syndicats, encouragement de l'épargne privée, libéralisation des investissements étrangers, privatisations, abaissement progressif de la pression fiscale (impôt sur la fortune, baisse de la TVA de 25 % à 18 % sur certains produits) et réduction des dépenses publiques (subventions aux municipalités et à l'industrie, modification de l'assurance maladie et des congés parentaux, mesures contre l'absentéisme, soit 14 milliards de couronnes pour 1992-1993).

L'année 1991 aura encore été une année de crise, comme l'a indiqué un déclin du PIB de plus de 1,5 %. La consommation privée a stagné (+ 0,3 %) au profit de l'épargne, la chute des investissements bruts (− 9,5 %) et de la production industrielle (− 5,5 %) a contribué à une nouvelle hausse du chômage (2,7 % contre 1,9 % en 1990) et des faillites (+ 71%). L'inflation est restée forte (8,1 %) malgré la compression des salaires (4,8 %). En dépit d'une baisse plus importante des exportations (− 6,5 %) que des importations (− 2 %), le déficit des comptes courants s'est élevé à 18 milliards de couronnes.

Satisfait du traité de Porto sur l'Espace économique européen (EEE) signé le 2 mai 1992 entre la CEE et l'AELE (Association européenne de libre-échange dont la Suède est membre), le gouvernement a déclaré son soutien à l'intégration européenne (la Suède avait déposé sa candidature à la CEE le 1er juillet 1991), tout en revendiquant le droit de posséder une défense indépendante et à continuer de militer en faveur du désarmement. En matière diplomatique et commerciale, le pays a encore resserré ses liens avec les pays Baltes, la Russie et la Pologne, jetant les bases, avec ses voisins nordiques, d'une communauté de la Baltique.

Martine Barthélémy

Iles Britanniques

Irlande, Royaume-Uni
(Le Royaume-Uni est traité p. 143.)

Irlande

L'Irlande, aussi bien au nord qu'au sud, a dû faire face à de nombreuses difficultés en 1991-1992. Le nombre de victimes de la violence politique a atteint le chiffre de 94 en 1991 pour la seule Irlande du Nord (Ulster). Par ailleurs, les républicains irlandais de l'IRA (Armée républicaine irlandaise) ont intensifié leur « campagne militaire » en Grande-Bretagne, notamment à Londres. Le 7 février 1991, un attentat au mor-

▼
République d'Irlande

Nature du régime : parlementaire.
Chef de l'État : Mary Robinson (depuis le 3.12.90).
Chef du gouvernement : Charles Haughey, remplacé par Albert Reynolds le 11.2.92.
Monnaie : livre irlandaise (1 livre = 1,30 écu ou 9,03 FF au 30.3.92).
Langues : anglais, irlandais.

Iles Britanniques

INDICATEUR	UNITÉ	IRLANDE	ROYAUME-UNI
Capitale		Dublin	Londres
Superficie	km²	70 280	244 046
Développement humain (IDH) [a]		0,921	0,962

	INDICATEUR	UNITÉ	IRLANDE	ROYAUME-UNI
DÉMOGRAPHIE	Population [1]	million	3,52	57,52
	Densité	hab./km²	50,1	235,7
	Croissance annuelle [c]	%	0,9	0,2
	Indice de fécondité (ISF) [c]		2,4	1,8
	Mortalité infantile [c]	‰	8	8
	Population urbaine [a]	%	57	89
CULTURE	Nombre de médecins [d]	‰ hab.	1,5	1,4
	Scolarisation 2e degré [d]	%	97 [e]	82 [g]
	Scolarisation 3e degré [d]	%	25,8	23,5
	Téléviseurs [b]	‰ hab.	271,0	434
	Livres publiés [h]	titre	2 679	52 861
ARMÉE	Armée de terre	millier d'h.	11,2	149,6
	Marine	millier d'h.	0,9	61,8
	Aviation	millier d'h.	0,8	88,7
ÉCONOMIE	PIB	milliard $	44,19	966,7
	Croissance annuelle 1980-90	%	1,4	2,7
	1991	%	1,3	− 2,1
	Par habitant	$	12 554	16 806
	Taux d'inflation	%	3,6	4,5
	Taux de chômage [i]	%	16,6	10,4
	Dépenses de l'État Éducation	% PIB	7,0 [f]	4,7 [d]
	Défense	% PIB	1,2	4,0
	Recherche et développement	% PIB	0,8 [a]	2,3 [b]
	Production d'énergie [b]	million TEC	4,74	280,2
	Consom. d'énergie [b]	million TEC	13,39	288,1
COMMERCE	Importations	million $	20 777	209 644
	Exportations	million $	24 229	184 860
	Principaux fournis.	%	CEE 66,7 [a]	CEE 51,7
		%	R-U 42,2 [a]	PVD 14,5
		%	E-U 14,6 [a]	E-U 11,6
	Principaux clients	%	CEE 74,9 [a]	CEE 56,6
		%	R-U 33,7 [a]	PVD 17,4
		%	E-U 8,2 [a]	E-U 10,9

(1) Dernier recensement utilisable : Irlande, 1986; Royaume-Uni, 1981.
Chiffres 1991, sauf notes : a. 1990; b. 1989; c. 1990-95; d. 1988; e. 12-16 ans;
f. 1987; g. 11-17 ans; h. 1985; i. En fin d'année.

ÉCOSSE

Régions :

CENTRE (1)
FIFE (2)
LOTHIAN (3)
STRATHCLYDE (4)
DOMFRIES ET
GALLOWAY (5)

SHETLAND

ORCADES

HÉBRIDES

Thurso

MER
DU NORD

HIGHLAND

Ullapool

OCÉAN

Inverness

GRAMPIAN

ÉCOSSE

Aberdeen

ATLANTIQUE

TAYSIDE

Oban

Perth

Dundee

ROYAUME-
UNI

Edimbourg

Glasgow

BORDERS

ULSTER

Londonderry

IRLANDE
DU NORD

Belfast

Hawick

Dumfries

NORD

Newcastle

CONNAUGHT

ULSTER

Carlisle

Île
de Man

Kendal

IRLANDE

DUBLIN

NORD
OUES

YORKSHIRE
ET HUMBERSIDE

York

LEINSTER

Liverpool

Leeds

Beverley

Limerick

Carnarvon

Manchester

Bradford

MUNSTER

Scheffield

MIDDLAND
DE L'EST

Waterford

Stoke

Cork

MIDDLAND
DE L'OUEST

Nottingham

Canal Saint-Georges

Birmingham

Leicester

Norwich

Coventry

EST-ANGLIE

PAYS-DE-
GALLES

Cambridge

ANGLETERRE

SUD-EST

Cardiff

Oxford

Bristol

LONDRES

SUD-OUEST

Southampton

Brighton

Douvres

Plymouth

Île de
Wight

Pas de Calais

MANCHE

Iles
Anglo-
Normandes

100 km

FRANCE

© Éditions La Découverte

BIBLIOGRAPHIE

P. BRENNAN, *The Conflict in Northern Ireland*, Longman, Londres, 1992.

J. GUIFFON, *La Question d'Irlande*, Complexe, Bruxelles, 1989.

« L'Irlande, l'Europe et 1992 », *L'Irlande politique et sociale*, n° 4, Publications de la Sorbonne Nouvelle, Paris, 1992.

R. MARX, *Eamon de Valera*, Beauchesne, Paris, 1989.

Voir aussi la bibliographie « Royaume-Uni » dans la section « 34 États ».

tier a même été organisé contre le 10, Downing St., résidence du Premier ministre. Mais c'est sans doute la recrudescence de l'activité paramilitaire protestante (nombreux assassinats) qui a constitué un nouveau développement. La dégradation de l'économie — baisse de la production, augmentation du chômage — a contribué, à sa façon, à l'accroissement de la violence.

Les élections législatives du 9 avril 1991 ont vu un nouveau recul des partis unionistes (48 % contre 50 % en 1987), des gains importants pour le parti catholique, le SDPL (Parti social-démocrate et travailliste), avec 24 % contre 21 % en 1987, et des pertes pour le parti républicain, le Sinn Fein, qui est passé de 11 % à 10 % et a perdu le siège que Gerry Adams détenait à Belfast-Ouest.

En république d'Irlande (Eire), en revanche, le bilan économique n'a pas été trop mauvais et la production a été en hausse. Mais le chômage a progressé : il est devenu difficile pour les Irlandais d'émigrer en raison de l'importance du chômage dans les autres pays et particulièrement en Grande-Bretagne.

C'est surtout dans les domaines politique et moral que la république a rencontré le plus de difficultés. Un premier scandale financier a éclaté en mai 1991. Il a mis en cause Harry Goodman, grand patron de l'agro-alimentaire irlandais, et a impliqué Charles Haughey, Premier ministre et chef du principal parti politique dans la coalition au pouvoir, le Fianna Faíl, qui a reculé de sept points lors des élections locales de juin 1991. A l'automne 1991, une série de nou-

veaux scandales a éclaté, dans lesquels certains ont vu la main du Premier ministre, et une opposition de plus en plus forte à sa direction s'est développée au sein de son propre parti. Finalement, le 30 janvier 1992, C. Haughey a annoncé sa démission ; le 6 février, il a été remplacé à la tête du Fianna Faíl par Albert Reynolds, qui a été nommé Premier ministre le 11 février. Scandale aussi au sommet de l'Église. Le 6 mai 1992, l'évêque de Galway, Eamonn Casey, a démissionné de ses fonctions, sa paternité d'un garçon de 17 ans ayant été rendue publique.

A peine élu, A. Reynolds a dû faire face à un problème particulièrement sensible résultant de l'interdiction constitutionnelle d'avorter, adoptée par référendum en 1983. Une jeune fille de quatorze ans, victime d'un viol, s'était rendue en Angleterre avec ses parents afin de mettre un terme à sa grossesse. Mais le procureur a aussitôt lancé une injonction contre la famille, qui est rentrée à Dublin. Le 17 février 1992, la Haute Cour de justice de Dublin a confirmé ce jugement. Les parents ayant fait appel, la Cour suprême a cassé le jugement précédent. Le 3 mars, l'adolescente a subi une interruption de grossesse en Grande-Bretagne. Au mois d'avril, le gouvernement a annoncé son intention d'organiser un référendum sur l'avortement.

Mais auparavant, le pays a été consulté par référendum sur le traité de Maastricht. Le 18 juin 1992, 69 % des votants ont dit « oui » à l'Europe.

Paul Brennan

Europe latine

Andorre, Espagne, France, Italie, Monaco, Portugal
Saint-Marin, Vatican

(L'Espagne est traitée p. 153; la France p. 138; l'Italie p. 148.)

Andorre

Enclave de 453 kilomètres carrés située dans les Pyrénées, entre l'Espagne et la France, peuplée de 50 000 habitants, Andorre constitue une seigneurie, survivance singulière d'institutions féodales. Le Conseil général des vallées est en effet élu par les chefs de famille. Il désigne un syndic à sa présidence, chargé de l'exécutif. La justice est rendue selon des procédures héritées elles aussi du Moyen Age. Formellement, la souveraineté du territoire est assurée depuis le XIIIᵉ siècle par deux coprinces, aujourd'hui le président de la République française et l'évêque d'Urgel.

▼

Principauté d'Andorre

Statut : seigneurie « parrainée » par deux coprinces : le président de la République française (François Mitterrand depuis le 21.5.81) et l'évêque d'Urgel (Joan Marti Alanis depuis le 31.7.71).
Président du Conseil général : Albert Gelabert Grau (syndic).
Chef du gouvernement : Oscar Ribas Reig (depuis déc. 89).
Monnaie : franc français, peseta espagnole.
Langues : catalan, français, espagnol.

La France est puissance protectrice de la principauté au plan diplomatique. Le territoire attire de très nombreux consommateurs frontaliers et touristes alléchés par les détaxes qui y sont pratiquées. Cependant, la principauté a signé en mai 1991 une convention pour cinq ans qui devait entrer en vigueur le 1ᵉʳ juillet 1992 et aux termes de laquelle Andorre a adhéré à l'union douanière de la CEE.

Monaco

Principauté de 181 hectares située au sud du département français des Alpes-Maritimes et donnant sur la mer, Monaco compte une majorité d'étrangers. Les non-résidents ne sont soumis ni au contrôle des changes ni aux impôts sur le revenu et sur le capital. C'est un centre bancaire *offshore*.

▼

Principauté de Monaco

Statut : État constitutionnel.
Chef de l'État : prince Rainier III.
Ministre d'État : Jean Ausseuil.
Monnaie : franc français.
Langues : français, monégasque.

État constitutionnel, Monaco est dirigé par le prince Grimaldi. Le gouvernement est confié à un ministre d'État qui, selon les accords franco-monégasques, doit être de nationalité française et choisi en accord avec Paris. Le pouvoir législatif est assuré par un Conseil national de 18 membres élus au suffrage universel direct. La principauté est liée à la France par un « traité d'amitié protectrice » datant de 1918 et par une union douanière. Elle est par ailleurs membre de certaines organisations internationales, dont la Croix-Rouge.

Outre les activités financières, le tourisme et les jeux — sous la coupe de la puissante Société des bains de mer — sont une source de revenus importante.

Isabelle Claude

Portugal

1ᵉʳ janvier 1992, on enjambait encore des gravats avant de franchir le seuil du Centre culturel de Belem, bâti à

BIBLIOGRAPHIE

C. Colonna Cesari, *Urbi et orbi. Enquête sur la géopolitique vaticane*, La Découverte, Paris, 1992.

OCDE, *Études économiques : Portugal*, Paris, 1992.

« L'Église de Jean-Paul II : quel rôle sur la scène mondiale ? » (dossier constitué par Patrick Michel), *Problèmes politiques et sociaux*, n° 658, La Documentation française, Paris, juin 1991.

R. Luneau (sous la dir. de), *Le Rêve de Compostelle*, Le Centurion, Paris, 1989.

J. Marcadé, *Le Portugal au xxe siècle, 1910-1985*, PUF, Paris, 1989.

« Portugal. Country Profile », *The Economist Intelligence Unit*, Londres, juin 1991.

F. Torres, « Portugal, the EMS and 1992 : Stabilization and Liberalization », *The European Monetary System*, Longman, Londres, 1990.

Voir aussi les bibliographies « Espagne », « France » et « Italie » dans la section « 34 États ».

toute vitesse au bord du Tage pour abriter la première présidence portugaise de la CEE. Une inauguration qui s'est faite à la fois dans l'euphorie et dans l'inquiétude, à l'image même du Portugal.

▼

République du Portugal

Nature du régime : parlementaire.

Chef de l'État : Mario Soares, président de la République (depuis mars 86 ; réélu le 13.1.91).

Chef du gouvernement : Anibal Cavaco Silva, Premier ministre (depuis nov. 85).

Monnaie : escudo (100 escudos = 0,58 écu ou 3,9 FF au 30.3.91).

Langue : portugais.

Territoire outre-mer : Macao [Asie].

Au plan économique, plusieurs clignotants ont annoncé un tournant. La croissance, de l'ordre de 4,5 % par an depuis 1986, s'est ralentie à 3 % en 1991. Dopée par la demande privée, l'inflation a atteint 11,4 %. Par ailleurs, la baisse du taux de chômage à 4,1 % (contre 4,5 % en 1990), des gains de productivité presque nuls et le manque de compétitivité à l'exportation ont témoigné d'une surchauffe de l'économie.

Après avoir bénéficié des avantages de l'adhésion à la CEE (les contributions communautaires ont atteint 2 % du PIB de 1986 à 1992), le Portugal a dû faire face aux contraintes de l'intégration. Or le pays doit rattraper un retard sérieux dans le développement du réseau routier, de la santé, de l'éducation et de l'agriculture.

Le gouvernement social-démocrate du Premier ministre, Anibal Cavaco Silva, a adopté un programme dit de convergence (pour aligner l'économie sur les niveaux moyens de la CEE). Il s'est proposé de ramener l'inflation à 9 % en 1992 et à 4,6 % en 1995, tout en maintenant la croissance à 3 %. L'OCDE (Organisation de coopération et de développement économiques) a plutôt prévu une hausse des prix de 11 % et une croissance de 2,75 % pour la même période. Le déficit du secteur public a été fixé à moins de 4 % du PIB pour 1992. Le 6 avril 1992, l'entrée de l'escudo dans le Système monétaire européen (SME) a imposé une discipline de gestion plus rigide. En revanche, cette adhésion a rendu plus aléatoire la baisse des taux d'intérêt, supérieurs à 18 %.

Europe latine

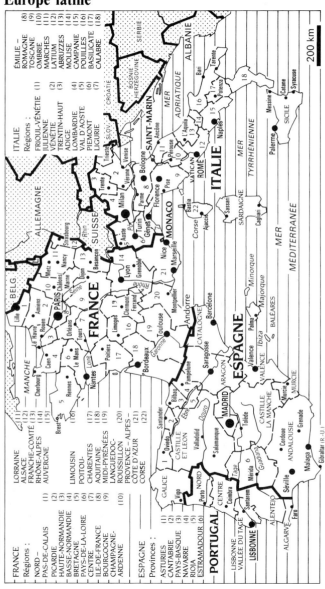

© Éditions La Découverte

200 km

Europe latine

INDICATEUR	UNITÉ	ANDORRE	FRANCE	ESPAGNE
Capitale		Andorre-la-V.	Paris	Madrid
Superficie	km²	453	547 026	504 782
Développement humain (IDH) [a]		••	0,969	0,916

DÉMOGRAPHIE

INDICATEUR	UNITÉ	ANDORRE	FRANCE	ESPAGNE
Population (*)	million	0,06	56,60	39,02
Densité	hab./km²	132,5	103,5	77,3
Croissance annuelle [c]	%	0,4	0,4	0,4
Indice de fécondité (ISF) [c]		••	1,8	1,7
Mortalité infantile [c]	‰	4 [h]	7	9
Population urbaine [a]	%	63	74	78

CULTURE

INDICATEUR	UNITÉ	ANDORRE	FRANCE	ESPAGNE
Analphabétisme [a]	%	—	1,0	4,6
Scolarisation 2e degré	%	••	97 [bm]	105 [im]
Scolarisation 3e degré	%	••	37,2 [b]	31,5 [i]
Téléviseurs [b]	‰ hab.	148,9	400	389
Livres publiés	titre	45 [b]	40 115 [b]	38 353 [b]
Nombre de médecins	‰ hab.	••	2,6 [b]	3,7 [b]

ARMÉE

INDICATEUR	UNITÉ	ANDORRE	FRANCE	ESPAGNE
Armée de terre	millier d'h.	—	280,3	182
Marine	millier d'h.	65,3	65,3	35,6
Aviation	millier d'h.	—	92,9	39,8

ÉCONOMIE

INDICATEUR	UNITÉ	ANDORRE	FRANCE	ESPAGNE
PIB	milliard $	0,48 [i]	1 170,5	493,1
Croissance annuelle 1980-90	%	••	2,2	3,1
1991	%	••	1,2	2,5
Par habitant	$	9 834 [i]	20 680	12 644
Taux de chômage [l]	%	••	9,8	16,5
Taux d'inflation	%	••	3,1	5,5
Dépenses de l'État Éducation	% PIB	••	5,3 [n]	4,3 [n]
Défense	% PIB	—	2,9	1,5
Recherche et développement	% PIB	••	2,4 [a]	0,9 [a]
Production d'énergie [b]	million TEC	••	66,6	29,1
Consom. d'énergie [b]	million TEC	••	220,9	97,1

COMMERCE

INDICATEUR	UNITÉ	ANDORRE	FRANCE	ESPAGNE
Importations	million $	531 [k]	231 839	93 868
Exportations	million $	17 [k]	217 037	59 363
Principaux fournis.	%	Fra 42,4 [k]	CEE 58,1	CEE 59,9
	%	Esp 27,0 [k]	PVD 16,1	PVD 19,7
	%	••	E-U 9,6	E-U 8,0
Principaux clients	%	Fra 54,3 [k]	CEE 63,0	CEE 70,9
	%	Esp 32,8 [k]	PVD 18,3	PVD 14,6
	%	••	E-U 6,4	E-U 4,9

	ITALIE	MONACO	PORTU-GAL	SAINT-MARIN
	Rome	Monaco	Lisbonne	Saint-Marin
	301 225	1,81	92 080	61
	0,922	..	0,850	..
	57,70	0,03 [a]	10,58	0,02 [a]
	191,4	16 667 [a]	114,9	327,9 [a]
	0,0	0,7	0,3	0,8
	1,4	..	1,7	..
	9	4 [h]	13	10 [h]
	69	100	34	93
	2,9	—	15,0	1,6 [i]
	78 [bj]	..	53 [bg]	..
	28,6 [b]	..	18,4 [b]	..
	423	785,7	176,2	326,1
	22 647 [b]	48 [b]	7 733 [i]	..
	4,25 [k]	2,23 [o]	2,9 [a]	..
	234,2	—	33,1	—
	49	—	15,3	—
	78,2	—	13,4	—
	1 072,7	0,28 [p]	60,87	0,188 [i]
	2,4	..	3,0	..
	1,0	..	2,7	..
	18 591	11 350 [p]	5 753	8 590 [i]
	9,9	..	4,1	1,3 [a]
	6,1	..	9,6	..
	5,0 [k]	..	4,9 [b]	..
	1,7	..	2,6 [a]	—
	1,4	..	0,5 [n]	..
	32,0	e	0,87	f
	217,8	e	18,59	f
	182 698	e	26 113	f
	169 478	e	16 280	f
	CEE 57,7	..	PCD 83,2 [a]	..
	PVD 19,3	..	CEE 69,2 [a]	..
	E-U 5,6	..	PVD 16,3 [a]	..
	CEE 59,1	..	PCD 91,3 [a]	..
	PVD 17,3	..	CEE 74,0 [a]	..
	E-U 6,9	..	PVD 7,2 [a]	..

Au début de 1992, la modernisation du marché des capitaux et du secteur bancaire a précédé de peu les reconversions de l'industrie. Les licenciements, particulièrement douloureux dans le textile, devraient être absorbés par le secteur tertiaire, en pleine expansion.

Le programme des privatisations, qui touche près de 60 % de l'économie, s'est poursuivi en 1992, dans le consensus général. Mais l'État a freiné l'appétit des investisseurs étrangers. La France, par exemple, s'est vu interdire de « tout rafler » dans les assurances. Cependant, l'afflux de capitaux étrangers a encore doublé en 1991.

Lors des élections législatives du 6 octobre 1991, le Premier ministre en place, Anibal Cavaco Silva, avait réclamé pour son Parti social-démocrate (PSD) « la majorité absolue, ou rien ». Il a détenu la majorité absolue pour la deuxième fois, enterrant ainsi les années d'instabilité politique qui ont succédé à la « révolution des œillets » en 1974.

Sont restées face à face deux forces politiques majeures, le PSD et le Parti socialiste (PS). Tenu pour responsable de l'échec électoral du PS (29 % des suffrages), Jorge Sampaio a dû céder sa place à la tête du parti à Antònio Guterres lors du Xe congrès, en février 1992. Seul l'orthodoxe Parti communiste (PC) de Alvaro Cunhal a encore joué les trouble-fête dans ce climat de recentrage politique. En perte de vitesse, avec 8,8 % des voix, il est cependant parvenu à se faire entendre dans un pays où les laissés-pour-compte de la modernisation viennent grossir les poches de pauvreté héritées du régime salazariste.

Chiffres 1991, sauf notes : a. 1990; b. 1989; c. 1990-95; d. 1976; e. Compris dans les chiffres français; f. Compris dans les chiffres italiens; g. 12-17 ans; h. 1985-90; i. 1987; j. 11-18 ans; k. 1986; l. En fin d'année; m. 11-17 ans; n. 1988; o. 1981; p. 1982.

(*) Dernier recensement utilisable : Andorre, 1954; France, 1990; Espagne, 1981; Italie, 1981; Monaco, 1982; Portugal, 1981; Saint-Marin, 1982.

Des grèves, dont on avait perdu l'habitude, se sont multipliées au début 1992, traduisant le maintien de tensions sociales. Par ailleurs, l'euphorie des Portugais qui a accompagné le «miracle économique» s'est muée en inquiétude, devant le défi que représente le Grand Marché de 1993.

Ana Navarro Pedro

Saint-Marin

Plus ancienne république libre du monde, Saint-Marin est enclavée, au nord-est de l'Italie, entre l'Émilie-Romagne et les Marches. Dotée d'une Constitution dès le XVIIe siècle, le suffrage universel y est appliqué depuis 1906 pour désigner le Grand Conseil général (renouvellement tous les quatre ans). Deux capitaines-régents sont élus tous les six mois par ce Grand Conseil et président le Conseil d'État (exécutif de dix

▼
République de Saint-Marin

Nature du régime : parlementaire.
Chef de l'État : deux capitaines-régents élus tous les six mois. Ils président le Conseil d'État (10 membres) qui assure le gouvernement.
Monnaie : lire italienne.
Langue : italien.

membres). Les deux principales forces politiques sont la démocratie chrétienne et le Parti progressiste démocratique saint-marinais (ex-communiste).

Pleinement souveraine en matière administrative et diplomatique, Saint-Marin est membre du Conseil de l'Europe et a été admise à l'ONU le 2 mars 1992. La république est liée à l'Italie par une union douanière.

Isabelle Claude

Vatican

Ainsi qu'il en a développé l'usage depuis qu'il est pape (1978), Jean-

Paul II a encore beaucoup voyagé à l'étranger en 1991-1992. Il s'est notamment rendu dans plusieurs pays du tiers monde : Brésil (octobre 1991, pour la seconde fois), Afrique de l'Ouest, une terre majoritairement musulmane (février 1992), Angola. Il s'est aussi dé-

▼
Cité du Vatican

Statut : État souverain.
Chef de l'État : Karol Wojtyla (Jean-Paul II, pape depuis oct. 78).
Langue : italien (off.), latin (pour les actes off.).

placé en Europe centrale (Pologne et Hongrie, respectivement en juin et août 1991). Dans le nouveau contexte marqué par l'exacerbation des passions et conflits nationalistes, le discours papal sur la «nouvelle évangélisation» et la «nécessaire rechristianisation» du Vieux Continent a provoqué des réactions nettement plus vives qu'auparavant. Le pouvoir serbe a voulu voir dans le soutien affiché aux Croates (qui sont, comme les Slovènes, majoritairement catholiques) la preuve que la sécession croate était l'œuvre d'un complot de Rome. D'une manière plus générale, le prosélytisme et l'esprit de conquête du Vatican ont beaucoup irrité les Églises orthodoxes d'Europe de l'Est, non seulement serbe, mais aussi roumaine, bulgare ou russe. Le synode européen, réuni par Jean-Paul II en décembre 1991, s'est d'ailleurs tenu en l'absence de représentants institutionnels de la plupart des Églises orthodoxes.

En annonçant, le 29 juillet 1992, la constitution d'une «commission bilatérale permanente» avec Israël, le Vatican a par ailleurs esquissé un geste susceptible de conduire à une reconnaissance de l'État hébreu.

Nicolas Bessarabski

Méditerranée orientale

Chypre, Grèce, Malte, Turquie
(La Turquie est traitée p. 184.)

Chypre

Indépendante en 1960, l'île a été divisée en juillet-août 1974 après la tentative de coup d'État des dictateurs grecs contre son gouvernement et l'invasion turque qui s'ensuivit, causant déplacement et regroupement séparé des populations, Grecs au sud (82 %), Turcs au nord (18 %). L'ONU, qui y maintient une force militaire depuis la crise constitutionnelle et les premiers affrontements armés intercommunautaires en 1963-1964, s'est prononcée pour la création d'un État fédéral et pour l'autonomie des communautés. Les Turcs veulent la ségrégation territoriale des peuples, tandis que les Grecs demandent le droit pour chacun de circuler, de s'établir et de posséder partout dans l'île.

▼

République de Chypre

Nature du régime : parlementaire.
Chef de l'État et du gouvernement :
Giorgos Vassiliou (élu le 21.2.88).
Monnaie : livre chypriote (1 livre = 11,94 FF au 30.3.92).
Langues : grec, turc, anglais.

Au sud, dans l'« État officiel » (70 % du territoire), les élections de mai 1991 ont montré une opinion assez divisée. L'économie a fait preuve de bonne santé. Le niveau de vie est resté élevé, le taux d'urbanisation a augmenté, la main-d'œuvre est restée rare (agriculture modernisée, petites industries, services *off-shore*...) Au nord, dans l'« État officieux » (30 % du territoire), l'indépendance unilatérale, proclamée en 1975, est approuvée par une majorité de la population, laquelle s'est augmentée de l'immigration de milliers de Turcs. Mais le travail

manque et l'inflation est rapide. Une bourgeoisie d'affaires s'enrichit tandis que prolifèrent des trafics divers. Le président Rauf Denktash, qui partage le pouvoir avec l'armée turque, a été réélu depuis 1985.

Grèce

Selon le recensement de 1991, la Grèce comptait alors près de 10,3 millions d'habitants : 5,4 % de plus qu'en 1981. L'agglomération d'Athènes (3,1 millions) a gagné 50 000 habitants entre ces deux dates contre 500 000 entre 1971 et 1981 :

▼

République de Grèce

Nature du régime : parlementaire.
Chef de l'État : Constantin Karamanlis (depuis le 4.5.90).
Chef du gouvernement : Constantin Mitsotakis (depuis le 8.4.90).
Monnaie : drachme (100 drachmes = 0,40 écu ou 2,90 FF au 30.3.92).
Langue : grec.

un changement qui tient moins au déclin de l'exode rural qu'au rôle accru des villes de province dans la fixation de la population, à l'étalement du bassin d'activités d'Athènes vers la Béotie, la Corinthie, et l'Eubée, et à la reprise de l'activité dans des zones touristiques (Cyclades, Dodécanèse), même si le phénomène a été faussement amplifié par la propension des citadins à rejoindre leur village d'origine pour le dénombrement. On a assisté à une redistribution de la population et des activités de services dans l'agglomération capitale au profit des localités d'une banlieue qui s'étend vers le nord et l'est et qui connaît un trafic routier de plus en plus important et une grave pollution atmosphérique.

Méditerranée orientale

INDICATEUR	UNITÉ	CHYPRE	GRÈCE	MALTE	TURQUIE
Capitale		Nicosie	Athènes	La Valette	Ankara
Superficie	km²	9 251	131 944	316	780 576
Développement humain (IDH) [a]		0,912	0,901	0,854	0,671
DÉMOGRAPHIE Population (*)	million	0,71	10,12	0,36	67,30
Densité	hab./km²	76,3	76,7	1 139	86,3
Croissance annuelle [c]	%	0,9	0,2	0,4	1,9
Indice de fécondité (ISF) [c]		2,2	1,7	1,9	3,3
Mortalité infantile [c]	‰	10	13	9	62
Population urbaine [a]	%	53	62	87	61
CULTURE Analphabétisme [a]	%	6,0	6,8	13,0	19,3
Scolarisation 2e degré	%	88 [bd]	97 [ed]	80 [fg]	51 [bi]
Scolarisation 3e degré	%	13,0 [b]	28,0 [e]	6,8 [f]	12,7 [b]
Téléviseurs [b]	‰ hab.	141,4	194,5	740,7	174
Livres publiés	titre	561 [b]	4 651 [h]	386 [b]	6 685 [h]
Nombre de médecins	‰ hab.	1,35 [j]	3,3 [b]	1,12 [k]	0,9 [a]
ARMÉE Armée de terre	millier d'h.		113		470
Marine	millier d'h.	10	19,5	1,65	52
Aviation	millier d'h.		26		57,2
ÉCONOMIE PIB	milliard $	5,54	65,04	2,45	91,7 [a]
Croissance annuelle 1980-90	%	6,0	1,2	3,1	5,5
1991	%	1,5	1,0	5,9	1,9
Par habitant	$	7 803	6 427	6 806	1 630 [a]
Dette extérieure totale	milliard $	2,55	21,9 [a]	0,54	49,1 [a]
Service de la dette/Export.	%	10,6 [a]	..	2,0 [b]	28,2 [a]
Taux d'inflation	%	6,6	18,2	1,0	66,8
Dépenses de l'État Éducation	% PIB	3,6 [b]	2,7 [e]	3,6 [f]	1,8 [b]
Défense	% PIB	3,4 [b]	6,2	0,9	3,1
Production d'énergie [b]	million TEC	..	11,41	..	21,9
Consom. d'énergie [b]	million TEC	1,75	31,31	0,72	52,5
COMMERCE Importations	million $	2 514	21 490	2 280	22 500
Exportations	million $	945	8 663	1 130	13 700
Principaux fournis. [a]	%	CEE 53,7	CEE 64,3	Ita 35,2	CEE 46,2
	%	Jap 11,5	PVD 17,1	R-U 14,2	E-U 10,4
	%	PVD 19,0	Jap 5,9	RFA 11,1	M-O 12,7
Principaux clients [a]	%	M-O 24,9	CEE 64,1	Ita 35,6	CEE 49,2
	%	CEE 47,6	PVD 18,8	RFA 22,1	M-O 20,6
	%	R-U 23,0	E-U 5,6	PVD 10,2	E-U 6,7

BIBLIOGRAPHIE

J. Ancel, *Peuples et nations des Balkans*, CTHS, Paris, 1992.

P. Balta (sous la dir. de), *La Méditerranée réinventée. Réalités et espoirs de la coopération*, La Découverte/Fondation René-Seydoux, Paris, 1992.

CEFI (rapport dirigé par J.-L. Reiffers), *La Méditerranée économique*, Économica, Paris, 1992.

J.-F. Drevet, *Chypre, île extrême*, Syros Alternatives, Paris, 1991.

« La Méditerranée. Affrontements et dialogues », *Vingtième siècle*, n° 32, Paris, oct.-déc. 1991.

P.-Y. Péchoux, « Chypre et les Chypriotes : vers une double insularité », *Territoires et sociétés insulaires*, Ministère de l'Environnement, Paris, 1991.

P.-Y. Péchoux, « Il nodo cipriota », *La citta nuova*, vol. VII, n° 1-2, G. Macchiaroli, Naples, 1992.

S. Vaner (sous la dir. de), *Le Différend gréco-turc*, L'Harmattan, Paris, 1988.

Voir aussi la bibliographie « Turquie » dans la section « 34 États ».

L'espace agricole a tendu à se réduire aux plaines adaptables à l'irrigation et à la mécanisation ; la population active employée en permanence dans l'agriculture a diminué et la production agricole s'est adaptée au marché européen : progrès du coton, des blés durs, des tomates ; maintien du maïs, des olives, des agrumes ; recul des vins mais amélioration de leur qualité, abandon de la betterave à sucre. L'intégration de l'appareil industriel et commercial dans l'ensemble européen s'est accélérée à travers des cessions d'actifs, d'autant que le gouvernement a poussé à la privatisation des entreprises contrôlées par l'État. Ainsi, 70 % du capital des Ciments Héraklis ont été cédés, en mars 1992, à un groupe dominé par l'italien Ferruzzi.

Tous les partis politiques ont fini par se déclarer favorables à la CEE.

Chiffres 1991, sauf notes : a. 1990 ; b. 1989 ; c. 1990-95 ; d. 12-17 ans ; e. 1987 ; f. 1988 ; g. 11-17 ans ; h. 1985 ; i. 11-16 ans ; j. 1986 ; k. 1982.
(*) Dernier recensement utilisable : Chypre, 1976 ; Grèce, 1991 ; Malte, 1985 ; Turquie, 1990.

Le Parlement a d'ailleurs ratifié le traité de Maastricht à une écrasante majorité, le 31 juillet 1992. Mais les problèmes économiques ont suscité de vifs débats : incapacité de l'État à encadrer l'économie malgré une fonction publique pléthorique, d'ailleurs mécontente du blocage des salaires ; énorme évasion fiscale ; budget national de plus en plus dépendant (6 % en 1991) des subsides communautaires (fonds de garantie des marchés agricoles, fonds structurels) ; performances économiques globales en déclin par rapport à celles du Portugal ou de la Turquie ; en 1991, le chômage a augmenté (9,2 %), l'inflation a été de 18 %, et le déficit du secteur public a représenté 23,2 % du PIB. Mais le dynamisme de l'économie souterraine explique que le niveau de vie de beaucoup soit resté élevé (près de 170 000 voitures neuves vendues en 1991, soit 25 % de plus qu'en 1990, avec un progrès pour les moyennes et grosses cylindrées) et que le marché du travail saisonnier ou permanent ait été attractif ; 250 000 étrangers (Polonais, Roumains, Albanais, Syriens notamment), souvent clandestins, employés dans le bâtiment, à de petits métiers ou aux

Méditerranée orientale

Éditions La Découverte

Encart CHYPRE :
Zone nord (occupation turque)
50 km
CHYPRE
Kyrénia — NICOSIE — Famagouste
Larnaca
Paphos — Limassol

Carte principale (Turquie, Grèce, mer Méditerranée) :

GÉORGIE — ARMÉNIE — IRAK — SYRIE

Van, Kars, Erzurum, Diyarbakir, Trabzon, ANATOLIE ORIENTALE, ANATOLIE DU SUD-EST, Malatya, Urfa, Gaziantep, Euphrate, LIBAN

Samsun, Sinop, Sivas, Kayseri, Kizil Irmak, Adana, Mersin, CHYPRE, ISRAËL

MER NOIRE, CÔTE DE LA MER NOIRE, ANATOLIE CENTRALE, ANKARA, Konya, Antalya, CÔTE DE LA MÉDITERRANÉE

T U R Q U I E

Adapazari, Sakarya, Eskişehir, ANATOLIE OCCIDENTALE, Fethiye

THRACE, Istanbul, Izmit, Mer de Marmara, CÔTES DES MER DE MARMARA ET ÉGÉE, Bursa

BULGARIE, Karala, Izmir, Mytilène, Rhodes, MER MÉDITERRANÉE

Thessalonique, Chalcis, ATHÈNES, Héraclion, La Canée, Crète, MER ÉGÉE

ALBANIE, Macédoine, Véroia, Kozani, Ioannina, Larissa, Volos, Lamia, Missolonghi, Levadhia, Patras, Corinthe, Sparte, Pyrgos, Corfou, Leucade, MER IONIENNE

Méditerranée : 200 km

Légende GRÈCE :

GRÈCE
Régions : (1)
THRACE (2)
MACÉDOINE (3)
ÉPIRE (4)
THESSALIE (5)
ÎLES (5)
IONIENNES

GRÈCE CENTRALE (6)
ET EUBÉE (7)
PÉLOPONÈSE (7)
ÎLES DE (8)
LA MER ÉGÉE (8)
CRÈTE (9)

Encart MALTE :
MALTE — SICILE
Détroit de Malte
Gozo
LA VALETTE
Malte
50 km

récoltes, se sont ajoutés aux milliers de Grecs arrivant des républiques exsoviétiques.

Alors que des élections partielles ont attesté de la vigueur des partis d'opposition — PASOK (Mouvement panhellénique socialiste), partis communistes et même « Union de la gauche » —, la vie politique a été dominée par les relations de la Grèce avec ses voisins musulmans et slaves : conflit avec la Turquie qui occupe le nord de Chypre depuis 1975 et active sa diplomatie dans les Balkans ; méfiance vis-à-vis de l'Albanie, causée par l'afflux de réfugiés de ce pays et par le problème du statut de la minorité grecque ; fureur nationaliste contre la république de Macédoine dans l'ancienne Yougoslavie accusée d'accaparer une appellation qui ferait partie du patrimoine hellénique indivisible. Même si le Premier ministre, Constantin Mitsotakis, a, au printemps 1992, sacrifié à ce propos son ministre des Affaires étrangères jugé trop extrémiste, l'attitude de la Grèce a embarrassé ses alliés de l'OTAN (Organisation du traité de l'Atlantique nord) et ses partenaires de la CEE qui ont commencé à considérer les positions d'Athènes comme un obstacle à l'élaboration de politiques communes en Méditerranée orientale et au Proche-Orient, mais ont accepté au sommet européen de Lisbonne, le 27 juin 1992, de soutenir les Grecs dans leur refus de reconnaître la république de Macédoine sous cette appellation.

Malte

Les élections législatives anticipées de février 1991 ont accru l'avance du Parti nationaliste sur les travaillistes, consolidant le gouvernement qui a déposé, en juillet 1990, une candidature d'adhésion à la CEE sans toutefois renoncer à sa neutralité et à son non-alignement.

▼

République de Malte

Nature du régime : parlementaire.
Chef de l'État : Vincent Tabone (depuis mai 1989).
Chef du gouvernement : Eddie Fenech Adami (depuis mai 87).
Monnaie : livre maltaise (1 livre = 18,01 FF au 30.3.92).
Langue : maltais, anglais, italien.

La situation économique a été satisfaisante en 1991 : inflation réduite (1 %), revenu par habitant supérieur à ceux de la Grèce et du Portugal, taux de croissance et d'épargne élevés, main-d'œuvre qualifiée peu coûteuse, recettes touristiques élevées malgré l'application, depuis le printemps 1992, de l'embargo aérien à la Libye, son ancien allié. Plusieurs problèmes sont cependant demeurés : manque d'eau, aménagement de l'agglomération de La Valette, coût de la protection sociale (36 % du budget), importance de l'emploi public (44 % des actifs), dualisme de la structure industrielle opposant un secteur peu productif, desservant la consommation locale et protégé par les tarifs douaniers, et un secteur d'exportation dont les débouchés sont garantis par l'accord d'association conclu avec la CEE en 1970.

S'agissant de ses relations extérieures, Malte a resserré ses liens avec ses voisins de la Méditerranée occidentale. Le groupe dit « 5 + 4 » (cinq pays de l'Union du Maghreb arabe et les quatre États latins du Sud de l'Europe) l'a en effet accueillie en qualité de membre à part entière lors de sa réunion ministérielle d'Alger, les 25-26 octobre à Alger. Cette structure de coopération est ainsi devenue le groupe « 5 + 5 » ou « groupe des Dix ».

Pierre-Yves Péchoux

Balkans

Albanie, Bulgarie, Roumanie, Slovénie, Croatie, Bosnie-Herzégovine, Serbie-Monténégro, Macédoine

(Ex-Yougoslavie : voir aussi p. 172 et 540).

(Pour faciliter la lecture, les républiques de l'ancienne Yougoslavie sont présentées, à la fin de ce chapitre, selon un axe géographique nord-ouest/sud-est qui permet de mieux suivre l'enchaînement chronologique des différents conflits.)

Albanie

Comme en Bulgarie, ce n'est qu'à l'issue de nouvelles élections législatives organisées les 22 et 29 mars 1992 que le Parti socialiste albanais (PSA, ex-Parti du travail) a été bouté hors du pouvoir. Alors que les élections libres précédentes des 31 mars et 7 avril 1991 ne lui avaient accordé que 75 sièges (sur 250), le Parti démocratique albanais (PDA) l'a cette fois très largement emporté avec près des deux tiers des voix.

▼

**République populaire
socialiste d'Albanie**

Nature du régime : transition vers un régime parlementaire.
Chef de l'État : Ramiz Alia, remplacé par Sali Berisha le 9.4.92.
Chef du gouvernement : Ylli Bufi, remplacé par Vilson Ahmeti le 10.12.91, lui-même remplacé par Alexandre Meksi le 12.4.92.
Monnaie : nouveau lek (1 nouveau lek = 0,10 FF au 31.5.92).
Langue : albanais.

Cette rupture avec les représentants du système communiste a été consacrée par la démission de Ramiz Alia de son poste de chef de l'État le 4 avril 1992 ; il a été remplacé par le leader du PDA, le cardiologue Sali Berisha. Le 12 avril, celui-ci nommait Alexandre Meksi Premier ministre,

avec pour tâche essentielle de mettre fin à la déroute économique du pays.

L'hiver 1991-1992 a été terrible pour la population dont le sort a continué de dépendre de l'importance de l'aide alimentaire extérieure. Au premier rang des donateurs, l'Italie, qui a fourni, à partir de septembre 1991, une aide quotidienne massive d'un montant total de 80 millions de dollars. L'importance de cette contribution s'explique par la crainte des autorités italiennes de voir affluer sur leurs côtes de nouveaux réfugiés albanais, comme ce fut le cas en août 1991 : près de 10 000 d'entre eux furent alors refoulés du port italien de Bari vers celui de Dürres, au terme d'affrontements violents avec la police italienne ; un épisode que Rome s'est efforcé d'effacer en établissant une coopération économique d'envergure avec Tirana. Des aides ont également fini par arriver de la CEE, des États-Unis et d'Allemagne.

En décembre 1991, la situation était devenue si proche de l'anarchie (multiplication des pillages de dépôts et convois de vivres, saccages des écoles et édifices publics) que le PSA avait accepté, sous la pression de l'opposition, d'organiser des élections anticipées et de procéder à l'arrestation d'anciens dignitaires. Le départ du PDA du gouvernement de coalition ayant entraîné la dissolution de celui-ci, il ne restait plus à Vilson Ahmeti, Premier ministre de transition, qu'à tenter de désamorcer le climat de violence en promettant des élections pour mars 1992.

Si l'issue de ces dernières a levé les réticences du FMI et de la Banque mondiale — auxquels Tirana a adhéré en décembre 1991 (de même qu'à la BERD — Banque européenne pour la reconstruction et le

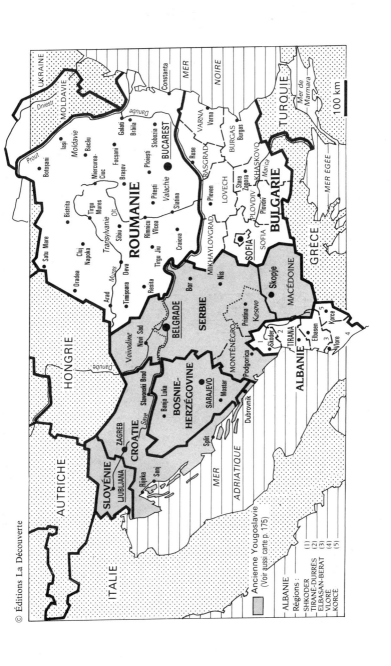

© Éditions La Découverte

UKRAINE

Dniestr

MOLDAVIE

Prout

Moldavie

Iaşi

Botoşani

Bacău

Suceava

Galaţi

Brăila

Focşani

Miercurea-
Ciuc

Braşov

Ploieşti

Slobozia

Constanţa

MER

NOIRE

Bistriţa

Tirgu
Mureş

BUCAREST

Valachie

Oltul

Piteşti

VARNA

Varna

Satu Mare

Cluj
Napoca

Sibiu

ROUMANIE

BURGAS

Burgas

Oradea

Transylvanie

Tirgu Jiu

Rîmnicu
Vîlcea

Pleven

RASGRAD

LOVECH

Arad

Deva

Craiova

Stara
Zagora

Mureş

Timişoara

Reşita

Slatina

PLOVDIV

Plovdiv

KHASKOVO

Maritsa

HONGRIE

Bor

MIKHAYLOVGRAD

SOFIA

BULGARIE

LOVECH

SOFIA

MER ÉGÉE

Danube

Niš

Skopje

Pristina

Kosovo

MACÉDOINE

GRÈCE

TURQUIE

Mer de
Marmara

Novi Sad

Voïvodine

BELGRADE

SERBIE

MONTÉNÉGRO

Podgorica

Slavonski Brod

Banja Luka

BOSNIE-
HERZÉGOVINE

SARAJEVO

Mostar

Dubrovnik

Shkodër

TIRANA

Elbasen

ALBANIE

Vlorë

Korçë

Save

CROATIE

ZAGREB

Rijeka

Senj

Split

LJUBLJANA

SLOVÉNIE

MER

ADRIATIQUE

AUTRICHE

ITALIE

100 km

Ancienne Yougoslavie
(Voir aussi carte p. 175)

ALBANIE
Régions :
SHKODER   (1)
TIRANE-DURRÉS   (2)
ELBASAN-BERAT   (3)
VLORE   (4)
KORÇE   (5)

Balkans

	INDICATEUR	UNITÉ	ALBANIE	BULGARIE
	Capitale		Tirana	Sofia
	Superficie	km²	28 748	110 912
	Développement humain (IDH) [a]		0,791	0,865
DÉMOGRAPHIE	Population (*)	million	3,30	9,00
	Densité	hab./km²	114,8	81,1
	Croissance annuelle [c]	%	1,6	0,1
	Indice de fécondité (ISF) [c]		2,7	1,8
	Mortalité infantile [c]	‰	32	14
	Population urbaine [a]	%	35	68
CULTURE	Scolarisation 2e degré [b]	%	80 [f]	75 [f]
	Scolarisation 3e degré [b]	%	8,5	26,2
	Téléviseurs	‰ hab.	83,1	249,1
	Livres publiés	titre	959 [h]	4 543 [b]
	Nombre de médecins	‰ hab.	1,05 [i]	3,81 [b]
ARMÉE	Armée de terre	millier d'h.	35	75
	Marine	millier d'h.	2	10
	Aviation	millier d'h.	11	22
ÉCONOMIE	PIB	milliard $	2,62 [b]	19,88 [a]
	Croissance annuelle 1980-90	%	1,4 [d]	2,5
	1991	%	− 21,0 [ai]	− 23,0
	Par habitant	$	820 [b]	2 210 [a]
	Dette extérieure totale	milliard $	0,6	11,2
	Service de la dette/Export. [a]	%	..	16,7
	Taux d'inflation	%	..	249,8
	Chômage [m]	%	..	10,1
	Dépenses de l'État Éducation	% PIB	6,4 [j]	5,5 [bi]
	Défense	% PIB	7,0 [a]	5,2 [i]
	Recherche et développement [b]	% PIB	..	3,5 [i]
	Production d'énergie [b]	million TEC	6,31	18,02
	Consom. d'énergie [b]	million TEC	4,07	44,03
COMMERCE	Importations	million $	385	14 420 [a]
	Exportations	million $	150	11 979 [a]
	Principaux fournis.	%	PCD 51,3 [a]	URSS 71,7 [a]
		%	..	PCD 14,5 [a]
		%	PVD 40,7 [a]	PVD 10,5 [a]
	Principaux clients	%	..	URSS 80,1 [a]
		%	PCD 46,9 [a]	PCD 7,7 [a]
		%	PVD 45,7 [a]	PVD 10,1 [a]

ROUMANIE	YOUGO-SLAVIE [1]
Bucarest	Belgrade
237 500	255 804
0,733	0,857
23,32	23,93
98,2	93,5
0,5	0,5
2,0	1,9
19	21
53	56
88 [f]	80 [g]
8,6	19,0
193,8	197
3 867 [b]	11 339 [b]
2,11 [b]	1,83 [h]
161,8	129
19,2	11
19,8	29
38,03 [a]	72,86 [a]
1,5	– 0,2
– 13,5	– 15,0
1 640 [a]	3 060 [a]
3,1	14,5
0,4	13,7
344,5	215,1
3,1	20,5
2,2 [k]	4,4 [b]
1,4 [a]	2,2 [b]
2,6	0,8
78,74	36,1
103,9	60,4
5 601	14 737
4 124	13 953
URSS 23,6 [a]	CEE 45,1 [a]
PCD 30,4 [a]	CAEM 22,4 [a]
PVD 42,2 [a]	PVD 22,8 [a]
URSS 25,2 [a]	CEE 45,5 [a]
PCD 43,0 [a]	CAEM 28,1 [a]
PVD 27,2 [a]	PVD 20,6 [a]

développement) —, l'Albanie, avec 50 % de sa population active au chômage, une industrie hors d'usage, une dette de 700 millions de dollars, reste un pays à reconstruire totalement.

Édith Lhomel

Bulgarie

La Bulgarie a poursuivi, en 1991-1992, sa transition pacifique à la démocratie. La formation du premier gouvernement non communiste depuis 1944, puis la réélection du président Jelio Jelev à la tête de l'État ont marqué la cassure avec l'ancien régime et ont renforcé la confiance de l'Ouest.

▼

République de Bulgarie

Nature du régime : parlementaire (le président est élu au suffrage universel pour 5 ans).

Chef de l'État : Jelio Jelev (élu le 1.8.90, réélu président de la République lors de la première élection directe d'un chef de l'État bulgare, le 19.1.92).

Chef du gouvernement : Dimitar Popov, remplacé par Filip Dimitrov, Premier ministre, le 8.11.91.

Monnaie : lev lourd (1 lev lourd = 0,23 FF au 31.5.92).

Langue : bulgare.

(1) La fédération yougoslave telle qu'elle avait été constituée à la fin de la Seconde Guerre mondiale n'existe plus depuis la mi-1991. Les données présentées ici se réfèrent à l'ensemble des territoires qui étaient fédérés. On trouvera pages 486-487 des statistiques analytiques pour chacune des républiques.

Chiffres 1991, sauf notes : a. 1990; b. 1989; c. 1990-95; d. Source ONUDI; e. 1980-89; f. 14-17 ans; g. 11-18 ans; h. 1986; i. Concerne le produit matériel net (PMN); j. 1988; k. 1985; l. 1987 en fin d'année.

(*) Dernier recensement utilisable : Albanie, 1989; Bulgarie, 1985; Roumanie, 1977; Yougoslavie, 1981.

Ancienne Yougoslavie

	INDICATEUR	UNITÉ	SLOVÉNIE	CROATIE	BOSNIE-HERZÉGOV.
DÉMOGRAPHIE	Capitale		Ljubljana	Zagreb	Sarajevo
	Superficie	km²	20 251	56 538	51 129
	Population (*)	millier	1 953	4 685	4 516
	Densité	hab./km²	96,4	82,9	88,3
	Croissance annuelle [b]	%	0,3	0,1	0,9
	Indice de fécondité (ISF) [k]		1,7	1,7	1,8
	Mortalité infantile	‰	8,9	10,0	15,2
	Espérance de vie [i]	année	71,0	70,5	70,5
	Population urbaine [f]	%	48,9	50,8	36,2
CULTURE	Analphabétisme [f]	% [g]	0,8	5,6	14,5
	Scolarisation 1er degré	millier	228,6	504,2	541,6
	Scolarisation 2e degré	millier	91,9	214,0	176,6
	Scolarisation supérieure	millier	34,2	69,0	40,3
	Téléviseurs [ad]	‰ hab.	227	208	139
	Livres publiés [a]	titre	1 932	2 413	1 008
	Nombre de médecins [e]	‰ hab.	2,6	2,6	1,8
ÉCONOMIE	P M N [ha]	milliard $	11,44	16,61	7,87
	Croissance annuelle [c] 1980-88	%	0,3	0,3	1,2
	1988 [c]	%	− 2,9	− 0,9	− 2,2
	Par habitant [ha]	$	5 871	3 546	1 756
	P S G [ia]	milliard $	13,03	18,21	8,99
	dont agriculture	%	7,6	12,9	13,3
	dont manufactures et mines	%	48,0	38,7	50,4
	Production agricole, croissance annuelle 1985-90	%	1,7	0,0	1,1
	1990	%	4,0	− 3,0	− 2,0
	Production industrielle, et minière [i] 1980-90	%	− 0,1	0,0	1,8
	1990	%	− 10,0	− 11,0	− 7,0
	Taux d'inflation	%	552	594	575
	Population active [f]	millier	913	1 985	1 485
	dont agricole [f]	%	12,8	20,9	22,9
	Chômeurs	millier	45	156	283
	Importations	million $	4 091	3 837	1 630
	Exportations	million $	3 602	2 549	1 796

SERBIE	MONTÉ-NÉGRO	MACÉDOINE
Belgrade	Podgorica	Skopje
88 361	13 812	25 713
9 880	644	2 132
111,8	46,6	82,9
0,6	1,0	1,1
2,2	2,0	2,2
25,0	12,1	35,3
70,5	74,0	70,0
46,6	50,7	53,9
10,9	9,4	10,9
1 169,2	82,0	272,2
381,2	28,5	75,6
162,0	6,4	29,3
167	121	152
4 810	380	796
2,4	1,9	2,4
23,23	1,23	3,70
0,5	0,0	0,6
− 1,2	− 2,7	− 3,2
2 352	1 924	1 756
26,01	1,41	4,09
18,2	12,7	16,4
44,5	37,9	52,8
− 1,5	− 1,4	− 1,9
− 12,0	− 5,0	− 16,0
0,9	1,0	2,3
− 11,0	− 16,0	− 10,0
578	607	597
4 033	193	750
34,0	15,0	28,8
620	47	156
5 459	171	972
3 770	194	506

Le 13 octobre 1991, les secondes élections législatives depuis la chute du régime Jivkov, en novembre 1989, ont mis fin à 45 ans de domination communiste. L'Union des forces démocratiques (UFD, coalition anticommuniste) s'est assuré 110 sièges (sur 240) au Parlement, contre 106 pour le Parti socialiste bulgare (PSB, ex-PC), qui détenait la majorité absolue depuis juin 1990. Le grand vainqueur a été le Mouvement pour les droits et les libertés (représentant la minorité turque), qui, avec 24 sièges, est devenu l'appoint indispensable de l'UFD pour gouverner.

Les 12 et 19 janvier 1992, la Bulgarie a connu sa première élection présidentielle au suffrage universel. Jelio Jelev, élu par le Parlement le 1er août 1990, a été réélu avec 52,8 % des voix, contre 47,1 % pour son adversaire du PSB. Ce score assez décevant s'explique notamment par la campagne démagogique du candidat du PSB Velko Valkanov, qui a joué sur le sentiment anti-turc et les frustrations d'une population durement touchée par la crise.

Le gouvernement formé le 8 novembre 1991 par Filip Dimitrov, président de l'UFD, a accéléré les réformes. Le Parlement a libéralisé les lois sur la restitution et sur l'investissement étranger votées sous la législature socialiste, et il a adopté une loi de privatisation. La communauté internationale a débloqué des crédits, notamment le FMI, la Banque mondiale, le Groupe des 24 et la CEE. Le 7 mai 1992, la Bulgarie est entrée au Conseil de l'Europe et elle a entamé des négociations avec la CEE en vue d'un traité d'association.

L'inflation a été de 550 % en 1991 et le taux de chômage a atteint 10 %

Chiffres 1990, sauf notes : a. 1989; b. 1985-89; c. Produit social global; d. Abonnés; e. Y compris dentistes; f. 1981; g. En pourcentage de la population âgée de 10 ans et plus; h. Produit matériel net [voir définition p. 15]; i. 1980-82; j. Produit social global [voir définition p. 15]; k. 1985-90; l. Croissance annuelle.
(*) Dernier recensement utilisable : 1981.

à la fin 1991. Malgré plusieurs grèves, la population a supporté avec stoïcisme les privations engendrées par la crise. Le gouvernement a également réussi à aplanir le problème de la minorité turque. L'hypothèse d'un retour du roi, l'ex-tsar Siméon, exilé en Espagne, a continué de peser sur le climat politique.

En 1992, le pays allait devoir surmonter plusieurs handicaps pour réussir sa transition à l'économie de marché : une dette extérieure de 12 milliards de dollars, une pénurie énergétique due notamment au mauvais fonctionnement de la centrale nucléaire de Kozloduy, jugée dangereuse par les experts occidentaux, et la désorganisation des voies de communication en raison du conflit yougoslave.

Le 15 janvier 1992, la Bulgarie a été le seul pays, rejoint en février par la Turquie, à reconnaître la république ex-yougoslave de Macédoine ; elle a aussi sensiblement amélioré ses relations avec son voisin turc, avec qui les échanges de visites à haut niveau se sont multipliées en 1991 et 1992.

Véronique Soulé

Roumanie

Progressivement, la Roumanie a émergé de son anomie politique : pour preuve, les élections locales du 9 février 1992 qui ont opéré une redistribution des cartes au niveau des maires comme des conseillers municipaux. Même s'il est resté la principale formation politique avec quelque 33 % des suffrages exprimés, le Front de salut national (FSN) s'est vu ravir la direction des principales villes par la Convention démocratique (CD) qui a remporté la victoire à Bucarest, Brasov, Constanta, Ploiesti, Timisoara... Seule la ville de Cluj a échappé à cette dernière, tombant aux mains du Parti national pour l'unité roumaine dont le programme, axé sur la valorisation de l'identité nationale, a attiré les voix de tous ceux qui considèrent que les droits des minorités, à commen-

cer par ceux de l'importante communauté magyare, doivent être très circonscrits... au grand dam de l'Union démocratique des Hongrois de Roumanie (UDMR), dont les parlementaires ont refusé en décembre 1991 de voter la nouvelle Constitution. Selon eux, le texte — adopté après avoir obtenu, lors du référendum du 8 décembre 1991, l'approbation de 77 % des votants — n'accorde pas suffisamment de garanties aux minorités.

République de Roumanie

Nature du régime : parlementaire à pouvoir présidentiel fort.

Chef de l'État : Ion Iliescu, élu président de la République le 20.5.90 sur la base d'un mandat de deux ans.

Chef du gouvernement : Petre Roman remplacé par Theodor Stolojan le 1.10.91.

Monnaie : leu (pluriel lei) ; (au taux officiel, 1 leu = 0,02 FF au 30.3.92).

Langues : roumain. Les différentes minorités parlent également le hongrois, l'allemand et le rom.

Mais cette ébauche de bipolarisation du champ politique semblait, à la mi-1992, avoir de fortes chances de se modifier encore très sensiblement à l'issue des élections législatives et présidentielle du 27 septembre 1992 auxquelles l'audience croissante du roi Michel — chaleureusement accueilli lors de sa courte visite à Bucarest le 26 avril 1992 — et la brûlante question de la Moldavie risquaient de donner une tournure passionnelle. Le FSN comme la CD ne constituent pas des forces politiques homogènes : le FSN a pour principal leader l'ancien Premier ministre Petre Roman, «démissionné» en septembre 1991 lorsque les mineurs de Jiu sont venus à Bucarest faire pression sur un président — Ion Iliescu — qui ne s'est nullement empressé de retenir celui qui passe, au sein du FSN, pour son principal rival. I. Iliescu, qui a postulé à un second mandat présidentiel face au candidat « surprise » de la CD, Emil Constantinescu, a d'ailleurs organisé une scission pour créer une formation concurrente, « le FSN-22 décembre ». La CD, pour sa part, a rassemblé quatorze formations, avec pour principaux chefs de file l'Alliance civique, le Parti national-paysan, l'UDMR et, jusqu'en avril 1992, le Parti national-libéral dont la participation au gouvernement à partir d'avril 1991 a prouvé toute l'ambiguïté de la ligne politique.

Les programmes économiques n'ont guère brillé par leur spécificité. Il est vrai que la situation a été à ce point difficile que personne n'a songé à attaquer de front le gouvernement de Theodor Stolojan — en qui beaucoup ont semblé voir le successeur de I. Iliescu — sur sa gestion, hormis les syndicats alertés par les risques de forte augmentation du chômage (550 000 chômeurs officiellement déclarés en juin 1992) et les hausses de prix successives. Bien qu'il se soit efforcé, non sans volontarisme, de donner à une communauté financière internationale toujours réticente de nouvelles preuves de sa détermination à mener énergiquement la transition, le gouvernement a rencontré un certain nombre de difficultés à mobiliser l'aide financière promise en décembre 1991 par les Occidentaux dans le cadre du « groupe des 24 » (soit un milliard de dollars). Tandis que la réforme agraire a été la source d'une alarmante désorganisation, quelques dizaines d'entreprises devaient commencer à être privatisées (loi d'août 1991); mais les investisseurs étrangers, aux premiers rangs desquels la France et l'Allemagne, n'avaient pas encore, à la mi-1992, conclu de contrats de grande envergure, à quelques exceptions près. Subissant une chute dramatique de ses exportations et une criante pénurie de devises, la Roumanie espérait, à la mi-1992, signer le plus rapidement possible un accord d'association avec la CEE.

É. L.

Slovénie

Avant 1991, ce pays n'avait jamais été indépendant. Entre le 29 juin 1991 et le 22 avril 1992, il a vécu sa première année d'indépendance dans la guerre (27 juin-7 juillet 1991), puis dans l'attente de sa reconnaissance internationale jusqu'au 15 janvier 1992. Il a aussi connu sa première crise politique parlementaire : le 22 avril 1992, après plus de trois mois d'incertitudes, Janez Drnovsek remplaçait Lojze Peterle à la tête du gouvernement. La coalition au pouvoir, DEMOS, de centre droit, se recomposait. Les chrétiens-démocrates cédaient la place à des hommes politiques aux étiquettes diverses, souvent « libéraux », même si leur carrière avait pu connaître une première expérience à l'époque communiste. Il est vrai que les dirigeants communistes slovènes avaient été, après 1983, particulièrement réformateurs.

▼

République de Slovénie

Nature de l'État : ancienne république fédérée de la Yougoslavie, ayant proclamé son indépendance le 25.6.91.

Chef de l'État : Milan Kutčan, président de la République.

Premier ministre : Lojze Peterle, remplacé le 22.4.92 par Janez Drnovsek.

Monnaie : tolar.

Langues : slovène (off.), hongrois, italien, croate (auparavant appelé croato-serbe).

Carte : voir aussi p. 175.

La courte guerre d'indépendance s'est terminée le 7 juillet 1991, à la suite d'une médiation européenne, par les accords de Brioni, qui stipulaient notamment un moratoire de trois mois sur l'indépendance des deux républiques du Nord (Slovénie et Croatie) et l'évacuation des troupes « fédérales » dans un délai de trois mois. La Slovénie obtenait ainsi son indépendance de fait au prix

BIBLIOGRAPHIE

« Balkans et balkanisation », *Hérodote*, n° 63, La Découverte, Paris, 1991.

E. BEHR, *Baise la main que tu n'oses mordre*, Robert Laffont, Paris, 1991.

M. BÉRINDEI, A. COMBES, A. PLANCHE, *Roumanie, le livre blanc*, La Découverte, Paris, 1990.

G. CASTELLAN, *Histoire des Balkans (xive-xxe siècles)*, Fayard, Paris, 1991.

J. EXPERT, *Gens de l'Est*, La Découverte, Paris, 1991.

« Inquiétudes du monde paysan dans l'Europe ex-communiste » (dossier), *La Nouvelle Alternative*, n° 26, Paris, juin 1992.

« La tragédie yougoslave vue de l'intérieur et par ses voisins post-communistes » (dossier), *La Nouvelle Alternative*, n° 25, Paris, mars 1992.

É. LHOMEL, « Albanie : la véritable mesure d'un échec », *Le Courrier des pays de l'Est*, n° 362, La Documentation française, Paris, 1991.

É. LHOMEL, T. SCHREIBER (sous la dir. de), « L'Europe centrale et orientale : de l'espoir aux réalités », *Notes et études documentaires*, La Documentation française, Paris, 1991.

É. LHOMEL, « L'économie roumaine en 1991-1992 », *Le Courrier des pays de l'Est*, n° 370, La Documentation française, Paris, juin 1992.

« Nationalisme et ''nationalismes'' en Bulgarie, Hongrie, Pologne, Roumanie et Tchécoslovaquie », *La Nouvelle Alternative*, n° 22, Paris, juin 1991.

T. TODOROV (présentés par), *Au nom du peuple. Témoignages sur les camps communistes* [bulgares], Éd. de l'Aube, La Tour d'Aigues, 1992.

Voir aussi la bibliographie sur « l'éclatement de la Yougoslavie » dans la section « 34 États ».

d'une guerre qui a fait un peu moins de cent morts, dont un tiers de Slovènes. Il en est résulté une tenace impression que les Croates étaient les victimes de ces accords : le président slovène Milan Kucan dut se défendre, dans la presse croate, de l'accusation de « trahison » (les affrontements avec l'armée « fédérale » et les milices serbes en Croatie, autrement plus meurtriers, ont été très intenses pendant tout le second semestre 1991). Le 7 octobre à minuit, l'indépendance de la Slovénie est devenue définitive. L'avis de la commission Badinter (composée de juristes étrangers et mandatée par la CEE depuis le 27 août 1991 aux fins d'arbitrage), signé le 11 janvier 1992, favorable sans réserve, a justifié la reconnais-

sance de ce nouvel État par la CEE, le 15 janvier 1992, suivie en deux mois par quarante États du monde, dont les États-Unis, le Japon et la Russie.

Les difficultés économiques n'ont pas manqué : quadruplement du niveau du chômage entre 1990 et 1992 (18 % au printemps 1992), chute du niveau de vie et inflation (+ 261,2 % entre janvier 1991 et janvier 1992) en dépit ou à cause du tolar, nouvelle monnaie instituée le 8 octobre 1991, perte des marchés serbes et croates à cause de la guerre. Cela a nourri des difficultés sociales : le gouvernement et les syndicats ont cherché à mettre au point un « pacte social » sur le modèle allemand. Mais cela s'est révélé bien difficile en de telles circonstances économiques. Faut-il s'étonner que la crise politique ait couronné cette évolution ? La désagrégation progressive du cabinet Peterle (vote de confiance obtenu de justesse en février 1992, renversement le 22 avril) a souligné la fragilité des institutions : multiplicité des partis, loi électorale à dominante proportionelle. Le nouveau Premier ministre (J. Drnovsek, 42 ans, l'homme à ce moment le plus populaire dans les sondages) a été président de la Yougoslavie fédérale (pour un an, du 15 mai 1989 au 15 mai 1990, selon le système de rotation annuelle qui prévalait). Le chef de l'État slovène, Milan Kucan (52 ans), a pour sa part été le dernier dirigeant de la Slovénie communiste d'avant 1990. Dans un pays de deux millions d'habitants, où « tout le monde se connaît », on ne peut inventer une classe politique nouvelle tous les ans...

Croatie

Le 25 juin 1991, le Parlement croate a approuvé le choix crucial de suivre la Slovénie dans l'indépendance. Il en est résulté un conflit avec l'armée serbo-fédérale et les milices serbes (notamment les « Aigles Blancs » de Mirko Jovic et les « Tchetniks » de

---

▼

République de Croatie

Nature de l'État : ancienne république fédérée de la Yougoslavie, ayant proclamée son indépendance le 25.6.91.

Chef de l'État : Franjo Tudjman, président de la République.

Premier ministre : M. Gregurič.

Monnaie : couronne croate, dinar yougoslave encore en usage.

Langues : croate (off.), auparavant croato-serbe, serbe (auparavant appelé serbo-croate), italien, hongrois.

Carte : voir aussi p. 175.

Borislav Seselj). La phase active des affrontements sur le sol croate s'est déroulée du 15 juillet 1991 au 4 janvier 1992. Cependant, de nombreux « incidents » ont eu lieu avant le 15 juillet (dès le 31 mars 1991, avec les trois premières victimes de la guerre) et après l'armistice du 4 janvier (14e du nom). Ce conflit aura été la première guerre ouverte sur le sol de l'Europe depuis 1945.

Du point de vue militaire, la plupart des observateurs ont eu beau jeu de souligner les échecs croates : perte d'un tiers de son territoire initial, lequel a par ailleurs été coupé en deux ou trois ensembles ; chute de la ville de Vukovar (18 novembre 1991) après un siège de trois mois. Cependant, la reconnaissance de la Croatie par les États de la CEE, le 15 janvier 1992, et l'installation, en avril, des forces de l'ONU sur le territoire des zones litigieuses ont consacré l'indépendance du pays.

La désorganisation humaine et économique provoquée par la guerre évoque le tableau de l'économie européenne des années 1945-1948 : un nombre de réfugiés difficile à évaluer : plus de 500 000 — 1 200 000 selon le HCR (Haut Commissariat aux réfugiés des Nations unies) en avril 1992 et 1,7 million en juillet 1992 selon certaines sources, sur l'ensemble de la zone Croatie-Bosnie —, plus de 200 000 hommes mobilisés (à la même date), une économie tournant au ralenti, affectée par les bombardements, la perte des marchés, la disparition des recettes touristiques, l'inflation et le chômage...

Devant la progression de l'armée serbo-fédérale, le président Franjo Tudjman a décidé, le 1er août 1991, de former un gouvernement d'union nationale, présidé par Greguric, qui a associé la formation d'opposition au pouvoir depuis mai 1990 (HDZ, Communauté démocratique croate) aux deux principales formations d'opposition, les ex-communises d'Ivica Racan et la coalition de centre gauche de Mme Dabcevic-Kucar. Seul est resté dans l'opposition le Parti du droit croate (extrême droite) dirigé par Dobroslav Paraga, dont les milices, les « forces armées croates » (HOS), combattaient sur le front. Au moment de la chute de Vukovar, en novembre 1991, ce parti était crédité de 18 % des voix dans les sondages. D. Paraga fut emprisonné pour trois semaines et un des leaders de ce parti (Ante Paradzik) fut tué dans des conditions plus que suspectes, à un barrage de police.

La loi constitutionnelle du 4 décembre 1991 accordait une certaine autonomie à la minorité serbe de Croatie ; elle fut jugée insuffisante par l'avis de la commission Badinter du 11 janvier 1992, qui a imposé à la Croatie des exigences très étendues en matière de droit des minorités (double drapeau et double nationalité dans les communes concernées).

La reconnaissance internationale, obtenue le 15 janvier 1992, a été un succès pour F. Tudjman et elle a fait baisser la pression de l'extrême droite ; l'installation des « casques bleus » en Krajina, Banija et Slavonie (territoires à peuplement serbe important et où ont eu lieu les principaux combats) a constitué un événement ambigu : consécration d'une occupation ou recul des Serbes ? L'indépendance a été garantie, mais une « guerre de trente ans » aux frontières a peut-être commencé.

Bosnie-Herzégovine

L'histoire de ce siècle avait « commencé » avec l'assassinat de François-Ferdinand à Sarajevo, le 28 juin 1914, qui date symboliquement les débuts de la Première Guerre mondiale. S'achèvera-t-il avec Sarajevo coupée en deux, l'ouest étant occupé par les Serbes et l'est occupé par les Musulmans de Bosnie ?

▼

République de Bosnie-Herzégovine
Nature de l'État : ancienne république fédérée de la Yougoslavie, ayant proclamée son indépendance le 15.10.91.
Chef de l'État : Alija Izetbegovič.
Premier ministre : Jure Pelivan (démission en avr. 1992).
Monnaie : dinar yougoslave.
Langue : serbo-croate (off.).
Carte : voir aussi p. 175.

Le pouvoir issu des élections de novembre-décembre 1990 était un gouvernement de coalition partagé entre le Parti musulman de l'action démocratique (le président de la république Alija Izetbegovic), le Parti démocrate serbe de Radovan Karadzic (le président de l'Assemblée Momcilo Karadjik) et le parti Communauté démocratique croate (le Premier ministre Jure Pelivan). Dans le contexte de décomposition de la Yougoslavie, ce pouvoir bosniaque, dont la structure fait songer au pacte libanais de 1943, a essayé de jouer les médiateurs. En avril 1991, la Bosnie a proposé une confédération à deux vitesses, où les deux républiques du Nord (Slovénie et Croatie), où les velléités séparatistes étaient les plus fortes, auraient eu des liens plus relâchés avec la Fédération. Tous les sondages de l'époque montraient qu'une plupart des habitants voulaient demeurer dans la Fédération sous condition que la Croatie y demeure : Musulmans (ce terme désigne ici les populations islamisées de langue serbo-croate) et Croates ne voulaient pas se retrouver sous la domination des Serbes. La sécession réussie de la Croatie (dont l'indépendance a été reconnue par les États de la CEE le 15 janvier 1992) a donc eu pour conséquence une volonté d'indépendance de la Bosnie-Herzégovine. Cela ne pouvait que déclencher une violente opposition des Serbes de Bosnie (34 % à 38 % de la population). Dans un premier temps, jusqu'au 15 octobre 1991, un calme paradoxal régna cependant : chaque communauté semblait craindre le geste fatal qui étendrait la guerre. Le 28 juillet 1991, à Sarajevo, une manifestation importante, rassemblant plus de 100 000 personnes, prônait la paix et le maintien des liens entre les peuples de Yougoslavie. Mais le 15 octobre 1991, la majorité croato-musulmane, c'est-à-dire catholico-islamique, votait en faveur de la souveraineté de la Bosnie. En représailles, les députés serbes quittèrent le Parlement et trois « républiques autonomes serbes » furent autoproclamées : une au nord de la Bosnie, près de Banja Luka, sur un large territoire, une en Herzégovine orientale et une en « Romanija », à l'est de Sarajevo. Ces contestations de souveraineté, par extensions successives, ont atteint les deux tiers du territoire de la république. Dans son avis du 11 janvier 1992, la commission Badinter a subordonné la reconnaissance internationale de la Bosnie-Herzégovine à un référendum, lequel fut organisé le 1er mars 1992. Le tiers serbe de la population s'abstint ; les autres votèrent pour l'indépendance. Mais le jour même, en soirée, les milices serbes ouvrirent le feu. Une longue guerre commençait, opposant principalement Musulmans et Serbes. Les Croates pour leur part ont été tentés de passer un accord avec les Serbes pour obtenir un partage qui laisserait à la Croatie l'Herzégovine occidentale (négociations « secrètes » de Gratz à la fin avril 1992). Cela a encore été confirmé, le 3 juillet 1992, par la proclamation d'une « république d'Herceg Bosna » croate en Herzégovine occidentale, avec pour capitale théorique Mostar et pour capitale réelle le bourg de Grude, mieux protégé. En juillet 1992, les Musulmans ne contrôlaient plus qu'un territoire inférieur à 10 % de la région.

Joseph Krulic

Serbie-Monténégro

La Serbie de Slobodan Milosevic et son petit allié monténégrin ont été mis au ban de la communauté internationale pour leur responsabilité dans l'escalade du conflit en Bosnie-Herzégovine. Clamant d'un côté que la Serbie n'était pour rien dans les guerres, qui se sont succédé à partir de la mi-1991, en Slovénie, en Croatie, puis en Bosnie-Herzégovine, soutenant de l'autre les revendications des Serbes de Croatie et de Bosnie-Herzégovine, Slobodan Milosevic a d'abord tenté d'amadouer la communauté internationale et cherché à exploiter les divisions existant au sein de la CEE en dénonçant le « complot vaticano-allemand ».

▼

République de Serbie

Nature de l'État : la Serbie est officiellement fédérée au Monténégro dans le cadre de la « République fédérale de Yougoslavie » (RFY), non reconnue internationalement au 15.7.92.

Nature du régime : officiellement démocratique, en fait dominé par le Parti socialiste (ex-communiste).

Chef de l'État : Slobodan Milosevic, réélu en déc. 1990.

Chef du gouvernement : Radoman Bozovic.

Monnaie : dinar yougoslave.

Langues : serbe (off.), auparavant intitulé serbo-croate, albanais, hongrois, rom.

Carte : voir aussi p. 175

▼

République du Monténégro

Nature de l'État : le Monténégro est officiellement fédéré à la Serbie dans le cadre de la « République fédérale de Yougoslavie » (RFY), non reconnue internationalement au 15.7.92.

Nature du régime : officiellement démocratique, en fait dominé par le Parti démocratique socialiste (ex-communiste).

Chef de l'État : Momir Bulatovic (depuis déc. 1990).

Chef du gouvernement : Milo Djukanovic (depuis 1989).

Monnaie : dinar yougoslave.

Langues : serbe (auparavant appelé serbo-croate), albanais.

Carte : voir aussi p. 175.

Le 4 novembre 1991, le pouvoir serbe, qui par un coup de force avait pris le contrôle de la Présidence fédérale, a rejeté le plan proposé par la « conférence pour la paix en Yougoslavie », organisée par la CEE. Celui-ci prévoyait notamment un statut de large autonomie pour les deux provinces de la Serbie remises au pas par Belgrade en 1989-1990 : la Voïvodine, où vit une minorité magyare

(400 000 membres), et surtout le Kosovo, peuplé à 90 % d'Albanais.

Les images de la chute de la ville de Vukovar (Croatie), «libérée» le 18 novembre 1991 par les forces serbes après trois mois de siège, ont profondément choqué l'opinion internationale. En décembre 1991, la CEE a reconduit ses sanctions économiques et, le 15 janvier 1992, elle a reconnu la Croatie et la Slovénie. Accusant les Européens de vouloir démanteler la Yougoslavie, le régime serbe a alors misé sur une attitude plus «objective» des Nations unies et des États-Unis.

En janvier 1992, une polémique a opposé S. Milosevic au leader des Serbes de la Krajina (sud de la Croatie), hostile au déploiement des «casques bleus» de l'ONU sur «son territoire», qui a finalement été écarté. Après le refus de la Macédoine et de la Bosnie-Herzégovine de participer à une nouvelle Yougoslavie, S. Milosevic, qui militait officiellement pour le maintien de la Yougoslavie, a paru se rallier à l'idée d'une Grande Serbie ou, à défaut, à la création de régions serbes «ethniquement pures» qui pourraient se rattacher entre elles. L'ex-armée fédérale — dont les officiers supérieurs étaient majoritairement serbes — a suivi la même évolution.

Le 27 avril 1992, la Serbie et le Monténégro proclamaient la «République fédérale de Yougoslavie» (RFY), présentée comme l'unique héritière de l'ex-Yougoslavie. Sa Constitution stipule que la RFY n'a pas d'«ambitions territoriales» mais n'exclut pas le rattachement d'autres États. Le 31 mai 1992, des élections législatives, boycottées par l'opposition, ont été remportées par le Parti socialiste (ex-communiste) et l'extrême droite nationaliste serbes.

La pression internationale, tardive, s'est accentuée au printemps, notamment sans l'impulsion des États-Unis. Le 31 mai 1992, le Conseil de sécurité des Nations unies a voté un embargo commercial, pétrolier et aérien de la Serbie et du Monténégro, accusés de soutenir les forces serbo-fédérales combattant en Bosnie-Herzégovine. Le 10 juillet 1992, les États occidentaux ont dépêché des bâtiments dans l'Adriatique pour contrôler le respect de l'embargo tandis que, le 20 juillet, la CEE se prononçait pour l'exclusion de la «RFY» de toutes les instances internationales.

Avec l'isolement croissant de la Serbie, l'opposition au régime s'est développée. Le 9 mars 1992, jour anniversaire des émeutes de 1991, 40 000 personnes ont manifesté à Belgrade. Le 23 mai, les principaux partis d'opposition créaient le Mouvement démocratique de Serbie. L'Église orthodoxe, jusqu'alors inféodée au régime, a réclamé un «gouvernement de salut national». Le 14 juin suivant, à Belgrade, des milliers de pacifistes ont demandé l'amnistie des 200 000 insoumis et le 15 juin, les étudiants belgradois se mettaient en grève pour obtenir la démission de S. Milosevic.

La communauté internationale s'est à plusieurs reprises inquiétée des risques de conflit au Kosovo où des milliers d'Albanais, accusés d'«irrédentisme», ont été chassés de leur travail. Le 26 septembre 1991, lors d'un référendum clandestin, les Albanais ont voté à 99 % en faveur de l'indépendance. Le 24 mai 1992, ils ont élu un chef d'État, l'écrivain Ibrahim Rugova, et un Parlement.

Le Monténégro s'est montré quant à lui un allié loyal de la Serbie. Le 1er mars 1992, 75 % des votants se sont prononcés en faveur du maintien dans la Yougoslavie lors d'un référendum boycotté par l'opposition et par les communautés albanaise et musulmane. A l'automne 1991, des volontaires monténégrins ont rejoint l'ex-armée fédérale dans son attaque contre Dubrovnik, au sud de la Croatie. Des notes discordantes se sont toutefois fait entendre. En juin 1992 notamment, l'élection à la tête de la «RFY» de l'écrivain serbe Dobrica Cosic, partisan de la thèse selon laquelle la nation monténégrine n'existe pas, a provoqué des grincements de dents.

Véronique Soulé

Macédoine

La république de Macédoine a vécu la période de septembre 1991 à juin 1992 dans l'attente d'une reconnaissance qui n'est pas venue. Le 8 septembre 1991, la « souveraineté » de la république était approuvée, lors d'un référendum, par plus de 90 % des votants. Par ce vote, le président

▼

République de Macédoine

Nature de l'État : ancienne république fédérée de la Yougoslavie, ayant proclamée son indépendance (référendum du 8.9.91), mais non reconnue internationalement au 15.7.92.
Chef de l'État : Kiro Gligorov.
Premier ministre : M. Gocev (depuis le 17.7.92).
Monnaie : dinar yougoslave.
Langues : macédonien, albanais, serbo-croate, turc, valaque, rom.
Carte : voir aussi p. 175.

Kiro Gligorov et son « gouvernement d'experts » théoriquement au-dessus des partis, et tous les autres partis politiques, malgré certaines nuances exprimées par les partis albanais (les Albanais représenteraient 21 % de la population selon les Macédoniens, et le tiers selon les leaders albanais), ont choisi de quitter la Fédération de Yougoslavie. Cette dernière se réduisait de plus en plus à la mouvance serbe, en guerre contre la Croatie. La fin de 1991 a été marquée par les débats portant sur la Constitution, rédigée dans le souci de correspondre au modèle de l'État de droit occi-

dental et de désarmer les arguments de la Grèce. Cette dernière s'est en effet vivement alarmée d'une possible indépendance macédonienne, soutenant qu'une telle évolution serait une menace pour son intégrité territoriale. Les amendements votés au début de 1992 précisent bien que la Macédoine n'a aucune revendication territoriale envers les autres États.

Le 11 janvier 1991, la commission Badinter a émis un avis positif sans réserve pour la reconnaissance de la Macédoine, de même que pour la Slovénie. Mais l'opposition de la Grèce (vivement affirmée, notamment auprès de la CEE) a fait reporter la décision de mois en mois, menaçant à terme le prestige pourtant considérable du président K. Gligorov, critiqué sur ce point par le parti nationaliste VMRO (Organisation intérieure révolutionnaire macédonienne, 37 députés sur 120). Les élections futures devraient permettre de mesurer les rapports de force entre les partis issus de la Ligue des communistes, lesquels sont partisans d'une ligne modérée dans tous les domaines, et le VMRO, parti strictement macédonien dans une république où la part des Albanais est croissante.

Le 4 juillet 1992, le gouvernement, n'ayant pu obtenir l'indépendance, a été renversé par le Parlement. Au Conseil européen de Lisbonne, le 27 juin 1992, la CEE venait de lier la reconnaissance de cette indépendance à un changement de nom de la république, suivant en cela la position grecque.

Joseph Krulic

Europe centrale

Hongrie, Pologne, Tchéco-Slovaquie
(La Pologne est traitée p. 211, la Tchéco-Slovaquie p. 235. Voir aussi p. 582.)

Hongrie

La Hongrie fait figure de meilleur élève de la classe parmi les ex-pays communistes en transition à la démocratie. La stabilité politique, la paix sociale et le rythme des transformations économiques ont séduit les Occidentaux, mais la population a marqué son désenchantement face au coût social élevé des réformes.

▼

République de Hongrie

Nature du régime : démocratie parlementaire ayant succédé à un régime communiste. Le chef de l'État désigne un Premier ministre chargé de former le gouvernement.

Chef de l'État : Arpad Göncz, élu président de la République par le Parlement le 3.8.90.

Chef du gouvernement : Jozsef Antall, président du Conseil des ministres, qui a remplacé Miklos Nemeth le 3.5.90.

Monnaie : forint (1 forint = 0,07 FF au 30.3.92).

Langue : hongrois.

En 1991, le pays a bénéficié de la moitié des investissements occidentaux effectués à l'Est. L'Allemagne a remplacé l'ex-URSS comme premier partenaire commercial et les États-Unis ont pris la tête des investisseurs occidentaux dans le pays. Le 16 décembre 1991, en même temps que la Pologne et que la Tchécoslovaquie, Budapest a signé un accord d'association avec la CEE qui a ouvert les portes du marché européen à ses exportations. L'accord stipule que le « but ultime » des membres associés est d'intégrer la CEE.

Le Parlement hongrois a poursuivi le vote de lois permettant la transi-

tion à l'économie de marché : notamment sur le système bancaire, sur le démantèlement des coopératives, et une loi de compensation qui permet aux propriétaires expropriés par les communistes d'être indemnisés, essentiellement par des « bons ». En mars 1992, 830 000 ex-propriétaires avaient demandé à être indemnisés.

Le nombre de chômeurs a quintuplé en un an, atteignant le chiffre de 400 000 (8 % de la population active) à la fin 1991, les prévisions officielles annonçant le passage du seuil des 700 000 pour la fin 1992. L'inflation, de 35 % en 1991, devait être ramenée à 15 % en 1992. Selon le « plan Kupa », du nom du ministre des Finances, Mihaly Kupa, ce n'est qu'en 1994 que le niveau de vie devrait redécoller.

La population a exprimé sa désillusion par un boycottage massif des élections partielles qui ont eu lieu en 1991 et 1992, tandis que les partis sont apparus en perte de vitesse, à l'exception du FIDESZ (Fédération des jeunes démocrates), conduit par le jeune et charismatique Viktor Urban.

En novembre 1991, le philosophe Janos Kis, contesté par la base de son parti, a dû céder la place à la tête de l'Alliance des démocrates libres (SDSZ) à Peter Tolgyessy, un juriste de trente-quatre ans. Mais une bonne partie des opposants historiques au kadarisme (du nom de Janos Kadar,

---

[Notes du tableau de la p. 498]

Chiffres 1991, sauf notes : a. 1990; b. 1989; c. 1990-95; d. 14-17 ans; e. 15-18 ans; f. 1987; g. 1988 en fin d'année.

(*) Dernier recensement utilisable : Hongrie, 1980; Pologne, 1988; Tchéco-Slovaquie, 1980.

En Pologne, les provinces portent
le nom de leur capitale

SUÈDE

LETTONIE

LITUANIE

DK

MER BALTIQUE

RUSSIE

Slupsk
Gdańsk
Elbląg
Suwalki

Koszalin
Olsztyn

POLOGNE
Szczecin
Bydgoszcz
Toruń
Ostroleka
Lomza
Bialystock

Pila
Ciechanów

ALLEMAGNE

Gorzów
Wielkopolski
Poznań
Wloklawek
Plock
Siedlce

Zielona
Góra
Leszno
Kalisz
Konin
Łódź
Skierniewice
VARSOVIE
Biala
Podlaska

Jelenia
Góra
Legnica
Sieradz
Piotrkow
Trybunalski
Radom
Lublin
Chelm

SEVERO
ČESKÝ
Usti
Wrocław
Walbrzych
Opole
Czestochowa
Kielce
Tarnobrzeg
Zamosc

PRAGUE
Hradec
Králové
VÝCHODO
ČESKÝ
Katowice
Tarnow
Rzeszow
Przemysl

Plzen
Bohême
STREDO
ČESKÝ
SEVERO
MORAVSKÝ
Bielsko-
Biala
Cracovie
Krosno

ZÁPADO
ČESKÝ
Moravie
TCHÉCO
Ostrava
Nowy Sacz

JIHOCESKY
Brno
JIHOMORAVSKÝ
SLOVAQUIE
VÝCHODO
SLOVENSKÝ

České
Budějovice
Slovaquie
Banska
Bystrica
STREDO
SLOVENSKÝ
Košice
UKRAINE

Danube
ZÁPADO
SLOVENSKÝ
Miskolc

AUTRICHE
Bratislava
PEST
HEVES
8
14
13

1
Gyor
2
12
Debrecen

VAS
3
7
BUDAPEST
11

HONGRIE

Comtés :
GYÖR-SOPRON   (1)
KOMÁROM   (2)
VESZPRÉM   (3)
SOMOGY   (4)
BARANYA   (5)
TOLNA   (6)
FEJER   (7)
NOGRAD   (8)
BACS-KISKUN   (9)
CSONGRÁD   (10)
SZOLNOK   (11)
HAJDU-BIHAR   (12)
SZABOLCS-
SZATMÁR   (13)
BORSOD-EBAUJ-
ZEMPLÉEN   (14)

ZALA
4
HONGRIE
BÉKÉS

SLOV
6
9
Szeged
Békéscsaba

Kaposvár
10

5
Pécs
ROUMANIE

CROATIE
Tisza

BOSNIE-
HERZÉGOVINE
SERBIE
Danube

100 km

BIÉLORUSSIE

© Éditions La Découverte

Europe centrale *(Voir notes p. 496)*

INDICATEUR	UNITÉ	HONGRIE	POLOGNE	TCHÉCO-SLOVAQUIE
DÉMOGRAPHIE				
Capitale		Budapest	Varsovie	Prague
Superficie	km²	93 030	312 677	127 880
Développement humain (IDH) [a]		0,893	0,874	0,897
Population (*)	million	10,52	38,24	15,71
Densité	hab./km²	113,1	122,3	122,8
Croissance annuelle [c]	%	− 0,1	0,5	0,3
Indice de fécondité (ISF) [c]		1,8	2,1	2,0
Mortalité infantile [c]	‰	17	17	13
Population urbaine [a]	%	61	62	77
CULTURE				
Nombre de médecins	‰ hab.	3,38 [b]	2,09 [b]	3,70 [a]
Scolarisation 2e degré	%	76 [d]	81 [e]	87 [e]
Scolarisation 3e degré [b]	%	14,7	20,3	17,6
Téléviseurs [b]	‰ hab.	409,3	291	410
Livres publiés [b]	titre	8 631	10 286	9 294
ARMÉE				
Armée de terre	millier d'h.	66,4	199,5	87,3
Marine	millier d'h.	—	19,8	..
Aviation	millier d'h.	20,1	86	44,8
ÉCONOMIE				
PIB	milliard $	30,4	64,4 [a]	49,2 [a]
Croissance annuelle 1980-90	%	1,4	1,8	1,5
1991	%	− 8,0	− 9,0	− 16,0
Par habitant	$	2 890	1 700 [a]	3 140 [a]
Dette extérieure totale	milliard $	20,6	46,5	9,3
Service de la dette/Export. [a]	%	48,7	4,9	10,4
Taux d'inflation	%	28,9	60,3	52,0
Chômage [h]	%	PVD 7,5	PVD 11,5	PVD 6,6
Dépenses de l'État Éducation	% PIB	6,0 [b]	4,6 [b]	4,4 [g]
Défense	% PIB	2,2	2,4 [a]	2,8
Recherche et développement	% PIB	2,0 [b]	1,5 [f]	3,3 [b]
Production d'énergie [b]	million TEC	20,8	167,6	63,8
Consom. d'énergie [b]	million TEC	38,8	173,1	93,1
COMMERCE				
Importations	million $	8 669 [a]	15 757	10 447
Exportations	million $	9 551 [a]	14 903	10 849
Principaux fournis. [a]	%	URSS 19,1	URSS 19,0	URSS 41,4
	%	PCD 51,2	PCD 60,6	PCD 28,5
	%	PVD 20,5	PVD 17,4	PVD 7,4
Principaux clients [a]	%	URSS 20,2	URSS 23,1	URSS 45,5
	%	PCD 49,5	PCD 48,2	CEE 17,5
	%	PVD 21,9	PVD 24,5	PVD 8,0

BIBLIOGRAPHIE

J. Expert, *Gens de l'Est*, La Découverte, Paris, 1991.

F. Fejtö, *Requiem pour un empire défunt*, Lieu commun, Paris, 1988.

E. Hankiss, *Hongrie : diagnostics, essai en pathologie sociale*, Georg, Genève, 1990.

É. Lhomel, T. Schreiber (sous la dir. de), « L'Europe centrale et orientale : de l'espoir aux réalités », *Notes et études documentaires*, La Documentation française, Paris, 1991.

J. Lukacs, *Budapest 1900*, Quai Voltaire, Paris, 1990.

« Nationalisme et ''nationalismes'' en Bulgarie, Hongrie, Pologne, Roumanie et Tchécoslovaquie », *La Nouvelle Alternative*, n° 22, Paris, juin 1991.

T. Schreiber, *Hongrie, la transition pacifique*, Le Monde-Éditions, Paris, 1991.

Voir aussi les bibliographies « Pologne » et « Tchéco-Slovaquie » dans la section « 34 États ».

l'ancier leader communiste) lui sont restés fidèles. Le Forum démocratique hongrois (MDF, au pouvoir) a aussi souffert de ses divisions internes, en particulier de la montée de son courant populiste.

Il a fallu tout le talent politique du Premier ministre, Jozsef Antall, pour maintenir soudée la coalition au pouvoir, face à l'offensive du dirigeant du Parti des petits propriétaires, le démagogique Jozsef Torgyan. Ce dernier, qui a appelé à quitter la coalition, n'a été suivi que par une fraction de son parti.

Comme tous les ex-pays communistes, la Hongrie a été confrontée au problème du jugement du passé. Le 4 novembre 1991, le Parlement a voté une loi annulant la prescription des crimes commis entre le 21 décembre 1944 et le 2 mai 1989, mais le 3 mars 1992, la Cour constitutionnelle a jugé cette loi « inconstitutionnelle ».

Du 16 au 20 août 1991, le pape Jean-Paul II a effectué son premier voyage dans le pays. Budapest a, par ailleurs, poursuivi son rapprochement avec ses voisins du « triangle de Visegrad », la Pologne et la Tchécoslovaquie. Mais les relations avec la Slovaquie sont restées entachées par la question du barrage de Gabcikovo-Nagymaros sur le Danube, projet hungaro-tchécoslovaque dont Budapest, arguant de risques pour l'environnement, exige l'abandon. Les relations ne se sont d'autre part pas améliorées avec la Roumanie, qui abrite une communauté magyare d'environ 2 millions de membres, en Transylvanie. La Hongrie, qui a accueilli 40 000 réfugiés de Croatie, a été parmi les premiers États à reconnaître les républiques de l'ex-Yougoslavie.

Véronique Soulé

Ex-empire soviétique

Avec la création de la Communauté d'États indépendants (CEI) le 8 décembre 1991, l'Union des républiques socialistes soviétiques (URSS, créée en 1992) a cessé de vivre, malgré le succès massif du référendum sur l'Union, organisé par le Kremlin le 17 mars (70 % de « oui »). En fait, les jeux étaient faits dès fin août 1991. Le chef de l'État, Mikhaïl Gorbatchev, était sorti politiquement très affaibli du putsch tenté le 19 août par les conservateurs, la veille du jour prévu pour la signature du « traité d'Union », compromis qu'il était laborieusement parvenu à mettre au point. Dès le 20 août, l'Estonie, bientôt suivie par la Lettonie, s'engouffra dans la brèche, proclamant une indépendance désormais incontestable (la Lituanie, pour sa part, avait proclamé la sienne dès mars 1990). Parallèlement, la Russie prenait date : en dessaisissant l'Union de ses prérogatives, elle la priva de sa raison de vivre. Par la voix de son président, Boris Eltsine, elle s'érigea en légataire universel de l'héritage soviétique. Dans la surprise et la précipitation, plus d'une république fédérée tenta alors d'improviser sa conduite. Dès le 24 août 1991, l'Ukraine proclama son indépendance, signant le véritable acte de décès de l'Union et rendant plus hypothétique encore tout replâtrage de cette dernière. De Minsk à Tachkent, les déclarations d'indépendance se multiplièrent. Les putschistes auront acculé les moins téméraires à la rupture.

Géopolitique d'une décomposition

Toutes les tentatives engagées pour éviter la désintégration de l'Union, en particulier la déclaration dite « 10 + 1 », le 2 septembre 1991, semblaient vouées à l'échec. Cet accord, élaboré par les présidents de dix républiques et M. Gorbatchev, prévoyait l'organisation d'une transition, en attendant la signature d'un nouveau « traité d'union d'États souverains où chaque république aurait pu choisir les formes de sa participation ».

Une lutte sans pitié s'engagea entre le Kremlin et la « Maison Blanche » (siège du Parlement de Russie), accélérant encore la dynamique interne de la désintégration : les structures fédérales ne répondaient plus. Sur fond de crise et de « chacun pour soi », les liens économiques traditionnels se distendirent encore un peu plus, rompant des équilibres établis depuis des décennies. L'armée et son armement nucléaire devinrent l'enjeu d'une tension inquiétante entre les deux poids lourds de l'Union, l'Ukraine et la Russie.

Le 8 décembre, l'annonce de la création, par la Biélorussie, la Russie et l'Ukraine, d'une « Communauté d'États indépendants » sembla annoncer une « Union slave ». C'était faire fi non seulement de l'indépendance ukrainienne, légitimée une semaine plus tôt par le référendum du 1er décembre, mais aussi du lourd héritage de l'histoire.

Dans un espace où, après des siècles de vie commune, les tracés de frontières paraissaient souvent symboliques, toute séparation peut se révéler dangereuse. Pour des économies intégrées jusqu'à la caricature, la synchronisation des réformes et des politiques monétaires est essentielle. Des questions capitales allaient devoir rapidement trouver des réponses : problèmes stratégiques et pouvoir de décision nucléaire, avenir des forces armées, frontières, minorités nationales. Le 21 décembre 1991, huit autres États rejoignirent la CEI : les républiques d'Asie centrale, la Moldavie, l'Arménie et l'Azerbaïdjan. Seule — outre les trois pays baltes, déjà indépendants —, la Géorgie de Zviad Gamsakhourdia refusa. Le 25 décembre, M. Gorbatchev, président d'un État qui n'existait déjà plus, se retira.

Mais de quelle communauté peut-on parler à propos de la CEI ? Le 30 décembre 1991, une réunion au sommet ne donna aucun résultat tangible. Sur le plan économique et monétaire, la Russie, qui avait pris sous son contrôle la banque centrale de l'URSS, imposa son rythme de réformes à des partenaires mal préparés à la thérapie de choc décidée à Moscou. L'espace économique commun se fragmentait encore un peu plus : les républiques, voire les régions et les villes tentaient de protéger leurs populations des conséquences de la libéralisation des prix décidée le 2 janvier 1992 par la Russie. Curieuse communauté que la CEI : elle ne parvint ni à régler les conflits armés hérités de l'Union (Arménie, Azerbaïdjan), ni à prévenir ceux qui se développaient en son sein (Transdniestrie). La CEI a été par ailleurs absente du face-à-face tendu entre Russie et Ukraine : le douloureux partage de la flotte militaire de la mer Noire, la question de la Crimée sont du domaine exclusif des relations bilatérales des deux États. La question de l'armée est restée floue et équivoque. L'Ukraine a constitué ses propres forces armées, y intégrant tous ceux qui, Ukrainiens ou Russes, ont accepté de prêter serment au nouvel État. Ailleurs, des régiments, voire des armées entières, piégés dans des affrontements « interethniques », au Caucase ou en Moldavie, ont été laissés à eux-mêmes, se transformant en « réfugiés en uniforme ». Les uns sont devenus des mercenaires au service du plus offrant (Karabakh), les autres ont choisi leur camp pour des motivations nationales (Transdniestrie).

Tensions et conflits en Russie

L'effondrement de l'Union n'a pas renforcé la Fédération de Russie. Le Soviet suprême a adopté, le 10 avril 1992, un « traité fédéral » régulant les relations entre le centre et les républiques.

La Russie a-t-elle été ainsi «sauvée de la désintégration», comme le déclarait Boris Eltsine? Seules deux républiques, le Tatarstan et la Tchétchénie, ont manqué à l'appel après avoir proclamé une indépendance aléatoire et ambiguë. Mais la signature de ce traité par le Bachkortostan (ex-Bachkirie), par exemple, a été obtenue au prix d'importants aménagements fiscaux arrachés par cette république riche en pétrole.

Au Caucase et au Daghestan, de nombreux conflits internes ont remis en cause non seulement les frontières, mais aussi des équilibres ancestraux : les républiques existantes étaient menacées de se fragmenter en une multitude de mini-États. Ailleurs, républiques et régions majoritairement peuplées de Russes n'ont pas abandonné pour autant des revendications d'autonomie, voire d'indépendance. Alors que des «républiques sœurs» telles que la Biélorussie ou l'Ukraine choisissaient l'indépendance, pourquoi d'autres «terres russes», en particulier celles dotées d'importantes richesses naturelles, ne pourraient-elles pas en faire autant?

La faiblesse du géant russe attise les convoitises : tandis que le Japon semble attendre patiemment que les îles Kouriles lui soient cédées pour prix d'une aide économique salvatrice, des revendications territoriales se sont fait entendre, en particulier dans les républiques baltes. Par ailleurs, au Caucase et en Asie centrale, de nouveaux acteurs sont décidés à jouer un rôle important : la Turquie et l'Iran, qui renouent des liens traditionnels avec les nations des républiques musulmanes. Et à l'ouest, l'évolution de l'Ukraine et de la Biélorussie tend à élargir l'espace de l'Europe centrale. Après des mois de silence et d'indifférence, la Russie allait devoir prendre en compte non seulement la situation des 25 millions de Russes qui vivent hors de ses frontières, mais aussi des millions de russophones orphelins de l'URSS : en Asie centrale, mais aussi dans la Fédération russe, nombreux sont ceux qui choisissent l'exil; à la mi-1992, des dizaines de milliers de Russes avaient déjà quitté la Tchétchénie. Dans les républiques baltes, la position des «migrants», privés de citoyenneté et menacés par le chômage, devient difficile. En Transdniestrie (Moldavie), les russophones allaient être au centre d'une guerre civile devenant un enjeu majeur de la politique russe.

La Communauté ne sera-t-elle que le paravent d'une décomposition rapide, qui pourrait entraîner la Fédération russe dans sa chute?

Charles Urjewicz

Voir aussi les articles p. 44, 60, 544, 546 et 547.

Ex-empire soviétique / Journal de l'année

— 1991 —

3 juin. «**Union**». A Novo-Ogarevo, neuf républiques (Russie, Ukraine, Biélorussie, Azerbaïdjan, Kazakhstan, Ouzbékistan, Kirghizstan, Turkménistan, Tadjikistan) signent un accord pour une « Union des républiques soviétiques souveraines ».

12 juin. **Russie**. Boris Eltsine est élu président au suffrage universel par 57,3 % des votants (45,5 millions sur 106 millions d'inscrits).

13 juin. **Réforme économique**. Publication du plan de libéralisation Iavlinski-Harvard.

28 juin. **CAEM**. Le Conseil d'assistance économique mutuelle (encore appelé COMECON) est dissous.

1er juillet. **Pacte de Varsovie**. Le pacte est dissous.

1er juillet. **Réforme économique**. Loi en faveur des privatisations ouvrant l'URSS aux investissements étrangers.

15-17 juillet. **G7**. Mikhaïl Gorbatchev obtient d'être invité lors du « sommet » du Groupe des sept pays les plus industrialisés, mais il n'obtient pas la promesse de crédits substantiels.

25 juillet. **Idéologie**. Le plénum du Parti communiste d'Union soviétique (PCUS) accepte le principe d'une renonciation au marxisme-léninisme.

29 juillet. **Lituanie-Russie**. Signature d'un traité qui reconnaît l'indépendance de la Lituanie.

31 juillet. **Désarmement**. Signature, entre l'URSS et les États-Unis, du traité START concernant la réduction de 30 % des arsenaux nucléaires stratégiques.

18-21 août. **Tentative de putsch**. Au Kremlin, autoproclamation d'un « Comité d'État pour l'état d'urgence », formé notamment par le vice-président de l'URSS Guennadi Ianaev, le Premier ministre Valentin Pavlov, le président du KGB Vladimir Krioutchkov et les ministres de l'Intérieur et de la Défense Boris Pougo et Dimitri Iazov. Le coup d'État échoue rapidement. B. Eltsine prend le pouvoir de fait à Moscou. Leonid Kravtchouk, président du Soviet suprême (Parlement) d'Ukraine fait de même à Kiev. M. Gorbatchev dissout le Comité central du PCUS.

20-31 août. **Indépendances**. Proclamations d'indépendance des Parlements estonien (20 août), letton (21), ukrainien (24), biélorusse (25), azerbaïdjanais (29), kirguiz (31), et ouzbèk (31). La Moldavie proclame également son indépendance, le 27 août.

2 septembre. «**Union**». Dix des États de l'URSS (Russie, Biélorussie, Ukraine, Azerbaïdjan, Arménie et les cinq républiques d'Asie centrale) annoncent la création d'une « Union » de type confédéral.

17 septembre. **Pays Baltes**. Admission des trois États baltes à l'ONU.

21 septembre. **Arménie**. Référendum en faveur de l'indépendance : 99,4 % de « oui ».

5 octobre. **URSS-FMI**. L'URSS devient membre associé du FMI.

16 octobre. **Arménie**. Levon Ter Petrossian est élu président de la République au suffrage universel.

18 octobre. «**Union**». Huit républiques signent un traité d'union économique. L'Ukraine et l'Azerbaïdjan ne signent pas.

1er novembre. **Russie**. Le Soviet suprême russe accorde des pouvoirs spéciaux à Boris Eltsine pour réformer l'économie et les finances.

7 novembre. **Anniversaire**. Pour la première fois depuis 1917, la révolution d'Octobre n'est pas célébrée officiellement.

7 novembre. **Russie**. B. Eltsine proclame l'état d'urgence en Tchétchénie qui a proclamé son indépendance (de même que le Tartarstan). Il est aussitôt désavoué par le Soviet suprême de Russie.

14 novembre. «**Union**». Sept États annoncent la création d'une « Union d'États souverains ». L'Ukraine n'en fait pas partie.

1er décembre. **Kazakhstan**. Noursultan Nazarbaiev est élu président au suffrage universel, avec officiellement 98,8 % des suffrages.

1er décembre. **Transdniestrie/Moldavie**. Référendum d'indépendance en Transdniestrie, visant à légitimer la sécession de ce territoire peuplé majoritairement de russophones. A partir de mars 1992, une situation de guerre civile s'instaurera [*voir article «Moldavie» dans cette section ainsi que p. 545*].

BIBLIOGRAPHIE

R. Caratini, *Dictionnaire des nationalités et des minorités en URSS*, Larousse, Paris, 1990.

G. Charachidzé, *L'Empire et Babel, les minorités face à la « perestroïka », in « Face aux Drapeaux », Le Genre humain*, n° 20, Seuil, Paris, 1989.

Le Courrier des pays de l'Est (mensuel), La Documentation française, Paris.

« L'URSS des indépendances » (dossier constitué par C. Urjewicz), *Problèmes politiques et sociaux*, n° 670, La Documentation française, Paris, déc. 1991.

J. Sapir, *Feu le système soviétique ? Permanences politiques. Mirages économiques. Enjeux stratégiques*, La Découverte, Paris, 1992.

Voir aussi les bibliographies p. 68, 510, 516, 518 et 528.

1er décembre. **Ukraine.** Succès du référendum en faveur de l'indépendance (90,3 % pour le « oui »). L. Kravtchouk est dans le même temps élu chef de l'État au suffrage universel (61,6 % des suffrages exprimés).

8 décembre. **CEI.** A Bieloveje (Minsk), la Russie, l'Ukraine et la Biélorussie annoncent la fin de l'URSS et la création d'une « Communauté d'États indépendants ».

8 décembre. **Moldavie.** Mircea Ion Snegur est plébiscité président de la République.

13 décembre. **Asie centrale.** Les cinq républiques d'Asie centrale demandent à cofonder la CEI. Le 21, à Alma-Ata, la fondation de cette dernière sera approuvée par les présidents de onze des quinze républiques de l'ex-URSS (en sont absents les trois États baltes et la Géorgie).

13 décembre. **Géorgie.** Le Congrès du peuple ossète réclame la réunification de l'Ossétie du Sud (Géorgie) et de l'Ossétie du Nord (Russie). Le conflit entre Ossètes du Sud et Tbilissi s'aggrave [*voir article « Géorgie » dans ce chapitre, et aussi p. 544 et p. 546*].

16 décembre. **Kazakhstan.** Proclamation de l'indépendance.

19 décembre. **Russie.** Par décret, B. Eltsine fusionne l'ex-KGB, le ministère de l'Intérieur et les services de sécurité russes. Nouvelle réglementation (restrictive) de la liberté de la presse.

20 décembre. **Russie.** B. Eltsine fixe l'adhésion à l'OTAN comme « objectif à long terme ».

25 décembre. **Gorbatchev.** Le président de l'URSS démissionne. Les drapeaux rouges sont enlevés du Kremlin.

— 1992 —

2 janvier. **Réforme économique.** Libération des prix de détail. Début de l'application du « choc chirurgical » (« plan Gaïdar » visant à libéraliser et privatiser l'économie).

6 janvier. **Géorgie.** Après deux semaines de siège organisé par la garde nationale et l'opposition armée, le président Zviad Gamsakhourdia s'enfuit de la Présidence.

30 janvier. **CSCE.** Dix républiques de la CEI sont admises à la Conférence pour la sécurité et la coopération en Europe, la Russie pour sa part succédant à l'URSS. La Géorgie sera admise le 24 mars suivant.

23 février. **Opposition.** A Moscou, manifestation (réprimée) de dizaines de milliers d'opposants et de nostalgiques de l'URSS. Le 17 mars, une nouvelle manifestation (calme) aura lieu contre le gouvernement.

31 janvier. **ONU.** La Russie remplace l'URSS au titre de membre permanent du Conseil de sécurité.

16-17 février. **ECO.** L'Organisation de la coopération économique, créée en 1985 par l'Iran, le Pakistan et la Turquie, accueille officiellement le Kazakhstan, le Turkménistan, l'Ouzbékistan, le Tadjikistan et le Kirghizstan.

9 mars. **Arménie-Azerbaïdjan.** Les troupes de l'ex-armée soviétique quittent le Haut-Karabakh [*sur le développement du* conflit, voir articles « Arménie » et « Azerbaïdjan » dans ce chapitre ainsi que p. 544].

10 mars. **Géorgie.** Édouard Chevard-nadze est élu président du Conseil d'État nouvellement créé.

6 avril. **Ukraine-Russie.** L'Ukraine proclame son intention de posséder une flotte militaire et considère que celle-ci doit s'appuyer sur la flotte de la mer Noire basée en Crimée [*voir article p. 547*].

27 avril. **FMI.** Admission des quinze républiques de l'ex-URSS au Fonds monétaire international.

5 mai. **Crimée.** Autoproclamation d'indépendance. Cette proclamation sera reportée [*voir article p. 547*].

7 mai. **Azerbaïdjan.** Sous la pression de la rue et dans un contexte de revers militaires dans le Haut-Karabakh, le président Ayaz Moutalibov doit démissionner. Bien

que réinvesti par le Parlement, il est chassé du pouvoir le 15 mai.

15 mai. **CEI.** A Tachkent, la Russie, le Kazakhstan, l'Ouzbékistan, le Tadjikistan et le Turkménistan signent un pacte de sécurité collective.

21 mai. **Russie-Ukraine.** Le Soviet suprême de Russie décrète que l'acte d'attribution de la Crimée à l'Ukraine en 1954 était dépourvu de valeur juridique.

23 mai. **Armes nucléaires.** A Lisbonne, les États-Unis signent un protocole d'application du traité START avec les quatre puissances nucléaires héritières de l'URSS : la Russie, l'Ukraine, le Kazakhstan et la Biélorussie. Les trois dernières se sont de fait engagées à renoncer aux armes nucléaires et à adhérer au traité de non-prolifération nucléaire (TNP).

Jean-Marie Chauvier

Pays Baltes

Estonie, Lettonie, Lituanie

Estonie

En Estonie, l'indépendance a été obtenue dans le calme. A la suite de l'intervention de l'armée soviétique en Lituanie, dans la nuit du 12 au 13 janvier 1991, des barricades furent érigées autour du Parlement, mais les affrontements furent évités, notamment grâce à l'engagement du président estonien, Arnold Rüütel. A Moscou, il obtint l'assurance du « numéro un » soviétique, Mikhaïl Gorbatchev, que la force ne serait pas utilisée en Estonie.

En revanche, le nouveau pouvoir indépendantiste a dû faire face à la grogne de la minorité russophone, représentant quelque 38,5 % des 1,8 million habitants de l'Estonie et farouchement opposée à l'indépendance du pays. Au début 1991, des grèves furent organisées par le mouvement pro-soviétique Interfront dans le centre industriel de l'Estonie (nord-est du pays), où les russo-

▼
République d'Estonie

Nature de l'État : ancienne république soviétique devenue indépendante le 20.8.91.

Chef de l'État : Arnold Rüütel (président du Soviet suprême de la République socialiste soviétique d'Estonie depuis avr. 83, élu président du Conseil suprême de l'Estonie indépendante le 30.3.90).

Chef du gouvernement : Edgar Savisaar, remplacé par Triit Vähi le 30.1.92.

Monnaie : la couronne estonienne a remplacé le rouble en juin 92.

Langues : estonien (off.), russe.

phones constituent l'immense majorité de la population.

Lors du référendum sur l'indépendance le 3 mars 1991, 77,83 % des habitants de l'Estonie se sont pro-

Pays Baltes

	INDICATEUR	UNITÉ	ESTONIE	LETTONIE	LITUANIE
DÉMOGRAPHIE	Capitale		Tallin	Riga	Vilnius
	Superficie	km²	45 100	64 500	65 200
	Population (*)	millier	1 582	2 681	3 782
	Densité	hab./km²	35,1	41,6	57,2
	Croissance annuelle [a]	%	0,7	0,6	0,8
	Indice de fécondité (ISF) [d]		2,2	2,0	2,0
	Mortalité infantile [b]	‰	12,3	13,7	10,3
	Espérance de vie [b]	année	70,0	69,6	71,5
	Population urbaine	%	71,5	71,1	68,8
CULTURE	Étudiants 3e degré	‰ hab	16,4	17,1	17,6
	Téléviseurs [d]	‰ hab.	378	411	357
	Livres publiés [e]	titre	1 628 [b]	1 564 [b]	2 686 [d]
	Nombre de médecins [b]	‰ hab.	4,57	4,96	4,61
ÉCONOMIE	P M N [eb]	milliard roubles	4,54	8,14	8,81
	Croissance annuelle 1985-90	%	3,4	3,2	1,7
	1991	%	– 11,0	– 8,0	– 13,0
	Par habitant [b]	rouble	2 870	3 030	2 362
	Structure du P M N Agriculture	%	25,3 [d]	25,0 [d]	29,1 [b]
	Industrie	%	43,7 [d]	45,2 [d]	38,5 [b]
	Bâtiment	%	10,9 [d]	8,8 [d]	12,9 [b]
	Transport et communic.	%	6,2 [d]	7,3 [d]	4,0 [b]
	Production agricole, croissance annuelle 1985-90	%	0,9	1,5	2,2
	1990	%	– 13,1	– 10,2	– 9,0
	Production industrielle, croissance annuelle 1985-90	%	2,1	2,9	3,2
	1990	%	0,1	– 0,2	– 2,8
	Inflation	%	212,0	172,0	245,0
	Pop. active occupée [b]	millier	851	1 458	1 902
	Agriculture [b]	%	12,7	15,9	18,2
	Industrie et bât. [b]	%	42,5	40,5	41,6
	Services [b]	%	44,8	43,6	40,2
COMMERCE	Importations [d]	milliard roubles	3,82	6,03	7,35
	Exportations [d]	milliard roubles	3,12	5,41	6,33
	Principaux fournis. [d]	%	URSS 84,6	URSS 75,0	URSS 78,8
		%	Autres 15,4	Autres 25,0	Autres 21,2
	Principaux clients [d]	%	URSS 92,9	URSS 93,2	URSS 92,4
		%	Autres 7,1	Autres 6,8	Autres 7,6

Chiffres 1991, sauf notes : a. 1985-90; b. 1990; c. Y compris brochures; d. 1989; e. Produit matériel net [voir définition p. 000]. (*) Dernier recensement utilisable : 1989.

noncés en faveur du « oui ». Selon l'agence de presse Tass, quelque 250 000 personnes ont pris part au référendum sur le maintien de l'Union, organisé le 17 mars par le Kremlin et boycotté en Estonie comme dans les autres pays Baltes. Pour apaiser la grogne des russophones, le 29 janvier 1992 la loi sur la langue a été repoussée à la fin de l'année.

Comme dans les deux autres républiques baltes, les négociations avec le « numéro un » soviétique ne décollèrent pas. C'est le coup d'État avorté en août 1991 dans l'ex-URSS qui provoqua la proclamation de l'indépendance, le 20 août, prononcée par le Conseil suprême (Parlement), terminant ainsi la période de transition. Le 6 septembre, le Congrès des députés du peuple reconnaissait cette indépendance.

Le pouvoir indépendantiste a été contesté à la fois par la minorité russophone et par les Estoniens radicaux, réunis au « Congrès estonien », un parlement parallèle élu au printemps 1990 et regroupant tous les Estoniens « de souche ». Le Congrès a délivré des cartes d'identité aux seuls citoyens ayant habité l'Estonie avant la Seconde Guerre mondiale et à leurs descendants. Ces cartes d'identité ont été légalisées par le Conseil suprême en novembre 1991, mais ensuite abolies en avril 1992. Le parlement parallèle n'a pas reconnu la légitimité du Conseil suprême qu'il a voulu considérer comme un « parlement d'occupation ». Le Congrès sera associé à l'élaboration de la Constitution affirmant son rôle de deuxième force législative du pays.

En 1991-1992, le pays a traversé la plus grave crise économique de son histoire récente. Les magasins sont restés vides. Le pain et le lait ont été rationnés. Pour faire face à la crise, le Premier ministre, Edgar Savisaar, a demandé des pouvoirs spéciaux d'urgence (16 janvier 1992) qu'il n'a obtenus qu'avec les voix des députés russes au Parlement.

© Éditions La Découverte

Lâché par ses supporters estoniens, il a démissionné le 23 janvier, également accusé de ne pas avoir su faire passer la loi sur la citoyenneté.

Au plan économique, l'Estonie s'est résolument tournée vers l'Occident et plus particulièrement vers la Scandinavie. Les exportations vers cette région ont presque doublé en 1991, mais la CEI (Communauté d'États indépendants, issue de l'ex-URSS) est restée de loin le premier partenaire commercial. Le 19 juin 1992, l'Estonie est devenue la première des anciennes républiques soviétiques à se doter d'une monnaie nationale, le *kroon*, la couronne, en principe convertible, qui a remplacé le rouble soviétique. Lors d'un référendum organisé le 27 juin 1992, 91,2 % des électeurs se sont prononcés pour une nouvelle Constitution.

Le président français François Mitterrand, en visite officielle en mai 1992, a insisté sur le « caractère anormal de la présence de troupes étrangères» sur le sol de la république indépendante. Il y avait été précédé par le président finlandais, Mauno Koivisto, et le roi de Suède, Carl Gustav XVI.

Lettonie

En Lettonie, comme en Lituanie, le rétablissement de l'indépendance ne s'est pas fait sans heurts. Une semaine après le massacre de Vilnius (Lituanie, le 13 janvier 1991, 14 morts), les forces spéciales du ministère soviétique de l'Intérieur (OMON) se sont emparées du ministère letton de l'Intérieur à Riga, la capitale, faisant quatre morts.

▼

République de Lettonie

Nature de l'État : ancienne république soviétique devenue indépendante le 21.8.91.

Chef de l'État : Anatoli Gorbunovs (président du Conseil suprême depuis le 6.10.88).

Chef du gouvernement : Ivars Godmanis (Premier ministre depuis le 7.5.90).

Monnaie : rouble (100 roubles = 9,84 FF au taux commercial et 6,37 FF au taux «libre», au 31.5.92).

Langues : letton (off.), russe.

Ces heurts sanglants ont renforcé la volonté d'indépendance du pays. 73,7 % des votants se sont prononcés pour l'indépendance totale lors du référendum organisé le 3 mars 1991 à la place du référendum sur le maintien de l'Union organisé par le Kremlin le 17 mars, boycotté dans les trois pays Baltes.

Les tensions entre les radicaux lettons et la minorité russophone se sont accentuées à propos de la loi sur la citoyenneté et de la loi sur la langue. Les russophones représentent quelque 48 % de la population totale (3,6 millions d'habitants) et, dans les grandes villes, ils constituent la grande majorité. Pour pré-

server la langue et la culture lettonnes, les autorités ont déclaré le letton langue officielle. Selon la loi sur la citoyenneté, adoptée le 15 octobre 1991, seuls les habitants de la république lettonne d'avant 1940 et leurs descendants peuvent automatiquement devenir citoyens de la Lettonie libre. Les immigrés russophones qui sont arrivés massivement en Lettonie après la Seconde Guerre mondiale doivent avoir résidé au moins seize ans en Lettonie pour pouvoir acquérir la nouvelle citoyenneté.

Le putsch manqué d'août 1991 dans l'ex-URSS a apporté l'indépendance à la Lettonie, qui avait dans un premier temps opté pour une indépendance assortie d'une période transitoire. Le 21 août, les députés du Conseil suprême (Parlement) ont choisi de mettre un terme à cette période transitoire. A la fin d'août et au début de septembre 1991, les trois pays Baltes étaient reconnus par la plupart des États occidentaux et, le 6 septembre, le Congrès des députés du peuple de l'URSS les reconnaissait à son tour. Les trois États baltes étaient admis à l'ONU le 17 septembre 1991.

Les négociations avec l'ex-URSS sur les modalités de l'indépendance et un éventuel départ des troupes de Lettonie, où se trouve le quartier général du groupe Nord-Ouest de l'ex-Armée rouge, ont connu un départ difficile. Les rencontres entre les négociateurs russes et lettons n'ont pas permis d'établir un calendrier de retrait des troupes. La visite du président français François Mitterrand, le 15 mai 1992, a apporté une reconnaissance internationale au problème de l'armée d'occupation.

La situation économique du pays s'est sensiblement dégradée au premier semestre 1992. A la suite de la décomposition de l'ex-URSS, les relations privilégiées avec la Russie ont été coupées et les importations, dont dépend l'économie lettonne, ont été bloquées aux nouvelles frontières, faute d'accords douaniers. Le pays a sombré dans la crise et le ministre d'État Janis Dinevics n'a pas hésité à parler d'une «guerre économique» organisée par Moscou. Les importations de pétrole ont considérablement baissé. La production industrielle a diminué de 25 % à 28 % au cours des quatre premiers mois de 1992 par rapport à la même période de l'année précédente et, à la mi-1992, les privatisations n'avaient pas progressé comme prévu. Le 7 mai 1992, le gouvernement a introduit un «rouble letton», indexé sur la monnaie russe, pour pallier le manque de roubles russes.

Lituanie

Le chemin vers l'indépendance a été taché de sang. Dans la nuit du 12 au 13 janvier 1991, des unités spéciales de l'armée soviétique ont pris d'assaut la tour et le bâtiment de la télévision lituanienne à Vilnius, faisant 14 morts. En mai et en juin 1991, des unités spéciales du ministère soviétique de l'Intérieur (OMON) ont harcelé les gardes-frontières de la république balte.

République de Lituanie

Nature de l'État : ancienne république soviétique devenue indépendante le 11.3.90.

Chef de l'État : Vytautas Landsbergis, président du Conseil suprême depuis le 11.3.90.

Chef du gouvernement : Gediminas Vagnorius (Premier ministre depuis le 13.1.91).

Monnaie : rouble (100 roubles = 9,84 FF au taux commercial et 6,37 FF au taux «libre», au 31.5.92).

Langues : lituanien (off.), russe, polonais.

Le 31 juillet, des inconnus ont attaqué le poste de Medininkai, tuant six gardes-frontières. Ces incidents ont profondément marqué le pays, qui avait déclaré son indépendance le 11 mars 1990. Le 9 février 1991, 76,39 % des électeurs lituaniens se

sont prononcés pour l'indépendance. Le référendum sur le maintien de l'Union organisé par Moscou le 17 mars 1991, et boycotté dans les trois États baltes, a recueilli 95,5 % de «oui» parmi les 250 000 (sources lituaniennes) à 500 000 (source : Parti communiste) participants. La Lituanie s'est trouvée sur la défensive, notamment face aux quelque 35 000 hommes de troupe ex-soviétiques, encore stationnés sur son territoire à la mi-1992.

Les multiples appels en faveur de l'ouverture de négociations sur les modalités de l'indépendance sont restés sans réponse de la part du «numéro un» soviétique, Mikhaïl Gorbatchev, dans la première moitié de 1991. Le putsch manqué du mois d'août 1991 à Moscou a apporté à l'indépendance du pays la reconnaissance internationale tant désirée. Les militaires ont quitté les immeubles qu'ils occupaient depuis janvier 1991 et, le 6 septembre, le Congrès des députés du peuple, à Moscou, a reconnu les trois pays Baltes. En revanche, les négociations sur le retrait des soldats de l'armée ex-soviétique ont piétiné.

De véritables négociations ont commencé seulement en janvier 1992 avec le président de la Russie, Boris Eltsine. Lors d'un sommet entre Boris Eltsine et le président lituanien Vytautas Landsbergis à la mi-janvier 1992, un accord a été conclu sur le retrait de l'ex-Armée rouge de Vilnius, mais aucun calendrier pour le retrait complet n'était encore fixé à la mi-1992. Le 5 mars 1992, une unité symbolique d'une centaine d'hommes a quitté le territoire lituanien, après cinquante années d'occupation. Pour accélérer le départ, un référendum a été organisé le 14 juin 1992 : 90,76 % des votants se sont prononcés pour le retrait immédiat des troupes russes.

Au plan politique, le président du Parlement, V. Landsbergis a été critiqué pour son attitude autoritaire. En novembre 1991, la presse indépendante s'est mise en grève pour protester contre des tentatives de

BIBLIOGRAPHIE

P. LOROT, *Le Réveil balte*, Hachette, Paris, 1991.

P. LOROT, *Les Pays baltes*, PUF, «Que sais-je?», Paris, 1991.

F. MOULONGUET, Y. PLASSERAUD, *Pays baltes/Estonie, Lettonie, Lituanie : le réveil*, Autrement, Paris, 1991.

J.-Y. POTEL, «A la recherche d'une zone de coopération baltique», *Le Monde diplomatique*, Paris, sept. 1991.

K. PRUNSKIENE, *Leben für Litauen*, Ullstein, Berlin, 1992.

R. YAKEMTCHOUK, *Les Républiques baltes et la crise du fédéralisme soviétique*, Studia Diplomatica, Institut royal des relations internationales, Université de Louvain, Louvain, 1991.

reprise en main. Le 23 mai 1992, le président a essuyé son premier revers électoral avec l'échec du référendum sur l'établissement d'un système présidentiel fort. Après le putsch d'août 1991 à Moscou, le conseil municipal de Visaginas (anciennement Snieckus) dans le nord-est du pays, majoritairement habité par des russophones, ainsi que les conseils régionaux de Vilnius et de Salcininkai au sud-est, majoritairement peuplés de Polonais, ont été suspendus. Malgré les manifestations de la population polonaise devant le Parlement et les protestations du gouvernement de Varsovie, l'administration directe a été reconduite pour six mois au printemps 1992.

L'État a imprimé ses propres passeports au printemps 1992, mais la monnaie nationale, le litas, n'était pas encore introduite à la mi-1992.

En revanche, des billets de remplacement ayant la même valeur que le rouble et destinés à pallier le manque de monnaie russe ont été mis en circulation. Les réformes économiques ont avancé lentement et les investisseurs étrangers ont semblé être moins intéressés qu'espéré.

Début juin 1992, plus d'une centaine d'États avaient reconnu la Lituanie. La reconnaissance internationale a été soulignée par les visites du vice-président américain Dan Quayle (6 février 1992) et du président français François Mitterrand (13-14 mai 1992), premier chef d'État en visite officielle à Vilnius. Il a signé avec les autorités lituaniennes le premier traité d'État avec une ancienne république soviétique.

Matthias Lüfkens

Europe orientale

Biélorussie, Russie, Ukraine, Moldavie

(La Russie est traitée p. 60. Ukraine : voir aussi p. 547.
Voir aussi p. 44, 544, 546.)

(Les républiques sont présentées selon un axe géographique nord-sud.)

Biélorussie

De toutes les républiques de l'ex-URSS, c'est sans doute la Biélorussie qui est restée, même après avoir proclamé, le 27 juillet 1990, sa souveraineté (« étape nécessaire, expliqua alors le président du Parlement,

---

▼

Biélorussie

Nature de l'État : ancienne république soviétique devenue indépendante le 25.8.91.

Chef de l'État : Stanislas Chouchkevitch, président du Soviet suprême (depuis le 30.7.91).

Chef du gouvernement : Vetcheslav Kebitch (depuis le 12.12.91).

Monnaie : rouble.

Langues : biélorusse, russe, ukrainien, lituanien.

---

pour participer dans l'harmonie aux négociations d'un nouveau traité d'unité », la plus fidèle au « Centre ». Au référendum du 17 mars 1991, les Biélorusses votèrent massivement (82 %) en faveur de l'Union « rénovée » que leur proposait Moscou. Jusqu'à la semaine fatidique du 1er décembre (référendum intérimaire en faveur de l'indépendance) au 8 décembre 1991 (signature à Minsk — capitale de la Biélorussie — de la déclaration historique proclamant que « l'URSS [avait] cessé d'exister en tant que sujet du droit international et réalité géopolitique »), le président du Parlement biélorusse, Stanislas Chouchkevitch, aura tâché d'aider

Mikhaïl Gorbatchev à sauver l'Union. Ensuite, il n'a pas ménagé ses efforts pour apaiser la tension entre l'Ukraine et la Russie, conscient des conséquences désastreuses qu'aurait, sur la Biélorussie, la fin de la CEI (Communauté d'États indépendants). Dans cette région considérée traditionnellement conservatrice, la contestation, tardive, de l'ordre soviétique, la rupture d'un indéniable consensus social et national, entretenu par une histoire officielle qui ne manquait aucune occasion d'exalter les souffrances du peuple biélorusse pendant la Seconde Guerre mondiale et le patriotisme soviétique de ses partisans, ont puisé leurs racines moins dans le sentiment d'une identité nationale brimée que dans la révolte contre la dégradation générale du niveau de vie depuis 1985 et les privilèges de la nomenklatura communiste. C'est en effet sur le terrain économique et social que les Biélorusses ont fait éclater leurs frustrations, apportant leur contribution à la crise généralisée du système soviétique de l'été 1991. Début avril 1991, après que le gouvernement fédéral eut procédé à une très forte hausse des prix de détail, plus de 200 000 ouvriers biélorusses se mirent en grève, réclamant la démission de M. Gorbatchev, la nationalisation de tous les biens du PC de Biélorussie, l'« abolition de tous les privilèges », la suppression du KGB, la « départisation » des entreprises et des administrations, la tenue d'élections libres. Revendications pionnières, révélatrices d'une profonde « crise de confiance », que les autorités, tant centrales que locales, n'avaient pas soupçonnées, et qui ne purent être pleinement satisfaites qu'au lendemain de l'échec du putsch tenté au Kremlin des 19-21 août

1991, suivi de la proclamation de l'indépendance de la Belarus (25 août 1991).

Ukraine

Le 1er décembre 1991, les Ukrainiens se sont prononcés à plus de 90 % en faveur de l'indépendance, confirmant par ce vote la décision historique du Parlement ukrainien, adoptée le 24 août 1991, trois jours après l'échec du putsch tenté au Kremlin. Ce jour-là, le Parlement avait proclamé l'indépendance en déclarant [poursuivre] «une tradition millénaire visant à édifier un État en Ukraine».

▼

République d'Ukraine

Nature de l'État : ancienne république soviétique devenue indépendante le 24.8.91. Pouvoir exécutif fort.

Chef de l'État : Leonid Kravtchouk, président de la République, élu au suffrage universel le 8.12.91.

Premier ministre : Vladimir Fokine (depuis le 8 déc. 1991).

Langues : ukrainien, russe, biélorusse.

«Si l'Union soviétique perd l'Ukraine, elle perd sa tête», disait Lénine en 1922. Et, en effet, il ne se sera pas passé une semaine entre le référendum ukrainien du 1er décembre et la «déclaration de Minsk», signée par la Russie, l'Ukraine et la Biélorussie, qui «constata» que «l'URSS en tant que sujet du droit international et réalité géopolitique n'existe plus».

Tardive comparativement aux autres républiques, la marche de l'Ukraine vers son indépendance n'en aura pas été moins décisive — au contraire — pour le sort d'une Union en miettes depuis l'échec du putsch des 19-21 août 1991.

En Ukraine, plus qu'ailleurs, c'est l'opportunisme politique des «nationalistes de la onzième heure», des membres de l'ancienne *nomenklatura* communiste qui a triomphé,

incarné par Leonid Kravtchouk, élu le 1er décembre 1991 à la présidence du nouvel État ukrainien, avec 61,6 % des voix (contre 23 % au candidat nationaliste du Mouvement démocratique ukrainien pour la *perestroïka* [Roukh], V. Tchornovyl, et 4,5 % au vétéran de la dissidence ukrainienne L. Loukianenko). L'ancien responsable à l'idéologie du Parti communiste ukrainien de 1980 à 1989 aura remarquablement manœuvré en 1990-1991, parvenant à se forger, en quelques mois, une «légitimité ukrainienne», au moment même où le Parti communiste était de plus en plus contesté.

Ayant réussi le tour de force de se faire élire (23 juillet 1990) président du Soviet suprême de l'Ukraine, qui avait, une semaine plus tôt, proclamé la souveraineté de la République, L. Kravtchouk, fort du poids de l'Ukraine, s'est posé en champion d'une transformation de l'URSS en une confédération d'États souverains au cours de la dernière année d'existence de l'URSS, marquée par les discussions entre le «Centre» et les représentants des neuf républiques qui avaient accepté de discuter d'un nouveau «traité d'Union» (négociations de Novo-Ogarevo, avril-juillet 1991).

A partir de la proclamation d'indépendance, le gouvernement ukrainien n'a eu de cesse d'affirmer haut et fort l'identité nationale ukrainienne, ravivant le grand débat historiographique sur les relations «coloniales» entretenues par la Russie vis-à-vis de ce territoire. Dès le mois de décembre 1991, l'Ukraine revendiqua une partie de la flotte de la mer Noire, s'opposant ainsi à la prétention de la Russie de se poser en unique héritière des biens de l'ex-Union. La signature d'un accord (Kiev, 13 janvier 1992) sur le partage de la flotte ne mit cependant pas fin au différend russo-ukrainien : l'Ukraine affirma son opposition à un espace militaire unique au sein de la CEI (Communauté d'États indépendants) et à des forces armées «communautaires». Elle proclama également sa neutralité et sa volonté

Europe orientale

Mer de Barents

NORV.

Mourmansk

Presqu´île
de Kola

SUÈDE

Cercle polaire

Mer
Blanche

Arkhangelsk

CARÉLIE

KOMIS

FINLANDE

Golfe de Botnie

Petrozavodsk

L. Onega

Dvina Sept.te

Mer
Baltique

G. de Finlande

Lac Ladoga

R U S S I E

ESTONIE

Saint-Pétersbourg

Novgorod

Réservoir
de Rybinsk

G.
de
Riga

LITUANIE

Rybinsk

Kostroma

Iaroslavl

Ivanovo

Vladimir

MARIS

LETTONIE

Kaliningrad
RUSSIE

Vitebsk

MOSCOU

Nijni-
Novgorod

Volga

Kazan

TATARSTAN

POLOGNE

Orsha

Smolensk

Oka

Riazan

MINSK

Moguilev

Toula

MORDOVIE

Baranovitchi

BIÉLORUSSIE

Brest

Pinsk

Briansk

Penza

Gomel

Orel

Rovno

Tchernobyl

Koursk

Voronej

Saratov

Lvov

Jitomir

KIEV

Dniestr

Don

Ivano-
Pranskovsk

Kamenets-
Podolski

UKRAINE

KAZAKH-
STAN

Bug

Dniepr

Kharkov

Bieltsy

Dniepropetrovsk

Lougansk

Volgograd

MOLDAVIE

Krivoi Rog

Donetsk

Makaievka

CHIȘINAU

Tiraspol

Zaporoje

ROUMANIE

Odessa

Kherson

Marioupol

Rostov

Mer
d´Azov

Astrakhan

KALMOUTIE

CRIMÉE

Simferopol

Krasnodar

ADYGHÉENS

KABARDINO-
BALKARIE

OSSÉTIE
DU NORD

BULGARIE

Balaklava

Novorossiisk

KARATCHEVO-
TCHERKESSIE

Mer   Noire

TCHÉTCHÉNIE

Bosphore

GÉORGIE

Dardanelles

TURQUIE

500 km

© Éditions La Découverte

Europe orientale

INDICATEUR	UNITÉ	BIÉLORUSSIE	RUSSIE
Capitale		Minsk	Moscou
Superficie	km²	207 600	17 075 400
DÉMOGRAPHIE Population (*)	million	10,3	148,5
Densité	hab./km²	49,4	8,7
Croissance annuelle [a]	%	0,6	0,7
Indice de fécondité (ISF) [c]		2,0	2,0
Mortalité infantile [b]	‰	11,9	17,4
Espérance de vie [b]	année	71,3	69,3
Population urbaine	%	67,1	73,9
CULTURE Étudiants 3e degré	‰ hab	18,4	19,0
Téléviseurs	‰ hab.	301 [c]	362 [b]
Livres publiés [db]	titre	2 823	41 234
Nombre de médecins [b]	‰ hab.	4,05	4,69
ÉCONOMIE P M N [bf]	milliard roubles	28,61	424,6
Croissance annuelle 1985-90	%	3,3	0,9
1991	%	− 3,0	− 9,0
Par habitant [b]	rouble	2 789	2 868
Structure du P M N [f] Agriculture	%	28,3 [c]	18,8 [c]
Industrie	%	43,1 [c]	44,5 [c]
Bâtiment	%	10,1 [c]	13,0 [c]
Transport et communic.	%	4,3 [c]	5,8 [c]
Production agricole, croissance annuelle 1985-90	%	2,0	2,2
1991	%	− 8,7	− 3,6
Production industrielle, croissance annuelle 1985-90	%	5,3	2,6
1991	%	2,1	− 0,1
Taux d'inflation	%	80,0	90,0
Pop. active occupée [b]	millier	5 296 [b]	76 905 [c]
Agriculture [b]	%	19,6	13,3
Industrie et bât. [b]	%	42,0	42,8
Services [b]	%	38,4	43,9
COMMERCE Importations [c]	milliard roubles	19,35	144,27
Exportations [c]	milliard roubles	20,30	109,61
Principaux fournis. [c]	%	U R S S 76,7	U R S S 49,0
	%	Autres 23,3	Autres 51,0
Principaux clients [c]	%	U R S S 90,2	U R S S 68,5
	%	Autres 9,8	Autres 31,5

Chiffres 1991, sauf notes : a. 1985-90; b. 1990; c. 1989; d. Y compris brochures; e. 1988; f. recensement utilisable : 1989.

UKRAINE	MOLDAVIE
Kiev	Chisinau
603 700	33 700
51,9	4,4
86,0	129,6
0,4	1,2
1,9	2,5
12,9	19,0
70,5	68,7
67,5	47,5
17,0	12,5
328 [b]	272 [e]
7 046	1 277
4,40	4,00
117,7	8,09
2,4	2,5
− 9,5	− 12,0
2 270	1 855
25,0 [e]	34,0 [e]
45,3 [e]	36,8 [e]
10,6 [e]	8,8 [e]
5,2 [e]	3,6 [e]
1,6	0,9
− 3,7	− 12,8
3,0	4,0
− 0,1	3,2
84,0	97,5
25 916 [b]	2 118 [b]
19,4	32,7
40,6	30,3
40,0	37,0
54,54	6,61
48,06	5,46
URSS 73,3	URSS 78,5
Autres 26,7	Autres 21,5
URSS 84,2	URSS 95,1
Autres 15,8	Autres 4,9

Produit matériel net [voir définition p. 15]. (*) Dernier

d'être une puissance « dénucléarisée ». Sur le plan économique, bien décidée à faire valoir tous les attributs de son indépendance, et confiante en son potentiel naturel, économique et démographique, elle est allée plus loin que les autres États de la CEI, en introduisant, dès le mois de janvier 1992, une monnaie provisoire sous forme de « coupons », avant la mise en circulation (prévue pour l'été 1992) de la « gryvnia » ukrainienne. La proclamation éphémère (le 5 mai 1992) d'indépendance de la Crimée (ce territoire qui fut rattaché à la Russie jusqu'en 1954 est peuplé majoritairement de Russes), retirée après un ultimatum de Kiev, a fait encore monter d'un cran la tension entre la Russie et l'Ukraine. Le compromis russo-ukrainien de Dagomys (23-24 juin 1992) sur l'avenir de la flotte de la mer Noire a marqué un temps d'arrêt dans cette escalade. Le contentieux russo-ukrainien est-il cependant aussi grave que les nouvelles autorités veulent bien le dire ? On pourrait en douter en constatant que les Russes (20 % de la population ukrainienne) et les russophones ont voté majoritairement en faveur de l'indépendance de l'Ukraine. Mais toute naissance — ou renaissance — d'une nation ne s'accompagne-t-elle pas non seulement d'une quête de légitimité historique, mais aussi d'une légitimation de l'idée nationale ?

Moldavie

L'accession de la Moldavie à l'indépendance (27 août 1991) a été suivie d'une très nette aggravation des tensions interethniques entre les Moldaves et les minorités, Russes, Ukrainiens et Gagaouzes (Turcs de religion chrétienne). Comment en est-on arrivé là ?

Sous la pression d'un Front populaire moldave de plus en plus offensif, désireux de faire jouer à fond les liens nationaux, historiques et culturels avec les « frères roumains », voire — pour une minorité conduite par Mircéa Druc — de réintégrer la

BIBLIOGRAPHIE

R. BRETON, « L'Ukraine, sixième grand d'Europe ? », *Hérodote*, n° 58-59, La Découverte, Paris, 2e sem. 1990.

P. BUSSIÈRE, « Tatars et Tatarstan à l'heure des bouleversements », *Hérodote*, n° 64, La Découverte, Paris, 1er trim. 1992.

J.-M. CHAUVIER, « L'Ukraine, si proche de la Russie, et déjà si lointaine », *Le Monde diplomatique*, Paris, déc. 1991.

A. SALMINE, « L'Église orthodoxe russe et les institutions politiques soviétiques », *Hérodote*, n° 56, La Découverte, 1er trim. 1990.

C. URJEWICZ, « Russie : un géant aux pieds d'argile ? », *Hérodote*, n° 58-59, La Découverte, Paris, 2e sem. 1990.

Voir aussi les bibliographies p. 68 et 504.

Moldavie dans la « Grande Roumanie », le Parlement moldave, malgré l'opposition des députés russophones, a proclamé, le 20 juillet 1990, la souveraineté de la « République de Moldova ». Une souveraineté qui a d'emblée exclu tout compromis : à l'instar des répu-

---

République de Moldavie

Nature de l'État : ancienne république soviétique devenue indépendante le 27.8.91. Pouvoir exécutif fort.

Chef de l'État : Mircea Ion Snegur, plébiscité président de la République le 8.12.91.

Premier ministre : Valérii Mouravski (démissionnaire le 13.6.92).

Langues : roumain (off.), russe, ukrainien, turc.

---

bliques baltes, de la Géorgie et de l'Arménie, la Moldavie n'a participé, au cours de la dernière année d'existence de l'URSS, à aucune des négociations sur un nouveau pacte fédéral entre le Centre et les républiques. Les autorités de Chisinau (ex-Kichinev) ont refusé d'organiser le référendum sur « l'Union rénovée » qu'avait décidé le Kremlin (17 mars 1991). Dans ce contexte, la tension n'a cessé de monter entre les Moldaves roumanophones (66 % des 4,5 millions d'habitants de la Moldavie) d'une part et les minori-

tés russophones de Transdniestrie (27 %, divisés pour moitié environ entre Russes et Ukrainiens) et turcophone gagaouze (3 % environ). Celles-ci ont, dès août 1990, refusé de reconnaître le pouvoir de Chisinau et ont proclamé leur propre souveraineté. Les Gagaouzes se sont constitués, sous l'égide du Front gagaouze de Stepan Topal, en État autoproclamé, de 1 800 km², de 150 000 habitants répartis dans quatre districts ruraux de la « Moldavie profonde » ! Quant aux russophones, ils ont créé leur propre république de Transdniestrie (16 août 1990). Ce territoire de 5 000 km² et 800 000 habitants environ (comprenant une minorité roumanophone d'environ 35 %) a une importance vitale pour la Moldavie : Tiraspol (200 000 habitants), capitale de la Transdniestrie, est à la fois un nœud ferroviaire stratégique reliant la Moldavie à l'Ukraine et à la Russie, et le cœur industriel de la Moldavie. A partir de l'hiver 1991-1992, une véritable guerre civile a opposé, sur le front du Dniestr, les deux communautés. La présence dans la région de l'ex-14e armée soviétique, l'afflux de cosaques du Don et du Kouban venus soutenir leurs « frères slaves » n'ont pas été de nature à calmer le jeu, malgré les propositions de Mircea Snegur, le président de la République, d'accorder à la Transdniestrie le statut de « zone économique franche dotée d'une autonomie administrative ». A la mi-1992, les relations entre Chisinau et Moscou s'étaient dégradées à un tel point que M. Snegur a pu déclarer (le 18 mai) que si la 14ᵉ armée ne se retirait pas de la Transdniestrie, la Moldavie se considérerait en état de guerre avec la Russie.

Nicolas Werth

Transcaucasie

Arménie, Azerbaïdjan, Géorgie
(Voir aussi p. 544 et 546.)

Arménie

A la différence de ses deux voisines, l'Arménie a fait figure en 1991-1992 d'îlot de stabilité ouvert aux réformes. Au début de l'année 1991, le Parlement a voté une loi qui a permis de lancer les premières privatisations massives des terres de l'ex-empire soviétique. L'opération est apparue comme un succès. Destinées à améliorer l'approvisionnement de la population, ces mesures ont également eu pour objectif de combattre un chômage important dans ce pays meurtri par le tremblement de terre de décembre 1988, fragilisé par la crise économique et déstabilisé par le blocus intermittent que lui imposait alors l'Azerbaïdjan.

Arménie

Nature de l'État : ancienne république soviétique devenue indépendante le 21.9.91.

Chef de l'État : Levon Ter Petrossian, président de la République, élu au suffrage universel le 16.10.91.

Premier ministre : Gaguigh Haroutounian.

Monnaie : rouble.

Langues : arménien (off.), russe.

C'est le 21 septembre, à la suite d'un référendum annoncé de longue date, qu'Erevan a franchi le Rubicon. 99,4 % des votants se sont prononcés pour l'indépendance.

Avec l'euphorie de la liberté retrouvée, l'effondrement de l'Union a semblé apporter l'espoir d'un règlement du conflit du Haut-Karabakh : du 21 au 24 septembre, à l'initiative des présidents russe et kazakh, Boris Eltsine et Noursultan Nazarbaiev, les différentes parties se sont réunies à Jeleznovodsk (Caucase du Nord). Mais les accords signés ne seront pas suivis d'effet. Bien au contraire. La Russie se désengagera bientôt militairement d'une guerre considérée comme périphérique où elle était censée jouer un rôle de tampon. Le 16 octobre 1991, Levon Ter Petrossian, président du Parlement et candidat du Mouvement national arménien, fut élu à la présidence de la République au suffrage universel. Celui qui fut le leader charismatique du Comité Karabakh l'emporta haut la main face à des adversaires divisés. Mais le conflit du Haut-Karabakh allait peser de plus en plus sur l'Arménie. Ce territoire d'Azerbaïdjan peuplé en grande majorité d'Arméniens proclama son indépendance à la fin de l'année. Face à l'intransigeance d'une population qui subissait des bombardements quotidiens, le gouvernement arménien, qui continuait à tenir le discours de la mesure et du compromis, se trouvait de plus en plus en porte-à-faux. Avec l'arrivée de l'hiver, alors que l'Azerbaïdjan avait instauré un blocus rigoureux à l'encontre de l'Arménie, les autorités d'Erevan durent faire face à une situation énergétique désastreuse. Privée de chauffage, la population ne disposait que de quel-

BIBLIOGRAPHIE

C. Mouradian, *L'Arménie*, Ramsay, Paris, 1989.

O. Roy (sous la dir. de), «Des ethnies aux nations en Asie centrale», *Revue du monde musulman et de la Méditerranée (REMM)*, n° 59-60, Édisud, Aix-en-Provence, 1992.

T. Ter Minassian, «Les développements du drame en Arménie», *Hérodote*, n° 54-55, La Découverte, Paris, 2e sem. 1989.

C. Urjewicz, «La Géorgie à la croisée des chemins : archaïsmes et modernité», *Hérodote*, n° 54-55, La Découverte, Paris, 2e sem. 1989.

Voir aussi la bibliographie p. 504.

ques heures d'électricité chaque jour, la vie économique était des plus réduites. Devant la montée des périls, le conflit du Haut-Karabakh s'internationalisa : la CSCE (Conférence sur la sécurité et la coopération en Europe) envoya une première mission sur le terrain du 12 au 18 février 1992, tandis qu'un cessez-le-feu était signé à Téhéran à la fin mars. Mais les autorités du Haut-Karabakh privilégiaient plus que jamais l'offensive militaire. Les unes après les autres, les places fortes azéries tombèrent : après celles de Khodjaly — où les cruautés commises à l'encontre des civils ont suscité de l'émotion à l'étranger — et de Choucha, la chute de Latchine, à la mi-mai, fait sauter le verrou qui séparait le Haut-Karabakh de l'Arménie, tandis que la République du Nakhitchévan — enclave azerbaïdjanaise entre Arménie, Turquie et Iran — subit des attaques de combattants arméniens.

Aujourd'hui, la situation économique de l'Arménie est devenue catastrophique, le chômage s'est étendu et l'émigration vers les États-Unis, voire la Russie, a attiré de nombreux candidats. La contre-offensive azérie, à la mi-juin 1992, a relancé les débats politiques, de plus en plus tendus. Le climat d'unité nationale aura été de courte durée. Il a laissé place à une contestation ouverte du gouvernement par l'opposition, en particulier le parti dachnak (Dachnakoutsioun, Fédération révolutionnaire arménienne) allié pour l'occasion aux anciens communistes. Malgré une forte opposition intérieure et une conjoncture régionale défavorable, le président L. Ter Petrossian a persisté dans sa volonté d'établir des relations normales avec la Turquie. Le 25 juin 1992, il a participé au sommet des pays de la mer Noire.

Azerbaïdjan

L'élection d'Aboulfaz Eltchibey à la présidence de la république d'Azerbaïdjan par 59,4 % des suffrages exprimés, le 7 juin 1992, a semblé

▼

Azerbaïdjan

Nature de l'État : ancienne république soviétique devenue indépendante le 29.8.91.

Chef de l'État : Ayaz Moutalibov, puis, après sa démission, Aboulfaz Eltchibey, élu au suffrage universel le 7.6.92.

Chef du gouvernement : Rahim Husseynov.

Monnaie : rouble.

Langues : turc (off.), russe, arménien.

avoir quelque peu stabilisé la situation politique. Dans cette république réputée pour sa passivité à l'époque brejnévienne, la victoire du «président inamovible» du Front populaire (opposition anticommuniste), l'un des rares responsables politiques azéris à avoir été dissident, a été un tournant majeur. Le conflit du Haut-

Transcausasie

GÉORGIE
1 - ABKHAZIE
2 - OSSÉTIE DU SUD
3 - ADJARIE

RUSSIE

KALMOUKIE

Mer Caspienne

KARATCHAEVO-
TCHERKESSIE
KABARDINO-
BALKARIE
Grozny
OSSÉTIE
DU NORD
TCHÉTCHÉNIE
Makhatchkala
Elbrous
5 642
Soukhoumi
GÉORGIE
Koutaïssi
2
DAGHESTAN
Derbent
Mer Noire
Batoumi
3
TBILISSI
Kouba
Karaklis
TURQUIE
ARMÉNIE
Gandja
AZERBAÏDJAN
Koura
BAKOU
EREVAN
HAUT-
KARABAKH
Mt Ararat
5 165
NAKHITCHEVAN
(Azerbaïdjan)
Araxe
IRAN
Lenkoran
L. de Van
100 km

Éditions La Découverte (left margin, rotated)

Karabakh (territoire situé en Azerbaïdjan, très majoritairement peuplé d'Arméniens, et qui réclame son rattachement à l'Arménie) en a été le catalyseur. Mais dans une société marquée par le chômage et les inégalités, que l'afflux de 200 000 réfugiés d'Arménie en 1988 a encore aggravés, la dimension sociale de l'événement ne doit pas être sousestimée. Le Front populaire a suscité l'espoir des plus pauvres.

En 1990, « Janvier noir » avait durablement freiné les capacités de mobilisation de la population. La population arménienne avait été victime de pogroms très tôt (32 morts). Phénomène spontané ou provocation organisée ? Toujours est-il que l'armée soviétique avait pris prétexte de ce drame pour sauvagement donner l'assaut à Bakou, la capitale, dans la nuit du 20 janvier (170 morts). Moscou a pu alors se permettre, fort de l'appui unanime des gouvernements occidentaux, de

remettre de l'ordre au sein d'une république saisie par la fièvre. A la faveur de la crise, un clan chassa l'autre à la tête du Parti communiste (PC). Ayaz Moutalibov, nouveau « patron » du parti, fut élu président du Soviet suprême (Parlement) dès le 18 mai. A l'automne, il remporta les élections législatives sur fond de fraudes, de pressions et d'arrangements. Jusqu'à la tentative de putsch d'août 1991 à Moscou, la direction azérie joua l'alliance privilégiée avec Moscou, garantie de l'intégrité territoriale de la république dans l'affaire du Haut-Karabakh. Tout bascula avec l'échec du coup d'État : A. Moutalibov avait en effet apporté un appui sans équivoque aux putschistes. Un moment déstabilisé, il dut composer avec l'opposition : le 29 août, le Parlement vota une « Déclaration rétablissant l'indépendance étatique de l'Azerbaïdjan » et décida de doter la république de forces armées. Le 8 septembre 1991,

Transcaucasie

	INDICATEUR	UNITÉ	ARMÉNIE	AZER-BAÏDJAN	GEORGIE
	Capitale		Erevan	Bakou	Tbilissi
	Superficie	km²	29 800	86 600	69 700
DÉMOGRAPHIE	Population (*)	million	3,4	7,1	5,5
	Densité	hab./km²	113,3	82,4	78,4
	Croissance annuelle [a]	%	− 0,1	1,5	1,0
	Indice de fécondité (ISF) [c]		2,6	2,8	2,1
	Mortalité infantile [b]	‰	18,6	23,0	15,9
	Espérance de vie [b]	année	71,8	71,0	72,8
	Population urbaine	%	68,2	53,5	56,2
CULTURE	Étudiants 3ᵉ degré	‰ hab	20,3	14,7	19,0
	Téléviseurs	‰ hab.	194 [c]	207 [e]	262 [e]
	Livres publiés [db]	titre	817	829	1 659
	Nombre de médecins [b]	‰ hab.	4,28	3,93	5,92
ÉCONOMIE	P M N [bf]	milliard roubles	6,48	10,65	9,79
	Croissance annuelle 1985-90	%	− 0,9	− 1,7	− 0,8
	1991	%	− 12,0	− 0,5	− 23,0
	Par habitant [b]	rouble	1 968	1 494	1 794
	Structure du P M N Agriculture	%	14,6 [c]	30,2 [e]	30,0 [e]
	Industrie	%	47,9 [c]	42,1 [e]	39,4 [e]
	Bâtiment	%	21,5 [c]	3,3 [e]	12,9 [e]
	Transport et communic.	%	3,6 [c]	13,3 [e]	3,9 [e]
	Production agricole, croissance annuelle 1985-90	%	− 1,7	− 0,7	− 0,4
	1990	%	− 11,4	− 0,1	6,9
	Production industrielle, croissance annuelle 1985-90	%	− 1,7	− 0,2	0,6
	1990	%	− 7,5	− 6,3	− 5,7
	Inflation	%	84,0	86,5	59,0
	Pop. active occupée [b]	million	1 298	2 952	2 634
	Agriculture	%	17,7	32,2	25,6
	Industrie et bât.	%	41,6	25,8	30,4
	Services	%	40,7	42,0	44,0
COMMERCE	Importations	milliard roubles	4,90	5,19	6,47
	Exportations [c]	milliard roubles	3,69	7,12	6,09
	Principaux fournis.	%	URSS 78,4	URSS 73,0	URSS 75,6
		%	Autres 21,6	Autres 27,0	Autres 24,4
	Principaux clients [c]	%	URSS 97,6	URSS 93,7	URSS 93,9
		%	Autres 2,4	Autres 6,3	Autres 6,1

Chiffres 1991, sauf notes : a. 1985-90 ; b. 1990 ; c. 1989 ; d. Y compris brochures ; e. 1988 ; f. Produit matériel net [voir définition p. 15]. (*) Dernier recensement utilisable : 1989.

profitant du vide institutionnel qui s'est emparé de l'empire soviétique, il prit de vitesse ses adversaires en se faisant élire président de la République (il était le seul candidat, l'opposition ayant boycotté ces élections dont la date avait été unilatéralement avancée). Mais l'intensification de la guerre au Haut-Karabakh rendit sa position précaire face à une opposition qui avait fait de la « défense de la patrie » l'alpha et l'oméga de son action. La tragédie de Khodjaly, dans la nuit du 25 au 26 février 1992, où des dizaines d'habitants furent massacrés lors de la prise de la ville par des combattants arméniens, traumatisa le pays. Le 7 mars 1992. A. Moutalibov fut contraint à la démission sous la pression de la rue. Bien que réinvesti le 14 mai par un Soviet suprême qui lui était resté acquis, il dut céder la place le 15 mai. Son successeur A. Eltchibey allait devoir gérer une situation difficile : malgré les contre-offensives, la perte de Choucha et de Latchine a posé la question de l'avenir à terme du Haut-Karabakh ; pour sa part, le Nakhit-chévan (enclave azerbaïdjanaise entre l'Arménie, l'Iran et la Turquie), sous la férule d'une forte personnalité aux ambitions nationales, Heidar Aliev, a acquis une large autonomie. Face à une situation économique et sociale désastreuse, le nouveau président a affirmé vouloir engager de profondes réformes «dans le cadre de l'État de droit ». Cet admirateur d'Atü-türk, proche d'une Turquie dont le rôle est déjà important à Bakou, est hostile à l'Iran, où « 20 millions d'Azéris [dans l'Azerbaïdjan iranien] sont privés de tous les droits nationaux et culturels ».

Géorgie

Après avoir chassé, à l'automne 1990, le Parti communiste (PC) du pouvoir, à la suite des premières élections libres organisées depuis 1919, la Géorgie avait cru pouvoir trouver dans l'indépendance, proclamée le 9 avril 1991, la solution à ses difficultés. Mais à partir de l'élection, le 31 mai, de Zviad Gamsakhourdia à

la présidence de la République (avec 87 % des suffrages exprimés), le pays n'a plus connu de stabilité. L'action de ce chef de l'État ubuesque au verbe xénophobe lui a rapidement aliéné l'intelligentsia et les étudiants. La confiance de la population s'est progressivement détournée d'un régime de plus en plus personnel et autoritaire, dont le populisme accentuait les difficultés d'une économie fragilisée par la crise générale de l'empire soviétique.

▼
Géorgie

Nature de l'État : ancienne république soviétique devenue indépendante le 9.4.91.

Chef de l'État : Zviad Gamsakhourdia (élu au suffrage universel) jusqu'à sa fuite (6.1.92). Ensuite : Édouard Chevardnadze, président du présidium du Conseil d'État (depuis le 7.3.92).

Premier ministre : Tinguiz Sigoua.

Monnaie : rouble.

Langues : georgien (off.), russe, abkhaze, ossète, arménien, turc.

Le 19 août 1991, Z. Gamsakhour-dia obtempéra à l'ultimatum des putschistes de Moscou en dissolvant la Garde nationale, laquelle entra en dissidence sous la direction de son commandant, Tenguiz Kitovani. La capitale fut bientôt saisie par la fièvre : mobilisation de l'opposition, que rallièrent des députés de la majorité, grève des journalistes de la télévision. Mais lorsque les troupes de T. Kitovani décidèrent d'occuper les bâtiments de la Radio-Télévision, les forces démocratiques perdirent le contrôle du mouvement qu'elles avaient initié. Divisées et inexpérimentées, elles ne parvinrent pas à reprendre l'initiative ; l'affrontement armé était désormais inévitable.

Le 6 janvier 1992, après deux semaines d'un siège organisé par la Garde nationale et les formations armées se réclamant de l'opposition, le président s'enfuit de son bunker du Palais du gouvernement pour trouver refuge en Tchétchénie. Le centre de la capitale était en partie détruit. La masse de la population, traumatisée par le spectacle de cette guerre civile qui a fait une centaine de victimes parmis les combattants, a assisté passivement à l'effondrement du régime.

Cette république multinationale — 30 % de la population n'est pas géorgienne — est par ailleurs apparue menacée dans son intégrité : dans la république d'Abkhazie (qui relève de la Géorgie), les autorités ont continué à narguer Tbilissi ; l'Ossétie du Sud (relevant elle aussi de la Géorgie) a affirmé sa volonté d'être rattachée à l'Ossétie du Nord (laquelle est rattachée à la Russie) dont elle est séparée par la chaîne du Caucase. Le territoire de l'Ossetie du Sud, petite région autonome dissoute le 11 décembre 1990 par Z. Gamsakhourdia (qui voulait la vider de sa population ossète), est devenu le centre d'une guerre civile qui, à la mi-1992, avait déjà causé la mort de centaines d'Ossètes et de Géorgiens, et provoqué la fuite de dizaines de milliers de réfugiés. La poursuite des hostilités a de plus en plus échappé au contrôle des autorités, rendant tout cessez-le-feu aléatoire, tandis que les relations se tendaient avec la Russie. Au début de l'été 1992, sur fond d'insécurité et d'attentats à la voiture piégée, la Géorgie offrait le spectacle d'un État en miettes, incapable de contrôler les diverses formations armées qui se réclamaient pourtant de son autorité. Le retour d'Édouard Chevardnadze, au début mars 1992, aussitôt placé à la tête d'une nouvelle structure, le Conseil d'État, a suscité de grands espoirs. Ce Géorgien internationalement connu fut le ministre des Affaires étrangères de Mikhaïl Gorbatchev dès 1985. Mais celui qui fut aussi le chef du PC de 1972 à 1985 parvient difficilement à peser sur une situation confuse, renvoyant à des jours meilleurs les ambitions régionales d'un pays qui, resté hors de la CEI (Communauté d'États indépendants), a tenté d'obtenir sa pleine reconnaissance internationale en promettant l'organisation d'élections législatives pour l'automne 1992.

Charles Urjewicz

Asie centrale

Kazakhstan, Turkménistan, Ouzbékistan, Tadjikistan, Kirghizstan
(Voir aussi p. 60, 500, 503 et 544.)

(Les républiques sont présentées selon un axe géographique ouest/est.)

Kazakhstan

Souverain depuis le 25 octobre 1990, le Kazakhstan a été la dernière république ex-soviétique d'Asie centrale à proclamer son indépendance, le 16 décembre 1991. Élu président au suffrage universel le 1er décembre avec 98,8 % des suffrages, Noursultan Nazarbaiev avait choisi dès la *perestroïka* de la seconde moitié des années quatre-vingt la voie de la

Kazakhstan

Nature de l'État : ancienne république soviétique devenue indépendante le 16.12.91.
Chef de l'État : Noursultan Nazarbaiev.
Premier ministre : Sergueï Terechenko.
Monnaie : rouble (la création d'une monnaie nationale a été annoncée le 26.6.92).
Langues : kazakh, russe, allemand, ukrainien, tatar, coréen.

conciliation et du pluralisme. Conscient de l'étroitesse de sa marge de manœuvre dans une république multi-ethnique de 16,8 millions d'habitants (6,5 millions de Kazakhs, 6,2 millions de Russes, 958 000 Allemands, 896 000 Ukrainiens, 328 000 Tatars, 103 000 Coréens, en 1989) et de son nouveau rôle de pivot entre Europe et Asie (le Kazakhstan est devenu membre de la CEI — Communauté d'États indépendants — le 21 décembre 1991), le chef de l'État s'est entouré d'une équipe ministérielle pluri-ethnique (un Premier ministre russe, Serguéï Terechenko, un conseiller économique coréen...) et s'est engagé avec pragmatisme dans la voie des réformes et la recherche de nouveaux partenaires. Après avoir promulgué la loi sur l'intangibilité des frontières (16 décembre 1991) en réponse aux revendications russes sur les régions nord, N. Nazarbaiev a fait voter une loi prudente sur la citoyenneté, laissant une place officielle au russe, malgré l'adoption du kazakh comme langue d'État (avec latinisation de la graphie d'ici 1995). Depuis 1988, les groupes informels s'étaient multipliés (120 en octobre 1991) et avaient évolué vers la formation de partis, en général ethniquement homogènes, les principaux étant, outre le Parti communiste kazakh dissous le 22 août 1991 et rebaptisé Parti socialiste du Kazakhstan, le Congrès du peuple kazakh, formé le 5 octobre avec l'appui de N. Nazarbaiev et du puissant groupe antinucléaire Nevada, le rassemblement non communiste Azat, l'opposition nationaliste kazakhe — Jeltoqsan et Alach — et russe (partis cosaques, Edinstvo). La création d'un muftiat autonome à Alma-Ata n'a pas engendré la formation d'un parti islamique. Ayant engagé le pays dans l'été 1991 dans une transition douce vers l'économie de marché, N. Nazarbaiev était conscient de ses atouts : ressources énergétiques et minières considérables, potentiel nucléaire et stratégique (plus de 1 000 têtes). Ayant suspendu les essais nucléaires dès août 1991, il a trouvé des appuis dans toutes les

couches de la population. Son plan de réforme a privilégié la privatisation du commerce de détail, du logement et de l'industrie, une élévation des prix et la création d'une monnaie nationale (décision du 26 juin 1992). Une réorientation des flux commerciaux au sein de la république a été prévue.

Outre le rôle régional qu'il souhaitait jouer en Asie centrale, le Kazakhstan a développé durant l'année 1991 des relations tous azimuts sous forme de traités, contrats, voyages diplomatiques, en misant tout à la fois sur l'axe turc (solidarité des turcophones, laïcité) et l'axe Iran-Afghanistan-Pakistan (participation à l'ECO [Organisation de coopération économique dont sont membres ces trois pays et la Turquie] en tant qu'observateur), en développant des liens en Asie (Inde, Corée, Japon, Chine) et, enfin, avec l'Europe occidentale (Allemagne) et les États-Unis (visite du secrétaire d'État James Baker à Alma-Ata en décembre 1991).

Membre du FMI, de l'OCDE (janvier 1992), de l'ONU (mars), de l'UNESCO (mai), le Kazakhstan ne pouvait négliger ses relations avec la Fédération de Russie, avec laquelle ont été signés plusieurs traités de coopération, ainsi qu'avec les autres partenaires de la CEI (traité sur la sécurité collective — 5e sommet de la CEI, Tachkent, 15 mai 1992). Sorti de l'anonymat soviétique, pour devenir en théorie la quatrième puissance nucléaire de l'ex-Union (signature du traité START le 26 mai 1992 à Moscou), le pays a aussitôt attiré l'attention de la communauté internationale qui l'a toutefois crédité d'une certaine confiance. Des ambassades ont été ouvertes à Alma-Ata (États-Unis, Inde, Corée du Sud, Afrique du Sud, France...).

Pourtant, les zones de fractures sont apparues nombreuses et l'équilibre communautaire, économique et politique est resté précaire (manifestation de l'opposition le 18 juin 1992 à Alma-Ata), même si la contamination fondamentaliste n'a pas semblé être une menace sérieuse à court terme dans cette zone tardivement et superficiellement islamisée.

Catherine Poujol

Turkménistan

Le Turkménistan est la plus conservatrice des républiques musulmanes d'Asie centrale. Le tribalisme marque profondément la société turkmène. Separmourad Nyazov, président de la République, réélu avec un score de 99 % sans opposition en juin 1992, était premier secrétaire du Parti communiste depuis 1985. L'exparti a continué de tenir solidement les rênes du pouvoir ; il est significatif que le Turkménistan ait attendu le 27 octobre 1992 pour déclarer son indépendance. Un parti d'opposition, Agzybirlik, a été toléré mais avec guère de moyens pour s'exprimer. Le fondamentalisme islamique est peu marqué au Turkménistan. Les autorités ont d'ailleurs décidé de remplacer l'alphabet cyrillique par le latin.

▼

Turkménistan

Nature de l'État : ancienne république soviétique devenue indépendante le 27.10.91.
Chef de l'État : Separmourad Nyazov, président de la République.
Premier ministre : H. Ahmedov.
Monnaie : rouble.
Langues : turkmène, russe.

La république a choisi une politique d'équilibre entre l'Iran et la Turquie pour sortir de son isolement. La réunion au sommet de l'Organisation de la coopération économique (regroupant les principaux États de la région, à l'initiative de l'Iran, de la Turquie et du Pakistan) à Achkhabad, le 10 mai 1992, a marqué cette volonté de jouer à fond les alliances régionales. L'impératif majeur est en effet l'exportation de gaz naturel dont la production a été de 93 milliards de mètres cubes en 1989. Une voie ferrée est en construc-

Asie centrale

tion pour relier le Turkménistan au réseau iranien.

Olivier Roy

Ouzbékistan

L'Ouzbékistan est la république musulmane d'Asie centrale la plus peuplée. Les apparatchiks de l'ancien régime communiste ont su conserver le pouvoir en adoptant un discours

avant tout nationaliste. Islam Karimov était premier secrétaire du parti
depuis 1989. En 1990, il évinça
Nichanov, un autre apparatchik,
comme président de la République,
ce dernier poste correspondant
désormais au véritable pouvoir. Le
Parti communiste fut rebaptisé à
l'automne 1991 Parti démocratique
populaire. Le choix d'une idéologie
nationaliste a aussi correspondu à un
accroissement des tensions ethni-

ques : en juin 1989, ce sont les Turcs
meskhètes qui firent l'objet de
pogroms ; en juin 1991, des émeutes
opposèrent Kirghizes et Ouzbeks
dans la ville frontalière d'Och. Mais
aucun mouvement n'a visé les Russes, encore très nombreux dans la
république (plus de 1,7 million en
1990).

Le régime a dû faire face à deux
oppositions : d'un côté le parti Bir-
lik (l'Unité), nationaliste, dirigé par

Asie centrale

	INDICATEUR	UNITÉ	KAZAKH-STAN	TURKMÉNI-STAN
	Capitale		Alma-Ata	Tachkent
	Superficie	km²	2 717 300	488 100
DÉMOGRAPHIE	Population (*)	million	16,8	3,7
	Densité	hab./km²	6,2	7,6
	Croissance annuelle [a]	%	1,0	2,6
	Indice de fécondité (ISF) [c]		2,8	4,3
	Mortalité infantile [b]	‰	26,4	45,2
	Espérance de vie	année	68,8	66,4
	Population urbaine	%	57,6	45,4
CULTURE	Étudiants 3e degré	‰ hab	17,1	11,3
	Téléviseurs [e]	‰ hab.	275	186
	Livres publiés [bd]	titre	2 055	759
	Nombre de médecins [b]	‰ hab.	4,12	3,57
ÉCONOMIE	P M N [bf]	milliard roubles	20,0	4,91
	Croissance annuelle 1985-90	%	1,0	2,3
	1991	%	− 10,0	− 6,0
	Par habitant [b]	rouble	1 678	1 355
	Structure du P M N [fe] Agriculture	%	34,2	38,9
	Industrie	%	25,1	26,0
	Bâtiment	%	18,0	20,4
	Transport et communic.	%	9,7	6,2
	Production agricole, croissance annuelle 1985-90	%	3,0	3,7
	1991	%	− 8,0	− 2,0
	Production industrielle, croissance annuelle 1985-90	%	2,9	3,7
	1991	%	0,7	4,1
	Taux d'inflation	%	83,0	84,5
	Pop. active occupée [b]	millier	7 735	1 430
	Agriculture [b]	%	22,8	41,9
	Industrie et bât. [b]	%	32,3	20,8
	Services [b]	%	44,9	37,3
COMMERCE	Importations [c]	milliard roubles	17,57	3,33
	Exportations [c]	milliard roubles	9,09	2,66
	Principaux fournis. [c]	%	URSS 82,9	URSS 82,3
		%	Autres 17,1	Autres 17,7
	Principaux clients [c]	%	URSS 90,2	URSS 91,0
		%	Autres 9,8	Autres 9,0

Chiffres 1991, sauf notes : a. 1985-90; b. 1990; c. 1989; d. Y compris brochures; e. 1988; (*) Dernier recensement utilisable : 1989.

OUZBÉKI-STAN	TADJIKI-STAN	KIRGHIZ-STAN
Bichkek	Achkhabad	Douchanbé
447 400	143 100	198 500
20,7	5,4	4,4
46,3	37,4	22,3
2,5	3,1	1,9
4,0	5,1	3,8
34,6	40,7	30,0
69,5	69,6	68,8
40,3	31,4	38,1
16,5	12,8	13,3
163	150	201
2 080	787	936
3,58	2,71	3,67
22,17	4,58	5,96
2,7	– 0,8	3,8
– 1,0	– 9,0	– 2,0
1 091	873	1 348
30,1	37,5	39,3
33,5	31,5	34,3
13,8	14,8	13,0
4,5	3,8	3,8
0,7	0,7	3,0
– 5,0	– 10,0	– 8,0
3,3	3,0	3,4
– 2,0	1,8	0,1
83,0	103,0	88,0
7 803	1 831	1 763
39,3	43,0	32,7
24,1	21,7	27,9
36,3	35,3	39,4
14,16	3,93	4,29
10,17	2,53	2,60
URSS 85,1	URSS 82,7	URSS 78,3
Autres 14,9	Autres 17,3	Autres 21,7
URSS 84,0	URSS 86,2	URSS 98,1
Autres 16,0	Autres 13,8	Autres 1,9

Produit matériel net [voir définition p. 15]. (%).

Abdurrahim Pulatov et fondé en 1988, qui a été toléré, mais très contrôlé ; de l'autre, un mouvement islamiste virulent, dirigé par le Parti de la renaissance islamique, et qualifié de « Wahhabi ». Il est surtout influent dans la vallée de Fergana, haut lieu de contestation. Une dernière forme d'opposition vient de la minorité tadjik, majoritaire dans les villes historiques de Samarcande et de Boukhara : ils ont obtenu au début de 1990 le droit d'utiliser leur langue, tout en faisant l'objet d'une répression récurrente.

Tachkent est le siège de la Direction spirituelle des affaires religieuses pour l'Asie centrale et le Kazakhstan, dirigée depuis 1989 par Mohammad Youssouf, que contestent les islamistes. Tachkent compte bien utiliser cette présence, ainsi que l'existence de fortes minorités ouzbeks dans toutes les républiques voisines, y compris en Afghanistan, pour s'imposer comme le chef de file de toute l'Asie centrale. Mais l'État du Kazakhstan joue son propre jeu, et le mufti de Tachkent a tendu à perdre tout contrôle sur le Kazakhstan.

L'Ouzbékistan turcophone de I. Karimov, tout en refusant le panturquisme, entretient des liens étroits avec la Turquie, à la fois pour contrer Téhéran et pour trouver un parrain pour son développement économique. La visite du Premier ministre turc, Süleyman Demirel, fin avril 1992, a donné lieu à des promesses d'aide pour la formation, dans tous les domaines (y compris militaires).

Mais l'Ouzbékistan a voulu garder toutes les portes ouvertes : aux Iraniens et aux Arabes on a parlé de retour à l'alphabet arabe, aux Turcs

▼

Ouzbékistan

Nature de l'État : ancienne république soviétique devenue indépendante le 31.8.91.
Chef de l'État et du gouvernement : Islam Karimov.
Monnaie : rouble.
Langues : ouzbek, russe, tadjik.

BIBLIOGRAPHIE

A. GIROUX, « Le Kazakhstan », *Le Courrier des pays de l'Est*, n° 372, La Documentation française, Paris, sept. 1992 (à paraître).

« L'Asie centrale », *Cahiers du monde russe et soviétique*, Paris, janv.-mars 1991.

RFE/RL (Radio Free Europe/Radio Liberty), *Research Report*, vol. I, n° 14, 3 avr. 1992.

O. ROY, « Frontières et ethnies en Asie centrale », *Hérodote*, n° 64, La Découverte, Paris, 1er trim. 1992.

O. ROY (sous la dir. de), « Des ethnies aux nations en Asie centrale », *Revue du monde musulman et de la Méditerranée (REMM)*, n° 59-60, Édisud, Aix-en-Provence, 1992.

Voir aussi la bibliographie p. 504.

et aux Occidentaux, on parle d'alphabet latin. L'Arabie saoudite joue un grand rôle dans le parrainage des mosquées officielles du pays mais Tachkent a reconnu l'État d'Israël. Enfin le pays est devenu membre actif de l'ECO (Organisation de coopération économique) où se retrouvent Turcs, Iraniens et Pakistanais, moyen de s'insérer dans le nouvel ensemble stratégique qu'est le Moyen-Orient, sans avoir de choix idéologique à trancher par rapport aux modèles turc et iranien.

Bref, la volonté de se maintenir au pouvoir n'a pas empêché le régime de jouer un jeu très ouvert avec l'étranger.

Le développement économique s'est heurté aux dégâts de la monoculture du coton et à une désertification rampante. Le départ des cadres russes a fait chuter la production industrielle, en particulier aéronautique.

O. R.

Tadjikistan

Le Tadjikistan représente un paradoxe parmi les républiques musulmanes de l'ex-URSS : c'est la seule où le Parti communiste se soit battu pour garder son nom, le drapeau rouge, la faucille et le marteau. C'est aussi la république la plus musulmane de la CEI (Communauté d'États indépendants) et la seule où le dirigeant du clergé officiel ait pris la tête de l'opposition politique. Enfin, c'est la seule où l'opposition soit dominée par un parti islamiste (le Parti de la renaissance islamique ou PRI), proche des Frères musulmans des pays arabes. La confrontation était donc inévitable.

Tadjikistan

Nature de l'État : ancienne république soviétique devenue indépendante le 9.8.91.

Chef de l'État : Rahman Nabaiev, président de la République.

Monnaie : rouble.

Langues : tadjik, russe.

En février 1990, des émeutes sanglantes ont eu lieu pour la première fois entre l'opposition et le Parti communiste. L'opposition regroupe à la fois des dissidents du PC (comme Nour Tabarov), des nationalistes (le mouvement Rastakhiz), des démocrates (Parti démocratique de Shadman Youssoupouv) et enfin les mollahs, tout juste sortis de la clandestinité. La communauté ismaélienne, concentrée dans la région autonome du Gorno-Badakhshan, fait aussi cause commune avec l'opposition en revendiquant un statut de république autonome. A ces conflits politiques se sont ajoutés des clivages géographiques : le Nord, dominé par la ville de Khojent (ex-Léninabad), fournissait l'essentiel des cadres du Parti communiste, tandis que le Sud (à l'exception de la ville de Koulab) est influencé par les islamistes.

L'opposition est inspirée par deux figures très différentes : le Grand Qazi Akbar Tourajanzade, pourtant issu du clergé officiel, mais qui soutient ouvertement le PRI, et Daulat Khodanazar, un intellectuel laïque ismaélien, ancien président de l'Association soviétique des metteurs en scène. L'échec du putsch de Moscou du 19 juillet 1991 a contraint le président et secrétaire général du Parti communiste, Qahhar Mahkamov, à la démission. Il fut remplacé par un autre apparatchik, Rahman Nabaiev, qui, après une apparence d'ouverture, remporta les élections présidentielles de décembre 1991 et entreprit de restaurer le pouvoir et les symboles communistes. L'opposition cria à la fraude électorale : en avril 1992 une manifestation permanente se mit en place devant la Présidence. Le conflit dégénéra les 5 et 6 mai 1992 : manifestants de l'opposition et manifestants pro-régime prirent les armes ; on dénombra une vingtaine de morts, mais l'opposition, stimulée par l'annonce de la chute du régime de Najibullah en Afghanistan, en sortit victorieuse. L'armée russe n'avait pas bougé. L'opposition ne chercha pas à profiter de sa victoire, car le Nord menaçait de faire scission en cas de proclamation d'une république islamique. L'Iran poussa au compromis, craignant une réaction de la part de l'Ouzbékistan. Un gouvernement de coalition fut proclamé fin mai dans lequel R. Nabaiev restait président mais où l'opposition détenait les postes clés.

Le développement économique de la république, fondé sur l'agriculture irriguée, est obéré par la plus forte croissance démographique de la CEI (supérieure à 3 % par an).

O. R.

Kirghizstan

Le Kirghizstan est la seule république de la CEI (Communauté d'États indépendants) a avoir tenté une véritable ouverture politique après sa déclaration d'indépendance du 31 août 1992. Le président Askar Akaiev avait condamné la tentative de putsch a Moscou (19 août précédent) ; cependant, comme partout en Asie centrale, l'ancien Parti communiste est resté au pouvoir. La république est très enclavée et connaît des contestations frontalières avec l'Ouzbékistan : en juin 1990 des émeutes ont opposé dans la ville d'Och Kirghizes et Ouzbeks, majoritaires dans la ville. La politique de privatisation des terres a accentué ces conflits ethniques : elle a donc été suspendue en 1992.

▼

Kirghizstan

Nature de l'État : ancienne république soviétique devenue indépendante le 31.8.91.

Chef de l'État : Askar Akaiev, président de la République.

Premier ministre : N. Isamov (décédé le 29.11.91).

Monnaie : rouble.

Langues : kirghize, russe.

Le Kirghizstan a pris ses distances par rapport au modèle islamique ; l'alphabet latin doit remplacer l'alphabet cyrillique et la république a tourné ses regards vers le Kazakhstan, l'Europe et la Chine pour se désenclaver. Cependant, la frontière avec la Chine est contestée par ce dernier pays, qui estime que de nombreux territoires kirghizes ont été extorqués par la Russie à la suite des « traités inégaux », comme celui de Saint-Pétersbourg en 1881, qui fixe la frontière actuelle entre l'ex-URSS et le Xinjiang chinois.

L'indépendance du Kirghizstan a par ailleurs entraîné une vague de départs parmi les 940 000 Russes qui vivaient dans le pays.

O. R.

Conflits et tensions

Conflits et tensions / Journal de l'année

— 1991 —

25 juin. **Slovénie.** Autoproclamation d'indépendance. Une courte guerre s'ensuit avec l'armée « fédérale », qui se termine le 7 juillet 1991. Environ 100 morts, dont un tiers de Slovènes [*voir article dans ce chapitre*].

25 juin. **Croatie.** Autoproclamation d'indépendance (le même jour que la Slovénie). Un meurtrier conflit s'ensuit avec l'armée serbo-fédérale, qui culminera entre le 15 juillet 1991 et le 4 janvier 1992 [*voir article dans ce chapitre*].

28 juin. **Sahara occidental.** Signature d'un accord de cessez-le-feu entre le Maroc et le Front Polisario devant entrer en vigueur le 6 septembre 1991. Le référendum d'autodétermination sera repoussé.

29 juin. **Sénégal.** Vote d'une loi d'amnistie en faveur des indépendantistes casamançais.

15 juillet. **Irak.** Retrait des forces militaires occidentales qui étaient présentes dans le nord du pays pour protéger les Kurdes après leur exode massif.

29 août. **Liban.** Départ du général chrétien Michel Aoun, qui a obtenu l'asile politique en France.

5-7 septembre. **Somalie.** Reprise des combats entre factions armées rivales.

23-27 septembre. **Irak.** Des experts de l'ONU en mission découvrent les preuves de l'existence d'un programme d'armement nucléaire clandestin. Dans les mois qui suivront, les autorités de Bagdad poseront de nombreux obstacles à la poursuite des inspections.

28 septembre. **Conférence de paix au Proche-Orient.** Acceptation par le Conseil national palestinien (CNP) du principe d'une participation palestinienne à la conférence proposée par les États-Unis et l'URSS [*voir article « Israël » et aussi p. 534 dans ce même chapitre*].

29 septembre. **Angola.** Retour dans la capitale de Jonas Savimbi, leader de l'Union pour la libération totale de l'Angola (UNITA, opposition armée).

14 octobre. **Nobel.** Le prix Nobel de la paix est attribué à Mme Aung San Suu Kyi, dirigeante de l'opposition birmane, assignée à résidence depuis le 20 juillet 1989.

17 octobre. **Sri Lanka.** Offensive militaire gouvernementale dans le Nord-Est, contre la guérilla tamoule. Deux autres affrontements avaient eu lieu en juillet-août (*Elephant Pass*) et en septembre.

18 octobre. **Mozambique.** Signature d'un protocole d'accord fixant le cadre des négociations de paix à mener entre le gouvernement et la Résistance nationale du Mozambique (RENAMO, opposition armée).

23 octobre. **Cambodge.** Sginature d'un accord de paix à la conférence internationale de Paris. Il met officiellement fin à vingt et un ans de guerre. Le pays est placé sous tutelle des Nations unies jusqu'à l'organisation d'élections libres prévues en 1993 [*voir article « Cambodge » et aussi p. 542 dans ce même chapitre*].

30 octobre. **Conférence de paix au Proche-Orient.** Séance d'inauguration à Madrid.

31 octobre. **Libéria.** Signature à Yamoussoukro d'un accord qui confère à l'Ecomog (la force ouest-africaine d'interposition) le contrôle théorique de l'ensemble du pays. La guerre civile n'en est pas pour autant terminée.

3 novembre. **Conférence de paix au Proche-Orient.** Premières rencontres bilatérales entre Israéliens d'une part et, séparément, Syriens, Libanais, Jordaniens-Palestiniens de l'autre. Cinq sessions bilatérales auront lieu avant l'été 1992.

12 novembre. **Timor oriental.** A Dili, la capitale, l'armée d'occupation indonésienne ouvre le feu : officiellement, une cinquantaine de morts.

14 novembre. **Djibouti.** Début des accrochages armés entre l'armée et les maquisarts afars du Front pour la restauration de l'unité et de la démocratie.

21 novembre. **ONU.** L'Égyptien Boutros Boutros-Ghali est élu secrétaire général de l'ONU. Il prendra ses fonctions le 1er janvier 1992.

23-24 novembre. **Burundi.** Attaque de la capitale par le Parti pour la libération du peuple hutu (Palipehutu).

1er décembre. **Moldavie/Transdniestrie.** Référendum d'indépendance en Transdniestrie, visant à légitimer la sécession de ce territoire, peuplé majoritairement de russophones. A partir de mars 1992, une situation de guerre civile s'instaurera [*voir article « Moldavie », ainsi que p. 545 dans ce même chapitre*].

4 décembre. **Liban.** Libération du dernier otage américain, Terry Anderson, après la libération par Israël de nombreux prisonniers chiites.

9 décembre. **Territoires occupés.** *L'Intifada* entre dans sa sixième année. Au printemps 1992, le nombre de Palestiniens tués aura dépassé le millier [*voir article dans ce même chapitre, p. 534*].

13 décembre. **Corée.** A Séoul, cinquième séance de pourparlers coréens Nord-Sud, entamés en septembre 1991. Signature d'un accord de non-agression, d'échange et de coopération.

13 décembre. **Géorgie.** Le Congrès du peuple ossète réclame la réunification de l'Ossétie du Sud (Géorgie) et de l'Ossétie du Nord (Russie). Le conflit entre Ossètes du Sud et Tbilissi s'aggrave [*sur la guerre civile, voir article « Géorgie » ainsi que p. 544 et p. 546 dans ce chapitre*].

20-21 décembre. **Afrique du Sud.** Ouverture de la Conférence pour une Afrique du Sud démocratique (CODESA) qui a pour tâche d'organiser les structures politiques futures du pays. L'ANC s'en retirera le 17 juin 1992 à cause de la poursuite des violences, et notamment du massacre perpétré dans la cité noire de Boipatong (42 morts).

31 décembre. **El Salvador.** Signature d'un accord de cessez-le-feu qui doit entrer en vigueur le 1er février 1992, conformément au plan de paix des Nations unies. L'accord signé le 16 janvier suivant à Chapultepec (Mexique) fixe un échéancier de retour à la paix. La guerre aura fait 80 000 morts en douze ans.

— 1992 —

Fin janvier. **Israël.** Ouverture de la réunion préparatoire pour les négociations multilatérales israélo-arabes. Les Syriens et les Libanais refusent d'y participer.

Février. **Soudan.** Offensive massive de l'armée gouvernementale contre l'Armée populaire de libération du Soudan (APLS), affaiblie par ses divisions.

16 février. **Liban.** Le chef du Hezbollah pro-iranien, *cheikh* abbas Moussaoui, est tué lors d'une attaque de l'aviation israélienne en riposte à l'assassinat de trois soldats israéliens.

22 février. **Croatie.** Le Conseil de sécurité de l'ONU vote la *résolution 743* autorisant le déploiement de 14 000 « casques bleus » (FORPRONU) dans quatre « zones protégées » tenues par les Serbes.

28 février. **Cambodge.** Le Conseil de sécurité de l'ONU, par sa *résolution 945*, décide la création de l'APRONUC (Autorité provisoire des Nations unies au Cambodge).

1er mars. **Bosnie-Herzégovine.** Un référendum organisé dans la république et boycotté par les Serbes approuve l'indépendance. Début d'une guerre meurtrière qui oppose essentiellement les Musulmans de Bosnie aux Serbes, mais aussi aux Croates [*voir article dans ce chapitre*].

9 mars. **Arménie-Azerbaïdjan.** Les troupes de l'ex-armée soviétique quittent le Haut-Karabakh [*voir articles « Arménie » et « Azerbaïdjan », et aussi p. 544 dans même chapitre*].

6 mars. **Ukraine-Russie.** L'Ukraine proclame son intention de posséder une flotte militaire et considère que celle-ci doit s'appuyer sur la flotte de la mer Noire basée en Crimée. [*Voir article dans ce même chapitre.*]

11 avril. **Touaregs.** Signature d'un pacte de paix entre la rébellion unifiée des Touaregs et le gouvernement du Mali. Cela ne met pas fin aux exactions militaires.

15 avril. **Libye.** Entrée en vigueur de l'embargo militaire et aérien décidé par la *résolution 748* des Nations unies pour non-collaboration aux enquêtes internationales sur les attentats contre les avions de la Pan Am en 1988 et d'UTA en 1989.

29 avril. **Afghanistan.** Le commandant Ahmed Shah Massoud, qui se trouve à la tête d'une coalition où dominent les combattants tadjiks et ouzbeks, entre dans Kaboul après quatre jours de combats contre les extrémistes islamistes pachtoun de Gulbuddin Hekmatyar (Hezb-i-Islami). Un fragile accord de paix entre factions sera signé le 25 mai [*voir article « Afghanistan » et aussi p. 539 dans le même chapitre*].

5 mai. **Colombie.** Suspension des négociations entre le gouvernement et la Coordination nationale guerillera Simon Bolivar (CNGSB).

6 mai. **Pérou.** Mutinerie de détenus du mouvement de guérilla maoïste Sentier lumineux. La répression fait une centaine de morts. Au cours de l'année, les insurgés ont renforcé leur implantation dans les quartiers populaires de la capitale.

Serge Priwarnikow

L'évolution du problème palestinien

Cinq années de soulèvement dans les Territoires occupés (la «révolte des pierres» a commencé en décembre 1987), la proclamation de l'État de Palestine par le Conseil national palestinien réuni à Alger, le 15 novembre 1988, et le lancement du processus de négociation israélo-arabe avec la réunion de Madrid, le 30 octobre 1991, n'ont pas manqué de susciter une profonde recomposition de la scène politique palestinienne. L'*Intifada* («soulèvement»), comme irruption de la résistance violente et généralisée contre l'occupation, peut être analysée en termes de transfert d'initiative politique. Avec ce soulèvement, la population s'est constituée, sous la direction du Commandement national unifié du soulèvement (CNU, qui regroupe dans la clandestinité les quatre principales organisations de l'Organisation de libération de la Palestine — OLP), en menace directe de l'ordre de l'occupation, récupérant alors l'initiative politique jusqu'alors abandonnée aux instances palestiniennes de l'extérieur. L'exclusion de l'OLP en tant qu'organisation, exigée par Israël pour son entrée dans la négociation initiée par les États-Unis, ne pourra — au moins dans un premier temps — qu'asseoir ce transfert.

Le soulèvement a également renforcé l'*establishment* nationaliste sous occupation, par sa réinsertion dans des réalités dont il avait été écarté. En rompant avec l'ordre des vingt années précédentes, le soulèvement avait marginalisé son rôle; mais en réclamant un processus diplomatique, le CNU l'a réintroduit en première ligne du champ politique, le faisant alors bénéficier de sa propre légitimité.

Le soulèvement, enfin, aura servi à l'intégration de l'islamisme palestinien. En s'impliquant activement dans la résistance anti-israélienne, les Frères musulmans, dorénavant structurés au sein du Mouvement de la résistance islamique (Hamas), ont gagné la légitimité politique qui leur manquait jusque-là, légitimité leur permettant de reprendre avec intensité leurs activités de ré-islamisation autoritaire. En maintenant la revendication de la libération de la Palestine tout entière, ils sont devenus le pôle de l'opposition à la négociation engagée.

OLP et islamistes

Au terme de huit missions du secrétaire d'État américain James Baker, entreprises de mars à octobre 1991, les Palestiniens et la Jordanie (réunis dans une délégation commune), Israël, le Liban et la Syrie ont accepté d'entrer dans un processus de négociations bilatérales, sous le parrainage des États-Unis et de l'URSS — puis de la Russie —, tandis que onze États arabes acceptaient de mener des pourparlers multilatéraux sur le contrôle des armements, l'environnement, le développement économique, l'eau et le problème des réfugiés (Syrie et Liban mettant pour condition à leur entrée dans les discussions multilatérales le gain de progrès éminents dans les négociations bilatérales).

Chez les Palestiniens, tandis que le camp islamiste tout entier (Hamas et Jihad) rejetait la légitimité même de toute négociation, le Front populaire de libération de la Palestine (FPLP de Georges Habache) et Front démocratique de libération de la Palestine (FDLP de Nayef Hawatmeh) n'en contestaient que les conditions, le FPLP suspendant cependant sa participation au Comité exécutif de l'OLP. Soutenaient ainsi les négociations le Fath, le courant «Abd Rabbo» du FDLP et le Parti palestinien du peuple (ex-communiste).

En acceptant de renoncer à une conférence internationale sous égide de l'ONU avec la participation de l'OLP, après avoir officiellement accepté, le 15 novembre 1988, les résolutions 181 de l'Assemblée générale des Nations unies et 242 et 338 du Conseil de sécurité, les Palestiniens de l'OLP avaient reconnu le droit d'Israël à l'existence tout en renonçant à une partie de leur terre. Ils avaient le sentiment d'avoir fait aux États-Unis le maximum de concessions. Très rapidement, pourtant, les conditions mises à leur participation aux pourparlers (arrêt immédiat de la colonisation et négociation sur le fond) furent mises en échec.

Les seuls satisfactions enregistrées furent l'acceptation par les États-Unis de l'autonomie croissante de la partie palestinienne au sein de la délégation commune jordano-palestinienne et de l'affichage de ses liens avec l'OLP, la participation de Palestiniens de la diaspora aux groupes de travail multilatéraux sur les réfugiés et le développement économique (dès lors boycottés par Israël) et le rappel du soutien américain à la résolution 194 des Nations unies sur le droit des réfugiés palestiniens au retour ou à des compensations (sans oublier le maintien par les États-Unis de l'arrêt de la colonisation comme condition à l'octroi de la garantie bancaire à un prêt de 10 milliards de dollars à Israël censé être destiné à l'intégration de la récente immigration soviétique).

Par son investissement dans la négociation, le courant central de l'OLP a, certes, redynamisé le soutien qui lui avait été accordé lors de la proclamation de l'État de Palestine mais il a, semble-t-il, sous-évalué le risque d'abandonner l'*Intifada* aux seules mains de ses opposants (notamment islamistes) et des incontrôlés. Tandis que ni l'*establishment* nationaliste des Territoires occupés ni le CNU ne parvenaient à juguler l'élimination physique des Palestiniens soupçonnés de « collaboration » avec l'occupant israélien, des heurts violents entre partisans et opposants de la négociation se sont multipliés.

Cette extrême fragilité de la scène politique palestinienne de l'intérieur a sans doute traduit la contradiction sous-jacente à sa recomposition. Le soulèvement a transféré la légitimité de l'*establishment* nationaliste à de nouvelles générations de leaders et il a favorisé la légitimation politique des islamistes. Le processus de négociation, lui, a exclu *de facto* ces nouveaux venus. Si la légitimité des négociateurs ne pouvait être remise en cause, ils ne bénéficiaient que d'une marge de manœuvre de plus en plus réduite face à des opposants dorénavant suffisamment forts pour assumer la succession en cas d'absence de résultats positifs rapides.

Jean-François Legrain

CONFLITS ET TENSIONS

535

Corne de l'Afrique : état des lieux

A partir de 1989, la situation politique dans la Corne de l'Afrique s'est profondément modifiée sous l'effet conjugué de transformations internationales radicales et de crises internes aiguës : coup d'État islamiste au Soudan en juin 1989, arrivée au pouvoir des insurgés érythréens et tigréens à Asmara et Addis-Abeba en mai 1991, renversement de Mohammed Siyad Barre en Somalie en janvier 1991, après vingt-deux ans de règne sans partage, création d'un front armé afar en décembre 1990, également à Djibouti... Ces mutations n'ont cependant eu ni les mêmes significations, ni les mêmes implications pour le futur de la région, mais toutes se sont appuyées sur un certain nombre de dynamiques sociales, économiques, écologiques et politiques qui continueront à influencer le destin de cette zone.

A la fin des années soixante-dix, on parlait de manière convenue de l'importance géopolitique de la Corne, l'URSS appuyant l'Éthiopie de Mengistu Haïlé Mariam, et les

États-Unis la Somalie et le Soudan. Mais les termes de cette compétition Est-Ouest n'ont jamais été symétriques. Les États-Unis n'ont guère encouragé l'irrédentisme somalien et ont préféré, surtout à partir de la sécheresse de 1985, soutenir les fronts armés hostiles à Addis-Abeba basés au Soudan. Les prétentions soviétiques s'étaient considérablement amenuisées après l'arrivée de Mikhaïl Gorbatchev au pouvoir en 1985. Dès 1988, Moscou a indiqué très clairement qu'elle n'entendait plus soutenir à bout de bras un régime miné par les conséquences de la guerre. Aussi la fin des années quatre-vingt vit-elle un rapprochement avec l'Ouest : amélioration des relations israélo-éthiopiennes, tentatives de libéralisation de l'économie, acceptation de la médiation de l'ancien président américain Jimmy Carter pour régler le conflit avec les Érythréens en lutte pour leur indépendance. Depuis la conférence de Londres en mai 1991, qui organisa le passage du pouvoir entre un gouvernement d'Éthiopie réduit aux acquêts d'une part, et les insurgés érythréens et éthiopiens de l'autre, l'influence américaine s'est maintenue à un niveau très élevé : leurs diplomates (aidés d'Érythréens) ont négocié des accords entre forces politiques rivales à Addis-Abeba, servi de conseillers en matière de politique économique, et de médiateurs avec la Banque mondiale ou le FMI. Ils ont par ailleurs incité les Érythréens et les Éthiopiens à s'interposer dans les guerres civiles somaliennes.

Le Soudan a remis en cause son ancrage dans le camp occidental avec l'arrivée au pouvoir d'une junte militaire inspirée par le fondamentalisme islamique et qui s'est rendue coupable de graves violations des droits de l'homme. Il a apporté un soutien à peine voilé à l'Irak pendant la guerre du Golfe, et servi de base arrière à des groupes islamistes ou terroristes hostiles à ces alliés traditionnels des Occidentaux que sont l'Arabie saoudite, l'Égypte et les monarchies du Golfe. L'expérience soudanaise, dont le coût humain aura été parti-

culièrement élevé, correspond également à une volonté de réforme radicale de l'État et de la société, comparable en intensité avec celle tentée en Éthiopie : marginalisation des élites politiques traditionnelles, création d'une contre-élite commerçante, restructuration de l'État hérité de la colonisation.

L'accession très probable de l'Érythrée à l'indépendance en 1993 et la tentative d'établissement en Éthiopie d'une fédération de régions définies ethniquement sont les signes d'un affaiblissement durable (voire, dans certaines zones, d'un effondrement) de l'État éthiopien centralisateur qui s'était mis en place depuis le milieu du XIXe siècle. Les relations avec le Soudan sont demeurées bonnes depuis la fin des combats en Éthiopie et ont permis à ce pays d'en tirer quelques bénéfices militaires dans sa lutte contre les insurgés sud-soudanais. Mais il paraît improbable que ces bons contacts perdurent au-delà de la réalisation de quelques objectifs limités, compte tenu des choix internationaux divergents et de la nature même des régimes : l'islamisme des uns ne peut s'accorder avec le laïcisme des autres, même si ce sont des militaires qui gouvernent des deux côtés. Dans la période antérieure, les relations entre ces pays se résumaient largement au soutien stratégique offert aux oppositions armées : cette instrumentalisation des oppositions armées a cessé depuis juin 1991, mais son retour ne doit pas être exclu en cas de détérioration des rapports entre le Soudan et ses voisins.

L'ampleur des migrations

Au-delà des aspects politiques, il faut prendre en compte deux réalités sociales. La première est l'importante (bien qu'inégale) diffusion d'armes dans toutes les sociétés de la région : de Djibouti à la Somalie en passant par une bonne partie du Soudan et de l'Éthiopie. L'ONU est incapable de faire respecter un embargo sur les armes pour la Somalie. L'État éthiopien pour sa part n'est pas en situation de récupérer les arsenaux pillés au moment de la victoire. Tensions ou rivalités politiques locales trouvent rapidement des traductions militaires : dans certaines zones du Darfour soudanais, de l'Ogaden (en Éthiopie) et de Somalie, l'insécurité est devenue maximale avec des affrontements ne correspondant plus à des enjeux politiques centraux. L'existence de telles poches incontrôlables est un facteur de déstabilisation pour l'ensemble de la région.

Un second aspect est d'importance : il s'agit de l'ampleur des migrations volontaires ou forcées dans la région. Les implications en sont multiples. Ces flux de population pèsent lourdement sur les infrastructures souvent déliquescentes des pays d'accueil et « justifient » des politiques autoritaires et répressives,

tant en Éthiopie qu'au Soudan. Cette immigration constitue également une source de revenus pour le financement des conflits dans la région : solidarités et pressions sociales permettent aux fronts armés d'obtenir une partie de leur financement. Les difficultés de la reconstruction au Somaliland (Somalie du Nord) montrent que ces réseaux sont plus actifs pour la prédation que pour la réhabilitation. Enfin, l'aide humanitaire est apparue dans toute son ambiguïté : elle secourt des populations affectées par des guerres et des famines récurrentes, mais développe une culture de la dépendance et fournit, elle aussi, plus souvent qu'il n'est dit, les moyens nécessaires à de nouvelles batailles...

Roland Marchal

Touaregs : répressions et négociations

Reconnaîtra-t-on un jour aux Touaregs un espace et une identité ? Cette interrogation pèse sur le sort de ce million de nomades d'origine berbère répartis sur cinq pays de la zone sahélienne : Mauritanie, Mali, Niger, Libye, Algérie.

En 1990, une nouvelle révolte touarègue a éclaté au Niger, puis a gagné le Mali. Elle a fait plusieurs milliers de morts. Ce conflit a embrasé le nord de ces deux pays. Un « pacte de paix » a été signé le 11 avril 1992 à Bamako entre la rébellion et les autorités maliennes, mais cela n'a pas suffi à dissiper toutes les inquiétudes. Cette zone tampon entre le Maghreb et l'Afrique noire a souvent été le théâtre de la révolte des nomades. Car, si la colonisation avait déjà donné aux Touaregs un avant-goût des contraintes qui les attendaient, c'est avec l'indépendance que leur drame devait se nouer. Forts de leurs nouvelles prérogatives, les fonctionnaires et militaires du Sud multiplièrent les pressions sur les populations blanches du Nord, réputées arrogantes et cruelles chez les Noirs : inter-

dictions de circulation, de commerce, réquisitions de troupeaux...

En 1962, une première révolte des Touaregs maliens dans l'Adrar des Ifoghas fut matée dans le sang par l'armée du président Modibo Keita. Piégés par la répression, la dégradation du système pastoral et, plus tard, entre 1974-1975 et 1984-1985 notamment, par une terrible sécheresse, ils prirent le chemin de l'exil pour l'Algérie ou la Libye.

En 1980, l'appel lancé par le colonel Mouammar Kadhafi en faveur d'« une république touarègue » encouragea certains « ishomars » — chômeurs — nigériens ou maliens, à rejoindre les rangs de la « légion islamique » libyenne. Beaucoup espéraient acquérir ainsi une formation militaire (complétée pour certains au Tchad et au Liban), pour renverser les régimes de Niamey ou de Bamako. Cette radicalisation aurait pu s'interrompre en 1987, année où le colonel Ali Saibou, succédant au président nigérien Seyni Kountché, tendit la main aux Touaregs. Il les invita à rentrer au pays, leur promettant une aide à la réinsertion. Mais, placés sous haute surveillance dès leur arrivée, ils seront des milliers à espérer en vain l'aide du Fonds international pour le développement agricole (FIDA). Le même scénario se déroula au Mali, où des centaines de familles réfugiées lors des crises de sécheresse, reconduites à la frontière par les Algériens, furent parquées dans des camps de fortune au nord du pays.

Le 7 mai 1990, une démarche de jeunes Touaregs nigériens auprès des gendarmes de Tchin Tabaradène tourna mal. Un gardien fut tué. La riposte de l'armée fut terrible. Officiellement, le bilan s'éleva à soixante-dix morts. En fait, plusieurs centaines de personnes auraient été tuées. Le 29 juin suivant, au Mali, le poste de Ménaka fut attaqué par des Touaregs exaspérés d'attendre en vain l'aide promise. Des deux côtés de la frontière, la chasse «aux peaux blanches», touarègues ou maures, fut ouverte. Des dizaines de milliers de civils se réfugièrent en Algérie ou en Mauritanie. Et, tandis que l'armée ratissait, les rebelles s'organisèrent.

Au Mali, le Mouvement populaire pour la libération de l'Azawad (MPLA) sera le premier à faire parler de lui. Plus tard, d'autres organisations verront le jour : le Front populaire de libération de l'Azawad (FPLA), le Front islamique arabe de l'Azawad (FIAA) et, enfin, l'Armée révolutionnaire de libération de l'Azawad (ARLA). Les principales revendications ont porté sur le retrait de l'armée du nord du pays, une réelle autonomie au sein d'un système fédéral, et une aide au développement. A Bamako, le régime, déjà ébranlé par les revendications en faveur de la démocratie, accepta, sous la pression de l'Algérie et de la France, de négocier avec la rébellion. Le 6 janvier 1991 à Tamanrasset, le MPLA signa unilatéralement les premiers accords de paix. Mais les émeutes populaires qui éclatèrent en mars à Bamako reléguèrent la question touarègue à l'arrière-plan. Le

26 mars 1991, le président malien Moussa Traoré était renversé. Le Comité de transition pour le salut du peuple, dirigé par le lieutenant-colonel Amadou Toumany Touré, s'engagea entre autres choses à respecter le processus de paix. Enfin, le 11 avril 1992, la rébellion regroupée dans le cadre de la Coordination des mouvements et fronts unifiés de l'Azawad signa à Bamako le pacte tant attendu. Entre-temps, au Niger, les autorités avaient fini par reconnaître l'existence des maquisards du Front de libération de l'Aïr et de l'Azawad (FLAA) jusqu'alors présentés comme des «pillards». Les affrontements se sont succédé dans le massif de l'Aïr, malgré les efforts d'une commission de médiation. L'Algérie et la Mauritanie comptaient alors plus de 100 000 réfugiés nigériens et maliens qui s'accrochaient à l'idée du retour.

L'évolution future allait aussi dépendre de l'attitude de l'armée. Confrontée à la vindicte populaire, déstabilisée par l'émergence d'un pouvoir civil et paniquée à l'idée de perdre ses privilèges, elle est revenue sur le devant de la scène. Le 27 février 1992, des mutins exigèrent et obtinrent la libération et la réhabilitation du capitaine Maliki Boureima, principal instigateur du massacre de Tchin Tabaradène. Au Mali, l'armée a ignoré les recommandations des accords de Tamanrasset et plus tard celles du pacte de paix du 11 avril 1992 : exécutions sommaires à Gossi, représailles dans des régions comme Tombouctou, Faraj... A Bamako et à Niamey, certains ne voyaient plus qu'une seule issue : impliquer totalement les militaires dans toutes les négociations. Une démarche jugée périlleuse par bien des responsables politiques soucieux d'enterrer définitivement un passé de régime militaire. Pour les Touaregs en tout cas, «il y a désormais l'avant et l'après-Tchin Tabaradène».

Carmen Bader

Les reclassements ethniques en Afghanistan et dans les pays voisins

A la suite du retrait des troupes soviétiques d'Afghanistan (achevé au 15 février 1989) et de la dissolution de l'URSS en 1991, on a assisté dans toute l'Asie centrale à un reclassement des forces politiques selon les clivages ethniques. Les États-nations issus de la décomposition de l'URSS, qui sont désormais fondés exclusivement sur un nationalisme ethnique, peuvent servir de pôles d'identification aux ethnies voisines. Le modèle d'État multi-ethnique, à légitimité étatique ou idéologique (Pakistan, URSS, Iran, Afghanistan), s'est affaibli au profit de dynamiques ethnico-nationalistes.

Le paradoxe est que peu de mouvements politiques sont directement ethniques. Les partis proprement ethniques sont très minoritaires en Afghanistan et n'ont pratiquement pas survécu à la guerre (Afghan Mellat pour les Pachtoun, Setam-i Melli pour les persanophones). Tous les partis de *moudjahidin* se sont voulus « afghans », ou sont au pire confessionnels (chiites). Le commandant Ahmed Shah Massoud, considéré comme le dirigeant des non-Pachtoun, n'est pas un nationaliste tadjik, il a toujours souhaité le maintien de l'intégrité de l'Afghanistan.

Et pourtant... Dans la bataille de Kaboul qui a suivi la chute du régime de Najibullah, au début mai 1992, une coalition des « gens du Nord », groupant aussi bien les troupes *moudjahidin* de Massoud, les milices pro-gouvernementales ouzbeks, les généraux tadjiks de l'armée gouvernementale, s'est opposée aux troupes de Gulbuddin Hekmatyar. Ces dernières regroupaient aussi bien les fondamentalistes radicaux pachtoun du Hezb-i-Islami que les éléments les plus durs du régime communiste, également pachtoun, comme le ministre de l'intérieur, Raz Mohammad Paktin.

La situation au Pakistan et en Iran

Cette dynamique peut-elle s'étendre aux pays voisins ? Le Pakistan a toujours soutenu les Pachtoun afghans, et en particulier le radical G. Hekmatyar. De fait, le nationalisme pachtou n'a guère influé au Pakistan, où les Pachtoun sont particulièrement bien intégrés et puissants dans l'armée. La présence de millions de réfugiés afghans (en général pachtoun) en territoire pakistanais a plutôt accentué le clivage entre Pachtoun afghans et Pachtoun (Pathans) pakistanais. Mais l'identification entre le Pakistan et une partie de la résistance afghane allait désormais être un handicap, nourrissant la guerre civile entre Pachtoun et non-Pachtoun, et empêchant ainsi le Pakistan de jouer la seule carte dont il dispose en Asie centrale : offrir aux républiques de l'ex-URSS un accès à la mer par le col de Salang (au nord de l'Afghanistan), Kaboul et Karachi. De plus, la poursuite des troubles en Afghanistan a contribué à maintenir au Pakistan une forte présence de *moudjahidin* armés, facteur potentiel de déstabilisation dans l'avenir.

L'Iran n'a jamais vraiment essayé de disputer aux Pakistanais le contrôle des fondamentalistes sunnites. Il s'est contenté de jouer avant tout la solidarité chiite. Mais la polarisation ethnique observée dans toute la région a obligé l'Iran à revoir sa stratégie. Le choix d'une politique ethnique (soutien aux Tadjiks afghans et ex-soviétiques) est doublement dangereux : l'Iran craint que la polarisation autour des identités ethniques ne mette en jeu sa propre existence, car les Persans y sont à peine majoritaires (on y compte aussi de fortes minorités, kurde et azérie notamment), sans forcément lui permettre de faire une percée chez les persanophones sunnites d'Asie centrale (Tadjiks du Tadjikistan et d'Ouzbékistan, essentiellement), tant le clivage entre chiites et sunnites y reste un élément déterminant du jeu politique. Une telle politique couperait aussi l'Iran des turcophones d'Asie centrale (Kazakhs, Kirghizes, Turkmènes, Ouzbeks) et du Caucase (Azéris), majoritaires dans cinq des six républiques musulmanes de l'ex-URSS. C'est pourquoi de Bakou à Douchanbé, Téhéran a préféré se poser en médiateur et reste sur la défensive.

Les républiques de l'ex-URSS sont apparues toutes défendre le *statu quo* territorial mais chacune pour des raisons différentes. L'Ouzbékistan, la république la plus puissante d'Asie centrale, avec ses 20 millions d'habitants, a comme atout la présence de fortes minorités ouzbeks au Tadjikistan, en Afghanistan et au Turkménistan et rêve d'un « grand Ouzbékistan ». Tachkent soutient discrètement, en Afghanistan, les milices ouzbeks du général Doustoum qui ont aidé le commandant Massoud à s'emparer de Kaboul, et revendique, non moins discrètement, le Tadjikistan.

La situation du Tadjikistan est apparue presque inverse : il est divisé et en position de faiblesse par rapport à l'Ouzbékistan ; l'appareil communiste a choisi l'alignement sur les Ouzbeks, tandis que l'opposition à la fois islamiste et nationaliste voyait dans le commandant des *moudjahidin* afghans, Ahmed Shah Massoud, un héros, islamiste ou nationaliste, ... au choix. Mais Massoud, avant tout désireux de main-

tenir un Afghanistan multi-ethnique, a passé un accord de non-ingérence tant avec les Russes qu'avec Douchanbé et Tachkent.

Cependant, les risques de reclassements ethniques ont conduit les États voisins de l'Afghanistan à une évidente prudence. Ni l'Iran, ni le Pakistan ne se sont montrés intéressés à annexer des territoires afghans. Pour Téhéran, cela reviendrait à accentuer un processus de déchiitisation de l'Iran, extrêmement préjudiciable à l'unité du pays. Téhéran ne veut pas d'une recomposition générale sur des bases ethniques, qui reviendrait à échanger Tabriz (ville chiite mais turcophone de l'Azerbaïdjan iranien) pour Hérat (ville à l'ouest de l'Afghanistan, persanophone, mais sunnite). Islamabad a montré qu'il préférait gérer de loin les zones tribales pachtoun en Afghanistan, que de les annexer et de risquer ainsi de s'enliser dans des problèmes considérables de maintien de l'ordre. Parmi les républiques musulmanes de l'ex-URSS — si l'on excepte les armes nucléaires entreposées au Kazakhstan qui a proclamé sa volonté de se dénucléariser —, aucune ne dispose de forces armées qui lui permettraient de remettre en cause les frontières existantes. Enfin, en Afghanistan même, l'absence de revendications autonomistes qui seraient formulées par le biais de partis politiques est également un élément favorable à la non-remise en cause des frontières internationales malgré l'instabilité régnante.

Olivier Roy

« Guerre balkanique » dans l'ex-Yougoslavie

La guerre dans l'ex-Yougoslavie a commencé avec l'intervention en Slovénie le 27 juin 1991 d'une armée fédérale, gardienne du dogme « titiste » qui voulait préserver l'unité du pays alors que la petite république venait de proclamer son indépendance en même temps que la voisine Croatie. Dès la

mi-juillet, le conflit a commencé à s'étendre à cette dernière, puis à la Bosnie-Herzégovine en avril 1992, changeant au fil des mois de caractère et de buts. Ces trois guerres ont représenté autant de phases bien distinctes, marquées par un crescendo de la violence et des destructions.

L'« armée populaire yougoslave » comptait au début du conflit 138 000 hommes sous les armes (dont 93 000 conscrits) et 500 000 réservistes, 1 850 chars lourds, 455 avions de combat et un encadrement en majorité serbe (60 % des officiers). Elle s'est peu à peu transformée en armée serbe, œuvrant sur le terrain en commun avec les milices locales serbes. Dès l'automne 1991 elle ne cherchait plus à maintenir l'unité du pays mais visait de plus en plus ouvertement à redessiner par la force les frontières de la nouvelle mini-Yougoslavie serbo-monténégrine et tenter de réunir dans un même territoire tous les Serbes, de créer une « Grande Serbie », ce qui était déjà le rêve de la monarchie des Karadjurgevic au début du siècle. La mise à la retraite, le 9 mai 1992, du ministre de la Défense, le général Blagoje Adzic, et de trente-huit généraux non serbes ou suspectés d'excessive tiédeur dans la guerre, a parachevé cette mutation. Les forces serbes étaient à la mi-1992 estimées à quelque 300 000 hommes (160 000 en Serbie, auxquels s'ajoutaient 100 000 de la « république » serbe de Bosnie et 40 000 de la « république » serbe de Krajina, en Croatie). La moitié des avions et des chars auraient été détruits ou récupérés par les forces adverses.

La guerre de Slovénie a engagé, sur ordre du gouvernement fédéral et du Premier ministre Ante Markovic, un Croate, quelque 3 000 hommes avec des chars sans couverture d'infanterie, pour reprendre le contrôle des postes frontières et de quelques positions stratégiques que les Slovènes avaient occupées. Cette intervention avait été apparemment conçue comme une opération de simple police pariant sur une résistance minimum. Mais Janez Janca, ancien militant antimilitariste devenu ministre de la Défense slovène, disposait d'une défense territoriale très bien entraînée (70 000 hommes dont 35 000 mobilisés), appuyée par une population unanime. Tout le territoire se hérissa de barricades bloquant les casernes et les colonnes de chars. En moins d'une semaine la « guerre » était achevée grâce à l'entremise de la CEE. L'armée fédérale s'engagea à quitter le territoire de cette république peuplée à 92 % de Slovènes.

La guerre en Croatie, dès juillet 1991, a eu un caractère de conflit interethnique avec l'agitation, puis la révolte armée, encouragée par Belgrade, de la minorité serbe (11 % de la population) qui proclama à Knin une « république » serbe de Krajina. Dans cette région à majorité serbe, les milices qui furent souvent formées au début de policiers serbes locaux et de volontaires entraînés par « le capitaine Dragan », ancien mercenaire, mirent rapidement hors jeu les forces de police croates mal préparées. L'armée est intervenue pour « s'interposer » entre les deux communautés : de fait, elle a occupé le terrain au profit des forces serbes et ses canons ont toujours été tournés du même côté. Les généraux ont cherché au début à conquérir la plus grande partie possible du territoire croate, y compris là où n'existait aucune minorité serbe pour justifier sa « protection », comme à Dubrovnik. Le rôle de l'armée fut essentiel en Slavonie orientale, dans le siège de Vukovar (50 000 habitants) qui est devenue la « capitale » des enclaves serbes dans cette boucle du Danube qui s'est autoproclamée « république ». La ville capitula le 17 novembre, après trois mois de résistance acharnée. Cette bataille menée en plaine, sur un terrain favorable, montra toutes les limites d'une machine militaire peu efficace malgré sa supériorité écrasante dans l'armement lourd et l'aviation. Jusqu'au bout l'état-major a préféré éviter une bataille de rue extrêmement coûteuse. Les conscrits et les rappelés étaient peu motivés et les désertions nombreuses, à la différence des miliciens — comme ceux d'Arkan, repris de justice lié aux services secrets de Belgrade, ou ceux de l'extrême droite du Parti radical serbe de Vocislav Seselj.

Les autorités croates et le président

Franjo Tudjman, pourtant un ancien général, ne s'étaient pas préparés à un véritable conflit armé. La Garde nationale (ZNG), placée au début sous un étroit contrôle du parti HDZ (Communauté démocratique croate, nationaliste), ne regroupait que 20 000 hommes au début de l'été 1991 et le pouvoir a hésité à faire appel à des officiers croates, réservistes ou d'active. Espérant un soutien de la communauté internationale «en tant que victime d'une agression», les autorités de Zagreb évitaient de se lancer à outrance dans le conflit. C'est en septembre seulement qu'elles décidèrent d'assiéger les casernes pour précipiter le départ de l'armée et récupérer un armement lourd qui leur faisait cruellement défaut. Un général d'aviation, Anton Tus, devint en octobre le commandant en chef des forces croates. Celles-ci furent peu à peu profondément réorganisées et les diverses milices comme le HOS, le bras armé du Parti du droit (extrême droite), furent obligées de s'intégrer dans l'armée croate qui comptait 200 000 hommes à la mi-1992. Le cessez-le-feu du 5 janvier 1992, puis le déploiement, deux mois plus tard, de 14 000 «casques bleus» de l'ONU ont gelé la situation sur le terrain. La Croatie avait perdu plus du tiers de son territoire.

L'armée a appliqué la même stratégie en Bosnie dès le 6 avril, après la reconnaissance internationale de l'indépendance de cette république, où était concentrée plus de la moitié de l'industrie d'armement de l'ex-Yougoslavie. Elle a occupé le terrain (la vallée de la Drina à l'est, le plateau de Kuprès et la rive gauche de la Neretva à l'ouest), puis laissé le champ libre aux milices serbes chassant par la terreur les Musulmans ou les Croates des régions revendiquées par les Serbes de Bosnie, qui exigeaient 70 % du territoire. Ils ont aussi voulu s'approprier une partie de la capitale Sarajevo (60 000 habitants), assiégée et bombardée à partir de la mi-avril pour faire céder le président bosniaque Alija Izetbegovic. L'armée «fédérale», qui s'est formellement retirée à la fin mai sur ordre de Belgrade, a laissé tout son matériel aux forces serbes locales, lesquelles représentaient déjà sur place l'essentiel de ses effectifs. Mal armées et mal préparées, les forces bosniaques (croato-musulmanes), estimées à quelque 70 000 hommes, n'ont eu l'initiative qu'en Herzégovine, région à majorité croate, limitrophe de la Croatie, par où arrivaient les aides et le matériel.

Marc Semo

Cambodge : une nouvelle donne régionale

En quelques mois, Phnom Penh est sorti de son isolement géographique. L'aéroport de Pochentong a vu son activité renaître ; il accueille dorénavant des avions en provenance de toutes les capitales d'Asie du Sud-Est. Incontestablement, la priorité, pour la reconstruction du pays, passe par la réhabilitation des infrastructures routières, portuaires, et ferroviaires. Le 18 mars 1992, la Banque asiatique pour le développement, basée aux Philippines, a lancé un appel pour une augmentation de l'aide au Cambodge, en encourageant les investissements étrangers tout en réclamant des réformes en profondeur de l'économie — et en premier lieu de son système bancaire. Bien que l'accès au FMI soit resté conditionné au remboursement d'une dette de 58 millions de dollars, la France et le Japon ont multiplié les démarches pour apurer le plus rapidement possible le contentieux. Les efforts du Japon ont été spectaculaires et ils ont pris valeur de test dans la région. Tokyo s'est ainsi montré prêt à faire passer sa quote-part de 12,5 % à 30 % des fonds nécessaires à la mission de l'ONU pour le Cambodge (APRONUC — Autorité provisoire des Nations unies au Cambodge). A l'heure même où la Diète s'apprêtait à voter la possibilité d'envoyer des soldats dans les forces de paix, Yasushi Akashi — qui dirige le dispositif des Nations unies au Cambodge — a proposé au gouvernement japonais d'utiliser l'île d'Okinawa comme centre de stockage de l'aide humanitaire destinée à l'Asie du Sud-Est, ainsi que comme centre de formation pour les personnels destinés à ces pays. Les ambitions du voisin thaïlandais ont été d'emblée les plus perceptibles : sur les neuf banques ayant des succursales à Phnom Penh à la mi-1992, sept étaient thaïes, une tchécoslovaque, et une française (IndoSuez). Cette dynamique devrait permettre au Cambodge de s'intégrer à terme aux institutions de l'ANSEA (Association des nations du Sud-Est asiatique), d'autant plus que le Vietnam et le Laos ont montré qu'ils envisageaient eux-même d'y adhérer.

Néanmoins, il est à souhaiter que le financement du développement économique ne se limite pas au pillage des ressources naturelles. Selon les études menées par le Programme des Nations unies pour le développement (PNUD), les exportations de bois vers le Japon, la Thaïlande et le Vietnam seraient de cinq fois supérieures au taux le plus raisonnable d'exploitation. Autre effet pervers de cette réintégration, l'envolée des prix de l'immobilier dans la capitale. Les hommes d'affaires singapouriens, thaïlandais ou de Hong Kong se sont montrés particulièrement actifs, achetant terrains et immeubles au moyen de prête-noms cambodgiens. Nombre d'entre eux espèrent que cela sera une première étape avant la conquête économique du marché vietnamien.

Peu à peu le Cambodge a commencé à retrouver une place au sein de la communauté internationale. C'est ainsi que, pour la première fois depuis le sommet de La Havane, en 1979, Phnom Penh a repris son siège lors de la réunion de travail, à Bali, des pays non alignés les 14-15 mai 1992. Le sort régional du Cambodge dépend également des bonnes volontés thaïlandaises et vietnamiennes, comme en ont témoigné les âpres négociations engagées pour retour dans les instances du Comité du Mékong. Cet organisme fondé en 1957, qui comprend également le Laos, vise à l'aménagement du fleuve. Comme c'est déjà le cas au Laos, la Thaïlande et le Vietnam redeviennent ainsi les parrains d'un État tampon. Reste néanmoins à savoir si ces deux pays veulent vraiment que la guerre cesse.

Mais le Cambodge n'est plus en enjeu stratégique pour les grandes puissances et les Cambodgiens sont dorénavant livrés à eux-mêmes pour reconstruire le pays. Comme le soulignait le secrétaire général des Nations unies Boutros Boutros-Ghali lors de son passage à Phnom Penh, le 18 avril 1992 : « Nous ne pouvons rien faire à votre place ! Si vous ne voulez pas collaborer pour appliquer les accords de Paris, il y a beaucoup d'autres pays où l'ONU pourrait mieux utiliser son argent. » Néanmoins, les tâches humanitaires du processus de paix sont immenses et nécessitent des solidarités à long terme de la part de la communauté internationale : il s'agit de rapatrier et réintégrer les 360 000 réfugiés installés en Thaïlande ; réinstaller les 180 000 personnes déplacées, qui ont fui les zones de combat depuis septembre 1989 ; et organiser le retour à la vie civile et la réinsertion sociale et professionnelle de 200 000 combattants.

Christian Léchervy

Ex-empire soviétique
Chronique des tensions nationales

Avec l'accession à l'indépendance des républiques fédérées de l'ex-URSS et le désengagement de l'armée soviétique, tandis que s'accélérait la dynamique des souverainetés au sein même des républiques, les affrontements interethniques n'ont pas cessé. Bien au contraire. En revanche, il est devenu plus difficile d'incriminer systématiquement la « main de Moscou » dans l'éclatement et le développement de ces conflits. Les troupes de l'ex-armée soviétiques se sont retrouvées dans une situation paradoxale. Si certaines ont pu quitter les zones de combat, d'autres se sont retrouvées au centre de conflits, risquant de se voir impliquées — comme en Transdniestrie — dans la défense de portions de territoire à fort peuplement slave.

Malgré leur internationalisation — l'ONU et la CSCE (Conférence sur la sécurité et la coopération en Europe) ont été impliquées dans la recherche des solutions —, les conflits retrouvent la dimension régionale, voire locale, qu'une gestion souvent maladroite et manipulatrice par le centre avait fait oublier. Des clivages internes, longtemps occultés par le face-à-face avec Moscou, sont apparus là où l'unanimisme semblait de mise.

♦ Au **Haut-Karabakh**, qui s'est proclamé République du Haut-Karabakh le 3 septembre 1991 (le 10 décembre, un référendum a confirmé la proclamation d'indépendance), la guerre qui oppose Arméniens et Azéris pourrait dépasser son cadre local pour devenir un conflit régional si son extension, début juin 1992, au **Nakhitchévan** (une république autonome de l'Azerbaïdjan, enclavée entre l'Arménie, l'Iran et la Turquie) devait se poursuivre. Le 9 mars 1992, les troupes de la Communauté d'États indépendants

(CEI) quittaient le Haut-Karabakh. Le conflit est devenu un élément déterminant dans les débats de politique intérieure des républiques concernées. En Azerbaïdjan, les défaites militaires de l'hiver-printemps 1991-1992 ont provoqué la démission du président de la République et l'élection, le 7 juin 1992, du leader de l'opposition, Aboulfaz Eltchibey. En Arménie, le débat sur les conditions d'une négociation avec Bakou, puis les défaites arméniennes sur le front du Karabakh, au début de l'été 1992, ont été désormais au centre d'une vie politique agitée, marquée par l'expulsion du leader de l'opposition.

♦ En **Ossétie du Sud (Géorgie)**, le conflit qui oppose Tbilissi et les Ossètes a pris une autre dimension avec la revendication, par le Congrès du peuple ossète (13 décembre 1991), d'une réunification des deux Osséties et de leur rattachement à la Russie (l'Ossétie du Nord relève déjà de la Russie). En Géorgie, l'opposition s'est radicalisée : elle a enfin osé dénoncer publiquement la politique anti-ossète de Zviad Gamsakhourdia, le chef de l'État. Après la prise du pouvoir par le Conseil militaire (janvier 1992), le président déchu fut officiellement accusé de « crimes contre l'humanité ». Le 27 avril, les troupes russes se sont retirées. A la fin du printemps 1992, la tension était à son comble entre Tbilissi et Moscou, après les menaces formulées par le président du Soviet suprême de Russie de rattacher l'Ossétie du Sud à la Fédération russe. Les relations se sont par ailleurs tendues entre Ossètes : l'**Ossétie du Nord** a instauré l'état d'urgence sur son territoire (12 juin 1992) et accusé l'Ossétie du Sud de jeter de l'huile sur le feu. A la mi-1992, un cessez-le-feu précaire avait été instauré. En Abkhazie (république « autonome » de Géorgie) où les 17 % d'Abkhazes (45 % de Géorgiens) ont la direction effective des affaires, l'autorité de Tbilissi n'est toujours pas parvenue à s'exercer sur une république qui a menacé de faire sécession afin de se rattacher à la Fédération russe.

♦ En **Transdniestrie** (Moldavie), le référendum du 1er décembre 1991 entérinant l'indépendance de la « république » avait pour but de donner une légitimité à un territoire qui avait déjà fait sécession *de facto*. La reprise des combats, puis leur extension (mai-juin 1992) ont placé les voisins roumains et ukrainiens de la Moldavie dans une situation difficile : certains, à Bucarest, ont semblé de plus en plus tentés de voler au secours de Chisinau. Kiev, de son côté, ne pouvait plus rester indifférent à l'afflux de milliers de réfugiés russes et ukrainiens, qui fuyaient les combats qui se déroulaient sur sa frontière. Après un long silence, Moscou a pris bruyamment position : Boris Eltsine a dénoncé le « génocide » dont étaient victimes les Russes de Transdniestrie. L'implication de la 14e armée russe sur le terrain, l'émotion d'une partie de l'opinion russe et l'utilisation du conflit par les milieux nationalistes ont radicalement modifié les enjeux d'un conflit qui semblait jusqu'alors purement local. A la mi-1992, on a pu noter un rapprochement entre les deux parties.

♦ Malgré l'accord de Dragomys entre la **Russie** et l'**Ukraine** sur l'avenir de la flotte militaire de la mer Noire (24 juin 1992), la question de **Crimée** est restée d'actualité [*voir article dans ce même chapitre*]. Le problème de l'indépendance, après les volte-face du Soviet suprême (Parlement) de Crimée, devait trouver une réponse à l'issue du référendum du 2 août 1992. Mais l'Ukraine est restée inquiète : le 21 mai 1992, le Soviet suprême de Russie a décrété que l'acte d'attribution de la Crimée à l'Ukraine, en 1954, était dépourvu de valeur juridique. En Roumanie,

les revendications territoriales à l'encontre de l'Ukraine se sont faites plus nombreuses.

♦ En **Russie** même, les proclamations de souveraineté des républiques et des régions autonomes se sont multipliées. Une fois passée l'alerte tchétchène (la république avait — de même que le Tatarstan — proclamé son indépendance et Boris Eltsine y avait instauré l'état d'urgence le 7 novembre, mais il fut aussitôt désavoué par le Soviet suprême), Moscou a globalement réussi à gérer les situations de conflit. Plutôt que de s'y opposer, la direction russe a généralement préféré accompagner le mouvement : le 3 juillet 1991, le Soviet suprême de Russie a transformé quatre régions autonomes (région des Adyghéens, Karatchaevo-Tcherkessie, Altaï et Khakassie) en républiques ; le 4 juin 1992, a adopté la loi sur la formation de la République ingouche. A la mi-1992, la Fédération russe rassemblait officiellement 21 républiques : outre les cinq déjà citées, la Bouriatie, la Tchétchénie, la Tchouvachie (*Chavach*), le Daghestan, la république kabardino-balkar, la Kalmoukie (*Khalmg Tangch*), le Bachkortostan, la Carélie, Komis, la république des Maris (*Marii-El*), la Mordovie, l'Ossétie du Nord, Iakoutie-Sakha (ex-Yakoutie), le Tatarstan, Touva, l'Oudmourtie. Seuls le Tchétchénie et le Tatarstan, qui négociaient les termes d'un accord d'association avec la Russie, n'ont pas signé le traité fédéral. Mais cet édifice est resté fragile : le 17 janvier 1992, lors d'un référendum mené en Balkarie, 94,8 % des votants se sont prononcés pour la formation d'une *république balkare* : plus d'une région, en particulier en Sibérie et dans l'Extrême-Orient russe, est tentée par le statut de république.

A la mi-1992, les chefs d'État de la CEI ont mis à l'étude l'organisation d'une force d'interposition afin de pouvoir intervenir efficacement dans les conflits qui se sont développés en son sein.

Charles Urjewicz

L'imbroglio du Nord-Caucase

■ *En bordure de la Transcaucasie, en proie à des guerres civiles, la mosaïque nord-caucasienne a connu une montée des tensions après le putsch manqué de Moscou (18-21 août 1991). Peuples, ethnies et minorités nationales y ont réclamé qui son indépendance, qui sa «souveraineté», qui le retour de territoires dont il estimait avoir été spolié... Habité par des dizaines de peuples de langue et d'origine diverses, le Caucase du Nord, majoritairement musulman, a subi de nombreux bouleversements au cours d'une histoire marquée par une longue résistance à la colonisation russe : régions et républiques autonomes ont vu leurs statuts et les tracés de leurs frontières modifiés à plusieurs reprises. Le mythe d'un Caucase indépendant et uni, s'appuyant sur la mémoire des «guerres du Caucase» du XIXᵉ siècle, contre les Russes, reste puissant. Mais les tendances centrifuges sont restées les plus fortes.*

A la pointe occidentale du Caucase, vivent 125 000 Adyguéens (République des Adyghéens) parlant une langue caucasienne du groupe adyghé-abkhaze, tout comme les 50 000 Tcherkesses et les 400 000 Kabardes ; des populations turcophones : les Karachaïs (156 000) et les Balkars (85 000) ; ainsi que des Russes, souvent descendants des Cosaques qui colonisèrent la région.

Au centre du Caucase, les 500 000 Ossètes (de langue iranienne), majoritairement chrétiens, qui vivent dans la République d'Ossétie, se sentent solidaires de leurs frères d'Ossétie du Sud (Géorgie), contrai-

gnant Moscou à des positions plus tranchées face à Tbilissi. L'Ossétie a des relations conflictuelles avec ses voisins ingouches (250 000) pour une question de frontières. Après qu'ils ont été collectivement accusés par Staline d'avoir collaboré avec les nazis, les Ingouches ont été déportés et la république tchétchène-ingouche a été supprimée. Lorsque celle-ci a retrouvé son statut, en 1958, une bande de territoire donnée à l'Ossétie en 1944 n'a pas été rendue. Comme les Ingouches, les Tchétchènes (un million) parlent une langue caucasienne du groupe nakh. La République de Tchétchénie (1,3 million d'habitants, dont 300 000 Russes) s'est déclarée indépendante. Mais les Ingouches ont proclamé leur propre souveraineté au sein de la Fédération russe.

A l'est du Caucase, bordant la mer Caspienne, le Daghestan, la «montagne des langues», est une région d'une extrême complexité ethnique et linguistique. Centre d'une petite république (50 000 km²), il compte 1,8 million d'habitants. Les peuples originaires du Caucase sont les plus nombreux : les Avars (600 000) à l'ouest et au nord, les Darguines (400 000) au centre, et les Lezguines (450 000) au sud. La région compte aussi au nord 300 000 Koumyks, une population d'origine turque. Malgré une tradition de vie et de lutte communes contre la colonisation russe au XIXᵉ siècle, le Daghestan n'est pas à l'abri des processus de désintégration qui frappent la région.

C. U.

Crimée : un bras de fer russo-ukrainien

A partir du début de l'année 1992, le contentieux russo-ukrainien portant sur le statut de la Crimée a pesé sur les relations entre Simféropol, Kiev et Moscou. La polémique s'est développée autour du débat concernant le partage de la flotte militaire de l'ex-armée soviétique et des principales bases de la mer Noire. Au-delà du contentieux militaire entre les deux principaux États héritiers de l'ex-URSS s'est posé celui du respect des frontières existantes au sein de la CEI (Communauté d'États indépendants) et du sort des populations russes vivant hors de la Russie.

Occupée par la Russie depuis la fin du XVIIIe siècle, la Crimée est rapidement devenue une base navale très importante, pour la conservation de laquelle les Russes se sont farouchement battus à plusieurs reprises dans l'histoire (guerre de Crimée de 1854-1855 ; lutte de l'Armée blanche du général Wrangel contre les bolcheviks après la révolution de 1917 ; siège de Sébastopol jusqu'en juillet 1942 dans la guerre avec l'Allemagne nazie). En 1954, pour marquer le tricentenaire de l'« union » de l'Ukraine à la Russie, Nikita Khrouchtchev décida le transfert de la presqu'île sous l'administration de Kiev.

Au recensement de 1989, cette région d'une superficie de 25 881 km², était peuplée de 2,5 millions d'habitants, représentant environ 100 nationalités diverses. Les Russes y sont très largement majoritaires (environ 65 %), suivis par les Ukrainiens (25 %). L'équilibre des populations était différent avant la Seconde Guerre mondiale, du fait de la présence des Tatars de Crimée, un peuple musulman. Bien que minoritaires, ils occupaient beaucoup de postes de responsabilité dans la république autonome de Crimée créée en 1921. Accusés collectivement de « collaboration » avec les nazis, ils ont été brutalement déportés par Staline en mai 1944. La république autonome de Crimée a été supprimée en

juin 1945, devenant une simple région (*oblast*). Elle n'a recouvré son statut de république autonome (rattachée à la république d'Ukraine) qu'à la suite du référendum local du 20 janvier 1991. Le 12 février 1991, le Soviet suprême (Parlement) ukrainien a rétabli la république autonome au sein de l'Ukraine. Le 5 mai 1992, le Soviet suprême de Crimée a proclamé l'indépendance et prévu l'organisation d'un référendum pour le 2 août. Ces dispositions ont été déclarées anticonstitutionnelles par le Parlement ukrainien et la Crimée a bientôt renoncé à son projet. Au tournant des années quatre-vingt, les Tatars ont commencé à revenir progressivement de leurs terres d'exil (Ouzbékistan, Kazakhstan, Sibérie, Oural). Environ 200 000 (sur un total d'environ 400 000) étaient déjà réinstallés en juin 1992, ayant créé leur propre assemblée, le Medjlis, un an plus tôt.

Riche essentiellement de son tourisme balnéaire et thermal et de ses productions agricoles méridionales, la Crimée est totalement dépendante de l'Ukraine pour l'énergie et importe même de l'eau. Son importance militaire est considérable : l'essentiel des 350 bâtiments et des avions de la flotte de la mer Noire, dont certains peuvent emporter des armes nucléaires, y est déployé, dans les deux importantes bases navales de Sébastopol et Balaklava (base de sous-marins). La Russie ne dispose pas sur le littoral russe de la mer Noire, à l'est, autour de Krasnodar, d'installations capables d'accueillir convenablement la part de la flotte qu'elle revendique. D'autre part, le principal chantier naval de l'ex-URSS, où ont été mis en construction les nouveaux et futurs porte-avions (du type Kouznetsov et Variag), se trouve à Nikolaïev, en territoire ukrainien.

Les relations entre la Russie et l'Ukraine ont commencé à se détériorer sensiblement à partir de la proclamation de l'indépendance de l'Ukraine, fin août 1991. Un traité bilatéral signé le 19 novembre 1990 garantit pourtant explicitement l'intégrité territoriale des deux États. Le président russe Boris Eltsine avait déclaré à cette occasion : «Le problème de la Crimée est un problème exclusivement ukrainien et non pas russe.» Après le référendum portant sur l'indépendance de l'Ukraine, le 1er décembre 1991, et l'«enterrement» de l'Union soviétique, Russie et Ukraine se sont opposées sur plusieurs questions essentielles : le contrôle des armes nucléaires, le partage de la flotte et des bases de la mer Noire, le statut de *primus inter pares* revendiqué par la Russie au sein de la fragile Communauté des États indépendants.

Le jeu de Moscou

Une véritable bataille parlementaire s'est engagée entre Moscou, Kiev et Simféropol, dont l'enjeu était la définition d'un statut de la Crimée susceptible de convenir aux trois parties impliquées. La composition ethnique de la presqu'île a incité le Parlement de Simféropol, très soutenu par celui de Moscou, à procéder à un référendum portant sur son indépendance et sur un statut lui permettant d'établir des relations avec les autres États de la CEI sur un pied d'égalité. Cette démarche a suscité l'inquiétude à Kiev, qui peut craindre, outre la perte de la souveraineté sur la Crimée, une extension de ce type de revendication à d'autres régions fortement unifiées (Ukraine orientale et méridionale). Moscou s'est trouvée dans une situation ambiguë face à une évolution potentiellement dangereuse pour elle, tant vis-à-vis de l'extérieur qu'au sein de la Fédération de Russie, laquelle, bien que russe à 80 %, est une véritable mosaïque de peuples.

La remise en cause du transfert de souveraineté réalisé arbitrairement en 1954 lui a offert un levier puissant dans son contentieux, notamment militaire, avec Kiev. De plus, soutenir les populations russes vivant hors de la Fédération ne pouvait qu'avoir un impact politique positif auprès des forces nationalistes et patriotiques dont l'influence est apparue grandissante en Russie. Mais la remise en cause des frontières héritées de l'URSS ne pouvait que susciter l'inquiétude de tous les États voisins immédiats de la Russie abritant d'importantes minorités russes (en particulier le Kazakhstan, l'Estonie, la Lettonie et, à proximité de la Crimée, la Moldavie). Dans ce dernier cas, le soutien de la Russie aux «russophones du Dniestr» dans leur opposition à la direction moldave et leur revendication d'un statut d'autonomie a renforcé cette inquiétude au point que certains ont soupçonné Moscou de chercher à relier les deux «points chauds» : la «république du Dniestr», proclamée par les russophones et la Crimée.

Après le compromis russo-ukrainien de Dagomys (23-24 juin 1992) sur l'avenir de la flotte de la mer Noire et la renonciation de la Crimée à devenir un sujet de droit international, une issue négociée de cette situation complexe semblait encore possible.

Le 3 août 1992, de fait, lors d'une rencontre des présidents russe et ukrainien, il a été décidé de placer la flotte de la mer Noire sous contrôle commun et d'en préparer le partage d'ici 1995.

On ne pouvait toutefois exclure d'éventuels dérapages et provocations, tant les enjeux et les incertitudes sont grands aux marches de l'ex-empire russe et soviétique.

Erik Sandahl

Tendances

Post-communisme : « à qui perd gagne » ?

Pourquoi, en Europe de l'Est, les révolutions de 1989 n'ont-elles pas introduit une véritable césure entre le « socialisme réel » et la démocratie post-communiste ? Pourquoi des acteurs parmi les plus célèbres de ces révolutions, comme Adam Michnik et Borislav Geremek (Pologne), Václav Havel (Tchéco-Slovaquie), Jelio Jelev (Bulgarie), se sont-ils sentis troublés par l'insistance avec laquelle certains courants politiques ont voulu, sous le prétexte d'une « décommunisation » de l'État, des règlements de comptes tous azimuts ? La réponse à cette question se trouve d'abord dans la *nature* de ces révolutions.

Dans les faits, l'ancien régime est autant tombé sous l'effet de sa propre usure que sous celui des coups que lui avaient assénés ses adversaires. La brèche fut ouverte par certaines directions éclairées de l'ancien bloc soviétique, soutenues par le dirigeant suprême de l'empire, Mikhaïl Gorbatchev, qui comprit la nécessité d'aménager le système. Que l'on se souvienne à ce propos de l'interventionnisme gorbatchévien en Tchécoslovaquie ou en RDA (République démocratique allemande) ou de la participation des gouvernements communistes aux « tables rondes » avec l'opposition en Pologne et en Hongrie. S'il y a eu incontestablement changement radical de régime, puisqu'une monocratie s'est trouvée transformée en démocratie et que s'est achevée une période historique singulière, les phénomènes qui habituellement accompagnent les révolutions ont été absents (pas de violence révolutionnaire, pas de « classe sociale » clairement bénéficiaire, mais aussi absence de « perdants »).

En Pologne, le paradoxe de cette « drôle de révolution », alliage inédit d'implosion et de négociation, est d'avoir été faite *au nom* de la classe ouvrière laquelle sera conduite, sinon à quitter la scène, du moins à faire les frais de la politique post-révolutionnaire, *pour* une classe sociale qui n'existe pas encore ou qui se trouve *in statu nascendi, par* une élite politique qui fut une opposition morale efficace, mais qui n'était pas politiquement préparée à l'alternance de gouvernement.

Les ouvriers de l'Europe centrale et orientale sont aujourd'hui les grands perdants de la révolution anticommuniste, tassés dans des bastions d'une industrie lourde obsolète, difficile à convertir ou à privatiser. Quant aux anciens opposants, s'ils voulaient se maintenir au pouvoir, ils ont dû accepter des compromis quotidiens et réduire leur intransigeance morale face à l'apparition de politiciens de type nouveau, pour ne pas dire de type normal. Ils ont dû se *normaliser* ou se démettre.

Un mythe chasse l'autre

Qui seraient alors les *gagnants* de cette révolution ? Une mythique *middle class* ? L'absence d'acteur central est à l'origine de deux phénomènes intrinsèquement liés. D'une part l'*usurpation* par l'ex-nomenklatura de la place centrale du « bénéficiaire » durant une période de transition commencée *avant* 1989, puis son « positionnement » *possible* comme un des groupes structurants d'une future classe possédante ; d'autre part, la *démonisation* de cette même ex-nomenklatura, au nom de la même réalité, à savoir qu'elle serait la seule à en tirer *profit*. La révolution anticommuniste est ainsi *paradoxale* : ses bénéficiaires ne sont pas ceux qui devaient théoriquement l'être, tandis que ceux qui devaient théoriquement perdre leurs situations avantageuses se retrouvent en excellente position. Ce paradoxe renforce les partisans d'une conception policière de l'histoire qui prétend que la révolution de 1989 a été manipulée. Il est vrai que le poids de l'ancien régime a continué de se manifester par de multiples effets, au point que les lignes de rupture ne sont pas toujours claires. La difficile réforme de l'économie socialisée l'atteste tout autant que la résistance des individus à accepter les règles du marché, d'autant qu'elles signifient — pour combien de temps ? — paupérisation et chômage.

Le mythe de l'*Homo sovieticus*, forgé au cours de longues années, prenait pour du réel ce qui n'était qu'une façade : la réussite du Bien-Être socialiste. La rupture de 1989 a introduit un autre mythe qui s'est superposé au premier : celui de pouvoir vivre, presque du jour au lendemain, dans un système libéral et d'abondance. Adam Michnik le dira ainsi : «Nous souffrons de la maladie infantile du post-communisme, à savoir la confiance dans le capitalisme utopique, la foi que le marché libre réglera tous les problèmes.» Mais les difficultés liées à l'abandon du système économique de type soviétique ont réactivé la force du premier mythe. Ainsi, plus on s'éloigne de la césure révolutionnaire, plus les populations s'opposent aux projets de privatisation, donc aux réformes, donc à la sortie du soviétisme. L'une des contradictions de la transition post-communiste est de renforcer le mythe de l'État-Providence : anti-utopie qui détruit la légitimité révolutionnaire de l'utopie libérale et qui réalimente un principe fondateur de l'ancien régime, surtout dans sa phase stalinienne, l'égalitarisme plébéien.

Cette utopie-là risque de se révéler plus cruelle que celles qui l'ont précédée.

Georges Mink,
Jean-Charles Szurek

Sur ce même sujet, on peut se reporter à G. Mink, J.-C. Szurek, Cet Étrange Post-Communisme. Ruptures et transitions en Europe centrale et orientale, *Presses du CNRS/La Découverte, Paris, 1992.*

Pouvoirs de droit et pouvoirs de fait en Amérique latine

Renversement du président de la république d'Haïti par un coup d'État en septembre 1991, tentative de coup d'État au Vénézuela en février 1992, «coup d'État civil», avec l'appui de l'armée, du président du Pérou en avril 1992... l'autoritarisme serait-il de retour en Amérique latine ? Si la population haïtienne a d'emblée manifesté contre le nouveau régime et pour le retour au pouvoir du père Jean-Bertrand Aristide, les Vénézuéliens, en revanche, n'ont pas condamné l'officier auteur de la tentative de putsch et en ont presque fait un héros, tandis que les Péruviens ont semblé approuver dans leur grande majorité le «coup d'État civil» perpétré par le président Alberto Fujimori.

Dans ces deux derniers cas, les motifs invoqués pour sortir de la légalité étaient les mêmes : corruption de la classe politique et de l'administration, incapacité de l'État à faire face aux maux multiples de la société, crise morale, crise d'autorité. Quelques années à peine après le retour généralisé de la démocratie dans la région, force est de constater qu'elle n'a pas répondu aux attentes, que le désenchantement est grand, et que se développent, dans beaucoup de pays, des pouvoirs qui s'affirment hors de toute légalité, des pouvoirs de fait qui mettent la démocratie profondément en péril, si tant est que celle-ci ne peut exister sans respect du droit, sans intériorisation de ce que l'on nomme l'«État de droit».

Extension de la misère, généralisation du narcotrafic...

La première cause de cette situation réside dans la misère qui a gagné des franges considérables de la population. Certes, la région a connu une incontestable embellie économique en 1991 (2,7 % de croissance, selon le rapport annuel de la Banque interaméricaine de développement). Mais celle-ci est intervenue après dix années de croissance très faible, voire négative : la production moyenne par habitant s'est retrouvée, en 1991, au niveau qu'elle atteignait une quinzaine d'années plus tôt. De plus, l'embellie de l'économie s'est faite au prix de la paupérisation des couches populaires et des classes moyennes. Les politiques économiques d'« ajustement structurel » ont eu pour effet de réduire considérablement l'intervention sociale de l'État, et il faudra sans doute encore plusieurs années avant que la tendance ne s'inverse... si elle doit s'inverser.

Pour ce faire, il faudrait en effet que les couches aisées, qui se sont encore enrichies à l'occasion de la longue crise qu'a connue la région pendant les années quatre-vingt, acceptent la mise en œuvre de politiques redistributives et de politiques sociales visant à enrayer la croissance vertigineuse de la malnutrition, de l'analphabétisme, et la dégradation des protections sanitaires (dont l'épidémie de choléra qui s'est propagée dans toute l'Amérique du Sud en 1991 a été un signe). Peu d'États se sont engagés dans cette voie, par trop en rupture avec la longue tradition entretenue par des oligarchies accoutumées à asseoir leur pouvoir et leur richesse sur l'exploitation des couches subalternes. Or, ces dernières, sous l'effet conjugué de l'urbanisation sauvage et de l'implantation du modèle démocratique, ne sont plus aussi facilement contrôlables qu'autrefois.

Le résultat en est une augmentation grave de la délinquance et de la criminalité urbaines, auxquelles les États ont été incapables de faire face. Bien souvent, les armes anciennement utilisées dans la guérilla trouvent là un singulier recyclage. Ce qui a entraîné une généralisation des polices privées, parallèle à celle des gangs et mafias de toute sorte. Dans plusieurs grandes villes du continent, comme dans de nombreuses campagnes, ce sont ces pouvoirs de fait qui font désormais la loi sur des portions non négligeables du territoire.

Le phénomène s'est amplifié, avec la généralisation du trafic de drogues (coca et, plus récemment, pavot) à la quasi-totalité des pays, qu'ils soient gros producteurs (Amérique andine), ou pays de transit (Amérique centrale), ou encore zone de blanchiment des narco-dollars en particulier sous forme d'investissements productifs (par exemple dans les privatisations d'entreprises publiques).

« Je ne connais personne qui résiste à un coup de canon d'un million de pesos », disait le général Alvaro Obregon (président du Mexique de 1920 à 1924). L'argent de la drogue est un terrible ferment de décomposition des sociétés latino-américaines : aux pauvres, les trafiquants offrent des revenus décents, leur protection, des services sociaux ; aux ambitieux, ils offrent la possibilité d'un enrichissement rapide ; à ceux qui leur résistent, les poursuivent ou les jugent, ils opposent terrorisme et assassinats. Aucun État n'est aujourd'hui à l'abri de ce fléau qui ronge toutes les institutions, y compris celles chargées de la répression, à savoir les armées. Des scandales éclatent régulièrement, mettant en cause la haute administration ou des proches des dirigeants politiques. Dans des sociétés où l'idée de droit ne s'est jamais véritablement implantée, en dépit d'une inflation faramineuse de textes juridiques, c'est la notion même d'État impersonnel et abstrait que ces pratiques mettent en cause.

Les élites de ces pays en ont bien conscience, mais manquent singulièrement de moyens pour y faire face. La solution, on le sait, passe d'abord par un traitement de la demande, et par l'implantation de cultures de substitution rentables. Or les États-Unis ont montré, lors du second sommet continental « anti-drogue », en février 1992 au Texas, qu'ils envisageaient seulement d'accentuer leur aide de type militaire pour lutter contre l'extension des cultures.

Les conditions d'un regain d'autoritarisme

Désenchantement vis-à-vis de la démocratie, dévalorisation de la classe politique, misère, drogue, développement des pouvoirs de fait, faiblesse des États, pression des États-Unis, tout concourt à créer les conditions d'un regain d'autoritarisme dans la région. Les hautes bourgeoisies en attendent la contention d'éventuels mouvements sociaux et la préservation de leurs privilèges ; les élites politiques y voient une solution pour lutter contre les pouvoirs extra-légaux et reconquérir un peu de légitimité ; les classes populaires rêvent de retrouver une part de la sécurité d'antan ; les pouvoirs de fait préfèrent de beaucoup un État autoritaire et faible à un État de droit fort ; les États-Unis souhaitent le renforcement des instruments de lutte contre la drogue...

Cette conjonction intervient par ailleurs dans un contexte culturel spécifique, souvent interprété comme étant propice à l'autoritarisme : absence de structures étatiques au moment de la décolonisation, géné-ralisation des caciquismes et du clientélisme, culture religieuse marquée par l'omniprésence du catholicisme et l'absence des réformés protestants, rémanence des cultures indiennes...

Le droit, importé d'Europe au moment des indépendances, au XIXe siècle, n'avait pas pour fonction première d'être appliqué, si ce n'est aux adversaires politiques ou aux concurrents économiques.

Le non-respect des procédures constitutionnelles n'était dès lors pas un réel problème. La nouvelle donne internationale, avec la fin de l'affrontement Est-Ouest qui avait ici servi, au nom de l'anticommunisme, de justificatif à toutes les aventures autoritaires, impose désormais ce respect. Les États-Unis et l'OEA — Organisation des États américains — ont ainsi décrété un embargo commercial envers Haïti et le Pérou à la suite de la rupture de l'ordre constitutionnel. On pouvait espérer que le nouvel ordre mondial favoriserait l'implantation d'États de droit. Les réalités économiques, sociales, politiques, culturelles montrent que le chemin sera encore long, et le risque grand de voir resurgir des autoritarismes teintés de populisme.

Georges Couffignal

Aux racines des émeutes de Los Angeles

La faute à qui ? Pour la Maison Blanche, c'est indubitablement la faute à l'ancien président démocrate Lyndon Johnson ; ses « programmes sociaux » (mis en place dans les années soixante, faut-il le rappeler ?) ont échoué parce qu'ils ont volontairement « ignoré la fierté » de la communauté noire.

Les émeutes de Los Angeles, entre le 29 avril et le 4 mai 1992, se sont chiffrées par 47 morts, 2 328 blessés (dont 200 grièvement), 11 824 personnes interpellées, des centaines de boutiques pillées et/ou incendiées, 1 milliard de dollars de dégâts. Un coup de torchon, à la fois chronique d'une révolte annoncée et parfaitement inattendue, et qui peut se reproduire demain ou pas avant dix ans, à Chicago, à New York ou à Miami.

Détonateur immédiat : un verdict inique par lequel un jury américain a exonéré quatre policiers blancs que le monde entier avait vu et revu matraquer (le 3 mars 1991) avec une régularité toute mécanique un certain Rodney King, noir, qui tenait d'autant moins à se faire arrêter pour excès de vitesse qu'il était en liberté conditionnelle.

Quelle égalité raciale devant les tribunaux ?

Ce procès, qui fut déplacé, sous la responsabilité du juge, vers un tribunal par avance favorable aux policiers, pose un double problème. Tout d'abord, le procureur californien est non seulement responsable de la procédure d'instruction, mais il a toute latitude pour s'engager sur « la culpabilité éventuelle de l'accusé » : il est à la fois juge et partie. Par ailleurs, il n'y a pas de partie civile aux États-Unis : Rodney King, la victime, eut le courage de lancer un appel au calme remarquable de fermeté et de dignité dans les premières heures de l'émeute — mais se vit refuser le droit, devant le tribunal, de donner sa version des faits, alors que les avocats des policiers pouvaient impunément le mettre en cause, puisqu'il était absent.

Racisme ordinaire, dira-t-on. Une étude de l'université d'Iowa (citée par la Cour suprême en 1987 in *McCloskey v. Kemp*) a montré que le meurtrier d'un Blanc avait quatre fois plus de risques d'être condamné à mort que le meurtrier d'un Noir... Car, si l'immense majorité des Américains condamne l'injustice du verdict de Simi Valley, Blancs et Noirs divergent dans leur jugement sur l'égalité devant les tribunaux : dans un sondage (30 avril 1992) *Washington Post-ABC*, les trois quarts des Blancs estiment qu'un Noir peut obtenir justice ; les trois quarts des Noirs pensent qu'il n'en est rien.

Ce racisme est une réalité qui ne cesse de tarauder la conscience américaine. Ce n'est point que l'Américain soit plus — ou moins — raciste qu'un autre : le racisme est une des choses au monde les mieux partagées. Mais ce qui est propre aux États-Unis, c'est que le racisme fut « d'État » et qu'il reste des traces de cette abomination. Il fut en effet longtemps prescrit par la Constitution (art. 1, sect. 2, al. 3), que les Noirs seraient comptés pour « les trois cinquièmes de toutes les autres personnes ».

Sous la présidence de Lyndon Johnson (1963-1969), les Noirs sont devenus des citoyens de plein droit, la loi les considérant enfin comme pleinement égaux avec « les autres personnes ». La loi sur les droits civiques de 1964 tenta notamment de remédier aux effets négatifs des discriminations passées.

« Affirmative action » : acquis et limites

Son titre VI (*affirmative action*) prévoit que « personne aux États-Unis ne pourra en raison de sa race, de sa couleur ou de son origine nationale, se voir refuser la participation aux bénéfices ni être l'objet de discrimination dans un programme ou une activité recevant une aide financière fédérale ». Contrairement à l'idée reçue, la loi n'autorise en aucun cas les quotas universels (recrutement ou promotion) favorisant des minorités, y compris sexuelles. Et la Cour suprême, dans *Regents of University of California v. Bakke* (1978), a nettement précisé que les quotas (« un nombre fixé ») étaient inconstitutionnels, même si toute considération raciale n'est pas interdite. Autrement dit, à qualification égale, le sexe ou la race peuvent être pris en compte, selon la loi.

Il y eut quelques excès. Trop souvent montés en épingle, ils ont fait oublier les réels succès de cette politique. Sexistes et racistes aussi, des institutions publiques et celles qui dépendent de crédits publics n'auraient jamais accepté de femmes, de Noirs, ou de Juifs, sans l'aiguillon de la loi. Pourtant, l'*affirmative action* a eu des effets pervers, en convainquant les hommes blancs que cette loi corrective s'appliquait non seulement à leurs dépens mais à ceux de la qualité, de la compétence. Ici apparaissent les effets ravageurs des politiques volontairement inégalitaires de Ronald Reagan [*568*].

On a d'abord laissé croire aux Noirs que l'accès au vote et à l'égalité légale résoudrait tout. Il n'en était évidemment rien : d'autres progrès, économiques et sociaux, étaient indispensables. Mais rien n'est venu.

Pis, brutalement mises en concurrence, par la fin de l'apartheid légal, avec un monde blanc plus fort, les structures, notamment économiques, de la communauté noire se sont effondrées. Dans ce contexte, la politique antisociale des années quatre-vingt a plongé la partie la plus fragile de toutes les communautés (car la situation mise en évidence par Los Angeles n'est pas uniquement raciale : elle est aussi et autant sociale), et en particulier la noire, dans un abîme de misère physique et morale, de drogue, de crime, de désunion. Elle en a parfaitement compris l'horreur : les émeutes de 1992 ont été des émeutes de désespoir. Il y a dorénavant deux sociétés aux États-Unis : l'une riche et en bonne santé ; l'autre pauvre et malade. La puissance américaine peut-elle longtemps supporter une telle tension sans en être ébranlée ?

Marie-France Toinet

Les nouvelles ambitions de puissance de l'Afrique du Sud

En dépit de sanctions officielles dont elle a été l'objet jusqu'au début des années quatre-vingt-dix, l'Afrique du Sud n'a jamais cessé d'être présente dans la quasi-totalité des pays africains. Au-delà de la zone australe qu'elle contrôle directement par sa présence politique et militaire et par le relais de ses entreprises multinationales qui dominent les marchés régionaux, c'est sur l'ensemble du continent africain que s'exerce son influence. Héritage des options politiques définies sous la présidence de John Balthazar Vorster (1978-1979), et impératif imposé par la situation géopolitique du pays, la politique africaine de l'Afrique du Sud est une priorité que la fin de l'*apartheid* et la normalisation progressive du régime sont venues relancer.

Depuis l'accession au pouvoir de Frederik De Klerk, en 1989, les relations politiques avec le reste du continent ont été progressivement officialisées (en mars 1992, 19 États africains avaient des représentations officielles en Afrique du Sud). Cela s'est traduit par la publication officielle de statistiques commerciales, jusqu'ici secrètes, révélant l'ampleur (relative) des échanges commerciaux existant — en dépit de la rhétorique des sanctions — avec les États africains. En 1991 (hors États de l'Union douanière d'Afrique australe — SACU), les importations sud-africaines ont représenté 257 millions de dollars tandis que les exportations s'élevaient à 1 700 millions de dollars.

Bien implantée en Afrique australe, l'Afrique du Sud est avant tout une puissance régionale effective qui voit surgir, grâce à la normalisation de ses relations avec l'Afrique, des possibilités importantes de promotion. Le pays tente de tirer parti de ses infrastructures économiques et financières, de son potentiel militaire, technologique, et de sa double articulation entre pays riches et continent africain, pour se présenter comme un interlocuteur essentiel dans les relations Nord/Sud ou, pour le moins, dans les relations avec l'Afrique.

L'Afrique du Sud a commencé à prendre pied sur des marchés d'autant plus aisés à conquérir qu'elle offre des prix bas et des technologies moins sophistiquées que ses concurrents extérieurs, qui ont largement réduit leurs engagements continentaux, et qui favorisent son intervention dès lors qu'elle ne touche pas à leurs intérêts primordiaux. D'ores et déjà, les grands conglomérats internationaux sud-africains intervenant dans les secteurs des mines, de l'agriculture et de l'élevage ont commencé, grâce à une coopération étroite avec nombre de pays du continent, à essayer de réorganiser les marchés pour mieux les protéger. L'électrification du Mozambique et du Swaziland, la construction de barrages et de systèmes hydrauliques au Lésotho, les négociations minières avec l'Angola, le Zaïre, le Congo et le Gabon, par exemple, ont permis à l'Afrique du Sud de garantir ses approvisionnements, de renforcer ses propres potentiels agricole et industriel, et de créer de nouveaux débouchés pour ses produits. La constitution d'un «marché commun d'Afrique australe» voire, pour les plus optimistes, d'un «espace économique intégré» en Afrique, structuré autour du pivot sud-africain, bénéficie des faveurs d'hommes d'affaires sud-africains, mais aussi d'influents lobbies économiques occidentaux, de représentants de nombreuses organisations internationales économiques et financières et de certains leaders africains.

Le nécessaire ancrage aux pays du Nord

Face à un continent sinistré, l'Afrique du Sud est souvent considérée comme l'ultime recours, seule capable d'imposer une certaine stabilité politique et de briser le processus de marginalisation économique. Toute l'attention des décideurs économiques internationaux se porte sur le projet déjà ancien de coopération trilatérale, associant dans un réseau cohérent les pays receveurs d'aide et détenteurs de matières premières, les pays riches, consommateurs, et une Afrique du Sud gérant les échanges avec l'appui technologique et financier occidental. Les organisations internationales telles que la Banque mondiale, le Fonds monétaire international, la Banque africaine de développement (BAD) et la CEE font aussi d'une Afrique du Sud plus ou moins recomposée un pivot régional, soit en matière de financement et d'investissement (avec la Banque de développement de l'Afrique australe, en fait gérée par la Banque de développement d'Afrique du Sud — SADB), soit en matière d'intégration régionale.

Pour autant, l'Afrique du Sud ne pourra confirmer ses ambitions régionales — voire continentales — que dans le cadre de son ancrage économique et politique aux pays occidentaux. Ses espoirs de puissance sont liés, d'une part, à sa capacité à gérer ses propres problèmes internes — ce qui représente déjà une tâche très ardue — et, d'autre part, à la volonté des pays riches de participer aux efforts de construction d'entités régionales cohérentes en Afrique. Ceux-ci, qui absorbent l'essentiel des échanges commerciaux du pays, continueront à être les partenaires privilégiés de l'Afrique du Sud ; elle ne pourra devenir une puissance régionale que si elle maintient son ancrage européen et, de plus en plus, japonais et est-asiatique.

L'Afrique du Sud n'a en effet ni les moyens financiers ni les capacités techniques suffisants pour prendre en charge seule la région australe et encore moins l'Afrique. En effet, elle est elle-même confrontée à un appareil productif vieillissant, peu ouvert sur l'extérieur et à une pénurie de capitaux qui ne pourra être comblée que par l'appel aux investissements extérieurs. Elle devra s'occuper en priorité de son marché intérieur déstructuré et répondre aux demandes pressantes d'une population noire extrêmement appauvrie. Enfin, elle ne pourra consolider son rôle commercial que si elle trouve dans l'Afrique au nord du fleuve Zambèze des partenaires solvables proposant des produits complémentaires. Or, cela n'est possible que si se maintient un important flux financier d'aide à l'Afrique, seul capable de relayer des économies en pleine crise. Faute de pouvoir s'articuler cumulativement sur un bloc régional crédible et des partenaires occidentaux actifs, l'Afrique du Sud risque bien de rester ce qu'elle est : un minuscule bout de continent, ne pesant guère plus de 1 % du commerce international.

Dominique Darbon

Le radicalisme islamique en Afrique noire

Comme ailleurs dans le monde musulman, le réveil de l'islam en Afrique noire se manifeste également par l'émergence d'intellectuels islamiques qu'on peut qualifier de radicaux. Ces « nouveaux musulmans » ne sont pas tous des islamistes ; ce qui les caractérise, c'est plutôt la volonté de retourner à la pureté originelle du message coranique et une même aspiration à une *Oumma* (communauté des croyants) vivant en harmonie selon la loi divine, la *charia*. L'islam « africain » a connu un phénomène identique dans les années cinquante, avec le salafisme. Mouvement réformiste né dans le monde arabe, celui-ci avait imprimé son empreinte sur l'Union culturelle musulmane (UCM) qui avait essaimé sur l'ensemble de l'ancienne Afrique occidentale française (AOF).

Les intellectuels d'aujourd'hui se distinguent de leurs aînés de l'UCM par le fait que la revendication de l'orthodoxie (lutte contre le « maraboutisme » et les confréries soufies, respect de la lettre du Coran, etc.) s'accompagne d'une critique plus ou moins construite de l'Occident et de ce qui apparaît comme l'expression politique de sa domination, l'État-nation. Cette politisation de l'islam est assez nette dans des pays comme le Nigéria et le Sénégal, mais elle touche aussi, à un degré moindre, le Mali, le Niger, voire le Burkina Faso, pourtant réputé, mais à tort, peu islamisé. Enfin, ce phénomène accompagne un mouvement de diffusion de l'arabisation.

Présente depuis des siècles au sud du Sahara, la culture arabe est restée longtemps l'apanage d'une élite de lettrés. Sauf usage « diplomatique » limité, la langue arabe, langue du sacré, était réservée au culte. Mais depuis les indépendances, l'enseignement en arabe a fait des progrès considérables, stimulé par l'échec des politiques éducatives des États postcoloniaux, qui se sont montrés incapables de répondre à la demande

sociale d'éducation, et par les financements alloués par certaines pétromonarchies. Les *medersas* (forme « modernisée » des écoles coraniques) se sont donc multipliées. En outre, de plus en plus nombreux sont les étudiants africains qui fréquentent les universités arabo-islamiques (al-Azhar au Caire, Médine en Arabie saoudite, Constantine en Algérie...). Au total, la langue arabe est aujourd'hui apprise et comprise par des fractions non négligeables des populations musulmanes d'Afrique noire. Fonctionnel pour l'État africain dans la mesure où il désamorce partiellement les frustrations engendrées par le rétrécissement des voies d'accès à l'éducation, le succès de l'enseignement arabisé pose néanmoins à terme un certain nombre de problèmes.

L'arabisation, l'État, l'Occident

Le premier de ces problèmes concerne le devenir même de ceux qu'en Afrique on appelle, souvent avec une pointe de mépris, les « arabisants ». Ils maîtrisent un savoir dévalorisé, car donnant rarement accès au prestige statutaire ou plus simplement à un emploi — la société ne reconnaissant que le diplôme délivré par une institution scolaire ou universitaire européenne (ou, mieux, américaine). Leur déclassement est d'autant plus prononcé que le système d'enseignement en arabe est généralement de médiocre qualité. Les arabisants sont donc dans leur majorité promis au chômage ou, au mieux, au secteur dit informel, seule une petite minorité parvenant à intégrer l'administration publique. D'où des frustrations qui, à terme, peuvent être lourdes de menaces pour l'État.

Ce risque est d'autant plus aigu qu'il se greffe sur une situation générale de crise de l'État et des élites occidentalisées qui en sont aux commandes. Dans ce contexte, l'islam apparaît comme l'instrument qui permet de « dire » les frustrations et les attentes, ce que les idéologies séculaires de la contestation (marxisme, anti-impérialisme, tiers-mondisme), en déliquescence, ne savent plus faire. C'est précisément ce rôle que prétendent jouer les nouveaux intellectuels musulmans d'Afrique noire. Formés dans les meilleures universités européennes, nord-américaines, arabes ou iraniennes, ils connaissent souvent aussi bien la pensée occidentale que celle des théoriciens de l'islamisme radical comme l'Égyptien Sayyid Qotb, le Pakistanais Abou A'la Maoudoudi ou l'Iranien Ruhollah Khomeyni. Ils s'opposent et aux élites occidentalisées dominantes politiquement, et aux cadres musulmans traditionalistes qu'ils accusent de compromissions avec les premières et dont ils contestent la légitimité. Aspirant à être les guides de l'*Oumma*, ces intellectuels entreprennent donc d'instruire le procès de l'Occident, coupable à leurs yeux de la décadence de leurs sociétés : c'est notamment le cas au Nigéria et au Sénégal où des groupes affichant clairement une idéologie islamiste s'opposent frontalement à l'État, cependant qu'ailleurs, au Niger par exemple, des partis islamistes sont apparus à la faveur de l'instauration du multipartisme.

Toutefois, ces mouvements s'efforcent de ne pas copier mécaniquement les modèles exogènes, qu'ils soient arabe ou iranien. Ils font une assez large place à l'invention en puisant des références dans les cultures locales. Ainsi, au Nigéria, les *oulemas* (savants) radicaux mettent à jour l'héritage d'Ousman dan Fodio, initiateur du *djihad* (« guerre sainte ») peul du XIXe siècle, pour en faire une arme dans leur combat actuel contre les leaderships traditionnels ; au Sénégal, Amadou Bamba, fondateur de la grande confrérie mouride, reste une figure sacrée « nationale », même pour les islamistes. Ce bouillonnement, bien qu'allant dans le sens de l'intégration de l'*Oumma*, pourrait accoucher de cultures politiques originales.

René Otayek

Sur ce même sujet, on peut se reporter à R. Otayek (sous la dir. de), Da'wa et arabisation. Vers l'émergence d'un radicalisme islamique en Afrique noire, *Karthala, Paris, 1992 (à paraître).*

La « nouvelle évangélisation », un rêve papal ?

Après la Seconde Guerre mondiale, la prise de conscience de l'étendue de l'incroyance a entraîné dans l'Église catholique un sentiment de responsabilité. Celui-ci s'est inscrit dans le vocabulaire et les modèles sociaux hérités de la découverte de « nouveaux mondes » au XVIe siècle : la « mission », l'« évangélisation ». Cette démarche a mobilisé les prêtres ouvriers, l'Action catholique et, à quelque degré, l'Église entière, en France notamment, où elle était liée à un engagement social croissant. Faute d'analyse sérieuse des faits culturels — on n'évangélise pas des post-chrétiens comme des païens ! —, elle a abouti à un échec total dans sa visée directe. Mais elle a eu des effets intra-ecclésiaux, et n'a pas peu joué dans l'ouverture manifestée au concile Vatican II, dans les années soixante. A nouveau, à partir de 1986, un constat semblable a entraîné une mobilisation et un discours missionnaires, mais un léger changement de vocabulaire — la « nouvelle évangélisation de l'Europe » — a signalé qu'il s'agissait d'un phénomène tout différent dans ses attendus et ses modalités.

A Ravenne, en 1986, le pape Jean-Paul II déclarait dans une homélie : « Je voudrais m'adresser aux nouvelles générations chrétiennes, en leur demandant de s'employer, par un engagement efficace, à mettre en œuvre une nouvelle évangélisation de la société en Europe [...]. C'est là une tâche qui s'impose spécialement aux jeunes à qui l'Europe moderne lance comme un défi. La "refondation" de la culture européenne est l'entreprise décisive et urgente de notre temps. » Et il évoquait la volonté de reconstruire l'Europe selon sa véritable identité chrétienne. En développant, ou en complétant grâce à d'autres interventions du pape ou d'évêques qui reprirent ses intentions, on pourrait caractériser la « nouvelle évangélisation » en quelques points.

Une première évaluation

Tout d'abord, elle procède d'une initiative centrale, hiérarchique : celle du pape, pour qui elle est liée à un moment providentiel, celui du « premier pape slave appelé de Pologne », donc médiateur entre les traditions de l'Est et de l'Ouest ; telle est l'initiative de l'Esprit-Saint pour l'unité de l'Europe chrétienne. Aussi ne peut-on la séparer de la reprise en main autoritaire, survenue depuis le début des années quatre-vingt dans la plupart des secteurs ecclésiaux, ni des mouvements néo-conservateurs (comme l'Opus Dei ou Communione e liberazione en Italie) qui ont la faveur du pape et diffusent son enseignement.

Deuxième caractéristique : elle n'est pas seulement née d'une conscience de la déchristianisation, mais aussi et surtout d'une critique du monde occidental, en constatant, « dans cette société qui se sécularise de plus en plus, une marche vers l'échec et un chaos croissant » : dénatalité, obsession du bien-être et matérialisme, autonomie de la Raison, de l'État, de la culture, de la morale, de la famille, bref de la société se coupant de la transcendance, avec une incapacité des structures et des idéologies à répondre aux problèmes essentiels de l'homme. Ce qui est en cause, finalement, c'est l'esprit des « Lumières » du XVIIIᵉ siècle — la Renaissance et la Réforme sont toujours passées sous silence — qui aurait fourvoyé l'humanité.

Mais l'Europe garde un fond de cette culture chrétienne sur laquelle elle a été établie et qu'elle peut réveiller. Tel sera le levier, telle était aussi la vraie finalité. A la fin d'un voyage en Espagne, en 1982, Jean-Paul II s'écrie : « Je lance mon cri d'amour vers toi, vieille Europe. Retrouve-toi toi-même, découvre tes origines. Revivifie tes racines. Revis de ces valeurs authentiques qui ont fait la gloire de ton histoire. » Car les peuples européens sont nés comme nations en acceptant l'Évangile, et « les crises de la culture européenne sont des crises de la culture chrétienne ».

Un atout pour cet effort est l'usure des idéologies de progrès, du scientisme : ce que l'on appelle volontiers « post-modernité », qui permettrait un accès renouvelé à la référence transcendante. Et c'est d'autant plus que l'on croit observer partout un « retour au religieux », que l'on veut favoriser en mettant en avant dans l'Église le courant émotionnel (« charismatique ») et dans la société une entente mondiale des religions (rencontre d'Assise en octobre 1986). Ce sont les jeunes qui sont particulièrement invités à la tâche : ce sont eux qui sont venus vers le pape l'été 1989 à Compostelle. Enfin, ce mouvement fera un grand usage des médias. Le Vatican encourage la constitution de groupes multi-médias (tel Ampère, en France), spécialement pour contrôler la presse destinée aux jeunes. Un groupe mettant en œuvre des moyens financiers considérables, « Lumen 2000 », lié au courant « charismatique », est intégré au projet « Évangélisation 2000 » de Tom Forrest, un religieux américain, centré à Rome et se proposant une organisation médiatique mondiale.

Cette spéculation sur les racines chrétiennes de l'Europe actuelle est-elle fondée ? Il est en effet bien difficile d'imaginer un retour à une « civilisation chrétienne », selon le modèle polonais, qui reposerait sur la nation, équivalente à la culture, celle-ci étant fondée sur la religion et fondant toutes les valeurs morales et familiales, par opposition au couple occidental État de droit-individus autonomes et porteurs de droits. S'il y a péril pour la dignité humaine, est-ce en humiliant la tradition des Lumières, ou en s'appuyant sur elle qu'on peut l'affronter? La sécularisation est pour l'essentiel une évolution irréversible et il serait plus sage, pour les croyants, de lui donner un franc consentement, d'apprécier les chances de maturité humaine qu'elle offre, le pluralisme qu'elle entraîne, de découvrir ses propres ouvertures à la transcendance. Et n'en est-il pas de même pour les avancées d'une mo-dernité qui perd ses prétentions totalisantes sans pourtant revenir en arrière comme rationalité? Le prétendu « retour au religieux » ne masque-t-il pas la progression inexorable de l'indifférence? Et ne vaudrait-il pas mieux s'appuyer sur la foi personnelle, sur l'expérience engagée, sur le témoignage patient des chrétiens les plus adultes et les plus libres que sur une intégration culturelle, un conditionnement presque sectaire, une effervescence émotive? Bref, la « nouvelle évangélisation » a-t-elle des chances de devenir beaucoup plus qu'un déploiement idéal, verbal et médiatique, un « rêve de Compostelle » ?

Jean-Pierre Jossua

Faim et malnutrition dans le monde

Jamais autant qu'aujourd'hui la terre n'a produit de quoi nourrir les hommes. Mais jamais elle n'a compté autant d'affamés. Jamais les connaissances de l'homme sur sa propre nutrition n'ont été aussi étendues; jamais pourtant il n'a paru aussi impuissant à les appliquer, ni à rendre équitable, sur l'ensemble de la planète, l'accès à la nourriture.

Où sont-ils, ces affamés, ou plutôt ces mal-nourris? Certes, dans les pays du Nord, subsistent des « poches » de pauvreté, des foyers d'inégalité qui ne semblent guère près de s'éteindre. Mais l'immense majorité des mal-nourris de la planète vit dans les pays du Sud.

On estime qu'un individu adulte au repos complet « brûle » quotidiennement, de par la simple vie de ses cellules (le « métabolisme basal »), environ 1 500 calories (chiffre majoré chez la femme en cas de grossesse et d'allaitement). En ce début des années quatre-vingt-dix, quelque 140 à 150 millions d'êtres humains (sur une population mondiale de 5,3 milliards) survivent avec cet apport quotidien voire moins, c'est-à-dire qu'ils consomment les réserves de leur organisme. C'est à leur propos qu'il faut parler de famine au sens strict, car ce sont réellement des morts en sursis, en particulier les enfants.

Concernant les individus frappés par la malnutrition à des degrés moindres, les estimations varient selon l'évaluation du besoin calorique quotidien. Si l'on estime, en effet, qu'un adulte menant une activité normale doit ingérer chaque jour 2 200 calories, le nombre des mal-nourris de la planète atteint 350 millions d'individus. Mais pour beaucoup, il s'agit là d'une évaluation trop restrictive et les chiffres, selon les critères retenus, peuvent atteindre 500 millions d'individus, voire 800 selon les estimations les plus pessimistes.

Mais, la malnutrition n'est pas seulement un problème quantitatif. La qualité de ce qui est consommé importe au moins autant que la quantité, en particulier au cours de l'enfance car les carences nutritionnelles sont à l'origine de quantité de handicaps (la cécité notamment), de maladies infectieuses et de déshydratations non contrôlables, de déficits vitaminiques parfois gravissimes, de retards de croissance considérables et d'arriérations mentales.

Progression des disponibilités alimentaires globales

Pourtant, en dépit de ce sombre constat, le monde est, aujourd'hui, globalement mieux nourri qu'il y a un quart de siècle. Entre le milieu des années soixante et la fin de la décennie quatre-vingt, les disponibilités alimentaires par habitant sont passées dans le monde (et en moyenne) de 2 500 à 2 600 calories. La croissance de la production agricole mondiale a atteint 2,5 % chaque année pendant cette période. Ces chiffres et ces moyennes incluent bien évidemment les données issues des pays du Nord : mais ils montrent que la production alimentaire reste, contrairement à ce que l'on affirme souvent, sur une ligne ascendante. Cette amélioration s'est fait nettement sentir depuis le milieu des années soixante-dix, et notamment lorsque, au début des années quatre-vingt, la Chine, qui avait connu de nombreuses et meurtrières famines, a paru nettement émerger de ce cercle infernal, pour rejoindre le groupe des pays où les disponibilités caloriques quotidiennes dépassent les 2 500 calories par jour. Dans ce groupe vivent aujourd'hui près de deux milliards d'êtres humains, soit environ la moitié de la population des pays en voie de développement.

L'agriculture est d'ailleurs devenue en de nombreux points de la planète un secteur dynamique et, parfois, un moteur du développement. Pourtant, les problèmes qui subsistent demeurent énormes et des analyses trop globales peuvent tendre à les masquer. En effet, malgré les améliorations enregistrées, la situation alimentaire et nutritionnelle de la fraction la plus pauvre de l'humanité s'est détériorée depuis un quart de siècle et le nombre absolu des sous-alimentés a augmenté. Les conflits civils, les guerres et les événements climatiques qui ont assombri la fin de la décennie quatre-vingt et le début des années quatre-vingt-dix ne sont évidemment pas étrangers à cette dégradation.

D'autre part, les fruits de la crois-sance, et notamment de la croissance agricole, ont continué de se répartir de manière très inéquitable. La pauvreté rurale a persisté, et s'est même accrue, avec l'augmentation en flèche du nombre de paysans sans terre dans le tiers monde. Le problème est donc plus que jamais celui de l'accès à la nourriture, tributaire soit de la possession de terres, soit d'un emploi et donc de revenus, éléments aussi aléatoires que fluctuants pour une large partie de la population mondiale.

Une géographie de la pauvreté

Au problème de l'inégalité au sein des pays s'ajoute celui de l'écart persistant et grandissant, dans ce domaine comme dans d'autres, entre le Nord et le Sud ; le Nord faisant preuve, pour garantir les revenus de ses agriculteurs, d'un protectionnisme extrême, source de coûts énormes et de dépression pour les agricultures du Sud.

La répartition des sous-alimentés et des affamés dans le monde évolue rapidement. La très grande majorité d'entre eux demeure en Asie, notamment en Asie du Sud et dans la péninsule Indochinoise. Mais la production agricole de cette partie du monde, globalement, progresse rapidement, notamment grâce à la « révolution verte », et ce malgré les contre-performances qu'elle a parfois provoquées.

Au Proche-Orient et en Afrique du Nord, la situation nutritionnelle demeure relativement favorable mais reste fragile dans la mesure où elle est presque totalement tributaire des importations — massives — de biens alimentaires. En Amérique latine et dans les Caraïbes, les « poches » de malnutrition se concentrent surtout dans les bidonvilles, où la situation, à cet égard, s'est aggravée dans les années quatre-vingt.

C'est en Afrique subsaharienne que la situation est, de loin, la plus préoccupante par rapport à l'ensemble du tiers monde. Depuis le début de la décennie quatre-vingt, la production alimentaire y a augmenté de

1,9 % par an, alors que la population, de son côté, connaissait une croissance annuelle de 3 %. Pendant la même période, le revenu par habitant chutait de 2,4 % l'an. Sur 450 millions d'Africains, un tiers souffrent de malnutrition à des degrés divers, parmi lesquels 60 millions d'enfants âgés de moins de cinq ans. La situation, en outre, ne montre aucun signe d'amélioration, bien au contraire, comme en ont témoigné les derniers mois de 1992. C'est dans les pays où se sont conjugués sécheresse et conflits armés qu'elle apparaît la plus désespérée, en particulier en Angola, au Mozambique, dans l'ensemble de la Corne de l'Afrique et au Libéria.

Par comparaison, les difficultés alimentaires dans lesquelles se débattent les républiques issues de l'Union soviétique apparaissent relatives, surtout si l'on tient compte du niveau de consommation atteint, qui dépasse encore, à la mi-1992, 3 000 calories par jour. Toutefois, la désorganisation croissante de ces économies soumet les approvisionnements alimentaires à des fluctuations imprévisibles. Les pays occidentaux, le Japon et l'Océanie, enfin, demeurent, mis à part les groupes que le système économique a marginalisés, dans le registre de la pléthore alimentaire.

Un problème de répartition

Un point demeure certain : si la faim et la malnutrition restent des problèmes aussi aigus, ce n'est nullement parce que la production alimentaire de la planète est insuffisante. Bien au contraire, la terre pourrait nourrir 10 % de plus d'habitants qu'elle n'en compte à l'heure actuelle. Ce n'est pas non plus par manque de terres, car les hommes ne cultivent que 1 % des terres émergées. C'est faute d'une répartition équitable que l'économie mondiale ne semble pas en mesure d'assurer.

Pourquoi cette situation subsiste-t-elle ? Tout d'abord, l'agriculture continue de ne pas recevoir partout la priorité politique qu'elle mérite, bien des pays du Sud restant prisonniers d'un schéma de développement favorable à l'industrie. D'autre part, les terres restent très inéquitablement réparties, souvent mal ou sous-utilisées. Les régimes fonciers demeurent en outre très inégalitaires dans la plupart des pays du tiers monde, en particulier dans certains d'entre eux (comme le Brésil et le Pakistan), dont le potentiel agricole est pourtant considérable. La FAO (Organisation des Nations unies pour l'alimentation et l'agriculture) estime même que, pour cet ensemble de raisons, les terres cultivées pourraient diminuer d'un tiers d'ici l'an 2000.

Troisième facteur de stagnation, les prix agricoles payés au petit producteur demeurent trop faibles, et les paysans sont souvent découragés de produire, notamment lorsque des aides alimentaires mal conçues viennent inonder une région ou un pays de céréales peu onéreuses ou même gratuites. Enfin, le marché mondial des biens agricoles reste entièrement dominé par les pays du Nord, notamment les grands pays céréaliers, qui traitent les produits alimentaires comme n'importe quelle autre matière première, sans tenir compte de la spécificité nutritionnelle des produits agricoles.

Une amélioration de la situation passe donc nécessairement d'abord par une restructuration de l'agriculture au niveau national (politiques des prix, des transports, du stockage), par la mise en œuvre de subventions alimentaires ciblées (par groupes de population, par régions, etc.), et par une restructuration du marché mondial qui tienne compte des besoins nutritionnels du Sud.

Claire Brisset

La nouvelle donne de l'économie mondiale

Vers une économie multipolaire

On disait autrefois — dans les années soixante — que, lorsque les États-Unis attrapaient la grippe, le monde entier toussait. L'image était destinée à illustrer le poids de l'économie dominante et, selon l'expression de l'économiste français François Perroux, les *effets asymétriques* qu'elle exerçait, de façon «inconsciente» le plus souvent, sur le reste du monde. La métaphore est toujours d'actualité, mais avec un sens différent : elle exprime l'interdépendance des grands ensembles économiques contemporains.

Cette interdépendance est une évidence. Elle résulte de la libéralisation des mouvements de marchandises et de capitaux. Ce qu'un pays exporte dépend certes de sa compétitivité, mais aussi de l'intensité de la demande chez ses partenaires : les succès de Renault en Allemagne tiennent un peu à la qualité des voitures du constructeur français et beaucoup à la frénésie d'achats qui a suivi l'ouverture de l'est du pays à la consommation occidentale. Les exportations d'un pays dépendent donc de la croissance des autres pays. A l'inverse, le montant de ce qu'il importe dépend largement de l'évolution de sa propre croissance économique : si celle-ci est médiocre, les entreprises importeront moins d'ordinateurs ou de machines-outils, et les consommateurs achèteront moins de magnétoscopes. Les fluctuations d'activité économique se transmettent ainsi d'un pays à l'autre, par le biais du commerce extérieur, un peu à la façon des ronds dans l'eau. Certes, l'effet direct est faible : la progression des exportations ne suffit généralement pas à «tirer» la croissance économique. Mais l'effet indirect est considérable : le supplément de devises gagnées à l'exportation permet de financer davantage d'importations, donc de rendre viable une plus forte croissance économique intérieure. Sans cette «manne» extérieure,

jamais la RFA n'aurait pu redevenir l'Allemagne et financer l'intégration des *Länder* de l'Est. A l'inverse, en 1981-1982, en France, la relance tentée par le gouvernement de gauche a échoué par un effet de calendrier : les autres États «appuyaient sur le frein» alors que Paris s'efforçait d'«appuyer sur l'accélérateur», si bien que les importations françaises se sont gonflées sans que les exportations correspondantes soient au rendez-vous.

L'ère de la «contrainte extérieure»

Il n'en a pas été toujours ainsi. La place du commerce extérieur dans l'activité économique des pays industrialisés a en effet presque doublé en trente ans. En outre, chaque pays disposait de plus grandes marges de manœuvre : dévaluation, taxation «provisoire», voire protectionnisme pur et simple. Ce n'est plus le cas aujourd'hui. Et puis, surtout, les mouvements de capitaux se sont libéralisés : dans la plupart des pays capitalistes industrialisés, le contrôle des changes n'existe plus, tandis que la rapidité de traitement des opérations s'est considérablement accrue et que leur coût a diminué. Le monde entier est devenu une province, et les capitaux circulent au gré des taux d'intérêt, des politiques fiscales, des perspectives de croissance... ou des rumeurs.

Ainsi, est venu le temps de la «contrainte extérieure» : le rythme de croissance économique de chaque pays est largement déterminé par sa capacité à équilibrer ses comptes extérieurs, ce qui limite le rôle de la politique budgétaire (dont la fonction essentielle est, traditionnellement, de stimuler la croissance économique lorsque cela paraît nécessaire). Quant à la politique monétaire, elle est réduite à sa plus simple expression, puisque la fixation des taux d'intérêt est liée aux mouvements de capitaux : Karl Otto

Poehl, qui présida jusqu'en 1991 la Bundesbank, la banque centrale allemande, ne disait-il pas des marchés de capitaux qu'ils étaient aussi peureux que des souris et avaient une mémoire d'éléphant ? Dans ces conditions, il est normal que l'on assiste à une sorte de rapprochement des politiques économiques des différents États, et à une mise en phase de cycles économiques. Au début des années soixante-dix, l'économie américaine exerçait encore, par son poids, une sorte de leadership, mais les ralentissements d'activité aux États-Unis pouvaient être, dans une certaine mesure, compensés par une activité soutenue en Europe, ou dans certains pays européens. Aujourd'hui, les pulsations d'activité se sont largement internationalisées, et les rythmes de croissance se sont fortement rapprochés.

Il ne faut toutefois pas tomber dans l'imagerie d'Épinal ou le simplisme économique. Un marché n'est jamais totalement homogène, surtout s'il est mondial, comme c'est le cas du marché des capitaux. Les marges de manœuvre des États nationaux se sont réduites, mais elles n'ont pas disparu pour autant. Pour preuve : si les performances des différents pays se sont rapprochées, elles ne sont pas identiques pour autant. Par exemple, en 1991, tandis que l'ensemble des pays capitalistes industrialisés marquait le pas (croissance économique moyenne de 1 %), les États-Unis (avec − 0,7 %) et le Royaume-Uni (avec − 2,3 %) ont enregistré des scores bien plus médiocres, les premiers payant les frasques d'une expansion financée à coups de déficits budgétaires massifs dans les années quatre-vingt, le second, une politique économique très sévère destinée à casser les reins d'une inflation renaissante. Quant aux structures économiques, elles continuent à différer sensiblement, au point que l'on a pu opposer un « capitalisme rhénan » et un « capitalisme américain » (l'expression est de Michel Albert dans *Capitalisme contre capitalisme*, Seuil, 1991), pour ne rien dire d'un capitalisme japo-

nais, curieux mélange de modernisme outrancier et de relations sociales quasi féodales. Il ne faut pas oublier enfin que la politique de concurrence, la fiscalité, les formes d'aides publiques et leurs destinations — et beaucoup d'autres variables encore — jouent un rôle crucial dans l'orientation des différentes économies nationales et leurs performances. Ainsi par exemple, si, d'un point de vue budgétaire, le Japon est un pays fort libéral et très orthodoxe, le ministère de l'Industrie et du Commerce extérieur (le fameux MITI) a pratiqué une intervention constante qui n'est pas pour rien dans la supériorité actuelle des firmes japonaises dans certains secteurs.

Quelle autonomie pour chaque État ?

Cependant, en deçà d'une certaine taille, l'autonomie relative dont un pays peut faire preuve est très réduite. Le marché, on l'a dit, n'est jamais totalement homogène, ce qui autorise des écarts, des différences, par rapport à la « norme » internationale. Mais cela n'est possible qu'à condition de peser d'un certain poids. Les États-Unis peuvent se permettre de réduire leurs taux d'intérêt : le dollar ne s'affaiblit pas autant qu'il le devrait parce que les opérateurs savent bien que, taux d'intérêt faibles ou élevés, les États-Unis demeurent le pays le plus puissant de la planète, et le marché des capitaux y est le plus fluide et le plus vaste du monde. A tout moment, on peut vendre les titres que l'on possède, quels qu'ils soient, ce qui n'est pas le cas en Italie ou même en Allemagne. Il n'est donc pas étonnant que les États-Unis puissent décider quasi souverainement de leur politique économique : la contrainte extérieure s'y fait moins sentir qu'ailleurs. C'est d'ailleurs le principal intérêt de l'Union économique et monétaire européenne de tenter de créer, au sein de la CEE, un espace homogène de même nature. Même si, en apparence, cette Union se traduit par un transfert de souveraineté — en matière monétaire —,

BIBLIOGRAPHIE

M. ALBERT, *Capitalisme contre capitalisme*, Seuil, Paris, 1991.

CEPII, *L'Économie mondiale 1993*, La Découverte, coll. «Repères», Paris, 1992.

CEPII, *Économie mondiale 1990-2000 : l'impératif de croissance*, Économica/La Documentation française, Paris, 1992.

A. GRJEBINE, *La Politique économique*, Seuil, Paris, 1991.

«L'état de l'économie», *Alternatives économiques*, n° spéc., Dijon, 1992.

D. PLIHON, *Les Taux de change*, La Découverte, «Repères», Paris, 1991.

OFCE — Groupe international de politique économique, *La Désinflation compétitive, le mark et les politiques budgétaires en Europe. Premier rapport*, Seuil, Paris, 1992.

et donc par une diminution de l'autonomie relative de chaque État, elle aura pour conséquence une augmentation de l'autonomie de la Communauté dans son ensemble. Il faudra, bien sûr, une «convergence économique» des États membres, de sorte que les uns ne tirent pas à hue et les autres à dia. Cette convergence sera mesurée par quatre indicateurs : deux destinés à vérifier qu'aucun État ne s'éloigne trop de la moyenne communautaire (hausse des prix à la consommation et taux d'intérêt), deux autres fixant des bornes maximales à l'endettement public (déficit annuel et niveau d'endettement). Enfin, il sera exigé de chaque pays qu'il appartienne à la bande étroite du mécanisme de change du Système monétaire européen (SME) sans dévaluation de la monnaie nationale depuis au moins deux ans [*584*]. Ces contraintes supplémentaires pour chacun se traduiront — du moins on l'espère — par un gain pour l'ensemble.

Mondialisation ou régionalisation ?

Ainsi, plutôt que vers une mondialisation de l'économie, il semble que l'on se dirige vers une «régionalisation», par la constitution de vastes ensembles pesant chacun d'un poids suffisant pour décider d'une politique économique qui leur est propre. Depuis 1989, États-Unis et Canada sont engagés dans la constitution d'un Accord nord-américain de libre-échange (NAFTA, selon les initiales anglaises) qui devrait s'achever en 1998. Des négociations, qui ont abouti le 12 août 1992, y ont intégré le Mexique, dont une partie non négligeable de l'activité industrielle s'exerce déjà dans une zone franche située le long de la frontière avec les États-Unis, les usines (*maquiladoras*) y transformant à façon des pièces exclusivement destinées au puissant voisin du Nord. D'un monde éclaté en États plus ou moins souverains, dans lequel le poids du plus important d'entre eux pesait de façon déterminante, se dessine ainsi une évolution vers un monde multipolaire. Pour l'heure, trois pôles se dessinent (Amérique du Nord, zone Pacifique, sous influence japonaise, et Europe occidentale). L'ex-URSS et les pays de l'Est pourraient-ils à terme constituer un quatrième pôle ? Les tensions internes — notamment dans l'ex-URSS — et les problèmes que rencontrent ces pays pour dynamiser des économies que leur fonctionnement centralisé avait sclérosées risquent de peser plus lourd que le poids des anciennes solidarités «socialistes» [*582*]. Quant au tiers monde, il pèse peu en tant que tel : l'Asie est sous influence japonaise, l'Amérique du Sud sous l'influence de *Big Brother* et l'Afrique en déshérence. Certes, ici ou là s'opèrent certains regroupements régionaux : l'Association des nations du Sud-Est asiatique (ANSEA, avec l'Indonésie, la Malaisie, la Thaïlande et les Philippines) est déjà une réalité, tandis que les déclarations en faveur d'une intégration régionale ne manquent pas en Amérique du Sud. Mais aucune de ces zones n'est homogène : les inégalités de développement y sont fortes, et les politiques économiques impulsées par les pays dominants de la zone risquent fort de créer des contraintes inégales pour chacun des États. D'une zone à l'autre, des différences de dynamisme, des déphasages de fluctuations, des orientations partiellement divergentes de politiques économiques peuvent très bien se faire jour. Cela n'empêche pas la mondialisation sur certains points : ainsi le monde entier a-t-il ressenti l'onde de choc du krach boursier de 1987.

D'une certaine manière, cette régionalisation du monde, si elle favorise l'intégration en vastes ensembles, freine la mondialisation. Le commerce international — de services et de marchandises — continue à progresser plus vite que la production, mais cette dynamique concerne davantage les échanges au sein de chaque zone que les échanges internationaux au sens large. C'est sans doute pour cela que les négociations multilatérales de l'*Uruguay Round* menées au sein du GATT (Accord général sur les tarifs douaniers et le commerce) ont connu tant de difficultés : les États préfèrent consentir des concessions réciproques dans un cadre régional que dans un cadre mondial, car ils en maîtrisent — et

équilibrent ! — mieux les conséquences [*577*]. Cette évolution de type multipolaire pose des problèmes fort complexes à résoudre, notamment celui de la coopération : autonomie ne signifie pas indépendance et, si les États-Unis entrent en récession, cela ne peut pas ne pas avoir de conséquence négative sur le reste du monde. Dans le domaine de l'économie mondiale, le malheur des uns ne fait le bonheur de personne. Si une forme de coopération n'est pas trouvée, l'indispensable ajustement risque fort de se faire par le bas ou par la loi du plus fort. Le Groupe des sept pays les plus industrialisés (G7) apparaît parfois comme une tentative de directoire des plus puissants : cela est en partie vrai mais, dans un monde interdépendant, ne vaut-il pas mieux disposer de cette instance que de pas d'instance du tout ? Au moins, en 1985, les « riches » ont-il pu ainsi piloter la baisse du dollar et éviter qu'elle ne se transforme en catastrophe. Dans ce jeu complexe de négociations en vue d'une coordination internationale, les États ont donc plus que leur mot à dire. Un peu comme dans la stratégie des jeux, leurs décisions pèsent lourd dans la balance, car elles éliminent toute une partie des « possibles » et réduisent le choix des autres. Dans l'espace économique, la politique joue encore un rôle : le marché anonyme n'est pas tout-puissant. C'est plutôt une bonne nouvelle, non ?

Denis Clerc

Croissance des inégalités, au Nord comme au Sud

Pauvreté et inégalité s'accroissent dans le monde d'aujourd'hui : disparités grandissantes entre le Nord et le Sud d'une part, inégalités croissantes à l'intérieur des pays d'autre part, car la décennie quatre-vingt, bien loin de favoriser l'égalité des chances et des ressources, a au contraire creusé les écarts. L'on a même pu parler, à propos de cette décennie, de « mondialisation de la pauvreté ».

Selon la Banque mondiale, sur une population totale d'environ 5,3 milliards d'habitants, la planète comptait en 1991 environ 1,16 mil-

Riches et pauvres aux États-Unis

■ *Il y a moins d'inégalité aux États-Unis qu'ailleurs. Le président Bush le croyait, qui affirmait devant les étudiants de l'université du Michigan au printemps 1991 : «Nous sommes devenus le système le plus égalitaire de l'histoire.» Et ceux qui affirment le contraire utilisent, d'après le publiciste conservateur Norman Podhoretz (*in America : Le rêve blessé, *Autrement, Paris, 1992), des statistiques «truquées». Dès lors, les organismes officiels comme le Trésor, le Recensement, l'Internal Revenue Service (Impôts) n'ont sans doute pas entendu la consigne des conservateurs, car les données qu'ils publient ne cessent de démontrer que ce qui a le plus progressé, dans la décennie reagano-bushiste, ce sont les inégalités de toute sorte. Qu'on en juge.*

En 1989, le 1 % supérieur de la population disposait à lui seul de 37 % du patrimoine privé, contre 31 % en 1983. Ces 834 000 foyers avaient au total un patrimoine plus élevé (5 700 milliards de dollars) que celui des 90 % inférieurs. En matière de revenus également, l'écart s'est creusé dans cette période. En moyenne, entre 1977 et 1989, le 1 % supérieur a vu ses revenus croître de 77 % (560 000 dollars en moyenne par foyer) alors que les 20 % inférieurs ont vu le leur diminuer de 9 % (− 8 400 dollars par foyer). L'Américain le plus riche, Leon Hirsch, président de US Surgical, a gagné dans l'année 1991 118 millions de dollars — 15 000 fois plus que le «smicard» américain, qui gagne 3,80 dollars de l'heure (22 FF).

Il en va de même pour l'accès à l'éducation, à la santé ou au logement. Entre 1988 et 1991, dans les vingt-cinq universités privées les plus huppées, le pourcentage d'étudiants issus des 5 % de foyers les plus riches est passé de 31 % à 37 %. En revanche, l'école ne réussit pas à donner à des millions de jeunes les outils les plus élémentaires nécessaires à leur survie sociale. Il y aurait 800 000 sans-logis (d'après les estimations officielles) mais l'État ne construit à peu près plus de logements sociaux. Il préfère accorder des déductions fiscales pour l'achat de maisons, qui coûtent des dizaines de milliards au Trésor. Les États-Unis ont le niveau de dépenses de santé le plus élevé du monde (12,4 % du PIB en 1990 contre 8,9 % en France et 6,6 % au Japon) mais ils n'arrivent qu'au 16e rang pour l'espérance de vie et au 23e rang pour la mortalité infantile. Selon une enquête du département de la Santé publiée en 1992, 20 % de la population n'avaient, en 1987, eu aucune assurance médicale tout ou partie de l'année : dans les trois quarts des cas, le chef de famille travaillait.

L'inégalité sociale touche toute la société américaine : on comptait, en 1991, 21 millions de pauvres blancs et 9 millions de pauvres noirs. Mais elle touche plus les non-Blancs (un tiers d'entre eux sont pauvres) que les Blancs (10 %). Toutes les minorités, y compris les WASP (Blancs protestants d'origine anglo-saxonne), dans les Appalaches, sont touchées par la discrimination sociale.

Marie-France Toinet

L'indicateur de «développement humain»

■ L'état du monde *indique désormais dans les tableaux statistiques de la section «37 ensembles géopolitiques» le niveau de «développement humain» de chaque pays, mesuré par l'*indicateur de développement humain (IDH). *Ce nouvel indicateur composite est calculé chaque année, depuis 1990, par le Programme des Nations unies pour le développement (PNUD).*

Une telle initiative est venue du fait que l'indicateur de développement le plus couramment utilisé, le produit intérieur brut (PIB) par habitant, calculé au taux de change du marché, est, dans de nombreux cas, une très mauvaise mesure du niveau de bien-être atteint. Par exemple, l'Arabie saoudite, avec 7 390 dollars par habitant en 1991, ne comptait pas moins de 37,6 % d'analphabètes dans sa population adulte et présentait un taux de mortalité infantile de 58 ‰. L'île Maurice, dont le PIB par habitant atteint tout juste le tiers de celui de l'Arabie saoudite, ne compte pour sa part que 14 % d'analphabètes et le taux de mortalité infantile y est trois fois moindre (20 ‰).

Dans l'idéal, l'indicateur de «développement humain» devrait pouvoir tenir compte de nombreux facteurs.

Le PNUD a préféré ne retenir que trois éléments pour construire son indice : le niveau de santé, *représenté par l'espérance de vie à la naissance ; le niveau d'instruction, représenté par le taux d'alphabétisation des adultes et le nombre moyen d'années d'études (avec une pondération de deux tiers pour le premier et d'un tiers pour le second) ; et enfin le* revenu *représenté par le PIB par habitant après une double transformation tenant compte de la différence de pouvoir d'achat existant d'un pays à l'autre et du fait que le revenu n'augmente pas le bien-être d'une manière linéaire (lorsqu'on passe de 1 000 à 2 000 dollars de revenu annuel par habitant, le bien-être augmente beaucoup plus que lorsqu'on passe de 14 000 à 15 000 dollars).*

Dans un premier temps, chacun de ces facteurs (espérance de vie à la naissance, niveau d'instruction et revenu) est exprimé sur une échelle allant de 0 à 1. Le «0» signifie que le pays concerné est doté du maximum observable concernant la variable en question, tandis que le «1» correspond à la plus faible valeur observable. En matière d'espérance de vie à la naissance, par exemple, la valeur la plus élevée observée est celle du Japon (78,6 années), la plus faible est celle de la Sierra Léone (42 années). Un pays comme le Maroc, avec 62 années d'espérance de vie, aurait, dans l'échelle allant de 0 à 1, un indice 0,45 [(78,6 − 62) : (78,6 − 42) = 0,45] ; le Japon, avec ses 78,6 années d'espérance de vie, aurait un niveau 0 [(78,6 − 78,6) : (78,6 − 42) = 0].

*Le même calcul est réalisé pour l'indicateur de niveau d'instruction et pour l'indicateur de niveau de revenu. Dans une seconde étape, on effectue la moyenne des trois chiffres ainsi obtenus, que l'on soustrait du chiffre 1. On obtient ainsi l'*indice composite de développement humain. *On aboutit pour le Japon à un IDH de 0,981 et pour le Maroc à 0,429. Par ce moyen, il est possible d'opérer un classement de tous les pays.*

Francisco Vergara

BIBLIOGRAPHIE

S. BESSIS, *La Faim dans le monde*, La Découverte, « Repères », Paris, 1991.

M. CHOSSUDOVSKY, « Comment éviter la mondialisation de la pauvreté ? », *Le Monde diplomatique*, n° 450, Paris, 1991.

Les Paradoxes de la pauvreté (Reportages), Le Monde-Éditions, Paris, 1992.

PNUD, *Rapport mondial sur le développement humain*, Économica, Paris, 1992.

liard de « pauvres », c'est-à-dire d'individus ne disposant pour vivre que de 370 dollars par an, soit un revenu annuel inférieur à 2 000 FF (environ 170 FF par mois). Mais certains, sur ce total, étaient « extrêmement » pauvres, ne disposant que de 275 dollars par an, soit environ 125 FF par mois.

Ces chiffres ne concernent que le revenu. Or, être « pauvre », ce n'est pas seulement disposer de très faibles ressources monétaires : c'est aussi vivre dans une société où les « filets de sécurité » n'existent pas, ou guère, tels qu'une assurance chômage en cas de perte de l'emploi, une assurance maladie et maternité, des écoles, des dispensaires, des hôpitaux, etc. D'autre part, une évaluation trop strictement monétaire de la pauvreté (ou de la richesse) ne tient aucun compte de ce qui est produit et directement consommé, notamment dans les campagnes. Elle « gomme » les inégalités sociales ou régionales puisqu'elle ne fait apparaître que des moyennes.

La pauvreté, une notion relative

La « pauvreté », en outre, est une notion toute relative : elle se mesure par rapport au niveau de vie d'une population, et en particulier à ses standards de consommation, qui varient considérablement d'un pays à l'autre. Par exemple, les États-Unis considèrent que 13,5 % de leur population vivent au-dessous du « seuil de pauvreté » en ce début de la décennie quatre-vingt-dix, soit en-

viron 33,6 millions de personnes sur un total de 253 millions (deux millions de plus qu'à la fin des années quatre-vingt). Ce « seuil », dans ce pays, est fixé à 6 800 dollars par an, soit environ 3 100 FF par mois pour une personne seule. En France, on considère habituellement que le « seuil de pauvreté » correspond à un niveau moyen de 50 % du SMIC (salaire minimum interprofessionnel de croissance) pour une personne seule, soit environ 2 600 FF bruts mensuels. Selon la plupart des sources, environ 8 millions de personnes (sur 56,6 millions) vivraient dans la pauvreté ainsi définie. Certains, y compris les titulaires du RMI (revenu minimum d'insertion), disposent même d'une somme plus faible.

Il est bien évident cependant que l'énorme masse des « pauvres », dans le monde, vivent dans l'hémisphère Sud. Ils sont encore concentrés majoritairement en Asie du Sud, qui compte 30 % de la population du tiers monde mais la moitié des pauvres des pays en développement : 520 millions de démunis au total, dont 420 en Inde. L'Asie de l'Est et du Sud-Est comptent environ 280 millions de pauvres dont 210 en Chine, les autres pays de la région les plus frappés par la pauvreté étant le Vietnam, le Cambodge et les Philippines.

L'Amérique latine et les Caraïbes, qui ne représentent que 12 % de la population du tiers monde, comptent quant à elles, 7 % des pauvres du tiers monde, soit environ 70 millions de personnes, majoritairement concentrées dans les villes et les bidonvilles. Le Moyen-Orient et l'Afrique du Nord ne comptent « que » 60 millions de pauvres, mais le phénomène a tendance à s'aggraver dans certains pays comme l'Irak ou l'Algérie.

La situation de loin la plus préoccupante par son évolution est celle de l'Afrique subsaharienne, qui ne compte que 12 % de la population du monde en développement mais déjà 16 % des pauvres du tiers monde, soit 180 millions de personnes sur une population totale de 450 millions. Or le dénuement s'aggrave chaque année sur le continent noir — frappé par la sécheresse, la famine et les guerres — à un tel point que le « centre de gravité » de la pauvreté dans le monde se déplace lentement de l'Asie vers l'Afrique.

Cette aggravation est aussi sensible en Europe de l'Est, où l'effondrement de l'ordre économique ancien et la désorganisation qu'il a engendrée se sont accompagnés de multiples ruptures et d'une pauvreté grandissante.

Quelles sont les causes de cette aggravation qui frappe tous les continents à des degrés divers ? Il faut souligner, en premier lieu, que le monde paie aujourd'hui les effets de la désastreuse décennie quatre-vingt que l'on a pu qualifier de « décennie perdue » pour le développement. En effet, entre 1960 et 1980, la misère, l'analphabétisme, la mortalité infantile avaient régressé significativement dans la plupart des pays du Sud. Le revenu moyen, dans l'ensemble des pays en voie de développement, avait même progressé de 2,9 % par an, et la consommation par habitant s'était fortement accrue. Mais le début des années quatre-vingt a marqué une rupture dans cette évolution, en particulier en Afrique subsaharienne et en Amérique latine. L'Asie, au contraire, a semblé s'être solidement établie sur une ligne ascendante, malgré quelques notables exceptions (Bangladesh, péninsule indochinoise, Philippines...). Sur le continent noir, le revenu par habitant a décliné en moyenne de 2,4 % par an sur la décennie. Le nombre des pauvres pourrait y atteindre, voire dépasser, les 400 millions d'ici à la fin du siècle, soit un doublement en vingt ans. Poids grandissant de la dette, détérioration constante des termes de l'échange, chute des revenus tirés des matières premières, désertification, guerres et conflits : tout se conjugue, en Afrique noire, pour paupériser le continent entier.

Une évolution similaire, quoique moins accentuée, s'est produite en Amérique latine, où le revenu par habitant avait pourtant progressé de 3,8 % par an entre 1965 et 1980. Il a ensuite régressé en moyenne de 0,7 % par an à partir de 1980. Les raisons sont comparables à celles que l'on a observées en Afrique subsaharienne, en particulier le poids de la dette et des politiques d'« ajustement structurel » mal conduites.

En dix ans, la dette du tiers monde a plus que doublé, atteignant en 1992 1 340 milliards de dollars. L'Amérique latine est le continent le plus endetté du monde en valeur absolue, avec environ 460 milliards de dollars au total ; le paiement de cette dette absorbe à lui seul 40 % de la valeur des recettes d'exportation du continent. Mais l'endettement de l'Afrique noire, quoique trois fois moindre en valeur absolue (150 milliards de dollars environ), pèse deux fois plus lourd sur les économies du continent noir, dont le produit intérieur et les capacités de remboursement sont beaucoup plus faibles.

Le coût social des politiques d'ajustement structurel

Quant aux politiques économiques et financières d'ajustement structurel, imposées par le Fonds monétaire international (FMI) pour assainir la situation des pays pauvres et endettés, elles ont eu le plus souvent un coût humain extrêmement élevé. Fondées sur le triptyque : rééquilibre de la balance extérieure - compression de la consommation intérieure - réduction du déficit public, elles ont entraîné des coupes claires dans les budgets des politiques à caractère social, en particulier en matière de santé et d'éducation, et nettement détérioré la situation de ceux qui étaient déjà les plus pauvres. Du fait de la compression des dépenses publiques, de nombreux travailleurs, pour survivre, ont dû se «recycler» dans l'économie «informelle», souterraine, où les revenus sont plus faibles et la protection sociale nulle. L'arrêt, parfois quasi total, des investissements en zones urbaines, y a porté des coups très durs à l'emploi. De nombreuses écoles, beaucoup de dispensaires ont dû fermer leurs portes, faute de personnels, de médicaments, de moyens de fonctionner.

D'autre part, la chute des cours des produits de base, qui n'étaient plus soutenus, a ruiné un grand nombre d'agriculteurs, provoquant une nouvelle flambée de l'exode rural et le gonflement des bidonvilles. L'augmentation de la malnutrition, notamment chez les enfants, a aussi été l'une des conséquences de cette évolution, de même qu'une chute de la fréquentation scolaire.

Mais la décennie quatre-vingt n'a pas appauvri uniformément les peuples du tiers monde. Bien au contraire : au cours de ces mêmes années, les inégalités se sont très généralement accrues. Elles se sont d'ailleurs accentuées aussi dans les pays du Nord, en particulier aux États-Unis et au Royaume-Uni où les gouvernements conservateurs et ultra-libéraux de Ronald Reagan et Margaret Thatcher ont réduit les programmes sociaux. Mais elles se sont accrues également en France, pourtant dirigée par un gouvernement socialiste théoriquement animé d'un esprit égalitariste. Selon le Programme des Nations unies pour le développement (PNUD), en Australie, en Nouvelle-Zélande, en Suisse

et aux États-Unis, en 1991, les 20 % les plus riches de la population disposaient d'un revenu de huit à dix fois plus élevé que les 20 % les plus pauvres.

Dans le tiers monde, les inégalités sont plus criantes dans certains pays que dans d'autres. En Haïti et au Brésil, par exemple, en Inde et au Pakistan, au Maroc, au Zaïre, l'inégalité prend des proportions parfois inouïes. En certains cas, il peut arriver qu'un seul individu, une seule famille ou un très petit groupe détiennent l'essentiel de la richesse du pays.

La migration vers les villes représente parfois un moyen empirique de lutte contre l'inégalité. Le PNUD et la Banque mondiale ont démontré par diverses études que le revenu des ruraux reste, dans le tiers monde, inférieur de 25 à 50 % à celui des citadins. Cette situation pourrait évoluer rapidement avec le développement fulgurant de la pauvreté urbaine, mais elle demeure la règle en ce début de décennie quatre-vingt-dix.

L'inégalité, d'ailleurs, est la toile de fond de l'économie mondiale d'aujourd'hui, puisque les trois milliards d'êtres humains qui peuplent les pays les plus pauvres ne disposent que de 5,4 % du revenu mondial total, ce qui représente des ressources au total inférieures au PNB de la France. Les pays industrialisés, qui ne regroupent que 15 % de la population du monde, contrôlent, quant à eux, 80 % du revenu mondial. L'Afrique subsaharienne enfin, dispose tout entière de moins de 1 % du revenu mondial, soit moins de la moitié du revenu du Texas.

Claire Brisset

Des marchés financiers dans l'expectative

A la mi-1992, les marchés financiers apparaissaient n'en pas finir de sortir d'une sorte d'« entre-deux ». Morosité et attentisme sur fond de récession qui se prolongeait d'un côté, velléités de retrouver une trajectoire plus dynamique de l'autre. Il eût été bien surprenant qu'avec une croissance mondiale de 1 % environ en 1991 contre 2,2 % en 1990, un commerce mondial qui a connu en 1991 une forte décélération revenant à 3 % environ (contre 5,2 % en 1990), des entreprises qui presque partout sauf en Allemagne et au Japon ont *retenu* leurs investissements et se sont d'abord préoccupées d'assainir leur bilan, la sphère financière ait pu être très florissante. Si, en Europe, la Bourse a progressé (entre 10 et 20 %), à New York le marché s'est révélé très fluctuant et à Tokyo l'indice Nikkei est descendu de plus de 60 %, tandis que les autres compartiments de la finance ont le plus souvent stagné sinon regressé. En revanche, un éphémère regain d'activité lié aux espoirs de sortie de la récession s'est esquissé en 1992.

Feu la bulle financière

La période qui va du second choc pétrolier (1979) au krach boursier de 1987 a été ponctuée par une véritable *explosion* des activités financières, souvent analysée en termes de *bulle spéculative*, c'est-à-dire de hausse auto-entretenue des prix des actifs financiers devenus plus ou moins autonomes vis-à-vis des éléments *fondamentaux* de l'économie réelle.

Ce fut d'abord le cas de l'*économie d'endettement*. Fondée sur un travail de recyclage et d'intermédiation du système bancaire, elle fut la première réponse apportée aux deux chocs pétroliers successifs. De 1973 à 1982, c'est la montée d'une « économie de découverts » (*overdraft economy*) qui permit aux États comme au secteur privé — pour les pays en développement mais aussi pour plusieurs pays industrialisés en déficit — de trouver une offre de fonds prêtables pratiquement illimitée, sur la base d'un très fort travail de démarchage des banques.

Cependant, l'inflation — qui atteignit parfois des taux à deux chiffres — constitua l'un des éléments principaux du système, en allégeant au maximum la charge réelle de la dette. En 1982, avec le risque de défaut de remboursement du Mexique et du Brésil, puis avec la désinflation amorcée, le décor changea : le système bancaire revint à plus de *discrimination*. Un peu plus tard — et pratiquement jusqu'au krach boursier d'octobre 1987 —, les opérateurs de marchés des capitaux de plus en plus déréglementés et ouverts aux innovations financières crurent avoir trouvé la pierre philosophale avec la technique de la « titrisation » qui permettait aux banques, au lieu de porter elles-mêmes leurs crédits, de placer auprès d'emprunteurs finals (compagnies d'assurance, fonds de pension, etc.) des effets à court terme représentatifs.

A partir de 1987 s'opéra un assez net retour vers les financements intermédiés avec une progression considérable des prêts bancaires internationaux. A la fin de 1990, l'encours des financements internationaux dépassait 4 000 milliards de dollars, contre 800 milliards dix ans plus tôt. C'est alors qu'intervint la forte contraction financière de 1990 et du premier semestre 1991, par rapport à laquelle les marchés, à la mi-1992, avaient encore du mal à s'émanciper.

Paradoxalement, ce ralentissement intervint alors que l'économie mondiale connaissait un déficit d'épargne global considérable. Les anciennes régulations du marché international des capitaux étaient fondées sur un financement Nord-Nord (et, accessoirement, Sud-Nord, dans la mesure où les pays en développement

BIBLIOGRAPHIE

Henri BOURGUINAT, *Finance internationale*, PUF, Paris, 1992.

ont assuré, à partir de 1983, du fait du remboursement de la dette, un transfert net vers le Nord qui a alimenté le circuit des pays industrialisés). A partir de 1990, ce mécanisme a tendu à se gripper. En effet, malgré le ralentissement de l'économie mondiale, l'atonie de l'investissement et la chute du nombre de fusions-acquisitions, on a constaté, dans cette période, une pénurie mondiale d'épargne. Le taux d'épargne de la zone OCDE (pays industrialisés) est devenu inférieur à celui de l'investissement, un seul pays (le Japon) apparaissant comme exportateur net de capitaux, l'Allemagne ayant inversé sa position en 1991 du fait de sa réunification. A cette situation, il faut ajouter les besoins de financement des pays de l'Est et ceux des États-Unis dont le taux d'épargne demeurait très bas, et enfin ceux, récurrents, des pays en développement. Le niveau des taux d'intérêt réels (taux nominaux ajustés de l'inflation) ne pouvait donc que demeurer fort élevé au début de 1992 [*cf. tableau*]. Pour autant, la dynamique financière n'opère plus comme au cours des années 1980-1987, et cela pour deux raisons principales qui sont en fait fortement liées.

Étranglement du crédit et hystérésis financière

Parler d'étranglement du crédit (*credit crunch*) revient à constater une contraction simultanée de l'offre et de la demande de crédit, et cela indépendamment du niveau des taux d'intérêt. Cette double inappétence financière a tenu à la conjoncture d'une demande de crédit nettement restreinte au niveau des entreprises — et des ménages — surendettées (aux États-Unis, du fait de la croissance très faible des revenus des particuliers à partir de 1989, l'endet-

tement des ménages a atteint le niveau record de 95 % du revenu ; il n'était que de 69 % lors de la récession de 1982) et d'une offre des banques restreinte par les contraintes des fonds propres (ratio Cooke) et la volonté de limiter les risques au niveau des emplois. Les risques (immobilier, surendettement des particuliers, « affaires » du type Maxwell ou Canary Warf) s'accroissant et les marges se contractant, les banques ont hésité à accroître le poids de leurs opérations et sont devenues beaucoup plus sélectives dans leurs ouvertures de crédit.

Cette rétractation exprime ce qu'en physique on appelle un « effet d'hystérésis », au sens d'un retard de l'effet sur la cause lorsqu'on soumet un corps à une impulsion d'abord croissante puis décroissante. C'est pour avoir, pendant plus de cinq ans, développé des concours à tout va, avec souvent une tarification inadéquate des risques et un excès de concurrence sur les produits, que les banques ont eu, cette fois, besoin de souffler. Il leur a fallu, d'urgence, tailler dans le vif de leurs emplois et éliminer les prêts les plus risqués. Comme, par ailleurs, la désinflation ne permettait plus aucun allégement de la charge réelle de la dette supportée tant par les particuliers que les entreprises ou les États, les taux réels ont joué leur rôle dissuasif et les marchés financiers ont stagné.

Quelques timides embellies se sont cependant dessinées : l'Amérique latine a attiré en 1991 plus de 40 milliards de dollars de capitaux privés (dont 15,7 milliards sous forme d'emprunts) et, au moins pour certains pays (Mexique), les capitaux antérieurement « fugitifs » ont commencé à rentrer au bercail. Aux États-Unis, le secteur bancaire, puissamment restructuré (concentration), a amélioré ses fonds propres. Ceux-

TAUX D'INTÉRÊT AU 1.7.92				
Pays	Taux nominaux		Taux réels [a]	
	Taux courts [b]	Taux longs [c]	Taux courts [b]	Taux longs [c]
États-Unis	4,1	7,8	1,2	4,9
Japon	4,9	5,4	3,0	3,5
Allemagne	9,6	8,0	5,3	3,7
France	10	8,9	7,0	5,9

a. Taux d'intérêt nominaux corrigés de l'inflation ;   b. Taux à 3 mois ;   c. Taux des obligations à 10 ans.

ci — sauf exception comme pour la City Corp —, à la mi-1992, dépassaient pour les grandes banques le ratio de 4 % d'un point. Pour autant, il serait bien imprudent, tant le poids des excès antérieurs — notamment de l'immobilier — se fait sentir sur la qualité des actifs, de parler de véritable redressement.

A la mi-1992, rien ne paraissait encore vraiment réglé et il n'était pas dit que la cure n'aurait pas à être prolongée encore pendant quelque temps. Lorsqu'elle s'achèvera, les marchés redémarreront. Sans doute, cette fois encore trop rapidement, tant la finance est un monde sensible aux emballements, presque toujours sur fond peu répressible de mimétisme et de suivisme des acteurs.

Henri Bourguinat

Le nouveau pouvoir des investisseurs institutionnels

Le « raid » manqué sur la Société générale en 1989 a marqué un véritable tournant dans l'histoire financière de la France. Pour la première fois, un investisseur institutionnel, Marceau Investissements, dirigé par Georges Pebereau (ancien P-DG de la CGE — Compagnie générale d'électricité), s'est lancé à l'assaut de la troisième banque française, avec la complicité (si ce n'est l'aide) des pouvoirs publics et l'appui d'autres investisseurs institutionnels, au premier rang desquels la puissante mais discrète Caisse des dépôts et consignations (CDC). Cette opération de « renationalisation rampante » dénoncée par l'opposition de droite a échoué, mais pour la première fois les Français ont découvert que des structures dont ils ignoraient jusqu'alors l'existence même pouvaient défier les institutions financières les plus vénérables et les plus solides du pays.

Mais qui sont ces « investisseurs institutionnels » que, dans les métiers de finance, on surnomme familièrement les « zinzins » ? Au sens strict, les investisseurs institutionnels regroupent les compagnies d'assurance et les caisses de retraite. Par extension, on peut considérer comme des « zinzins » les plus gros établissements financiers, ceux qui vendent les mêmes produits que les compagnies d'assurance et qui, sur les marchés financiers, se comportent comme elles. La France n'est pas le seul pays où les « zinzins » dominent la scène financière. On peut même considérer qu'elle est très en retard dans ce domaine.

BIBLIOGRAPHIE

FÉDÉRATION FRANÇAISE DES SOCIÉTÉS D'ASSURANCE, *Rapports annuels*.

« Le financement des retraites », *Revue d'économie financière*, n° spéc., Paris (à paraître en déc. 1992).

G. LUSENTI, *Les Institutions de prévoyance. Placements financiers et politique sociale*, Georg, Genève, 1990.

O. PASTRÉ, *Les Nouveaux Piliers de la finance*, La Découverte, Paris, 1992.

Le cas des « zinzins » français

La principale explication à ce décalage vient des choix faits par chaque pays au lendemain de la Seconde Guerre mondiale en matière de financement des retraites. Alors que la France, par souci d'égalitarisme, optait pour un système de répartition (l'ensemble des cotisations perçues chaque année est « réparti » entre les retraités), de nombreux pays choisissaient un système par capitalisation dans lequel les primes de chaque assuré, directement investies sur les marchés financiers, sont progressivement « capitalisées » pour être reversées au cotisant au moment de sa retraite. Dans le creuset de la retraite par capitalisation, système éminemment individualiste, s'est ainsi développée dans les principaux pays développés une véritable « industrie » des « fonds de pension », ces structures étant chargées de gérer les capitaux mis en réserve.

Une croissance très rapide

Sous la double pression du vieillissement démographique et de l'explosion des marchés financiers, cette industrie a connu une croissance extrêmement rapide, le pourcentage du PNB que représentaient les investissements des « zinzins » a pratiquement doublé au cours des années quatre-vingt. Dans certains pays, les chiffres laissent rêveurs. En 1990, aux États-Unis, les fonds de pension représentaient ainsi 2 900 milliards de dollars, dont 45 % investis en actions, l'équivalent de plus du tiers de la capitalisation de Wall Street ! La même année, les

fonds de pension japonais et britanniques représentaient respectivement 700 et 500 milliards de dollars...

Si la France est en retard, le pécule n'en est pas moins confortable : 1 600 milliards FF gérés par les compagnies d'assurance ; 1 600 autres milliards FF gérés par la Caisse des dépôts à elle seule ; dans un cas comme dans l'autre, rien de moins que l'équivalent du budget de l'État. Les « zinzins » détenaient fin 1991 plus de 10 % du capital de 27 des 50 plus grandes entreprises de la France. Avec une nombreuses privatisations qui ne manqueront pas d'intervenir, et compte tenu du fait que la retraite par capitalisation se développera pour épauler le système de retraite par répartition, les « zinzins » français ont de beaux jours devant eux.

Mais plus encore que leur poids croissant dans tous les pays développés, ce qui frappe c'est qu'ils sont devenus activistes. Hier « partenaires dormants » les « zinzins » ont commencé à se réveiller : raid sur la Société générale, mais aussi sauvetage de Hachette et explosion de l'industrie du capital-risque (financement en fonds propres des PME). Dans des pays comme les États-Unis, cet interventionisme va plus loin, puisque les fonds de pension interviennent directement dans la gestion des entreprises, allant dans certains cas jusqu'à fixer le salaire des P-DG. La puissance est récente mais la volonté d'en user l'est encore plus.

Vertus et vices

Faut-il se plaindre ou se réjouir de cette évolution ? Les vertus des « zinzins » semblent *a priori* largement l'emporter sur leurs vices. D'abord, ce sont des actionnaires patients. Le gonflement de la bulle financière a montré les risques que présentait en matière de choix économiques la substitution d'une logique financière à une logique industrielle [*voir p. 573 dans ce même chapitre*]. Dans une période où la spéculation est la règle, la capacité des « zinzins » d'investir à long terme est un atout dont peuvent tirer parti les entreprises industrielles. Plus généralement, à un moment où l'État se désengage de l'industrie, il trouve ici un relais indispensable à son action. On passe du monopole d'État à l'oligopole financier, la démocratie peut *a priori* y gagner.

Plus généralement, cette nouvelle « force de frappe » financière peut mieux que d'autres s'orienter dans la voie du social. Ce sont les « zinzins » (en l'occurrence la Caisse des dépôts) qui, en France, financent le logement social. De même aux États-Unis, certains fonds de pension se sont fixé pour règle d'investir une partie de leurs capitaux dans des projets à caractère social. Mais au-delà de ces exemples, ce qu'il faut bien voir, c'est que les « zinzins » sont sponta-

nément au cœur de l'économie sociale. Qu'il s'agisse de financement des retraites, de prévention médicale ou de lutte contre le sida, on les trouve désormais au cœur de tous les grands débats sociaux. Ils sont des acteurs sociaux qui disposent (enfin) de moyens financiers à la mesure des défis sociétaux à venir.

Les vertus naturelles des « zinzins » ne doivent pas toutefois masquer les risque que fait peser une telle concentration du pouvoir financier. Le risque principal tient à la fragilité des ces structures qui reposent pour la plupart sur quelques individus échappant presque à tout contrôle. Pour que la « force de frappe » financière des « zinzins » soit utilisée de manière productive, il faut qu'un contrôle s'exerce sur elle mais il faut aussi que ces structures se réforment (certaines sont très archaïques) et consentent ainsi un immense effort de formation. Contrôle des activités et formation des personnels, tels doivent être les deux piliers de la « République des zinzins ». Avec de tels piliers tous les espoirs sont permis, sans eux tous les excès sont à craindre.

Olivier Pastré

Commerce international
Le GATT et l'avenir du libre-échange

Le commerce international fait l'objet, depuis 1947, d'une volonté d'organisation qui se concrétise dans le GATT (Accord général sur les tarifs douaniers et le commerce) auquel adhéraient, à la mi-1992, 103 pays, représentant environ 90 % du commerce mondial de marchandises. L'objectif essentiel du GATT, né par réaction aux dérives protectionnistes des années trente, est d'assurer une libéralisation continue des échanges, qui doit permettre, *via* l'expansion du commerce international, une croissance générale, créatrice d'emplois. Cet objectif a été atteint dans un mouvement sans

heurt important de 1948 à 1986 : des séances de négociations collectives multilatérales (les *Rounds*) ont ainsi permis d'abaisser les barrières douanières et d'assurer une croissance des échanges mondiaux sans cesse supérieure à celle de la production. En revanche, à partir de 1986, le processus de libéralisation des échanges a semblé avoir atteint une limite : pour la première fois, les négociations de l'*Uruguay Round*, ouvertes à Punta del Este en septembre 1986, n'ont pu être achevées dans le délai prévu de quatre ans. A la mi-1992, leur aboutissement semblait encore très improbable, étant donné la vigueur des

BIBLIOGRAPHIE

Focus, Bulletin d'information du GATT, Genève.

D. JOUANNEAU, *Le GATT*, PUF, « Que sais-je ? », Paris, 1987.

M .RAINELLI, *Le Commerce international*, La Découverte, « Repères »,
Paris, 1992 (nouv. éd.).

R. SANDRETTO, *Le Commerce international*, Armand Colin, Paris, 1989.

J.-M. SIROËN, « Le nationalisme dans les relations économiques
internationales », *Revue française d'économie*, vol. VII, 1, Paris,
hiver 1992.

oppositions, tout particulièrement dans les domaines agricole et des services.

Cet échec a conduit à s'interroger sur le rôle que va pouvoir jouer le GATT dans l'organisation future des échanges mondiaux. Deux problèmes majeurs, fortement liés, se posent pour l'avenir des relations économiques internationales : celui de la constitution de zones de libre-échange indépendantes les unes des autres, et la persistance du protectionnisme.

Les blocs régionaux et le multilatéralisme

Le principe fondamental du GATT est celui du *multilatéralisme* : chaque nation abaisse ses barrières douanières par rapport à tous les pays, simultanément ; la perspective est donc mondiale. Elle repose sur la généralisation de la *clause de la nation la plus favorisée* : tout avantage accordé par une nation donnée à un de ses partenaires commerciaux doit être étendu à l'ensemble des pays avec lesquels elle commerce, selon l'article 1er du GATT. Mais ce principe du multilatéralisme est battu en brèche, notamment lorsque les pays se constituent en blocs régionaux, puisque se crée alors un espace de relations privilégiées entre les nations signataires qui, plus ou moins rapidement, font disparaître toutes les entraves au commerce existant entre elles.

La constitution de blocs régionaux est à l'heure actuelle une tendance forte qui se manifeste dans les différents continents, en Europe avec l'EEE (Espace économique européen), qui doit regrouper la CEE et l'AELE (Association européenne de libre-échange), en Amérique du Nord avec la NAFTA (l'accord de libre-échange Canada-Mexique-États-Unis) ou encore en Amérique du Sud avec le MERCOSUR (Marché commun du Sud entre Brésil, Argentine, Uruguay et Paraguay). Le traité du GATT n'interdit pas la création de ces zones régionales de libre-échange ; simplement, son article 24 prévoit que celles-ci ne doivent pas se constituer en « forteresses » à l'encontre du reste du monde.

Or la contribution de ces blocs régionaux à l'organisation des échanges internationaux est contestée : il existe un risque fort de création d'ensembles homogènes, engagés dans des négociations de bloc à bloc et abandonnant la référence au multilatéralisme. En effet, le résultat classique de la création d'une zone de libre-échange est l'intensification du commerce entre les pays concernés avec éventuellement un effet de détournement du trafic : des flux commerciaux avec l'extérieur de la zone sont remplacés par des échanges intra-zone. De ce point de vue, les blocs régionaux iraient à l'encontre de la mondialisation des échanges, en conduisant à un repli des différents groupes de pays sur eux-mêmes. Ces ensembles homogènes une fois constitués sont tentés de négocier entre eux selon une logique de « commerce dirigé ». Quel meilleur exemple que celui de l'accord d'autolimitation des exportations d'automobiles japonaises dans la CEE datant de juillet 1991 ? Au-delà de ses ambiguïtés, cet accord prévoit en effet un accès limité au marché européen jusqu'en 1999, selon des modalités proches de l'accord de restrictions volontaires des exportations dans le même secteur qui a été passé entre le ministère japonais de l'Industrie et du Commerce extérieur (MITI) et l'administration des États-Unis en 1982. Il n'est donc pas certain que la constitution de zones préférentielles de libre-échange à une échelle régionale puisse conduire, dans une étape suivante, à des échanges totalement libres au niveau mondial.

Persistance des barrières non tarifaires

Les négociations menées dans le cadre du GATT ont permis de faire reculer le protectionnisme, du moins dans sa forme visible, c'est-à-dire les barrières tarifaires (droits de douane). En revanche, les barrières non tarifaires (quotas, normes, subventions aux exportations, restrictions diverses de l'accès au marché intérieur) sont souvent plus difficiles à cerner et donc plus dures à éradiquer. De plus, le libre-échange semble avoir perdu une partie de ses attraits pour les nations, pour trois raisons différentes, et le GATT paraît impuissant à faire reculer les nations sur ces sujets.

La première raison relève de mesures de rétorsion lorsque l'accès des productions nationales à un marché étranger est limité. L'exemple le plus net en a été l'adoption par les États-Unis, en août 1988, d'une loi prévoyant des mesures de rétorsion contre les pays pratiquant un commerce « déloyal » (*unfair*), particulièrement avec la « section super 301 ». Lorsque, à la suite d'une investigation, il apparaît que des restrictions entravent l'entrée des produits américains sur des marchés étrangers, l'administration américaine s'arroge le droit de prendre des mesures de rétorsion. L'argument des États-Unis

consiste à énoncer qu'un commerce international libre ne peut être qu'un commerce loyal (*fair trade* et *free trade*). Cependant, la position américaine revient, de fait, à une escalade protectionniste, même si l'objectif affiché est l'ouverture des marchés.

La deuxième raison fondant le protectionnisme contemporain est la subvention d'industries considérées comme vitales pour la nation ; c'est le cas du conflit qui oppose les États-Unis et la CEE dans le secteur de l'aéronautique, les Américains soutenant que la fabrication d'Airbus repose sur des subventions publiques contraires aux principes du commerce loyal. Il s'agit là d'un différend commercial majeur dont est saisi le Comité des subventions du GATT.

La troisième raison tient aux dispositions érigées par les nations pour se protéger contre les « usines tournevis », c'est-à-dire les usines d'assemblage que développent notamment des firmes japonaises en Europe et qui importent du Japon l'essentiel de leurs composants. Les décisions prises par la CEE pour établir des droits de douane antidumping dans ce cas ont été condamnées par le GATT comme incompatibles avec les principes de l'accord, mais la question générale des mesures concernant les investissements étrangers et liées au commerce reste un sujet en débat.

La constitution des blocs régionaux et la permanence de pratiques protectionnistes, quel que soit leur fondement, laissent penser que le libre-échange complet n'est pas près de s'instaurer. L'ampleur des désaccords qui se sont manifestés pour la première fois au sein du GATT permet de penser que le démantèlement des barrières protectionnistes a atteint un seuil en deçà duquel les nations ne sont pas prêtes à descendre. Dans ces conditions, le GATT risque de devenir une simple chambre d'enregistrement des désaccords et non plus une instance réellement active.

Michel Rainelli

La dette du tiers monde
ne fait plus peur aux pays riches

Lors de leur réunion à New York, fin janvier 1992, les ministres des Finances du G7 (Groupe des sept pays les plus industrialisés) avaient à examiner essentiellement deux problèmes inscrits à l'ordre du jour : d'une part, la «stratégie pour la croissance de l'économie mondiale», sur laquelle États-Unis, Allemagne et Japon se sont opposés, les autres participants étant plutôt spectateurs ; d'autre part, l'aide aux États issus de l'ex-URSS. Les participants ont pris le temps de préciser que le service de la dette ne devrait pas être interrompu.

De la dette du tiers monde, il n'a pratiquement pas été question, ou du moins rien n'a transparu. Et pourtant la crise de la dette n'est toujours pas réglée. Simplement, la dette ne fait plus peur ; elle présente donc moins d'intérêt et ne fait plus la une de l'actualité. Au «sommet» de Londres du G7 (réunissant les chefs d'État et de gouvernement), en juillet 1991, on avait peu abordé le sujet, mais quelques instants lui avaient été consacrés, suffisamment pour que l'on puisse définir les grandes lignes de la position du directoire des pays riches en la matière.

Cette position repose toujours sur l'affirmation que la relance mondiale facilitera le règlement de la dette. Il s'agit toutefois d'un vœu pieux et d'une déclaration platonique tant que rien n'est fait pour agir concrètement sur le déficit budgétaire des États-Unis et les taux d'intérêt. Les avanies du président Bush au Japon (janvier 1992) ont montré les limites d'une entente possible sur le financement de la croissance, cependant que la réduction des apports d'argent frais dans les pays endettés est aggravée par la baisse des cours des matières premières et des recettes d'exportation.

La rencontre de Londres a innové sur un point d'importance ; on y a trouvé pour la première fois la reconnaissance officielle du traitement politique de la dette. L'Égypte et la Pologne ont en effet été récompensées pour leur bonne tenue, dans la guerre du Golfe pour la première (Le Caire a participé activement à la coalition anti-irakienne) et pour ses choix économiques résolument libéraux pour la seconde. L'Égypte a ainsi bénéficié en 1991 d'une annulation immédiate de 30 % de sa dette (assortie d'une promesse d'annulation de 20 % supplémentaires conditionnée par le respect des clauses d'ajustement), ainsi que d'un rééchelonnement sur vingt ans du montant restant. Un nouveau plan d'ajustement a par ailleurs été mis en place. Quant à la Pologne, elle a bénéficié d'une remise partielle de sa dette ainsi que d'une aide économique occidentale. Il a cependant été affirmé que de tels «traitements de faveur» constituaient une exception. Lorsque la France, par la voix de Pierre Bérégovoy, a demandé, lors de la préparation du G7 à Paris, que d'autres pays, notamment la Côte d'Ivoire, puissent bénéficier de mesures comparables, le blocage a été tel que toute référence à la question de la dette a disparu du communiqué final.

BIBLIOGRAPHIE

P. ARNAUD, *La Dette du tiers monde*, La Découverte, « Repères », Paris, 1991 (nouv. éd.).

E. ASSIDON, J. ADDA (sous la dir. de), *Dette ou financement du développement*, L'Harmattan, Paris, 1992.

S. GEORGE, *Jusqu'au cou : enquête sur la dette du tiers monde*, La Découverte, Paris, 1988.

S. GEORGE, *L'Effet boomerang. Choc en retour de la dette du tiers monde*, La Découverte, Paris, 1992.

P. NOREL, E. SAINT-ALARY, *L'Endettement du tiers monde*, Syros-Alternatives, « Alternatives économiques », Paris, 1988.

En dehors de ces innovations bien timides et bien particulières, les principes du règlement ont été réaffirmés : traitement au cas par cas et refus de toute négociation d'ensemble ; refus de toute reconnaissance de coresponsabilité et de toute discussion sur la légitimité des dettes ; obligation de subordonner les allégements aux programmes d'ajustement structurel (PAS) définis par la Banque mondiale. Ces programmes comportent toujours trois volets : l'ouverture sur le marché mondial, la réduction des dépenses budgétaires « improductives » (notamment santé et éducation) et la privatisation des entreprises publiques. D'autre part, le rééchelonnement reste la technique imposée pour alléger le poids des remboursements, les annulations partielles étant toujours liées à des rééchelonnements.

Dans ces conditions, l'appel pressant du G7 au Club de Paris (qui rassemble les États créditeurs des pays endettés), c'est-à-dire dans les faits un appel à lui-même, demandant de rechercher de nouvelles solutions a eu de quoi laisser sceptique. Le cadre institutionnel de l'économie mondiale s'est précisé non seulement à travers les positions du G7, mais aussi lors des négociations de l'*Uruguay Round* au sein du GATT (Accord général sur les tarifs douaniers et le commerce, *voir p. 577 dans ce même chapitre*), lors du « sommet » sur l'environnement de Rio [*voir p. 38*], et par le biais des plans d'ajustement et du traitement de la dette. La cohérence des positions des pays du Nord sur ces différents dossiers a laissé peu de place aux propositions alternatives.

Il faut dire que le contexte a profondément changé en dix ans. Après l'implosion à l'Est et la guerre du Golfe de 1991, l'ouverture au marché mondial et les fondements des plans d'ajustement n'ont plus trouvé que peu de contradicteurs. Le fait que les pays ne peuvent plus payer et que probablement ils ne paieront pas n'inquiète plus. Le système monétaire a été consolidé. Les créanciers ont suffisamment provisionné : il y aura quelques faillites mais le système bancaire n'est plus en danger du fait de la dette du tiers monde [*voir p. 573 dans ce même chapitre*].

La dette accélère la dégradation des conditions de vie et de l'environnement pour une grande partie de l'humanité. Elle rend insoluble le financement du développement. Une politique audacieuse et généreuse est possible, qui faciliterait la relance mondiale en accroissant les transferts vers le Sud. Faute de les envisager, les États riches du Nord donneraient raison à ceux qui considèrent que la gestion de la crise de la dette est d'abord une épée de Damoclès et un moyen de maintenir sous pression les pays du tiers monde.

Gustave Massiah

Europe de l'Est
Transition difficile sur fond de récession

Ce n'est qu'au bout de quelques années — les avis divergent sur ce point parmi les spécialistes — que les effets positifs des réformes engagées par les nouveaux gouvernements démocratiques d'Europe centrale et orientale devraient se faire sentir en termes de croissance du PNB, d'équilibre de la balance commerciale, de stabilité des prix. Selon les prévisions de la Banque mondiale, les économies d'Europe de l'Est devraient retrouver un rythme de croissance positif à partir de 1996.

En attendant, l'ajustement a induit une rapide dégradation des performances, montée du chômage, flambée de l'inflation suivie de l'entrée dans une longue récession, avec notamment un effondrement de la production industrielle. Pour la Hongrie, la Pologne et la Tchéco-Slovaquie, la croissance annuelle avait été, entre 1980 et 1988, en moyenne de respectivement 1,6 %, 2,5 % et 2,0 %. En 1990, ces taux sont tombés à − 6,4 %, − 14,0 % et − 3,5 %. En 1991, ils ont été de − 8,0 %, − 9,0 % et − 16,0 %. Dans les Balkans la croissance a été également très négative en 1991 : − 23,0 % en Bulgarie, − 8,0 % en Roumanie, − 28,0 % en Yougoslavie. En matière d'inflation, les taux ont été à deux ou trois chiffres selon les pays en 1991 : 28,9 % en Hongrie, 60,3 % en Pologne (contre 640 % en 1989 et 226 % en 1990), 52 % en Tchéco-Slovaquie, 250 % en Bulgarie, 344,5 % en Roumanie et 215 % en Yougoslavie.

En Pologne, le *Big Bang* introduit en 1990 a produit quelques effets, notamment la réduction du rythme de la hausse des prix. La dévaluation du zloty a stimulé les exportations et réduit le déficit de la balance commerciale. L'aide économique occidentale et la remise partielle de dette dont le pays a bénéficié ont limité la pression financière. Mais le taux d'inflation est demeuré élevé et le déficit public s'est accru et est devenu incontrôlable, nécessitant le recours à de nouveaux emprunts pour faire face aux obligations de l'État. Le gouvernement a procédé à la suppression de la plupart des subventions, à l'exception de celles concernant quelques biens de consommation. Parallèlement aux privatisations des entreprises d'État, dont la réalisation est apparue assez lente, plus de 60 000 entreprises dans les secteurs de la distribution et des services ont été créées.

Les mesures de stabilisation mises en œuvre en Tchéco-Slovaquie et en Hongrie ont produit les mêmes effets, mais de façon moins brutale. Les deux pays ont enregistré un taux élevé de création de petites entreprises, mais le chômage s'est rapidement propagé.

La Roumanie et la Bulgarie ont été plus sensibles au choc en raison de la rigidité de leurs structures économiques et de l'absence de synchronisation entre les mesures macro-économiques d'ajustement et les mesures de restructuration des entreprises. Le rythme d'inflation a été beaucoup plus fort, et la baisse de la production industrielle et la hausse du chômage devaient s'élever rapidement, l'absence de devises convertibles empêchant l'importation des inputs. Le rythme auquel ont commencé les privatisations a été très lent ; seuls les petits commerces (plusieurs dizaines de milliers dans chaque pays) étaient privatisés à la mi-1992.

L'ajustement dans l'ex-RDA (République démocratique allemande) s'opère dans un cadre très différent, celui de l'Union économique et monétaire allemande qui a pris effet le 1er juillet 1990. L'ex-RDA bénéficie de l'aide de la RFA, mais l'ajustement s'est fait très brutalement : la parité du mark de l'Est par rapport au mark de la République fédérale a brusquement fait disparaî-

BIBLIOGRAPHIE

B. CHAVANCE, *Réformes économiques à l'Est : de 1950 aux années 1990*, Nathan, Paris, 1992.

G. DUCHÊNE, R. TARTARIN (sous la dir. de), *La Grande Transition*, Cujas, Paris, 1991.

A. GELÉDAN (sous la dir. de), *Quel avenir économique à l'Est ?* Le Monde-Éditions, Paris, 1992.

OCDE, *Transformation des économies planifiées, réforme du droit de propriété et stabilité macro-économique*, Paris, OCDE, 1991.

X. RICHET, *Les Économies socialistes européennes : crise et transition*, Paris, Armand Colin, 1992.

« Transitions à l'Est », *Le Courrier des pays de l'Est*, n° 359, La Documentation française, Paris, avr. 1991.

tre les avantages que certaines entreprises auraient pu conserver, notamment en direction des anciens marchés socialistes. Ce sont des pans entiers de l'industrie qui ont commencé à tomber dans ce pays.

Plusieurs facteurs expliquent les décalages entre les objectifs et les résultats atteints par les politiques macro-économiques lancées en Europe de l'Est. En raison de la très forte distorsion qui existe sur le marché des capitaux et le marché du travail, les coûts de l'ajustement, consécutifs à la modification des prix relatifs, ont été beaucoup plus élevés que prévu. Sur les marchés financiers, les infrastructures bancaires et financières sont très peu développées et le flou juridique limite l'investissement privé ; le marché du travail manque de mobilité en raison de la très forte rigidité de la structure industrielle. Un autre facteur tient à l'importance accordée aux mesures de stabilisation, en les déconnectant des mesures sectorielles et micro-économiques. Face à ces décalages, les firmes d'État ont cherché à échapper à la régulation macro-économique en pratiquant le crédit inter-entreprises, limitant l'influence de la contrainte monétaire.

Si l'objectif final recherché est le même — créer une économie de marché —, les nouveaux gouvernements ont opté pour des formes de privatisation que l'on peut cataloguer en trois grands groupes.

Plusieurs conceptions des privatisations

La redistribution des actifs publics à la population. C'est la technique la plus simple et apparemment la plus juste. Les citoyens achètent des bons (*vouchers*) qui leur donnent droit d'acquérir des actions en participant à des enchères, ou bien de placer ces bons auprès de fonds de placements qui contrôlent les entreprises nouvellement privatisées. Son application en Tchéco-Slovaquie a rencontré quelques difficultés.

Une autre technique choisie, et appliquée en Pologne, vise à constituer très rapidement un capital financier en créant *ex nihilo* des institutions financières chargées de gérer la propriété publique. Le schéma très sophistiqué établi par le gouvernement polonais prévoit la création d'un certain nombre d'institutions chargées de recevoir les actifs publics et capables, ensuite, de se comporter comme sur les marchés financiers occidentaux : fonds de pensions, fonds communs de placement, banques, fonds d'intéressement des salariés, vente ou distribution d'actions aux cadres des entreprises.

Une troisième approche, celle suivie par les Hongrois, consiste à vendre directement les firmes à des opérateurs nationaux et étrangers par une procédure de gré à gré. Cette stratégie a pour avantage de remettre la gestion des firmes entre les mains d'opérateurs présentant un projet industriel. Mais il faut du temps pour trouver des repreneurs, pour évaluer les actifs en l'absence de système comptable fiable. Les firmes présentant une rentabilité potentielle seront vendues les premières ; au fur et à mesure que le stock des firmes potentiellement rentables s'épuisera, l'État se retrouvera avec des actifs quasi invendables.

Dans les faits, on assiste à une combinaison de ces trois approches. Dans les trois pays les plus avancés dans la privatisation (Hongrie, Pologne, Tchéco-Slovaquie), le rythme de la privatisation des entreprises d'État a été relativement lent (à peine 10 % à la mi-1992).

L'ambition des programmes engagés en Europe centrale et orientale est à la mesure des difficultés que ses économies connaissent. Les réformateurs — et les populations de ces pays — se remémoreront ce jugement d'Adam Smith qui disait que le lit de fleurs du capitalisme comporte plus d'épines que de pétales.

Xavier Richet

Communauté européenne
Marché commun, marché unique, monnaie unique

Les dispositions du traité de Maastricht (signé le 7 février 1992) relatives à la réalisation de l'Union économique et monétaire (UEM) dans la Communauté européenne constituent l'aboutissement d'un mouvement amorcé plus de vingt ans auparavant, prolongé par la création du Système monétaire européen (SME) en 1979 et relancé au printemps de 1989 avec la présentation du rapport Delors.

Le traité de Rome de 1957 avait déjà posé les grands principes nécessaires à la constitution d'un grand marché intérieur en Europe, mais compte tenu de la persistance de barrières à l'entrée sur chaque marché national, il a fallu les affirmer à nouveau et les élargir dans le cadre de l'Acte unique (entré en vigueur au 1er juillet 1987). D'une certaine façon, la transition vers l'UEM est le complément logique de la constitution d'un grand marché européen en matière de services bancaires et financiers. Car le passage à une situation de parfaite mobilité du capital, à l'intérieur de la Communauté européenne comme dans ses relations avec le reste du monde, n'est pas compatible avec le maintien d'une grande stabilité des taux de change — qui constitue l'ambition même du SME — que si les politiques monétaires nationales font l'objet d'un degré élevé de coordination. Le remplacement des monnaies nationales par une monnaie unique européenne ne représente-t-il pas la forme la plus poussée de la coordination monétaire ?

Le traité de Maastricht, conformément au rapport Delors, propose un processus de transition vers l'UEM en trois étapes.

La première phase s'est ouverte le 1er juillet 1990. Sa mise en œuvre impliquait la libéralisation financière (en particulier la suppression du contrôle des changes). Elle suppose également une convergence accrue.

La deuxième étape commencera le 1er janvier 1994. Elle comporte la création de l'Institut monétaire européen (IME). Cet Institut constitue un embryon de banque centrale européenne, car en phase 2 la politique monétaire restera encore largement de la compétence des États membres. Les missions de l'IME vont de renforcer la coordination des politiques monétaires nationales, de contrôler le fonctionnement du SME, de promouvoir le développement de l'ECU. Il doit préparer le passage à la troisième phase et à la mise en place d'une véritable banque centrale européenne. En outre la phase 2 doit bien sûr permettre d'approfondir la convergence économique.

L'entrée dans la troisième phase se fera au plus tôt en janvier 1997, au plus tard en janvier 1999. Dès le début, l'IME sera transformé en banque centrale européenne (BCE), et le Système européen de banques centrales (SEBC) réunira à la fois la BCE et les banques centrales nationales, qui subsisteront avec des rôles moins étendus qu'actuellement. Il y aura d'abord une période durant laquelle les monnaies nationales subsisteront, mais s'échangeront à des taux de change *fixes*. Dans un second temps, les monnaies nationales seront remplacées par la monnaie unique, l'ECU devenu « une monnaie à part entière ». Il faut cependant rappeler qu'à Maastricht les Britanniques ont obtenu le bénéfice d'une clause d'exemption (*opting out*) concernant ce passage à la monnaie unique. Ils pourront de ce fait opter pour la monnaie unique ou refuser d'y participer.

Les défis de la convergence économique

Comment prétendre « geler » les parités de change à l'intérieur du SME avant de passer à la monnaie unique si des différentiels d'inflation importants subsistent justifiant des ajustements de taux de change ? Le traité et les protocoles annexés privilégient cinq critères de convergence. Les deux premiers se rapportent à la situation des finances publiques (le déficit public ne doit pas excéder 3 % du PIB ; la dette publique ne doit pas aller au-delà de 60 % du PIB), deux autres portent sur le taux d'inflation

Indicateurs de convergence	Hausse des prix à la consommation [a] 1991	Rendement des obligations à long terme 1991 [b]	Administrations publiques	
			Capacité de financement 1991	Endettement brut 1991 [b]
INDICATEURS DE CONVERGENCE ET CRITÈRES DE L'UEM				
	Moyenne annuelle, en %		En % du PIB	
Critère [c]	4,2	11,4	− 3,0	60
Allemagne	3,5	8,6	− 3,6	46
France	3,0	9,0	− 1,5	47
Pays-Bas	3,2	8,9	− 4,4	78
Belgique	3,2	9,3	− 6,4	129
Luxembourg	3,4	8,2	2,0	7
Danemark	2,4	10,1	− 1,7	67
Irlande	3,0	9,2	− 4,1	103
Italie	6,4	12,9	− 9,9	101
Espagne	5,8	12,4	− 3,9	46
Royaume-Uni	6,5	9,9	− 1,9	44
Portugal	11,7	17,1	− 5,4	65
Grèce	18,3	—	− 17,9	96
CE	5,0	10,4	− 4,3	62

a. Déflateur de la consommation privée ; b. Estimations de la Commission de la CE ; c. Valeur de référence ; pour les prix à la consommation et les taux d'intérêt : 1 1/2 point et 2 points au-dessus de la moyenne des trois pays ayant obtenu les meilleurs taux d'inflation en 1991.
Source : Commission de la CE.

OFCE, «Maastricht : les enjeux de la monnaie unique», *Lettre de l'OFCE*, n° 96, Paris, janv. 1992.

«Marché unique, monnaie unique», *Économie européenne*, n° 44, Bruxelles, oct. 1990.

Traité sur l'Union européenne, (texte intégral du traité), La Documentation française, Paris, 1992.

(qui ne doit pas dépasser de plus de 1,5 % celui des trois pays membres les moins inflationnistes) et le taux d'intérêt à long terme. Le dernier critère concerne l'appartenance, depuis au moins deux ans, à la bande étroite du mécanisme de change du SME sans dévaluation de la monnaie nationale. La convergence *réelle*, celle qui se rapporte en particulier aux performances de croissance, de productivité, de compétitivité et d'emploi, paraît quelque peu oubliée. Ou du moins, elle n'est introduite qu'indirectement en tant qu'elle conditionne l'évolution des taux d'inflation, des taux d'intérêt, etc.

Pour être admis en phase 3, chaque pays devra respecter l'*ensemble* des critères énoncés. Mais le traité souligne que l'*évolution* sera prise en considération en plus du niveau absolu des indicateurs de convergence, ce qui crée des marges d'appréciation.

De façon générale, la politique monétaire vise, en agissant par le canal de divers instruments, à réguler l'évolution d'un ou plusieurs objectifs intermédiaires afin de réaliser un ou plusieurs objectifs finals. Du côté de l'*objectif final*, les priorités sont claires : «l'objectif principal du SEBC est de maintenir la stabilité des prix». Quant à la fixation des *objectifs intermédiaires* choisis parmi des agrégats de monnaie ou de crédit par le SEBC, de nombreux problèmes restent en suspens. Il faut d'abord harmoniser les statistiques et les agrégats monétaires dans la Communauté. Les *instruments* à la disposition du SEBC seront ceux de la régulation par les taux d'intérêt :

mise en œuvre des procédures de refinancement des banques auprès du SEBC, interventions à l'*open market*, interventions de la banque centrale européenne sur le marché des changes contre monnaies tierces (en particulier le dollar et le yen), mise en place de réserves obligatoires au niveau communautaire, etc.

La question technique des instruments amène celle, plus politique, de l'indépendance de la banque centrale. Pour ce qui touche à l'autonomie du SEBC vis-à-vis des Trésors nationaux, le traité proscrit les avances directes de la banque centrale en faveur de ceux-ci. Compte tenu de l'imbrication des systèmes bancaires européens, les compétences prudentielles attribuées au SEBC devront sans doute être progressivement renforcées.

Quelle coordination des politiques budgétaires et fiscales ?

La transition vers l'UEM devra s'accompagner d'une coordination étendue des politiques budgétaires nationales. En effet, les dérapages budgétaires qui ont lieu dans tel ou tel pays membre ont déjà des répercussions sur les autres, et ils en auront de plus en plus dans l'avenir. De plus, compte tenu de l'imbrication étroite entre monnaie et budget, et de l'exigence de crédibilité du *policy mix* (combinaison des politiques conjoncturelles) mis en œuvre en Europe, la centralisation monétaire doit s'accompagner d'une coordination budgétaire significative. Enfin, l'harmonisation des fiscalités nationales contraint sensiblement les politiques budgétaires.

Il faut s'attendre à ce que la monnaie unique — l'ECU redéfini — ne soit pas introduite du jour au lendemain au début de la phase 3, mais qu'elle coexiste pendant un certain temps avec les monnaies nationales. Jusqu'alors, l'ECU a été un panier de monnaies largement adossé au *Deutsche Mark* (DM). Avec notamment l'unification allemande et la transition engagée par les pays de l'Est vers l'économie de marché, le rôle international du DM devrait croître à l'avenir. Le passage à la monnaie unique dans ce contexte maintiendra l'image de l'ECU adossé au DM. Une telle dépendance servira sans aucun doute à asseoir la crédibilité de la future monnaie européenne ; elle fera aussi resurgir le phénomène d'asymétrie entre les pays membres — un phénomène pourtant en principe atténué grâce au principe de codécision dans le cadre du SEBC.

Quelques interrogations

Indépendamment des débats portant sur l'union politique, deux reproches principaux sont adressés à la réalisation de l'UEM. Celle-ci réduirait à néant la souveraineté monétaire nationale. Mais quelle est aujourd'hui la souveraineté monétaire de la France, par exemple, compte tenu de la globalisation financière et du fonctionnement du SME ? Le second reproche concerne le biais déflationniste qui serait inhérent au dispositif prévu, du fait des exigences de la convergence. L'argument est plus sérieux, mais il n'a rien d'évident. En effet, par exemple, l'assainissement budgétaire dans certains pays, s'il aura un effet dépressif à court terme sur la demande, devrait aussi permettre de détendre un peu les taux d'intérêt. Une croissance saine à moyen terme ne peut guère reposer sur des déficits publics utilisés souvent à financer de la consommation plutôt que de l'investissement.

Les coûts de l'UEM seront à supporter d'ici la fin de la transition (coûts liés à la convergence, coûts liés aux transferts indispensables pour corriger certains déséquilibres régionaux, sectoriels, etc.). Les avantages ne seront perceptibles qu'à plus long terme, qu'il s'agisse de l'élimination du risque de change intra-européen, de la suppression des coûts de transaction dus au passage d'une monnaie à l'autre, etc.

L'Europe à deux (ou plus de deux) vitesses sera sans doute nécessaire comme configuration provisoire, pour laisser à certains pays le temps de s'ajuster. La prolongation d'une telle situation serait cependant problématique car l'écart entre les groupes de pays aurait toutes les chances de s'accroître au lieu de se résorber. Mais de quelle Europe s'agit-il ?

Face aux demandes pressantes en provenance des États de l'Est et de l'ex-URSS, la Communauté européenne doit donner des signes de solidarité. Une grande menace sur le processus de transition vers l'UEM et vers une certaine union politique naîtrait de l'utilisation par certains États déjà membres de la CEE du prétexte de l'élargissement pour repousser l'approfondissement communautaire. Le test en vraie grandeur de la volonté et de la capacité d'aller vers l'UEM n'empêche en aucune façon de préparer l'avenir européen à long terme, en donnant les signaux attendus par les pays de l'Est.

Christian de Boissieu

Tableau de bord
de l'économie mondiale en 1991-1992

L'économie mondiale est entrée en récession en 1991 ; son taux de croissance est passé de 2,1 % en 1990, à − 0,4 % en 1991 [*tableau 1*]. Cette mauvaise performance s'explique principalement par un ralentissement de la croissance dans les pays capitalistes développés et par un véritable effondrement de la production dans l'ex-URSS et les ex-pays socialistes d'Europe de l'Est.

Pays industrialisés : ralentissement plus durable que prévu

La croissance des pays industrialisés s'est fortement ralentie, passant de 2,3 % en 1990 à 0,8 % en 1991 [*tableau 2*]. Ce mouvement s'est décomposé en deux temps. D'une part, les États-Unis et le Canada, qui étaient entrés en récession en 1990, semblaient en être sortis au printemps 1991, mais ils n'avaient retrouvé qu'une croissance extrêmement ralentie. D'autre part, la croissance rapide qui s'était poursuivie en 1990 au Japon et en RFA s'est pratiquement arrêtée et plusieurs autres pays européens qui avaient enregistré des résultats relativement satisfaisants en 1990 ont vu leur croissance fléchir en 1991.

Le ralentissement général des pays industrialisés (ainsi que celui de l'économie mondiale) a néanmoins été moins prononcé que lors des deux récessions précédentes (1974-1975 et 1980-1982). A l'échelle mondiale, deux raisons peuvent expliquer cette relative modération : d'une part, contrairement aux deux autres récessions, elle n'a pas été cette fois précédée par une forte augmentation du prix du pétrole (les revenus des ménages et des entreprises ont donc été moins ponctionnés) ; d'autre part, les pressions inflationnistes ont été (à l'exception du Royaume-Uni) moins fortes et les politiques monétaires anti-inflationnistes moins restrictives, notamment en comparaison avec celles qui étaient appliquées un peu partout en 1980-1982. C'est ainsi que les taux d'intérêt ont été considérablement réduits en 1991 aux États-Unis et au Japon (mais pas en Europe, voir *infra*).

La récession (ou le ralentissement) actuelle, bien que plus modérée que les précédentes, s'est montrée plus durable qu'on ne l'aurait cru. Elle a débouché sur une relative stagnation de l'activité et n'a pas semblée être suivie par une forte reprise d'activité, à la différence de ce qu'il s'était passé à la fin des deux récessions précédentes. A l'échelle globale, trois explications peuvent être avancées pour expliquer cette situation qui a caractérisé le second semestre 1991 et le premier semestre 1992.

Première raison : le niveau très élevé (en comparaison avec les récessions précédentes) de la dette accumulée par le secteur privé (entreprises et ménages), notamment aux États-Unis et au Royaume-Uni. Ainsi, aux États-Unis (mais aussi au Royaume-Uni et dans les pays nordiques), malgré de faibles taux d'intérêt — qui en général stimulent la consommation à crédit —, la dépense des particuliers en automobiles, logements et autres biens durables était très modérée au début de 1992 (par rapport à ce qu'elle devrait être lors de la sortie d'une récession) ; les particuliers ayant préféré réduire les dettes accumulées pendant la période d'expansion qui a précédé la récession. Les entreprises ont semblé faire de même, réduisant leur investissement afin de rembourser leurs dettes.

Deuxième raison : la politique monétaire très restrictive appliquée par l'Allemagne et suivie (à contrecœur) par les autres États membres du Système monétaire européen (SME). La réunification de l'Alle-

TABLEAU 1. PRODUCTION MONDIALE PAR GROUPES DE PAYS
(Taux de croissance annuel)

	1970-80	1980-89	1988	1989	1990	1991
Monde	3,9	3,0	4,3	3,2	2,1	− 0,4
PCD [a]	3,1	2,9	4,5	3,2	2,3	0,8
PVD [b]	5,5	3,2	4,3	3,4	3,4	3,5
Europe de l'Est [c]	5,2	2,8	3,7	1,7	− 4,1	− 16,8

a. Pays capitalistes développés; b. Pays en voie de développement; c. URSS, Bulgarie, Tchécoslovaquie, RDA, Roumanie, Pologne et Hongrie.
Source : FMI et BRI.

TABLEAU 2. PAYS INDUSTRIALISÉS
(Taux de croissance annuel)

	1965-80	1980-90	1988	1989	1990	1991
Ensemble	3,7	3,1	4,5	3,2	2,3	0,8
États-Unis	2,7	3,4	4,4	2,5	1,0	− 0,7
Japon	6,4	4,1	6,3	4,8	5,3	4,4
RFA	3,3	2,1	3,7	3,9	4,7	3,2
France	4,0	2,2	3,8	4,1	2,2	1,1
Royaume-Uni	2,3	3,1	4,1	2,3	1,1	− 2,3
Italie	4,3	2,4	3,9	3,0	2,2	1,4
Europe (OCDE)	3,5	2,3	3,9	3,3	2,8	1,3

Source : FMI et OCDE.

TABLEAU 3. URSS ET PAYS DE L'EST
(Taux de croissance annuel)

	1981-86	1987	1988	1989	1990	1991
Tchécoslovaquie	2,3	2,4	2,6	1,4	− 0,4	− 16,0
Hongrie	1,5	4,1	− 0,1	− 0,2	− 3,3	− 8,0
Pologne	− 0,8	2,0	4,8	0,3	− 11,6	− 9,0
Albanie	3,4	2,0	2,0	2,0	− 10,0	− 21,0
Bulgarie	3,7	6,1	2,6	− 1,9	− 11,8	− 23,0
Roumanie	3,6	0,7	− 0,5	− 5,9	− 7,4	− 13,5
URSS [a]	3,0	1,6	4,4	2,5	− 2,3	− 17,0
Yougoslavie	1,1	− 1,1	− 1,7	0,6	− 8,5	− 15,0
Ensemble	3,0	1,8	3,7	1,7	− 4,1	− 16,8

a. Jusqu'en 1989 il s'agit du PMN de l'ex-URSS, les chiffres 1990 et 1991 sont des PIB mais le deuxième se réfère à la CEI.
Source : BRI.

magne, en 1990, a donné lieu à d'importantes dépenses publiques. Ces dépenses ont fortement stimulé l'économie dont le taux de croissance a pu atteindre 4,7 % en 1990, mais une surchauffe avec des tensions inflationnistes est vite apparue. En réponse, la Bundesbank a nettement relevé les taux d'intérêt (du 30 janvier 1990 au 16 juillet 1991, le taux d'escompte est passé de 6 % à 8,75 %). La croissance allemande,

Tableau 4. Pays en voie de développement (Taux de croissance annuel)						
	1970-80	1980-89	1988	1989	1990	1991
Ensemble	5,5	3,2	4,3	3,4	3,4	3,5
Afrique	3,8	1,7	3,6	2,7	0,9	1,4
Asie	5,3	6,9	8,9	5,3	5,6	5,8
Moyen-Orient	7,2	0,8	-1,7	4,7	4,2	0,4
Amérique latine	5,9	1,3	0,7	1,0	-0,1	2,8

Source : FMI et BRI.

Tableau 5. Transfert net de ressources vers le tiers monde (Milliards de dollars)						
Année	1980	1985	1988	1989	1990	1991 [b]
Transferts nets [a]	37,0	-4,6	-5,8	4,0	16,0	11,5

a. Différence entre les ressources nettes reçues par les pays en développement et les intérêts et profits versés au titre du service de la dette. Une quantité négative signifie que les PVD versent plus qu'ils ne reçoivent ; b. Projection.
Source : Banque mondiale.

Tableau 6. Inflation annuelle [a]						
	1970	1975	1980	1985	1990	1991
Pays industrialisés	5,6	11,2	12,0	4,1	5,0	4,3
États-Unis	5,9	9,0	13,5	3,6	5,4	4,2
Japon	7,7	11,8	7,7	2,0	3,1	3,3
RFA	3,4	5,9	5,4	2,2	2,7	3,5
France	5,9	11,8	13,3	5,8	3,4	3,1
Royaume-Uni	6,4	24,2	18,0	6,1	9,5	5,8
Italie	5,1	17,1	21,0	9,2	6,4	6,4
Canada	3,4	10,8	10,2	4,0	4,8	5,6
PVD [b]	8,5	23,1	27,8	35,5	107,1	49,2
Afrique	5,4	18,9	14,2	12,2	12,9	22,5
Asie	..	1,7	12,3	6,0	7,9	11,9
Moyen-Orient	3,1	21,5	17,3	13,4	7,7	13,6
Amérique latine	12,3	37,2	55,2	127,5	518,7	143,5

a. Taux officiels de croissance annuels de l'indice des prix à la consommation ; b. Pays en voie de développement.
Source : FMI.

qui avait sensiblement « tiré » l'économie des autres pays européens, s'est affaissée vers la fin de 1991 tandis que l'effet déprimant sur l'activité des taux d'intérêt élevés se faisait de plus en plus sentir dans toute l'Europe.

Troisième explication de la faiblesse de l'actuelle reprise : la politique fiscale suivie par presque tous les pays développés. Traditionnellement, en effet, lorsque les pays occidentaux entraient en récession, la

TABLEAU 7. EXPORTATIONS MONDIALES						
Année	1970	1980	1985	1989	1990	1991
Total monde (milliards $)	302	1 963	1 859	2 962	3 348	3 413
dont (en %)						
Pays industrialisés	71,9	63,1	67,2	71,2	70,9	71,4
Amér. du Nord	19,7	14,9	16,5	16,4	15,8	16,1
Europe	45,8	41,5	41,3	45,5	46,8	46,5
Japon	6,4	6,6	9,4	9,3	8,4	9,2
PVD [a]	17,9	28,9	23,9	21,9	23,5	24,8
Europe de l'Est	6,0	4,1	4,2	3,2	2,5	1,6
URSS	4,2	3,9	4,6	3,7	3,1	2,2

a. Pays en voie de développement.   Source : FMI.

TABLEAU 8. DETTE EXTÉRIEURE TOTALE (Milliards de dollars)						
Année	1970 [a]	1980	1985	1989	1990	1991 [d]
Ensemble PVD [c]	62	572,8	966	1 199	1 281	1 348
Afrique [b]	5,7	56,3	98,7	154,8	173,7	175,8
Asie et Pacifique	19,3	126,8	237,6	311,6	350,1	367,4
Europe et Méditerranée	4,7	80,7	129,4	164,1	184,1	172,8
Amérique latine	27,7	242,6	390,9	422,8	431,1	429,2
Moyen-Orient et						
Afrique du Nord	4,4	66,4	109,3	146,2	141,5	135,6

a. Dette à long terme seulement;   b. Afrique du Nord non comprise;   c. Pays en voie de développement;   d. Projection. Source : Banque mondiale.

TABLEAU 9. PRODUIT INTÉRIEUR BRUT PAR HABITANT [a] (États-Unis = 100)				
	1980	1985	1990	1991
États-Unis	100	100	100	100
Japon	70	74	82	87
RFA	86	84	85	88
France	83	79	81	83
Royaume-Uni	70	70	73	73
Italie	74	72	75	76
Canada	89	90	89	88

a. Les PIB sont calculés avec des taux de change à parité de pouvoir d'achat (PPA).
Source : OCDE.

politique fiscale était modifiée de manière à stimuler la demande et à l'empêcher de trop diminuer. Ainsi, en 1980, les États-Unis ont consenti d'importantes réductions d'impôt, et de nombreux États ont lancé des programmes de travaux publics. Cette fois, malgré le ralentissement de la demande privée, la plupart des gouvernements ont évité toute mesure de relance fiscale. Certains gouvernements sont même allés plus loin en

TABLEAU 10. PRODUCTION INDUSTRIELLE
(1985 = 100)

	1970	1975	1980	1985	1990	1991
Pays industrialisés	67	73	91	100	117	116
États-Unis	63	69	88	100	114	112
Japon	56	61	84	100	125	128
RFA	83	84	98	100	117	121
France	73	84	99	100	113	113
Royaume-Uni	83	85	93	100	109	106
Italie	73	79	104	100	118	119
Canada	62	69	88	100	108	104

Source : FMI.

TABLEAU 11. EMPLOI (1985 = 100)

	1970	1975	1980	1985	1990	1991
Pays industrialisés	86,5	90,3	96,6	100,0	108,6	108
CEE	99,5	100,3	102,0	100,0	108,7	107
États-Unis	73,4	80,1	92,7	100,0	110,0	109
Japon	87,7	89,9	95,3	100,0	107,6	110
RFA	104,6	101,1	103,1	100,0	107,2	109
France	97,2	99,8	102,0	100,0	103,8	104
Italie	93,7	95,0	99,0	100,0	103,0	104
Royaume-Uni	100,7	102,1	103,3	100,0	111,7	106
Canada	70,6	82,7	95,4	100,0	112,0	110

Source : OCDE.

TABLEAU 12. TAUX DE CHÔMAGE (% de la population active)

	1975	1980	1985	1988	1989	1990	1991 [a]
Pays industrialisés	5,4	5,5	7,2	6,1	5,7	5,6	7,1
CEE	4,3	6,4	10,9	9,9	9,0	8,4	9,1
États-Unis	8,3	7,0	7,1	5,4	5,2	5,4	7,0
Japon	1,9	2,0	2,6	2,5	2,3	2,1	2,1
RFA	3,6	2,9	7,2	6,2	5,6	5,1	4,3
France	4,0	6,3	10,2	10,0	9,4	9,0	9,8
Royaume-Uni	4,3	6,4	11,2	8,5	7,1	6,9	9,9
Italie	5,8	7,5	9,6	11,0	10,9	9,9	9,9

Source : OCDE.   a. En fin d'année.

cherchant à réaliser des économies budgétaires pour compenser la réduction des recettes fiscales provoquée par la récession. Au lieu de compenser la diminution de la dépense privée par une augmentation de la dépense publique, plusieurs gouvernements ont ainsi, au contraire, comprimé la dépense publique, aggravant par là même la diminution de la demande. Cette attitude extrêmement orthodoxe a semblé néanmoins céder le pas devant les craintes engendrées par le retard de la reprise. Les budgets américain et britannique pour 1992 sont ainsi légèrement expansionnistes.

Très forte aggravation de la situation à l'Est

L'année 1991 a été beaucoup plus difficile qu'on ne l'avait annoncé pour les pays d'Europe de l'Est, et les perspectives d'un retour à une croissance positive sont restées plutôt pessimistes. Le produit intérieur brut de l'ensemble du groupe formé par ces pays a diminué de 16,8 % en 1991, après avoir déjà baissé de 4,1 % en 1990 [*tableau 3*]. Trois raisons ont été avancées pour expliquer l'ampleur de cette catastrophe. Premièrement, la réaction positive espérée sur l'offre de marchandises, à la suite de l'introduction de nouveaux mécanismes de marché, ne s'est pas matérialisée, pour divers motifs : mauvaise qualité des infrastructures, pénurie de matières premières et de devises, retard dans l'application des réformes décidées, effondrement du système de production faute de réformes. En outre, dans certaines régions, l'effondrement de la production a pâti de bouleversements sociaux et même de la guerre dans l'ancienne Yougoslavie.

D'autre part, l'effondrement de leur principal marché d'exportation (le marché soviétique) et une forte détérioration des termes de l'échange, due notamment au fait que désormais le pétrole (importé surtout d'Union soviétique) a dû être payé au prix mondial et en devises, ont aggravé la situation dans les pays de l'Est (autres que l'ex-URSS). La hausse du prix du pétrole a rendu non rentable une grande partie de l'industrie des pays de l'Est, forte consommatrice d'énergie en comparaison avec les entreprises occidentales.

Enfin, les politiques fiscales et monétaires très restrictives qui ont été appliquées afin de freiner l'inflation qui s'est emballée lors de la libération des prix et des salaires a, elle aussi, contribué à la forte diminution de la production.

Dans les quinze républiques qui composaient l'ex-URSS en 1991, la production a chuté en moyenne de 15 %. La situation est apparue cependant variable d'une république à l'autre. Au début de 1992, la Russie s'est engagée dans un programme assez complet de réformes libérales dont l'application sera suivie par le FMI (Fonds monétaire international). Dans les pays Baltes, les réformes ont été également assez nettement engagées. Dans les autres républiques, en revanche, un certain attentisme a régné et l'OCDE a émis la crainte que la production ne tombe à nouveau de 20 % à 30 % en 1992.

PVD : toujours le tonus asiatique

La croissance s'est très légèrement renforcée dans les pays en voie de développement (PVD), passant de 3,4 % en 1990 à 3,5 % en 1991 [*tableau 4*]. Ce résultat doit être jugé en tenant compte du ralentissement économique survenu dans les pays industrialisés. La performance a été néanmoins inégale d'une région à l'autre. On a observé un grand ralentissement au Moyen-Orient, principalement provoqué par l'effondrement de la production en Irak et au Koweït consécutif à la crise du Golfe. Le taux de croissance moyen de l'Afrique s'est très légèrement amélioré, mais le PIB par habitant a continué à y diminuer. Le taux de croissance moyen des pays asiatiques pour sa part est resté tonique, avec deux pôles de très forte croissance : les nouveaux pays très industriels (NPI : Corée du Sud, Singapour, Taïwan et Hong Kong) et la République populaire de Chine.

La plus sensible amélioration des performances dans le tiers monde a été enregistrée en Amérique latine où la croissance demeure néanmoins assez faible. Comment peut s'expliquer cette évolution positive ? Tout d'abord, dans plusieurs pays les capitaux privés qui avaient pris la fuite, lors de la crise de la dette, après 1982, ont tendu à revenir, du fait du rétablissement d'une certaine confiance au vu des mesures libérales adoptées au cours des dernières années. Par ailleurs, la baisse des taux d'intérêt, aux États-Unis notamment, a considérablement soulagé la balance de paiements des États les plus endettés. Une troisième explication est apparue moins convaincante : l'application des réformes libérales (privatisations des entreprises, libéralisation des échanges commerciaux, etc.) dans de nombreux pays (Mexique, Argentine, etc.) aurait, selon le FMI et les institutions internationales, commencé à produire ses fruits. Il est en réalité trop tôt pour dire avec certitude que les réformes d'inspiration libérale ont réussi à imprimer à l'économie de l'Amérique latine un nouveau dynamisme [*voir aussi p. 580 l'article sur l'évolution de la question de la dette dans ce même chapitre*].

Maastricht : quels effets sur la croissance ?

Le traité de Maastricht, signé le 7 février 1992, a prévu la création d'une monnaie européenne unique. La réalisation de ce projet se traduira par le blocage définitif des taux de change entre 1997 et 1999. Pour réaliser ce blocage (préalable nécessaire à la création d'une monnaie unique), les différents États se sont engagés à atteindre un certain degré de convergence en matière d'inflation, de taux d'intérêt, de déficit budgétaire et de dette publique [*voir article dans ce même chapitre*]. Si l'on considère les indicateurs de convergence retenus, cinq États membres (Royaume-Uni, Portugal, Italie, Grèce et Espagne) ont enregistré en 1991 une inflation supérieure au niveau défini et devront donc, dans les années à venir, appliquer des politiques monétaires restrictives pour satisfaire aux exigences du traité de Maastricht. Le déficit du budget des administrations publiques est quant à lui apparu (toujours en 1991) trop élevé au regard des critères retenus pour sept pays (RFA, Belgique, Espagne, Crète, Italie, Pays-Bas et Portugal) ; ces derniers devront donc appliquer des politiques fiscales restrictives, c'est-à-dire réduire leurs dépenses publiques ou augmenter les impôts. Enfin, la dette publique dépassait également le niveau stipulé dans sept pays (Belgique, Danemark, Grèce, Irlande, italie, Pays-Bas et Portugal) ; ces pays devront encore appliquer des politiques fiscales restrictives. Du point de vue du chômage et de la croissance, le moment a-t-il été bien choisi pour réaliser cette convergence ? Il est permis de s'interroger : l'application simultanée de politiques monétaires et fiscales restrictives dans un aussi grand nombre de pays, au moment où la croissance était déjà assez faible, n'engagera-t-elle pas l'Europe dans une nouvelle période de croissance ralentie ?

Francisco Vergara

Statistiques
de production

Mines et métaux
Conjoncture 1991-1992

Désintégration de l'URSS, fin de l'apartheid en Afrique du Sud, récession des économies occidentales : le marché mondial des métaux a subi le contrecoup de ces données géopolitiques. Le marasme a persisté. Les cours des métaux ont dans l'ensemble continué à chuter en 1991 et dans les premiers mois de 1992. Mais la crise a été différente de celle du début des années quatre-vingt. Depuis 1987, l'offre s'est ajustée plus facilement à la demande. Sur les différents métaux de base, peu de marchés ont été fortement déprimés, mais ils ont été en revanche caractérisés par une très grande instabilité.

Le ralentissement de la croissance économique dans les pays industrialisés a entraîné un resserrement de la demande. Dans des secteurs utilisateurs de métaux, comme la sidérurgie, l'automobile ou le bâtiment, le tassement de l'activité a été particulièrement sensible. Ce contexte a expliqué les décisions de nombreux producteurs, notamment de nickel et d'aluminium, d'abaisser leur niveau de production ou de fermer des sites jugés non rentables. Néanmoins, la demande a continué de croître — modestement — dans les nouveaux pays industrialisés d'Asie du Sud-Est, en Inde, au Brésil et en Chine.

Exportations à tout va des pays de l'ex-URSS

Mais le principal facteur de déstabilisation des marchés a été les exportations à outrance de métaux en provenance de l'ex-URSS et des pays de l'Est. Ces livraisons ont entraîné un accroissement important des stocks mondiaux qui a pesé sur les cours. La Russie et les autres pays de l'ex-URSS ont surtout inondé les marchés d'aluminium, d'uranium, de nickel et de ferro-alliages. Avec plus de 800 000 tonnes exportées en 1991, la Russie a ainsi doublé ses exportations d'aluminium par rapport à 1990.

Les producteurs européens ont réagi vivement, amenant la Commission européenne à mettre en œuvre un mécanisme de surveillance des importations d'aluminium. Dans les premiers mois de 1992, le rythme des exportations russes s'est légèrement ralenti. Mais les cours sont restés déprimés alors que la demande a augmenté en raison de la forte croissance de l'activité d'emballage (30 % des débouchés) et de l'usage croissant de ce métal dans l'industrie automobile.

Les exportations anarchiques de nickel en provenance de Russie (et de Cuba) ont également perturbé fortement le marché de ce métal. Cette offre abondante a combiné ses effets avec les difficultés des industries sidérurgiques (60 % des débouchés) pour affecter les cours à la baisse. La tonne de nickel se négociait à 7 550 dollars fin avril 1992, contre 8 138 dollars en moyenne en 1991.

Plus encore que le besoin en devises des pays de l'ex-URSS, c'est la pénurie qui a semblé motiver ces exportations massives, comme en a témoigné le développement d'accords de troc (échange de métaux contre des denrées alimentaires, des machines, des chaussures ou du pétrole...). Une grande partie des livraisons a semblé provenir de stocks accumulés, notamment par l'ex-Armée rouge, ce qui laissait présager, à la mi-1992, un ralentissement. Mais, avec l'incertitude persistante sur le statut de propriété des exploitations, cette région de production est restée un facteur déstabilisant pour les marchés des métaux.

Le retour de l'Afrique du Sud

Si le « retour » de l'Afrique du Sud a suscité peu de craintes dans le sec-

Les productions minières en 1991

Bauxite

Pays	Milliers tonnes [b]	% du total
Australie	40 503,0	36,3
Guinée	17 524,0	15,7
Jamaïque	11 608,6	10,4
Brésil	10 500,0	9,4
URSS [a]	5 350,0	4,8
Total 5 pays	**85 485,6**	**76,7**
Inde	4 808,0	4,3
Chine [a]	4 200,0	3,8
Surinam	3 136,0	2,8
Yougoslavie	2 626,0	2,4
Grèce	2 181,7	2,0
Hongrie	2 037,5	1,8
Vénézuela	1 514,4	1,4
Guyana	1 424,0	1,3
Sierra Léone	1 288,3	1,2
Indonésie	1 205,7	1,1
Turquie	520,2	0,5
Ghana	413,0	0,4
Malaisie	337,5	0,3
Total monde	**111 470,5**	**100,0**

a. 1990;   b. Bauxite brute produite.

Cuivre

Pays	Milliers tonnes [b]	% du total
Chili	1 814,3	19,7
États-Unis	1 635,4	17,8
URSS	900,0	9,8
Canada	776,9	8,4
Zambie	412,4	4,5
Total 5 pays	**5 539,0**	**60,2**
Pérou	381,2	4,1
Chine	360,0	3,9
Pologne	329,3	3,6
Australie	311,0	3,4
Zaïre	291,5	3,2
Mexique	267,0	2,9
Papouasie - N.-G.	204,5	2,2
Indonésie	200,3	2,2
Afrique du Sud	200,2	2,2
Portugal	164,8	1,8
Philippines	143,9	1,6
Mongolie	140,0	1,5
Total monde	**9 208,2**	**100,0**

a. 1990;   b. Métal contenu dans les minerais et concentrés.

597

Fer (minerai) [1]

Pays	Millions tonnes [a]	% du total
URSS	236,2	24,5
Chine	165,0	17,1
Brésil	152,5	15,8
Australie	111,8	11,6
États-Unis	55,5	5,8
Total 5 pays	**721,0**	**74,9**
Inde	49,5	5,1
Canada	35,8	3,7
Afrique du Sud	31,0	3,2
Vénézuela	20,1	2,1
Suède	19,9	2,1
Mauritanie	11,6	1,2
Corée du Nord	9,5	1,0
France	8,7	0,9
Mexique	8,0	0,8
Chili	7,8	0,8
Total monde	**962,2**	**100,0**

1. 1990.
a. Poids du minerai.

Plomb

Pays	Milliers tonnes [b]	% du total
Australie	571,0	17,2
URSS [a]	490,0	14,7
États-Unis	483,3	14,5
Chine [a]	315,3	9,5
Canada	278,1	8,4
Total 5 pays	**2 137,7**	**64,3**
Pérou	199,1	6,0
Mexique	158,8	4,8
Suède	86,5	2,6
Afrique du Sud	76,3	2,3
Yougoslavie	75,8	2,3
Maroc	70,0	2,1
Corée du Nord [a]	60,0	1,8
Espagne	49,9	1,5
Pologne [a]	45,4	1,4
Bulgarie [a]	45,2	1,4
Total monde	**3 325,3**	**100,0**

a. 1990;   b. Métal contenu dans les minerais et concentrés.

Étain

Pays	Milliers tonnes [b]	% du total
Chine [a]	35,8	18,7
Brésil	31,0	16,2
Indonésie	29,7	15,5
Malaisie	20,7	10,8
Bolivie	16,8	8,8
Total 5 pays	**134,0**	**70,0**
Thaïlande	14,2	7,4
URSS [a]	13,0	6,8
Pérou	6,5	3,4
Australie	5,7	3,0
Portugal	3,1	1,6
Canada	3,0	1,6
RDA [a]	1,8	0,9
Zaïre	1,6	0,8
Mongolie [a]	1,2	0,6
Royaume-Uni	1,1	0,6
Afrique du Sud	1,1	0,6
Namibie	0,9	0,5
Total monde	**191,3**	**100,0**

a. 1990; b. Métal contenu dans les minerais et concentrés.

Zinc

Pays	Milliers tonnes [b]	% du total
Canada	1 148,2	15,5
Australie	1 048,0	14,2
URSS [a]	870,0	11,8
Pérou	623,1	8,4
Chine [a]	618,9	8,4
Total 5 pays	**4 308,2**	**58,2**
États-Unis	551,7	7,5
Mexique	293,7	4,0
Espagne	261,0	3,5
Corée du Nord [a]	195,0	2,6
Irlande	187,5	2,5
Suède	155,0	2,1
Pologne [a]	154,8	2,1
Japon	133,0	1,8
Bolivie	125,3	1,7
Inde	103,6	1,4
Thaïlande	80,8	1,1
Brésil	79,0	1,1
Afrique du Sud	62,0	0,8
Zaïre	61,8	0,8
Total monde	**7 399,6**	**100,0**

a. 1990; b. Métal contenu dans les minerais et concentrés.

Nickel

Pays	Milliers tonnes [b]	% du total
URSS [a]	212,0	23,5
Canada	192,8	21,3
Nouvelle-Calédonie	114,5	12,7
Australie	69,0	7,6
Indonésie	61,9	6,9
Total 5 pays	**650,2**	**72,0**
Cuba [a]	43,2	4,8
Rép. dominicaine	33,8	3,7
Afrique du Sud	30,0	3,3
Chine [a]	28,0	3,1
Colombie	19,8	2,2
Botswana	19,3	2,1
Grèce	16,5	1,8
Brésil	13,4	1,5
Philippines	12,4	1,4
Zimbabwé	11,3	1,3
Finlande	9,9	1,1
Albanie [a]	8,5	0,9
Yougoslavie	3,2	0,4
Total monde	**903,1**	**100,0**

a. 1990; b. Métal contenu dans les minerais et concentrés.

Manganèse

Pays	Milliers tonnes [b]	% du total
URSS [a]	8 800,0	37,9
Chine [a]	3 200,0	13,8
Afrique du Sud	3 190,8	13,7
Gabon	2 500,0	10,8
Brésil	1 950,0	8,4
Total 5 pays	**19 640,8**	**84,5**
Australie	1 482,0	6,4
Inde	1 365,0	5,9
Ghana	284,0	1,2
Hongrie [a]	85,3	0,4
Mexique	79,2	0,3
Bulgarie [a]	65,3	0,3
Maroc	56,0	0,2
Autriche	39,9	0,2
Yougoslavie	39,0	0,2
Chili	34,3	0,1
Iran	20,7	0,1
Thaïlande	10,0	0,0
Total monde	**23 235,8**	**100,0**

a. 1990; b. Métal contenu dans les minerais et concentrés.

Tungstène

Pays	Tonnes [b]	% du total
Chine [a]	21 000	54,6
URSS [a]	8,800	22,9
Pérou	1 254	3,3
Bolivie	1 215	3,2
Autriche	1 075	2,8
Total 5 pays	**33 344**	**86,7**
Corée du Nord [a]	1 000	2,6
Portugal	995	2,6
Corée du Sud	860	2,2
Thaïlande	575	1,5
Brésil	317	0,8
Myanmar	300	0,8
Australie	237	0,6
États-Unis	200	0,5
Mexique	194	0,5
Japon	135	0,4
Rwanda	100	0,3
Tchécoslovaquie [a]	50	0,1
Turquie	50	0,1
Argentine	40	0,1
Zaïre	20	0,1
Total monde	**38 441**	**100,0**

a. 1990; b. Métal contenu dans les minerais et concentrés.

Cadmium

Pays	Tonnes [b]	% du total
Japon	2 773,5	13,0
URSS [a]	2 400,0	11,3
États-Unis	1 875,9	8,8
Belgique	1 816,3	8,5
Canada	1 809,8	8,5
Total 5 pays	**10 675,5**	**50,1**
Mexique	1 177,0	5,5
RFA	1 077,1	5,1
Australie	1 076,0	5,1
Chine [a]	1 000,0	4,7
Italie	657,0	3,1
Finlande	593,0	2,8
Corée du Sud	568,0	2,7
Pays-Bas	549,1	2,6
Pérou	534,0	2,5
Royaume-Uni	449,3	2,1
Pologne [a]	373,0	1,8
Yougoslavie	362,0	1,7
Corée du Nord [a]	340,0	1,6
Bulgarie [a]	310,0	1,5
Inde	271,0	1,3
France	271,0	1,3
Total monde	**21 289,8**	**100,0**

a. 1990; b. Métal produit à partir de sources domestiques et importées.

Uranium

Pays	Tonnes [b]	% du total
Canada	7 813	16,9
URSS [a]	7 260	15,7
Australie	3 776	8,2
Chine [a]	3 400	7,3
États-Unis	3 000	6,5
Total 5 pays	**25 249**	**54,5**
Niger	2 964	6,4
Namibie	2 450	5,3
France	2 450	5,3
Afrique du Sud	1 674	3,6
Gabon	678	1,5
Espagne	195	0,4
Inde	150	0,3
Portugal	133	0,3
Argentine	95	0,2
Belgique	47	0,1
RFA	45	0,1
Brésil	35	0,1
Japon	6	0,0
Total monde	**46 302**	**100,0**

a. 1990; b. Métal contenu dans les minerais et concentrés.

Chrome

Pays	Milliers tonnes [b]	% du total
Afrique du Sud	4 511,8	38,1
URSS [a]	3 800,0	32,1
Inde	960,0	8,1
Albanie [a]	600,0	5,1
Zimbabwé	573,2	4,8
Total 5 pays	**10 445,0**	**88,2**
Turquie	320,0	2,7
Brésil	275,0	2,3
Finlande	213,7	1,8
Philippines	182,0	1,5
Madagascar	144,0	1,2
Iran	78,2	0,7
Cuba [a]	52,0	0,4
Yougoslavie	46,0	0,4
Grèce	45,0	0,4
Pakistan	28,8	0,2
Japon	8,0	0,1
Total monde	**11 848,7**	**100,0**

a. 1990; b. Production de minerais de chromite et de concentrés.

Cobalt

Pays	Tonnes [b]	% du total
Zaïre	8 790	35,3
URSS [a]	4 900	19,7
Zambie	4 817	19,4
Canada	2 158	8,7
Norvège	1 982	8,0
Total 5 pays	**22 647**	**91,0**
Finlande	1 503	6,0
Chine [a]	270	1,1
Japon	185	0,7
Afrique du Sud	180	0,7
Zimbabwé	100	0,4
Total monde	**24 885**	**100,0**

a. 1990; b. Métal produit plus métal contenu dans les sels de cobalt.

Molybdène

Pays	Milliers tonnes [b]	% du total
États-Unis	52,4	52,5
Chili	14,4	14,4
Canada	11,5	11,5
URSS [a]	11,5	11,5
Mexique	3,0	3,0
Total 5 pays	**92,8**	**93,0**
Mexique	2,6	2,6
Chine [a]	2,0	2,0
Mongolie [a]	1,2	1,2
Iran	0,5	0,5
Bulgarie [a]	0,2	0,2
Total monde	**99,8**	**100,0**

a. 1990; b. Métal contenu dans les minerais et concentrés.

Magnésium

Pays	Milliers tonnes [b]	% du total
États-Unis	131,3	37,9
URSS [a]	88,0	25,4
Norvège	44,3	12,8
Canada	35,5	10,3
France	14,1	4,1
Total 5 pays	**313,2**	**90,5**
Japon	11,5	3,3
Brésil	7,8	2,3
Yougoslavie	6,4	1,8
Italie	3,9	1,1
Chine [a]	3,4	1,0
Total monde	**346,2**	**100,0**

a. 1990; b. Production de magnésium primaire.

Diamants industriels [a]

Pays	Millions carats	% du total
Australie	36,0	33,7
Zaïre	24,0	22,5
Botswana	17,3	16,2
URSS	15,0	14,1
Afrique du Sud	8,5	8,0
Total 5 pays	**100,8**	**94,5**
Angola	1,3	1,2
Namibie	0,8	0,7
Total monde	**106,7**	**100,0**

a. 1990.

Antimoine

Pays	Tonnes [b]	% du total
Chine	29 373,0	50,9
Bolivie	7 500,0	13,0
URSS [a]	5 400,0	9,4
Afrique du Sud	4 635,0	8,0
Mexique	2 752,0	4,8
Total 5 pays	**49 660,0**	**86,0**
États-Unis	2 300,0	4,0
Australie	1 300,0	2,3
Tchécoslovaquie [a]	1 096,0	1,9
Guatémala	910,0	1,6
Total monde	**57 724,0**	**100,0**

a. 1990; b. Métal contenu dans les minerais et concentrés.

Titane

Pays	Milliers tonnes [b]	% du total
Australie	952,4	27,8
Afrique du Sud	687,0	20,1
Canada	561,0	16,4
Norvège	278,3	8,1
URSS [a]	230,0	6,7
Total 5 pays	**2 708,7**	**79,1**
Sierra Léone	170,0	5,0
États-Unis	140,0	4,1
Malaisie	128,0	3,7
Inde	100,0	2,9
Chine [a]	75,0	2,2
Brésil	66,3	1,9
Total monde	**3 423,5**	**100,0**

a. 1990; b. Dioxyde de titane contenu dans les minerais et concentrés.

Les productions métallurgiques en 1991

Acier [a]

Pays	Millions tonnes	% du total
URSS	154,4	20,1
Japon	110,3	14,3
États-Unis	98,0	12,7
Chine	64,7	8,4
RFA	38,4	5,0
Total 5 pays	**465,8**	**60,5**
Italie	25,5	3,3
Corée du Nord	24,5	3,2
Canada	21,7	2,8
Brésil	20,6	2,7
France	19,0	2,5
Royaume-Uni	16,6	2,2
Tchécoslovaquie	14,9	1,9
Pologne	13,6	1,8
Inde	12,9	1,7
Espagne	12,6	1,6
Belgique	11,4	1,5
Afrique du Sud	9,5	1,2
Turquie	9,4	1,2
Mexique	8,2	1,1
RDA	7,8	1,0
Roumanie	7,1	0,9
Total monde	**769,4**	**100,0**

a. 1990.

Aluminium

Pays	Milliers tonnes [a]	% du total
États-Unis	4 121,2	22,0
URSS	2 300,0	12,3
Canada	1 821,6	9,7
Australie	1 228,6	6,6
Brésil	1 139,6	6,1
Total 5 pays	**10 611,0**	**56,7**
Chine	905,0	4,8
Norvège	885,9	4,7
RFA	757,3	4,0
Vénézuela	609,7	3,3
Inde	503,9	2,7
Espagne	355,2	1,9
Yougoslavie	308,9	1,6
Royaume-Uni	293,5	1,6
France	286,1	1,5
Nouvelle-Zélande	266,4	1,4
Pays-Bas	253,6	1,4
Émirats A-U	239,0	1,3
Italie	224,6	1,2
Bahrein	207,8	1,1
Égypte	179,8	1,0
Total monde	**18 728,4**	**100,0**

a. Production d'aluminium primaire seulement.

601

Platine

Pays	Tonnes [b]	% du total
Afrique du Sud	90,2	68,8
URSS [a]	32,0	24,4
Canada	4,4	3,4
États-Unis	1,8	1,4
Colombie	1,5	1,1
Total 5 pays	**129,9**	**99,1**
Japon	1,0	0,8
Australie	0,1	0,1
Finlande	0,1	0,1
Total monde	**131,1**	**100,0**

a. 1990; b. Métal contenu dans les minerais et concentrés.

Mercure

Pays	Tonnes [b]	% du total
URSS [a]	2 100,0	47,6
Chine [a]	750,0	17,0
Mexique	720,0	16,3
Algérie	610,0	13,8
Tchécoslovaquie [a]	130,0	2,9
Total 5 pays	**4 310,0**	**97,7**
Finlande	73,5	1,7
Turquie	25,1	0,6
Total monde	**4 409,6**	**100,0**

a. 1990; b. Métal produit à partir des minerais et concentrés.

Or		
Pays	**Tonnes** [b]	**% du total**
Afrique du Sud	603,3	30,2
États-Unis	273,9	13,7
Australie	234,2	11,7
URSS	220,0	11,0
Canada	172,7	8,6
Total 5 pays	**1 504,1**	**75,2**
Chine	110,0	5,5
Brésil	89,0	4,5
Papouasie - N.-G.	58,9	2,9
Colombie	34,7	1,7
Philippines	28,8	1,4
Chili	26,1	1,3
Ghana	21,6	1,1
Corée du Sud	21,0	1,1
Zimbabwé	17,8	0,9
Indonésie	11,1	0,6
Équateur	10,0	0,5
Japon	8,3	0,4
Yougoslavie	8,2	0,4
Mexique	8,0	0,4
Espagne	7,2	0,4
Corée du Nord [a]	5,0	0,3
Zaïre	4,5	0,2
Vénézuela	4,2	0,2
France	4,1	0,2
Suède	4,0	0,2
Bolivie	3,9	0,2
Rép. dominicaine	2,8	0,1
Total monde	**2 000,0**	**100,0**

a. 1990; b. Métal contenu dans les minerais et concentrés.

Argent		
Pays	**Tonnes** [b]	**% du total**
Mexique	2 206,9	15,5
États-Unis	1 817,0	12,8
Pérou	1 769,7	12,5
URSS [a]	1 380,0	9,7
Canada	1 274,3	9,0
Total 5 pays	**8 447,9**	**59,5**
Australie	1 180,0	8,3
Pologne [a]	832,0	5,9
Chili	654,6	4,6
Bolivie	338,2	2,4
Corée du Nord [a]	280,0	2,0
Espagne	270,0	1,9
Suède	211,2	1,5
Italie	178,4	1,3
Maroc	178,0	1,3
Japon	170,7	1,2
Afrique du Sud	170,2	1,2
Chine [a]	150,0	1,1
Papouasie - N.-G.	105,8	0,7
Yougoslavie	92,2	0,6
Namibie	89,0	0,6
Zaïre	84,0	0,6
Corée du Sud	80,4	0,6
Argentine	70,0	0,5
Indonésie	67,2	0,5
Grèce	62,4	0,4
Brésil	60,0	0,4
Bulgarie [a]	54,0	0,4
Total monde	**14 204,9**	**100,0**

a. 1990; b. Métal contenu dans les minerais et concentrés.

teur des grands non-ferreux à usage industriel, cela n'a pas été le cas pour les petits métaux stratégiques (chrome, vanadium, manganèse, ferro-alliages à base de nickel, etc.), pour lesquels les risques de cartellisation existent. Les groupes miniers sud-africains ont mis à profit la fin de l'apartheid pour approcher les exploitations minières des pays de la *Copper Belt* («ceinture du cuivre», Zambie et Zaïre), dont la production décline. Des joint-ventures ont été établies avec la Russie pour l'exploitation de platine et de rhodium, la Russie et l'Afrique du Sud contrôlant à eux deux 93 % de la production mondiale de platine... Le groupe sud-africain De Beers a également conclu des contrats de commercialisation avec la Russie pour les gisements de diamants de Yakoutie.

Les risques de constitution de cartels dominés par l'Afrique du Sud et la Russie ont été d'autant plus grands que les autres producteurs n'ont pas réussi à organiser des «cartels des métaux». Le marché du cuivre fait figure d'exception, avec le Groupe d'étude du cuivre, structure originale qui rassemble les pays producteurs et les consommateurs et veille surtout à ajuster l'offre à la demande. Signe des temps, il a pris le relais du Conseil intergouvernemental des pays exportateurs de cuivre (CIPEC), cartel de producteurs tombé en sommeil.

Jean-Philippe von Gastrow

Énergies combustibles
Conjoncture 1991-1992

La crise du Golfe (1990-1991) aura eu une conséquence directe sur les marchés mondiaux de l'énergie : la *baisse* durable du prix du pétrole. Pour les premiers mois de 1992, la moyenne des prix du baril de brut s'établissait à 17 dollars (contre 21 dollars à la mi-1990). Les autres types d'énergies combustibles, gaz naturel et charbon, ont continué de voir leur production croître régulièrement à l'échelle mondiale. Mais, à ce niveau de prix du brut, leurs coûts d'exploitation restent trop élevés pour représenter une alternative sérieuse à la suprématie du baril de pétrole.

L'Arabie saoudite mène le jeu pétrolier

La victoire militaire de la coalition anti-irakienne menée par les États-Unis s'est traduite par la baisse du prix du brut, pour le plus grand bénéfice immédiat des pays consommateurs. L'OPEP (Organisation des pays exportateurs de pétrole) est sortie affaiblie du conflit. Contraint par l'embargo décidé par l'ONU, l'Irak a quasiment disparu comme acteur du marché mondial. Bagdad n'exportait plus qu'environ 150 000 barils par jour (en transit par la Jordanie), contre près de 3 millions avant le conflit. Confronté aux problèmes de sa reconstruction, l'Iran a modéré sa position en faveur d'un prix élevé du brut et a augmenté sa production. Sans contrepoids, l'Arabie saoudite, alliée fidèle des États-Unis, a assis sa prééminence au sein de l'OPEP et a imposé sa stratégie de croissance en volume de la production.

Cependant, les pays producteurs n'ont pas respecté la discipline des quotas imposée par l'OPEP. Selon l'Agence internationale de l'énergie (AIE), la production des États membres de l'organisation a atteint 23,5 millions de barils par jour pour le seul mois d'avril 1992, alors que le plafond avait été fixé à 22,9 millions pour tout le second trimestre.

En outre, la récession ou le ralentissement économiques dans les pays occidentaux (États-Unis et Royaume-Uni notamment) ont entraîné une modération de la consommation. Et la menace d'une coupure des exportations en provenance de l'ex-URSS ne s'est pas concrétisée. Tous ces facteurs orientant les prix vers le bas ont eu pour effet de décourager l'exploration-production et de renforcer le poids du Moyen-Orient dans l'approvisionnement. Au début de 1992, les pays de l'OPEP détenaient 78 % des réserves mondiales de brut, dont les deux tiers situées au Moyen-Orient.

Une progression régulière pour le gaz naturel

Le gaz naturel a gagné partout du terrain. La production mondiale a continué à croître d'environ 2 % en rythme annuel. La désorganisation sévissant dans l'ex-URSS, qui était le principal producteur et exportateur mondial, a suscité des inquiétudes. Mais les contrats ont été honorés. La consommation s'étend également, avec soixante-dix pays utilisant le gaz contre une quinzaine seulement en 1950.

Le gaz naturel dispose d'atouts pour le long terme. Les réserves connues sont estimées à soixante-trois ans de consommation mondiale, contre quarante-quatre ans pour le pétrole brut. En outre, à l'inverse de ce dernier, très concentré au Moyen-Orient, les gisements sont répartis sur tous les continents. C'est l'énergie combustible la moins polluante — après désulfurisation. Et de nouvelles techniques ont amélioré son rendement pour la produc-

Électricité totale [a]

Pays	Milliards kWh	% du total
États-Unis	2 981,0	26,1
URSS	1 722,0	15,1
Japon	800,0	7,0
Chine	582,0	5,1
Canada	500,0	4,4
Total 5 pays	**6 585,0**	**57,6**
RFA	437,0	3,8
France	407,0	3,6
Royaume-Uni	312,0	2,7
Inde	261,0	2,3
Brésil	230,0	2,0
Italie	207,0	1,8
Afrique du Sud	165,0	1,4
Australie	148,0	1,3
Espagne	147,0	1,3
Pologne	145,0	1,3
Suède	144,0	1,3
Mexique	120,0	1,1
Norvège	119,0	1,0
RDA	119,0	1,0
Corée du Sud	103,0	0,9
Tchécoslovaquie	89,0	0,8
Yougoslavie	86,0	0,8
Roumanie	75,0	0,7
Pays-Bas	73,0	0,6
Belgique	67,0	0,6
Vénézuela	60,0	0,5
Total monde	**11 427,0**	**100,0**

a. 1989.

Gaz naturel [a]

Pays	Milliers m	% du total
URSS	844,8	33,6
Algérie	126,6	5,0
Pays-Bas	72,4	2,9
Indonésie	58,7	2,3
Royaume-Uni	57,7	2,3
Total 5 pays	**1 160,2**	**46,1**
Arabie Saoudite	49,3	2,0
Iran	46,5	1,8
Vénézuela	40,5	1,6
Mexique	37,7	1,5
Norvège	37,0	1,5
Roumanie	29,5	1,2
Nigéria	27,7	1,1
Argentine	23,1	0,9
Australie	20,7	0,8
Abu-Dhabi	19,8	0,8
Malaisie	18,8	0,7
Total monde	**2 514,4**	**100,0**

a. 1990.

tion d'électricité : notamment la cogénération (cycle combiné électricité-vapeur). Le gaz connaît pourtant des coûts d'exploitation élevés. Pour qu'il se substitue au pétrole, il faudrait que le prix du baril s'établisse durablement au-dessus de 25 dollars.

Charbon : production et consommation augmentent

Considéré à tort comme une source d'énergie dépassée, le charbon a vu sa production et sa consommation mondiales augmenter régulièrement. La montée en puissance de

Pétrole brut

Pays	Millions tonnes	% du total
URSS	515,0	16,4
États-Unis	419,0	13,3
Arabie saoudite	410,0	13,0
Iran	166,0	5,3
Mexique	155,0	4,9
Total 5 pays	**1 665,0**	**52,9**
Chine	139,0	4,4
Vénézuela	122,0	3,9
Émirats arabes unis	118,0	3,7
Nigéria	96,0	3,0
Norvège	93,0	3,0
Canada	92,0	2,9
Royaume-Uni	91,0	2,9
Indonésie	79,0	2,5
Libye	74,0	2,3
Algérie	58,0	1,8
Égypte	45,0	1,4
Oman	35,0	1,1
Inde	33,0	1,0
Brésil	32,0	1,0
Malaisie	31,0	1,0
Angola	25,0	0,8
Total OPEP	**1 233,0**	**39,2**
Total monde	**3 149,0**	**100,0**

Après l'invasion du Koweït par l'Irak, le 2 août 1990, l'Irak a été soumis à embargo. Cet embargo s'est aussi appliqué au pétrole koweïtien pendant la période d'occupation irakienne (jusqu'à fin février 1991). Le 15 août 1991, le Conseil de sécurité de l'ONU a autorisé l'Irak à reprendre partiellement ses livraisons afin de pouvoir acheter vivres et médicaments. La reprise de la production koweïtienne, pour sa part, a souffert des destructions d'équipements et de l'embrasement des puits consécutif à la guerre.

Électricité nucléaire [a]		
Pays	**Milliards kWh**	**% du total**
États-Unis	606,9	30,3
France	314,1	15,7
URSS	211,5	10,6
Japon	195,8	9,8
RFA	147,2	7,3
Total 5 pays	**1 475,5**	**73,6**
Canada	76,5	3,8
Suède	68,2	3,4
Royaume-Uni	66,4	3,3
Espagne	54,3	2,7
Corée du Sud	52,9	2,6
Belgique	42,7	2,1
Chine	32,9	1,6
Tchécoslovaquie	24,6	1,2
Suisse	23,6	1,2
Finlande	18,9	0,9
Bulgarie	14,7	0,7
Hongrie	13,6	0,7
Afrique du Sud	8,9	0,4
Argentine	7,4	0,4
Inde	6,3	0,3
RDA	5,3	0,3
Yougoslavie	4,6	0,2
Pays-Bas	3,5	0,2
Mexique	2,9	0,1
Total monde	**2 003,5**	**100,0**

a. 1990.

Charbon [a] (houille)		
Pays	**Millions tonnes**	**% du total**
Chine	983,0	27,7
États-Unis	890,0	25,1
URSS	544,0	15,3
Inde	210,0	5,9
Afrique du Sud	175,0	4,9
Total 5 pays	**2 802,0**	**79,0**
Australie	164,0	4,6
Pologne	153,0	4,3
Royaume-Uni	89,3	2,5
RFA	76,6	2,2
Canada	38,0	1,1
Tchécoslovaquie	22,8	0,6
Espagne	19,6	0,6
Corée du Sud	15,8	0,4
France	10,5	0,3
Indonésie	7,3	0,2
Zimbabwé	5,0	0,1
Brésil	4,6	0,1
Roumanie	3,8	0,1
Turquie	3,2	0,1
Pakistan	2,7	0,1
Chili	2,2	0,1
Nouvelle-Zélande	2,2	0,1
Vénézuela	1,9	0,1
Hongrie	1,7	0,0
Philippines	1,2	0,0
Total monde	**3 548,0**	**100,0**

a. 1990.

la Chine, premier producteur de la planète, est la principale cause de cet essor, avec celle des centrales thermiques dans les pays en développement. De nouvelles techniques (centrales « à lit fluidisé circulant ») permettant de supprimer la pollution à la source ont favorisé la croissance et la consommation dans les pays européens.

La production des États de l'ex-URSS a chuté de 140 millions de tonnes, soit 20 % de 1989 à 1991, mais les échanges internationaux n'en ont pas été perturbés, l'ex-URSS n'étant que le sixième exportateur mondial. L'Australie (premier exportateur mondial), les États-Unis et l'Indonésie ont compensé cette défaillance. Au demeurant, le commerce international ne concerne qu'un dixième de la production mondiale, laquelle est estimée à près de 3,5 milliards de tonnes par an.

Jean-Philippe von Gastrow

Céréales
Conjoncture 1991-1992

Pour la quatrième fois en cinq ans, la récolte céréalière mondiale a été déficitaire durant l'année 1991-1992. Avec un volume estimé à 547 millions de tonnes par le Conseil international du blé (CIB), la production mondiale de blé de l'année 1991-1992 a été en recul de plus de 50 millions de tonnes par rapport à la campagne précédente.

Cette diminution s'est d'abord expliquée par la chute de la production aux États-Unis (− 27 %), du fait des programmes de réduction des surfaces, et dans l'ex-URSS (− 20 %), où à la désorganisation des circuits de commercialisation se sont ajoutées d'abondantes pluies qui ont retardé la moisson. De leur côté, l'Australie (sécheresse) et la Chine (inondations) ont aussi subi une contraction de leurs récoltes.

Toujours selon le CIB, la production de céréales secondaires devrait avoisiner 798 millions de tonnes en 1991-1992 soit près de 40 millions de tonnes de moins que l'année précédente. En effet, la récolte dans l'ex-URSS n'a atteint que 82 millions de tonnes — principalement d'orge, soit une baisse de 26 millions de tonnes. Les États-Unis comme la Chine ont eux aussi enregistré des performances médiocres, tandis qu'en Afrique du Sud, à la suite de la plus grave sécheresse depuis cinquante ans, la production de maïs s'est effondrée de 8,2 millions de tonnes en 1990-1991 à 3 millions de tonnes en 1991-1992.

Enfin, d'après l'Organisation des Nations unies pour l'agriculture et l'alimentation (FAO), pour la première fois depuis quatre ans, la récolte rizicole devrait, elle aussi, être déficitaire. Ce déficit a toutefois été limité, puisqu'il se situe aux alentours de 5 millions de tonnes pour une production mondiale de 517 millions de tonnes de paddy (elle était de 523 millions de tonnes

l'année précédente). En Asie, où s'effectuent 90 % de la récolte mondiale, les trois principaux pays producteurs ont vu leur production diminuer : la Chine avec 192 millions de tonnes en 1991-1992 contre 188 en 1990-1991, l'Inde (107 contre 112), et l'Indonésie (44 contre 45).

Des marchés tendus

Ce déficit de la production, intervenant dans un contexte de stocks peu élevés et bien inférieurs à leur niveau du milieu des années quatre-vingt a contribué à tendre les marchés céréaliers.

Les stocks de blé de fin de récolte se sont situés en recul de 15 millions de tonnes par rapport à l'année antérieure pour ne représenter que l'équivalent de 80 jours d'utilisation. A la mi-1992, les États-Unis étaient détenteurs du stock le plus faible depuis le début des années soixante-dix, représentant à peine le quart des stocks des cinq « grands » exportateurs contre 40 % en temps normal. Situation peu ordinaire, leur volume de stocks (11 millions de tonnes) était inférieur à celui de la CEE (25 millions de tonnes) et du Canada (13 millions de tonnes).

Les prix internationaux du blé ont vigoureusement réagi à la diminution des stocks mondiaux. Ils ont entamé à partir d'août 1991 une hausse rapide passant, pour le blé européen au départ du port de Rouen, de 90 à 140 dollars la tonne en avril 1992.

Les stocks de céréales secondaires ont eux aussi été relativement faibles. Les prix demeurés à un niveau élevé depuis leur flambée de 1988 sont donc restés soutenus durant toute la campagne 1991-1992 (aux alentours de 110 dollars la tonne pour le maïs). Il en a été de même sur le marché du riz où la stabilité des cours l'a emporté. Pour la cinquième année consécutive, c'est-à-dire depuis leur

Céréales (production) [a]

Pays	Millions tonnes	% du total
Chine	389,9	20,7
États-Unis	280,1	14,9
Inde	196,5	10,4
URSS	171,7	9,1
France	60,3	3,2
Canada	56,0	3,0
Indonésie	49,3	2,6
Brésil	37,2	2,0
Turquie	31,1	1,7
Pologne	27,4	1,5
RFA	27,2	1,4
Mexique	24,4	1,3
Thaïlande	24,2	1,3
Royaume-Uni	22,7	1,2
Pakistan	21,2	1,1
Total monde	**1 880,9**	**100,0**

a. 1991.

Céréales (exportations) [a]

Pays	Millions tonnes	% du total
États-Unis	92,6	41,2
France	30,9	13,8
Canada	23,1	10,3
Australie	14,8	6,6
Argentine	10,4	4,6
Total monde	**224,5**	**100,0**

a. 1990.

Céréales (importations) [a]

Pays	Millions tonnes	% du total
URSS	32,9	14,6
Japon	27,0	12,0
Chine	19,9	8,8
Corée du Sud	9,1	4,0
Égypte	8,6	3,8
Mexique	7,6	3,4
Pays-Bas	6,9	3,1
Italie	6,7	3,0
Iran	6,3	2,8
Arabie saoudite	5,3	2,4
Algérie	5,2	2,3
Belgique-Lux.	4,6	2,0
Total monde	**225,2**	**100,0**

a. 1990.

Riz (paddy) [a]

Pays	Millions tonnes	% du total
Chine	187,5	36,2
Inde	110,9	21,4
Indonésie	44,1	8,5
Bangladesh	28,3	5,5
Thaïlande	20,0	3,9
Vietnam	19,0	3,7
Japon	12,9	2,5
Myanmar	12,6	2,4
Total monde	**518,4**	**100,0**

Millet et sorgho [a]

Pays	Millions tonnes	% du total
Inde	21,5	24,0
États-Unis	14,7	16,4
Chine	10,1	11,3
Nigéria	9,0	10,1
Mexique	5,5	6,1
URSS	3,8	4,2
Soudan	3,2	3,6
Argentine	2,5	2,8
Total monde	**89,5**	**100,0**

Blé [a]

Pays	Millions tonnes	% du total
Chine	95,0	17,2
URSS	84,0	15,2
Inde	54,0	9,8
États-Unis	54,0	9,8
France	34,4	6,2
Canada	32,8	5,9
Turquie	20,4	3,7
Pakistan	14,5	2,6
Total monde	**552,8**	**100,0**

Maïs [a]

Pays	Millions tonnes	% du total
États-Unis	189,9	40,1
Chine	90,4	19,1
Brésil	23,7	5,0
Mexique	13,2	2,8
France	12,6	2,7
URSS	10,0	2,1
Roumanie	9,0	1,9
Yougoslavie	8,8	1,9
Inde	8,4	1,8
Total monde	**473,5**	**100,0**

a. 1991.

hausse de 1987, le prix du riz entier thaïlandais a fluctué autour d'une moyenne de 290 dollars la tonne.

Des échanges peu dynamiques

Les échanges mondiaux de céréales ont manifesté depuis plus de dix ans une atonie qu'aucun événement n'a semblé pouvoir perturber. Globalement stagnant, ils ont fluctué d'une année sur l'autre au gré des achats soviétiques et chinois.

Après une diminution pendant trois années consécutives, les échanges mondiaux de blé ont connu une certaine reprise et devraient légèrement dépasser 106 millions de tonnes en 1991-1992. Cette reprise est liée à l'augmentation des achats de l'ex-URSS et de la Chine qui ont cherché à compenser les difficultés de leurs céréalicultures.

Les États-Unis, le Canada et la CEE ont ainsi pu accroître leurs exportations, de même que la Turquie. Ce dernier pays a réalisé des performances exceptionnelles sur le marché international (5,3 millions de tonnes), lui permettant d'égaler l'Argentine.

Sur le marché des céréales secondaires, le échanges ont totalisé 89 millions de tonnes, soit une légère augmentation par rapport à l'année précédente grâce à l'augmentation des achats de l'ex-URSS. Enfin, 13 millions de tonnes de riz ont été échangés durant la campagne, soit un volume très proche des performances réalisées durant les années quatre-vingt.

Benoît Daviron

Autres productions agricoles (1991)

Coton (fibres)

Pays	Milliers tonnes	% du total
Chine	5 100	25,1
États-Unis	3 819	18,8
URSS	2 420	11,9
Inde	2 193	10,8
Pakistan	1 785	8,8
Brésil	740	3,6
Turquie	590	2,9
Australie	433	2,1
Argentine	315	1,6
Égypte	286	1,4
Paraguay	220	1,1
Mexique	219	1,1
Total monde	**20 319**	**100,0**

Café vert

Pays	Milliers tonnes	% du total
Brésil	1 286	21,9
Colombie	870	14,8
Indonésie	408	7,0
Mexique	299	5,1
Côte d'Ivoire	240	4,1
Guatémala	195	3,3
Ouganda	180	3,1
Inde	173	2,9
Total monde	**5 868**	**100,0**

Sucre brut

Pays	Milliers tonnes	% du total
Inde	12 528	11,2
URSS	8 750	7,8
Brésil	8 675	7,8
Chine	7 836	7,0
Cuba	7 623	6,8
États-Unis	6 622	5,9
France	4 675	4,2
Thaïlande	4 000	3,6
Mexique	3 790	3,4
Allemagne	3 383	3,0
Australie	3 040	2,7
Indonésie	2 334	2,1
Afrique du Sud	2 165	1,9
Pakistan	2 086	1,9
Total monde	**111 792**	**100,0**

Cacao (fèves)

Pays	Milliers tonnes	% du total
Côte d'Ivoire	710	28,7
Brésil	349	14,1
Ghana	295	11,9
Malaisie	225	9,1
Indonésie	214	8,7
Équateur	136	5,5
Cameroun	110	4,4
Nigéria	105	4,2
Total monde	**2 473**	**100,0**

Thé

Pays	Milliers tonnes	% du total
Inde	730	28,5
Chine	570	22,3
Sri Lanka	232	9,1
Kénya	200	7,8
Indonésie	158	6,2
Turquie	135	5,3
URSS	118	4,6
Japon	90	3,5
Total monde	**2 559**	**100,0**

Caoutchouc naturel

Pays	Milliers tonnes	% du total
Indonésie	1 284	25,2
Malaisie	1 250	24,5
Thaïlande	1 200	23,5
Inde	330	6,5
Chine	280	5,5
Philippines	201	3,9
Nigéria	137	2,7
Sri Lanka	102	2,0
Total monde	**5 103**	**100,0**

Soja

Pays	Millions tonnes	% du total
États-Unis	54,0	52,1
Brésil	15,1	14,6
Argentine	11,0	10,6
Chine	10,3	9,9
Inde	2,3	2,2
Italie	1,5	1,4
Canada	1,4	1,4
Paraguay	1,3	1,3
Total monde	**103,6**	**100,0**

Index général

Index général

CONFLITS ET TENSIONS

• Voir notamment **531 et suiv.** et les conflits suivants :

— *Afghanistan*, notamment 36, 38, 123, 325, 326, 327, **341**, 533, **539**.

— *Bosnie-Herzégovine*, notamment 48, **172**, 448, **492**, 533, **540**.

— *Cachemire*, notamment 85, 87, 89, 126, 349, 399.

— *Cambodge*, notamment 48, 345, 349, **356**, 532, **542**.

— *Croatie*, notamment 48, 80, 81, **172**, 447, 448, 476, **491**, 532, 533, **540**.

— *Golfe*, notamment **29**, 35, 43, 47, 48, **50**, 51, 59, 67, 80, 81, 91, **98**, 117, 122, 138, 168, 184, 202, 203, 216, 226, 252, 257, 325, 326, 329, 332, 333, 336, 338, 339, 351, 418, 457, 532, 536, 580, 594.

— *Haut-Karabakh*, notamment 45, 504, 505, **517**, **518, 544**.

— *Israélo-palestinien*, notamment 36, **230**, 325, 326, **329**, 332, 532, **534**.

— *Libéria*, notamment 250, **269**, 532.

— *Moldavie*, notamment **515**, 532, **545**.

— *Mozambique*, notamment 250, **308**, 532.

— *Ossétie du Sud*, notamment 504, **522**, 533, **544**.

— *Sahara occidental*, notamment 47, **227**, 249, 532.

— *El Salvador*, notamment **409**, 533.

— *Somalie*, notamment **299**, 532, **535**.

— *Soudan*, notamment **300**, **536**.

— *Sri Lanka*, notamment 348, **354**, 532.

— *Timor oriental*, notamment 112, **115**, 532.

— *Touaregs*, notamment 251, **262**, **263**, **537**.

• **Conflits intercommunautaires**
Voir notamment 23, 26, 36, 38, 44, 45, 65, **70**, **84**, 85, 87, 88, 89, 121, 159, 172, **230**, 251, 286, **300**, **341**, 349, **354**, 361, 446, 470, **489 et suiv.**, 501, **515**, **517**, **518**, **522**, 527, 532, 533, **534**, **535**, **536**, **537**, **539**, **540**, **544**.

• **Insurrections, soulèvements, rébellions, guérillas et guerres civiles**
Voir notamment 23, 26, 36, **115**, 184, **227**, 247, 249, 250, 262, 263, **269**, **299**, **300**, **308**, **341**, 348, 349, 351, 354, **356**, 361, 406, 407, **409**, 414, 435, 437, **517**, 532, 533, **535**, **536**, **537**, **539**, **540**, **542**, **544**.

• **Conflits et litiges frontaliers**
Voir notamment 35, 36, 44, 88, 89, **115**, **172**, 215, 216, **227**, **230**, 249, 251, 262, 263, 297, 348, 349, **354**, 361, 477, **489 et suiv.**, 501, 502, 503, **515**, **517**, **518**, 519, 522, 532, **533**, **534**, **535**, **537**, **540**, **544**, **546**, **547**.

• **Conflits pour l'indépendance ou pour contester une souveraineté**
Voir notamment 23, 33, 36, 44, 65, 89, **115**, 126, **127**, **172**, 184, **227**, **230**, 249, 348, 349, **354**, 356, 394, 445, 446, 447, 448, 470, 477, **489 et suiv.**, **491**, **492**, 495, 501, 502, 503, **515**, **517**, **518**, **522**, 532, 533, **534**, **535**, **540**, **544**, **547**, **584**.

Côte d'Ivoire, 27, 163, 246, 274, 275, 580.
Coton, **609**.
Cour suprême (États-Unis), 50.
Covas, Mario, 106.
Crean, Simon, 136.
Crédit, 574.
Cresson, Édith, 138, 139.
Crimée, 22, 44, 70, 501, 505, 545, **546**.
Cristiani, Alfredo, 409.
Croatie, 47, 48, 98, **172**, 173, 424, 438, 445, 447, 448, **486**, 489, 490, 491, 492, 493, 494, 495, 499, 532, 533, **540**.
Croissant fertile, **328 et suiv.**
CSCE (Conférence sur la sécurité et la coopération en Europe), 24, 47, 178, **444**, 447, 504, 518, 544.
CSU (Union sociale chrétienne, RFA), 99, 103.
CTSP (Comité transitoire pour le salut du peuple), 262.
Cuba, 67, **240**, 397, 401, 412.
Cuivre, 387, **597**.
Culture : *voir indicateurs utilisés page 14.*
Cunhal, Alvaro, 475.
Curaçao (île), 425.

D

Dabcevic-Kucar, 491.
Dachnakousioun (Fédération révolutionnaire arménienne), 518.
Daghestan, 502, 545, 546.
Daio Dos Santos, Daniel, 286.
Daïssala, Dakolé, 279.
Danemark, 32, 34, 142, 447, **460**, **462**, **464**, 594.
Darjeeling, 84.
Datuk Sari Mahathir, 199.
Dawkins, John, 136.
DC (démocratie chrétienne, Italie), 148, 149.
De Havilland, 133.
De Klerk, Frederik, 159, 162, 163, 251, 555.
Deby, Idriss, 264.
Defensor Santiago, Miriam, 368.
Dégni-Ségui, René, 276.
Dehaene, Jean-Luc, 455, 456.
Delors, Jacques, 584.
Delta, 119.
Demirel, Süleyman, 184, 185, 527.
Démographie : *voir indicateurs utilisés page 14.*
Demos (Yougoslavie), 489.
Deng Xiaoping, 79.
Denktash, Rauf, 477.
Désarmement, **21**, **42**, 67, 70, 447, 503, 504.
Désirade, 422.

E

ÉCONOMIE

H

Habache, George, 534.
Habré, Hissène, 264.
Habyarimana, Juvénal, 292.
Hachani, Abdelkader, 224.
Hainan, 75.
Haïti, 27, 47, 398, 400, 401, 413, **414**, 551, 553, 572.
Hamad, Seif, 293.
Hamas (Algérie), 221, 223.
Hamas (Mouvement de la résistance islamique, Territoires occupés), 534.
Hammadi, Saadoun, 217.
Hamrouche, Mouloud, 221.
Hand, Gerry, 136, 380.
Harkin, Tom, 60.
Haroutounian, Gaguigh, 517.
Harrods, 362.
Hasina, Sheikh, 351.
Hassan II (roi), 226, 227.
Hassanali, Noor, 425.
Hatif, 341.
Hau Pei Tsun, 371.
Haut Comité d'État (HCE, Algérie), 224, 225, 251.
Haut-Karabakh, 22, 184, 504, 505, 517, **518**, 519, 521, 533, **544**.
Havel, Václav, **235**, 239.
Hawaii, 54, 378, **390**.
Haward (île de), 340.
Hawatmeh, Nayef, 534.
Hawke, Robert (Bob), 133, 137, 380.
Hayden, William, 137.
HCR (Haut Commissariat des Nations-Unies pour les réfugiés), 174, 450, 491.
HDZ (Communauté démocratique croate), 491, 492, 542.
Heard et Mac Donald (île), 137.
Heisei boom, 91.
Hekmatyar, Gulbuddin, 327, 341, 533, 539.
Heng Samrin, 356.
Here Aia, 380.
Hermansson, Steingrimur, 465.
Héroïne, 193, 399, 435.
Héros, Alfonso de los, 437.
Herri Batasuna (Pays basque), 157.
Herzog, Chaim, 231.
Hewson, John, 135.
Hezb-i-islami (Afghanistan), 341, 533, 539.
Hezbollah (milice, Liban), 235, 252, 332.
Hirsch, Léon, 568.
Hispaniola, 417.
Hô Chi Minh, 197.
Hodoul, Jacques, 322.
Honduras, 405, 406, 407.
Hong Kong, 80, 137, 147, 192, 199, 345, **362**, 363, **366**, 368, 543, 593.

Hongrie, 34, 445, 447, **496**, 498, 550, 582.
HOS (Croatie), 491.
Hountondji, Paulin, 248.
Houphouët-Boigny, Félix, 275, 276.
Hoyerswerda, 102.
Hoyte, Desmond, 425, 426.
Hraoui, Elias, 331.
Hugo (Cyclone), 422.
Huila, 435.
Hun Sen, 356.
Hurtado Miller, Juan Carlos, 437.
Hussein (roi), 328, 329.
Hussein, Saddam, 29, 31, 37, 50, 51, 168, 216, 217.
Husseynov, Rahim, 518.
Hutu, 286.
Hydro-Québec, 133.
Hyundai, 189.

I

Iakoutie-Sakha, 545.
Iakoulev, Alexandre, 61.
Ianaev, Guennadi, 503.
Iavlinski, Grigori, 64, 69, 503.
Iazov, Dimitri, 68, 503.
Ibrahim, Ilyas, 117, 353.
IDA : voir AID.
IDA (Alliance démocratique islamique, Pakistan), 125.
IDH (Indicateur de développement humain), **569**, *voir définition p. 14.*
IDS (Initiative de défense stratégique, dite « guerre des étoiles »), 24.
Ifoghas, 537.
Igbo, 119.
IGGI (Groupe intergouvernemental sur l'Indonésie), 115.
Iliescu, Ion, 488, 489.
IME (Institut monétaire européen), 584.
Inagawa Kai, 93.
Inde, 23, 26, 27, 48, **81**, 84, **125**, 345, 347, 348, 351, 352, 354, 361, 523, 570, 572.
Indépendance (conflits pour l') : *voir encadré p. 616.*
Indicateurs statistiques utilisés dans cet ouvrage : *voir p. 14 et suiv.*
Indochine, 345, **357 et suiv.**, 561, 571.
Indonésie, **112**, 138, 345, 349, **366**, 371, 377, 379, 532, 566.
Inégalités, **560**, **567**, **568**, **569**.
Inflation : *voir indicateur utilisé p. 17.*
Ingouches, 546.
Iniciativa per Catalunya (IC, Catalogne), 157.
Initiative de défense stratégique : voir IDS.
Initiative pour les Amériques, 398.

Inkatha Yenkuhuleko Ycsizwν (Afrique du Sud), 159, 161, 162.
Inönu, Erdal, 184.
INPFL (Front national patriotique indépendant du Libéria), 270.
Institut monétaire européen : voir IME.
Insurrections armées : voir Conflits et tensions.
Intifada, **234**, 533, **534**.
Inuit Ataqatigiit (Groenland), 464.
Investisseurs institutionnels, **575**.
IRA (Armée républicaine irlandaise), 467.
Irak, 29, 35, 37, 41, 47, 48, 67, 81, 122, 168, 184, **216**, 226, 255, 300, 326, 327, 328, 330, 336, 339, 532, 536, 571, 574.
Iran, 37, 45, 126, **168**, 216, 220, 252, 300, 319, 326, 328, 342, 502, 504, 518, 529, **539**, 544.
Irlande, 34, **467**, **468**.
Irlande du Nord, **145**, 467.
Isamov, N., 529.
ISF (Indice synthétique de fécondité) : *voir définition p. 14.*
Islam, 113, 123, 345, 362, **557**.
Islamisme, voir notamment, 26, 35, **38**, 121, 205, **220**, 226, **257**, 299, 300, 534, 536, **557**.
Ismaéliens, 324, 341.
Israël, 80, 90, 171, **230**, 326, **330**, 332, 333, 399, 528, 533, **534**.
Issa Ben Salmane al-Khalifa (Cheikh), 338.
Istiqlal (Maroc), 227.
Italie, 23, **148**, 299, 309, 448, **475**, 476, 482, 559, 565, 594.
Izet Begovic, Alija, 492.

J

Jaber al-Ahmed al-Sabah (Cheikh), 339.
Jacobs, Wilfred-E., 418.
Jalloud, Abdessalam, 255.
Jamaat-e-Islami (Pakistan), 123, 350.
Jamahiriya libyenne : voir Libye.
Jamaïque, 413, **415**.
James, Stanislas, 423.
Janata Dal (Inde), 81.
Janca, Janez, 541.
Japon, 24, 25, 29, 30, 32, 50, 59, 60, **91**, 116, 138, 192, 199, 329, 340, 345, 346, 348, 361, **375**, 378, 379, 437, 447, 459, 490, 502, 523, 542, 562, 565, 568, 573, 574, 576, 579, 580, 588.
Jarkhand, 84.
Jasray, Puntsagiin, 376.

INDEX GÉNÉRAL

625

Index des cartes

Index des chronologies

Liste alphabétique des pays

□ *Territoire non souverain (colonie, territoire associé à un État, territoire sous tutelle, DOM, TOM, etc.).*
● *État non membre de l'ONU.*
Les pays en caractères gras sont traités dans la section « 34 États »; les autres, dans la section « 37 ensembles géopolitiques ».

Afghanistan	341
Afrique du Sud	159
Albanie	482
Algérie	220
Allemagne	97
Andorre □	471
Angola	304
Anguilla □	418
Antigua-Barbuda	418
Antilles néerlandaises □	425
Arabie saoudite	333
Argentine	206
Arménie	517
Aruba □	425
Australie	133
Autriche	449
Azerbaïdjan	518
Bahamas	410
Bahreïn	338
Bangladesh	350
Barbade	424
Belgique	455
Bélize	402
Bénin	272
Bhoutan	351
Biélorussie	511
Birmanie : voir Myanmar.	
Bolivie	431
Bosnie-Herzégovine	492
Botswana	311
Brésil	104
Brunéi	362
Bulgarie	485
Burkina Faso	258
Burundi	286
Cambodge	356
Cameroun	279
Canada	127
Cap-Vert	265
Cayman (îles) □	414
Centrafrique	280
Chili	438
Chine	71

Chypre	477
Colombie	432
Comores	316
Congo	283
Cook (îles) □	390
Corée du Nord	372
Corée du Sud	188
Costa Rica	405
Côte d'Ivoire	275
Croatie	491
Cuba	240
Danemark	460
Djibouti	294
Dominique	422
Égypte	202
Émirats arabes unis	338
Équateur	435
Érythrée □	294
Espagne	153
Estonie	505
États-Unis	50
Éthiopie	297
Fidji (îles)	381
Finlande	463
France	138
Gabon	285
Galapagos (îles) □	390
Gambie	265
Géorgie	521
Ghana	277
Gigedo (îles) □	390
Grèce	477
Grenade	424
Groenland □	464
Guadeloupe □	422
Guam □	390
Guatémala	406
Guinée	267
Guinée-Bissau	268
Guinée équatoriale	285
Guyana	425
Guyane française □	426
Haïti	414
Honduras	406
Hong Kong □	362
Hongrie	496
Inde	81
Indonésie	112
Irak	216
Iran	168
Irlande	467
Islande	464
Israël	230

L'ÉTAT DU MONDE 1993

632

Abréviations utilisées
dans les tableaux statistiques

AELE .... Association européenne de libre-échange
Afr .... Afrique
AfS .... Afrique du Sud
A-L .... Amérique latine
Alg .... Algérie
Ang .... Angola
Arg .... Argentine
ArS .... Arabie saoudite
Aus .... Australie
Bah .... Bahreïn
Bar .... Barbades
Bel .... Belgique
Bré .... Brésil
CAEM ..... Conseil d'assistance économique mutuelle
Cam .... Cameroun
Can .... Canada
CdI .... Côte d'Ivoire
CEE .... Communauté économique européenne
Chi .... Chine populaire
Com .... Comores
Cor .... Corée du Sud
Dnk .... Danemark
EAU .... Émirats arabes unis
Égy .... Égypte
Esp .... Espagne
E-U .... États-Unis
Eur .... Europe occidentale
Fij .... Fidji
Fin .... Finlande
Fra .... France
Gha .... Ghana
Guad .... Guadeloupe
h .... hommes
hab .... habitants
HK .... Hong Kong
Indo .... Indonésie
Ita .... Italie
Jap .... Japon
Ken .... Kénya
Kow .... Koweït
(L) .... Licences

Mad .... Madagascar
Mal .... Malaisie
Mart .... Martinique
Mau .... Maurice
M-O .... Moyen-Orient
Nig .... Nigéria
Nor .... Norvège
N-Z .... Nouvelle-Zélande
Oug .... Ouganda
Pak .... Pakistan
P-B .... Pays-Bas
PCD .... Pays capitalistes développés
PIB [a] ..... Produit intérieur brut
PMN [b] ..... Produit matériel net
PNB [b] .... Produit national brut
Por .... Portugal
PS .... Pays socialistes
PSG [b] ..... Produit social global
PVD .... Pays en voie de développement
RD .... Rép. dominicaine
RFA . Rép. fédérale d'Allemagne
R-U .... Royaume-Uni
Scan ...... Pays scandinaves
Sén .... Sénégal
Sin .... Singapour
SL .... Sri Lanka
Som .... Somalie
Suè .... Suède
Sui .... Suisse
Syr .... Syrie
Taïw .... Taïwan
Tan .... Tanzanie
TEC .... Tonne d'équivalent charbon
Thaï .... Thaïlande
Tri .... Trinidad et Tobago
Tur .... Turquie
URSS .... Union soviétique
Ven .... Vénézuela
Yém .... Yémen
You .... Yougoslavie
Zaï .... Zaïre

a. Définition p. 15 ;   b. Définition p. 16.
Notations statistiques : •• non disponible ;
— négligeable ou catégorie non applicable.

POUR

TOUT
SAVOIR
AVANT

TOUT LE MONDE

CKAC73AM ◆

LES NOUVELLES ...
15 MINUTES PLUS TÔT

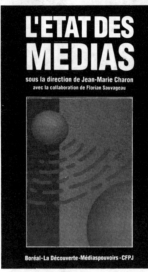

Les Éditions du Boréal

Achevé d'imprimer en septembre 1992